U0804420

唐螂有话

TangLang YouHua

（上册）

莫丹涛（唐螂）⊙ 著

一个羊城晚报人
三十年的城事观察
和公共评论

羊城晚报出版社
·广 州·

图书在版编目（CIP）数据

唐螂有话：一个羊城晚报人三十年的城事观察和公共评论：全2册 / 莫丹涛著. —广州：羊城晚报出版社，2016.7
ISBN 978-7-5543-0327-6

Ⅰ. ①唐…　Ⅱ. ①莫…　Ⅲ. ①时事评论—中国—文集　Ⅳ. ①D609.9-53

中国版本图书馆CIP数据核字（2016）第148764号

唐螂有话——一个羊城晚报人三十年的城事观察和公共评论
Tanglang You Hua——Yi Ge Yangcheng Wanbao Ren Sanshi Nian de Cheng Shi Guancha he Gonggong Pinglun

策划编辑　谭健强
责任编辑　谭健强
责任技编　张广生
装帧设计　友间文化
责任校对　杨　群
出版发行　羊城晚报出版社
（广州市天河区黄埔大道中309号羊城创意产业园3-13B　邮编：510665）
网址：www.ycwb-press.com
发行部电话：（020）87133824
出 版 人　吴　江
经　　销　广东新华发行集团股份有限公司
印　　刷　佛山市浩文彩色印刷有限公司（佛山市南海区狮山科技工业园A区）
规　　格　890毫米×1240毫米　1/32　印张26.5　字数720千
版　　次　2016年7月第1版　2016年7月第1次印刷
书　　号　ISBN 978-7-5543-0327-6/D·72
定　　价　68.00元（上、下册）

版权所有　违者必究（如发现因印装质量问题而影响阅读，请与印刷厂联系调换）

——谨献给我的城市、我的父亲和母亲、我的家人和帮助过我的朋友们

他们影响了我的一生和我的事业

序

丹涛与我年龄相仿，如今已是“鬓发各已苍”了，因为我们的名字读音相近，在羊城晚报社中被人称为“双涛”。其实，他是我的业务前辈，我入新闻这一行时，他已是誉满业界的著名记者了。

我与他终究有缘，于1997年居然聚首于同一部门，他是广州生活部的负责人，我是他的助手。这个搭配，据说是他建议的。那时，社长曹淳亮主持组建“广州生活部”，一抓本地新闻，二抓本地消费；对于报社内部来说，则要起培训青年采编人员的作用——当时部内几乎是清一色的应届毕业生。用曹社长的话来说，这个部就是羊城晚报的“黄埔军校”，曹社长有眼力，点将丹涛当广州生活部的主帅，一是因为丹涛真是一部“羊城百事通”，对本土社会、文化、政治、经济各领域都如数家珍；二来也看中丹涛有“好为人师”的特质。别以为“好为人师”是个贬义词，其实这是一种富有使命感和很执着的个人特质。那时，丹涛与其说是一位部门领导，不如说就是一位严师，从新闻写作规范到开会如何做笔记都一一有所要求，有时不免辞色俱厉，一座寂然；我虽身为副手，也不免要自检言行，束身正坐。同事们都敬畏他，做事行文，无不勤谨有加，把他的要求贯彻于学，贯彻于用。两年以后，他不负曹社长所托，为报社培养出一批业务骨干。现在回头看，广州生活部的确当得起“报社黄埔军校”的期许，人才辈出，许多人现在已是羊城晚报乃至广东新闻界的翘楚，还有些已经当了我们俩的上司了。

丹涛与我同处一部，有上下级之谊，他对我具体编组一个版面的取向，其实是并不认可的，我编的版面，他虽不会面斥，但有时着实隐忍不住，就默默地散版重组。总的来说，他一直以朋友视我。1999年以后，我们都离开了广州生活部，但依然不时畅叙，不免天南地北、中西古今一番。令我窃喜的是，他对我的中医素养有特别的信任。有一回，他老父亲喘疾发作，他把我请到文德路的家，要我诊脉开方，我那时也是胆大包天，居然就开了一服“三子养亲汤”，嘱咐“三碗水煮至大半碗，早晚服之”。他的宝贝女儿发烧，也让我先看看指纹，号号脉。我们之间的信任，达到这样的程度。

当然，我和他二人的脾气也都有强项的一面，议事不合，也会火星撞地球，有一回，他与我因一桩业务问题，争执不下，拍案而起，声高裂瓦，令隔壁的人为之箸落。但脸红过以后，容颜转霁，彼此毫不介怀。与他有过争执的人，也都没有隔夜的怨怼，这也可见丹涛的性格，是严正其表，和厚其里。

丹涛除了担任过广州生活部主任外，还先后当过广告部主任、政法部主任、体育部主任、理论部主任，真可谓回翔文武，阅历丰富，没有广泛的社会知识和书卷修炼，是不可能胜任的。这等经验，在新闻界是很少见的。

丹涛每主持一个版面，都非常注意经营言论栏目，而他往往就是这个栏目的主要撰写者。一个新闻版面，公共性内容占了相当部分，如何才能显出版面的个性？显示其不可代替的价值？言论就担当着最重要的角色。新闻有时不能不同，而言论就不能不异。言论作为一版之眼，往往正是丹涛最下功夫之处，也是最显其功力之处。

总体而言，他的评论与他的性格有相通之处，和厚其里，是文章的基调。他能抓住要害，但不偏激，也不会示异以鸣高，比如在评论到广州市长张广宁有关洛溪大桥收费问题的言论时，他提倡“力戒意气，合理碰撞”，将市长的观点归为“两造”意见之一，点明了争论的必要性，避免了官方意见的一面倒，努力为最终终止路桥收费提供良好的舆论环境，以民主理性的方式解决社会矛盾。

他还有一个特点，就是力戒宏大叙事，力戒空话大话，宁留市井气，力除头巾气，抓住与市民利益密切相关的问题，深入浅出，窄题宽做，例如对“羊城通”收费卡问题，一评、二评，三评，穷追不舍，层层深入，不以事小而轻忽、而迂阔处之。

他的文风还富于岭南气质，除了善用广州俚语外，更由于他熟稔本土历史文化，如数家珍，这使他的文章既增加了说理的力量，又深具岭南的文化意蕴。如他在论及现时饭店乱收服务费时，先从广府传统茶楼的“茶芥”旧俗讲起，再看今天服务费的偷龙转凤，反衬它的不合理之处。

总之，丹涛博学而善悟，无论是金融问题，还是社会问题，抑或文化问题、体育问题，每于一事，都能明其始终，知其源流，故能言之有物，言之成理，断语不烦，洞烛幽微。尽管不能说他的文章都能坚确不移，其说或有时而不周，或有时而可商，但他内心的坦诚不伪，文字就总能据实不虚。报社同仁都重视他的文字，相信广大读者也会重视他的文字。可以说，他是记者出身，编辑为业，其最终呈现的，是一个社会观察者的思想菁华。

可以说，这本集子，就是丹涛从记者到编辑到社会观察者这一职业轨迹的结穴，而作为读者，则不妨当作改革开放以来的社会变迁史来读，或不妨作广州近二十多年的市井风情画来看。

罗韬

2016年6月广州

Contents

目录

上篇

第一辑 | 日月谭

第二辑 | 市井夜话

第三辑 | 今日广州生活

第四辑 | 体坛走笔

第五辑 | 七日时评

第六辑 | 大城小议

下篇

第七辑 | 约会财富

第八辑 | 唐螂有话

上篇

SHANGPIAN

第一辑

日月谭

TANGLANG YOUHUA

——为《羊城晚报·理财天地》版及《羊城晚报·财经新闻》版撰写的专栏文章

1

小处着眼

刊于1994年10月14日《羊城晚报》A4版

广州人有句老话说，小数怕长计。这无论对于工薪族或是生意人，都是一句有用的格言。然而，对于不同目的和不同风格的理财者，“小数长计”的运用之妙，却各有不同。常常碰到些朋友相问，有什么好生意可做？好像总是陷在“有钱没处使”的尴尬里。

其实，小数怕长计这个思维模式，除了锱铢必较的含义之外，对于投资者而言，还提供了一条从小处着眼的思路。

在我们生活圈子周围，许多被人习以为常而忽略的去处，其实是大可以开拓出一条财路的。广州西湖路灯光夜市，鳞次栉比的服装批发档，多是大出大进的，对比之下，在街头巷口的“咸酸档”和“饮料档”，实在难入法眼。然而，以投入产出比及收益率去计算，他们的效益，肯定能与西湖路内中最大的批发商各擅胜场，因为这些小档口投入少，毛利高。

连锁店的概念，就是从小数长计和小处着眼这两个角度去看市场，才产生出来的，从单一的零售额看，他们的赚头并不多，但形成网络之后，所做的生意，那可是“大大”的了。

学习投资的第一步，是不要总将投资领域看作一定是资金大出大进的“快活林”，相反，你得常常掰着指头计“细数”。此外，如同做任何事情那样，你还得持之以恒，以时间去换得空间。

也是投资

刊于1994年10月18日《羊城晚报》A4版

家庭装修在都市中热了起来，尤其是手头有点余钱的小两口，对此话题更是津津乐道。当然，到了动手之际，也有一些不能量力而行的人，为此负上了债务。

事实上，对装修热说长道短，乃是一种迂腐之见。只要你承认社会在进步，人们的品位和收入都在提高，你就不能无视人人都想装修这一现实。

不过，也有些人对装修抱着种种偏见，特别是不少的老辈人，把家居装修一概看作是“超前消费”，认为没此必要。

究竟消费有没有超前，这里且不论它。我倒是很同意这样一种看法：装修也是一种投资。

第一，装修的过程，是将货币加以物化的过程。毋庸讳言，眼下的通胀率较高，故而将现金拿在手上，便有“缩水”的可能，而及时将其物化，虽然不一定会保值，但你已享用了装修的“使用价值”，这样你就至少不会亏本。

第二，人类发展的动力，是为着改善自己的生存空间而奋斗，就家庭而言，装修实际上也是个对生存空间进行优化的过程。生活的空间改善，意味着生活素质的提高；一个人能处于一种如鱼得水的生活空间之中，身体素质一定会大大地改善，从而得以更大地发挥生命的能量。

故此，对装修的投入，不能光从“享受”的角度上考察，而应该把它看作是对优化生存环境的一种投资。住进一个漂亮舒适的家，就有可能想到更多漂亮的事，干起“绝活”来，也更漂亮。

尽用人才

刊于1994年12月22日《羊城晚报》A3版

有个当律师的“老外”来穗公干，说是要认识一些律师界朋友。适逢一些棋友上门来“开局”，亦是律师，遂引见之，希望他们能“两情相悦”。

我的棋友很能干，据说当了不少于十家企业的常年法律顾问，但闲暇甚多，除出庭外，常流连于棋局间。“老外”是“一仆一主”，被一家不大不小的公司聘去，一年下来，少有空闲，自谓每年几乎文牍等身。

原来，棋友的“老板”只是在法律上有些“冬瓜豆腐”时，才请他去做点“律师见证”之类的“干活”，平时并不麻烦他；“老外”则不然，所有契约式的法律文书，都要过目。

见二人工作相同，却际遇殊异，不禁感慨良多。从资源运用上看，“老外”的老板是物尽其用，而棋友的“老板”却未能人尽其才。

其实，请法律顾问的目的，是为了防患于未然。花钱请了人，却未能因才施用，实在是投资的失败。

拆迁与价格

刊于1994年12月23日《羊城晚报》A4版

广州市中山路沿线一带，因了大规模的旧城区改造，也正在大规模的拆迁。许多在此间立足多年的商户，于是纷纷“斩仓”出货套现，一时之间，这一边的断垣残壁之地，竟熙攘得有点儿像乡镇间的市集。

盘桓在这个突然冒出的“甩卖市集”，最大的感觉是，这里的商品出奇的便宜，同市场上价格比较，落差多半都差了三成到四成，有一些商品，还有二折甩卖的。

众所周知，在生意场上对消费者说大出血之类的话，并不是毫无原则的，只有“傻瓜”才会尽信商人之言。因为，生意场上的一切都在围绕着成本这一前提去说话，即使是真的破产跳楼，生意人也不会将尚有市场潜力的货品，拿去做血本无归的贱卖，何况仅仅是商号的拆迁？由是，可以推理出这样的结论，拆迁商号们的所谓大甩卖，不过是现金回笼的一种普通市场行为而已。

从“拆迁甩卖”市场我们不难发现，时下广州市零售市场上，成本与利润之间，存在着一种多么大的回报。作为消费者，实在应该到这些地方去转转，以便“发现”时下商品的成本价格。

诚然，商品的价格是市场来决定的，任何人都无须大惊小怪。但是，像时下广州这样把消费品也拿出来炒高的市场，显然是不合理的。

环保拜年

刊于1994年12月28日《羊城晚报》A8版

前段时间的零钞短缺，委实令大家苦恼了一阵子，如今，经过银行的多方努力和社会的配合，终于有所缓解。

不过，旧历年将近，广州人又陷入另一种莫名的烦恼，这就是四处去张罗挺括挺括的新票子，留待“派利是”之用。

“派利是”，是华人社会流传下来的习俗，说不上是优良传统，但也划不到劣根性的那条线上去。总之是你来我往，既给孩子们带来欢乐，又提供大人们显示一下一年辛苦下来的成就感机会，只要量力而行，便该当是生活中一点小浪花。

然而，零钞短缺的余悸未除，倘若大家都四出“扑”零钞，又大有可能将一部分票子积淀起来，造成人人不便。看来，应该学习一下近年国外兴起的“环保拜年”的做法。所谓“环保拜年”，就是不用贺卡之类的硬件去表达心意，只通过传呼机或电子通讯等媒介，向心上人意中人或同道中人传送信息，便收“礼轻情义重”之功效。

所以，倘或我们“派利是”时，不以零钞去表达“钱”，而借信用卡、个人支票或存折等去将心意传达的话，那么，这压岁钱就会送得既新颖而又不制造麻烦，也很“环保”。

当然，习俗真这么改良一下，会给银行小姐们带来很大的额外工作，但只好辛苦她们一下，方便大家了。

发现市场

刊于1994年12月29日《羊城晚报》A4版

十多亿人的中国，市场可谓大矣！所以无论是西洋人抑或是东洋人都紧盯着这个市场的大小变化。他们评头品足也罢，说三道四也好，最终的目的，无非是要尽快达到其觊觎的愿望。

而在国内，很多中小型企业的老板，着手开发了自己的新产品之后，心中“十五十六”的一件事，也是如何打进市场。

在八十年代中，企业家们要在市场上站稳脚跟，仿佛都离不开广告，所以，为了广而告之，大把大把的金钱，揣进了广告商们的口袋里去，一时间，颇有“广告就是市场”的意味。不过，进入九十年代后，由于广告的泛滥，已令得消费者的心态起了变化，盲信广告的消费者，已经“凤毛麟角”了。

站在中小型企业的立场上，与其用广告去创造市场，不如老老实实去“发现市场”。记得有家在健力宝、椰子汁“丛林”中杀出血路的小饮料商，就成功地运用过这一战略。当时，这家生产果汁型饮料的企业初生，根本无力去大做广告，困境之中，有人出了个点子，让企业在从未亮相的情况下，用公关手段打进京广线的列车上去，结果，他们硬是在高手如林的市场上，走出了峡谷，分走了数千万元的利益。

其实，“发现市场”的实质就是分割市场。而分割市场的方法，并不一定以地域去分，也不一定以消费层去分，只要你能按你独特的方法去切割它，你就一定能发现属于自己的市场。

策划自己

刊于1995年3月2日《羊城晚报》A4版

企业形象策划，作为一种时髦的做法，正在被人们广泛接受。

越来越多的企业经营者，也开始意识到，要做长久生意，非得在消费者心目中，树立一种稳定有特色而又个性鲜明的形象不可。

然而，在现实生活中，不时会遇到这样一些企业主，很强调企业形象，却不大注意企业家形象，尤其是某些私营企业主，总是不自觉流露出“有钱大晒”的暴发户心理，自家虽然强调企业形象的重要性，却不大能率先垂范，对自己定下的规章制度以及要求，往往先自违反之。

其实，老板既然是企业的法人代表，当然也就很能代表企业的形象。事实上，判断一个企业的管理质素，最好和最直接的参照系，就是从企业主或主要经营负责人身上去撷取信息。因为，企业管理人特别是决策人物的个性、风范，是不可避免地会在企业中留下烙印的。

而从另一方面看，企业形象的塑造，是要将企业作为一个整体去运作。企业家作为企业的一个重要组成部分，绝不可能游离于企业之外，若企业家对己一套，对人一套，则很难令员工口服心服，就算你是个铁腕人物，最多也不过多炒几碟鱿鱼而已，但“上有好者，下必效焉”的问题，却依然存在。

所以，从企业管理人的角度出发，要搞好企业形象策划，必先好好策划一下自己。

不要盯人

刊于1995年3月6日《羊城晚报》A4版

足球场上积极防守的有效战术之一，是采用人盯人的方法。这种方法的最大好处是，只要你的体能和速度同对手旗鼓相当，那么，就算你不能及时断球，也能增加对方失误的机会。

其实，人盯人的战术，说穿了是一种干扰战术。用死缠烂打的方法，令对手无法专心用事，以使自己有机可乘。然而，球场上有用的东西，却并不是放诸四海而皆准的。譬如用在自选商场上，那可就谬之千里了。

自选商场对于消费者来说，其便利之处，在于能够自选，有一个轻松的购物氛围；而对于商家来说，则是利用这种氛围，尽可能地延长客户的逗留时间，令其充分购买。

不过，眼下有的自选商场，却罗织了不少人手，在商场里游弋不已，目的自然是盯着客户，防止“高买”。但是，这种方法，却有违营造自选气氛的初衷。因为，自选商场的创意，是建立在假设客户不会“高买”的前提下的。现在你用人盯人的战术，就假设了人人都会“高买”。结果，破坏了气氛，更不用说让客户流连忘返了。

没有职员的商场是不可能的。但心理学实验表明，只要你的职员不是乌眼鸡般盯着顾客，而是一边手头上做事，一边打理商场，就会淡化“人盯人”的不信任气氛。

雇员意见

刊于1995年3月7日《羊城晚报》A4版

“有钱大晒”的世俗观念，根深蒂固地藏在许多人的明意识或潜意识当中。而某些企业当中，“老板大晒”，也成了不成文的法则，员工们更是战战兢兢，不敢越雷池一步。何故？怕丢掉饭碗而已。

不错，从投资的角度看去，有钱方能投资置业，没有钱，建立企业无从谈起，因此，建立企业，投入的资本越多，企业便越大，确乎是有钱大晒。然而，从经营管理或企业运作的角度上说，拥有企业所有权的老板，未必就一定能善用经营权，因为，其一，老板的那份身家，也许是他白手起家挣来，但是，今时不同往日，昔日精明的老板，未必就一定适应今日的市场。其二，老板不是超人，自然也不可能面面俱到。何况，老板因为原始积累来之不易，往往也会在决策上趋于保守一些，未必能做出最佳决策。

怎样才能“柳暗花明”呢？摒弃有钱大晒的心理，倾听雇员心声即可。事实上，作为一个参照系，员工的意见，往往是决策时最有力的证据之一。作为一份财富，雇员意见，有时会胜于百万金钱。因为，雇员对企业感觉和理解的深度，往往并不亚于老板，在某些问题上，他们有时会比老板更敏感，因为他们没有守财的心理负担。

三人行，必有我师焉。善听雇员意见的老板，经营业绩通常都不会太坏。

大笨象

刊于1995年3月8日《羊城晚报》A4版

广州人说象这种动物的时候，往往不说象或大象，而是说大笨象。这颇有趣，加了个“笨”字在中间，却活画了这种陆上最大的动物的神韵，并且隐隐表明，太大的动物，往往灵活性不足，动作起来也比较迟缓。

若说逢大必笨，有点儿绝对，但过于庞大的生物，看上去总觉有点蠢蠢然，这却是不经的事实。人，对这点就特别敏感，如社会节奏的加快，令得减肥之风大盛，就是一种反映。

奇怪的是，在竞争日益激烈的经济生活中，这些年吹起的风气，却不是“减肥”，而是人人都争着去做“大笨象”，许许多多的集团企业或企业集团纷纷出炉，就是一种争当“大笨象”的奇观。

在当今的经济背景之下，倘或组建集团从事有具体目标的投资，人们很容易理解，但硬是将一些生产性企业挂到某个效益好的企业上，以求以点带面，却很令人怀疑。特别是很多既不是以融资为目的，也不是以销售网络的相互贯通为宗旨的合并，实在令人难以理解。

事实上，不是站在资金运筹学立场上组建的集团，从管理学立场上看，对它是否能够适应市场运作总很令人怀疑。因为牵头的这家企业的管理，本身就已经千头万绪，必须全力以赴地去应付，现在又贸然加大架构，它的领导核心，究竟是否能游刃有余？更何况，由企业到集团，管理层需要从思维上、决策上以及融资能力上都要来一个飞跃呢？

大象的庞大，也许能降低自身受侵犯的危险，但也削弱了它摄食进攻的能力。企业，何常又不如是呢？

智者劳者

刊于1995年3月9日《羊城晚报》A4版

走进生意场去看世情，很容易发现，企业的经营管理者约莫可以分为两种：一种轻轻松松，潇潇洒洒，多半只劳心而不劳力，一副智者风范；另一种呢，事必躬亲，劳劳碌碌，总是一副出大力流大汗的模样。

这两种人走到一起时，后一种人就颇为羡慕前一种人，大赞他们的下属人才难得，堪为股肱。

其实，下属人才难不难得，除了上司是不是伯乐之外，另有很重要的一点，是上司是否善于将将。而要善将将，则同上司的领导艺术大有关系。

具体地说，当你要员工做什么事的时候，决不能想当然，而是要针对不同人的不同特点，给予相应的准备时间。其次，要让下属明确自己的确切权限以及任务，最后，向下属说明事情的轻重缓急。如是，下属便不会“懵查查”，你也不会总是放不下心。

坐在中军帐中指挥作战，除了让下属明确战略之外，还得让他们清楚战术，否则，也会打乱仗。

急流勇退

刊于1995年3月10日《羊城晚报》A4版

所谓三衰六旺，其实很有辩证的意味。譬如一个企业，尤其是以单一产品起家的企业，总是要经过开拓市场期、覆盖市场期以及稳守市场期三个阶段，这三个阶段，就有三衰六旺的情况。

一般来说，第一时期，是大投入期；第二时期，是大收获期；第三个时期呢，则相当微妙，运筹得好，企稳市场，收益陆续来；运筹得不好，每况愈下，不胜负担，好事也成了坏事，最终导致赚到手里的钱，也要再赔进去。这种倒霉事，在商战史上，屡见不鲜。

事实上，在当今科技日新月异的社会里，任何一家企业，想要一个产品“食”一世，恐怕已经很难了。公众的多变需求，别人的善意恶意竞争，必然会侵蚀你的市场份额，要想一部通书读到老，那只是一厢情愿的痴想。

那么，靠单一产品兴业而暂时又后劲不足的企业，怎样才能避免第三时期拼体力的消耗战呢？古语有云：急流勇退！当然，要做到这点，并不是要甩手不干，而是要审时度势，谋定而动，想办法在自己收获的高峰点，淡出市场，再谋出路；或者，利用自己已经取得的商誉，通过产权转让的途径，将企业作价，托付给更有实力的企业。

急流勇退和逆水行舟，作为一种市场策略，并无优劣之分。关键是，只有称过自己的斤两，才好择一而从之。

看透市场

刊于1995年3月14日《羊城晚报》A4版

在广州问道于人，想知悉大商场在什么地方，只要遇着在这里待了三两年的人，都能细数家珍。但是，如果你要打听批发市场在什么地方，便不会人尽皆知了。

个中原因很简单，在一般人心目中，买东西逛商场，那是天经地义的，而批发市场，则是生意人云集的地方，自然鲜有涉足，更没有多少求知的愿望。所以，有些研究消费行为学的专家认为，大多数人看市场，都是“横”着看的，市场在他们心目中，就是平日去买东西的菜市、商场等等。

平面地去看市场，当然并没有什么不好，但是，倘若能“纵”向地去看市场，有时却有莫大的好处。笔者有位朋友，就熟记了广州各个批发市场的地址乃至自己可能需要的易耗商品的价格，一旦有需要，即悠然前往。结果是，算起来他家的日常开支，竟比一般家庭减少了约四分之一。

零售商店，是商品市场的终极环节；批发市场，则是商品市场的中间环节从中间环节买东西，当然便悭了很多。

“卡”路何窄

刊于1995年3月16日《羊城晚报》A4版

信用卡这个好东西，并不单单是富翁的专利，它只是一种普通的结算工具。这种观点，已经开始为社会所接受。所以，如今都市中的打工仔，只要有稳定的收入和信用充分的担保，便都能享受“碌卡”一族的那份方便、那份潇洒了。

然而，不知何故，眼下大凡能接受“碌卡”的地方，似乎都少不了同吃喝玩乐衣着首饰等有关；信用卡公司选择的特约商号，总脱不开刺激消费这个窠臼。故而，信用卡使用方便这一功能，目前就只停留在“买 （东西）”方便这一层面上。

其实，一个家庭的必要支出，并不一定总是花费在商场食肆中的。尽管人们在此方面消费的随意性很大，很容易经不起诱惑而做出超计划开支的抉择，但是，以大多数消费者的立场，量入为出，依然是持家购物之本。因而，信用卡公司们一拥而上地在商场上“大战一场”，到头来恐怕很难再有什么大进展。

一介公民，一生之中，总免不了要上医院、交点这个费那个费，甚至要交付罚金什么的。真不明白，何以信用卡的“方便”功能，就不能惠及这些领域？从心理学上看，人倒霉时（比如上医院），对方便的渴求，比平时更甚，倘若交药费或交罚金时，“碌碌”卡便能搞掂，而不必排长龙、点现钞，那揪心揪肺的痛苦感觉，说不定会减轻许多哩！

定势思维，有时会限制事业的拓展，“卡”路太窄，也许就是我们的信用卡事业发展不如别人的重要原因之一。

看得见

刊于1995年3月17日《羊城晚报》A4版

企业形象策划，由于广告公司“别有用心”的推动，几乎已经家喻户晓了。但是，眼下有种倾向令这种活动越来越流于纸上谈兵。很多企业，只是重新设计一下商标或者张贴几张海报，再制定下一份似是而非的管理规划，便以为可以一蹴而就。

其实，企业形象这回事并不那么简单。企业若想在公众心目中占有一席之位，是要靠持之以恒的服务，才会慢慢积淀下来的。所以，在很多时间里，企业的功夫并不一定要从大处着眼，相反，要常常从小处着手：尽量让顾客看得见你的服务。

譬如，到宾馆中去住宿，洗漱间干干净净，你会觉得理所当然，但如果贴上一张“已清洁”的标签，你会觉得格外受用，印象深刻。又譬如，某商场的货架，一律贴出某年某月进货的日期，于是你买东西时，又会觉得特别放心……不要以为这类小小标签只是一些小手腕，实际上，它是将顾客不易于觉得的服务“有形化”的方法。

将抽象的东西有形化、浓缩化，以期受众“入心入肺”，那是企业形象策划的最终目的，但这多少有点强行灌输的味道。而将服务有形化，让顾客“看得见”、摸得着，则是一种能够潜移默化的推广手段，有时，这才是企业形象推广中的最大的“西瓜”。

卖时间

刊于1995年4月12日《羊城晚报》A4版

经营得好的快餐业，其收益率颇令不少饮食业的老行尊眼红。很多人百思不得其解，何以在饮食文化发达的泱泱大国，这种并不完全是“食以味为先”舶来品，竟也能大行其道。

其实，从快餐业的运作以及市场来看，快餐业确实在每日里向人们提供着填饱肚子的食品，这些食品也具备一定的特点。然而，快餐之所以深受欢迎，归根结底，是除了满足消费者的营养需要之外，还提供了一种传统餐饮业未能充分提供的服务——那就是节省时间！人们络绎不绝地去“帮衬”快餐，无非是花钱多赢得一些时间而已。从这个角度来说，快餐业所以长盛不衰，无他，“卖时间”罢了。

能够像快餐般既满足需求，又能“卖时间”，事实上是当代许多服务业最为本质的驱动力，如“随意放”晒彩照，复印服务，速递服务，还有方兴未艾的快速印刷业等等，其存在并能生发的价值，无不缘此。

古语有云：一寸光阴一寸金，寸金难买寸光阴。其中道理尽人皆知。不过倘你在为顾客服务时，确能站在让消费者节省时间的立场上设计自己的服务流程，那么，定能像快餐那样具有自己的特色，令生意做得火红火绿！

客回头

刊于1995年4月13日《羊城晚报》A4版

开铺头做生意，最紧要是能够凝聚一批回头客，因为回头客的消费目的性最强，他只要回到你的铺面，多半都肯同你做成生意。所以，生意场上的熟客，往往是最不会令你失望的一群来访者。

然而，在多半已成行成市并竞争激烈的现代市场中，熟客却绝不是天上掉下来的，他们需要你去争取，去网罗，才会自自然然地成为你的“衣食父母”；而且，要结交任何熟客，都有一个由生而熟的过程，因此，如何在买卖过程中创造熟客，包含着相当微妙的经营技巧。

市场心理分析家们研究表明，大多数生客初次上门，都并不表示他要同你做成生意，他不是想比较一下你商品的定价，就是要在你这里获取价格信息之后，向别的商号压价。总之，多半有点儿“居心叵测”。因此，除非你的商品很有优势或特别令他心仪，才有可能成交。

不过，在商言商，做生意的人为自己商品定价，其实并不会与市场的平均价相去甚远，因此，生客上门，要留住他，便往往不是靠价格优势，而是靠你或你的员工，是否能够小心招呼，令他心中受用，若能做足这点，就不怕客不回头。

有人说，我是做零售生意的，每天人流熙熙攘攘，“过了海便是神仙”，要创造熟客，岂不是事倍功半？非也！岂不闻“有口碑相传”这句老话，何况所谓熟客，并不单是指一两个熟人，而是指要形成一个“熟”客的好氛围呢！

收藏宜专

刊于1995年4月18日《羊城晚报》A4版

为着规避“银纸”缩水，越来越多都市人开始将目光，专注到收藏品上来，只要社会上风传有什么玩意儿能够保值，便一拥而上，挖空心思想据为己有，以囤积居奇。

然而，收集藏品，作为一个很特别的行当，却绝不是毫无风险的。因为，除了邮票或流通钱币这类有法定价格的东西之外，作为一种随行就市的商品，收藏品大多数都会因市场心态、文化倾向等不同而变化，其价格的波动性，往往并不亚于股票；而且，收藏品的交易，在许多地方尚未形成统一的显性市场，因此也很难厘定一个统一价格标准。事实上，收藏品的保值，只是相对而言的，不会也不可能绝对保值。

那么，怎样收藏才能降低风险呢？收藏行家有句话，就是收藏宜专。意思是，当你选择某种力所能及而又合乎自己审美品位的东西收藏时，最好持之以恒，使之形成系列，千万不要“东一头西一棒”，这样，你就能集中力量攻其一点，一不致分薄资金，二有系统性，三不会一心二用，四也易于成为专家，甚至是大收藏家。这样，随着时间的积累，你就能为自己的收藏积累一个空间。谁都知道，在收藏界中，谁的积累越系统、越齐全，谁就越有竞争力，换言之，一旦真要出手套现，也就越能卖得个好价钱。

“拉”生意

刊于1995年4月20日《羊城晚报》A8版

许是因为“万世师表”孔夫子曾发惊人语，从哲学角度将“食”归入到“性也”的“人之初”当中，故源远流长的而又强调克勤克俭中华文化里，遂派生出颇叶茂枝繁的食文化分支，当然也造就过不少生意以食为先的大大小小老板们。

时至今日，贾以食为先，依然是许多商界巨擘们的发家撒手锏。只要看看都市中鳞次栉比的酒楼食肆，商铺里林林总总的零食饮料，就不难想见，食生意确乎是个潜力无穷的大市场。

然而，看看中国的市场，有时却不免困惑：据说，大凡市场，都有环环相扣的连带关系，正如生物学上的食物链一般。可是，食生意发达的中国，偏偏“拉”的生意却不发达，这不能不说是咄咄怪事。

食固然是“性也”，“拉”何尝又不是“性也”呢；从逆向思维的角度去出发，既然食生意能够“坐大”去做，“拉”的生意，何以就不能呢？

可喜的是，市场上同“拉”有关的生意，如洁具厕纸之类的商品，已经做得火红火绿了，只是尚未有更多的投资者，像构思食文化的事业那样，想想“拉”的问题。

有需要就有市场，千万不要只记得食，忘记了“拉”！

提升问题

刊于1995年4月21日《羊城晚报》A4版

眼下，不少企业家抱定“市场竞争就是人才竞争”的宗旨从事企业管理，但不时会遇到一种窘境：那就是你很重视人才，而你心目中的人才，却未必重视你。所谓“敬酒不吃吃罚酒”的现象，更是屡见不鲜。

譬如，某员工在岗位上勤勉忠诚，业绩可嘉，你将他提升为主管甚至经理，殊不知，这位仁兄有时连板凳都未坐热，便彬彬有礼地同你讲声“拜拜”了。这样，你不但失掉了一个好员工，而且，还不免有“我本将心托明月，谁知明月照沟渠”的挫败感。

其实，提升人才上一定的职位，往往只是在特定的环境下，重视人才的手段之一。而将所有在岗的佼佼者一一提升，却绝非明智之举。因为，第一，你很可能再也找不到另一个人来完美地顶替你提升的人；第二，很多能胜任原岗位工作的人，未必都能胜任提升上去的那个岗位上繁重的业务。由是，或者是自尊心作祟，或者的确是力不从心而满心内疚，被提升者祭出揖别这招下策，便势所难免了。

所以，善用员工的办法，有时是让他在原来岗位上工作，而又让他拥有主管或经理的那份自豪感和骄傲。倘你真能设立这样的机制，肯定能减少人才流失。

也说“和气”

刊于1995年4月25日《羊城晚报》A4版

做生意的，都爱将“和气生财”这句话挂在嘴边，但生意场上，拍档人之间拆伙的活剧，却又上演不辍；合伙人平日称兄道弟、到头来反目成仇的情况，更不一而足。

这种结果，常常令不少当事人，回过头来反思时大扼其腕，深感惋惜，然则，却很少人多问一个为什么，从中求得某种启迪。

中国人有一种似乎根深蒂固的观念，就是崇尚“有福同享，有难同当”的江湖义气，并把这种道德上的理想观念，移植到商业社会中来，却极少深究，这种江湖义气，在商界中到底有多少社会基础。

事实上，生意场上的合作，归根结底是一种利益的合作，就算你以兄弟关系或姊妹关系去掩盖，也无法改变这一实质。因此，在生意场上，只有以经济目的和经济实力为基础的合法契约关系，才真正构成经济上的合作关系；只有承认合作各方的利益并合理均衡这种利益，“和气生财”才能获得基础。

每一个生意人都应清楚，没有基础没有原则的“和气生财”，只是一句苍白无力的空话，甚至是个骗局；而依据契约锱铢必较，并不一定就会造成感情上的“挫伤”。

买金时候

刊于1995年4月27日《羊城晚报》A4版

都市人买金器，业已形成一股潮流，于是街头上的金铺越开越多，街上行人穿金戴银的分量，也愈益沉重。

为着招徕顾客，多数金铺推销产品时，总以有多少条“九”为号召。这当然是要表明货柜上的东西，纯度之高，足以骄傲。许多的消费者，也就冲着这些“九”字，慨然解囊。当然，大购金器的顾客，其行为目标十分明确，那就是购金保值。

购金保值，这是投资意识高涨的表现。然而，要使手上的饰金真正保值，有个重要的前提，就是投资买入时要“物有所值”。

所谓首饰，说穿了，乃是以贵金属或宝石等为基质制造出来的装饰品。从价值角度看，其中应有两个可计价的含量：一是贵矿物质本身的价值，二是手工的价值。前者，当然是根据市场的供求量，来调节其价格；至于工艺价值，则除非是世界公认的大师杰作，一般而言，是不应“喧宾夺主”的。

时下，大多数金铺里的首饰，一般都只标明总价，而不将首饰本价同手工费分开报价，弄得价钱扑朔迷离，内里有多少“水分”，令人无从索知。很多时候，这其实是商家利用诸位只考虑保值，却又不想深一层的心理，大大地敲了一笔“竹杠”。

这一渠道

刊于1995年4月28日《羊城晚报》A4版

都市中的广告媒体，大抵已经开发得差不多了。就目光所及，唯一的一块“净土”，恐怕只剩下那个中国人一向认为“不洁”的“五谷轮回”之所了。

平心而论，以公众场合而言，能够真正强迫性地令受众注目或侧耳倾听若干分钟的媒介载体，最好的选择，莫过于厕所这个使人不能不驻足的地方。奇怪的是，大多数厂家，似乎都不愿在这里留下痕迹。无他，心存偏见而已。

其实，随着城市建设水准的提高，厕所已再不是污秽之地了，而当代人，也逐渐能够平等地对待这个专管“出处”的地方。倘或生产相关产品的厂家，能克服自己的心理障碍，让广告在厕所占上一席之地，实在也是一条令产品深入人心的良好渠道。

高利行当

刊于1995年5月2日《羊城晚报》A4版

收破烂这个行当，是闹市中最早显现式微景象的传统行业之一。在六七十年代，大凡住宅群落，无不配套有废品收购站，然而，随着地价的抬高和商业的兴盛，近几年连废品站本身，似乎也成了闹市区中的“废品”，就连二级、三级的马路面上，都没了它们立锥之地。

相反，在城市的边缘地带，不少外来人口，却像淘金似地涌进来“拾遗补阙”，形成着一支颇具规模的“破烂王”大军。显然，这个在市中心日渐式微的行当，正在城市的边缘广泛地创造着“就业机会”。

从经济学的观点出发，能够大量创造就业机会的行当，肯定是有利可图的行当。据了解，在城乡接合部活跃着的上门收破烂生意，刨去劳动力的成本，回报率仍高达60％。

其实，从资源和人口密度看，收破烂这一行当在今时今日应该比之二三十年前更有发展潜力，它在闹市中无法立足，实际上并不是市场在萎缩，而是因为经营手段未能跟上时代的节奏。

事实上，倘或有人真能想通想透，将连锁、直销等现代商业管理观念，导入收破烂这行当中，这行当就一定不会再有“脏乱差”的面貌，其丰厚的利润，也一定不仅仅只流到乡下人的口袋里去。

真何苦来

刊于1995年5月3日《羊城晚报》A4版

做广告的目的，无非是要招来客户，而要招来客户，则广告的内容，不可无“诚信”二字，否则，就会陷于“讲极都没人信”的窘境。

然而，眼下广州地产界推出的广告，却大都水分多多，从广告上看，家家地产公司无不摆出一副大幅降价甩卖的样子，但等到客户果然信以为真，上门查询时，才发现什么“八百元起”“几万元可做业主”之类的广告词，全是谎话；“扮猪食老虎”才是他们的真面目。许多买楼人最后结算时都会大大超出自己的预算，所谓便宜、实惠、优惠之类的鼓吹，不过是七彩肥皂泡而已。

其实，做买卖的，真正要企稳市场，离不开明码实价，而楼盘实惠不实惠，一切都取决于地价、建筑成本和开发商的利润率，且应由购买者自己判断，无论你开发商怎样装熊，到结算时你肯定不会“学雷锋”。这一点，卖家买家都心知肚明。

如是，做广告时何苦要将话讲得拐弯抹角，以致背上虚假广告的黑锅，担着口蜜腹剑的恶名呢？

水族箱里

刊于1995年5月4日《羊城晚报》A4版

绝大多数人看市场道生意时，都不免要对传统行业投以关注的一瞥。不过，在心目之中，却又不大看好传统行业，因为，传统行业在不少人的语汇中，实际上是夕阳行业的同义词，有点儿“身家”的人意欲投资，大都不会选择传统行业作为切入点。

然而，换一个角度看，街头上许多不为人注目的小本买卖，却往往是低投入高产出的行当，譬如包饺子、卖咸酸、摆“牛杂”档等。有心人跑到街市上看看，再回头算算账，就不难获得正确的答案。

更有趣的是，在都市之中，有的传统行业，随着自身的优胜劣汰，已经变得不那么“传统”，而且，由于时代的变迁和技术进步，已经开始向其他行当渗透过来。比如卖金鱼这行当，就已经远不是几只脸盆、一片荷叶、三堆红虫那么简单；如今，在这行当里，已经有专门的饲养技术，专门的饲料，专门的鱼缸制作，以及排污、灯光、水底景观设计，水草栽培，甚至鱼苗、水草品种的进出口等等。更有甚者，围绕着小小水族箱去做文章，几乎已经成为家居装修布置中的专门行当了，其经营的手法，有种苗炒作、上门服务、垄断技术、品种专卖等等，其涉及的金额，小则几块钱一对鱼，中则一万元为你布置一套水族箱，大则上数十万美元的种苗进出口……卖金鱼发展到今时今日，已经不再是“小儿科”，颇有摇身变作以悠闲为对象之“现代养殖业”的势头。

由此可以得出结论，即使是传统行业，只要找到突破口，而又能不断完成自身的嬗变和革新，便是一宗大生意。“麦当劳”能在一只汉堡包身上做出这样大的文章，便不外是这个道理。

欢迎他们

刊于1995年5月5日《羊城晚报》A4版

寿险小姐来了！寿险先生来了！广州人的生活中，又平添一朵浪花。这朵浪花，带来了新的营销观念、投资观念；或许，还会带来新的生活方式——说不定若干年后，大多数广州人的财产凭证中，将增加厚厚一叠寿险保单……

其实，像保险、银行这等行业，确实早就应从办公大楼里架出一道桥梁，通向千家万户。因为，普通的小民百姓、工薪一族，确乎对保险种类或各种储蓄利率知之甚少，处理自己的财务时，往往只凭一知半解的直觉行事；更有不少人，根本就看不懂金融部门“们”发放的那类专业性很强的所谓宣传资料。

现在好了，终于有批受过培训的专业人士，走到寻常百姓家中来，帮你一把，岂非不亦乐乎？

“第二春”

刊于1995年5月9日《羊城晚报》A4版

今年夏天，高档时装的专卖店似乎有点儿不那么走运了。这些装修豪华、货品贵价的店面，早两年那香车盈门的风光，现在好像已成为明日黄花。

与此相反，早些年几乎是在夹缝中求生存的车缝衣档，如今却纷纷装修，华灯高挂，名媛熙攘，隐隐露出“翻生”迹象，且越来越“大气”了。

这样的市场景况，不免又令生意人大叹：“风水轮流转呵！”

其实，说那些洋味十足的专卖时装店是“自己玩死自己”，实不为过。只要去这些店档看看服装令人咋舌的标价，再掂量一下它们的面料，便不难得出“物非所值”和“飞禽大咬”的判断，更何况，这些成衣还是批量生产、手工“平平”呢？

诚然，消费者购物，确乎存在虚荣、攀比之类的误区，然而，实惠的需求，却是永远占着主要地位的。俗语说：“揾笨无回头”，即便是亿万富豪，消费时被人揾了笨，也是会忿忿然的。

可以预见，随着时装设计师的介入，面料市场花色品种的增多，消费者求异求新的欲求日益强烈，那些专事度身定做的高档衣缝店，不仅正在步入行业的“第二春”，而且，大有可能成为服装市场上的领潮流者。

读读广告

刊于1995年5月12日《羊城晚报》A4版

广告的泛滥，是现代人的一烦。所以大多数人，面对铺天盖地无孔不入的广告，只好取视而不见的态度，以求得“眼不见为净”的心境。

然而，树欲静而风不止，该来的广告，还是要通过报章、电视、广播、邮递等渠道，不绝而来。不过，倘能换一种心境去“读”广告，有时，也不是没有乐趣的。比如，看某报上教授硬笔书法的广告越做越大，从指头那么宽，终于扩展到通栏或整版那么大，于是，你不难揣测，那位教书法的先生，原来找到了一个大市场；又比如，你近来不时看到楼盘或空调什么的，在东家做广告说自己便宜，又在西家说自己降价等等，你约莫又可猜测到，开发商或厂家们这会儿资金紧张，库存积压，急于套现；再比如，某只什么壮阳药品近来声音不如以往那么“壮”，渐渐开始“淡”出市场，那十有八九是这只药已如强弩之末，被市场“杯葛”了……

其实，读广告，有时是获得市场第一手资料的最佳途径。任何一个生意人，设计广告时，都绝不是没有目的的；而广告的内容，又往往隐隐透露出他们在市场上的位置，甚至透视出他们的实力。只要“读懂”他们的广告，一旦你要直接或间接同他们打交道时，就不难处在心理优势的位置。

发烧一族

刊于1995年5月16日《羊城晚报》A4版

大多数生意人，对比较局部的市场，一般都不太在意，认为那是“偏门”，然而，站在求财的角度看，有些面对某部分特定消费者的生意，却也回报不菲。这对于拥有不大不小一笔资金的人来说，不失为一个可供选择的投资方向。

都市中大凡簇拥着一群“发烧友”的行当，便属于这种类型。从小处着眼，比如养金鱼、养鸟儿、养宠物之类；稍为大些的，有电脑、音响一类；再大些的，如以“练车”一族为对象的名车廊，又或是麇集艺术品的画廊一类，等等。

首先，这些行当，好就好在它针对的消费层特点鲜明，收入稳定且丰裕，而且还很“发烧”，往往乐于为心爱之物一掷千金。其次，这一类行当的产品，往往高中低档层次分明，就圈中人而言，覆盖的消费层面，实在也不算得不广泛。再次，这类消费者，只要他认同你的质量和信誉，就多半会回头做你的生意，客源不易流失。并且，这些消费者往往比较执着，求新求完美常使他们乐于更新换代，市场深度不少。最后，随着人们生活水准的提高，不同收入层面的人群，也将不断孕育出新的客户，令得市场不易饱和。当然，倘你自己也是“发烧友”，则其中乐趣，更不说自明。

由此看来，盯着发烧一族这一消费层，不失为进可攻、退可守的一门生意。

学《票据法》

刊于1995年5月17日《羊城晚报》A4版

一部规范商业信用的法规——《票据法》，不久就要实施了。做生意的人，不可不学习这部法规。

写支票还多过写信的生意人或许会认为，上面的话，不外乎是一种说教，做生意嘛，又不是当律师，我只不过“识做唔识讲”而已，没什么大不了的，何苦要啃那部概念多多的本本。

其实不然。所谓票据，并不仅仅是支付或者提款凭证那么简单，作为一种特别的信用工具，它有特定的格式，这些规范的格式，又都有法定的含义。票据，不但标明一定含金量的面额，而且还规定着出票人或持票人的权利和义务。在商务往来中，一旦涉及票据，实际上就同你的利益分分秒秒紧密相关；无论你是出票人抑或持票人，倘若不清楚票据的正文及背书的规范及其法定含义，你就难以保护自己的利益：作为持票人，你可能没法区别"坚野"或"流野"；而作为出票人，你甚至可能要承担法律责任。

对于完善的社会来说，要维系公平公正这一原则，是绝不会"有钱大晒"的，只有法才最"大"。虽然，《票据法》只有不长的几千字，但是，它却限定了生意往来的"游戏规则"，如果你连这些都"唔识讲"，那"斟"生意就无从开口了。

断了"米路"

刊于1995年5月18日《羊城晚报》A4版

证监会昨日发出紧急通知，在全国范围内暂停国债期货交易试点。这一举措的最终目的，自然是打击证券领域的过火投机活动，稳定证券市场。从宏观上看，这是势所必然的。

进行国债期货交易试点，本意是促进国债市场的发育，这既有利于国债的发行，也令承担国债的实体能有一个套期保值、融通资金的渠道。然而，就像打开潘多拉魔盒似的，不少把握资金的超级大户，见有机可乘，遂悍然屡屡挑战国家的有关法规，恶炒国债，弄得债市风波四起，黑幕重重。

其实，说我国开展国债期货交易的基本条件不成熟，是信而有据的。其原因之一是我国并未实行真正的汇率并轨，国内的期货市场，从投资主体和资金来源上说，只是一个封闭的市场，投入债市的资金主体，来来去去多半是国内的非银行金融机构或者财权在握的某些部门的关联企业。做恶多的也好、做恶空的也好，这些所谓"超级大户"无非是在慷国家之慨。这种恶炒来恶炒去的结果，只会导致国有资产源源流失。

有法不依的投机，或规避法规的种种行为，在证券领域由来已久，某些人更利用自身的地位，“吃完国家吃散户”，证监会此次决定整治债市投机，是断了这些人的“米路”，但愿它也能下同样大的决心，整治一下其他证券领域。

踩错节奏

刊于1995年5月23日《羊城晚报》A4版

日前股市牛气冲天，从盘面上看，股只的市值，竟然在一两天内，平均上升了将近百分之四十，很多人说，这一趟行情，对投资者来说，是“三只手指执田螺——稳拿”了。

殊不知，虽说是牛市，也照样有人蚀钱，其原因，用股民的行话来说，叫做“踩错节奏”，即该进货时不进，该出货时不出，如是，要么贻误战机，要么高位被套。

其实，不单是股市最讲究“踩节奏”，做其他生意也莫出此理。比如一年一度的季节转换，是销售衣服的好时机，可是，倘你不能踩准节奏，没有饮到“头啖汤”，那就很可能要等着“卖烂市”。又如，都市中时兴的流行货色，常引得不少商家追逐，可是，流行货的生命力通常不过昙花一现，若你不能在它萌发之际拿定主意，等到其他人一拥而上时，你往往就不得不增加经营成本，甚至要“忍痛”离场了。

当然，“节奏”有长也有短，看市场的角度不同，做长线生意和做短线生意的选择不同，“节奏”变化的表征与含义也就不一样。不过，这是另一话题了。

广告学堂

刊于1995年5月25日《羊城晚报》A4版

爱侃的北京人，描摹世情时也善编笑话。比如，有宗笑话就说，倘或从天上掉下几块石头砸着五个人，则很可能有三个是广告公司的“主儿”。

这则小幽默，自然是说都市中广告公司多如牛毛，达到几乎人人都可“插上一腿”的地步。也难怪，商品经济的大潮涌来，不时裹挟些喝过几瓶墨水的人下海，这些人一无原始积累，二没有商业信用，最好的办法，就是“靠脑揾食”；通过予人方便，谋得一羹二饭。

不过，经过若干年的发展，广告业也优胜劣汰，逐渐出现了“强者越强”的态势；硬件及人才的水准，也今非昔比。面对这种状况，大量的广告从业员要想继续捧广告这只“饭钵”，便出现了自我提高的欲求，而这种欲求之迫切，甚至正在构成萌发教育领域中一个新“市场”的动力。

有道是，为赚钱的人们开路，一定能获得丰厚的“买路钱”。倘或投资于教育的人们，果能网罗精英、设账授受，那对广告界来说，是做了一宗“胜造七级浮屠”的好事，至于自己的荷包，当然也不会太受委屈的。

休闲真贵

刊于1995年5月26日《羊城晚报》A4版

按照中国的传统，休闲当是隐逸之士的专利。但即使是在古代，休闲也是很“贵族”的。陶潜能采菊东篱下，是因为他有几亩薄田；王维能坐看云起时，乃因他是“离休老干部”，既有高薪俸，又有小庄园。可见，休闲固然很洒脱，却实在不便宜。

到了今天，休闲由于有商界的鼓而吹之，似乎又成了现代人的一种时尚。不过，好像是秉承了休闲的贵族传统，商场上的东西，一旦挂上休闲的标签，便骤然身价百倍，令平民百姓敬而远之。不信你到市场一逛，大凡衣食住行，介入休闲“局”中，保证你休闲之后，非累坏不可，因为你不得不拼命“揾”钱补“鳝”。

事实上，按中国的消费水准，设计合乎平民百姓“脾胃”的休闲业，才可能拥有广大的市场。生意人都知道：一市淡三墟，毕竟不是长久之计。为了千金难买的客盈门，商人呵，能不能让休闲便宜些，再便宜些……

“荷包蛋”说

刊于1995年5月30日《羊城晚报》A4版

听一位做快餐生意的朋友说，食客前来档口光顾，最乐于掏腰包买的，是最简单的煎荷包蛋。尽管这只荷包蛋的价钱，接近一元；也尽管买快餐的人都知道，市场上一斤鸡蛋只卖三块多；但食客们似乎总觉得吃荷包蛋最实惠。

我的朋友百思不得其解。

其实，荷包蛋在快餐市场上受欢迎，从消费心理看，食客们并不太在乎这只蛋的进货价，他们看重的是，快餐档所卖的菜式中，煎鸡蛋是唯一与原料最接近、绝对无法“缩水”，而且公认有营养价值的东西。虽然，从价钱看荷包蛋是利润深了些，但在那盒饭中，一只荷包蛋的价钱，并未超过百分之五十。因而，大家都接受这“原汁原味”实实际际的菜，至少，整份快餐组合，很能突出鸡蛋“物美价廉”的特征。

只有蛋黄和蛋白的鸡蛋，在形象上，给人的感觉是简单明了；而放到一个盒饭中，它担当了令人最有信心的角色。如果我们在为产品做包装时，也能在自己的组合中找出“荷包蛋”，并突出之，那么，岂不也抓住了形象设计的核心？

旅游市道

刊于1995年5月31日《羊城晚报》A4版

“双休日”实施一个月了，很多人那颗旅游心，莫不开始“蠢蠢欲动”。传媒也纷纷鼓噪说，国内短线旅游的巨大潜力，正在喷薄而出。

可是，旅游界的朋友却不那么乐观，在他们看来，眼下的旅游市场，只是“地火在地底燃烧”；普通百姓，更心热身不热。

人们在等待什么？等待旅行社“们”组团的方式，不再那么豪华！君不见，眼下都市中大小旅行社的招客广告上，单人出游的费用，毋论天南海北远近，莫不在三四百元以上。乖乖，这叫普通百姓如何享受得起！

由此想到，为什么不能产生一些旅游管理公司，将早些年各大单位在都市周遭旅游点上兴建的招待所、度假村，以经济契约的方式统筹起来，再借鉴国外自助式旅游的组团方式，组织“无车阶级”们去度假，岂不各得其所哉！

假集体

刊于1995年6月2日《羊城晚报》A4版

山西的张某和刘某，利用所处职位，在未取得法人资格的情况下搞所谓股份制改造，并几乎实现一枕黄粱。这在法制健全的地方，简直是咄咄怪事；换一个角度去评论此事，也可以说这两个胆大妄为的企业官员的所作所为，实属欺诈。

法的意识的薄弱，很多时候是导致经济活动混乱的根源。读罢山西这宗案件的报道，不免令人想起，另一个与产权有关的问题。

现在全国上下有不少的“假集体”企业。这些企业在取得经营资格时，是以集体性质注册的，按道理，它们的固定资产增值和利润，也应是集体财产。但现实情况是，这类企业的法人代表或经营权行使者，对企业资产的处置和分配，却完全拿它当私人财产来办。这种混乱，令到界定产权时，产生很多麻烦，也使“贪污”这个特定的法律概念，变得含混。

目前，如何为“假集体”这个怪胎做好“整形手术”，在贯彻《公司法》过程中，真是一个亟待解决的问题。

泳池随想

刊于1995年6月8日《羊城晚报》A4版

炎炎夏日，广州的游泳池据说场场爆满，然而游一次泳的价钱已是“今时不同往日”，涨到了10元以上。

于是，有位朋友提出一个问题：在市中心弄一块地皮，经营游泳池，究竟“有冇数为”？答案当然简单——寸步难行！且不说地价高企，单是一年只能经营一个夏季的这笔买卖，便不如开一个停车场划算。不过，这无意中触及一个有意思的点子：群众体育，能不能也按经济规律办事，做出一门生意来？

答案也是肯定的。第一，都市中以卡拉OK为代表的流行文化正在降温；第二，长居“石屎森林”的人们迫切要找个松筋动骨的地方；第三，灯红酒绿之后，谁不希望有个健康的体魄？这些需要，都兆示着运动场地的潜在含金量越来越大，可以预言，未来的“会所”发展趋势，不单从文从艺，还会从“体”。

在日常生活当中，实在不必将体育看得过于严肃，它不过也是有益身心的一种娱乐，对于参与者来说，它未尝不与卡拉OK有异曲同工之妙。当然，从生意角度看，这是一项长线投资。而与卡拉OK比较，它也属于“薄利多销”的行当。

老人家

刊于1995年6月9日《羊城晚报》A4版

在都市的证券交易场所里，最惹人注目而又最有耐心的一群投资者，当数那些两鬓斑白的老人家。

应该说，他们是最有风险意识的人群之一。不是么，这些老人家，多半是将平生积蓄的相当部分，拿到市场上追涨杀跌。他们的目的不外两个：一是同通货膨胀“较劲”，指望手里不多的“防身钱”不至于缩水；二是寻找打发时间的寄托。真正做“黄金梦”的老人家，实在并不多。很多时候，看着他们一手一手地填买单卖单，都不免令人肃然起敬：他们仍多么有活力地同命运搏斗着！

从社会学的角度看，离开了工作岗位的老人家，绝不是什么“闲散人员”；相反，他们由于有自己的时间和一定的保障，因而在投资或劳务供给时，往往有自己的一份执着和年轻人所没有的洒脱。故此，老人家无论是作为一种投资主体，抑或一定的潜在劳动力来源和日益扩大的消费市场，都是不由忽略的。倘若有人能设计出既为老人家的“荷包”着想，又能令其发挥“余热”的专门事业，则真是社会之幸！当然，相信思想已经跟上时代的老人家们，也不会令他劳而无功的。

小贩的广告

刊于1995年6月13日《羊城晚报》A4版

自从引进CI这个概念之后，广告便开始变得高深莫测了。充斥于各类传媒的广告，越来越“淫巧”，加上一大群文化人的介入，广告界几乎成了文化人“才华”大比拼的角力场。

广告有文化味，追求艺术品格，固然好。然而，凡事都有个度，无论你的广告做得多么艺术化，但如果不能带来利润，最终也是枉然。

事实上，在当今市场上，广告意识比较实际和冷静的，倒应该说是大街小巷里的“小贩一族”。他们的“广告学”，很有几点道理。第一，他们的广告，成本绝对的低，一张破纸、一块木板往摊前一摆，便在熙攘的人流中脱颖而出。第二，他们的广告，绝对单纯，那就是咬紧消费者心理，仅在“坚”（地道）和“便宜”两点上做文章，从不偏离丝毫。第三，他们的广告离市民心态绝对接近，比如，当大家觉得出口货比内销货好时，他们就说产品是“出口转内销”，当大家对进口原料比较“感冒”时，他们便大声吆喝“意大利真皮”，等等。

说实话，小贩们做广告的这三板斧，还真创造了不少有效广告的范例哩。

男女问题

刊于1995年6月14日《羊城晚报》A4版

自从中国人告别了“蓝蚂蚁”时代之后，都市的大街小巷里，富于女性色彩的产品、街招、店名，简直势如洪水，中国字中略带女性化的字眼，其使用频率之高，令得不少搞语言的专家们，也为之目瞪口呆。更有促狭鬼出来幽它一默，说中国市场的氛围，是“阴盛阳衰”。

以女性为招徕对象，无非是基于这样一种理论：一是女性购物消费比较随意，也有乐于逛商场的倾向；二是女性在家庭中不少属于“内政部长”，“有权有势”，因而，针对她们去做文章，一定能够使产品或服务“适销对路”。

这种策略，无疑能够获得成功，然而，却不免有点片面。事实上，作为一种情感动物，人的消费欲的构成，有一个重要方向，那就是雄心，优越感，以及拥有欲……君不见，男士购物时，也有很多令卖家喜出望外的举动：比如，从不多讲价，目的性较强，一旦决定，即不更改等等，这些何尝又不构成一个值得专门“码紧”的消费群体？

在泛滥的女士专卖店之中，倘或能有一两家男士专卖店、美容厅在鹤立鸡群，那会是怎样的局面？想一想，便不用多说了罢！

“点子”质疑

刊于1995年6月19日《羊城晚报》A4版

“点子公司”这类事物，早些时候被传媒炒得神乎其神，一个点子值多少多少万元之类的花边新闻，听着都觉得有点邪乎。

但是，我总疑心，这一类关于点子的新闻，不过是“点子公司”们为推销自己的“点子”，而付诸实施的“点子”而已。

倘若将“点子”也看作是知识产权的一种的话，“点子”好像委实应当值些钱的。然而，在实际操作中，“点子”究竟“馊”不“馊”，却必须经过实践的检验。在书斋中萌发的点子，也许是有条有理的，但付诸实践，却多半会带来混乱，何故？因为大多数点子，都是摒弃了许多偶然因素，才得以成立的，而实际经营中，非得克服许多难以预料的偶然性困难，不能到达成功的彼岸。

而且，坐商言商，点子是否值得追捧，还须有个法律保障的问题。你给我出点子，如果导致经营失败，你要不要负责任，如果不必负责，那你又有什么权利漫天要价？商人都知道，任何一宗责任承担不明确的交易，都是不公平的交易。

经营遇到问题，请专家咨询是必要的，付出酬劳，也理所当然；但这只是劳务方面的开支，决不应当笼统当作是专家意见本身的价钱。因为，在未有立法之前，任何人为“点子”本身开价，都是值得质疑的。

“整顿”存折

刊于1995年6月21日《羊城晚报》A4版

一谈及家庭理财，“工薪一族”中人，大都先是苦笑，继而摇头，因为家中来来去去的所谓“财”，无非是几本翻得卷角的存折而已，随便心里有个数就可以了。

果真如是么？非也！储蓄这种经济行为，虽然已经成了现代人的本能之一，但是，绝大多数人对储蓄的学问，都只是知其然而不知其所以然，以致白白地让一部分本来属于自己的收益，点点滴滴地流失掉了。

小数怕长计。诚然，倘你储蓄不得法，每月不过少得几元或几十元钱，但是，人生在世几十年，如果你月月都流失几块钱，那么累计起来将是怎样一笔数？

事实上，银行里的本币储蓄，除可粗分为定期、活期及定活两便等类别之外，细分起来，其实有十种储蓄方式。不同的储蓄方式，对应有不同的计息标准。从数学的角度去看，这些储蓄方式提供着成千上万种组合可能。同一笔款子，在同样的时间里选择不同的储蓄组合，就有不同的收益，其中的差异，最大可在百分之二十以上，这是多么可观的一个数字，又是多么富于挑战的智力游戏呵！

倘若你真能将银行的利息表记录下来，拿回家中根据需要设计出最佳储蓄组合，再对你的现有存折“治理整顿”一番，那可能真有意外的惊喜哩！

装礼品

刊于1995年6月22日《羊城晚报》A4版

讲求体面，可算是人性的弱点之一。

现在流行的某些精装礼品，不过才百多克的内容，却要弄得三两块砖头那么大，奇怪的是，偏偏买者甚众，可见，想体面地买一份体面的礼物，确是人所共有的心理。

不过，在日本，由于环保意识的提高，礼品装似乎不那么流行了，流行的反倒是“装礼品”这项服务。在大小商号里，都设有一个两个专门为别人包装的专柜，无论买什么，都给你弄得体体面面。听说其中的盈利，还相当可观。

“装礼品”这种服务，在广州已有商场在做着了，但似乎大都停留在为“情侣”们服务的阶段。从发展的潜力上看，把它“发”大来做，其实不是没有可为的。

身边事

刊于1995年6月23日《羊城晚报》A4版

观察经济现象，一定要培养“宏观”的意识，只有站得高一点，才能捕捉到市场的联动现象，从而做到决策时心中有数。

这讲起来好像很复杂，似乎非要啃一两部“大部头”，才可以弄得明白。其实未必，许许多多的身边事，倘能花点心思换个角度去想一想，便会皤然有所悟。

譬如主妇们天天都在抱怨，菜篮子里的东西，又涨了几个价位。对此，许多人或会习以为常。然而，这种现象，固然跟广州的菜篮子工程未臻完善有关，但是，从多角度去看，我们身边的菜篮子价格起落，也同外来人口的激增，以及饮食业的过度发达，不无关系。

说实话，在短期内，广州的蔬菜基地、肉类供应运输线，是不可能成倍增加的，它们的发展节奏，当然赶不上人口的激增；与此同时，饮食业的发达和高利润，也分流了不少的资源。众所周知，商品有两个“坏脾气”，一个是物以稀为贵，第二个是总往价高处走。所以数数城市中的饮食档，再算算广州人口的增容量，心中就会坦然不少。当然，你也可以得出结论，斥资到城市副食供应当中，绝不会有低回报的。

既然家庭是社会的细胞，那么，身边的事儿，也不是不能同经济学搭上边的。

如此不妥

刊于1995年6月26日《羊城晚报》A8版

市场上对于传销，存在着两大派不同观点，一派是歌赞派，将传销赞扬备至，看作是低成本，而又能让消费者有所得益的一种现代商业活动。至于另外一派是怀疑派，他们站在消费者立场上，觉得传销既然能有这么多利润分摊给每个推销员（同时也是消费者），那传销品一定是高利润的东西，在价格上，肯定会有不尽合理的地方了。

从道德角度对传销活动进行评判，早已不是什么新鲜事，在许多发达国家，都曾发生过类似的争执，结果是，一些国家明文禁止，一些国家不予提倡，一些国家则认为公众自有判别力因而不加限制。

至于来到中国，又该怎样呢，目前未有定论。不过，依我看来，部分传销公司目前收取的某些费项，确乎是有点不道德成分的——那就是所谓“入会费”。企业并不是什么群众团体，也不是教育部门，充其量也不过是“招工”。凭什么收消费者一笔费用，才容许别人买你的产品？这是明显违反中华人民共和国的有关法规的。至于你说这是分销权或特许经营权的转让，那就更加没谱，一份可以无限分拆的分销权，对于投资者，究竟又有多少保障呢？何况，这内中并无公平的契约可言！

我不敢说传销本身有什么过错，但对要花一笔额外费用才可以消费的商品，我是不敢恭维的。

写字楼外

刊于1995年6月29日《羊城晚报》A4版

中心城市公司多，于是，都市人流之中，西装革履之辈，日益多将起来。

广州“写字楼一族”的兴起，其实正带动着传统的干洗衣业的复苏，更创造了新的投资和就业的机会。

不过，这颇有前景的行当，多半还只是写字楼里的伴生体，未能很充分地成为城市中的不可或缺的第三产业。于是，大凡到了朝九晚五上下班的时间，写字楼周遭，都会出现颇有趣的一幕：白领们簇拥而来，又簇拥而去，几乎无一例外地，他们手里的提包都鼓鼓囊囊的，里面当然不是钞票，而是出入公众场面的一张“皮”——衣服。

洗衣铺自然要有客户才能生存，因而与写字楼“双宿双栖”自然无可厚非。但是，站在客户的立场，每日里携衣而来又携衣归去，毕竟不是什么雅事。站在服务的立场及考虑到未来的竞争，洗衣业者何妨“尾随”白领们而去，在客户的聚居区里设网布点，以达到广种博收的目的；而后来的投资者，当然也可以以同样的大包围方式，与老字号们一竞短长……果能如是，岂不皆大欢喜。

周转意识

刊于1995年8月2日《羊城晚报》A4版

做生意，讲究货如轮转；做饮食，则讲究客如轮转。这是常识。然而，说来容易做来难，眼下广州餐饮业的管理者们，虽然也将这常识挂在嘴边，但食客们就餐时，只要有心观察一下，便会发觉，那常识在实践中，并没有成为常态，所以我们不免常常会为上菜慢、结算慢等周折，而同侍者“大讲耶稣”。

与快餐业不同，中餐业的老板们虽然也有一份赚钱的雄心。但是，不知是传统的惯性使然，还是老板们已经“盘满钵满”，总之，餐桌的周转率，似乎不大入他们的法眼，至少，这一观念，并未熔铸到中层管理者和侍者服务意识中去。

很多人认为，餐厅里“后镬”的出品速度和侍者服务的节奏，仅仅是服务态度而已。其实并不尽然，表面上看，要求快是满足食客的心理需要；但看深一层，尽量让客人快吃快走，好提高餐桌的利用率，何尝不是餐厅所祈求的呢？不过，毕竟不能“明目张胆”地给“衣食父母”下逐客令，于是，怎样利用服务的节奏“整色整水”地达到目的，便成了服务艺术的最高境界。

故此，服务态度好不好，除了是“思想境界”问题外，还是一个经营意识问题。餐饮业的管理者，倘将周转这一意识，同服务素质联系起来，使员工“心领神会”，必比纯粹做思想工作，更易做到皆大欢喜。

“十点利”

刊于1995年8月3日《羊城晚报》A4版

国内几个中心城市，都出现了所谓的“十点利”商号，我总疑心，这类商店赖以存在的根底，究竟有多深。

商场的立店宗旨，应当服从经济规律，倘将经济运行中的某些阶段性特点，也当作规律性的东西，并据此从事经营，多半会“撞板”。

众所周知，开商店就要有一定的商品库存，有商品库存就要占用流动资金，而占用流动资金是要算利息的，故此，商店旦商品的定价，在一定阶段，是根据库存时间的长短去调节的。库存时间越长，成本就越高。为了平衡全店毛利，商家往往会对新货老货的价格，做多除少补的调整，否则就要蚀本。

某些“十点利”商店之所以能存在，是因为眼下资金紧张，不少生产厂家采取赊销的办法回笼资金，客观上使商店得以将库存的风险转嫁给厂家。

然而，一利必有一弊。首先，“十点利”的店子，不可能有紧俏货，因为大凡好卖的东西，都不会用赊销的方法；而没有紧俏商品，店铺就很难搞旺；相反，其他有紧俏货的店铺，却大可以不打“十点利”的招牌行“十点利”之实；其二，一旦资金面情况改变，商家无法利用赊销，它就要么自砸招牌，要么关门大吉。

“两便”诀

刊于1995年8月7日《羊城晚报》A4版

广州旧城改造的巨澜，不断刷新着都市的边缘。 雨后春笋般的住宅小区，逐渐成了商家的必争地。很多人以为，这些地方是一张任人涂抹的白纸，遂纷纷挟资前来建立自己的“桥头堡”。

然而，乘兴而来的淘金者们，立足一两年之后，便有了被“套牢”的败兴感觉。比如，大型超市的营业额，远不如想象中那么如意；算计中的市场份额，被小型微型的便利店或“士多”，分割得支离破碎。又如，富丽堂皇的酒楼，尽管有广阔的停车场和富于特色的菜点，但食利甚深的夜市却门可罗雀；食客们不是舍近求远，就是弃高就低，大排档上反而人气如潮……

这些困惑是毫不奇怪的。因为，新住宅区的特点，制约着这里的商业格局。很简单，这里不是通衢闹市，人们都恋家而居，故大多数生意的“生意眼”，离不开配套服务，更离不开实惠方便的原则。一切华而不实的包装，都是徒添成本的败笔。在小区里要发财，其实只要抓住便宜、方便这两个“便”字，就足够了。

好不公平

刊于1995年8月9日《羊城晚报》A4版

事到如今，好像已经没有人对餐厅里收服务费，再有什么异议了。真所谓“习惯成自然”，偌大的都市中，有识之士不乏其人，在呼吁保护消费者权益和公平竞争的声音不绝于耳的背景下，竟没有人关注这内中的极不合理性，真有点咄咄怪事。

据说，餐厅收服务费的初衷，是对小费的改良，以免客人付小费时不知就里的尴尬。然而，在眼下的广州，服务费与小费之间，可以说早就割断了血缘，而其之所以能“把根留住”，是因为它是餐厅老板们旱涝保收、袋袋平安的“聚宝盆”。

生意人都晓得，做饮食只要在管理上不出纰漏，是相当有利可图的行当。但很少人意识到，由于服务费的合法化，更使当今的饮食行当，几乎无风险可言。试问，在七十二行中，除此之外，还有哪一行能直接面对消费者，赚够毛利不说，还“落手打三棒”，“名正言顺”地坐收百分之十到十五的纯利？

唉，就算是广州日用百货业中最大的“拆家”，使尽浑身解数，怕也做不到资金转一个来回，就获得与餐厅服务费同样比例的现金回报！难怪，都市中的餐饮业，会成为投资的首选行当。

说说白领

刊于1995年8月11日《羊城晚报》A4版

据说，都市中白领阶层的队伍，正日益壮大。这是新潮产品或流行产品的厂商，最额手称庆的一桩事。因为，这个阶层在消费观念方面的一些弱点，给企业家们提供了扩大和深化市场的动力源。

弱点之一，是夸张消费。白领在社会收入层次中，实际上是“高不成低不就”之辈，然而，由于在事业上多少还有上升空间，于是他们的消费目光，便长在额头上，所以白领们往往是“敢攀高峰”的最大消费层。

弱点之二，是“绝望”消费。敢攀消费高峰，固然勇气可嘉，但白领们却并非没有自知之明，过于昂贵的东西，他们当然不敢问津，然而，他们往往有这样一种念头：汽车我买不起，摩托车总买得起吧；房子我买不起，把居所搞得漂亮点总还可以吧……

弱点之三，是超前消费。白领们大都觉得，自己有稳定收入，一年累计总不会捉襟见肘，于是对负债消费，便视如寻常；掏腰包时，他们喜欢放眼未来，不在乎先使未来钱。

很难说白领们的弱点是一种致命的缺点，但如果你有幸居于白领之中，常常以此自鉴，也没有坏处，因为，这毕竟是关乎荷包的问题。

纡尊降贵

刊于1995年8月14日《羊城晚报》A4版

没有哪个商家，不乐于发掘自己的潜在顾客，市场上之所以有种种广告，其用意莫出于此。

可是，走进广州一些大商场，却不时会发现，很多商家有意无意都在做着“这厢拉客、那厢逐客”的怪事。譬如持信用卡的消费者备受冷落，便是由来已久的荒谬之举。

不敢说信用卡持有者都是百万富翁，但从目前的状况看，喜欢“玩”卡的那群人，无疑是都市中收入较高，且热衷于消费的人士。这一群人，虽不足以构成顾客的主体，但他们肯定是最狂热的一群买家；因为，他们大都不会为百十元内的消费，大皱眉头。

按理说，有这样的买家登门，对商家而言，简直是“天上掉下来的肉包子”，讨好还来不及，但令人不解的是，在这城市中的各大商场，偏偏这一群“消费贵族”，吃冷面孔最多，受鸟气最甚，真是折堕！

现兜兜的真金白银是钱，信用卡中的数字，难道就不是钱了么？倘有哪家商场，能纡尊降贵，真正为备受“歧视”的“信用卡族”设计出方便舒心的特殊服务，相信不用增加广告开销，其营业额也会大大增加的。

“玩”起厨具

刊于1995年8月16日《羊城晚报》A4版

也许被“食在广州”这块招牌“火遮眼”，九成九的生意人，都寻思过要在餐饮这行当插上一“腿”；尽管，这一行发展到今天，已经变成高风险高投入的角斗场了，但仍然很少有人做到“众人皆醉我独醒”。

反观一下，倒是同饮食有关的某些生意，正在捞得“盆满钵满”，却还没人想到也从文化角度去“升华”一下，闯一番天地出来。比如，厨具生意，便是颇有潜力可挖的一门好买卖。

国人爱讲的开门七件事（柴米油盐酱醋茶），实际上莫不与厨具有关。而在食文化发达、生活水准高的广州，这厨具的买卖，真是横看竖看、里看外看，都很有做头：第一，生活水平的提高，使得家家厨房都在面临一场革命，美食洁器日益成为一种追求；第二，拆迁和许多新家庭的组成以及家居装修的现代化，为厨具生意提供了广阔的市场；第三，与饮食有关的这玩意儿内涵极其丰富：从冰箱到牙签、从刀叉筷子到西施煲，从玻璃瓷器到塑料不锈钢……可谓古今中外土洋新旧皆有，更可从餐馆设备做到家庭坛罐；第四，这是以男女消费者为对象，却又最能抓住女人心的买卖之一；第五，市场虽群雄并起，却仅为“有枪便是草头王”的混战阶段，厂家更是产品积压倾销不及，此时，叫一声“王侯将相宁有种乎”，说不准可以“风云际会”。

是故，小资本者，鼓捣一家与“缸瓦”铺截然不同的专卖店，如何？大资本者，在广州搞上一两个“厨具市场”或“厨具城”，让厨具也来个成行成市，既平抑物价又批发零售，不亦乐乎！

“正宗”一议

刊于1995年8月18日《羊城晚报》A4版

近些年从天南地北打进广州的食肆，都喜欢用“正宗××风味”作为号召，以招徕顾客，在经营手法上，也亦步亦趋地照着发祥地的模式，力求其神毕韵肖。

然而，这些食肆的命运，大都不如创业者想象的那么好，通常是“新屎坑三日热”之后，便撞到了门庭冷落的南墙，一蹶不振了。

其实，正如南橘北枳的道理，所谓正宗不正宗，归根结底都是吃文化心理的饭。唯有真正体味过“正宗”的人，才具资格加以评点。而在广州，大多数生于斯、也将老于斯的人，实在对你是不是“照板煮糊”，并不太介意，只要有那个意思就行了。加上，人们对自身文化氛围的留恋，往往会最终战胜对“舶来物”的猎奇心理。因此，倘不对移植来的东西加以改造，使之融入“本土文化”，生意怕是做不长的。

很多时候，倒是介乎于“正”与“邪”之间的经营特色，颇能左右逢源。

道路先行

刊于1995年8月21日《羊城晚报》A4版

无论卖什么东西，都很讲究卖相，所以现代商品无不大做“包装”文章，有的商品，包装的成本甚至比生产成本还高。

然而，近日里承一些地产商的美意，在广州部分边缘地区看了不少楼盘开盘，却发现这很多的楼盘，虽然地属新规划的广州新城旺地，但卖相却大大不佳。尽管，开发商不惜血本在广告上吹得“天花龙凤”，但是，此时此刻“慕名而来”的消费者，却往往要踌躇再三，并不即刻“慷慨解囊”。

事实上，当今楼盘的卖相，除了单元格局以及装修规则之外，很大程度上还要看它的道路样貌。很多楼盘之所以费尽唇舌促销仍难奏其效，是因为其“道路不畅”。

对“道路先行”这一点，许多房地产商并非不心知肚明。问题是，由于大多数相邻的楼盘，不是同时开工；而按修桥建路的有关政策是市政同开发商各负一半责任，于是，开发商们便面面相觑，彼此都希望“隔邻人家”先修路，从而带旺自己。“袖手旁观”久了，便落入个“大家一齐死”的僵局。

不过，向深处想，卖楼盘与卖百货或做饮食没有什么不同，也很讲究成行成市。从楼盘大局计，修路之事，早做也做，迟做也做，不如大家一起做，共同将楼盘“包装”得“好好睇睇”，来个你旺我也旺，不就能加快资金回笼，免却多年艰辛变作“纸上富贵”了么？

透明氛围

刊于1995年8月23日《羊城晚报》A4版

广州的房地产，据说是这几年增长较快的行当。然而，这样一个人人看好、大家关心的行业，透明度却委实不高。偌大的广州城，除了无序地派生出满街满巷的房产中介业者之外，却少有面向公众的有影响的房地产评论家。

听说，开发商及某些管理部门，对于房地产评论人士的言论，总抱有很大的戒心。他们担心的是，这些人对于市场趋势的评估会“一言九鼎”，不利楼价。

这种杞忧，说起来未免可笑。因为，评论家们对市场虽然会有超前的论断，但他所凭借的数据，却总是滞后的，所以，严肃的评论家，反映的往往是市场的基本现实。倘若市场果真低迷，那么不管评论家说不说，它都会不以人的意志为转移继续低迷下去，这与评论人士的言论，实在是关系不大的。

况且，一个行当的评论活跃，并为公众所关注，这是行业发达的标志。评论业兴旺，必定能使投资者日益增多。生意场上有句话，说是“不熟不做”，如果评论能让人人对房地产都耳熟能详，那么，有兴趣有能力的人，自然就会络绎而来了。

广州房地产业发展到今时今日，最缺乏的，是一个透透明明的舆论氛围。

干卿底事

刊于1995年8月24日《羊城晚报》A4版

在科研单位里，一项成果诞生，本来是件人人称庆的事。但倘若这项成果终于产生了经济效益，那烦恼也随之而来。因为，在“不患寡而患不均”的心态笼罩下，似乎人人都有权利来分上一杯羹；而通常要“端平”这碗水，就只好牺牲项目主持人的利益。

这种“蠹虫”理论之所以振振有词，是基于以下论点：没有大家的配合，你能脱颖而出么？你用公家的时间、设备开发成果，就得给大家一个说法……

这些理由似是而非。科研经费的投入，可算是“风险投资”，获得效益后，给予投资者——国家以回报，这顺理成章。然而，那些欲“分甘同味”的人，本来就领了国家的工资，所干的不过是分内之事，你又不是投资者，人家出成果，干卿底事？至于公家时间、公家设备，这本来已从“风险投资”回报中扣除了，剩余部分理所当然应给成果创造人。

我们能给予科研带头人崇高的荣誉，为什么就不能建立相应的经济机制呢？

真有意思

刊于1995年8月25日《羊城晚报》A4版

住家附近，有间专做东江菜的小餐馆。同老板相熟久，知小店十多年来，随广州旧城改造的步履，已几经腾挪了，奇怪的是，这只有八九张桌的小店，虽然市市爆满，其拿手的几道菜，也早在几年前已遐迩闻名，但老板却从来没有“发大来做”的意思。

“倾偈”之后，才知道老板有其独特的“指导思想”。他认为，开餐馆是个长生意，“发大来做”固然好，但要完成从大排档到大酒楼的飞跃，却需要一个脱胎换骨的过程，成事与否，殊无把握。况且，大酒楼投入多，顾客也要求苛刻，管理更加受累。以广州情况看，许多单纯做酒楼生意的，风光不过三五年，一旦有点风吹草动，很容易便一蹶不振。老板说，开大酒楼大出大进，短期内可能会赚很多钱，但也容易“猝死”；我做小生意、长生意，做它十年八年乃至二十年，岂不也能殊途同归？

他说，做生意有时只为解决生计问题、养老问题，以及“钱银缩水”问题，何必发大？况且，多余的钱大可以另找出路，何必“死牛一边颈”，担那个大风险？

老板这席话，代表了投资的另一角度的看法，真有意思！

这家鸡店

刊于1995年12月1日《羊城晚报》A4版

这家鸡店在吃的方面，广州人似乎颇讲究原料的品质，比如说，鸡要特定的品种乃至特别的产地……许多商家为了迎合公众，也就不得不在此类细节上，费尽心思，名声在外的往往还被原料涨价弄得顾此失彼。

然而，广州有家颇有名气的熟鸡店，似乎从来没有这方面的苦恼。成名十多年来，这家店从不标榜卖的是清远鸡抑或什么黄鸡，它只是为自己起了一个特定的品牌，至于选料，则只要够分量，皆可用之。令人称妙的是，各种各样的鸡一旦进了它的店门，经过它的工艺处理，再挂上它的品牌，便在城市里卖得出数一数二的价钱。

显然，这家鸡店的特定工艺和特定品牌结合得相当完美，从而给自己“腾”出了在原料成本方面的广阔空间。相反，许多没有特定工艺或没有自己品牌熟鸡店，生意就远没有那么好做了。

忘记过去

刊于2000年10月31日《羊城晚报》C1版《财经新闻》

一段时间以来，商界中的朋友相聚，总听到一种莫名其妙的议论，就是不知做什么好。已经“功成名就”的，手里攥着大笔的资金，总觉得投往哪儿都不安全，又或者觉得，投向一些长线的项目，资金回笼太慢，颇费踌躇；而小有资本的那些人呢，总觉得机会多而把握不大，资金投入进去，不是利得太微，就是“损手烂脚”。于是大伙儿不约而同就会想到，如果是1986年或者是1993年的光景，那就好了。

倒是一些年轻的新锐商人，没有经历过紧缩银根前的光景，来个初生之犊不畏虎，三两年下来，成了商界新宠，好不风光。

其实，在商界中打滚，成功者的告诫就是：好汉不提当年勇。而最平凡的一句话就是，要“忘记过去”。这是说，大凡经济环境的变异，总是天时、地利、人和的变异，经济环境的变迁是按照自己的规律运行的，虽然，大家对环境的感受，可以有类比的相似，但是由于社会进步，法规的完善，外环境的迁递诸因素已经起了质的变化。故而，同类不同质的情况，是为商者不可不在决策过程中加以考虑的。

进入2000年之后，我们已经大致可以确认，全球性的经济景气度已经复苏。而中国的经济环境更是进入到适度的增长时代。所谓的适度，乃是在一定可控的宏观环境之下，有序地向国际经济舞台接轨。如是，像当年那样，在缺乏严密法规监管之下的暴利时代，不可能会有简单的重复。而对于商家而言，现在最要把握的，乃是如何在一个微利时代当中，配合资源与智慧，做到适度增长，或维持自身商业利益的永续经营。

通过规模效应去保持增长，维持一定的利润率以利扩张，都是可行和有效的市场策略和经营理念，而“忘记过去”，则又往往是调整出最佳和最现实可操作策略的前提。

那么，在这个意义上，让我们忘记过去吧！

典型荒谬

刊于2000年11月1日《羊城晚报》C1版《财经新闻》

今天，在股市中有着种种传闻的上市公司郑州百文，终于被新华社曝光了，浮出水面的，固然有这家公司经理层的种种“猫腻”，但看深一点，不难看出，这家企业从上市的筹措开始，就在监管方面，颇为松懈。以至不能不说，该企业沦落到如此地步，有关方面提供了一个“共谋”的生存环境。

报道之中，有一段描述，是讲有关方面曾经推广过所谓的“百文经验”的。于是，联想到眼下政府管理层对待企业的创新行为，有套不成文的模式，就是爱总结起经验并推广之，以至企业最终受落不起——

扶持所谓“企业典型”，曾经是计划经济时代一种流行的做法，许多昙花一现的企业，就是从那时起，成为政府的包袱的。

由政府或主管部门创造一个“典型环境”，让企业从中生存，然后典型化之，再推广其经验和做法，让诸相关企业又或同类企业仿而效之，这是市场经济当中，最荒谬和最愚蠢的做法。一方面，你的“企业典型”，不一定准是个能够“扶上马送一程”就癫癫而去的主儿，他在“典型环境”这个温箱生存下来，本就已经呕心沥血了。你一断乳，他不返身老来扯裤腿才怪呢。另一方面，市场环境和企业状况，本来就千差万别，企业是靠着“各自猜拳经”去相互斗法活下去的。你要他“一本通书读到老”，能不坏了大事？何况，“企业典型”们倘若有真正的典型经验，那也该属于商业秘密！——不可外传。

在市场经济当中，与其说典型不可学，不如说典型不科学。事实上，每个企业都是一个独立的个体，只要它能生存，能够盈利，它就有过人之处，你要它踏着典型的足迹前进，那无异于号召它邯郸学步。

不必“贵族”

刊于2000年11月2日《羊城晚报》C1版《财经新闻》

昨天的深沪两市，受国内航线客机票价上浮的带动，所有航空概念股明显跳升飘红，这是股民依托消息，对市场做出的直接反应。

而关心旅游界的人士呢？则对此次由民航大腕带动，以减轻航空油价上涨成本为由的提价，备感无可奈何，谁叫你在一个相对垄断的市场中生存呢？

当然，此次票价的升幅是在一定范围内的。对于旅游业来说，至多是缩减一些利润，“堤外损失堤内补”就是了，至于消费者那边，最终也只能逆来顺受罢了。

我们国家的航空业，经营模式是从以往那种贵族式服务当中沿革下来的。作为交通工具功能上的“使用价值”，在旅客的支出方面，并不占很大的位置；旅客的许多支出，要贴现在空中小姐啦、航空礼品啦等开销上。这在某种意义上是现行航空业经营者们“强加”于消费者的。

其实，无论价格战也好，搞服务大赛也罢，我们航空业内竞争的平台，总是建立在“贵族”化的含量是否“物有所值”的前提下。

然而，航空业的竞争既然这么激烈，为什么航空公司就不能降低一下门槛，像当年美国“捷运”公司那样，设计出一些低端服务，推出一些平民化的“运载”模式，就像陆上交通工具那样，既有公共汽车，也有“的士”，更有专车服务等等，对客人进行分众处理，这岂不是也可以令票价多元化？据知，在一些发达国家，不少航空公司，就仍然有不带任何附加服务的“裸机”模式。其次，目前的机票价格，是一成不变的，为什么不能动态出售、浮动出售呢？其实，市场上的某些折扣售票，已经带有这种含意了，只不过我们坐在垄断的太师椅上，不愿承认罢了。

一记妙手

刊于2000年11月3日《羊城晚报》C1版《财经新闻》

报载，大名鼎鼎的春兰空调，最近将集体资产中的25％整15亿元，切割下来对职工进行记功行赏，按1∶1的比例量化成股权分配给职工。这当然是企业改革过程中，值得深深关注的一件大事。

我们不能不佩服一向“低调”的春兰管理层，“敢为天下先”的这一壮举。然而，在慨叹之余，我们更应该看到，银行界在促成这一过程中，果真淋漓尽致地发挥了一次商业银行扶持企业改革的功能。一向以来，我们的银行在吸储方面，总是花样多多；但于贷款而言，却总也束手缚脚，尤其是在拓展信贷主体方面，门槛既高，视界亦浅，特别是对于国际银行界视为主要业务基础的小额信贷，更是“大鸡唔食细米”，殊不知，现代银行业的许多业务的运作精髓，就在于做细——不单要将服务做得精致，而且，还要大小通吃，甚至，有时还要抓小放大，规避风险。大额面向企业的信贷，讲的是有限责任；而小额的个人信贷，反而是分分钟“埋身”认账的，风险反而有限。君不见国外信用卡恶意透支的不少，银行们还是对市场争得不亦乐乎？

据悉，此次职工持股得以顺利实现，是有银行介入，通过质押股权的方式，帮助企业职工完成持股的，这从而也令得春兰通过此次职工持股，融通了这笔巨额的现金资本。可以看到，银行此举，实在是一举三得。一是支持了企业改革；二是拓宽了经营的思想，在角色的转换上做出了有益并且成功的尝试；第三，从银行业务角度来说，实际上是把一次巨额的信贷融资，“拆细”成了一项一项的个人小额贷款，完成了一次“批发”性的个人信贷。熟悉银行业务的人士都清楚，对于银行来说，小额的个人（消费）贷款的风险，比大额的企业贷款，风险低很多。

当然，倘或不是春兰本身具备优质资产的资格，倘或企业不是一个较规范的上市公司，银行的今番豪举怕也就没有这么“酷”了。

融资以后

刊于2000年11月7日《羊城晚报》C1版《财经新闻》

坊间有流行文化，于是有时装，有时代曲，有追星热，色彩纷呈。企业界似乎也有流行的，比如早年间流行CI，流行民族品牌，流行将中国名换个洋名字，等等。最近，又流行起融资——尤其是境外融资来了。

资本是市场的血液，企业未动，融资先行，这是无可厚非的。善于融资的企业，自然动力充沛，霸气十足，易于站稳脚跟，并切入市场，这里面成功例子自然不少。而很多现代的市场构架，本身就因企业融资的需要而存在的，银行、股市等等就是。

然而，我们之所以将眼下企业界与国际接轨的重点，放在向国际融资上，视为一种流行，主要的隐情在于现行人们所关注的焦点，全都集中在融资的技巧，和融资的“高人”上，很少人考虑，融资以后，怎样去保障投资者的利益。

大凡在资本市场上融资，都必得到信用。融资的信用，事实上很大程度上是同企业的可持续发展紧密相连的。股市的价格和指数，能够成为一项对企业和市场的经济指标，就在于它们能标示出人们对企业和市场的期许，所以，融资的最大问题和风险，并不在于融资的得与失，而核心的核心，却是在融资以后，企业行为的得与失。故而，融资以后的事情才真正是企业应该关注的重点，能不能融通资金，固然是一种挑战，但是融资以后，能够保护投资者的利益，为投资者带来红利，才是更大的挑战。

在资本市场上，最终极的结算，始终还是现金。我们今天在与国际市场接轨过程中能够实现融资，实际上也是向国际资本承担起了一定的债务。这种债务能否偿还，关乎我们的信用，尽管风险资本是一种高风险投资，但是对于承担人来说，绝不能将其视为“纯风险”的投入，最好能运用自己的智慧与能力，将其变成低风险投资。否则，当我们失去信用时，那就万劫不复了。

有借有还，再借不难，在我们关注融资技巧和“高人”的同时，我们应更多关注具有经营技巧的“猛人”，这样，我们才能创造出一个良好的市场形象和投资环境。

跨越“三产”

刊于2000年11月8日《羊城晚报》C1版《财经新闻》

传统的经济学为了学术上的方便，对不同生产力发展时期的产业领域，做出了第一产业、第二产业和第“三产”业的划分。及后，当人们将经济学引入管理领域，特别是规划决策管道之后，对“三产”的划分，便被奉为了圭臬。

也许由于处在一个高增长的时代，出于急功近利的目的，很多地方的管理官员，规划经济发展的时候，往往也秉承“三产”划分这本“天书”，人云亦云地去制定自家的规划。更有进入了误区的许多人士，在心目之中，总是将第三产业的位置放得重些，而将另外两个层次的产业发展，放在一个低端的位置。他们这种看法和做法，虽不能说是“其心可诛”，但却失之毫厘、差之千里矣。

随着科技的进步，现代科学学科业已开始相互渗透，“三产”的划分，恐怕也在面临着一个“一体化”的过程。按照文化的观念来看，人类的第一产业，是解决自身的温饱生存问题；第二产业呢，解决的是相对舒适或者能力的延伸问题；至于第三产业呢，则可解决人类的依存沟通问题。因此，全方位看去，“三产”之间的依存，是密不可分。

值得我们关注的是，在当代科学发展的背景之下，产业之间的分别，似乎已经有点“风水轮流转”，传统的产业一旦注入了高科技的催化，正在孕育出一种新的产业，它完全难以为传统经济学观点所限。比如袁隆平创造出了超级的杂优稻，比尔·盖茨通过软件开发和制作敛下千亿身家，等等，都令人瞠目结舌，这些成就，真很难以简单的“三产”去界定之。可以说，在未来的日子里，随着科学对三维空间的突破，一个可能超越于“三产”的时代，正在“三产”之中勃发出来；而每一个产业的自身，也大有可能生发出超越于“三产”的超级产业来。这恐怕已不仅是一种浪漫的浮想。

因此，要发现商机，唯有对任一产业的新元素，都深深关注着，弃一不可。

铺租隐忧

刊于2000年11月9日《羊城晚报》C1版《财经新闻》

本城对于零售业间的竞争问题，常常会成为热门的话题。这不，美国的超市大王沃尔玛才刚表示出对广州市场的兴趣，媒体就吹起了阵阵“狼来了”的号角，广州的不少行家，无论表面如何的淡定，私下里谈起，总也有些心态忐忑，正所谓“人穷志短”，眼下零售业的毛利率早已今时不同往日，多一个竞争的对手，自然蛋糕也就分薄一点，硬要大家从里到外都像个绅士，自然有点勉为其难。

零售业眼下利润的下降和竞争力的降低，除了市场成熟，消费者成熟诸种因素外，我看很重要的一点，是来自地租的连连上升，尽管手头上未有准确的统计资料，但广州北京路等一带的地价升幅，远远高于本地的国内生产总值增幅，也肯定远远高于广州这个城市的人口增幅。据行家介绍，这些年头经营零售业者要租铺面，大都只能签些短期合约，想要租下较长时间合约的，门儿都没有，加上签约的条款，每年有个两位数的升幅，可谓是司空见惯。至于市场的旺淡风险，自然由租赁者承担。

铺租的年年递增，你可以说是市场繁荣的必然。但是，从宏观上看去，如果整个城市的铺租都普遍看高一线，高出了商家所能承受的界限，那就很难说了。众所周知，世界上的产业转移，多半是由于成本的过度上升才引起的。什么来料加工，什么中外合资，等等，投资者之所以看上中国这块热土，无非看中在中国立业，成本比别处低一些，于是利润的空间也多些。

事实上，一个城市的土地租金太贵，往往是会反过来影响自身城市的竞争力的。君不见饮食家具行业都正在向城外迁徙么？在市场当中，旺铺之所以为旺铺，除了自然的地理因素之外，价格相宜，往往也是一大原因。

过高的地租增长可能导致本城商业竞争力的下降，这一点，听说政府已经注意到了，也许就会有些相关制约措施出台。但这个一字那么浅的道理，希望业主们也清晰。“一铺旺三代”这句格言，讲的不是暴富暴贵的生意经，相反，做长生意才是个中奥秘。

“蟹货”奥秘

刊于2000年11月10日《羊城晚报》C1版《财经新闻》

广州的写字楼，据说多年来的空置率都较高，早些年投资这些物业的小业主，很多都成了“大闸蟹”。这些“蟹货”很多当年是希望炒它一炒的，不料命运多舛，偏逢前些年经济紧缩，经济环境不爽利，于是“大闸蟹”们一闸就闸了六七年。

近段时间，广州的住宅市场，很有旺销的势态，虽然价格的因素，仍然常常令地产商和投资者忐忑不已，但似乎也像很多零售市场一般，经已出现些“随行就市”的景象，大有人人都道经营难，却见单元日日销的好光景。看来，房产住宅市场的暴利泡沫，已经开始洗尽，进入一个较为常态的市场。

检视地产住宅市场的轨迹，可发现，住宅地产开发商的市场策略，一是逐渐将高昂的价格，复归到消费者可以接受的程度；二是花下不少血本，将住宅的素质，大大提高一个档次。这么一加一减，自然就与消费者近乎了许多。

回过头来看看写字楼，眼下在市场的位置，犹自定位得高高在上。从硬件的质量来看，现在的写字楼虽然华贵，但不少高档住宅的内外装修，也不遑多让。至于那些配套的如电讯通道等设施，市场上的价格也已一降再降……令人困惑的是，管理的价格上，就是比住宅高好几个档次。

据行家说，许多空置的写字楼，其实已经将风险全部分摊在那些前一段头脑发热的小业主身上了，物业管理公司在接手管理时，只落实了管理的权利，并没有推广的义务，即便大楼租不出去，管理公司也旱涝保收，反正你业主的管理费用，仍然是照支不误的。所以，市场上便有物业分拆卖给小业主越多的写字楼，空置率就越高的怪现象。

眼下，市场上的发展商都在大力推广“中央商务区”的概念，从理论看去，当然很好。但若果周边的写字楼租不出去，要区域“商务”起来还是颇难的。

楼市住宅的热点犹在，能不能借势借力推动一下写字楼的市场，就看发展商、物业管理公司和小业主们，如何联手造势了。

第二辑

市井夜话

TANGLANG YOUHUA

——为《羊城晚报·今日广州生活》系列版撰写的专栏文章

2

“烧卖”与“汉堡包”

刊于1996年3月5日《羊城晚报》A13版《今日广州生活》

早几天向个很年轻的朋友问路，忽然发现，同在一个蓝天下，不同年龄的人，在辨认身处的城市方位时，竟用着不同的识别系统，其对话过程，还颇为幽默。

比如，要在北京路确认东南西北，老些的人自然以财厅前、天字码头、西湖路、惠福路等为指标。而年轻人回答时，用的却是快餐店、“比萨”店以及精品店、服装专卖店等作为指标……结果，双方为了弄清前提，费不少唇舌。

评估两套识别系统的科学性是毫无意义的，两代人只不过是从自己最熟习的生活环境出发，去认识这个城市，把握城市的特征。然而，这里面有趣的地方在于，广州这几年变化的急剧，已令原有的都市文化背景出现一定程度上的分裂。而且，所谓的“代沟”摩擦也开始泛出日常生活的表层。不过，正如年轻人能接受“一盅两件”式的叹早茶，老辈人也钟爱“卡拉OK”一样。只要同处一个城市的人们，都能以平常心去看待新旧事物，便能和谐地熔铸出一种兼收并蓄的都市新文化来。

年轻人喜欢“汉堡包”，年纪大些的钟情“烧卖”，这其实都是当代都市文化的一部分，缺一不可。最好是，在日常生活中，彼此不要苛求。

生肖也舶来

刊于1996年3月7日《羊城晚报》A13版《今日广州生活》

鼠年，收到友人送的吉祥物——一只水晶硕鼠。本来，收到生肖鼠代表收到祝愿，应当高兴才是。可是，领了朋友的情之后，我马上将这只生肖鼠束之高阁，因为，这只生肖鼠的容貌，太像孩子们的宠物米奇老鼠了。

生肖是中国的土产，生肖吉祥物的价值，自然也在于其民族性，学足国外舶来品的样子，且不说可能有版权问题，光是失却了那种文化背景意味，便颇显不伦不类了。米奇老鼠的素材取之于马戏班的小丑，而中国的生肖则来自于古代的图腾，硬是要它们之间来个角色转换，不别扭才怪！

在外国人的文化里，龙像恐龙的样子，蛇代表撒旦（魔鬼），猴子像泰山（黑猩猩），牛则更倾向于乳牛……倘若中国的生肖都变成那样，岂不让人笑掉大牙？

硬让维纳斯穿上旗袍是种愚昧，同样，让观音菩萨光膀子也是无知。

家像宾馆

刊于1996年3月12日《羊城晚报》A13版《今日广州生活》

故友从商，忽报乔迁之喜，相约往贺。越半年无消息。复见，则这老兄变得“人比黄花瘦”。问何故，答：装修也。

盖能穷半年之工，并贴上半身肉所营造之“巢穴”，想必美轮美奂，有其可夸耀之处。殊不知，前往观光时，人皆大失所望，因为他那新家，五星级宾馆的套房翻版而已。

又越半年，在年轻一辈人的聚会上见其携妻而来，一改以往逢请不到的习惯，被大家哂笑为“浪子回头”。故友苦笑不已，叹道：真不该弄得家像宾馆，搞得自己都不愿在那儿呆。

家有家味儿，宾馆有宾馆味儿，两者属于不同的功能空间，混淆了这两个功能，有家也变成了“无家”。故友那半年的辛苦，白折腾了，但愿他在别的事儿上，不再犯类似的投资错误。

流行包装

刊于1996年3月14日《羊城晚报》A13版《今日广州生活》

今年，想到要为水果设计一个包装，让苹果装到盒子去的那个人，一定是财源广进了。君不见，满巷满街的水果店，都准备了那么几个可爱的红纸箱。

其实，钟爱“包装”，几乎已成为现代都市的特征之一了。在我们的语汇中，包装这个词用得如此频繁，以至于它不仅可用以状物，而且也常用于人。为了在社会上“出人头地”，人们衣冠包装得要不与人同，形象包装得要有品味。

但是，包装毕竟是外在的东西，衣服可以是名牌，形象则不是可以包装得出来的。不懂得包装固然不够现代，但自以为包装出品味，这才是要命。

缺了包装的生活没有色彩，只有包装而不顾内涵，那则是浅薄。

话说自选

刊于1996年4月1日《羊城晚报》A13版《今日广州生活》

很多人认为，都市中自选购物方式的兴起，乃是商家们服务到家的一种转变。但却很少人意识到，这也是市场发育逐渐成熟的一种标志。在许多情况下，它还是测定市场走向的坐标之一。

站在商家的立场上，所谓自选，无非是予消费者的一种“方便”而已。不论是自选的超市、开架售书还是自助餐，其所以更能招徕顾客，是因为这些购物方式比其他方式更有自由。不过，换个角度去看，无论如何，商家为吸引来客所做的“额外”功夫，都是些“与人方便、自己不便”的买卖，商家此举，实属“不得已而为之”，倘若他生意好，那绝对会是多一事不如少一事的。

因而，作为消费者，您大可以这样看，自选的出现之时，实际上也是买方市场形成，也就是您站在较有利的购物位置之时。当然，一个原先没“自选”的行当忽然流行“自选”了，也就说明这行当比原先竞争激烈了。比如，自助餐就是。

眼镜铺多

刊于1996年4月10日《羊城晚报》A13版《今日广州生活》

广州的眼镜行业，很兴旺过一阵子。如今虽说没那么景气，也玩起三折五折的花样来了，但“船烂还有三斤钉”——眼镜铺的门面却依旧风风光光。

都市眼镜业的兴旺，对于国家商家来说，当然是好事儿，一个行当能创出可观的利润、成为可观的税源，又养活那么多的店家……岂不皆大欢喜？

然而，如果不是都市中眼睛出毛病的人越来越多，又哪来这么多客源呢？诚然，谁都可以多买两副眼镜，但是，倘若许多娃娃都多几副眼镜，那就“大件事”了。

每想及此，就觉得怵然。

热线冷答

刊于1996年4月12日《羊城晚报》A13版《今日广州生活》

自从倡导政府部门日常管理工作要有“透明度”之后，城市电话号码本中，多了长长的一串“热线”号码。这些号码，自然是“投诉”热线或“服务”热线。

不过，不知为什么，这些热线在老百姓中，并不怎么深入人心。很多人有了问题，第一反应还是找个熟人聊聊，寻个亲戚打听，不大动用“热线”的大驾。近来因为工作关系，拨过不少这些电话，才悟出个道理：原来热线的那一头，其实并不“热”！不是吗？你拨通电话，还没等你倾诉完，答话的那边，不是不耐烦，便是骤然将你话头打断；有时你出了语病或找错部门，他或她更是揪住不放，说不定还噎你几句；更有些答话的，像查三代那样，像非要把你的身家来历彻查一遍不可……

挂完这样的电话后，心里不禁思忖不是两头“热”的热线，真是有等于无。很难相信，在热线电话中给你一个冷回答的人，会很有“服务意识”。

金字招牌

刊于1996年4月26日《羊城晚报》A13版《今日广州生活》

在东山区一个市场买菜，见有一间烧腊档，依旧挂着“国营”的招牌，通常，这店档的生意，到底还是旺些。

向卖东西的师傅打听，才知道这档口的前身，就是国营市场的烧腊橱窗，当然，现在已经承包多年了。师傅还说，买菜的都信国营，所以承包的老板很珍惜那块招牌。师傅说，我也很看好它，因为有了它，多人买东西，我也早下班……

原来如此。我真服了这老板。虽然，他做也许是小本生意，但却很有无形资产意识，他深知这“国营”二字，实际上在人们心中，长期积淀着质量保障、物美价廉等含义，是块金字招牌。

联想到眼下市场上很多国有大企业、大商场，放着“国营”的牌子不挂，偏要安些胡里花哨的洋名，真是“暴殄天物”。

百年龟汤

刊于1996年5月1日《羊城晚报》A13版《今日广州生活》

某店张榜，以“百年老龟汤”为号召招徕客人。但光顾者寥寥。

看那写得粗眉大目的招纸，再瞥一瞥店堂中的食客，委实替老板心酸。因他也真是煞费苦心了，不知怎么地只想到“老龟汤”上头，却想不到那“百年”二字，其实是在自打嘴巴。

稍有常识的人，被那么“百年”一下，便不能不向深入处想：你店家有多大本领，居然天天能弄来几只超过“耄耋之年”的老龟？或又退一步想，即便你是百年老龟“专业户”，能预先囤积，但要收支平衡，你那锅龟汤，还不开上个天价？

可见，这锅“百年老龟汤”乏人问津，是大有道理的。

多余的话

刊于1996年5月2日《羊城晚报》A13版《今日广州生活》

规模化的生产，带来现代人消受不完的物质财富，令我辈恰逢其世者，受用不少。

而为着给规模化的生产，拓展规模化的市场，我们则又不得不规模化地接受规模化的广告。作为提供资讯的来源，对这些揣摸我们心理而制造出来的信息，我们一般都会全盘接收，用作需要选择时的参考。然则，随着时间的推移，到我们这一代的小辈以及下一代以后，规模化广告的规模化熏陶，不免便会成为与生俱来教育的一部分，此时，很多广告的标准，也许便会成为人们量度世事的准则。那时，也许便是广告使我们忘却常识之时。

常识告诉我们，一窝蜜蜂只有很少的“蜂王浆”，“蜂王浆”因而才弥足珍贵。很难想象，当成千上万的“蜂王浆”从生产线上源源不断地流向我们时，也有成千上万窝蜜蜂，在紧跟着现代化生产的步履，没命地“呕浆沥蜜”……

有心的人，不难在广告和常识之间，找到若干幽默。不过，为了市场、为了产品、也为了未来，还是少点这种幽默的好。

“弹弓”菜单

刊于1996年5月20日《羊城晚报》A13版《今日广州生活》

天河有家叫什么宫的酒家，近来推出一种海鲜“自销自制”的服务。

一日，有朋自远方来，遂决定到这家“宫”字号的酒家小酌，甫坐下，看过菜单，朋友便连忙拉起我走人，说，此地“宰”客。

原来，这家店的菜单，果然算是“一绝”。它的“海鲜”菜单，全部不标价格，相反，不同的“海鲜”下面，明码标上的，是“加工费”十元到几十元不等，而且，那标了“加工费”的菜单，偏偏又把“加工费”设计成像是传统菜单菜价的模样，加工费几个字则通过表格方式，放在不惹人注目的地方……

其用心不言自明：遇到粗心的食客，把加工费当了海鲜价，大撮一顿，那就可大“宰”一笔了，哈哈！

烧鹅启示

刊于1996年5月21日《羊城晚报》A13版《今日广州生活》版

听说广州有那么两三家食肆，在市况不大看好的最近，以烧鹅作号召开张，且生意做得火红火绿。不少食客甚至从颇远的地方赶去吃那近百元一只的烧鹅，即便一家大小轮着等座位也在所不惜。这光景，不免令得那些一哄而上做海鲜的同行，看得眼“甘柑”。

本来，在通街通巷都有烧鹅卖的广州，吃烧鹅已经不被当回事儿了，烧鹅的价格也一跌再跌，开那些“冒天下之大不韪”食肆，应该“损手烂脚”才是，何以情形相反？有人说，很简单，那些食肆有所恃——它们的烧鹅选料上乘，工艺上乘，的的确确令人吃过“返寻味”。

其实，这些店的生意所以能人所不能，最关键的是，因为都市中的烧鹅档，这几年所卖的，早已不是广州人赖以自豪的名菜了，在街市上，以次充好有之，粗制滥做有之……一句话，正宗的广州烧鹅，似已名存实亡。于是，也就给那几家食肆，营造出了生存的空间。

光看烧鹅档，你会说不景气；光看那几个食肆，你会说真好赚。然而，倘若烧鹅档烧出了食肆水准的烧鹅呢？可见，烧鹅档有它的前景，而食肆则有它的危机。生意场上的其他生意，又何尝不是如此！

物似主人形？

刊于1996年6月5日《羊城晚报》A13版《今日广州生活》

送快餐上门这种服务，逐渐在写字楼中变作寻常事了。

某日，一时兴起，也把玩起一份快餐店的宣传品，寻着电话，叫了一份煲仔饭。苦等半小时后，一位衣着沾满油垢的小伙子来了，手里提着个脏乎乎的饭篮闯进门来，他那边兴致勃勃地等着我一手交钱，一手取货；我这里却心里凉了半截。天呀，从那积垢多得像垃圾篓子的饭篮里出来的那锅饭，叫我如何去吃它？

唉，虽然并不想像“先敬罗衣后敬人”，但像送饭上门、上门搬家，或是上门维修这类服务，还总是衣冠整洁的好。

其实，送服务上门的小伙子也好，是大姑娘也罢，他们的精神面貌，很大程度可等同于铺头的招牌一样，是个“门面”。很难令人相信，连员工的精神面貌也管理不好的企业，能提供优秀的服务。再说，哪个家庭放心得下，一个鹑衣百结的人上门维修呢。

人同此心，心同此理，然否？

速冻食品

刊于1996年6月6日《羊城晚报》A17版《今日广州生活》

速冻食品早些年间还是新玩意，但这会儿，却已经司空见惯。不说超市里家家都有，就是肉菜市场、街头的小“士多”，也不时见有冷藏箱里列陈着鱼肉点心之类。近来，更甚至连专卖店，也应运而生。

速冻食品“行市”“行时”，自然有它的天时地利人和条件。不过，随着小型分销商的出现，一些令人不寒而栗的潜在危险，也在缺乏有效监管的情况下露出苗头。尤其在肉菜市场上，常见些经营速冻食品的小老板，把本该保存在一定低温条件下的鱼鱼肉肉，摆在常温的柜面上招徕顾客。更有的小贩，干脆连冷柜也没有，却摆来拣去地“巡回”叫卖。这种情景，作为消费者，买不买当然由着你去。然而，谁敢担保，这些曾经在相当时间内“曝过光”的东西，到了明天，会不会又“心安理得”地躺回冰柜里，换张脸孔向消费者招手？

速冻食品，贵在“冻”字，应该有个措施，让那些有“冻”本事、“冻”条件的商家经营；而对没有条件之辈，则要说声：对不起。否则，对消费者，是不公平的。

眼见为实

刊于1996年6月11日《羊城晚报》A13版《今日广州生活》

在一个新住宅区里住了许多年，心中反而多了个未了的心愿：小区的管理，几时才能成为“示范”小区。

这心愿其实不过分，因为同许多正在开盘的楼盘一样，开发商和物业管理公司，都曾信誓旦旦：住户都会生活在鸟语花香之中。现在，早已屋见生苔、阶留履痕了，但问问左邻右里，连条鸟毛都没见过。唉，商不厌诈，他许诺是许诺，但守诺不守诺，就另当别论了。

有道是，耳听为虚、眼见为实。尤其是对那些信口开河的商家。不过，近来终于听到一些开发商开始抱怨，要先搞环境后建房了，说是如果不栽树绿化、建建泳池球场什么的，楼盘绝对卖不出去，或者卖相要减价三分云云。

这真要多得广州人的环境意识，否则，开发商们才不会“多此一举”，奉送您一个眼见为实。

给点意外

刊于1996年6月12日《羊城晚报》A13版《今日广州生活》

夏日，又是商家促销时节。

然而，大小商场里的促销手段，无非是“折”和“奖”，而且，这些夏“奖”夏“折”，同冬“奖”春“折”，没有什么不同之处。更令顾客们感到厌倦的是，商场们“奖”来“折”去，无非是“鸡嗉”咁多，大家心里明白，光顾后得到的“好处”，还不及商家广告的零头，更何况，得“奖”获“折”好处，也不过是“羊毛出在羊身上”。

其实，你我都心知肚明，商家不管折不折、奖不奖，有需要又图方便的人，自然也少不了光顾。但购物的心情，很多时候并不需要“奖奖折折”之类的“优惠”，关键在于，你商家让我心情愉快。

时下商家的服务，实在还大有潜力可挖，我上你的门，你倘能给我几分服务到家的意外，我就是多花几个钱，也心甘情愿。

厕所及其他

刊于1996年6月14日《羊城晚报》A17版《今日广州生活》

流动厕所曾经轰轰烈烈地问世，又风风光光地在广州街头安家。然而，前些时候经过一些地方，发现那些风光过的地点，已开始“原形毕露”，很有点风雨飘摇的劲头了。而这样的模样，更很难令人敢想象内里乾坤的真面目。自然，路人也避而远之。

不知为什么，城市中许多事总是这样，不管是流动厕所也好，公用电话亭也好，搞起来时轰轰烈烈，热火劲过去后，便再也难以见人……唉，这些事，与其说是文明程度的问题，不如说是个管理水平问题。虽然两者并不可分。

车有公害

刊于1996年6月20日《羊城晚报》A17版《今日广州生活》

都市中的出租车上，大都贴有讲文明之类的标语，而开车的司机，为了生意，大抵也确能礼貌待人。据说，不少外来的人员，对广州的司机，都颇有口碑。这真好！

不过，在都市中乘车，很多时候也要挑挑刺。因为，在部分的出租汽车上，普遍有种公害存在着。而且对于乘客来说，这公害是强迫性的，只要你一上车，你就避无可避，只得默默忍受——那从出租汽车司机用的无线通话器里，源源不断地传出粗言滥语的对话。

讲文明礼貌，追求的本来就是一种良好的人际氛围。当乘客上得车来，大眼瞪瞪地望着车上的文明“警句”，耳朵里却不得不接收种种“炒虾拆蟹”聒噪，那种情形下，难道说不是很荒诞吗？

其实，无论在何种情形下，开口出“害”，就是不文明的了，而通过公司的通讯渠道广而播之，就更甚。至于公司本身形象如何，不必说了，你知我也知。

联体经营

刊于1996年6月25日《羊城晚报》A13版《今日广州生活》

电影中的“蒙太奇”，是艺术家们津津乐道的艺术表现手法之一。他们有时为了表现特定的主题，往往精心选择某些完全不相关的镜头，剪接在一起，利用审美心理逻辑的影响力，凸现主题。这是电影的技巧。而作为一种思维方式，有时放到商战中，好像也未尝不可。

记不得哪天经过哪条路了，偶然发现，有家理发馆很特别，它最与众不同的地方，是它同时也是一家“酒吧”。

将理发馆和酒吧放在一块经营，委实算是“出位”，然而，倘若面积够大，卫生上也能兼顾则肯定是个不赖的构思！众所周知，等待理发，是件颇浪费时间兼无聊的事情，它这里竟除却提供理发服务之外，还提供打发无聊的服务，岂不妙哉？

让两种截然不同的服务结合在一起，实行“联体服务”，是一种善用资源的商界战略，也是一种规避风险的有效方法，而其中的诀窍在于，能否把“联体服务”之间的接合点挖掘出来，发扬光大使之成为全新的“卖点”。

推崇国货

刊于1996年6月26日《羊城晚报》A13版《今日广州生活》

洗衣机坏了。是几年前赶时髦时买的日本货。说到经久耐用，确乎还可以，几年中好像都运行正常。

然而，出了毛病之后，却是有无限的烦恼。一是维修问题。不知为什么，大多数的进口货，并不像国内的厂家，有上门服务这一条的。其二是配件，既是洋货，当然价钱也“洋”到家，就看你够不够“牛气”。其三，是服务态度。往往洋货维修部的工作人员，虽说不是“舶来”的，但不知为什么，对国人就变得很见外，变得很“上帝”脾气起来。

仅仅这三点，就足以令我辈工薪一族得出结论：从售后服务出发，国货是大有优势的。何况，这几年国货如冰箱洗衣机等的技术进步，已与国际上持平了呢。

“居安思危”，人不仅要有近忧，而且要有远虑。明乎此，则买国货是消费上策。

礼貌与无能

刊于1996年6月28日《羊城晚报》A13版《今日广州生活》

天河一家仿佛很有名的大商家在试业。一副以“未来街市”自居的样子。

实际上，在这里却不大有“未来”的感觉。结账的时候，倘用信用卡，则比现代商场麻烦得多。一不是每个结账柜台都有“碌卡”的机器，二是收款员在这并非“未来”的机器面前，常常显得手足无措，想“碌卡”，十有八九碌不成。即使上一级的店员前来帮忙，除了说对不起之外，同样弄不出个所以然来。

“谢谢光顾”和“对不起”，都是商界中常用的礼貌用语。前者是商家对客户表示谢意的客气话。而后者，则是服务不周时，表示道歉的意思。

然而，从管理角度上看，只会说对不起，实际上是并没有解决问题，而仅满足于说对不起的管理，实际上也是管理无能的表现之一。

自我暴露

刊于1996年7月2日《羊城晚报》A17版《今日广州生活》

经常读报，爱看报纸上刊登的招工启事，当然不一定有想“跳槽”的意思。但却能从中看到，各行各业的某种兴衰的倾向，获得某些有用的信息。

一日，忽然发现，我们日常看到的招工广告，常常都有底薪多少，或是多少千元起之类许诺，这在招工单位看来，当然是为了吸引人才，才给自己的职位标出价码。然而，对于“人才”来说，看着这些价码，却不免有点“十五十六”，因为，在现代人看来，薪水多少甚至低薪多少，多少是属于“隐私权”范畴的东西，不大希望公诸大众，现在经过这么一登广告，变得人尽皆知，不论是已聘的还是待聘的“人才”们，在朋友亲戚面前，都变得不好意思。老员工们如果同亲朋好友夸过海口，就更显尴尬。

其实，这样登招聘广告，对用人单位，也不见得有好处，因为这样将员工的薪水广而告之，实际上也就把自己的工资开支结构，暴露给了竞争的对手，只要对手有心想要“猎头”，或者要做什么“手脚”，那么不用费什么功夫，就能根据你低层员工的薪水情况，把高层员工的底细，推断得八九不离十了。

想到“怪现象”

刊于1996年7月10日《羊城晚报》A13版《今日广州生活》

站在主流文化的立场看，年轻的少男戴耳环，是种很“出位”的行为。而其“出位”之处，戴的人也并不是不知道，所以，他们回家不戴，上学校时不戴，而且，他们也随时准备“回头是岸”——只采用夹耳骨之类的戴法……

对于少年人的“出位”，当今社会已经宽容很多，或者说是司空见惯，“剪喇叭裤”、剃光头之类过激之举，不会再卷土重来了。不过，作为一种亚文化的社会存在，理解、研究、引导等工作，无疑是必要的，但责备甚至打击则实属“大石砸死蟹”，是过激之举的“换汤不换药”。

从心理学的角度看去，少年人“搏出位”，无他，引人注目而已。其实，有时将心比心想想，这些少年，大都属于学习成绩“中间层次”的那一群，他们处在我们这个过分强调“英才教育”的氛围下，虽然人数最多，但被肯定机会却甚少。现在那些这个级那个类的学校，“牛气”得很，社会也仿佛形成某种成见：连读在普通中学念高中的少年，也不见得脸上生光。更可悲的是，教育界的某些人，为了这样或那样的小范围利益，还在推波助澜，这真是当代教育怪现象！

少年人的反叛行为固然同教化有关，但殊不知，营造一个利于身心健康的氛围，本身就是教化。

过河南

刊于1996年7月23日《羊城晚报》A17版《今日广州生活》

海珠区对于广州人来说，一向不在法眼之内，皆因此地远离市中心，离熙熙攘攘的繁华老商业区，要隔江相望。

殊不知，近两年来，仿佛应了“风水轮流转”这句话，地产的热点之一，竟落到了这片土地。何故？地价便宜是一个原因，发展商不敢漫天要价又是一个原因。不过，更重要的是，城市要发展、人口要安置。所以，倘若站在“过去”看问题，则此地是广州的“生地”；但如站在“未来”去看问题，则此地是“烂熟”之地无疑。

奇怪的是，这一字那么浅的问题，许多人还不敢下个确确实实的结论，甚至包括开发地产的发展商。只要注意一下楼盘的广告，便会发现一个有趣的现象，通常开盘的售楼地点，都在城北，而不在城南。其实，买你楼房的客户，果真下订的话，最终还是要到江那边去住的。

何不试试在城南开盘，让客户现在了解了解“以后的家”的情况，不必弄得每逢周六周日，城北的环市路等地，总是大塞其车。老实说，这也是降低成本的一个做法。

“公益”·生意

刊于1996年7月30日《羊城晚报》A17版《今日广州生活》

常在广告上看到，某商场某食肆快餐店，为了某个日子、为了某项宣传，开设儿童活动场所云云。

商人的种种招徕手腕，从结果来说，社会效益当然很好。但是，有时细细想想，却觉得不那么好受：商人们所赖以借得的形势，是因为我们这个城市，为儿童们设置的活动天地，是那样少，以至于某个饭店商场开辟的豆腐块的空间，也显得是莫大的恩惠，这不能不说是一种悲哀。

总是想不明白，为何在这个城市中会有这样的怪圈：做商人的在极力将生意搞得很“公益”化，而本该做公益的某些场地却又越来越生意化。

做“通”工作

刊于1996年7月31日《羊城晚报》A13版《今日广州生活》

在长途汽车塞车的时候，通常会有些小贩，抱着水果饮料什么的，走上前来兜售，据说，一天下来，会有上百块的营业额。所以，吃这饭的人，是希望塞车时间长、次数多的，而且越多越长越好。

在都市中同某些部门的某些环节打交道，遇到“塞”什么的时候，也有一些人，趁机居中牟利的。比如交什么罚款，又比如审批些什么，甚至“黄牛党”之类的，多半吃的就是这碗饭。这一点，相信“有关部门”的人，心底里也明白清楚得很，只是不知为什么，老是不想想办法，让那些“养”着那些人的渠道通畅起来。

其实，同治理交通一样，某些局部的所谓综合治理问题，只要做“通”工作，一切就迎刃而解，如买车票等就是。

未能两全

刊于1996年8月2日《羊城晚报》A13版《今日广州生活》

黄昏，新城区住宅群中，最多踯躅的人。他们是饭后出来散步的。这景象在老城区的幽巷当中，不多见。

不过，同样是这时，老城中街坊邻里间，却是串门的时候，大伙儿在一道“婆妈”一下油盐酱醋柴，却别有一番热闹。

住在老城中向往闲适的人，多半会羡慕散步的悠闲；可搬到新住宅的人，对那串门热闹，又何尝不会萌生怀念？

鲜有串门、邻里间老死不相往来的新区式的孤独，同知根知底的飞短流长的老城式“八卦”，都同时是当代都市人既恨又爱的生活氛围，遗憾的是，未能两全。

丽丽这件事

刊于1996年8月8日《羊城晚报》A17版《今日广州生活》

丽丽想读书那件事见报了。当晚，有关部门就来了电话，区委、区府的领导也重视，而且看来初步解决了问题。真快!

此外，编辑部还收到不少电话，人人要向丽丽伸出援手，承担她的学费。从黄埔来电的一位读者，还特别联系好愿免收学费的学校，才来同小丽丽联系。更意味深长的是，我们同来电的读者交谈时，他们都觉得自己这样做，“好平常啫！”真好!

现代都市，生活节奏快了，生活空间广了。人与人之间，很多交往方式也在调整；人与人了解的渠道，也不像旧时那样单纯能从串门中加深。如是，传媒的功能，也就有了特殊的使命。

报道生活中的事情，让人们了解自己周围的种种事端，促成事情有个好结果，这是我们最愿意做的，也愿读者与我们同行。

“人文”一诀

刊于1996年8月9日《羊城晚报》A13版《今日广州生活》

广州这些日子很唱了几声旅游的高调门，那目的是要把各方人等，吸引到这个有古老传统的城市中来。平心而论，这几年为了开发旅游的新资源，老城周遭，新兴了这个城、那个大观的真不少。投资的商人，既圈住了地盘，又有生意做，颇写意；好奇而又爱求新求刺激的人，也有了玩乐的去处。虽然贵些，但也不失为一种配套。

不过，从另一方面看，我们在开发的同时，却不大注意人文资源方面的保护。所谓文化古城或历史名城，有时候其魅力．就在于那原汁原味的“古”和“历史遗风”。在许多成功的例子里，不惜大量投入的保存，有时往往才是高唱旅游之歌的根基。

我们的骑楼越来越少了，西关大屋也被挤走了，也见不到花艇、听不到咸水歌了……唉，既然迪斯尼乐园不是我们的优势，“有关部门”干吗又老鼓励邯郸学步呢？没了有特点的人文氛围，不知广州还有啥可游的。

理应透明

刊于1996年8月13日《羊城晚报》A13版《今日广州生活》

因为“教育经费不足”，于是，很多家长看在儿女的份上，都很响应学校或幼儿园表示接受赞助的姿态，在校方或园方印好的表示是“自愿”的文书上签名、解囊。这风气一时踊跃，以至于很多家庭，都颇自然地将这很自愿的赞助款，打入家庭的必然开支。

然则，这些赞助款，虽是家长选择自愿途径捐之，却并不表示大家都心中无数。特别是，对钱的用途，有没有用在“教育经费”上，尤为关心。遗憾的是，在时下的“捐款热”的风气中，很多的校方或园方，都不大有建立对捐款的开支如何使用的汇报制度，这说起来，未免有点暧昧，甚至“跳进黄河也洗不清”。

对公众的捐款要透明，这是用公众钱做公益事的规矩。不懂规矩、不立规矩和不行规矩，都是不对的。

印本大全

刊于1996年8月21日《羊城晚报》A13版《今日广州生活》

广州的商品经济发达，街头的执罚也很发达。每走到街上，不是见到几个“大盖帽”围住某个小贩，就是会见到几个“红袖章”拦住一个外地人……诸如此类，真是现代大都市一景。

诚然，处在“发展中”的尴尬，没有严格的法规治之，便不能

“万流归宗”，使城市公众生活的一切一切，纳入有序的发展之中。

不过，随着法规的增多，似乎执罚领域的“就业率”，也在不断提高，专业的、兼职的乃至业余的“操罚手”，林林总总，满街游走，有时真叫人难辨其详，为什么就不能来个“精兵简政”呢？

唉，为了叫人“明辨是非”，不妨麻烦“有关部门”，印一本执法标志及着装大全，算是“受罚导读”，让市民放在手边，免得常出现“这鸦头不是那丫头”的误会！

诸般小事

刊于1996年9月2日《羊城晚报》A13版《今日广州生活》

单位来了大学生。为宿舍里坏了的日光灯，苦恼了好些日子。何故？不懂电！

在家中是宠儿。家中，当然不会让他碰这“危险”的玩意。在学校是骄子。读书时，这是不屑为的活计。进入社会，则大可以推搪说：社会分工不同。倘将生活中的如烹饪、缝纫、装灯换线等都看作“小事”而不学不为，不免就有了低能的话柄。古人云：小事不为，大事难成。

健字号

刊于1996年9月12日《羊城晚报》A13版《今日广州生活》

街上口服液可说多如牛毛。但据有关管理条例，又有分食字号、健字号和药字号的。

食字号、药字号都好理解：吃到肚子里的东西，不是为了饱肚，就是为了治病。但是，治病和填肚不可混淆。所以，分它一分，吃者能鉴别。

那个“健字号”的，走到市场上或医院里，却都不时能见着。但令人困惑是，你总弄不清，那些玩意是药不是药？说它是药，不见严肃的大夫开处方，说它不是药，不时就有人向你推荐：什么病吃什么好。

其实，大凡食品，无“健身”之功，人类不会把它列入食品之列。增加蛋白质、增加氨基酸、增加纤维素、维生素等等不都能“健字号”？但真如是，则鸡鸭鹅鱼萝卜青菜，岂不也“峨冠博带”地以健字号自居？

这样，健字号使得有人在食与药之间，左右逢源，一不留神，就让老百姓吃暗亏。

如取消健字号，可能对药品市场的管理会大有益处。

有奖“欣赏”

刊于1996年9月17日《羊城晚报》A13版《今日广州生活》

听说有的城市的电影院线，在搞看电影送录放机之类的活动。大凡新片子上映，就在前十场放映时，宣称凭票抽奖送电器，结果十分红火，又有上座率又有利润，自豪得不得了。

广州还未听说有这样“博彩”式的电影专场。不过，近日看到有广告说，有个什么音乐会一类的活动，准备搞到送钢琴这般“豪华”，这真是“不鸣则已、一鸣惊人”。

本来，商业活动中，搞点“羊毛出在羊身上”的促销，时至今日，已不是不可理解的事了。然而，在属于精神产品的领域，也来这么一下子，真不知艺术家们的脸往哪儿搁？

事实上，欣赏艺术抽奖之风，决不可长。因为艺术本是求得心灵上共鸣的高尚事业，乃展现人性中真善美一种特殊的精神产品，倘若这也要以纯商业的行为去求得审美的知音，那岂非连诗书琴画等也可诉诸抽奖活动来推而广之？真如是，那文明的进步就悲矣！

快哉快哉

刊于1996年9月23日《羊城晚报》A13版《今日广州生活》

欠债还钱，天经地义。然而，生活中却有那么一些人，借钱时“下巴轻轻”，还债时拖泥带水。更有人利用法律缝隙，靠赖账过日子，可谓“泼皮”流人物。这些人举债不多，却行为猥琐，甚至对法院的判决也不放在眼里。对人际关系、别人的家庭、对法的严肃性等都带来负面影响。

日前，法警行动了！行动就是针对这些自以为凭“赖”字诀，便可以天不管地不管的“债务流氓”。真是大快人心。

信用是现代商业经济的基本法则。败坏信用关系，也就是破坏现代交易的基础。在当今社会生活中，不仅有自然人赖账，而且更有法人单位在当着这样的“泼皮”，一些所谓“三角债”便由此而生。

倘若从此能够对上了法庭的大小债务问题，一经判决生效，都能这么“大阵仗”地强制执行，那就不会有这么多“三角债”了。

纸灯笼

刊于1996年9月25日《羊城晚报》A13版《今日广州生活》

中秋节，纸灯笼。这并不是民谣，而是一个回忆。看着街上的小商人拿着塑料的手电式“灯笼”，在招徕孩子们，便不由得这么想。

是的，这塑料的应节玩意，的确比纸扎灯笼来得耐用，今年用过，收藏得好，来年换过电池，照样闪闪放光。不像纸灯笼那样“娇贵”，火一烧，穿了，手一捏，竹骨就断了。

从物质文明发展看，纸灯笼的不再多见，是种进步，无论市场或材料的发展，都是必然。然而，从民风民俗保存来看，这却又是很令人扼腕的。纸灯笼那种粗糙、那种简单、那种朴素以及那种易碎，有时偏偏就令人有“很节日”的感触！

作为商品，纸灯笼已经从市场上“离休”，然而作为中秋的象征之一，纸扎的灯笼，有特定的心理和文化的位置。

过完中秋

刊于1996年10月1日《羊城晚报》A9版《今日广州生活》

秋已半，一晃晃到下半年。才发现一年中很多要做的事没做，于是便有蹉跎岁月之叹！

中秋节，虽然是古人为了纪念收获而设的节日。但是，过了这个节，不免就觉着，这一年好像已经过得差不多：公家单位里，总结要着手写了；工厂里，牵涉产量的决算，该赶班的就得赶班了；生意人账上，一年盈亏大致看得出来，开始掐指头筹划来年的买卖；农民粮仓满不满，也可估摸得八九不离十；学生哥学生妹呢，发现春节变得可望可及了……

不管怎么说，过了中秋，就接近“冬藏”季节，社会的节奏，也像重力加速度最后阶段，进入加快的运动。所以，过完中秋，做什么都得快些了吧。

坐地起价

刊于1996年10月3日《羊城晚报》A13版《今日广州生活》

不知什么时候起，广州的宾馆食肆酒楼，假日里竟要加收服务费起来了。

据说，这是港风穗渐，是将香港的经营风气，带到广州市来。对此，香港的消费者为何熟视无睹、习以为常，我们无须深究。但在广州，人人都大有理由抵制，甚或有必要立规立矩制止。

节假日加收服务费，其实是坐地起价，是商家在敲食客“脚骨”，而且赚了便宜且卖乖。

想平日里，商家们那么热衷于广告，求的无非是节假日那客盈于门的效果。现在客果真来了，你又大敲一笔，岂不怪哉！有说是节假日人手不够，服务量增加，成本便高了云云。这话够大话的。店家人手，不论假日不假日，开支都那么多，至多多点加班费。但是，客多了，营业额大了，赚的也多了，怎么会成本反而增高？

本来，饮食业的营业税就低，平常加收服务费，已无端端要客人代交了税，现在节假日再来加收，不是变本加厉，又是什么？

今日城乡

刊于1996年10月10日《羊城晚报》A17版《今日广州生活》

农村之于城市人来说，多半不是脑海中回顾的那一隅，便是处于憧憬的那一端。

从农村走进城市来的人，虽说都有乡土的观念，但这观念，多半是从属于“童年时”的故乡；对农村陌生的城市人，从书本从影视等获得个朦胧印象，便心而往之，是以印象都很浪漫。

然而，这些年来，城市与农村之间的关系，忽然间变得微妙了：由于有了乡镇企业，由于种养科技的发达，在农村看来，城市并不单是城市那么简单，它已经具体化为市场—— 一个实现生产价值和提供新的资金的地方；而在城市看来，农村也不光是提供农副产品那么简单，它已成为城市人才技术资金寻找更广阔的机会田野。其实已有越来越多的城里人，开始到农村去开果园、垦荒地了。

如此看来，随着商品经济的发达，城乡之间的差别，正在由市场的一双无形的手，慢慢抹去。于是，“城”字不再那么高傲，“乡”字也不再卑微。

红杏出墙

刊于1996年10月14日《羊城晚报》A13版《今日广州生活》

近看广告，有某房产公司在拼力推广楼盘。其中有句广告词，令人始感突兀，继而粲然：大致是，它说自己楼盘的所在，真是“满园春色关不住，一枝红杏出墙来”。

揣摸这公司决策层的心理，恐怕是要强调那楼盘非常优秀，在地产行业中“木秀于林”吧？殊不知，这句名诗，乃是成语“红杏出墙”的出典处。而翻开辞典，这成语用在贬义上的时候更多。更令人忍俊不禁的是，大凡家庭任何成员，都多半是容忍不得“红杏出墙”的。可居然还有人推广住宅时，大肆“红杏出墙”之，真是滑稽！

国学的致用，不光是在语言上的锤炼，而且还讲文化修养方面的“道行”，像“红杏出墙”这样望文生义地出法，只能贻笑街坊。

近段时间，广告行业里，还有竞相效尤在谐音上玩花样改成语的，令不少成语面目全非，已有不少学者群起攻之。其实，这做法自以为聪明，却不知，这么一改，效果有时还适得其反：懂得成语的人觉得反感，不懂得成语的人更莫明其妙，岂非误人误己？

“批发”美容

刊于1996年10月21日《羊城晚报》A13版《今日广州生活》

很多美容院据说都开有包月或包双周之类的服务，这也许可算是服务行业的“批发”业务。这业务的产生，是竞争的必然，当然也是服务业的深化。很好！

但是，所谓“福兮祸所伏”，大凡好的事情，都不免会潜伏些“不妥”的因子。现在的“批发美容”亦然。通常是，新客入门，招呼服务都蛮热情周到，但订过包月的票后，便开始每况愈下，或者干脆上些“流野”，直至你失去信心，还未用完“月票”就下决心不再登门。

或曰：它这是自绝于客！是！但也不是！因为从长远来说，这不错。但，当它本就没永久经营打算时，欺客，就成为其发横财的伎俩了。

包月服务，不可全信。

多讲扬弃

刊于1996年10月22日《羊城晚报》A17版《今日广州生活》

广州街头的一些出租汽车的后窗，出现了浙江横店的广告，那是招徕要看广州老城情调游客的。

这颇讽刺，等于在广州市对广州人说，您想知道您祖宗的生活环境吗？来，交点钱，咱兜给您看。

自从拍过电影《鸦片战争》之后，横店便出了名，而且是因广州而出名。出了名之后，自然会带来旅游的收入、税收的收入，增加就业率自然也不在话下。本来，这些好处，对广州来说，是“近水楼台”。

其实，假如我们广州人对祖宗留下来的文化遗产保护得好，又或者修复得好，就不会有这“既生瑜、何生亮”的窘况。

将孩子同洗澡水一块儿泼掉，是不智的；而既发展，又有保存，叫作扬弃。要改造好广州城，就要多讲扬弃。

医者酬宾

刊于1996年11月1日《羊城晚报》A13版《今日广州生活》

酬宾一说，向以为是商业用语，但近来多看广告，才知道自己孤陋寡闻，原来这词汇已经可以用在医院或医生对病人的招徕上了。

自古医生收诊金，这不稀奇，收多收少，当大夫的心中有数。只是近些年来，“悬壶济世”“杏林春暖”之类的词汇，开始有点变成虚招儿了。而另一方面，医者们的广告，医家味儿日少，商家的味儿则愈来愈重，弄得病家更是疑云重重。比如，他广告上说，新开诊期间按七五折酬宾。

然而，在病家看来，不免心里要七上八下，狐疑一番：那医家既有十足医术，为何要来“折”这么一“折”，而这么“折”一“折”，是不是“医力药力”也会“折”那么一“折”？倘若他医德甚笃，“明码实价”，那他为何平白无故地要在不“酬宾”时，“趁你病拿你钱”？

从广告上的逻辑混乱，不难看出走进了广告圈里的医家们的某种混乱，或者说是医德的迷失。否则，不会有这等闹剧式的台词，被广而告之的。

经济环境

刊于1996年11月4日《羊城晚报》A17版《今日广州生活》

最近，除了股市顶旺一阵之外，从商的不少人，依然多有生意不好做的慨叹。

的确，盯住自己那盘生意的人发现，几个月来，入息少了许多，又或者成本费用“很难顶”，便自自然然有了生意难做的感觉。而眼界宽些的，几个同行凑到一块儿，交换一下感受，颇有共鸣，不免有了所谓不景气的看法。

不错，简单看去，你不好做，我不好做，他不好做……这景气度就不高。但是，从另一角度看，环境的景不景气，在市场上是有的。不过，就自家生意而言，实在不是景不景气的问题，出问题的，是自己生意做得好不好，活不活。

比如，食街的不景气，造就了景气的粥城；海鲜的不景气造就了景气的川菜、东北菜；地产的不景气，造就了景气的代理行当，而期货的不景气，则造就了股市的红火，等等。

其实，不景气有时是机会。因为，经济活动是个群体活动，不景气了，大家便都去想办法，从上到下，从左到右，大家都想出办法度淡了，生意也就景气起来！

当然，做最早想出办法的人，是个关键。倘若人家生意还没“景气”起来时，你却觉得好做，那就一定能“先富起来”。所谓此消彼长！

见怪要怪

刊于1996年11月6日《羊城晚报》A17版《今日广州生活》

街道或住宅小区间，有的街道近日张贴出公告，让育龄夫妇到居委办理有关计划生育手续。

计划生育是国策，公民理当贯彻。然而，不知什么原因，有的地方在今年执行这一国策时，育龄妇女比往年要多一道手续——到某某地方去照B超，有的告示甚至写明，单位体检时的结论、大医院的检查结论也不予承认。

这真是怪哉！通过B超检查，无非是要证明一下，有没有“超计划”。这结论，为什么有行医资格的大医院不能下，非要到某某地方，难道果真是某些居委临时指定的B超检查点的判断水平更高？

不必说穿这其中的奥妙了吧！但愿有关部门能意识到，这种做派，是否有利于国策的贯彻？

电影院说

刊于1996年11月7日《羊城晚报》A21版《今日广州生活》

倘将拍电影这行当看作梦工场，那么，放电影的电影院就是供人做梦的地方。

曾几何时，听说电影院不景气了，真令人扼腕。然而，现在发现，原来它们并不是“夕阳行业”，相反，它们边卖零食边调整的困难境况下，竟走出了特色经营、归类放映的路子来，真是可喜可贺！

不过，为其生存而释然之后，却又感到，这电影院老行当，还未能淋漓尽致焕发“第二青春”。其实，换个角度去想，电影院并不只是一个固定放映点这么简单，和电视节目一样，不妨也可以看作“媒体”。在这聚人气的地方，为什么不发掘些发放信息条件？电视节目播放可以做广告、特约，放电影为何不可做广告特约？连电影院名，也不妨学学节目栏目，学学球队，来个特约什么的，岂不也是一法？

总之，放开思路，也就能广开行业之路。

厚起脸皮

刊于1996年11月11日《羊城晚报》A17版《今日广州生活》

消费者为自己的权益而同商家打官司，近年常见报道。报章、电视等传媒，总将那些个案，当作新闻去追踪。

既然是新闻，就说明那不是司空见惯的。但是，到消费场所去，窝了一肚子火回来的经历，却人人皆有。只不过，大多数人都不习惯于据理力争，而宁愿选择向隅窝火而已。

脸皮薄，也许是个中原因。然而，这不是根本的问题，根本问题在于人们多半习惯于“自然”的买卖关系，不大意识到，在现代社会中，买卖，实际上是在法律保护下的买卖。也就是说，脸皮薄，即等于放弃自己的有力保障和应有权利。

一旦大多数消费者都习惯于据理力争、而为权益同商家打官司不再是新闻的时候，消费者才会真正成为“上帝”！

人人脸皮都放厚一点，商家的脸皮就会更薄一点，上帝是靠自己去当的。

心虚的溺爱

刊于1996年11月19日《羊城晚报》A13版《今日广州生活》

近日报载，有家长因爱子心切，要陪儿女念书，陪到课堂里去，而且是请了病假事假去陪！

这可以称得上是“旷世奇闻”了，古时虽有“陪太子读书”一说。但那是书童的事，打“皇家”工，不得已为之，同今天的家长并不相同。

因为家有“小皇帝”导致家长角色错位的事，早已引起专家关注。然则，在家长心目中，却还不甚了了。不过，听专家之言，仿佛所关注的，只是家长过于“溺爱”的那一面。很少听说，有人提到，家长现在的做法，除了心理因素以外，还有知识结构方面的原因。由于教育的发展，不少家长已面临一个知识结构断代的问题，很多家长现在实际上由于知识上的欠缺，已经不可能像自己的父母辈那样，辅导孩子。如是，自己无知，便希望孩子“有知”，而孩子何以知之，却又无法驾驭，于是便有“陪”这一“上”贷。

家长的知识若不更新，溺爱的行为，也许会更有甚者，层出不穷。

行医广告

刊于1996年11月20日《羊城晚报》A17版《今日广州生活》

很多行医广告在媒体上亮相。有的，还很频繁。

如今，维系广告的费用，开支不菲。既然开支不菲，就必得有不菲的收入。

然而，同工业产品在市场上实现价值不同，医者收入来源，无非医道和“药道”。就医道而言，进账不过是诊金，按国家规定，诊金是有数计的，就是一流的大夫，最高也不过两位数。

如是看，广告做得落力的医者，只能从“药道”上、手术费上

“广开财路”了。怎样“广开”呢？卖高价就是了！

不言而喻，广告卖得多的医者，多半是卖着贵药。不信，你去找他光开处方，看他这“杏林”，“春暖”不“春暖”？

精品底蕴

刊于1996年11月21日《羊城晚报》A17版《今日广州生活》

很困惑于“精品”这种玩意。看着街上的精品店开得越来越多，着实好奇。就使用价值而言，现在街头上的“精品”，可说是属于“无厘头”文化的精华，实用的价值并不大。但，精品队伍却越来越“壮大”，不消说，它们颇受欢迎。

其实，流行的“精品”大致有三：一、将生活中的某些用品，实现材料高档化，比如陶瓷的做成水晶的；二、将生活中的实物漫画化，如把手表做得硕大无比、把高档名车按比例缩小等；三、将旧时的用物摆到现代生活来，表示返璞归真等。

从文化心理上看，“精品”所以受宠，不在于是生活中基本用品的复制，而在于给人以惊喜。这底蕴，不知老是在搞这个“折”那个“奖”的促销商家可知？

买书的故事

刊于1996年11月26日《羊城晚报》A13版《今日广州生活》

近同一位长者闲聊，长者很感叹地讲了个故事：某日，到书店买书。在没开放的一书柜前，长者指着其中一本书要看，售书小姐诧异道：真要看么？那可是一本诗！——言下之意，当然是觉得长者“老土”。

诗书也许真不好卖，固然是事实。长者讲这故事的意思，也是在为诗人们扼腕。然则，在抒发同感之后，售书人的浅薄，更倍令人感喟。

在书店、唱片公司这类出售精神产品的商店工作的人，推介传播自己售卖的商品，应是本分。可是这一位，不但不热衷，反而败兴，真难为了请她的“老板”。

时下，卖书的对书籍一窍不通，卖唱片的对音乐及音乐家一无所知的情况，比比皆是。老板雇工，也很少考虑这一点，只要人工便宜就行。殊不知卖精神产品，有时很讲究“购物氛围”，讲究对文化产品的审美享受，讲究“知音”相求。这也是某些学术书店，为什么能稳稳掌握住一群固定客源的秘诀。

善哉不善哉

刊于1996年11月29日《羊城晚报》A17版《今日广州生活》

时常听见或读到这样的新闻，某某单位或企业，忽然间在某一天幡然大悟，决定将准备用在什么庆典上的多少万的钱，捐献给贫困山区的乡亲或失学儿童。

此举甚好，张扬开去，当然很有些感人的地方。倘若个个企业都有这番心，则善莫大焉！

不过，话又说回来，企业或单位，何以总准备去搞什么庆典，而且是十万八万上百万地去搞。不是说银根紧么？不是说有三角债链么？不是说流动资金紧张么？把那么多资金花在庆典上，真有点冤。更荒谬的是，不少银行也不时传来这样的新闻。有时候，细心去想想，真不知这些企业花在这上面的开支，是从哪儿出账的。是打入成本？是偷税漏税？还是花了公积金？从哪看，这钱来的和花的都不是地方。

钱是可以用在扩大再生产上或技术进步上的。

其实，要表现善心善举，不一定非到庆典时再表现。何况，只要企业少浪费一点，已经善莫大焉！

商耶股耶？

刊于1996年12月3日《羊城晚报》A13版《今日广州生活》

冬来了，可以眺望年关。

市场这时通常已经拉开旺销的序幕，但是，今年很多由个体户组成的商场，人丁并不见旺多少，有的商场，甚至难见老板的踪影——据说，都炒股去了！

不错，股市是红火，也许正是有很多那样的老板去入市，也才变得如此的红火。不过，是不是在挨了一两年的不景气之后，一朝“弃商从股”，便是弃暗投明了呢？

经济学家告诉我们，股市转牛，是经济复苏的先兆。既然已经看到先兆了，商耶股耶？便是每个商人在生意场上的重大决策。

不可否认，持币入市，也是投资。然而，倘若将原先生意上的流动资金甚至贷款，一气放到股市去，恐怕就难说是明智。

生意场上有句话：“跟人尾，食水尾。”而在股市里，接最后一棒的人，往往是最惨的。与其冒险，不如三思而行，特别是在看到前景的时候！

“四害”陪餐

刊于1996年12月6日《羊城晚报》A17版《今日广州生活》

蟑螂、老鼠等四害者流，人皆恶之，故有“老鼠过街人人喊打”之说。

为了防害防病，有关部门不时就发放些标语街招，告诫人们常备警觉之心，以令市民都能“五讲四美”。而且，很多时候，这些公益广告，是要求各公共场合有关单位，都得张贴不误的。

让公益广告的告诫深入人心，理所当然。然而，近来在广州不少食肆，被要求挂的公益广告，却未免“太过”：将蟑螂、老鼠的形象，纤毫毕至地绘成彩图。这图一挂起，便见巴掌大的蟑螂匍匐在墙上，眈眈地注视着你；而作为坐着的食客，你同那“四害”，真是边吃边对视，浑身不自在。心理脆弱点的，简直食兴全无……

公益广告也要有美感，光强调写实、强调警示，别人未必愿意挂它，倘若让人恶心，就更适得其反了。

不能“大晒”

刊于1996年12月16日《羊城晚报》A13版《今日广州生活》

晨早，上班时经过银行，总见解钞车停在马路边上，荷枪实弹的经警拦住行人，呼呼喝喝，使最旺的马路一时乱套，解钞车走后，至少得十五二十分钟后，才回复正常。

每天这样的经历，总令人很烦。不能让银行不解钞，解钞时当然要“清场”才最安全。

然而，不明白的地方是，解钞车为何总爱停在银行的马路对面，而不是尽量缩短路程，也不明白银行信用社为何总是将门面装潢得很有“衙门”味道，要有高高的楼梯，而不是建一条方便解钞车靠近，或者干脆让解钞车开进银行里去的通道。

银行解钞，安全第一，是大事。但谁出门没事？谁又能“大晒”。

以法治之

刊于1996年12月24日《羊城晚报》A17版《今日广州生活》

在旧社会的语汇中，有个词叫作“地头”或者“环头”，这词儿许久不听了，但这几年又有听说了，这是因为社会上有些流氓分子，利用人们法制意识的不强，自扫门前雪或多一事不如少一事的弱点，像旧时的恶势力一样，干起划“地头”争利益的买卖来。

社会上倘若容忍这地头势力存在，就会增加不安定因素，很多事实证明，哪里有地头势力存在，多半会有斗殴、收“陀地”、放高利贷，以及赌毒等社会丑恶现象伴生，搞不好，就会出现黑社会势力的萌芽，我们不能不常警惕之。

今天披露的“新雅”门前的那伙司机，虽然从表面上看，是在争市场。但是，在公平竞争的商品经济中，是容不得暴力的，使用暴力人多欺人少，不仅违反了市场竞争的原意，而且危害社会治安。事实上，这伙人的所作所为，同旧时代的恶霸并没多大区别，他们是在欺行霸市。对这样的人，司法部门，实应以法治之；街坊邻里，则要以法慑之；地方部门，更要以法制之。

透过挂历

刊于1996年12月25日《羊城晚报》A17版《今日广州生活》

挂历的模样，从来一年一变。从去年起发端，今年挂历一变，变成流行起宣纸仿真迹国画来。

不深想，会觉得只是商人们在“搞搞新意思”，没什么大不了的。但是，若联想到早些年的那些极美人头之能事的挂历，就不能不感慨，人们的欣赏品味，的确“今时不同往日”，其附庸风雅的风气，在不知不觉中，从日常生活中蔓延出来。

其实，这进步，也能从文德路的那些装饰画市场的变化中，隐隐约约感受到，大红大绿的画幅，不觉间已被国画油画和带有明显设计意念的装饰画等所取代，艺术型的画框，也挤走了铝合金画框，出现了另一番繁荣。诚然，有人会不屑一顾地说，那是“行货”，但这有什么不好，毕竟，人们开始懂得欣赏名画的复制品或模仿品了。

挂历同行画一样，都是飞入寻常百姓家的东西，每天对着，同样有审美和教化的价值。现在，提高了品位的工艺美术品，比以往更受欢迎，甚至开始找到广阔的市场了。这真好，真叫人高兴！

拥抱历史

刊于1997年1月2日《羊城晚报》A13版《今日广州生活》

昨天，翻开日历，就翻开了新的一年。新历新年，仿佛总没有旧历新年来得那么热闹，中国人么，当然更注重中国传统的节日，年年如是！

不过，今年新年不同往年！其一，香港回归，将给方方面面带来不可估量的机会。其二，多年的宏观调控，去年已见成效，经济环境好转令经济界人士摩拳擦掌。其三，“九五”规划确立，党的十五大召开，政治上许多大事，也将明朗。可以说，1997这一年，将是我国社会主义经济进一步发展，有契机、有经济基础、有政治动力的一年，亦即是天时地利人和皆齐备的一年。这样的一个年头，对于国家来说、对于个人来说、对于历史来说，不正是一个机遇么？

无论士工农商，能借这股势头，都可在这样一年，迈进新的增长点，倘能够悟着此而成功，将来必大可自豪一番：我拥抱过历史。

狗生意经

刊于1997年1月3日《羊城晚报》A17版《今日广州生活》

为了城市的管理，也为大多数人，城市终于对养狗定下了更严格的法规，养狗的人，也要承担更多的义务了！

于是，牵一发动全身，曾经红火过的“狗市”，据说开始又打起猫的主意，很有些狗去猫来的市况，生意人的变通，来得真快。可见其生意之道的诀窍，也正在于因市场的变而顺势而为。

不过也有以不变应万变的。有生意人就认为，在新法规之下，狗市场并不会因之而由盛而衰，相反，是正式起步的契机。理由是，养狗付费的高昂，恰利于纯种狗和狗食市场的发育，因为，宠狗一族投入在兴趣上的“成本”越高，对狗的研究也会愈深，这么一深，好品种的狗的市场，也就会好起来。

当然，投机派的生意人也不是没有的，那些早早就开始做起收购行当，将狗倒手卖到外地去的人，做的就是这法规衔接期间的一锤子买卖。

一种变数到来，同一门生意，走出不同的路向，这是有趣的事情。而常关注这些，会学到不少。

“秀才”与“兵”

刊于1997年1月10日《羊城晚报》A17版《今日广州生活》

除了白云山之外，植物园那块绿地，也是广州最可宝贵的资源。

然而，不知为什么，越是宝贵的资源，越多人去蹂躏，更可悲的是，这种蹂躏的动机，有的出于无知，有的是为了区区一点点局部利益甚至私利。像本版今天报道的那些运余泥者的行为，就是一例。

有个无奈现象值得注意，在城市当中，受保护的青山绿水文物什么的受到侵害时，总会出现不是“秀才遇到兵”，就是“好佬怕烂佬、烂佬怕泼妇”的情况，而且，又总是问题“迟迟得不到解决”。

其实，问题的关键，在于我们对保护自己资源的那些单位，往往只授予“秀才”之权，而未给与“兵”之权，所以就会有欲保无力的怪事。甚至我们的某些部门，在处理相关问题时，也总觉得

“秀才”可欺，结果，是给“烂佬”开路，开“泼妇”绿灯。

如果，我们环保也有“110”，在处理环保等资源保护时也像“严打”那样高效率，就不会再有什么“无奈”了。

执执手尾

刊于1997年1月15日《羊城晚报》A17版《今日广州生活》

自从新城区天河旺起来后，到天河去，就开始多了一烦——塞车。也难怪，早就有人批评过市政规划短视。连三角洲地区的小城市，都晓得为未来的交通发展留有余地，广州却不晓得，真羞!

现在“米已成炊”，再改，伤筋动骨，只好由它去。然而，“由它去”是基础设施上的无奈，却非管理上不能下功夫。比如，公共汽车站可以按不同走向挪挪位，经交通岗后再停车；让那些老停在天河城、购书中心门前的出租汽车不再占着一条车道；加强一下过街隧道的治安管理，让那些不走隧道的行人走隧道等等。如此这般，都有“吹糠见米”之效。

既然未能“未雨绸缪”，何不“亡羊补牢”？此致有关部门。

不要“哑行”

刊于1997年1月20日《羊城晚报》A13版《今日广州生活》

公共汽车实行无人售票之初，乘务员的职务就不再设置了，不过，不时还能做到“有声”——通过司机的控制，播出较为准确的报站提示，客人遂能预先准备，上下如流。

然而，近来上到一些公共汽车，却发现，不知为什么也不知从什么时候起，公共汽车开始“哑行”。这些车不但没了报站，而且连提示司机有客下车的嵌铃也成为摆设，十个有八个不能发声。

许多司机为了赶班，停站的时间又很短，于是，客人们每次乘车到站，便不得不像“开水烫脚”般匆忙。有的老人说，现在乘车，是上车容易下车难！

取消乘务员，降低经营成本，这是进步。但是，服务这东西，重在交流，重在给予方便。那些必要的服务，更不能无疾而终。既然有承诺在，就要坚持。而且贵在坚持。

不可小觑

刊于1997年1月22日《羊城晚报》A17版《今日广州生活》

今天本版刊登的有关“商嫂”的报道，表明政府正在作对下岗人员进行用工交流的尝试。虽然，这是被形势逼出来的一条路，但，不可小觑这条“杀”出的“血路”。

社会上，是存在不少就业机会的，否则，不会有那么多的外来人口。下岗的人员过去难以就业，是因为他们一旦下岗，就要“个体”找工，现在好了，劳动部门帮他们“集体找工”了，这无形中，也提高了这些人员的信用。

目前，这种企业间的“换工”只是尝试，甚至只是临时工，但是，实践上已经见到前景。因为，这已突破了原有封闭式的劳务体系。倘若将来能发展到在税收等政策上也给予支持，企业也习惯了劳务输出的做法，社会保险也相对健全，那企业的富余劳动力，也许就不再是负担，反而是种资源了。

何必“淡年”

刊于1997年1月28日《羊城晚报》A13版《今日广州生活》

过年了，不少广州人都在筹划，打算到省外甚至国外旅游。这说明，广州人的生活水平一年比一年高，除关心温饱问题外，也在关心开眼界、长见识。

大概，过了年以后，就会在传媒看到，某某地方在春节期间接待了多少多少游客、创收多少多少的报道了。然而，反过来想一想，每年广州过节，总是“水静河飞”的模样，心里面不免大有些酸酸的滋味。

我们为什么要到外地去？因为外地有新鲜感，外地有旅游资源，所谓“最紧要好玩”嘛！

人家为什么不来？因为广州特色并不多，也不大好玩，或者说广州的好玩之处还不够“紧要”！所以人家过年有假期，不会来。

这些年，听说广州过年时最吸引人的花市，好像也不怎么样了。唉，年年炒冷饭，向本地人卖本地姜，当然意兴阑珊。为什么不像荔枝节、龙眼节那样，搞个花节什么的，让外地人来过节呢？

广州人该想一想：能不能不过“淡年”？

不可不防

刊于1997年2月3日《羊城晚报》A13版《今日广州生活》版

对于善款的募捐，除了对基金会之外，有关的政策法规，在监管细则上，是不大明确的。以至对何等信用的实体或个人，才可以发起募捐，也不大明确，因而，所带来的问题是，用这样或那样的理由募捐起来的钱，到底能否得到有效监管，很多时候，都是个“神仙数”。用时髦的话来说，就是在不少局部的募捐当中，是存在“黑箱”操作的。

事实上，有的募捐是被滥用了。比如不久前有家企业出了工伤亡事故，事后证明，老板并没有给员工买过劳动保险。而出事后，老板居然厚着脸皮在企业内搞起募捐，结果弄来了几万元，而老板自己则出了两千元“捐款”了事，还标榜这是“精神文明”……

人们愿意帮助别人，有善心，是文明进步，但是，倘若操作规则不清晰，就不得不想深一层了，因为，“防人之心不可无”啊！——当然，最好能有详细的法规。

打到要害

刊于1997年3月17日《羊城晚报》A17版《今日广州生活》

古语云，民以食为天。可见，吃，这一维系生命延续的行为，从来就是“天赋人权”，不容别人去侵害的。

现在，有人将装过化工原料的铁桶，翻新之后，卖给别人装食用油；又或者，用经过翻新的化工原料铁桶，装上食用油卖给食肆。他们当然可以从中谋利，但显而易见，这是损害人身健康的。在道德上，这同谋财害命相比，并没有两样。在法律上，则更是违反消费者权益保护法和有关卫生检疫制度。他们这种行为，自然有法律治之，相信本报今天所披露的“黑店”“黑厂”，再蹦跶不了几天了。

值得注意的是，作为消费者，市民们比较关注的，多半只是商品的零售市场，不大注意产品中间环节的市场，殊不知，在中间环节中制假的奸商，其危害更大。因此，我们关注打假时，更应关注的是打中间环节、打源头环节。唯乎此，才能标本兼治。

清明时节

刊于1997年4月1日《羊城晚报》A17版《今日广州生活》

清明时节，敬悼先人。这是国人的习俗，也是代代承继的美德。

但是，随着时代的发展，我们不能不说，美德之中，也有流弊，这流弊就是讲迷信，在清明时节烧冥镪、燃鞭炮、焚高香等等。

将先人奉为神而供之，其实与普通寄托哀思已然不同。普通扫墓，是念记故人亲情，尽点孝心。而将先人当作神来拜，则有很功利的目的存在。有人挖苦过：是想吃小亏占大便宜。

是故，有的心态情结，我们且不说它。要说的是，“烧”“燃”“焚”这一套，在现代化城市当中，业已不合时宜。过去，先人安息在荒山野岭，与人无扰，你去扫墓时大烧特烧，倒也只是自家的事。现在不同了，别人的先人，是你的先人的近邻，你“烧”、你“燃”、你“焚”，不免要干扰人家。而在殡葬改革之后，祭奠之所，也成了公众场合，在公众场合“烧”“燃”“焚”，自然会污染环境，弄不好，还可能惹来“祝融”光顾，这就不算是“美德”了。

事实上，抚今追昔，我们的先辈，清明并不像我们今天这么沉重，他们是将清明时节看作一个真正的节日，在这日子里，人人都去踏青，有欢声，也有笑语，甚至，有些流传千古的浪漫爱情故事，也发端在这一天呢！我们真该学学古人，学学他们的达观，学学他们并不那么宿命。

早晨的士

刊于1997年4月3日《羊城晚报》A17版《今日广州生活》

都市生活节奏加快，但早行的人并不多，于是，对于通宵服务的出租车来说，争客源时便倍感僧多粥少。

按道理，竞争的市场会带来优质的服务。但是，近来发现，早晨的的士，非但没优质起来，反而“走火入魔”。

早行人一般都有急事出门，或多或少有“心乱如麻”的弱点，在车费上，多半不作计较。也许，这一“普遍规律”使得司机们

“心领神会”了，一些人便对计费器大肆“上下其手”，从中懵客……出门小心了，早行的人！

自“爆”弱点

刊于1997年4月7日《羊城晚报》A17版《今日广州生活》

这是几个朋友描述的趣事。

他们应某企业之邀参加茶叙，相聚甚欢。临末，主人上台谢客，忽命手下拿出氢气球，其数约为在场客人的三倍。主人满脸堆笑提议：请茶叙者掏200元，每人买3个气球，费用捐给某慈善机构，云云。尔后，拉出一个人来，说是受捐机构的人，旋即让大家解囊。

很难说，这种情况下发起募捐是个骗局。但不能不说，这种无监督的募捐，实在是场“活剧”，从中可知募捐者是多么胆大。

一般说来，向公众募捐，应该经有关部门批准，同时建立监督体系。这才合法合理。而这种“无厘头”式的临时做法，不仅是不谙法规，而且也显示出主人管理、策划手腕之低劣。很难想象，这样的企业在经营策划当中，能够胜人一筹。

募捐本来是好事，但好事做得不漂亮，反而暴露出自家的弱点，真是不值。

信用“方向”

刊于1997年4月11日《羊城晚报》A17版《今日广州生活》

城市中对电脑感兴趣的人日多，于是各大百货商场的“家电”柜附近，也开始有了电脑的身影。这种做法，不知是“年晚煎堆——人有我有”，还是要同“电脑城”争一日短长。

“百货商场摆电脑，效果不好。”一个商场经理对此颇困惑：以实力而言，百货商场同硬件公司比，款儿大得多；就信用论，老牌的商场源远流长，在市民心中也自有地位。为何在电脑这商品上，大家会厚此薄彼？

很多人都认为，是成本造成的。但更重要的是，摆电脑的商场“用错”了信用的“方向”。对百货乃至家用电器，百姓们关注的商场信用是真假问题。而对电脑呢？人们最关心的恐怕是技术支持了。何况，像陈列家电一样去陈列电脑，本身就不那么“内行”！

怀疑“刺身”

刊于1997年4月15日《羊城晚报》A17版《今日广州生活》

自从城市有了日式餐厅之后，吃“刺身”便在满街满巷时兴起来，一时间宾馆、餐厅、甚至大排档也吃……真个是花城无处不“刺身”。

所谓“刺身”，生吃新鲜海产品耳。据说，“刺身”经过“低温消毒”，吃进肚子后，不会有健康问题。作为一种烹饪技艺，在消毒条件完备、质量保障的情况下加以运用推广，自然是食客之福。以“食在广州”驰名的本埠，当然应该为其提供生存空间。

然而，就目前有关规定而言，一般餐厅食肆，是不得经营未熟食品的。而“刺身”的大行其道，很难说与有关规定不存在冲突。

不敢说所有餐厅，料理“刺身”时都不符合卫生规定。但是，到那些兼营“刺身”的食肆，常见令人不寒而栗的情景，如反反复复的冰冻、来来去去的散包运输、生熟不分的刀具等等，很难想象这些“刺身”会“健康无虞”。

春天，万物生长，细菌也是物之一！爱吃“刺身”的食客，小心为好。

统一着装

刊于1997年4月23日《羊城晚报》A17版《今日广州生活》

时下很流行统一着装，服务业从业员、公务员以及很多公司职员莫不如是。

这做法的“理论基础”是：统一着装有利于精神面貌的振作，并且也属于“CI”的范畴，谓可统一标识也。

然而，好的初衷，未必有好的结果。在都市当中，我们沿街眺望，常见到的许多景观，就令人不敢恭维。不少被“统一”过的人士，或由于着装不得法，或由于过于“艰苦朴素”，穿上“统一”服装后，不仅不见得怎样“身光颈靓”，反而显得“萎靡不振”。加上“统一着装”后没有统一的洗涤标准和方法，每见“统一”人士三五成群鱼贯而来，服装颜色有新有旧，便令人有怪怪的感觉。

初衷与事实的背驰，是对目标的背叛。既然要通过某种形式“锁定”某个CI目标，就要“完全彻底”地去实现。否则，像某些“统一着装”人士那样，夏冬装混合，又或服装统一而偏偏鞋不统一，那真是“对立统一”了。

“群众路线”

刊于1997年4月24日《羊城晚报》A17版《今日广州生活》

市井夜话电话热线，记得是开放改革后，发端于政府部门的。

电话热线主要用于投诉或反映情况。这是政府改变工作作风、倾听民情的举措。其后，大凡开监督渠道者，无不示热线于众，于是，热线成了“群众路线”。

然而，电话热线到了今天，还是这功能，仿佛热线就是“投诉”。其实，电话热线有很多功能待开发。如摩托车死火，接送行李货物，甚至包办杂事……这些杂事能否以一条热线贯之？

倘有条电话热线牵起一个网，市民在城市每个角落，拨通它就能享受各种临时小服务，多好！那就更加“群众路线”了——即使付费也心甘。

从德说起

刊于1997年4月29日《羊城晚报》A21版《今日广州生活》

时下，全社会都在讲承诺，其实，这就是讲道德。

在汉语汇中，原本就有医德、师德、商德等词汇，这些词汇的流传，证明原来就有“救死扶伤”“诲人不倦”以及“童叟无欺”这类公理。现在讲承诺，只不过换了个角度，从自我约束出发，要求人们将“德”的境界，从“行”做起。

在某些人心目或行为中，行而无德早已司空见惯，“割禾青”心态导致了许多短期行为，也导致“衣食父母”们对“商誉”“医誉”“师誉”的怀疑，从而对从商为师行医者大大失敬，真是恶性循环。

古语有道：敬人一尺，人敬一丈。损人者人必损之，许多恶商、庸医、伪师时为千夫所指，卒至从此“出场”，便是所谓“天道循环”也。

要紧是“活”

刊于1997年5月5日《羊城晚报》A17版《今日广州生活》

朋友有高论：买金子藏着，等于花钱买垃圾。

他是生意人，最注重资金的流动性，宁愿钱活着，不愿钱死着。

这道理放到家庭理财上，同样不无道理。生活中，面对商家广告的诱惑，我们常常忍不住买些当前并非急用的东西。表面看来，价格很便宜。但是，无用，实际上等于浪费。对于家庭来说，开支总不可能无限，买了暂时用不上的东西，手里就少了“活钱”，就失去了再选择的机会，“小数怕长计”。

黄金据说能保值。然而，现在经济发达，并且进入了信息社会，这硬通货的保值功能到底有多大，未来位置如何，不得而知。事实上，保值和贬值只是相对而言的，而以金保值，也只有大量持有才具经济上的意义。倘若凭一两只戒指就试图达到目的，只能自我安慰而已。

朋友说的，真很有道理。

准入制度

刊于1997年5月6日《羊城晚报》A17版《今日广州生活》

不久前，证券市场实行了一项叫“准入制度”的措施。这项制度是既针对自然人同时又针对法人的。核心内容是，只要发现有人违规，就对违规法人或责任人实行一段时间的“隔离”，罚其离场；最重的罚则是，永远不得从事金融业务！

这制度真灵。虽然不能说完全杜绝市场违规行为，但毕竟有柄达摩克利斯之剑在头上，就算真有人胆大包天，也不敢舔血而行。由此想到，在市场经济的环境形成过程中，要治理如假冒、如恶意侵权、如恶意透支、如欺蒙拐骗等诸种恶行，建立新的“游戏规则”时，实在也该广泛实行“准入制度”，让违规者务尽侥幸心理。

或曰：是为重典。但要儆恶，又何妨用重典！

拾旧随感

刊于1997年5月12日《羊城晚报》A17版《今日广州生活》

这段日子，《今日广州生活》义务为“海角红楼”征集历史照片。

不料，小小活动，大大反响。不仅许多“老红楼”的见证人，寄来或送来珍贵的照片，而且，许多见证人的后代，也纷纷提供先辈的遗照。我们审阅和翻拍这些照片时分明掂量到，读者珍爱自己城市历史的寸缕深情。

《羊城晚报》也是羊城历史的一部分。在追寻红楼历史的同时，我们也在延续历史。红楼，留下了太多的遗憾。比如，因为污染，我们无法再游珠江水；又比如，荔枝湾也难再见“泮塘五秀”……历史往往是文化的一部分，但愿从今以后，建设都市时，能让历史、文化、进步共存到永远。

文物意识

刊于1997年6月2日《羊城晚报》A17版《今日广州生活》

沙面终于被确定为全国重点文物，广州人为之欢呼。这么一定，这片铭记着广州成长的血和泪的土地，就被纳入《文物法》的“法眼”，任何人不得再去破坏它历史原貌的完整性。

但欢呼之余，我们还有遗憾，因为，今天的沙面，毕竟已非“完璧”。

遗憾的铸成，只能归结于当年。近来，广州市不少城区，都在着手历史人文景观的恢复工作了，这真是好事！有点历史纵深感，我们的遗憾必能少些。

历史留给我们的遗迹，是难以估价的无形资产。但我们并没有运用好这份资产。像沙面、像六二三纪念碑、像海珠广场、像工人纪念像……试问，所谓“历史文化名城”如果没了“历史文化”的见证，又从何谈起呢？

每个市民都能多点“文物意识”，我们这个城市一定会多一环光彩。

电子宠物

刊于1997年6月4日《羊城晚报》A17版《今日广州生活》

电子宠物来了！其中最具代表性的就是电子鸡。这玩意儿据说在日本几乎成了“公害”，因为沉湎此道的人不少，其“鸡瘾”竟不亚于毒瘾，真所谓玩物丧志。

电子宠物的本质无非是模拟生命系统的计算机程序而已，人竟迷恋之，真是费解。有社会学家以为，这是现代人异化的最典型形态，更有人因此而对电子化的玩具，避之则吉。

不管怎么样，电子宠物同电脑一起来了，这表明电脑类型的用品，不仅介入我们的物质生活，也在介入我们的精神生活。快21世纪了，电脑时代也来了，是每个人都要认真而审慎地接受这一新科技的时候了。否则，过若干年，不晓得电脑也成了异化的了。

收藏风起

刊于1997年6月30日《羊城晚报》A17版《今日广州生活》

将届跨世纪之年，喜庆大事，排闼而来。

都市人也纷纷动起收藏的念头，许多纪念大事的币、章、卡等，都成为人们争相据之的物事。君不见，持币走到收藏品市场的人、见藏品就收的人还真不少。

有人将这股收藏风，看作是所谓“投资意识”的觉醒。但是，赶个时髦，大收滥收，以为买回去的东西一定会“坐地起价”，那未免太过天真！须知，大凡市场形成，必先看其供求，只有求大于供，才会物以稀为贵。

其实，将收藏与投资等同，是不太科学的。因为，收藏追求花钱的乐趣，投资则以赚钱为目的，两者并不殊途同归；倒是收藏有一定保值功能，还说得过去。

大多数人一旦握藏品在手，就鲜见得会去套现的，是故，就终极市场而言，收藏热最终还是一种发热的消费行为。

尊严问题

刊于1997年8月5日《羊城晚报》A13版《今日广州生活》

街头上广告排闼入目，对城市人来说，已无甚大惊小怪的了，正若山间的樵夫出门见山、推窗见树那样平凡。

也许正是这种“满街广告未足奇”的平凡，在助长着今天的广告商，仿佛日益“肆无忌惮”起来。往私人信箱里塞东西啦，在街上拽着你的衣袖唠叨个不停啦等等做法，时有发生。更令人难以想象的是一些广告商为着发掘媒体，让一些青年人穿上些写着莫名其妙、一语双关字眼的绶带，周街转悠，什么女人“挺”好、什么没啥“大”不了的等等。

表面上看，这些暧昧的广告词，也算是中国话，但是，其做法、其暗示，未免太摆出“有钱大晒”的款儿，视人的尊严、视人的私隐于无物了。

我不是什么东烘先生，但玩过火了的广告做法，实应抵制之。

执法要“铁”

刊于1997年8月18日《羊城晚报》A17版《今日广州生活》

治脏乱这一战，在广州这城市里，由于市领导的带头，已经很有些声势了。无疑，这一仗的力度，比以往任何一次“卫生大检查”，来得都要大，效果也一定会更好。

然则，有一个问题值得提出来，那就是，治好脏乱后，怎样保持？

长期以来，有些脏乱，不能不说是管理上的漏洞“漏”出来的。比如市场，入室经营早就提出来了，但市场外的经营依然存在，结果场内争不过场外，最后自己也跑到场外去了。又比如，车辆不得乱停放，偏偏一些商场饭店门前就有“特许”的区域……这里面，其实有个执法的问题。市政府的规定，交通管理部门的规定，如果是铁规定，任何人也不应有例外。这样，该管的管，该罚的罚。试想，有谁够胆量，跑到政府机关门前去“练摊”？

所以，治脏乱，最大的问题是，法规执行起来够不够“铁”！

云台一憾

刊于1997年9月2日《羊城晚报》A17版《今日广州生活》

白云山下的云台花园，是广州新建公园中面积大而富特色的一个。虽不敢说，那是西式园林的杰作，但徜徉于此的广州人，都会油然而生一种向往：如果城市每个角落如是，则更不枉为羊城人矣！

也许是因为强调视觉效果吧，云台花园作为园林可谓美不胜收，但是作为公众之园，却未免过于“暴露”——多数地方没有瓦遮头。

不错，作为一种风格，欧洲园林以开扬宽阔见长，在亚热带地区营造出温带园林的效果，且能四时不凋，确是园林高手所为。但是，作为向亚热带公众开放的场所，就不能不考虑炎炎烈日和常来常往的豪雨。然则，不知为什么，这美丽的公园里，荫庇公众的设施偏偏不多。

因怕远而“懒”到云台花园的人已不少，若来过的人又怕晒怕淋不回头，则恐怕不是公园的固所愿也吧！

关于拾遗

刊于1997年9月15日《羊城晚报》A17版《今日广州生活》

时见报章上报道，有出租汽车的司机，将失物送还失主，少则一台手机，多的十万八万元的现金。每见这些报道，心中就非常感慨，毕竟是不贪婪的好人居多！

一日，自己也“打的”上路，司机是个健谈的人，天南地北“海侃”一轮，不觉就到了目的地，刚想下车，司机座上冒过来一句“很职业”的话：“麻烦您检查一下，有没有遗漏行李或其他东西！”他说得很慢、很严肃，令你不由自主地就要检查一下四周，才放心离去。

也许是这司机令我印象太深刻，也许是因为他说话口气里那种“职业化”的提醒确实打动人，总之，不知为什么，此后一看到“拾遗”报道，我就想起那个司机——他一定不会有拾遗的机会，因为他不留给自己这样的机会。但是他是个好司机，也许这样更好！我常想。

变变包装

刊于1997年9月18日《羊城晚报》A17版《今日广州生活》

听说今年月饼淡市，但是“有人欢喜有人愁”，看看市道，也并不是家家商人都“铩羽”，有家据说来自台湾的商号，出了不少水果月饼，好像有点一炮而红的味道，蛮贵的各色月饼，居然供不应求。

这商家的月饼，味道与别家的创新月饼相比，其实并不特别出色。唯独不同的地方，是这家商号出产的月饼，包装用的是竹篮而不是方方正正的铁盒子，它别具风格的篮子，不仅讨人喜欢，而且简直成了独特的识别标志。唉，不知这有没有买过专利呢？

显然，很大程度上，是包装形式顺应市场心态的变化，帮助了那商号获得成功。想想也是，那些直呼淡市的商家，怎么就没想到新酒还得新瓶装呢？

话说“行街”

刊于1997年9月25日《羊城晚报》A17版《今日广州生活》

旧时广州的西关小姐爱说的一句话，是“去行街”。意谓相约到街上去逛，这种逛不一定有什么目的，无非是看看热闹，碰到心仪的小玩意，自然也会买回来。

现在，“行街”这个词不怎么说了，取而代之的是一句英文：“SHOPPING（购物）”。老一辈人也许会不屑，感叹年轻人言必洋话，世风日下。就老辈人的观念而言，有此结论并不奇怪，我们不必去讨论它是否中肯。总之仁者见仁、智者见智就是了。

值得研究的是，从口语“行街”到“SHOPPING（购物）”的变化可以看出，城市里的商业格局，已经起了翻天覆地的变化——如今的商场商店，早已经不是“行街”的语汇意境所能容纳得了的，而与此同时，人们到商场去的目的性，也比往日明确得多。

即便是口头禅的变化，有时也会反照我们的现实，生活就是这样！

方向要明确

刊于1997年9月29日《羊城晚报》A17版《今日广州生活》

在广州城里搭公共汽车，最诚惶诚恐的时刻，是有车驶来，但你却又未确认，这路车是不是走你想去的路线的时候。因为，十几个站牌混在一起，慌忙中，假如不熟悉城市的公交车线路，你简直会手足无措。

并不是没办法改变这种状况的：比如，公共汽车的“去向标识”应和编号一样醒目。或在公共汽车站上，画上一幅更加具象的广州地图，标上行车线路，那就更好。站台功用，应满足导向服务，而不光做广告。

嘿，意见本

刊于1997年10月7日《羊城晚报》A13版《今日广州生活》

在车站、民航、医院以及银行等对公众服务的场所，有样东西，已经近乎被公众淡忘，那就是《意见本》。

这样的小册子，在六七十年代，可真是红火，据说，有没有或挂不挂它，是一个单位有没有“为人民服务”精神的“试金石”。一方面，它有今天投诉电话的功能；另一方面，它还可以接受建议，又或者能让愿意表达感情的人，在上面表达一下自己的心里话。总之，是一个蛮有意思的“互动式工作平台”。

随着时代的变迁、技术的进步、观念的更新，这一堪称“文物”的东西，开始被投诉电话、锦旗、横匾等替代了，而朴朴素素的《意见本》渐渐也流于形式，很少人再去用它。

其实，对于服务来说，《意见本》并不是没有约束力的，假如重视、假如认真的话！如果你觉得它不够时髦，那不妨改成客户问答表等形式。像如今这般形同虚设，不如不设。设了，反倒挺有讽刺意味的。

安全驱动

刊于1997年10月9日《羊城晚报》A17版《今日广州生活》

又传来煤气瓶爆炸伤人的消息。不知是使用不当还是气瓶管理不当，这类消息这些年都不绝于耳，每次听到，回家不免要做安全检查。

听说罐装气的经营有很多条渠道，有的规范，有的就不那么讲究，而且，规范的和不规范的鱼龙混杂，令消费者无从辨别，更令人吃惊的是，煤气供应竟还有“走鬼”的。所以，听到煤气瓶爆炸的消息，便会联想到经营管理上的这些不足。据有消息说，有关部门对这已经三令五申，但某些有“发言权”的经营单位，在利益驱动下我行我素。

因为有人在“利益驱动”下依然故我，便无法将不足做“足”，这是荒谬的。在管理上，我们应该多将“安全驱动”，少照顾“利益驱动”。

持刀上岗

刊于1997年10月17日《羊城晚报》A21版《今日广州生活》

公共汽车实行无人售票，司机“兼职”承担了乘务员的角色，从提高效率来看，这是进步。

然而，既然乘务员的若干责任，落到了司机身上，那么，就要求司机对乘客，也有乘务员那一份亲切，不仅仅是个“司机大佬”！可是，某日上公共汽车，刚向投币箱投币，还未转身，便见司机森森然抽出一把成尺长的果刀来，悠悠往投币箱捅去，好在司机还算慈眉善目，不见恶意。但事后想想，总不是滋味，如果遇到个“过敏”的老乘客，不吓出一身冷汗才怪。

持刀上岗，也许是信手拈来之举，但既是窗口行业，就不能不考虑一下公众心理。

出位文具

刊于1997年11月3日《羊城晚报》A17版《今日广州生活》

小时候念书，学生上课做小动作是颇严重的毛病。有这毛病者，学年终时，好学生之类的评价，多半是没有的了。先生的理由很简单，做小动作就无法集中精力，课堂效果不好，当然也会影响别人。

不过，那年头物质不丰富，做小动作，无非是折折纸角、玩玩铅笔刀，玩不出个所以然来。

如今，在“上课不做小动作”的观念下教育出来的我，到文具店去看看，真是吓了一跳，这年头的文具，各种各样的卡通人物造型应有尽有，文具盒或笔记本子，内中各种机关，更是极尽隐蔽灵巧之能事……哇，这不分明是鼓励“做小动作”吗？真真难为今天的老师了。

文具制作要符合少年儿童的心理特点，我赞成。但玩具化，就未免“走火入魔”了。

海鲜“神仙数”

刊于1997年11月7日《羊城晚报》A21版《今日广州生活》

0.5公斤基围虾到底有多少？一条0.5公斤的石斑到底有多大？猛丁地问问周边的朋友，谁都瞠目结舌，一下子答不上来。何故？心里失去准绳。现在卖家报的数都是“神仙数”了。

目前，在市场买海鲜，商贩们不给足秤，骗去100克、200克的事，时有发生。而到酒楼去吃海鲜，酒楼的鱼池不给足秤，骗去100克、200克的情况，更比比皆是。即便到批发市场去买零售的，也有不少海鲜“拆家”，照样骗秤没商量。久而久之，现在对着海鲜讲分量，心里可真的没个底儿，谁都不敢说。也许，自己心中那个“底儿”，说不定被骗得“缩过水”的了。

商家敢骗秤，是因为消费者有口难言；消费者有口难言，则因为心中没谱。市场上有公秤作监督，但酒楼上的海鲜，又靠什么作“公秤”呢？

想起水横枝

刊于1997年11月21日《羊城晚报》A21版《今日广州生活》

老一辈的广州人，一定还记得“水横枝”。那是一种学名叫白蝉的植物，生命力特强，随意掰下一枝，用水供上，算是当年狭小居室里最好的绿化了。而街上的小贩，则有吆喝着专卖水横枝的。人们买时，总要端详一下水横枝有没有烂根，有没有伤皮，才小心翼翼买回去生根发芽。

时移势易，如今供水横枝的人少了，更不见有人卖了。但是，要绿化的那一点情结，对于广州人来说，却终是不悔不改的，比如，近来“果树庄园”在都市中掀起的那股热浪，不能不说是在新背景下，都市人爱绿情结的淋漓尽致发挥。

不过，对绿色的追求，不能光靠一种狂热。我们应像当年买水横枝时一样，对冠冕堂皇的种种庄园，抱有点怀疑一切的态度。

配合禁鸣

刊于1997年12月2日《羊城晚报》A13版《今日广州生活》

广州全面实施“禁鸣”，是城市管理进一步文明化的举措。禁鸣的目的，自然是要减少噪音，改善环境。

这两天，看街上的情形，发现不少司机已经有了“自制力”，不过在一些自行车拥挤、行人成堆的地方，车辆的“嘴巴”，免不了又管不住了。

事实上，“禁鸣”要得以切实落实，市民要有个清静的生活环境，并不仅仅要司机管住“嘴巴”，自行车也要管住轮子，行人要管住双脚，让马路少些“突然情况”，这就再用不着车辆“大喊大叫”，令清静自然来。

合法承诺

刊于1997年12月5日《羊城晚报》A21版《今日广州生活》

本版今天对近日寻呼台信号不良问题进行了追踪，解释了近段时间寻呼机传讯不灵的主要原因——原来，是个别寻呼台对政府整顿空中秩序的举措，执行不力所致。

这个别的寻呼台，平常标榜如何服务到家，恐怕也是声大过人的，但现在整顿，其“捉襟见肘”的窘态，就显露出来。

在法治社会，所有服务都是以遵规守法为前提的，离开了这点，所有承诺，都是无效承诺。那个别寻呼台现在不得不面对大量投诉，就证明这一条。

最新临建

刊于1997年12月11日《羊城晚报》A17版《今日广州生活》

眼下都市中新兴住宅小区里，最扎眼的地方，是小区里的临时建筑。这些或铺面或市场又或是杂物间，甚至是管理者老乡住处的低棚矮户，在小区新建筑间，真个是“相映成趣”。

不是说“小区配套完善”么？不是说“物业管理的水准一流”么？为什么总是要建一些临时性的东西加以“配套”，而不是在规划时就配套呢？难道临建也算配套完善？

临时性的建筑，对完善规划的小区来说，是一种背叛；而那些实际上可能临时若干年的建筑，则更是对规划的一种破坏。对于消费者来说，环境参数是选择时决策的依据之一，而遥遥无期的“临建”，更是欺客太甚！

饮料问题

刊于1997年12月16日《羊城晚报》A17版《今日广州生活》

在一个开始成熟的市场里，消费者对品质的要求，早已经“今时不同往日”，日益变得苛求起来。比如说，一旦发现罐装饮料过期或者变质，官司不是打到代理商门前，就是打到制造商府上，这种进步，自是对市场好处多多。

然则，市场在拓展着，有些新的问题，不时就摆到眼前：现在很多超级商场和街头士多，都有自动雪糕机又或是饮料机的，自然大伙都相信，经营这一买卖，肯定是经过有关部门检疫或许可的。问题在于，这些雪糕或饮料，并不一定是当天卖完，机器里的“内容”，不少是并不完全密封的，出货的管道，更是难以清洁，如是日积月累的“陈年旧芝麻”，不免会令受用者们“毛骨悚然”。

内街开市

刊于1998年1月7日《羊城晚报》A17版《今日广州生活》

广州市不少内街，最近都办起市场。久不到老城区去，便会发现市场在某些内街，已经成行成市。有些地方，更是连旧貌也掩盖了。轮到下班人流涌来，磕磕碰碰不断。老城区砖木结构房子多，有个危房火警的，不出大险情才怪。

按政府的规划，不少市场都陆续入室，为的是改善城市面貌，疏通城市空间。在这种有了政府规划的背景下，某些主管部门，实不应该还让这些临建市场再开张。因为，这做法与政府政令的初衷是相违背的。

又到过年

刊于1998年1月27日《羊城晚报》A13版《今日广州生活》

据说春节是中国老百姓为了驱赶“年”这种怪兽，迎接春天到来的特别日子。上千年来，人们在这些日子里，或举行各种仪式驱邪，或互相说吉利的话，办礼尚往来的事，不亦乐乎！

这是人们试图掌握自己命运的一种象征，而这象征，在来年里，又化为必要的创造性劳动，以使得生活改善，生活水平提高。

如今，又一年来了，让我们用今天的方式，延续这一传统，像以往那样，好好过吧——明年更好！

话里的话

刊于1998年2月9日《羊城晚报》A17版《今日广州生活》

春节期间，广州城里的路面，给人一种异常疏朗的感觉：自行车少，打的不难，等公共汽车也不至令人太心焦。

广州人是多年没这么惬意过了。一些敏感的市民说：是因为流动人口少了；而的士司机说：是因为今年使用公共交通的人多了，骑自行车的人少了；至于放假在家的人，谈起这感觉的时候则自嘲说：当然啰，不上班，动用交通工具就少，要是上班，得东南西北跑，就不同了……

显然，市民们是肯定广州这些年城市现代化过程的许多变化的。但是，他们从自己的体会出发，谈论出来的感觉，不也正是广州交通某些症结所在吗？倘若我们能够通过立法和管理，对有关情况“技术处理”一番，平常也能把城市交通变成“春节的样子”，多好！

大好消息

刊于1998年3月20日《羊城晚报》A21版《今日广州生活》

“二手按揭”来了。真是好消息！

这对地产市场、对人们置业有何影响，详读我们的报纸，就一目了然，不消多说。

这里要说的，是些同经济环境相干的别话：其一，既然商业银行开始对私人置业进行进一步的信贷开放，这表明，一个新的经济增长点，已经确实被认同。其二，房地产是最大宗的个人消费品。过去，私人消费一直不被鼓励，如今，银行的做法，无疑确认，扩大社会需求以拉动生产力发展的经济学理念，已经贯彻到现实中来。其三，只有在币值稳定的金融环境里，进行一手、二手的房产按揭，银行的风险最低，银行此时此刻在这一领域进一步展业，可谓意味深长。总之，农业银行此举，带来的是好消息。

第三辑

今日广州生活

TANGLANG YOUHUA

——《羊城晚报·今日广州生活》其他专栏

3

百味说盐

刊于1997年1月21日《羊城晚报》A14版《今日美食》

岭南近海，故粤人从没有无盐之虞。现代运输发达，人们对于盐，就更觉其理所当然应在市场上存在。诚然，大家都不会将它淡忘，但是，老广们从不像内地如四川人那样，把盐看作“大件事”。

其实，在生活和市场当中，盐的重要性，一点也不亚于粮食。故历朝历代，都有盐铁并列的说法。古代策论当中，有一篇《盐铁论》，是流传千古的名篇，讲的就是当时管理盐业的策略。在古代，管理盐业，不让业者“坐大”，又能令货畅其流，一直是“帝王术”的重要内容。即使在今天，盐业的经营，也是由国家“统购统销”，甚至统一价格的。

众所周知，人如无盐则力乏。但并非人人都意识到，在饮食文化中，盐同样举足轻重。食以味为先，对于美食家而言，毫无疑问是“味以盐为鲜”。在烹饪调鼎的艺术中，无盐，确是难过“无米之炊”的。

先说材料，倘若无盐，则无所谓酱，也不会有如此多姿多彩的什么甜酱、椒酱、韭菜酱、卤水、酱油等等，不会有种种的咸菜，更不会有火腿、腊肉、腊肠、腊鸭、板鸭等等。须知，烹饪技艺中的“腌”字诀，其实莫不出于“盐”字。

其次说和味，从最古老的烤肉说起吧，如果没有盐，则白烤肉吃起来会味同嚼蜡，各种不同的肉香，颇难区而别之。至于说到煎、炒、炸、烩、蒸等，如果不经盐的初处理，则成色的深浅浓淡，难以掌握，味道的轻重咸淡，无从呈现。

第三说汤水，无论是煲、滚、炖等等清汤浓汤，不下盐去点化，其鲜味不会释出，倘做浓汤，肉类骨头不下盐去煎炒一下，要做奶白浓汤，几乎无以谈起。

第四说分寸，天下菜系，分别的基本要素，无非浓淡，而浓淡的本质，其实是咸淡，味浓者，多偏于咸，味淡者，则吝用盐，至于辣麻酸甜，都以咸为基础，辣而不咸则味枯，麻而不咸则味涩，酸而不咸则味寡，甜而不咸则味腻……此外，不同菜肴上席时，是先咸后淡，还是先淡后咸，也相当讲究。

总之，盐既是咸味的添加剂，又是鲜味的催化剂，更是在各种味道之间过渡融会的“润滑”剂。对于腌制食物来说，它是防腐剂；对发酵调味品（如腐乳、酱油）来说，它还起到“杀青”收敛、停止发酵的“制动”剂功效。所以，若把百味看作一部交响乐的话，那么，盐，就是各部展开的基本主题。

“发现”黄般若

刊于1997年1月29日《羊城晚报》A15版《今日收藏》

香港的画坛，与内地近在咫尺，但对它的了解，我们不说少之又少，也可说是蛮有成见。人家自嘲说是“文化沙漠”，我们便被那“沙漠”遮了眼，向以虚无主义对待之。如今，香港即将回归了，实有必要对其艺术作番新的审视。

然而，内地同香港艺术界，历史上好像有过许多分分合合，但血缘上的联系，却从未中断过。而且，抗战时期，内地的不少艺术精华，都或多或少地在香港留下过深深的痕迹，这些痕迹，随着时间的推移，特别是在香港回归在即的历史时刻，更会返照出不灭的光芒。

画家黄般若的艺术历程，无疑是这些痕迹留在香港土地上最深彻的一道。近年来，内地新一代的画人，在探索中国画在传统与现代之间的平衡时，都曾踟蹰过、趔趄过、徘徊过并且痛苦过。殊不知，二三十年前在香港，偏偏有个黄般若，在贫病之交中泼墨写山写水写渔村，他寥寥数笔就突破了传统的皴法，活活将人与自然、心与天地一刹那的交流，镌记于浓淡相宜的写意当中。

你可以在黄般若那里找到“传统”的影子，但何尝又不会领略到“现代”的表现主义神髓呢？你可以不理会他技法的创造，但却不得不承认，鲜有人像他那样画过而且表现同样的母题会更充分。特别是面对他晚年的海湾渔村系列，讨论黄般若属于传统抑或反传统，显然是毫无意义的。归根到底，任何画作的现代与否，并不全在于运用多少现代的“法”，而在于是否有其“神”。

遗憾的是，黄般若留下的画作不多，而他的意义甚至可说是有待于画坛和市场去“发现”，但读过他的画，则不管怎样，都得承认，他是不该忽略的有代表性的名家。

克隆与收藏

刊于1997年4月1日《羊城晚报》A18版《今日收藏》

两个英国人通过“克隆”技术，产下一只绵羊。

世界于是掀起轩然大波。因为，我们不能不面对“我们可能复制我们本身”这一充满诱惑而又讨厌的问题。

世人关注的焦点有二：一、人类终于掌握了无性繁殖生命的技术，这一点令人们自豪——这已近乎拥有“上帝的权力”，解开了生命的奥秘。同时，也令那些笃信上帝或别的神的人恐慌，因为，科学的进步，又一次使得“创世纪”一类的神话，从根本上发生动摇。二、生命“克隆”技术，诱发出关于伦理的大论争，从远景上看，它很可能使得维系人伦关系数千年的传统结构被破坏殆尽，而人伦关系上一旦出现紊乱，则现存社会结构与社会关系，就很有可能被打得落花流水。

抽象地看去，“克隆”诱发的风波，分别有这样的逻辑含义：能复制的东西，会使被复制的东西失去“神圣”；同时，复制一旦成立，则被复制物原有结构中的位置将会被调整，原“游戏规则”失去意义。

在时下的艺术品收藏界，同样也面临类似“克隆”的问题。不可复制性，是艺术品身价的基础，也支撑着艺术品市场的游戏规则。在市场上、在收藏家心目中，孤本的价值是不可动摇的，唯其是孤本，才会有天价，也唯其是孤本，才会激发出据为己有的欲望。因而有人说，收藏家都是讲“个性”的人。

然而，倘若收藏界忽然发现，所有的“孤本”都可“克隆”，则“孤本”也就失去其意义，艺术品收藏市场的秩序，也会不再那么“贵族”，现在的国家收藏、私人收藏都会贬值。

目前，道德上的良心使人类向“克隆自己”发出禁制令，不许克隆人类的呼声已形成压力，并至少在显性层面上把“克隆人类”赶入反道德的范畴。在收藏界，是否也应仿而效之，真正形成压力，将不怀好意的“克隆”品赶出市场。

打工心理

刊于1997年5月8日《羊城晚报》A22版《今日打工》

随想随说有个西方的故事很有名，说的是两个人对着半瓶酒的事。一个人说：只剩半瓶酒了！另一人则说：还有半瓶酒呢！故事结论是，前者是悲观主义者，后一个人则是乐观主义者。

故事的哲理在于，对同一桩事情或同一种状况，不同的人会有不同的看法，而不同的看法则会导致不同的认知，而不同的认知，也会促成不同的行为方式和不同的生活感受，最后，进入截然不同的生活境界。诚然，按照唯物主义的观点，所有的生活感知，都是由生活环境造成的。但是，从辩证的观点看去，在生活流程的某个关节点上，由超越式的思维促成的行动，往往也会造成事态的逆转。

这哲理在生活中放诸四海皆准，对于打工一族来说亦然。所谓“打工”这说法，原是粤语的语汇。许是有种自嘲式的幽默感吧，这说法很快就被大江南北认同，成了个常用的动名词。连那些当上了老板的人，也时髦地会来上一句：打自家工！

这种幽默感是值得欣赏的，是对“打工”的乐观主义态度。事实上，在商品经济发达的社会环境当中，没有打小工经历而成为打大工的，又或根本无需经历打工成大事者，怕是除“外星人”外，已绝无仅有。

事实上，打工是一种人生，究竟是抱乐观主义的态度去对待，还是抱悲观主义去对待，会走上截然不同的路子。所以，很多时候，对待打工的态度、给自己创造什么样的心理环境，至关重要。

“天生我才”

刊于1997年5月22日《羊城晚报》A24版《今日打工》

大诗人李白说：天生我才必有用！年轻人大都深以为然。其豪放自信姿态很合乎当今年轻人的脾胃。

然而，“我才”究竟如何用，却不是每一个年轻人都深思熟虑的。经常有的误区是，过分强调“我才”的人，很容易对用我之才的环境不满，抱怨“我才”无法发挥，从而对环境产生逆反心理。比如一个做文员的人，总抱着个做经理的雄心，于是便总觉得自己是个经理的料，于是满门心思都在想经理的事，手头上的工夫，反而耽搁下来，最终同所在的企业不欢而散。

不错，“不想当将军的士兵不是好士兵”，但反过来也可以说，好将军而未当过好士兵的也少见，而且，即使有没当过士兵的将军，多半也带不好兵。

事实上，从一个位置迈向另一个位置，正如一步一个台阶。人生也需要积累。古人有云：修身齐家治国平天下。这说的是从做小事而做大事的过程。在文员的位置上，倘若你确乎比经理高明，其实是完全可以把自己当作经理，向自己提出要求，把事情处理得井井有条，从而显示出你的才华来。哲人说，机会是为有准备的人留着的。文员也大可以做一个迎接机会的人。

有年轻人经常强调自己有潜质，有潜能。但是，潜质潜能只不过是天知地知的事，倘若有，一定会在你的工作环境中显示出能耐来的。记住，任何格言都是有条件的，不要把省略的前提忘了。

“小鞋”对策

刊于1997年6月12日《羊城晚报》A22版《今日打工》

打工仔上工，最怕给人穿“小鞋”：境遇好的，挨几句骂，心情不畅；境遇歹的，好工种变成不好的工种；最倒霉的是，三下五除二，被“炒鱿鱼”。

对付“小鞋”，并不是完全没有办法的。诚然，在岗位上与人相处，不少矛盾是属于人际关系的矛盾，讲的是人与人的心理距离，这种属于“人情练达”范畴的事，要看阅历和人生体验，所谓“一种米养百样人”，怎样与人相处，更同能力有关，故起于待人接物又终于待人接物的“小鞋”，穿得多不多，是个性问题，硬要说个所以然，也等于白说。

然而，对那些同合法经济利益或权利相挂钩的“小鞋”，话就有另样说法了。这种“小鞋”，你完全可以不穿。事实上，很多人穿过“小鞋”泪水往肚子里咽，多半因为不会利用法律来保护自己，既未能防患于未然，又没有做“亡羊补牢”。

其实，国家的法规，对劳工者的权益，是有明确的规定，问题是，很多劳动者或急于找工，或根本不将保护自己的屏障看在眼里，等到老板要“刻薄”自己时，便只有“出局”的份儿，没有了论理的依托。所以，要想不穿“小鞋”，最好是严严谨谨地签上一纸用工合同，通过法律将自己同老板“捆绑”在一起，让他溜也溜不掉，当然，有权利就有义务，你自己在上岗时，也得清清楚楚。

至于亡羊补牢，这就是要充分运用自己的投诉权和申诉权。出现争议之时，一要看自己的要求是否在法律保护之内，二要看自己证据充不充分，倘若二者皆全，你就大可以平等的身份向劳动仲裁部门投诉。

试想，每个打工的都学会了用法律保护自己，他老板又能造多少双“小鞋”？

新旧之间

刊于1997年8月16日《羊城晚报》A16版《今日楼市》

贪新厌旧据说是人性的弱点之一。这一弱点，近来在地产中小投资者当中，表现得淋漓尽致。在市场上，新盘热闹旧盘凋零的境况，真是叫人又是吃惊，又是感叹。

就产业发展而言，新的楼盘在环境上、规划上和设计上，总会比旧的更好，这不用怀疑。然则从投资角度上看，却并不尽然。众所周知，投资是讲效益的。因之，站在这立场上，新盘同旧盘的比较，首先考虑的，应该是投入少，增值快。须知荷包里的钱，并不是取之不尽的。

追新盘，表面上看是精明，也仿佛万无一失。殊不知，抱这种心理走进市场上，多半会被卖方“斩到成颈血”犹不自知。目下，不少楼盘的第二期开盘价格比第一期总是高出一千几百元的。做推广时，销售小姐总会说，楼盘又升值若干。一眼看去，确乎其然。可是，你如果去研究一下它的入住率，便会发现，楼盘事实上还没有进入终极市场。这样，倘若你去二手市场摸个底，便会发现，新楼盘的开价，其实是二级市场的“天价”。换言之，你去买人家的“二手楼”，还着数得多。

做买卖，只管买卖，最好别管人家是发展商还是私人投资者，反正都会给人家赚钱，你又管它给谁赚了去，老实说，同私人买楼，有时遭遇“装弹弓”的机会更会少些，服务也会好些！何况，羊城的楼市活跃也不过三五年，新与旧之间的时间距离，简直可以忽略不计。而且，买二手盘时，你更可以对住宅的物业管理情况，一目了然。

园林的“味道”

刊于1997年8月20日《羊城晚报》A21版《今日楼市》

楼市茶居在广州卖楼，打出园林绿化的旗帜，摆副令都市人圆一个回归大自然之梦姿态的楼盘不少。买家呢？不少也乐于将信将疑地落订。

不过，园林绿化的“味道”，对于住家来说，其实最重要的并不仅仅在于买楼时的感觉，更重要的是居住下来以后，是否每天都能体味到。事实上，目前不少楼盘，在买的时候，确乎蛮有园林绿化感的，但住下之后，便会不由感到，绿化在天天“褪色”——小区里的汽车太多！

就通常逻辑而言，汽车与大自然，实是矛盾一对，试想，一片绿幽幽的草地上停满小轿车，这是一种何等遗憾的景观。推论下去，我们不难得出结论：能将停车问题解决于无形的小区，才真正有说自己是园林小区的资本，否则，就只能说是聊以自慰。

买楼时，倘若发展商告诉你，他的楼盘是园林绿化小区——而你又是冲着这点去的话，你最好先去看一看，这小区有没有充足的、不碍绿化观瞻的停车地方。

且说融入

刊于1997年8月27日《羊城晚报》A14版《今日打工》

异地打工，最难消受的事情：一是被炒鱿鱼，二是融入当地文化。

第一件事，事关生计，其痛苦尽人皆知。当然，也会车到山前必有路，只要有毅力有本事，抱着“此地不留爷、自有留爷处”的信心，多半会柳暗花明。是故，这只是一种“短痛”。

第二件事情，那就“大件事”了，这可牵涉到人际关系处理的态度等等，也或多或少地要改变自己。因而，这首先要回答两个问题：一、有没有必要融入当地文化？二、融入当地文化是否意味着“背叛”或“忘本”？在许多异地打工仔打工妹心中，这真是“大是大非”。

应该融入当地文化，这是毫无疑问的。所谓“因地制宜”，从职业道德来看，你为某处提供劳务服务，你首先得熟悉你的“客户”（雇主）需要什么，这就正如售货员应该知道客户要求一样，而要洞悉需要，就要洞悉其心理，要洞悉心理，当然要熟悉影响其心理的文化。这同“在人屋檐下，哪能不低头”无关。

至于“忘本”问题，从现代观点来看，文化要发展，就要讲融汇，最宽容的文化，往往也是最多元的。兼收并蓄地学习多元化的文化，恰是提高自身素质的要诀。而作为一个个体，很难指望一个群体的文化氛围向你依归，事实上，如果你对自己有信心，你完全不必担心自己被“同化”，况且，即使你被“同化”，“归化”之后的你，肯定还是会保存自己的文化个性的。

文化有进步与落后之分，却没有优劣之别。囿于一种文化背景不愿意走出来，是一种保守，打工仔既然有勇气走到异地来，也应该有勇气走出原有的文化圈子，吸纳多元的文化。当然，涉及尊严问题，则另当别论。

好坏老板

刊于1997年9月3日《羊城晚报》A18版《今日打工》

在打工仔心中，对老板的判断，一般比较朴素，问起来，答复不过是好和坏两种结论。再进一步，也只是会说，他很有人情味。又或者说，他是没人性的。

用感情和自己的好恶来将老板进行“定性”，人之常情。不过，作为一个在法律保护下，提供劳动力资源，从而得到合理报酬的劳动者，学会从“理性”角度，对老板作一个判断，却是权益相关的大事。有时，如果不能看透老板脸上那袭温情脉脉的面纱，就会给“卖了”都还不知其所以然。记得有这样一件事：有个企业某日发生工伤事故，一个员工身亡。企业老板于是在企业中大搞捐款活动，并自己也捐了一两千元，于是，老板带头，员工踊跃，最后亡者之妻不无安慰地接受了几万元的捐款离去。事后，不少员工说，老板真有人情味！

故事好像很动人，但有有心人问：这么有人情味的老板，平常为全体员工买了保险了么？人们这才恍然大悟：这老板的做法，不仅“节省”了买劳动保险的开支，还玩弄员工们的感情，把企业应该分担的赔偿费用，转嫁到每个员工头上去了。

事实上，站在员工的立场看，老板只要不是心理变态，哪怕是苛刻一点，只要他依法办事，他应该就是好老板。相反，对那些“笑面虎”，更应该“打醒十二分精神”。尺度嘛，也不外是个“法”字。

蓝领白领

刊于1997年9月22日《羊城晚报》A18版《今日打工》

蓝领白领的概念，好像是属于“进口”语汇，这个概念使用时，最初描述的是一种工作状况，后来，进而用于描述一种收入状况，再进而描述一种社会地位。当然，这是在讨论社会学的时候。

不过，当这概念用于生活当中时，不少打工者倒挺在意人家用哪个词，去描述自己所在的工作状况！说是白领犹自可，说是蓝领的话，心里边总有点疙疙瘩瘩，隐约有些逆反的心理产生。不消说，就工种和收入而言，现实中区别确实很大。

事实上，对于一个人一生的历程来说，我觉得，与其说蓝领白领是一种社会地位的话，不如说，是对自己知识结构的一种间接描述。在劳动力市场上，机会人人平等，关键的一点，只在于你是否为被选择做好知识上和心理上的准备。毫无疑问，如果你的知识结构和才华为白领市场所接受，那么，你就有可能被这里所选择。相反，如果你虽然处在白领的位置，但你不知长进，那你很可能被淘汰出来，进入另外一个位置。

所以，白领蓝领在某种意义上，是一种对人才素质的描述，特别是在一个人群受到公平教育的环境里。

经营自己

刊于1997年9月29日《羊城晚报》A18版《今日打工》

迄今，恐怕再也没有人会否认，人才交流或者职业介绍等行当，是个劳动力市场。

诚然，在每一个打工仔感情上，谁也不愿意承认，自己是一件寻找“买主”的“商品”。但是，不承认归不承认，许多人在找工作的过程中，并没有把这种“不承认”贯彻到具体的行动上，故此，往往有不是被无良职介骗，便是被老板“揾笨”的经历。

其实，与其光凭心气高傲不承认自己是“商品”，不如就现实些，既把自己看作是商品，同时，又将自己看成是“经营”“商品”的经理或老板更加实在。因为，倘若解开了这一情结，作为一个市场中人，你就会很自觉地引进“经营”的意识，关注市场，从而为自己找到“适销对路”的天地。

有经营的意识，你会很敏感地发现，高薪的工种，有时往往在年前市道旺的日子，会猛然增多，何故？老板要赶工期，要增加人手，这一份工的工资也许高，但却做不长，而且会很辛苦。又如，大公司的职位和权利，在招工时往往会区别得十分明细，经理就是经理，助理就是助理，甚至连清洁工也分得很明白，何故？因为它确实要招人，而且招进去就希望稳定，换言之，这就是诚意。如此这般，只要你有心，你就不仅仅是个劳动力那么简单了。

那么，有了“经营”意识后，又不再简单的你，会找不到合适的位置吗？嘻嘻！

行规与法规

刊于1997年10月8日《羊城晚报》A18版《今日打工》

昨天，有家企业的员工来到报社投诉，他们的老板欠薪已经三个月，最近由于躲避债主上门，以空调装修的名义关了店门，不知所踪。

员工来报社是希望反映情况，并且寻求法律途径，拿回自己的工资。从他们的情况来看，诉诸法律的话，无疑，最终是能够得回自己的权益的。但就他们的情况而言，也许最后权益的获得，会打了折扣。

原因很简单，这个饮食企业的员工，最近三年的打工生涯，其与老板之间的关系，是按行规办事，而不是按法规办事的。正如许多饮食企业开业一样，他们是在某个受薪经理的召唤下，走到一起受雇于企业的，他们的月薪，虽说经过协商有个定数。但是，由于过分相信经理人的影响力和友谊，他们偏偏就是没有同企业的法人签一纸协议。

正是由于缺少这份协议，当召唤他们前来开工的受薪经理被炒了鱿鱼或者屁股坐到老板的板凳上去时，麻烦就来了……

不错，在饮食业有条行规，老板也好、经理也好，“衰”过就很难翻身，所以，很多企业就算很“不掂”，也会在那里死撑着门面。然而，门面死撑也有个尽头时，周转不灵要倒闭还是要倒闭。他最多以后再也不捞饮食这行。所以，对于工仔来说，不管是大工还是小工，实实在在，最好还是别管什么行规。因为行规的事，是神仙数；只有法律，才扎扎实实。

记住，权益问题，只讲法规，不讲行规！

学历履历

刊于1997年10月20日《羊城晚报》A18版《今日打工》

在当今劳动力市场上，打工者的学历问题，是他们的一大苦恼。很多求职者被用人单位“反弹”出来，理由是学历不够高！

于是，求职者为“改变”命运，发愤苦学有之，花冤枉钱买假学历的有之，而从此自怨自艾一蹶不振的也有之。

提高学历，改善素质，这是没有错的，但为此而欺骗又或一筹莫展却大可不必。因为，对于用人单位来说，许多情况下，往往并不是真对求职者的学历有特别高的要求，学历之说，多半是一种客气的推搪。

事实上，很多时候，履历比学历更吃得开。特别是一些新兴的行业，招的是能够马上发挥业务特长的能手，不是为了人才储备，因而，更重视的是你干过什么，以便“对号入座”。很多跳槽者多半在原工作位置上有不愉快的经历，并深深藏在心底。然而，不管多么不愉快，履历也是财富，而且是提升自己位置的初阶。

有时，打工者与其花力气追求学历，不如在“实操”上，即在自己的履历上，多增加一些经验。

茶酒赋

刊于1997年《羊城晚报·今日美食》年终专刊

有人将茶文化同酒文化对立，以为两者一定相斥。

然而，站在食家立场上，我一向认为，茶酒二趣，除了有特别原因如身体、宗教信仰等之外，实是不可偏废的人生乐趣，正所谓赏心乐事，此一时也，彼亦一时也。

不过，就食文化的系统而言，茶酒二趣，倒是有淡泊和奢华之别。当然，这么去分，也只对在意趣、内涵或心理享受而言，说到荷包，两者其实花费实在并不相上下。到市场上跑一圈，就不难发现，茶酒两样，无论品具，都有不相上下的同价同档商品并存。比如，有十数万元一瓶750毫升的酒，也有十数万元半公斤的茶。有成千上万元的酒具，也有逾千过万元的茶具。总之，两者同样讲究，也同样有令人消受不起的地方。

好在，这一茶一酒，有其“贵族化”的一面，也有其“平民化”的一面。很多时候，饮茶品酒，只要有三五知己在，你都可以相邀举杯，或相对无言，或激扬文字，或逸兴湍飞，或共剪西窗。不必理会案前的杯中之物，是不是宋种名茶、是不是路易十三。也都有相逢知己千杯少、话不投机半句多的境界。

那么，茶酒之间，是否可以互相替代？答曰：不能。因为，就茶，应焚香以侍；佐酒，当鱼肉端来。前者宜清心寡欲，后者可痛快淋漓。可谓食趣之一文一武，一张一弛。故历来有茶道清雅、酒道疏狂一说。至于二道相抗，孰高孰低，倒是从无相妨，自古茶国有高士，酒国也多才人，绝没有生瑜生亮之类的憾事发生过。相反，茶酒兼修，宜茶则茶、宜酒则酒的名人雅士，层出不穷，蔚为大观。

其实，温故而知新，食国之茶酒，无非是同源同道殊途同归的两个侧面而已，实是条条大路通罗马。倒是善食者，不可不知茶酒。因为，食而无茶酒，乃绝不知食之相得益彰的妙处矣！

“97一号”

刊于1997年《羊城晚报·今日美食》年终专刊

饮食饮食，无饮不食，故饮食之道，还当讲究把盏之趣。

不过，在当今国人的餐桌上，讲到饮，也还是无酒不欢。不错，饮酒，乃属餐饮之道的上乘境界之一，其次序、口感、风味乃至其年头，无不有一定“说法”。

然而，正如菜有多系一样，饮之道，也并非唯酒是品的。在某些场合某些环节，如餐前小食之际，又或高级海鲜之后，饮点名酒之外的东西，更利于回味爽口。即使是煎炸菜肴上来的席间，饮着不宜加冰的中国烈酒时，来点淡口的凉饮，也是别有逸趣的。

也许是目前坊间的“别饮”，多为果汁、可乐等腻甜之物，席间食客多不“感冒”，嫌其败了口感，坏了兴致。所以就算烈酒下肚，至津液微干时，也不得不贾其余勇，干杯才罢。那么，有没有一种饮料能够不败兴而又敛酒情、不甜腻又非淡如水的呢？笔者试过洋洋土土的许多现成饮料，似乎都不甚理想。

近日，一位北方来客与宴，席间，他推荐一款饮品，试过之后，竟觉风味特色皆全，且微酸而爽口，醒胃又醒酒，据说还有益于健康，真是“餍尖”食客的福音。

这款饮品其实很简单，任何一间酒家皆可做到。具体是，拿上好陈醋适量，冰镇雪碧或七喜一瓶，高脚水晶杯一个和小勺一把。将雪碧或七喜轻轻倒入杯中近满，注意不要太急，尽量避免内中二氧化碳逸出太多，影响口感；用小勺根据自己对酸味的感受力，往杯中加进适量陈醋，不必搅动，让冒出的气泡慢慢带动醋和饮料混合均匀，即可饮用。

这无名的饮品，微酸微甜，色如琥珀，入喉微凉。若陈醋上好，则略有酸梅的香气，入口甚滑，特别在微醺之际，更能令人精神一振，但酒意犹在，可谓余味无穷……

真是上穷碧落无觅处，普普通通的舶来饮料，加上历史悠久的传统调味品点化，即刻脱胎换骨。借着酒意，斗胆将这饮品命名为“97一号”或“回归一号”，应情应景，然乎？

拾遗：当务之急

刊于2000年4月8日《羊城晚报》A1版要闻《街谈巷议》

在城市中上路，广州人和广州司机都有一怕，就是怕“泥头车”——而“泥头车”之可怕者，则有两种。一种是“野鸡车”，它们是“法外之民”，有关部门稍有怠懈，便窜出来横冲直撞。另一种呢，则是“法上之民”，这类“泥头车”因为有这样或那样的背景，便有所恃倚，什么都能“摆平”；于是行车的手法，往往比“野鸡车”还要“野鸡”，视人命若草芥，视法规于无物，蛮横之甚，令人发指。对“法外之车”，用重典当可治之，只要消其车源，制其营运，封其上路，就能清除出城，无非多花人力物力而已。

但对“法上之车”，可就要执法者切切实实发发威了。手下留情，往往最后就会失去权威，造就无法无天的行径。昨日广州大道上的一幕事故，就是一例。要以法治国，以法治城，就得驱逐“刑不上大夫的”思想，对任何人不得有“特例”。而作为企业法人，作为公民，不管“血统”如何“高贵”，都应将遵纪守法视为立身之本，这才是现代意识。当然，尽快造就出更多的制衡“特例”的机制，也是以法治城的当务之急。

掷地有声

刊于2000年4月15日《羊城晚报》A8版要闻《街谈巷议》

说到模范公务员，很多人都会想到一个古老但又很能反映人们良好愿望的褒义词：清官。然而，当我们读到这几位模范公务员的座右铭时，不免都得感到汗颜，因为，在几位模范公务员的辞典当中，对自己角色的定位，并没有一个官字。

权力意味着服务！这是掷地有声的一句格言。值得每一位国家工作人员共勉。

很多的国家公务人员，在谈到自己角色的时候，总是津津乐道于“父母官”。历数自己如何为民做主的功德。殊不知，对比一下人家的座右铭，对比一下人家对自己角色的定位，对比一下人家的凡人琐事，就不难看出，自己的想法看法做法，是大错特错了。

所谓的把自己看作是“父母官”，无非还是将自己看作是民之父母，以其“父母”之身，临之于“子民”之头顶，这显然是主从颠倒。所谓将自己的职务内行为，看作是为民做主的功德，无非就是做了点好事，便怀了要受惠者常怀感恩之心的奢望，而要别人怀感恩之心，就是要保留索取的权利，这就留下了一个要求回报的尾巴。

在日常人际关系当中，做了好事，要留那样一个尾巴，可能是人之常情。可是，在岗位上做了点好事，留一个要求回报的尾巴，就可大可小了——当你的索取从“精神变物质”的时候，当那点回报变成一种实物乃至金钱的时候，“父母官”可就与贪官无异矣。

所以，“权力意味着服务”是充满现代意识的一句格言，它排除了所有的封建糟粕，超越了所谓的民本思想，真正体现了现代民主特别是社会主义民主中的公仆意识。而唯其有了服务的意识，我们才会更多地关注服务的过程、服务的质量。而更唯其在这种指导思想的主导下，我们才能真正乐于接受人民的监督，不会在听到人民的评头品足时勃然大怒。

假如我们的每一个大小公务员都能把“权力意味着服务”作为座右铭，作为“行业规范”，那有多好！

第四辑

体坛走笔

TANGLANG YOUHUA

——为《羊城晚报·体育》版撰写的体育评论

4

魔高一丈

刊于2001年10月15日《羊城晚报》A15版体育新闻

足球圈内谈假球，人们大都摇摇头耸耸肩。有的人摇头，是表示看不惯但无可奈何；另一些人耸耸肩，是因知道内幕乃至参与其事，却表示你能感觉到但抓不着，笑你莫之奈何？

这一次，三场不正常的甲B赛事终于令阎世铎发出雷霆之怒，代表足协表示将对做假者“杀无赦”。现在，整个足球圈都在拭目以待，要看他老人家如何“辕门斩子”了。

正如米卢说“态度决定一切”那样经典，这次阎世铎也来了句名言：表现和结果是最好最有力的证据。他说得好。但愿这一原则，他也用得好——从而令这原则成为足协名副其实的一门狗头铡。

说到假球，无非是个利益。而治假球，只要治得住背后的“经济”或者利益，一切迎刃而解。多年来，足协治假球，多半只用“家规”：比如停赛、降级、罚款、吊销资格等等。但由于是自家人管家里事，不免有投鼠忌器的难处，所以，多半是雷声大雨点小，甚至有意无意地将事情弄成迷离悬案。

其实，除了家规之外，治假球也不是没有国法可援引的。比如：可依监管规程审计俱乐部；可运用行贿受贿渎职甚至财产不明偷漏税等刑律来威慑各路当事人等，又或者从经济环节入手，对账户、开支等制定相关的监管程序……这样国法家规并举，就能魔高一丈对付假球。果如是者，真莫之奈何？

治乱世当用重典，是一种观点或想法又或是对策。但用什么样的典，则是一种实践，一门策略科学。

拍案惊奇

刊于2002年7月1日《羊城晚报》A15版世界杯嘉年华

早在帷幕即将徐徐降落之前，当今足球世界最有权力的政治家布拉特，就用“惊奇合作微笑安全”八个字，不无狡猾但不失贴切地为本届世界杯贴上了颇为美妙的标签。然而，不同的声音却不是没有的，对足球政治的质疑、对裁判哨声的嘘声……都一度甚嚣尘上，并且，还将延续数年。

当然，无论是欢呼也好诅咒也好，毕竟过去的已经过去。但是，站在足球第三世界的立场来看，站在东方亚洲的立场来看，我宁愿为布拉特那个“惊奇”而欢呼。尽管，老狐狸布拉特没有对这个词汇作清晰的诠释，但是，我认为，这次大力神杯的亚洲之旅，毕竟是世杯赛在亚洲进行了一次成功的是市场运作，也毕竟展示了一番非传统足球强国的其他队伍好强的争胜精神和精彩表演，更也成为文化沟通的桥梁。这些元素，也昭示着未来足球世界发展的大趋势——足球以及足球的市场，从本世纪开始，已经不仅仅属于欧罗巴，同时，足球也已经不仅仅是体育本身，更是一种有“大同”色彩的潮流文化。为此，很值得我们拍案惊奇。

道德魅力

刊于2002年8月25日《羊城晚报》A11版体育新闻

不久前，国家税务机关将体育明星列入高收入人群。

无疑，随着体育事业日益向体育产业靠拢蜕变，在我们这个“小康之国”，运动员特别是明星运动员，很多人便顺理成章地迈入“先富起来”的行列。对这种合乎逻辑的必然结果，圈内的“老人”们不无悻悻，百感交集慨叹道：如今的运动员都是富翁，热门运动的球队更是富翁球队。

以穷棒子精神起家的中国体育，长期以来是凭着“精神变物质”的那股子劲头纵横天下的，忽然之间进入“白银时代”，真是始料不及，不仅管理体系和管理手段跟不上趟，就是富起来的某些“先驱明星”，也一夜之间完成了从奴隶到将军的位移，意气满满，浑以为老子天下第一，满身不知天上宫阙今夕何夕的飘飘然。所以，百姓们提起体育明星，大都是有爱有恨，爱的是其为国争光的辉煌和其澎湃的体育才华；恨的是他们耍大牌、弄特权、纵自我的暴发户恶习……

如果说，“精神变物质”曾经是决胜千里的法宝之一的话，那么，如今则该是来探索物质“变”精神的管理体系的时候了，因为，如何“统帅富翁”，已经是当今中国体育界不容回避的一大课题。所幸的是，战绩彪炳长盛不衰的中国乒乓球队，很早以前就已经着手造就这一历史性的转变，他们不是简单地沉迷于过去的治军手段，而是系统地将科学的训练手段与从爱国主义教育入手，将刻意培育运动员的爱心、铸造运动员的职业道德等元素捏合在一起，量化或固化成为一种严格的制度，从而打造出运动员高尚的人格和尊严以及高超的身手，形成了一套完善的治军体系。

我们不敢说，中国乒乓球队的每一颗明星都闪亮着同样的光辉，但是，他们的球员具有更多的道德魅力却是不争的事实。许多时候，当我们和这些球员“亲密接触”的时候，并没有那种面对暴发户的恶心感觉，就是一个很好的证明。

尽管，总教练蔡振华不久前说过，中国乒乓球队将面临十年以来最“难”的一个发展时期。但是，我们相信，一支懂得谦逊又有良好职业道德的球队，是可以跨越任何障碍的。

这就是我们的情结

刊于2002年9月1日《羊城晚报》A7版传媒一周

职业球队该有职业的道德职业的管理——

世界杯一结束，《羊城晚报》体育版就开始刊登专栏作者杨杰反思世界杯的文章。这篇以米卢为主要切入点的文章，一石激起千层浪，被国内主要体育网站纷纷转载，成千上万的读者和关心体育和足球的人们，纷纷通过各种信函传真和电子邮件，围绕世界杯向本报及网站提供自己的看法。及后，国家体委与在京的部分新闻单位座谈，提出要对世界杯进行反思，一时间，国内体育媒体掀起了一股反思浪潮，人们对中国足球乃至体育界的现状，提出了许多尖锐的问题。如此影响深远的一阵舆论震荡，是去年陶醉在五里河“入世”狂欢人们所始料不及的。

作为“反思浪潮”的始作俑者之一，早在世界杯还在进行而中国队刚刚出局的时候，我们就酝酿要做一些文章，其后才有了杨杰的特约稿件。中国队在世界杯上几乎叨陪末席的命运，在理智的球迷们心目中，却早就是一种“宿命”——没有人会为此而感到意外。但令人震撼的是，仿佛不约而同，只要是中国人，对中国队的表现，大都很不满意。人们矛头所指，大多不是球员们的技术素质，而是他们的专业素质和精神状态。在百姓们看来，中国足球运动所获得的资源支持，在体育界无疑是最多和最庞大的，但是中国足球运动员们在世界杯上的表现，恰恰充分表现出他们“收入”与“支出”大大的不符。

不平则鸣，百姓们编了许多“段子”寒碜中国队。但是，为什么中国队会成为众矢之的呢？百姓们认为球员们“不像话”在哪里呢？他们并没有在球场上犯下太大的不可原谅的错误呀！其实，令人受不了的是球员们这厢“食球而肥”，那厢在杯赛上的表现却离拼搏、专业、敬业、职业精神等“软”要求，距离太远！后来，当我们把问题提出给体育圈内人寻求答案的时候，回答是令人失望的：难啊！你们有没有看到，如今的大牌球员，都是国内顶尖的富豪——暴发户……

职业的球员该有职业的道德！职业的球队该有职业的管理！当《人民日报》等中央传媒不无深意地长篇报道中国乒乓球队延续数十年辉煌的时候，我们意识到，机会来了，我们的国乒队，不也是一支由百万富翁组成但特别能战斗的体育力量吗？于是，吴广崖厚积薄发，调动激情，《统率百万富翁》一文一挥而就。

第五辑

七日时评

TANGLANG YOUHUA

——为《羊城晚报·七日时评》版和《羊城晚报·时事评论》版撰写的专栏文章及首席评论等

5

给“堂吉诃德”以趁手的武器

刊于2002年9月16日《羊城晚报》A3版《七日时评》

上月讨论得沸沸扬扬《广东省物业管理条例》修订草案，据说本月就会“大功告成”。无论立例者抑或是涉例者，都由衷希望，这项法规能够一蹴而就，廓清所谓物业管理领域当中，种种法律关系人的权利和义务，并给予一个解决方案。

愿望是良好的。但现实中果真有一种解决方案，能够平衡地解决物业管理当中尔虞我诈的种种利益之争么？我看大多数有点阅历的人，心底里多半是不无悲观的。

纵观这份洋洋洒洒一万多字的“条例”，最为津津乐道的地方，便是业主委员会了。立例者希望，通过这个业主自治组织，制衡物业管理公司这个“庞然大物”，以保障小业主们那点可怜的权益。然而，又为了使业主委员会不至于“滥权”失控，给这个委员会设定了种种禁制，仿佛怕物业管理这个行当，会捧上一个潘多拉之盒，患得患失的心态，溢于言表。

何物“业主委员会”？据说这是一个新生事物，立例者很欢迎它，物业管理公司也很欢迎它，而小业主们呢，则很欢迎它很指望它却很难拥有它支配它。站在不同的立场，至少在熙熙攘攘的讨论过程中，对于业委会，包含了三种解读：一是希望它“权势得当”，令立例者不必面对一盘散沙，至少不必再面对那么多的“上访”；二是希望它“有势无权”，令物业管理者即便不能操纵，但却有所缓冲；三则但愿它“有权有势”，令业权人有个“社团”可以依靠。一言以蔽之，三种解读的妥协，构造着业委会那美好的光环。

事实上，在立法上，有对等才有平衡，而民法中，只有自然人和法人才受法律保护。到如今，业委会连是不是法人都要去讨论（实际上是个复杂的法律定义问题），你又能指望什么呢？作为一个小而又小的小业主，我们对“物业管理条例”的期望很简单，有利于我们以自然人的身份去对等制衡有法人身份的物业管理公司的法规，是最完善的法规。毕竟，“物业管理条例”制定的核心，是以充分尊重业主物权为前提的。须知，在目前的现实是，一个业主要去面对一家物业管理公司，由于资源上的不对等，无异于犹如骑着劣马擎破矛去与风车搏命的堂吉诃德。

但是，我们为什么不给“堂吉诃德”先生一个炸药包甚至火箭筒？如果真对自然人的物权有充分的尊重，还要讲“颠覆”式的“团结就是力量”么？

医生收红包无异黑市交易或逃税

刊于2002年9月30日《羊城晚报》A17版《七日时评》

本报披露大医院医生收红包，读者反映强烈，呼唤医德的声音，又再如雷贯耳，如潮如涌。

年前，本报报道过省中医院制度化人性化地拒收红包，市民惊为奇闻。各医院闻讯也旋即表示响应仿效，一时间，拒收红包之风，吹得人心暖融融。然而，世事如棋，人心难测，这股暖风如今竟也昙花一现，不能像城市建设那样“小变中变大变”，令广州人喜出望外。

事实上，医生的操守和医德，委实不能单靠大夫们“正心修身”就可以“修”成一种行业风气的。倘不能综合治理，形成一个社会制约环境，光靠学习“榜样”就想做到拒收红包蔚然成风，只能是乌托邦式的幻想。难道不收红包作为评先进的一项条件，不是一种悲哀吗？

医院的医生被红包“大面积烧伤”，其实并不是什么“人心不古”。早在计划经济时代，就有“广州有三宝——医生司机猪肉佬”的民谚。如今转型到社会主义市场经济时代，司机猪肉佬不再吃香，独医生却能依然故我，这不能不说是个大反差。显然，在

“医”这个特殊领域内，由于它的福利和人道成分，未必能像司机猪肉佬诸行当那样市场化，故此，医生们自其然能“得天独厚”耳。何况，现实中医患之间的比例，“医”永远是个紧缺资源呢！

读者对医院医生收红包反映强烈，其实抱怨的落点，并不全在于红包多少又或红包本身，人人愤愤不平的，是因为“国营医生”在收红包！有谁会对个体行医者收红包而愤怒呢？

“国营医生”收红包其实是一种“黑市交易”，是因为他们占着国家的福利资源以及福利体系，站在几乎是垄断的位置上占着便宜又卖乖。我赞成治乱世需用重典，而且我也相信办法总比困难多。所以，收红包问题，决不光是医德问题，而是管理制度有问题——

为什么不能将大夫们收红包的行为界定成受贿并绳之以法？如果怕引起立法上的争议，那么，红包的收入，是不是逃税的行为？占着公共资源而私相授受，该算何种罪孽？等等。

当然，目前红包之风的甚嚣尘上，也有一只“无形之手”在作怪，形成了一个医生的卖方市场；且“国营医生”的“正当收入”又多少游离于这个市场之外。有此现实，红包之风屡禁不绝，便不足为奇。如果我们能够将愤怒转变成一种智慧，不把红包问题简单化为光是医德问题，更多地从经济角度去看待并关注制度管理上（乃至立法）的以及医疗资源整合中的问题，那么，我们的愤怒和困扰就一定会尽早被解决掉。

按时足额发工资更迫切

刊于2002年10月21日《羊城晚报》A4版《七日时评》

报载广州市将重新厘定最低工资标准。而且，这次是由劳动和社会保障管理机关，请来工会和企业家协会等，坐到一块儿协商出来的，比原先的提高了将近有10%。

由于国情所限，我们的最低工资标准，与社会救济金之间的差别，不如发达国家来的大；而且，最低工资标准，虽然在早些年已经制订，但都是以文件形式存之于档，还不是以诉之于法的形式公之于世的。不过，有就是进步，能够每年有提高更是一种进步，到了今天，这一标准能够由劳资和监管三方共商，其进步就更非同小可。显然，决策者已经意识到，最低工资标准的厘定与社会救济金多寡的厘定，有本质上的不同。前者，考虑的是公平问题，也是区域经济竞争力的杠杆；而后者呢，是政府从人道立场出发建立的社会保障。

能有一个最低工资标准作为参照，对于打工仔来说，当然是个福音。但是，对于一个开放性的劳动力市场来说，这仅仅是形成社会公平机制很小的一步而已。事实上，经验证明，这么些年来，城市当中劳资之间的纠纷，诱因往往并不在于劳资双方对用工工资的约定、有没有低于最低工资标准，而在于资方拖欠员工的工资。

对于员工的工资，传统上都被认为是个员工福利问题。其实，随着劳动制度的改革，企业用工，都已经实行了合同制。既然是合同制，一份用工合同与一份企业的买卖合同，在法律上是没有什么区别的，而且，按照有关法规，职工权益的保障，还要优先于企业的债权债务。但是，许多企业主甚至国有集体企业，目前都并不是从企业信用这一前提上去理解手上的那些用工合同的，许多企业的负责人，往往为了企业的资金周转，随意占用挪用员工的工资，甚至还有打白条、强行以产品实物替代货币工资，凡此种种，令打工仔深恶痛绝。

按时足额发放工资，是企业能否履行合同的信用问题，这在商界早就有所警惕，君不见，商场一旦出现拖欠员工工资，供应商就断货催款闻风而动么？这说明，那些小供应商就深深懂得“发工资就是有信用”的浅显道理。能够由最低工资的标准，好！能够有个制度，监督企业按时足额发放工资，更好！据说，有关部门正在一些网站上公布一些有信用的企业的名单，以造就一个良好的营商环境，不知道，考量这些企业时，有没有看看它在执行用工合同上做得如何。

将骗取“低保”者告上法庭

刊于2002年10月28日《羊城晚报》A4版《七日时评》

近段时间，本地媒体发布了不少关于政府和工会关心关注城市中特困职工的报道，从而，“低保金”这个缩略语，也成了我们生活当中一个使用频繁的关键词。而在弱势群众的口中，话语说得更直接：这是政府给的救命钱！

然而，上周五有报道披露，深圳南山有户人家，竟然从8年前开始，就一直接受政府每年3万多元的“低保”福利，却盖起七层洋楼，过着食租者的富裕生活——富人恬不知耻地享受“低保”而面有得色。这在都市中不是什么新闻了，早些年，也常听到开奔驰去领救济金、老板叫马仔排队领低保之类的“笑话”，人们看到的问题，并不如此触目惊心，大都作为对“为富不仁”者的黑色幽默一笑置之。

不过，对这些“为富不仁”者，仅仅是道德谴责是远远不够的。由于社会发展的不平衡，总是有一部分人由于种种客观或主观的原因，落入社会的底层，陷入“贫贱夫妻百事哀”的境地，而低保金等社会福利政策，就是我们的社会对这些人的一种扶持。作为一个社会福利的受益人，一旦渡过难关以后，回馈社会而不再继续索取是一种“天地良心”。可是，令人难以容忍的是，不少“咸鱼翻生”的富人们，竟然不顾脸面“装孙子”，大肆侵占弱势群众的那点“救命钱”。更有甚者，由于人们对其所作所为，长期以来一直停留在“腹诽”层面，故这些人便有恃无恐，以为政府莫之奈何。

明明是富得流油，却装作低收入，还把不该得的“低保金”

袋袋平安，这已经是一种非法获得不该得的收入的一种行为。事实上，故意隐瞒实际收入情况，骗取社会福利保险金，在法律上已经构成非法侵占罪。尽管，现行法规上，也许还并未白纸黑字地写明这一条，但是，就法律适用来说，公诉人是完全有理由和条件，把这些为富不仁者，送到被告席上去！那些长期欺骗低保金的仁兄，累计起来，更恐怕该判上一条“情节特别严重”“从快从重”予以打击。

现在，有人责备有关部门在核实情况时有失误，也有人感叹有关法规不尽完善，这都不能说言过其实，而且，有关部门也真有必要检讨现行发放制度当中的漏洞。但是，我认为，当务之急是要中止那些侵占行为以使社保资源的使用恰如其分。因而，我赞成有关部门先从事后追究的角度出发，运用现有法规，办他一两个为富不仁的典型，追回他们的非法所得，以儆效尤。至于事前管理方面，则应在实践当中，逐步完善。

打破“衙吏”的业余饭碗

刊于2002年11月4日《羊城晚报》A10版《七日时评》

政府信息公开之后，我们应该把“熟人好办事”的卑微心态尘封起来，做个对政府知根知底的公民

广州市最近决定，从明年起，公开政府信息并以法规形式加以规范，将事权信息、财政信息以及人事权信息统统向百姓“透明”，并明确规定“政府信息以公开为原则，不公开为例外”。广州市政府这一魄力十足的举措，得到普遍赞扬，不少专家学者，均已从“依法治国”的角度，论证了这一做法的宪法依据以及对未来社会发展推动性影响。

众所周知，信息垄断和信息封闭是“衙门政府”的特征之一。多少年以来，小民百姓对于政府管理的运作机制所知甚微，由是，

办点小事也得仰人鼻息，更遑论对政府实行民主监督了。

在现实生活中，大家与政府打交道，最习惯的办事方式就是找熟人了。所谓熟人，无非就是政府内部的工作人员或围绕在这些工作人员周边的某些“知情人”——当然，没有“免费的午餐”，“知情人”利用“知情”的“垄断优势”揩点油什么的，自不在话下。更为讽刺的是，都市中甚至产生了某些中介机构，专门兜办这类事情，把市民与政府之间的互动，变成一种“生机盎然”的买卖，腐败的温床也就由此产生！

现在好了，相信政务信息公开，将会狠狠地打破那些“师爷”“衙吏”的业余饭碗，摆正政府与公民之间的关系。至于我们呢，则该把“熟人好办事”的卑微心态尘封起来，堂堂正正做个对政府知根知底的真正公民，习惯政务信息的公开，让政府公开的政务信息，成为我们生活、就业、营商的必备资源。

当然，法规的公布，还只是打造“阳光政府”的第一步，鉴于大多数的公民目前对于政府信息的公开，犹自抱着且走且看的心态，对于公开的管道和信息的价值，更有点“朦查查”。倘若政府真正要做到贴心，那就还得在公布法规“之余”，多印制一些信息公开的辅助性手册和指引，像旅游的导游图一般，让市民们有需要时不至于无从入手。法规固然规定着原则，但服务未能到位，则只能是浮夸。

另外，对故意隐匿或提供虚假信息者的处罚，最好也能“公开”一下，以成为案例，以便百姓监督。

社会机体的“有氧运动”

刊于2002年11月11日《羊城晚报》A10版《七日时评》

历史的书，是理性的；而历史本身，却是感性的。总结社会进步或者能预见发展未来的人们，总喜欢振聋发聩；而体悟社会的进步呢，则需要见微知著。

近段时间，时有关于某些政府法规或者做法复归“人本”的消息见诸报章，狭义地说，像领取护照不再烦琐，只要身份证和户口簿就“搞掂”、居民身份证易名为公民身份证、结婚不用单位盖章等，都是！更广义一些，像政府信息公开、取消许多行政审批项目、公务员任免公示、重大民生项目实施进行听证等等，也是！许多敏感的论家，对政府的这些举措（事实上是社会发展的必然），无不青眼有加，欣笔赞扬，进行一番非常“后现代”的颂祷。

我当然也是赞成时评家们从各个角度对这些做法或举措评价甚高的许多观点的。不过，我觉得更值得关注的焦点应该是：一、这类消息接踵而来；二、百姓对这一系列消息的反应，比论家们的反应，来得更加恬淡，觉得非常自然，特别是，那些贴身的法规“进步”之后，再没有像过去那样，引来个什么“潮”之类的排长龙景观。可见，从与时俱进角度看开去，不仅我们的政府在成熟，而且，我们的百姓也在更成熟。常识表明，稳定才能恬淡，不慌不忙更表现出一种信赖，只有在人们确信一切都永续着、具有政策延续性的前提下，才不会抢着去喝“头啖汤”。“按需办事”是对“办事”过程很有信心的心理注脚。

用水到渠成来形容政府法规的“人本”复归是非常贴切的。长期以来，我们生活的背景，存在着两种不对称，一种是基本法和实施细则的不对称，像领结婚证要单位证明同意、住旅馆要带结婚证之类的。站在宪法立场来看，这些都是“土政策”；另一种则是社会发育与管理手段的不对称，我们不妨称之为“过时约束”，比如我们的很多管制性的法规，还是以关于什么什么的内部文件来执行的。事实上，这两种不对称，除了容易造成不透明的人治管理和封闭之外，更要命的是，常常形成“上层建筑”对“经济基础”的发展形成束缚的副作用。当然，许多名存实亡的所谓规定，更会损害法规本身的严肃性。曾几何时，当面对一对对待婚小年轻（大多数很可能已经同居多时），忐忑不安又颇为惶然地拿着一种表格，等待我在“是否同意”那一栏上签字时，我总觉得非常的尴尬，天，看他们的样儿，还由得你不同意？很无奈，往往我只有签下“知道了”或者“恭喜”又或者干脆“OK”几个莫名其妙的字——毕竟，我们不得不“依法办事”啊！

把不合时宜的规定撇清，将不对称的位置摆正，这也就是依法治国的一种具体实践，过去二十多年来，我们出台了许许多多的基本法和管制法，已经打下了良好的法治基础，在这一基础上，我们现在又陆续修正更多的“习惯法”，以使得我们的社会管理机制更趋合理，这种从点点滴滴开始的“小步走”，应将是使我们社会机体更臻健康的一种“有氧”运动。

与时俱进，从小处更能看出来，也能看得更为深刻。

这服务费收得不公

刊于2002年11月25日《羊城晚报》A3版《七日时评》

最近，广州城中食客最喋喋不休的话题，是广州市物价局废了自己一年前“禁止除星级宾馆、酒店以外的所有饮食、娱乐业在价外加收服务费”的规定，实行起“全面取消对饮食、娱乐业收取服务费的限制”这“新”措施来。

从前禁止收服务费，记得官员们是以“公平竞争”为论据的（当然加了句考虑消费者利益）；如今取消了，也是为了“公平竞争”。——真是颇有“官字两个口”的味道。

据说物价局的主要功能之一，就是既要平抑物价，又要维护市场公平。一年前，他老人家硬下了一个“规定”，把允许收服务费的餐饮业者，收缩到星级宾馆范围，并分了收费等级，狠狠地“制造”了近一年的“不公平”市场环境。今天他又突然放开，摆出一副要在餐饮业放任“自由经济”的样子，如是者，对餐饮业而言，新举措仿佛是公平了。

可是，对其他服务业而言呢？你餐饮业开门揖客就可平白多收人家百分之十几，这是多大的不公平呵！毕竟，餐饮业的堂食，毛利率谁都知道那已经是个天价，酒水价就更不用说啦。试问其他的服务业，为了增收15%，它们要做多多少工夫，投入多少成本？要知道这所谓的加收服务费，可是营业额的百分之十几，而不仅是利润的百分之十几呐。

餐饮业者说，服务费是个行业惯例。可是，考察起来，服务费这个收费项目，餐饮业主们不仅是收得不明不白，而且还应该是个税收漏洞。

所谓服务费，旧时叫作“茶芥”，指的是餐厅中的茶水、咸酸菜以及花生小菜等的收入。这些东西的组织和供应，以前不是由大厨管也不是由老板管的，而是由楼面的员工合伙儿提供的。因为，与国外的情况不同，中国的餐馆一向“不患寡而患不均”，表面上不兴收小费，实际上是不欢迎某个人多收小费，所以，“茶芥”便算是集体小费的一个名堂，一般明码实价，并不以百分比计算。通常，“茶芥”的收入老板不管，由楼面员工自行分配。这项传统，“文革”时取消，但却一直在海外华人餐饮业保留。开放改革后，一些外资进入内地，才使这一传统以服务费这蛮“现代”的说法卷土重来，只不过，这变质了得“茶芥”的受益人也变了质——老板们打着“惯例”的旗号，袋袋平安。而老板们之所以如此钟爱这项传统，除了凭空有项稳定收益外，更因为餐饮业多半是现金交易，服务费这名堂也难以厘定，从而，在避税上做点手脚，很得其所哉。

就经济平台而言，允许所有餐饮业经营者收服务费与不允许所有餐饮业经营者收服务费两种做法，只要你一刀切，那么，对所有餐饮业者来说，自然是公平的，因为起点一样。但是，回到“平抑物价、维护市场公平”的立场来看，光允许娱乐餐饮业收服务费，肯定就在服务业里制造了不公平。至于对消费者而言呢，除了公款消费那部分人也许不介意之外，谁都会有被人勒索而又无仇可报的感觉。

态度决定一切

刊于2002年12月2日《羊城晚报》A8版《七日时评》

昨天是第十五个“世界艾滋病日”。这前后，媒体都大篇幅地介绍有关这方面的知识、事件以及事实，各界也就“艾滋”话题进行了诸多有关立法防治以及相关问题的讨论辩论。与往年相比，今年对艾滋话题的报道，多了许多人文关怀的内容，这是非常可喜的一种宣传态度。

艾滋病在国内的蔓延（局部地区局部人群），与对它的防治知识不普及是相关的，现在的大规模宣传，实属亡羊补牢之举。长期以来，我们传达给百姓的信息是，艾滋病与性接触有关。但实际上，在中国，百分之六十八的艾滋病毒感染来源于针筒注射（吸毒），百分之九点七来源于采血，性接触感染只有百分之七点二。

由于感染渠道的多样化，艾滋病患者和病毒感染者形成了一个为数不少的人群，于是，原本是医学上的问题也就变成了社会的问题。为此，学者们最近在清华大学一个模拟听证会上，爆发了一场颇为令人关注的争论，焦点是如何对待艾滋病患者和应否为艾滋病防治立法等。听证会实际上出了两道是非题。一条题是，应否隔离艾滋病患者；另一条题是，能不能从规范人的行为出发，防止和控制艾滋病的发病率。

事实上，这两道题用是与非来回答，都是不适当的。作为一个对公共卫生可能存在威胁的高危人群来说，在医学上和治疗过程中，与以一定技术上的隔离是必要的和有效的，而对传染病患者实施隔离治疗也是一种医护惯例。同样，对于服务业人群进行“强制性检测”，如同对肝炎、肺病等传染病一样，恐怕也是应该的，这似乎并不算是一种歧视性的条款。但是，如果把问题泛化或者“政治化”，如基本的人权等问题，在听证会上，就会“纸上谈兵”地争得不亦乐乎。

就现实生活而言，对艾滋病人的歧视，是社会的一种现状，短期间要解决是不可能的。而这种歧视其实又包含着两层意义，一层是恐惧性歧视，由于人们对艾滋病以及艾滋病毒的知识了解不够，这是一种人类的本能，随着有关知识的普及和科学的进步，相信这种歧视会像人们对麻风、肺结核、肝炎这类传染病的认知那样，逐步改善。当然，这种改善首先应当在政府官员、医护防疫工作者和社会知识阶层当中着手，通过强化宣传和有效灌输，使其正确包容关爱这一病患人群；第二层含义是道德性歧视，这层意义上的歧视应该从我们不自觉的宣传以及惯例制度上逐渐剔除。据悉，目前只有一种艾滋病病毒药物列入《医保基本药物目录》，更令人无法理解的是，医保有关工作人员竟将艾滋病归类为“性病”，而性病不属于医保报销范围。深究之，无非是出于道德的缘故。疾病的治疗本身，就是要防止它蔓延。理论上，社会福利与公民的身份有关，与他的染病途径何干？感冒、肝炎、肺病的感染，难道途径就一定很道德吗？把所有的疾病，从道德桎梏中解脱出来，才会有一种无歧视的基本环境。

关注艾滋病、关爱艾滋病人，目前首先不完全是个机制问题，首先是个社会态度问题，目前，我们最迫切的任务，是要防止艾滋病进一步加速蔓延，如果我们不能很快地改变我们社会对艾滋病的态度，那么，我们就很难调动社会的资源，调动社会的积极性，去实现我们的迫切目标，就算是强制立法和实施措施，也解不了当务之急。

个人捐献的“托管”性质

刊于2002年12月9日《羊城晚报》A10版《七日时评》

港商余彭年在深圳是个大善人，在两年前，他就宣布．将名下的彭年酒店经营所得的纯利润，永久捐献给社会福利和教育事业。最近，他老人家把57层的彭年广场交代给希尔顿管理集团管理。之后，他以个人名义请求深圳市人大立法，保护他的捐献意愿和捐献产业。

也许是余彭年捐献的财产“数额特别巨大”，又或者余彭年的“贡献特别突出”，总之，深圳市人大法制委员会高姿态回复了余彭年，并表示相关的法制草案正在起草和论证之中。

余彭年请求立法保护个人捐献，是异乎寻常的。余彭年请求立法，说明他对国内的法律有十足的信心；但同时，他对自己捐献的永续性和捐献意愿的永久落实，也还操心不已、放心不下。所以，他非常执着地希望通过以“法”的形式，在身前把身后的一切，稳稳地“锁”定下来。

事实上，个人捐献在我们的社会生活当中，一直就未曾中断过。书画家捐献作品、文学家捐献手稿、收藏家捐献文物等等，屡见于报端。但是，应该承认，在以往，我们在接受捐献的时候，往往是按照“普天之下、莫非王土”的原则，将所有的捐献人的捐献，一律“捐献给国家”。而所有的捐献一旦成为“国家财产”之后，对个人捐献的意愿，能不能持之以恒，那就真有点碰运气了：“国家财产”管理人的政策水平高一些，“国家财产”管理机关的资源充足一些，捐献者的捐献愿望就落实得切实一些。反之，暴殄天物的状况也时有发生，有的个人捐献进入某些这个馆那个院以后，束之高阁霉之、置之地窖湮之的惨状，也不胜枚举。

其实，个人捐献除了个人的捐献意愿的表达之外，财产的所有权的转移时带有很大的“托管”色彩的。特别是许多的文物、艺术品和不动产，尽管在捐献之后，这些财产确是属于“公众财产”，但是，那是有条件的财产转移。倘若管理这些财产的有关机构或人员，违反了有关限定条件，在一个法制完善的环境里，是应该负担法律责任的，否则，鼓励个人对社会的捐献，就无从谈起。笔者有位朋友，“文革”中其父有批字画被红卫兵强行“充公”到一家省级文物机构，落实政策后转为“个人捐献”，好歹有了份“捐赠光荣”的证书。然而，近年这位老兄因为艺术史研究需要，到这家机构去检索一下目录，看一看捐件，殊不知这家机构居然一问三不知，弄了两年也搞不清所以然。这样糊涂地管理“国家财产”，岂不令捐赠人心寒？

像余彭年这样的大手笔资产捐献，在国内先例还不多。但随着私营经济的发展和富裕阶层的不断扩大，类似善举肯定层出不穷。对个人捐献的财产和捐献意愿立法实施保护，应该是政治文明进步必先行之的一步棋。一方面，对捐赠财产的诠释，涉及对私人财产的定义，对个人财产捐献的一种肯定；另一方面，许多个人捐赠财产，往往不仅具有货币上的价值，同时更有文物和历史价值，这些社会价值有时甚至不能以现有的价值尺度加以衡量。而这些综合价值无限的社会资产，如果不能以国家的信用和法规来加以保护，提供一个稳定的永续的法律生存环境，那么，我们的社会主义市场经济条件下的精神文明建设殿堂，便缺少一块有力的承托基石。

有点克林顿福利政策的味道

刊于2002年12月16日《羊城晚报》A10版时评

从明年起，佛山市的失业人员必须每月参加四天公益性社会工作，才能领到失业救济金。这一举措，是由劳动和社会保障管理部门以及当地工会组织和当地有关机构共同研究后确立方案的。珠江三角洲一向是个敢于和善于创新的地区，现在，他们又在社保体系“插一手”，试图系统解决“冒领失业金”和“社会治安综合治理”人手不足等积重难返的问题。

将失业人员、救济金和社会治安综合治理，链接整合成为一个关联系统，没有一种制度创新的思维和对基层工作的研悟，是不可思议的。这种大胆然而又合乎管理逻辑的尝试是否行之有效，未尝可知，但是，在一定程度上能够达成决策目标，却是可以想见。当然，有观点认为，强制要求失业人员付出一定劳动，才能够领到失业金，是不近人情；更为极端的观点甚至质疑其做法的合法性，口轻轻地又祭出所谓“人权”那张牌，对新的做法随意针砭起来。

让接受社会福利的人承担适当的公益性社会工作，并不是佛山人的发明。1996年，美国总统克林顿签署了《个人责任与工作机会调解法案》，这项法案有两个主题：一是给接受福利的个人或家庭规定了时间限制；二是法案要求那些接受公共补助的人去工作。法案还给各州规定了必须达到的工作参与目标，达不到目标的州，就会被减少联邦固定拨款；而达到目标的州，则可以得到额外补助。1997年美国旧的福利计划逐步淘汰，代之以州政府设计并管理的“贫困家庭临时补助计划”，按照这项计划，没有工作的成年人必须在得到补助的两个月之后参加社区服务。获得收入支持的家庭，其所有成年人必须工作，或者参加培训，否则24个月之后他们将失去获得补助的资格。

援引以上两个例子，首先，无非是要说明社会失业救济金的设立，是社会资源调控的一种机制，它是可根据实际情况变化的，与“人权法案”之类的无关，只要对福利对象而言公平就行。其次，救济金应该是“失业过渡救济金”，而不是永久性的福利，它是一种创造就业的催化剂，而不是“豢养懒人”的保证金。第三，在发达的经济社会里，对社会公益性劳动的看法，与目前社会上的某些传统观念并不尽相同。我们不少人一听到劳动就想到“拉壮丁”，事实上，社会公益性劳动，本来应该就是公民的一种义务。你比别的公民先享受了领取社会救济金的一份权利，就多尽一份社会公益性劳动的义务，这并无不妥，我们不是总唠叨着要让权利和义务对等么？

从更深层次去看，组织失业人员从事社会公益性劳动，其实也是对失业人员的一种关怀。失业人员通过社会公益性劳动，往往更能帮助他们重新建立生活的信心，同时，通过对社会公益性工作的体验，也有可能扩大其就业眼界增加选择的机会。如果说，佛山市的新举措有什么局限的话，那就是从报道看，这套方案还或多或少地带着计划经济的色彩，规定动作太多，自选动作太少。比如说，社会公益性劳动不一定只有当“街伯”一种，社区管理上的各种角色，都可以设定一些可选择岗位，同时，参加治安综合治理工作有一定的危险性，其保障制度也应配套起来。另外，失业人员参加社会公益性劳动除了可以领到失业金之外，还可以实行记分制，服务时间多的，更可以优先参加再就业的技能培训等等。

总之，当我们在制度创新的时候，除了着眼于解决眼前的矛盾之外，还更多地研究它的可持续性和生命力以及制度感召力，我们的社会公信力，也由之确立矣。

比省长出马更具根本性的一步

刊于2002年12月24日《羊城晚报》A16版时评

昨日本报报道，广东将由省长担纲成立高校毕业生就业指导小组，以统筹就业岗位资源，使应届的高校毕业生尽快就业。

由一省之长出面为大学生就业推波助澜，一方面说明政府对于新晋人才的重视，另一方面，也说明传统的大学毕业生就业的分流渠道出现了瓶颈，不改变思路，大学毕业生就业问题就会成为社会问题。

与发达国家相比，我们人群中的高学历者比例还很低，远远够不到50%，但这就居然出现了人才的“滞胀”现象——2002届毕业生竟尚有2万多人无着落，这是不可思议的。有人把这归诸这些年的高校扩招；也有人批评大学生的就业观念存在偏差，更有人抱怨大学未能定向培养出“适销对路”的学生来，种种观点不一而足。

就眼前的现象来看，上述观点都有自己的道理。但是，有个硬道理在主宰着高等教育后的就业市场：提高我国的教育水平，改变人群的知识结构是国策之一，大学毕业生越来越多可以说是我们一直孜孜以求的发展方向。事实上，城市中一茬一茬的人才招聘会在开，一年四季不断，可见，社会也是求贤若渴的，不过，供求双方仿佛就像“公英制”的螺栓螺帽，总拧不到一块儿。

昨天本报又有报道说，中国目前有上亿人在非公所有制的企业就业，这说明民营私企的就业潜力具有无限的想象空间。但是，从大学生就业的选择来说，首选的往往还是国营的单位或者一些大的企业。表面上看，仿佛大学生们还是比较保守，对“铁饭碗”情有独钟。其实，在这些年来，大学生们与其说就业时多考虑企业的所有制性质，还不如说，他们更多的是在考察企业内部制度的规范与否。对于大学生来说，就业不仅仅是找工那么简单，他们要的是事业的开始，当然也会更多地考虑福利的保障和职业的保障。我看，要大学生改变择业观念，与其要他们多洗洗脑筋，还不如尽快调动资源，令那些急于用人寻才的单位（特别是非公企业）规范保障制度，使其与国企和大型的外企同步，那人才市场的真正内涵，才有条件挖掘出来。

帮助就业不如鼓励创业。我们在引导他们就业的同时，还应该更多地在鼓励他们创业。创业是就业的最高层次，我们有扶持再就业人员创业的机制，也应该有扶持大学生创业的基金基地以及机制，如果政府资源一时未能统筹过来，我们也可以借助社会力量为大学生们的创业融资。事实上，在美国的硅谷，最早的风险投资商，青睐的也只是大学生们的创业计划而已，比尔·盖茨也就是个肄业的大学生！

从钱眼看医生“走穴”

刊于2002年12月31日《羊城晚报》A20版时评

医生“走穴”这个社会问题，很闹一阵子了。卫生部的发言人最后终于出来澄清，强调坚决反对“走穴”，但又表示必须对医生兼职规范化管理。广东省卫生厅负责人则干脆把话讲绝，说：一旦走穴出了事故，全部责任由走穴医生承担，所在医院不负责任。

从官方的态度可以看出，他们并不真的支持医生兼职，恐怕他们的本意，也并不是在推动医生们都成为“自由职业者”。相反，可以肯定的是，正因为医生“走穴”业已成风，屡禁不绝，才使得管理部门不得不“放个风”，试图将其“合法化”。故与其说这是开放改革，不如说这是无奈之举。所以，在官方词典里，就有了经同意的叫兼职，未经同意的叫擅自走穴。

但是，无论合法兼职与非法兼职，老百姓将大夫们岗位外行医，统统称之为“走穴”，因为在实践中令他们感到，只要医生一离开其所在医院，跑到社会里兼职，就有“议价”，诊金贵了，手术费无序了，医生成了个“全才”，他既看病又推销药品，简直无所不能。为何？无他，钱多而已。现实生活中，合法兼职恐怕也有非法的成分在，而非法兼职也并非没有合理性在！

岗位任职的收入远远低于兼职的收入，这是医生“走穴”大行其道背后的根本原因。如同二十年前珠江三角洲地区“星期六工程师”现象的重演，眼下医生们走穴，是因为他们感到收入太少，而偏偏又有市场的需求。事实上，很多专家教授在退休后都成了游医或半游医，拼老命“把失去的夺回来”的“65岁后现象”，很令人深思；至于大夫们一朝成专家、立即狂走穴的状况，就更发人深省了。

由行医者自负法律责任，这是天经地义的，但试图以此来遏制“走穴”，起到的震慑作用，一定甚微。如果卫生管理部门认为“走穴”弊多于利，就应该大张旗鼓反对之，并在医院管理上立木取信，大幅度提高医生特别是专家们的岗位收入，令其安于岗位；如果认为其利多于弊，就应该对目前的医务人员管理制度来一个大的变革，比如像某些国家那样，立法规定让有才能的大夫拥有自己的诊所，但每年必须在挂钩医院里兼职若干时间，来个正职副职颠倒，以理顺私权与公权的权利与义务。

总之，人命关天，对于医疗人员的管理，要三思而行，不能口轻轻。

顺顺当当的“代表直通车”

刊于2003年1月12日《羊城晚报》A3版时评

六天前，本报报道了人大代表王泽华以“代表直通车”形式的建言：新年新一届人大应有新会风，一府两院工作报告不必全读，代表出动也无须警车开道。昨日，一府两院明确答复：赞成王泽华代表的有关建议。据悉，此事经广东省人大常委会主任张帼英过问，旋即由常委会及会议筹备组研究最终做出决定。

“一府两院工作报告不必全读，代表出动也无须警车开道”这两条建议，连日来在本报及网站上引来许多读者和网友的评论。有人认为，这是“简政亲民”之举，也有人认为，“礼不可废”，可谓莫衷一是。没想到，仅仅几天，省人大常委会及会议筹备组就从善如流，一举破了旧规。

如果说，这桩发生在广东省“两会”前夕的新闻，具有一定的象征意义的话，我看不仅在于王泽华的动议“废”了某些官场陋习，更在于此番人大对王泽华建言反应之迅速。可以说，王泽华的敢建言与人大的快反应，构成了广东省一道亮丽的政治风景线。

一向以来，省八届、九届和新当选的省十届人大代表王泽华就是广东的“议案大王”。他的议案，可说是稳准狠，每每对政府的施政盲点一矢中的，著名的“洛溪大桥收费质询案”、从西部开发战略出发、“西电东送”降低广东电价费的建议等，都是王泽华的手笔。

事实上，王泽华的遐迩闻名，与广东省人大营造的政治环境是分不开的。“代表直通车”就是广东的发明！这些年来，人大将许多与民生有关的人大代表议案公诸媒体，并广泛地在质询会上吸收市民入场听证；同时致力于种种监督政府行为的地方立法。改革开放以来，广东省人大审议通过和批准制定地方性法规近四百件，并通过立法使得广东在人大的几项主要职能上全部拥有了自己的地方法规，这等等举措，都在全国各省级人大中遥遥领先。更使广东人大的公信力深入民心。

在党的十六大当中，江泽民首先提出了建设社会主义政治文明的概念，而社会主义政治文明建设的一个重要内涵就是实行社会主义民主。王泽华行使人大代表的建议权和监督权把“代表直通车”行使得格外顺当，其动力和轨道，不能不说源自于广东在政治文明建设上扎扎实实的实践。

“行政三分”的另一面是信息公开

刊于2003年1月21日《羊城晚报》A16版时评

“与时俱进”在当今政坛上，是个援用频率极高的词汇；举凡官员政要，于文件报告讲谈之字里行间，无不朗朗上口。然则进入了21世纪，踞居庙堂、为政一方，该当怎的才算是与时俱进呢？江泽民在十六大报告说得好：“改革要有新办法，发展要有新思路。”这就是说，必须赋得一个“新”字，才真正算得上与时俱进！

广东的情况就很可喜：前不久，广州市提出对政府政务信息公开，立出行之有效的规例；这次省人大会议，深圳市更透露，即将打造一个决策、执行、监督“行政三分制”的全新政府构架。可见，这两个市的政府，都在合理制衡政府部门权力上下功夫，以防止公职人员滥用权力化公为私或损害公共利益。就广东的实际而言，就我国的国情而言，他们所致力于的自我监督和制衡权力的举措，就是在探索体制改革的新路子。在建设社会主义政治文明的实践当中，有了新的思路，找到了新的办法。

按照现代政治学的理论，公共事务管理机关只有符合“公众哲学”才是合法的，而公共事务管理机关的合法性则源于它们体现人民意愿的程度。至于其主要职能，是“增强盛行于社会整体中心的相互信任”。很多论家，都对信息公开和“行政三分制”作过评点，均认为其各自合乎民心之处，无非在于遏制腐败、防止公共权力被侵蚀等等。当然，对于“行政三分制”，更引起学术界的关注，因为令决策、执行、监督三权分开，以便科学制衡，在理论上的论证虽久已有之，但运用在政府的构架上，不能不说是个创举；而付诸实践之后，新架构下的政府职能，能否达到高效运转，从而适应高速发展的经济基础，则是一个非常严肃的改革命题。

无论如何，在领开放改革风气之先的广东提出这些思路，是有政治魄力的，也是顺理成章的。但是，就体制改革的实践而言，我认为，倘若将广州的思路和深圳的思路结合在一起，就更能够提升此番改革的公信力——“行政三分制”信息公开，将更加无往而不利。让公共事务管理机关在透明的环境下分别行使决策权、执行权和监督权，则政务效率问题、公平行政问题、科学决策问题以及更深邃的制衡问题等，很大部分都将会迎刃而解！

让“文化广州”深入民心

刊于2003年2月11日《羊城晚报》A16版时评

时下，电视频道里的电视剧戏说成风，很有些评家在担心，这些似史非史的“艺术创作”，流播开去，会贻误后生。但导演们辩护说，《三国志》固然有历史价值，却并不妨碍《三国演义》有文学价值。于是，争论不了了之。毕竟，电视剧是个“虚拟世界”嘛，谁会傻到从中去“引经据典”呢？

殊不知，好像真是流风所及，“戏说”之风竟也销蚀到本城的专业队伍中来，昨日本报报道，竟有导游在领人参观博物馆时是信口开河，对历史人物和事件，随意张冠李戴，闹出许多令人啼笑皆非的活剧。

将这一幕作为黑色幽默一笑置之，未尝不可。但是，联想到近段时间广州市反复强调，要打造历史文化名城，这便不能不觉得，当事导游的所作所为，实在是很丢广州历史文化名城的面子。我们无法判断，这类导游的随意不知是出于商业利益而大肆推销，还是出于无知而口若悬河。但不论原因何在，其所作所为，以导游的职业操守而论，整个就是在“出手”假冒伪劣的服务。

导游虽然不能完全说是城市的“形象代表”，但其行为却或多或少地代表城市形象。导游素质如何？他们的服务如何？自然与历史文化名城招牌的铮亮度密切相关。你对历史对文化来个不尽不实的演绎，自然会给我们的名城蒙污。

由此想到，打造一个历史文化名城，不仅要通过发掘和整理，把城市的历史文化特质，通过城建和规划，合理地呈现在世人面前；而且，还应该令生活在这名城当中的人群，具备历史和文化的素质。市领导为了广州，苦心孤诣归纳出“岭南文化中心地、海上丝绸之路发祥地、近现代革命策源地、改革开放前沿地”这“四地”精要，概括这片土地的历史文化内核。但如果我们城市的公民，不能对此如数家珍，那我们这座历史文化名城又如何得以口碑相传呢？

广州市近年重新挖掘整合，致力打造“历史文化名城”之举，深得民心。但是，如何针对这一“城市品牌”策略，在行业管理和市民素质方面下潜移默化的苦功夫，却远未能够配套。为一些短期的活动，如全运会等，临时性地动员市民和窗口行业学学英语、记记地名，这样的短线功夫，我们做过不少；但这些功夫的成果，却未必长远且更容易时过境迁。其实，我们可以用标语用海报用各种醒目的标志和说明，将文化名城的处处景点简要地介绍，张扬在城市人群的生活氛围当中；我们也可以在我们的公民教育当中，注入一些历史文化名城的知识；我们更可以引导商家在促销产品时，将历史文化名城的元素灌注到商业活动中去……

事实上，尽快把我们的历史和文化知识变成市民生活中的常识，让我们对自己的了解与我们对自己历史财富的挖掘同步，才符合打好历史文化名城这张牌的最高牌理。

当然，顺理成章的结果是，当历史文化名城的知识成为一种常识时，谁还敢对它戏说一番呢？

不公平是对教育理想的背叛

刊于2003年2月24日《羊城晚报》A10版时评

最近，因经济发展而目光更为深邃的人们，开始提出另一个民生攸关的问题，这就是公平的教育。

数十年以来，在人口众多的中国，教育体系一直是政府最感自豪的成就之一。然而，就其发展和现状提出问题，并不表明是对它的否定，相反，是经济的高速发展，在向有点滞后教育体系，提出新的要求。日前发布的我国首份《中国教育与人力资源问题报告》指出，目前我国教育机会不均等的表现主要有：一、义务教育财政资源分布严重不均等。我国地区之间义务教育财政资源的不均等达到惊人程度。二、城乡之间的不均等加剧。三、居民之间的不平等也越来越突出。四、地区之间高等教育机会分布不均。

从宏观角度出发，课题组专家认为，要解决教育机会不均等加剧的问题，政府要在教育资源配置中起到主导作用，要建立适合中国国情的公共教育财政体制，要制定法规、明确责任、加大财政转移支付，以保证经济落后地区普及九年义务教育的基本经费需要。

宏观的问题由政府最终通过资源的再分配加以解决，属于国是。但从微观的角度看去，有的教育不公的问题，完全是人为因素造成的，特别在经济发达的城市当中。公共教育，本来是公平社会建设的最基本手段之一，也是公平社会理想实现的基础手段之一。但是，由于种种历史原因，在义务教育这一个板块里，存在着相当畸形的惯性规则，这些规则，长期以来与公平教育的原则是相违背的，但是我们却熟视无睹、习以为常。众所周知，在基础教育的学校当中分等级是不科学的，但教育部门的人士，总是编织种种理由为其张目；择校费、赞助费明明是明显造成教育机会不平等的最大祸首之一，但教育领域的人士偏偏容而忍之，连政府部门似乎也网开一面：恐怕教育部门目前是公共部门中唯一一个收取“赞助”费用并能够堂而皇之地开具收据而非发票的部门了。

可以说，从透明度看，允许学校收赞助费是政府目前最大的一项“鸵鸟政策”；从税负管理上看，学校收取的赞助费是最大的税收管理漏洞之一；从伦理上看，学校的这一做法，也是对公平教育理想的最大背叛。

由于管理部门的三令五申，学校的乱收费仿佛没有了，但作为一个公共部门，收取赞助费难道就合理么？如果我们的教育从一开始就教育孩子，成绩不重要，公平也不重要，有赞助最重要，我们的教育将成为什么样子呢？对公共教育的机会和过程，如果允许实施多重标准，怎能指望有公平的公共教育的结果呢？商人要讲诚信，教育工作者也要讲教育的伦理——教育的公平。

“海归”掉价怪乎？不怪！

刊于2003年9月16日《羊城晚报》A2版时评

在北京的人才市场，日前有公司招聘人才时甩出一个出人意料的价码：“海归派”将不得不直面千元的月薪！（据本报昨天报道）

是耶？非耶？消息令人感慨！

曾几何时，“海归派”被视为一个颇为特殊的人才群体，备受超乎寻常的礼遇；争相延聘者，无不执巨金而倒屣相迎。“海归”们也不期然地以策士高才自诩，自居奇货。结果高价揽“海归”的坊间消息，甚嚣尘上，以致本土的“土鳖派”们急红了眼，在网上掀起了一轮又一轮对“海归”人才真实价值的争论……殊不知，争论尚未尘埃落定，仿佛造化弄人——“海归”身价一夜之间就从天堂跌到了地狱。

这是黑色幽默吗？不。我以为，这种“物极必反”现象，正是中国人才市场日益成熟的一个特征，实在不必太过大惊小怪。不是常常呼唤市场经济吗？这就是了——市场价格体系起调节作用，挤掉人才市场的泡沫，使供求关系向合理的方向复归。

事实上，关于“海归派”和“土鳖派”谁最物有所值的争论，在用人科学看来不过是个伪命题而已。因为无论你贴哪种标签，都只能说明你的经历、学历或过去；学历高不等于智商高，智商高不等于情商高，情商高不等于实践能力高……不过，倘把争论引申到人才的自我取向上，那就不可等闲视之了。其实，陷于这个浮躁时代的浮躁争论里的那些人，无论“归”派还是“鳖”派，言谈举止间都把自己抽离现实，揣满了一步登顶的冲动和CEO情结，浑不知今夕何夕。可是，一位国外的评论家在评价我们的人才结构时不无睿智地指出：“中国缺的不是战略家，而是实践战术的干才和敬业乐业的技师人才。”而一位专门从事中专教学教育家在广东做过一项调查：在当今八成以上的优秀盈利企业当中，其厂长或CEO们的“出身”，往往不是本科、研究生毕业的工程师；相反多是中专毕业的技术员。这现象和这道理，颇值得“人才”们深思。

说实在，我欣赏那位把目光定位在三五千元上而从美国归来的神经科医生，那才肯定是个体恤国情而又想干番事业的主儿。这哥们儿，好！

警钟在农村敲响

刊于2004年4月21日《羊城晚报》A2版要闻

近日，安徽阜阳出了“空壳奶粉”在农村杀婴害婴事件。

闻者痛心！闻者震惊！闻者扼腕！痛心在花骨朵儿似的婴儿何等冤，竟夭折在这乳业市场从城市向农村发展这节骨眼上；由于伪劣奶粉经销者或生产者的草菅人命，使得一宗本来属于社会进步的好事，竟染上了血淋淋的悲剧色彩。震惊在这样一些罔顾商德所谓商家和厂家，在法律和基本道德都并不完全缺位的中国腹地，竟然还形成区域性的“市场”和“生产基地”，且还效率不低地运作了足以致命的一段时间。而我们更加扼腕的是，作为“市场警察”或预警部门的工商、技监、医卫以及行业监管乃至政府等相关部门，远在领导批示、舆论披露从而积极介入之前，颇显作为不力之态，未能将这一人命关天、“祸从口入”之事，防患于未然……

尽管这页令人百感交集的案卷，并未完全水落石出，查处还在继续并举一反三诉诸全国。但是，警钟却已经敲起来：当着我国的农村向着城市化发展伸出前腿的时候，许多新兴的需求也正在广大的农村形成新兴的行业和市场。然而，就广大的农村和农民而言，作为需求的主体，他们相对于城市居民来说，无论在市场机制上或者消费观念上又或是维权意识上，都是一个弱势的群体。倘若我们在强调推进城市化步伐的过程当中，不能在农村市场机制上迅速建立一个为这一弱势群体提供护航的市场监管体系和商业道德体系，那么，“空壳奶粉”的悲剧，还会非常容易地在这“民以食为天”国度里，借着别的载体反反复复重演 。

完善的食品管理监督预警机制应当迅速从城市推向农村，并且让农民们尽快形成自我保护意识，是刻不容缓了！

当SARS来临时，我们能够迅速在医疗条件并不完善的农村筑起一道防范天灾的防线，同样，我们用道德和机制在农村市场筑一道防止“人祸”的围墙，相信也指日可待。关键是：要有恒心和勤使劲——情为民所系啊！

劣质奶粉横行背后的潜规则

刊于2004年4月29日《羊城晚报》A2版要闻

近日，媒体都在口诛笔伐“空壳奶粉”，各地的查处之声，更不绝于耳。真是“渔阳萧鼙动地来”！

从曝光的材料和它带来的危害看，“空壳奶粉”至少在某些地区已经产成行、销成市，乃至形成了颇为顺畅的“产业链”——倘若不是出了一批“大头婴”，恐怕现在这玩意儿还在货如轮转哩！

敝报昨日头条提出：食品安全为何总是“补漏式”？事实上，纵观“空壳奶粉”全案，我看应该着眼盯住的关键问题在于：何以某些假冒伪劣产品竟能“成行成市”？

天下熙熙，唯利而已。假冒伪劣产品的动力，离不开暴利。而其中敛财的秘诀，对其生产者而言，无非是无中生有，将“成本”降到极致；对其经销者而言，则无非是低价倾销，摧毁原有的正品价格体系。这两种手法，在现代的市场看来，本来不过是“小儿科”，个别丧心病狂者用去，也许会神不知鬼不觉。但在市场监管法规并不完全缺位的情况下，某些假冒伪劣产品竟然也能发展到“成行成市”的地步，那就不能不怀疑，我们的市场当中，是否存在着某种“潜规则”，在默默地为假冒伪劣产品“保驾护航”。

彼此的心照不宣，是假冒伪劣产品得以生存的温床。一个市场，哪一种产品在低价倾销，哪一种产品特别“来钱”等等，对于商人和市场关注者来说，是绝对不可能一无所知的。一方水土，有什么资源，运输是什么成本，有没有生产的基本条件，对于当地的“有关部门”来说，自然也心里有数。更遑论一个长期市场或是生产基地的形成和锁定了。可见，如果不是出于种种目光短浅的理由，某些地方的“有关部门”有意无意地给予了某些假冒伪劣产品一定的生存空间，其成行成市的集散地，恐怕是难以形成的。从“空壳奶粉”事件可以看出，对假冒伪劣产品的市场监管有法不依或者执法不到位，最终会导致无法无天，贻害无穷。

事实上，即便在现有的法律框架下，只要“有关部门”能够并善于从常识来分析现象，往苗头上去执法，假冒伪劣产品也就无地自容了。善哉！善哉！

免责条款多“霸王”

刊于2004年10月8日《羊城晚报》A2版要闻

香港星展银行今次出了“大件事”。据称，因为装修，这家银行竟然将83个客户的保管箱当作废铁压扁。保管箱居然不保险，还毁在银行手里！这在金融界算是一宗闻所未闻的奇闻。

尽管在星展银行的保管箱租约条款中写明：在任何情况下，包括任何人的疏忽、抢劫或不当行为等，导致顾客有任何损失，银行方面均不须赔偿。但该家银行还是表示，将对免责条款的处理，也许不作上限处理，并强调银行会按个别客户的申报，进行估值后做出赔偿，银行会负上“最终责任”。于是至少到目前为止，星展银行方面还没有“仗势欺人”，祭出免责条款这一“撒手锏”，搞到客户痛不欲生，贵客自理。这点，比之内地的某些同业，可谓颇有“职业道德”。不消说，这是香港营商环境之竞争激烈使然——倘若星展他们不低三下四一些，其他银行自然会乘虚而入，结果自己定必会被扫地出门。

在一个市场化成熟的营商环境当中，免责条款最终不能免责，这是眼前的实例。

反观内地的市场，以种种繁复的免责条款来挤兑客户的商家，却比比皆是，在金融界、地产界等行业尤甚。何故？一家独大或店大欺客缺乏竞争而已。

众所周知，所谓的“免责条款”很多情况下都很有“霸王条款”成分，实际上那是商家们在利用双方约定要约的法律伎俩，在强迫消费者放弃自我保护的种种权利，其结果竟就有了这样的悖论：很多免责条款本身，已经否定了商家们服务的含金量，商家们却仍心安理得地“袋袋平安”。

已经有种种法律框架保障商家们提供服务从而获得利润了，可是商家们却在利用法律，将消费者排斥在法律保护之外，这不是双重标准又是什么？只有一方面让市场竞争激烈起来，另一方面让法律支持消费者成熟起来，才是最终灭掉霸王条款的理想营商环境。作为消费者，我们祈求有这一天！

办教育者首先要守法

刊于2004年12月8日《羊城晚报》A2版时评

在纷纷攘攘了将近一年之后，广东省教育厅日前终于叫停各式各样的实验班、创新班以及奥数班。重新强调全省义务教育阶段的公办学校和政府购买学位的民办义务教育学校，小学实行就近免试入学，初中实行免试入学。

教育厅这份以“让学生减负”为名下发的通知，实际上否定了目前不少学校特别是重点学校，试图以学生在各类学科比赛、竞赛（如奥数）成绩作为入学或转学依据的某些做法。同时，当然也对广州市有关部门今年初许可一些学校设立试验班的做法予以了否定。显然，省教育厅站在公平教育的立场上，认为这些做法，或多或少都与义务教育法相抵触，因此予以坚决叫停！

尽管省教育厅目前的通知，显得有点委婉，不如上海干脆取消重点学校来得痛快，但我们还是应当为之叫好。依法行政嘛！

作为对公平教育理想的一种贯彻，《义务教育法》公布实施已经有年了。但是，不知为什么，城市中教育部门和教育管理部门的许多做法，总同这个法规格格不入。总仿佛有个潜规则存在，让教育暗地里就是不公平！以至于连义务教育也成了“高消费”。比如说，学校有甲乙丙丁的等级，学校里面又有甲乙丙丁班。而有了甲乙丙丁等级，就有了甲乙丙丁的赞助费、书杂费。又比如说，明明是电脑派学位，但有些学校偏偏又能够有潜力可挖，多出一些“议价”的学位来。等等。事实上，光从家长们给不同等级学校的“自愿”赞助费上看，就能看到有5位数字的差别。

本来，依据义务教育法，至少在义务教育阶段，每一个学生享受的公共资源应该是等同的；也许，有历史形成的原因，不同的学校在教育质量上或许会略有差异，这并不难以理解。但是，这种差异目前居然到了出现学位“市场”，并且差价巨大的地步，那我们就不能不向有关部门问责：在实施义务教育法的过程中，究竟是如何整合资源的？所作所为，到底是依法行政还是违法行政？在中小学生的学生守则当中，赫然有“遵纪守法”这一条，但看来，教育界本身在遵守和执行义务教育法这一条上，就做得不能令人信服。当然，有许多理由使得教育界人士为目前自己的“大胆妄为”辩护，相信这种种理由也并不是无的放矢的，但是，在一个法制社会里，当堂堂一部法律在并未更改的时候，就已经被实践者“实践”或“变通”得面目全非，那法律的尊严何在？教育的尊严何在？

事实上，不光某些教育部门和某些教育工作者，应当在守法这个问题上多加反思。许多的“有关部门”也应该反思：按照义务教育法的规定，任何人都不应当将义务教育过程当作一个牟取利益的载体，滥用公共资源。但是，在现实中，寄生在校园当中的许多这个班那个班，为何总能“野火烧不尽”呢？它们的价格不是经有关部门核准的了？不是也有收据甚至发票吗？一些等级学校所收的赞助费经有关部门统筹就变得合法了？为什么“高等级”学校总能够有学位拿出来收取赞助呢？这些从非公共资源划拨上得到的收入，受到税收的监管吗？为什么总有的学校当中会弥漫着某种热衷于推广辅助教材（而且贵价）的氛围？

很简单，当教育有关部门真正做到遵纪守法(义务教育法)，当“有关部门”能够制约到那些依附在义务教育过程当中的牟利行业或项目无利可图的时候，一切问题也就迎刃而解了！

“在医言商”侵蚀医保福利

刊于2004年12月15日《羊城晚报》A2版时评

著名呼吸道疾病专家、中国工程院院士钟南山教授昨日在接受一家媒体采访时指出，目前广州乃至全国的医院都存在一个普遍的问题，医院领导将主要精力都放在了经营上，忽视了医疗质量的提高和医德医风的建设，这恰恰是医生滥开药、收“回扣”最后导致病人看病贵现象的原因之一。

“看病贵”是卫生部公布《第三次国家卫生服务调查主要结果》所引出的一个热门话题：数据表明，过去五年，城市居民年均收入水平增长8.9%、农村增长了2.4%，而年医疗卫生支出城市、农村分别增长了13.5%和11.8%。调查还发现，有48.9%的居民生病不去看医生，有些人自己买药吃，还有人压根儿不采取任何治疗措施。

钟南山说，眼下政府对医院的投入很少，给的钱最多只能维持医院两个月的正常运作。不少医院为了生存不得不想尽办法赚钱，最后出现了“国有民营”的局面，即医院是公家的，但却是企业化经营。不少医院院长就变得“在商言商”，他们考虑得更多的是如何让医院赢利，如何保住职工的饭碗。

作为社会保障体系的直接承担者，经过统筹的医疗保障最终是通过医院的落实，体现在每一社会成员身上，正因为如此，医保或公费医疗等社会福利，才会指定在某些定点医院实施。但是我们很难理解，为什么经过精密计算的医保福利，在医院里却总是捉襟见肘，看一次病就消耗殆尽？为什么些少的毛病却要做繁复的检查？为什么同样的药品往往会比市面上的昂贵（你明明是团购的嘛）？为什么一涉及自费部分的药品和检验医护总是向收费的上限靠拢？事实上，对于医患双方来说，在疾病问题上信息绝大多数情况下是不对称的，有的时候，我们甚至可以说，医生对于患者来说，是具有“专业霸权”的。显然，利用这种“专业霸权”诱导或迫使患者增加负担，无疑也是不道德的。

其实，目前医院对于医护人员的激励机制是值得探讨的，许多医院在“利润最大化”的驱动下，在量化医护人员工作指标时，往往将增加患者成本作为增加医院收入的有力支点，使得开验单推贵药等成了医护人员竞相攀比的“业务竞赛”，以至于使得“医者父母心”等传统医德被尽情销蚀，导致公信力急剧下降，间接直接地导致钟院士所指的那种医风日下的状况。

公共福利政策的制定和公共福利事业的实施应该是对称的，公共福利政策的制定很多时候是具有法律意义的，它的实施质量如何，更与社会的稳定和人民的福祉相关。为了确保公共福利政策贯彻，政府及相关机构有时甚至要运用赤字作为杠杆予以启动。这一点，即便是在市场经济背景下也是如此。医院特别是公营医院作为社会公共福利资源的一部分，其福利功能是不可否认的。因此，在因“看病贵”而使城乡居民对医疗卫生服务的利用下降的背景下，我们有必要也有权利要求医院检讨“在商言商”的运营思路，也更希望有监管的法规，规范医院的运营行为与管理行为，从而成为维护和贯彻公民福祉的基本着力点。

义务教育配套设施也应是“重点工程”

刊于2004年12月17日《羊城晚报》A2版时评

广州番禺新建成片住宅小区几十万居民读书难和读书贵的问题，被媒体热炒一轮之后，对番禺区政府及教育管理部门可真压力不少，近日，他们终于初步提出拟接管现有学校、实行国有民办公助以及通过合同约束开发商落实教育设施配套三条思路，求解这一城市周边农村都市化骤然提速之后所浮现的困局。

作为区级有关部门提交给上一级人大专责小组的问题解决方略，这应该说是比较到位的。尽管，这里面提到没有师资缺口的解决方案，也还没有涉及非户籍地段生的资源统筹如何解决等软件的实施细则。但在硬件上的抓落实，确乎煞有几分下大决心的模样了。从只有先解决硬件问题才能解决软件问题的思路看去，番禺当局这一次看来是要试图动用政府强有力的干预手段，一方面对现有教育资源进行强制整合，另一方面将运用行政权力迫使开发商们老老实实地兑现其应有的教育配套承诺了。

可是，如果把番禺看作是广州市沿边农村都市化过程一个缩影的话，我们把所有的舆论压力加诸番禺当局就有点不公平的，而从番禺方面提出的解决方案看来，要彻底落实新建小区的教育设施配套，以及将来肯定要遇到的教育资源统筹问题，则远不是一级区政府或者是一个教育管理部门可以独立解决的。

事实上，明眼人都应该清楚看得到，番禺新建成片住宅小区义务教育配套设施的落实问题，并不仅仅番禺存在，在广州市的辖区内，只要有成片开发商开发的区域，都不同程度地存在相似缺口，不客气地说，这些缺口多半是因政府的监管或者推动的缺位而被撕开的。

因此，番禺或类似番禺的问题，不仅应该提交到区一级的政府部门桌面上去解决，而且应该提交到广州市政府桌面上去解决；同时，也不仅应该提交到教育部门桌面去解决，还要提交到规划房管工商城建等部门的桌面上去解决。而且，倘若涉及一些强制性的落实措施的话，还要通过某些地方立法管道，从行政命令或行政执法范畴上去解决。试问，教育部门煞费苦心地去与房地产开发商签订的一纸合同，如得不到行政强力部门的支持，会有多大的约束力？这份合同的兑现又会拖到猴年马月？

坦率地说，广州市近些年来在城市建设的规划和发展方面以及财政资源的统筹方面的能力是有目共睹的，用高速发展和长袖善舞来形容，一点都不为过。地铁的节节推进、大学城的一步到位、歌剧院博物馆的规划落实，环城干线的环环相扣……只要戴上“重点工程”这顶桂冠，就能看得到政府对这些公共项目强有力的推进能力和高明的理财手腕，而这些项目的落实进程又总是令人惊异地按规划如期发展。真是令人叹为观止哪!

那么，作为城市文明未来希望重要的一环——基础教育配套设施的建设，我们又有什么理由不把它看作是一个“重点工程”来统筹呢？这又何尝不是一项影响深远的民心工程呢？

殴打履行职责的记者就是伤害百姓知情权

刊于2004年12月24日《羊城晚报》A2版时评

本城报纸《新快报》的两名记者被人打了。

他们被打在追踪采访不法“星探”公司黑幕报道过程中。

他们当街被六名凶徒突袭围殴受伤，凶徒似经组织，疑似报复！

尽管，如今因为凶徒在逃，我们还没有直接证据，证明这次突如其来的袭击，与这两名记者的采访活动具有因果关系，一切有待凶徒落网后才会真相大白。

但是，在另一场合，有所谓“星探”的人员当面叫嚣：“你们记者就是该打！”却已经被证实。

可见，《新快报》接连多日关于有“星探”公司涉嫌骗钱骗色，而我们在制度管理上犹有漏洞的报道，正切断那些不法公司不法商人的“米路”，狠狠戳中了某些不法人等的痛处，令他们恨之入骨了。而反过来也可以逆向证明：对于我们这个社会，《新快报》的报人们这样做可谓尽职尽责，将干预生活的传媒功能，发挥得淋漓尽致，充分体现了记者这一职业的神圣，也表现出一颗社会的良心。

记者因报道的深入受到阻挠、威胁以至殴打，这已经不是第一次了；深度报道的记者历尽艰辛，本应备受推崇但却日子难过，也时见诸报端。事实上，每当有新闻记者履行自己的职责对黑恶势力进行揭露时，伴之而来的，往往就有黑恶势力为保有他们利益的疯狂反扑，而其报复手段之一，又往往是在肉体上对新闻记者进行攻击或迫害。所有的黑恶势力都在企图用这种暗算威吓来阻挡舆论揭露的力量。

“你们记者就是该打！”这句话或者类似的话，我们并不是今天才听到的了。多少年，多少次，从有新闻记者这个职业那天起，企图在肉体上甚至从行业上灭掉记者和舆论揭露功能的黑恶势力，不知凡几，但是，披露作为舆论与生俱来的本性，历史已经证明是不可泯灭的，这也正是舆论的可贵之处、神圣之处。与百姓的知情权共生的，正是舆论的这种有原则的披露功能。可以说，这也是舆论的精髓之一，舆论的眼睛在哪，百姓的知情权也就到哪。它绝不会因为骂、因为打、因为其他种种不择手段的打击而被阉割、被制服。

对于一个成熟的现代社会来说，舆论就是社会的公器；在严肃的报纸和传媒当中，记者也可以说是百姓知情权的眼睛和嗅觉，在某种意义来说，伤害在履行职责过程当中的记者，也就是对百姓的伤害；而保障记者的采访权也就是保障百姓的知情权。

报载，警方已经介入此案，《新快报》也在为缉凶悬红。不论该案结果如何，每个新闻从业人员都将继续承担新闻舆论监督的责任则是肯定的。当然，我们也希望我们的社会，有个保护记者履行工作职责的社会氛围、法律氛围；对于伤害记者扼杀舆论的行为，在法律上有更为严厉的打击。

对物业维修基金来个“审计风暴”

刊于2004年12月28日《羊城晚报》A2版时评

广州天河区的周小姐，最近入禀法院，对所购住宅的房地产开发商没有按照约定（口头）为其缴纳物业维修基金（住宅专项维修资金）提出诉讼，由于周小姐是以个人名义而不是以业主委员会名义对住宅专项维修资金提出诉讼请求的，而天河区法院受理此案，因而备受关注。

预计被告方面将会从法律程序等方面着手与周小姐周旋。无论周小姐得值与否，这毕竟是本地第一宗个人名义就“住宅专项维修资金”争议问题提起诉讼并成功被受理的个案。

事实上，广州市不少新建住宅小区的业主，就“住宅专项维修资金”问题，与开发商或物业管理商的争拗不少。

本来，自2003年国家的《物业管理条例》颁布，规定“住宅专项维修资金”由业主缴交之后，购房者与开发商的争议应该不多才对。但是，由于这占房款总额2%左右的款项，在广州按惯例不少是由售房代理商代收或代办的，为了促销，开发商及其代理往往承诺担当，算是一种“折头”。本来这是“一家便宜、两家着数”的事情。但是，正所谓“过了海就是神仙”，开发商签过合同之后，就开始当“甩手掌柜”，袋袋平安之后就露出副流氓嘴脸，拖着欠着又或者干脆不认账，令得喜气冲冲的业主针芒在背，不小心成了斩不断理还乱的“冤大头”。

至于业主与物业管理公司的“牙齿印”，那就简直“冤冤相报”了，要么是物业公司代收“住宅专项维修资金”这部分钱后，或挪用或占用，又或者不按照有关法规执行，在根本还没有成立业主委员会的情况下，就开始打这笔钱的主意了。显然，《物业管理条例》第十二条中“业主大会作出制定和修改业主公约、业主大会议事规则，选聘和解聘物业管理企业，专项维修资金使用和续筹方案的决定，必须经物业管理区域内全体业主所持投票权2/3以上通过”等，成了一纸空文。

报载，据今年2月份的统计，目前广州物业维修资金（住宅专项维修资金）仅为1.95亿元！难道广州地区这些年来的售楼销售总额还不到100亿元？按照国家税务总局规定，“住宅专项维修资金”是不计征营业税的。显然，按照逆推法我们不难计算出，未缴、漏缴、占用、挪用乃至侵占或者根本没有进入规定账目管理体系的“住宅专项维修资金”肯定是个天文数字。

对我们这个城市来说，短短二十年间，人均居住面积从不到三平方米进步到近二十平方米，这是翻天覆地的变化。但是同时，几乎同步进展的新兴楼宇住宅，在一二十年后也将会同步折旧，而“住宅专项维修资金”则是这些楼宇的养老保险金，如果说，作为小业主来说，大家本着物业保值的朴素理念，从消费者的角度死死抠着它不放，算是目光短浅的话，那么从城市安全的角度看，这笔“住宅专项维修资金”就应该是“大件事”。老广州人都会记得，十多年前荔湾越秀等老城区大面积的危房加固和抢修，动用了我们多少资源啊！“住宅专项维修资金”固然是消费者权益，但又何尝不是我们在对城市未来的未雨绸缪呢？从监管的角度出发，如此大的缺口难道不证明我们管理上有着重大的缺位吗？

法规规定，“住宅专项维修资金”是有关部门有权监管的！那就有作为地管起来吧，为了城市的未来，实在应该依法对“住宅专项维修资金”来一次“审计风暴”了。

人类将在灾难面前自我救赎

刊于2004年12月29日《羊城晚报》A2版时评

历史一定记住这个黑色日子：2004年12月26日！

对于人类来说，这是一个灾难的日子，大自然极其残酷地显示出它对生命的冷漠，以海啸的巨澜，横扫印尼、斯里兰卡、泰国、印度、马来西亚、孟加拉国、缅甸、马尔代夫八国，吞噬逾六万生命，刹那间，天地的无情与人类的孱弱形成了如此强烈的对比，像考验人类自救本能似的，那地狱般尸横遍野的惨状和触目惊心的满目疮痍，给全世界留下本世纪最为悲痛的题——怎么办？

经济学家在评估这场灾难给全球经济特别是亚洲经济带来的影响；政治家们一方面为救灾调度资源，一方面为化解矛盾寻找机遇；人道主义者则纷纷动员起来，把温暖之手从地球的四面八方伸往印度洋周边的遭灾列国…… 在这痛苦的过程中，人与自然的对立统一凸显出了至为对抗性的一面，面对自然灾难的联合预警与共同善后，将成为全人类若干年内必须发挥所有智慧和技术予以解决的命题。

联合国12月27日发布警告说，海啸席卷亚洲数国后，造成5万人（数字还在上升）死亡，数万人无家可归，如果南亚和东南亚地区国家的医疗卫生系统无法应对此次灾害，数天内，这些国家就将发生大瘟疫。有报道说："一些灾区，经过海啸的肆虐，显得异常萧条，一些地方迄今仍堆放着许多散发着腐臭的尸体，到处是逃难的人群。当地救灾条件恶劣，急需外界救援。""从科伦坡到苏门答腊，8000公里受海啸袭击的海岸地区属于世界上人口最稠密地区，这些地区绝对没有对付这种灾难的准备。海啸摧毁了所有医疗设施和疏散系统，加上疫病流行，在今后几天里，死亡人数可能超过10万人。"

目前，包括我国在内的全世界各个有能力的国家以及非政府组织，都正在向受灾国家派遣救援人员和输送紧急救援物资。由于此次灾害的当量级别，有别于近百年来的历次自然灾害，全世界目前所面临的急切问题是，一方面要启动救援机制对数百万灾民提供必要的水、粮、卫生条件和居所并延续到灾民有能力复苏自救；另一方面要大面积清理灾情并重建卫生防御体系防止瘟疫的出现或者蔓延。这一考验的严峻性，甚至有专家称不亚于二次世界大战后的战争恢复。可以想见，各国的政治家和有关组织乃至于每个地球人，如果不能抛开种种歧见，携手起来共同度过，那么，这场空前自然灾害很有可能演绎成为改变人类生态格局的世界性灾难。

大灾之后容易诱发大瘟疫，这一宿命曾经困扰人类世世代代，令记载历史的书页血泪斑斑。人类已经进入了21世纪，资讯、交通以及医疗技术和科学技术等硬件的发展正在超越以往历史，相信在经济全球化的背景之下，人类的利益共同体意识也会在这场历史性的自然灾害面前进一步唤醒，并且以拯救这场世纪灾难为转折点，寻求出一套既能救灾民于水火又能平衡各种利益同时更高效率的自我生命保障体系，使人类在巨大自然灾害面前的自救能力更上一个台阶，真正做到人与自然对立统一关系的再升华，使整个世界的生存格局更加理想。

人啊！数千年来为自身的生存和繁衍而求索抗争。共生，是使我们得以依存进步的基石，而夯实这块基石则是我们每个个体所必需付出的，不论我们从属于哪一类利益群体！——这就是我们在灾害面前最大的自我救赎。

节约用水助“抗咸”一臂之力

刊于2005年1月14日《羊城晚报》A2版时评

咸潮！这个和灾害有关的名词，忽然进入了广东人的生活语汇。

咸潮是指沿海地区海水通过河流或其他渠道倒流进内陆区域后，水中的盐分仍然达到或超过250毫克／升的自然灾害。咸潮一般发生在上一年冬至到次年立春、清明期间，主要是由旱情引起。咸潮来袭则意味着水质超标，从而令水厂将停止从河中采水，而只能从水厂蓄水池中采水，如果咸潮久踞不去，则导致供水不足。

周期性的咸潮压境是困扰沿海城市的灾害之一，不久前杭州就因为钱塘咸潮的袭击，几乎全城断水。事实上，珠海、中山、东莞以及番禺等地在过去五个月来，一直采取各种措施与咸潮进行着长时间的角力；不久前，我们也启动了有关预案，从珠江水系的源头贵州调水过来压咸，水文专家们也正对整个珠江水系进行观测追踪，预报咸潮情况，各地水厂也动员所有力量保证供水。保证城市的居民用水以及生产用水，成了广东各有关方面工作的重中之重。

如果说在几个月之前，报载专家们关于珠江三角洲地区将遇到近20年来最大的咸潮的预测，对于百姓来说多少有点遥不可及的话，那么这几天，当番禺几万人遭遇一定的食水困难的时候，我们应该意识到，大自然仿佛考验我们似的又在出难题。目前，除了专家之外，普通百姓对于咸潮的知识和带来的祸害的认知是不足的，当咸潮到来时，面对一场自然灾害，每一个人都有与之斗争的义务，而目前每个公民所尽义务的落实点，就是节约用水！有数据表明，即使很干旱的2003年，广东全省人均用水量达到491立方米，竟是全国人均用水量的1.4倍。而在此咸潮袭来之际，淡水资源的珍贵性很快就为我们所体验了。尽管现在有关部门不断告诉公众：城市中的供水没有问题。但是减轻供水的负担不正是助“抗咸”最大的一臂之力么？

人类是在与自然灾害斗争中发展自己的文明和生活方式的。“非典”改变了我们的许多生活习惯和卫生习惯（如吃野味等）。同样，在与咸潮做斗争的过程当中，我们应该也必须改变用水习惯。当然，这次咸潮来袭带有一定的偶然性，但是随着气候和海洋生态的变化（如海平面上升等），说不定在若干时间内，我们不得不面对它的不断卷土重来。

洛溪桥收费争论须有民主态度

刊于2005年1月27日《羊城晚报》A2版时评

广州番禺洛溪大桥还贷期满后收费还是不收费日前被旧话重提。皆因张广宁在广东省人大小组讨论会上的一番话，再度成为媒体焦点。

在省人大代表当中，张广宁是广州市市长。这个“特殊”身份，使得敏感的媒体对其看法穷追不舍，并解读为广州市政府间接的声音。

媒体显然认为，张广宁表示不赞成取消收费的观点，诚然是他自己观点在人大小组会上的议政表达，但作为城市管理者的头头脑脑，同时也表达着城市管理层的看法乃至做法。

鲜明地亮出自己观点的张广宁颇显深思熟虑：他对洛溪大桥取消收费后可改善堵车的情况表示悲观。为了平衡交通，收费或捆绑收费不仅可以限制一定车流，还可以将所收的费用用于新光大桥以及洛溪大桥扩建。他认为政府接替原业主继续收费是可取的。

张广宁的观点可以说是“强调现状派”，被普遍认为颇有道理。

然则，针锋相对的声音来得更强烈，这一声音以《收费公路管理条例》为法规依据：认定洛溪大桥还贷期满必当终止收费。虽然张市长的观点不无道理，但是收费主体的改变同样与法规冲突，而以“洛溪”捆绑“新光”则更有失公平，况且，既然广州市新光快速路有限公司中标，负责“新光”的融资、建设、管理、还贷，那“新光公司”作为法人应该自行承担经济风险，以政府行为介入，有“越俎代庖”之嫌。

这观点也掷地有声，属于“法不容情派”，同样赢得不少掌声。

事实上，在“两会”期间，代表或委员们不同的观点相互对垒是相当正常的。人大是个立法机构，说服代表支持自己的观点，最终形成可行的法规，这是顺理成章的立法过程，是“明箱操作”。在洛溪大桥将来收费与不收费问题上，虽有《收费公路管理条例》，但是，在地方立法权上，是有很大的酌情空间的。收费与否，最终还得通过人大形成地方法规，由省政府实施。

因此，作为“强调现状派”，应该以更为翔实的和透明的提案或者议案，对收费做出依据数据的理性的并尽量兼顾公平的说明；在形成法规过程中，要对收费的程序、标准、运用和监管等一一规范。这是争取能够说服代表通过法规的关键。倘若立法过程无法形成，就得收回“继续收费”说，到期坚决叫停。

而“法不容情派”呢，则可站在法理和民意的立场，尽力去拦截“强调现实派”。如果自己的观点能够成为大多数代表的意志，争论不休的问题当然也就迎刃而解。

至于我们，在立法过程当中，则应该关注议论表述各自的民意观点，为自己选出来的代表提供支持。而法规一旦形成，那就遵纪守法！

少些意气，习惯这样去看待“两会”期间的观点碰撞，把握住立法的程序和过程，是学会民主的态度——不管是“两会”的会外人或会内人，都该如是。

“流脑”免疫与民工权益

刊于2005年2月3日《羊城晚报》A2版时评

城中媒体的热点，近日集中在“流脑”上面。

不幸中万幸的是，据有关专家称：目前省内发生的医“流脑”致死的病例，属于散发性的，而且，是较为季节性常见的A型“流脑”。于是，目前各种信息传播途径，都在广泛播报着防治“流脑”的信息！

与此同时，有关部门也已经在发现流脑病例的广州大学城工地，为数万名外来工身份的建筑工人接种疫苗，对这批易感人群进行免疫控制。

没有迹象表明散发的“流脑”个案会上升成为疫情。但是，值得我们深切关注的是：广州四面开花的建筑工地里的外来民工，由于卫生防疫知识的苍白和居住环境的恶劣，正有可能成为城市中各种流行疾病的最脆弱和数量巨大的易感人群。

为建筑工地的外来工们接种疫苗以防止A型流脑蔓延。这无疑是一个有效的举措。然则，如何消除建筑工地的外来工这一易感人群中可能出现的防疫盲点，则是我们今后有待研究的课题。

事实上，对于一个正在努力向和谐社会发展的城市来说，忽略建筑工地外来工的居住环境问题，是我们的一种失职。目前，就在我们的城市当中，居住环境最差的人群，多半就是建筑工地的外来工。也许，这批刚刚洗脚上田的农民文化水平不高而卫生常识也并不充分，可是，在我们的建筑工地管理体系当中，并不应该因此而忽视他们的基本生活权益！

对建筑工人施工期间的生活环境保障，原本是有相关的管理规范的。但是，长期以来在临工或外来工的群体当中，并没有得到应有的荫庇。这主要的问题在于，在社会转型的过程中，一些有违社会公平的双重标准还在制约着认识和制度的发展。在外来工方面，他们并没有意识到他们并不一定要“农转非”，便可以完成从农民到工人的实际角色转换，自己应该具备享受工人所应该享受的权益；在工地的承包商而言，从成本角度考虑当然乐于维持用工上的这种待遇落差，以求得利润的最大化；至于代表政府的劳动市场监管部门呢，则囿于对体制内管理和体制外管理的区别以及法规上的一些滞后缺位，干预不力；而作为城市公民的我们则由于思维惯性，也没有意识到：外来工也是城市的建设者，也同样是这座城市的主人……

社会的公平不仅仅是一个社会理想，也是社会的实践，而同工同酬同待遇则是这一实践的基本前提之一。我们今天能够调动医疗技术资源去为工地的人们进行“流脑”的免疫，如果我们调动立法和舆论的资源去改善他们的居住和卫生条件乃至所有的权益时，这一流行疾病的易感人群就将有可能终身“免疫”了。给建筑工地的外来工的居住条件和卫生环境订一个基本标准，至少是可以先着手做的事情！——这对于城市的防疫、对于城市未来的价值体系建设，都是有力的拉动。

为集资建房捏一把汗

刊于2005年2月18日《羊城晚报》A2版时评

一股热风从北方传来，个人集资建房成了当今中国地产界颇为热门的话题。

而在北京、上海、南京等地，更不约而同地出现了种种联盟，打算过渡成所谓非营利的房产开发公司，以便合法地获得土地资源，“给自己建自己的房子”！

流行的基本论点是：集资形式建房将比购买商品房实惠，在同地段，集资自建房的价格据说要比商品房的市场价低40%。理由是，省却了开发商的利润、广告费等等。

毫无疑问，是房产价格的连连攀升催生出了这种想法。而这种想法的潜台词则显然是，将楼房价格的攀升归诸房地产开发商——房产开发商这些年“赚翻”了，他们垄断了市场的价格。如果作为消费者的权益群体，能自己来干，就打破了这种垄断，房价也就能降下来，集资者也就得到实惠！

集资倡导者的说法，在追随者当中非常有说服力和鼓动性。然而，大家都仿佛忘记了市场的供求关系。事实上，尽管开发商肯定都希望利润的最大化，可是决定住宅价格的因素，往往取决于土地的供应量、购买者的经济爆发力以及楼盘在城市商圈规划中的位置。正所谓随行就市，并不以开发商的意志而转移。正是因为城市中的建房土地供应量不足或人口增量与土地供应不成比例，这才构成了房产价格不断上升的卖方市场。

自产自销或者自给自足最便宜，这是小农经济时代的理念。但是，除非法律规定都市中允许自然人建房自住，并拥有产权地权，否则，集资自建住房，就只能是个“乌托邦”。因为以所谓非营利公司对抗营利性公司的想法是自相矛盾并毫无操作性的。

即便是排除了所有的法规上的障碍，真的出现了一家所谓的非营利性开发商。我们仍无法想象一家仅仅靠部分购房款集约起来的公司，在资金上、管理上、效率上以及专业上能与地产大鳄们抗衡。我们也无法想象在非营利的标榜下，公司给予管理人员报酬标准怎样才算合理；我们更无法想象在平均主义浓厚氛围下的这种“公司”，能够毫无争议地将不同楼层的居室，分到所有的股东（集资者）手中。还有，以股份有限公司形式组成的这样一个组合，稍有时间上的拖延，很可能就出现资金链的断裂；再有，就是同地段的地产商倘某些时候打打价格战，就大有可能令股东流失。等等，都无不令人为“个人集资建房”捏一把汗！

其实，在现有背景下，如果你没有理由抱怨你的老板给你的薪水太低，那么，似乎也没有理由去抱怨房地产开发商把价格抬得那么高。因为这是市场做出的选择。不过，在全世界，要平抑市场过高的楼价，都在用的一条最有效的办法，那就是政府多建廉租房！

非公经济歧视一去不复返

刊于2005年2月26日《羊城晚报》A2版时评

在今年“两会”开幕前夕，国务院公布了《国务院关于鼓励支持和引导个体私营等非公有制经济发展的若干意见》——中国将在电力、电信、铁路、民航、石油等行业和领域，引入竞争机制，允许非公资本进入这些垄断行业和领域。

尽管有关实施细则将会在这一政策性文件精神的指导下由各级法规制定部门陆续出台。但可以肯定地说，对时非公经济存有的歧视性限制，一去不复返。而计划经济中残余下来的那部分垄断性经济，也将在多种经济成分的资本冲击下，在公平的市场环境当中，老老实实接受物竞天择、适者生存的原则，从“天上”回到“人间”。

许多与公共资源相关的行业，过去以来一直被认为是在生产公共产品，在计划经济时代靠政府补贴过活。而到了市场经济背景下，引进了商业化经营的模式却缺乏竞争，使他们一方面享受着各种优惠政策，另一方面却又依据“用者自付”的原则制定强制性的垄断价格，形成唯我独尊的各种垄断性行业。

然而，从严格意义上说，这些行业所生产的产品，并非真正意义上的公共产品，因为，公共产品应是不具有竞争性和排他性的无法定价的商品，比如国防、军力、警力等等。而像电力、电信、铁路、民航、石油实际上并不是真正意义上的公共产品，因为它们并不具备“非排他性”，它们是公共设施，但不是公共产品。按照经济规律，凡是不属于公共产品的，也就是具有竞争性（价高者得）

的和排他性的，都可以由市场供给。而市场供给的意思就包括了商业化经营和引进竞争机制，缺一不可。

那么，将公共设施及相关资源生产市场化，会不会导致公众生活成本的增加呢？在长期计划经济的影响下，人们总是觉得国有资本背景下的企业信用高些，又或者来自国字号的产品物美价廉一些。在市场转型期，也许在局部市场若干产品会有这种现象。但是，在比较成熟的市场，产品信用和企业信用，并不是建立在资本属性背景下的。众所周知，参与市场竞争提供产品的单位，是以法人来进行依法管理的，在市场层面上，国企法人与私企法人是平等的，无论何种经济成分，其产品的信用和企业的信用是由其市场行为依法积累起来的。

当然，在引进非公资本进入公共设施过程当中，一方面要在准入环节上做足文章，以保证公平和有效监督，防止国有资产的流失或腐败；另一方面，要在供给环节上下足功夫以保障公众利益，严格执行价格法和其他有关法规，实行“企业报价、政府核价、公众议价”的价格协调制度，并引导市场良性发展。这些细化工作，倒是公众们要对政府和有关部门拭目以待的。

治伪书，简化索赔过程方有效

刊于2005年2月28日《羊城晚报》A2版时评

《新快报》近日有报道称：假外版书“活跃”于广州书市，误导企业管理精英。比如，《执行力》的作者子虚乌有、《没有任何借口》（机工版）是中国人编写的。而来自人民网的一则消息更令人震惊：历经一年多时间的调查，北京一家管理顾问公司向社会公布了他们在图书市场上甄别出的“伪书”清单，涉及95本疑似“伪书”。

当今出版市场上，从抄袭到盗版，自假托其名而伪造身份，种种光怪陆离的表演，无不粉墨登场，有的伪造外国作者及虚假评论，而国外根本没有这样的图书；有的盗用国外已有影响或畅销的图书书名及相关信息，包括原外文书名及所获得的荣誉等，而中文图书内容则完全由自己编写。这些伪书多为经营管理、励志及心理自助类图书。

书籍是人类智慧和思想的载体。伪书的流弊，论家们针砭得惊心动魄。伪书在市场上极尽欺骗敛财之能事从而败坏整个出版行业的信用不说，更为可恶的是，伪书的内容更有可能流入学术领域，从而败坏学术的根基，那些制造伪书的某些枪手，还有可能堂而皇之把种种伪书作为自己的“学术成果”，以盗取名誉上的边际利益……

毋庸多说，在书籍上的作假之举，在法律上是对知识产权的蔑视，在商德上是对消费者的欺骗，在市场上是对守法同行的掠夺，在道义上是对知识尊严的背叛。可以说，无论对伪书以及作伪者予以多么尽情地鞭挞，都并不为过。

可是，在现有的法律框架之下，如何制止这些知识蠹虫的衍生和蔓延呢？人们呼吁出版商自律，敦促管理部门加大执法力度，不遗余力地教导读书人去辨认书籍的血统。种种有价值的观点一时成了文化界的热门话题。

事实上，治理伪书的方略实在非常简单，既然真的假不了，假的也真不成，而那些造假者还是卖假的发行商，无不是因为趋利铤而走险，那么，我们只要加大他们的风险成本并把监管权直接交给消费者——只要我们在管理和法规执行时，简化消费者的索赔程序，造假者也就无所遁形了。

让我们非常方便地就能够向他们索赔，哪怕就是依据现有的法律，这些奸商们，也会倾家荡产的。

治“乱世”不一定非用重典，只要让相关的法规能在人民手中并卓有成效就行。

莲蓉险成注册商标说明什么？

刊于2005年3月3日《羊城晚报》A2版时评

香港的荣华公司将“双黄莲蓉”“双黄白莲蓉”申请注册商标，并于2004年12月28日通过初审。这事在广东业界掀起轩然大波。据报，广东省商业联合会、广东省食品行业协会、广东省烹饪协会将联合牵头广东的月饼生产厂家，向国家商标局提出异议。

从业界“老鼠过街人人喊打”的情况来看，荣华公司此举，可说是太大“喉榄”了，正所谓“得罪了成街人”。北京的一些法律专家，干脆目为恶意抢注，大张旗鼓地批评之。不过，我们不能不佩服荣华公司的“敢想敢干”。试想，“双黄莲蓉”“双黄白莲蓉”几乎就是广式月饼的代名词，也涵括了广式月饼其中的精华部分，倘若真被它抢注了商标，那它还不昂昂然合法合理地独揽这面旗帜，席卷广式月饼市场？可见，下这步棋的荣华公司，不仅是雄图大略而且算计精到。好在这匹卧槽之马，还搁在棋盘边路，未能造成妙杀。

没有三两三，谁敢上梁山。利用“抢注”来打开独家市场的道路，可说是商战中的“老桥段”了，但是广东有句老话“桥段不怕旧、最紧要受（被接受）”。相信荣华公司也是研究过内地的情况，谋定而动的，它是要在传统地方产品这个不太为人们意识到知识产权也广泛存在的领域，蹚出一条自己的“私家路”来。就是落到了如今被口诛笔伐的地步，荣华公司肯定不会有任何道德上的愧疚，在商战的软件环境中作战，“人有多大胆、地有多高产”，谁叫对手们几乎忽略了注册商标这一有利的武器了呢？像以往的大量抢注案例一样，荣华公司抢注的风波无非再次提醒我们，知识产权意识、商标意识以及商标注册的技巧，无不与市场息息相关，任何商家都不可不步步为营。

如果说，在这次抢注风波中，荣华公司是几乎得逞的话，那么，广东的月饼业界，就可说是“险过剃头”。即便是现在，倘若国家工商总局不接受业界的异议，批准其商标注册，那内地的广式月饼厂家及相关行业，可就大难临头了。好在，国家工商总局的有关人士接受媒体采访时，已经指出荣华公司的行为是“故意注册”。不过，有个插曲，却足以说明荣华公司的老谋深算并非无的之矢：据称，国家工商局评审委员会的有关负责人说，他们已经注意到了“双黄莲蓉”“双黄白莲蓉”是糕点制作的原料，并曾经在2004年8月16日将其申请驳回，当时驳回的理由就是，“双黄莲蓉”和“双黄白莲蓉”属于糕点制作的原料。但至于后来为何又通过了初审并进入公示期，这位负责人拒绝评说。显然，在荣华公司抢注商标过程当中，有关的评审委员会是有不同看法的，但是这种不同看法因某种原因最终被颠覆！到底评审过程中有什么分歧，公开出来不是更好吗？这样才能真正让市场心服口服。

“啃老族”最终要“啃自己”

刊于2005年3月7日《羊城晚报》A2版时评

当前的城镇新增劳动力有相当部分就业困难。报载，广东省社会和劳动保障厅调查显示，2004年第三季度全省城镇新成长失业青年为13.56万人，人数已经超过俗称的“下岗”人员。而在需要就业的人群中，16～34岁年龄段约为50.15万人，占总量的83.98%。这部分人成为“新失业群体”。政协委员江中联调查发现，“新失业群体”由于缺少技能，缺少社会阅历，无稳定收入，绝大部分靠“食老窦”生存（被称为“啃老族”）。(据《羊城晚报》3月5日)

“新失业群体”及“啃老族”的出现，实际上应该从两个方面去看：

从伦理上看去，成为“啃老族”固然都有各自的客观原因，然而，不管这些“新新人类”的家庭经济支柱是否坚实，就社会责任感而言，就业是成为成年人的基本特征之一，也是个人信用建立的基础，正所谓工作是消费的基础。特别是在那些只有退休金作为生活保障的家庭，事实上，“啃老”的行为，不仅给父母造成极大的经济压力，同时，也是在没有支付社会保险的情况下占用着社会的公共福利，降低了老人的收入标准。有必要指出的是，就“新失业群体”自身而言，忽视自身就业本领的培训，本领不大而又好高骛远是就业障碍的根本原因，他们并没有意识到，长期的失业，不仅不可能“从天下掉下来个大馅饼”，而且对社会就业群体的长期游离，也会使自己边缘化，随着年龄的增长，不仅不会医而成熟，而且会钝化自身的生存嗅觉，最终成为无根的浮萍，愧对自己的青春。按老话说，此谓不孝不仁者也。

从经济的角度看去，相对于正在向城市转移的农村劳动力而言，这部分人大多是有就业意愿却找不到工作，或者至少是找不到令自己满意的长期工作。在目前高速发展的中国，由于许多产业的发展，对劳动力质量的要求大大提高，劳动力的市场已经出现一定分化。一方面大中型企业的为高端人才以及技术工人提供着比较稳定的就业机会，只有初步文化技术水平的新增劳动力难以涉足其间；另一方面，“普通工”的就业市场，由于许多企业为节约成本，宁愿雇佣农民工，这使得城镇新增劳动力就业更为困难。事实上，我们只有像江中联提出的那样，一方面对所谓的“新失业群体”进行培训，而另一方面，鼓励企业主使用高效率的劳动力，为经过培训的劳动力提供出路，才有可能缓解目前的结构性就业问题。

降低消费维权成本迫在眉睫

刊于2005年3月16日《羊城晚报》A2版时评

像春天一样每年循环往复，昨天又是“3·15”！——这是消费者呐喊的日子、倾诉的日子。他们试图以法律的名义、以公平和平等的名义，牢牢地掌握今天的话语权。

自上世纪60年代，肯尼迪朗声发出让消费者“有权获得安全保障；有权获得正确资料；有权自由决定选择；有权提出消费意见”的呼唤起，国际的消费者权益组织就陆续走进了各国消费市场的舞台，形成一个共同的维权声音。上世纪80年代以后，我国的消费者组织也跟上了世界的脚步。“3·15”成为我们最著名的日子之一，而与之密不可分的社团组织——消费者协会，则日益成为人们消费利益受损时，第一时间寻求帮助的调解人。

主要由工商和质量监督两个具有相关执法权部门授权组成的消协，若干年来富有威慑力地为处于市场弱势的消费者的权益保驾护航，令交易公平的市场原则得以发扬光大。然而，尽管有无数的维权个案被成功处理，可是随着市场的日益扩大、生产和服务产品的更新，作为市场公平巡视员，消协因人员有限无可避免地深陷疲于奔命的郁闷之中。而随着市场个案的复杂化，消协的举证功能以及影子压力式的强制力，渐渐也显力不从心。一项调查表明，有将近两成的消费者的权益受侵害时，并不投诉到消协。更多的消费者选择忍气吞声。

而在市场的这边，则仿佛印证着上世纪未来学家们的预言：进入21世纪之后，消费者与消费市场供给者之间的矛盾，俨然成为一大社会问题。曾经充满愉悦的购物过程今天却往往成了冒险之旅，而曾被奉为上帝或衣食父母的消费者如今成了“墨鱼（呆瓜）”和大羊牯……以假冒伪劣为特征的奸商行为，似乎正像瘟疫般从简单的商界买卖渗透到了服务乃至信息资讯乃至一切商品和服务等交易性领域，童叟无欺的商业诚信像明日黄花般被委弃于地，《消费者权益保护法》上所规定的消费者的9项权益似难为商家所尊重，广大的消费者正被逼退到了对市场失却信心的角落，有人甚至开始这样怀疑：一切商品都有“原罪”，一切服务都设有陷阱，一切交易都含着暴利。

在法律庇护之下，尽管有“与经营者直接交涉、和解；向消费者组织投诉，以民事调解的方式达成调解协议；向行政主管机关申诉，进行行政调解；根据事前约定，到仲裁机构进行仲裁；直接向人民法院提起诉讼”等五条途径可解决消费争议。但在实践中这五大途径并不顺畅：与经营者协商和解吗？目前几乎不可能；请求消费者协会调解，但消协只是个社团组织，并没有强制力；向有关行政部门（工商部门）申诉，《消费者权益保护法》没赋予行政机关对消费纠纷进行行政裁决的权力，行政机关也只能通过行政调解的办法解决消费纠纷，而且即使在双方当事人达成行政调解的情况下，若一方当事人不履行协议，消协一点儿办法也没有；至于提请仲裁机构仲裁，则须事先有仲裁协议，而且仲裁金额一般在5000元以上，费用往往会超出消费金额；最后，向法院提起诉讼。则为此投入的时间、精力、费用往往令消费者得不偿失。

立法框架严密，执行法规却曲折。由于弱势群体虽原则上受到了保护，却没有体现出对弱势群体的充足资源上的支持和方便。所以，尽管法律武器落在消费者的手中，却往往有不趁手的感觉。有维权经历的消费者，通常不论输赢总是有着势单力孤去对垒庞然大物的经过。对于消费者来说，维权行动多半不是因为惹不起而退缩，而是因为“赔”不起（时间和资源）而作罢！如何简化索赔途径、降低投诉成本、使得法律责任运用高效，是个迫在眉睫的问题，也是保障监管压力的直接手段。

政府工程欠薪责不可免

刊于2005年3月24日《羊城晚报》A2版时评

前天，广东省人大常委会就《广东省工资支付条例》（以下简称《条例》）开了个新闻发布会，为这部非常有针对性并于5月1日实施的法规鸣锣开道。会间，人大和政府的高层负责人特别提到法规的约束力，表示“政府拖欠工资，一样要按法律规定执行！”并释法似地举出案例说，广东最近就曾发生过一起类似案件，政府即使卖车、卖房也得还钱。这个案例颇为“石破天惊”，有媒体次日于是以“政府欠薪：卖房卖车也要还”的大标题作了报道。

另据报道，截至3月15日，广东偿还拖欠工程款46.23亿元，清欠比例为22.72%，低于全国平均水平，尤其是政府投资项目拖欠工程款情况突出，仅完成清欠的14.14%。

显然，省人大牵头召开的会议表明，随着《条例》的实施，有关部门将强化对欠薪问题的监管力度。因为《条例》填补了原有劳动法规没有直接规定对欠薪情况的处罚等条文的法律真空，使得从执法角度看去，对法人或准法人单位的直接或间接欠薪问题的监管变得更有操作性；同时，在广东省内的任何劳动人员，都可以通过《条例》去追讨用工单位的欠薪！而作为注脚，广东省内一个不容回避的现实——由各级政府欠资开始的民工欠薪“债务链”，颇有“斩不断、理还乱”的窘局，可见《条例》的实施是多么的及时。

众所周知，民工欠薪较为严重的是建筑行业。在这行业中，常常是不良的债务导致资金供应链的断裂从而再导致欠薪。据说，这些畸形债务链的根子是垫资施工，而那些专做“以权发包”无本买卖的工程项目业主，往往是政府或属下的单位，有些官员凭着手中的权力，“有条件要上没有条件也要上”地实施所谓“政绩工程”“形象工程”，置财政支付能力于不顾，视政府信用为无物。去年秋，建设部披露了这样一组数据：目前中国662个城市、2万多个建制镇中，约有五分之一城镇存在“形象工程”。而另一数据表明，全国已竣工工程拖欠工程款1755.8亿元，其中政府拖欠工程款642.8亿元，占全部拖欠款的36.6%。可见，这样庞大的政府拖欠款项，该影响着多少农民工的生计啊！

政府直接或间接的欠薪，其危害性已有定评；对于主导的官员来说，这绝不是所谓的“好心办坏事”，而是对政府信用的践踏。而对于广东省来说，《广东省工资支付条例》的实施，应该说仅仅是提供了法律的依据，创造了执法监管的法律条件。而真正要达成立法的初衷——“保障劳动者取得劳动报酬的权利，建立和谐的劳动关系，促进社会稳定和经济发展”，则恐怕不仅仅要在执法上做到“政府欠薪卖房卖车也要还”！而且在行政任免法规上，也应该实施相关的考评制度、“用官”制度，让那些欠账不还的官员，摘下乌纱，丢下权柄，尝尝“揾食艰难”的滋味。

有凭有据才能清清爽爽

刊于2005年3月25日《羊城晚报》A2版时评

这些天，报刊中有个话题颇受公众关注：那就是市人大会议上，有代表提出，劳动和社会保障部门，应该改革社保公示查询制度，除继续做好现有查询服务外，还可以通过如定期为参保人寄送社保账单或手机短信息等方式，每月定期向参保人员发送上月参保缴费情况；每季度发送职工养老保险、医疗保险个人账户的余额数对账信息；每半个社保年度发送缴费基数调整、参保参数和重大政策变动情况。以确保参保百姓能及时了解单位是否为自己投保、本人缴费工资基数是多少、是否按时足额缴费等关键信息。

绝大多数人对提倡这类做法，多半理解为“便民措施”吧！确实，仅从服务或者信息披露上看，有关部门的这些做法，在为人民服务上是一大进步。但是，从依法行政看去，这仅仅是题中应有之义：倘不能在每次收了参保人的款项之后，都给出一张明晰的独立账单，并确保送达本人，那简直就是种“无法无天”的行为；而倘若现行规则没有对社保当局做出这样的行为规范，那就是这些规则仍有重大缺陷，必须重新修订——不管政府的什么部门，如收了任何一个公民的钱而不能出具具有法律意义的独立收款凭证，不是无法无天又是什么？

长期以来，我国的许多公民习惯于作为“单位人”而存在于社会生活当中，许多利益攸关的事情，都习惯通过单位代劳。有关部门为了方便和确保效率，都有着单位或企业代收代支的半强制性制度设计。殊不知，从法律意义上来说，像纳税、参加社保等公民行为，固然是义务性的，但是他们的缴交行为却也含着权益性的成分，更加有知情的权利；每个人的所谓单位的“代收代支”，不过是个委托关系而已。所以，大凡涉及这些款项的往来，如果没有一张明细的合法凭证回来“袋袋平安”，一旦发生侵权行为，当事人无从得知，而要厘定侵权责任，又容易出现诸多纠缠。因为仅仅一纸工资单上罗列的那些数字，并不是有效的法律凭证。

事实上，在保护公民合法权益问题上，目前有相当部分的纠纷，个人维权的成本很高，过程很难。很大程度上就在于，在很多涉及公民权益的公共事务处理上，公民和相关部门打交道时，双方都忽视法律凭证的意识，结果造成证据不全或者缺损，难以分清责任；而许多人同“单位”之间的“恩怨情仇”，更是因为没有鲜明的法律关系而夹缠不清。其实，在现代社会，只有法制社会才是和谐社会，也只有具备完整法律意识的公民关系，才是和谐的关系。因而，改革有关部门的公示查询制度，并非“便民措施”那么简单，更重要的是要修复种种制度上的法制盲点，让政府与公民之间的关系清清爽爽、有凭有据。

政府请客应该政府埋单

刊于2005年4月1日《羊城晚报》A2版时评

近日，本地老百姓热议的话题之一，是广东省人大正酝酿的地方法规《广东省老年人权益保护规定(草案)》。

百善孝为先。在中国人的传统美德当中，一直将尊老敬老爱老，作为人的立身之本。现在立法保护老年人权益，将社会回馈老年人的各种形式固定下来，自是好事一桩，善莫大焉！

这些年来，保证规定年龄段的老人，免费乘坐市内公共汽（电）车、地铁、免费进入公园等做法，已经成为各个地方政府相继实施的仁政。这回准备立法的草案中，更是将有关的免费优惠范围，扩大到进入旅游景区和影剧院、文化宫（馆）、图书馆、博物馆、美术馆、纪念馆、展览馆；使用公共体育场所设施；使用收费公厕等等。这些善举，无不令那些已为社会贡献出大部分青春的长辈们雀跃不已。无疑，这整个草案乃是广东打造和谐社会的重要法律基石之一，一旦法规实施，保护老人善待老人对于我们的社会、我们的政府，以及每一个公民来说，就不仅是一种道德责任，而且是一种法律责任了。

在老人使用公共设施过程当中，赋得“免费”二字，是社会经济发展到一定水平时的通行做法。比如免费乘车、免费进入公园，广州已实施有年了。这本是老人们怡然悦然的福利或权益。然而，我们不时会在公共汽车站或公车上，见到手持老人证一脸无辜或敢怒不敢言的老人。何故？很不爽司机们的白眼也！

本来，按照政府的规定，人们对于老人的关怀与照顾，具有法律和道德的双重责任，在公共设施向老人们免费开放时，老人们更应得到尊重而不该备感屈辱，对老人们的优惠应该体现社会对他们的回报，而不是对他们的施舍。

追根溯源，皆因有关当局在实施有关优惠措施的时候，采用的是“政府请客、企业埋单”的做法，而这些做法，从衡平的观点来说，是有违公平的。与计划经济时代不同，许多公共设施的经营，实际上已经公司化经营，有的已经是多种经济成分介入了。无论从保障现代企业制度的有关法规的观点来看，还是从公平的角度来看，城市当中给予老人们的福利，都应从纳税人给政府的钱上面开支，是政府应该付出的公共福利开支。但现在硬是摊到了经营公共设施的企业头上，不免有摊派或转嫁的性质。深究下去，恐怕就有违国务院的有关规定和国家有关法规了，从法律角度看，说是政府侵权也不为过。企业和企业的经营代表（如司机）是要讲经济效益的，而让他们在有限资源的情况下，承担整个社会福利的无限义务，显然是不公平的；更何况，不少企业在管理上实行的是承包制，其经济效益受损的，首当其冲的就是那些第一线的承包责任人。无怪乎，会有司机把这股不平之气，迁怒于这些社会福利的享受者。

好的法规包含了好的制度设计，顾此失彼，有违科学的立法精神。在没有妥善解决资源合理分配的情况下，硬要某些企业“学雷锋”，那是很难将立法的初衷贯彻到底的。只有在有合理的补偿或者合理优惠前提下，科学地解决施政当中资源冲突的矛盾，才会有真正和谐的社会氛围。在《广东省老年人权益保护规定(草案)》的酝酿过程当中，应该同时考虑许多相关问题的解决方案。

学生频死车祸拷问城市文明

刊于2005年4月11日《羊城晚报》A2版时评

同城媒体载出一组惊心动魄的数字：2004年全国因交通事故造成的中小学生伤亡人数超过2.5万人，交通事故已成为导致中小学生伤亡最主要的原因之一。而从2003年12月20日至2004年12月21日一年间，广州市共有125名18岁以下的未成年人死于交通事故，平均每三天便有一名中小学生死于车祸。

我们常常用花季少年来形容中小学生，而每年他们当中竟有这么多的夭折，这是令人沉痛而又惋惜的。

中肯地说，涉及未成年人的交通意外当中，很多情况下责任往往出在未成年人的身上。但是，在公共生活当中，未成年人是个弱势群体或者是个尚未能够完全承担社会责任的群体。因而在判断许多交通意外责任的时候，很难要求他们应该去承担其所不能担待的责任。事实上，为了避免悲剧的一再发生，都市中已经采取了许多措施：如开辟学生交通安全通道、配置活动交通指挥灯，在上、下学的高峰期间派警员加强维护校园附近交通秩序等。但是，这种保护，对儿童是有效的，但是对于少年，效果却并不明显，因为他们已经具有强烈的自主行为意识。

很多个案表明，青少年的交通安全意识和交通规则意识的薄弱，其实也是交通意外发生的主要诱因。长期以来，我们是采用单向“催熟”的方法，去强化青少年的交通安全意识的。无论是学校还是家长，总是通过灌输各种规则和反复展示悲惨案例的办法，去填充孩子们的脑袋，以期达到警示的目的。然而，正如许多单调的正面教育也会带来逆反一样，孩子们在学校中所学到的东西，在现实生活当中，却被许多成年人的行为所颠覆——在这个城市中，许多人都在不遵守交通规则，他们不仅没有受到公共道德的谴责，反而往往因为侥幸而面有得色。孩子们“有样学样”就不足为奇了。

一个城市公民的交通规则意识，很大程度上反映着这个城市的文明程度。而要求孩子们文明，首先成年人的行为要文明，这是必然的逻辑，在遵守交通规则上尤其如此。我以为，只有在城市中有效地建立起人人遵守交通规则的文明氛围，我们的孩子们才会在这方面更加安全，特别是在私家车辆日益增多的背景之下。

在所谓交通规则的行为约束当中，体现着非常现代的一种集体意志：在所有的道路上，你是自由的，不管你使用或不使用交通工具；但是，你的自由必须以不危害别人的自由或者安全为前提。如果从这个意义上去理解交通规则的内涵，你就会发现，公民的交通安全意识的教育，实际上也是公民意识的教育。我们每个市民，都应该懂得这个道理。

税单，个人经济的身份证

刊于2005年4月15日《羊城晚报》A2版时评

由地方税务部门投寄的“个人所得税完税证明”即个税税单，近日通过邮局陆续发放到广州、佛山200多万名纳税人手中，预计不久的将来，省内的所有纳税人，都将能够获得这一完税凭证。

从去年广东省“两会”上，有政协委员提案建议税务部门应每年向纳税人提供年度个人税单，并为纳税人设立明确的个税纳税人账号。迄今，时间不过一年，省地税部门便将这一“合理化建议”初步落实，可谓从善如流。据报道，仅寄送这样一份税单，预计税收部门每次合计就要增加上千万元的税收成本，如果把处理这一海量信息的伺服系统的建立和维护费用算上，则更是个巨额的投资。不过，从依法行政和建立个人信用体系的角度看，广东地税部门率先实施的这一举措，是具有历史意义的，至少，每个纳税人有了自己经济能力的“身份证”。

许多媒体对个税税单的作用，已经作了不胜枚举的阐述，其中最根本的一点，就是强调其在表明个人信誉上的实用性和有效性。当这份个人年度完税证明普遍铺开后，作为个人信用的重要凭证之一，在纳税人贷款、购房、出国、移民、求职、保险等事项处理过程中，都有可能发挥关键效用。

事实上，对于守法公民来说，个税税单更直接的意义，还在于它确切表明自己每年财产增值具有合法的来源，或者说，只有完税后的个人收益（除依法减免税收部分外）才是合法的收益。在不少发达国家，公民或个人进行不动产的投资，如果不能出具完善的完税凭证，在法律手续履行上是不可思议的。可以想象，在目前的背景下，一旦个税税单普遍成为每个公民的合法收入的有效凭证，而我们的法规配套上，又能充分发挥这一凭证的信用作用和投资的合法准入作用，对于反腐倡廉，恐怕也大有裨益——通过个人的完税税单，当然可以追溯一个人的合法经济来源的来龙去脉；反之，也可以明晰界定同一个人是否有道不明的经济来源。充分发挥个税税单的作用，虽然未必能够制止违法者的贪欲，但起码能够增加他们洗钱的成本，更有可能抬高其转移浮财的门槛，增加其敛财的风险……

如果说身份证或者护照是我们作为公民国民身份的唯一证明的话，个人的完税税单，则应该是我们作为社会人动态经济能力的最有效证明。随着各种法规的不断完善和进一步配套衔接，这份薄薄的“个人所得税完税证明”，对于每一个守法公民来说，将和他们每年创造的劳动成果一样厚重，它不但记载着您对国家的贡献，也标明着您合法的身家身价。

个税税单事关切身利益，请公民收到后小心保存！

从谢瑞麟案看商业贿赂之害

刊于2005年4月25日《羊城晚报》A2版时评

香港珠宝商谢瑞麟父子涉嫌“商业贿赂”一案，近日竟在内地发酵，成为媒介普遍议论的话题，颇出人意料。

然则凡事皆有因由。论家的焦点，都放在谢氏父子涉嫌获罪的原因上，给导游以回扣！正所谓他山之石，可以攻玉；项庄舞剑，意在沛公！传媒不吝版面报道谢案，是希望内地的导游市场，也将谢瑞麟案作为一面镜子，煞一煞给回扣和吃回扣的那股风。

从谢案中引发的许多议论，其实都是对内地导游市场的忧思。在内地，谁没有被导游误导过？有多少导游又不收旅游商店的回扣？导游吃回扣，何尝又不是困扰我国旅游业健康发展的热点难点呢？

倘若内地的“有关部门”，也能像香港廉署那样重拳出击打击回扣，其实是论家们最希望的局面。也是百姓们希望的局面。

谢氏父子被请到香港廉署“喝咖啡”，涉嫌的罪名就是商业贿赂。“给回扣”在内地已成潜规则，人们也心照不宣，但在香港却是重罪！何因？须知香港是个商业社会。商业贿赂就是坏了市场规矩，进行不正当竞争，自然是重罪。在内地，一般认为，贿赂多半与公职人员的权力寻租有关，人们对贪官污吏恨之入骨。但是，对人们的经济行为当中，是否存在有自身的利益行为，伤害市场公平运作的现象，很少关注。比如，关于商业贿赂，我国《刑法》和《反不正当竞争法》等法律都有比较完备界定，立法大致精神与香港《防止贿赂条例》相仿。可人们很少援引这些法规来约束自己的经济行为，或者观察市场企业的成长轨迹。

事实上，在强调公平竞争的商业社会中，商业贿赂对市场秩序的危害，对公众的利益带来的危害也是巨大的。在旅游市场，回扣不是把许多兴冲冲的观光之旅“变成”了购物之旅吗？在医药市场，回扣不是把救死扶伤的医患关系变成了“直销”关系？甚至，最近就是在家装市场，设计师这个角色，也有被建筑材料供应商的回扣所异化了的……这样的市场，难道还有消费者的利益保障可言吗？

除了权力寻租之外，商业贿赂对社会的腐蚀性也不可低估，尤其在一个市场经济刚刚建立起来的社会。随着市场经济的进一步发展，建立公平的市场竞争秩序便愈显重要和急迫，在这个时候，在法律框架之下约束每个人的经济行为就愈显重要。而界定清楚合理回报和商业贿赂之间的区别，则是每个“下海”之人的必修课程。

广州医保调整了什么

刊于2005年6月11日《羊城晚报》A2版时评

昨日广州各报，都以显著位置，刊登了广州医保将从三个方面入手，改革医保制度。这是广州医保有关部门，对今年3月份人大代表们提出的有关“完善基本医疗保险制度的议案”的积极回应。

解读改革的思路，基本上是依照减负、扩面、调控这几个原则来实施的。

广州医保实施三年，这次调整，应该说是第一次有较大的变身。首先，对部分慢性病逐步实施门诊特定项目从统筹基金中获得一定支付，显示出有关部门在政策调整上，针对本地多发的病患项目，采取了更为灵活的措施。慢性病人如糖尿病、高血压等患者，是医院门诊的常客，能够为慢性病人减负作出努力，一方面可以看出，广州的医保随着参保人员的广泛增加，更有支付能力；另一方面，也显示出广州医保将统筹基金用在最需要的参保病患身上的思路。可以预见，慢性病门诊特定项目还会进一步增加，这对于那些苦于医药开支“细水长流”难以为继的慢性病人，无疑是个福音。

而建立住院补充医疗保险，则可以视为对医保参保层次的丰富。据知，这一思路是，政府将允许参保单位或个人，在有经济能力的情况下，在税前再增大一定比例的保险金提留参保，按照谁参保谁受益的原则，使得这部分有重大病患的参保人，能够获得更多的医疗补助。当然这对统筹基金的增值，也有了新的资源。随着更多的参保人如公务员、自由职业者等的加入，广州医保的参保和支付的方式，也将会更加人性化和多层面，向体系化进一步发展。

至于此次对基本医疗保险待遇支付标准的调整，则应该视为医保部门在政策上对参保病患向各级医院流向的一种杠杆式的调控。“小病大治”，三甲医院治感冒的现象，在城市当中颇为普遍，病患们的这种选择，造成了大医院拥挤小医院萧条的境况。此次调整进一步拉大了不同级别医院个人起付线的差别，以便促成人们养成从理财角度选择医院的习惯，平衡医疗资源的使用。

从这次广州医保政策调整当中，我们可以看到医保制度与传统的公费医疗制度在实施过程中，管理思路以及享受程度的不同，特别是在利益的平衡上。医保制度的任何改革和调整，总是试图寻找一种统筹基金有效运用与参保人利益最大化之间的平衡点，换言之，在医保制度之下，为了有效地运用资源，不仅统筹基金管理要科学化，个人在享受福利的过程当中，也有义务去匡算怎样去运用资源，而不能像在公医制度下的大手大脚。据了解，广州医保的定点签约单位，已经将层面渗透到了许多社区卫生服务点，形成了多层次的医疗特约体系。看来，我们在新的医疗保障体系下生存，除了对新的制度提出有建设性的意见之外，也应该调整自身的就医习惯，善用自己的福利资源。

以人为本抗汛防灾

刊于2005年6月23日《羊城晚报》A2版时评

端午刚过，洪水袭来！广东省局部地区近日遭遇400年一遇的强降雨，珠江水系在暴雨或大暴雨的笼罩之下，特别西江流域正在形成百年一遇的洪水流量。全省各地，不同程度地受到洪水的侵袭，暴洪、泥石流、塌方、洪涝等自然灾害，成片出现在河源、韶关、肇庆、惠州等地区的乡镇，严重威胁着省内社会经济的发展和人民群众的生命财产安全。目前，在省委和省府的直接领导下，广东城乡各地，一场防汛抗灾的人民战争，正在全面展开。

灾情是严峻的。严峻在于受灾地区的广泛性，城乡各地街田塘陇都要抗涝排水；严峻在于刚才进入主汛期就遇到了普降暴雨，珠水一系灾情有可能恶化；严峻还在于一次次的洪峰恐怕还要排闼而来，各路堤围路坝还要经受考验。省委书记张德江指出，防汛抗灾是当前的主要任务。他要求各级党委和政府，要以人为本，千方百计确保全省安全度汛，千方百计确保人民群众生命财产安全，千方百计把灾害损失降到最低。

印象当中，将“以人为本”作为明确基本宗旨，从而作为防汛抗灾的前提掷地有声地提出来，以往并不多见。众所周知，大凡自然灾害，总是不以人的意志为转移的，在法律辞典当中，是所谓的不可抗力。然而，作为我们的社会、作为我们的政府，对抗自然灾害的态度和方略，却有可能因为立足点的不同而效果不同。在以往的抗灾词汇当中，利益的牺牲，曾经是一个无条件的主旋律。在这一主旋律的支配下，很多时候在判断公共财产和人命价值之间的选择时，往往把无谓的牺牲也作为一种英雄主义行为加以无限的颂扬，甚至违反自然的规律，用人堤去对抗洪水，用人命来置换财产，造成了不少虽然壮烈但却无谓的人间悲剧。现在，我们明确提出“以人为本”，毫无疑问，这是一种以唯物主义态度对待自然灾害的复归，也是对执政为民的理念最彻底的诠释。

如果说以人为本的思想指导防汛抗灾体现着我们公共社会管理理念的人性光辉的话，那么，在公民社会当中，以何种态度去面对自然灾害，同样是考验我们的人格力量的课题。当灾难降临之际，最为积极的态度除了“留得青山在”，更重要的就是“跌倒了就爬起来”。事实上，当我们在常态的社会发展过程中，评估我们社会的指标，往往是经济增长能力和可持续发展能力。然而，当我们处于危机状态如遭遇自然灾害时，灾后的自救能力则也是我们社会资源动员能力和经济实力的一个指标。事实上，对付任何的自然灾害的过程，就是一个防灾抗灾和救灾的发展过程，而一个地方能否真正战胜自然灾害，最后总是体现在这个地方灾后的自救效率和能力上。因而，再生能力强盛的地方，一定是它的人民经济实力强盛的地方。从这个意义上，此次洪灾的来临，也是在非常状态下，对广东经济实力和可持续发展能力考验的来临。

防汛抗灾工作刚刚展开，艰苦的抗争还在后头。但是，相信我们广东的政府和人民，一定能够万众齐心，战胜暴雨和洪水。

志愿者脸上的泪和官员手中的酒

刊于2005年7月26日《羊城晚报》A2版时评

同城的一家媒体昨日以“贫困县‘人头马’喝哭了志愿者”为题，报道了到清新县寻访贫困大学生的中国扶贫基金会的北京志愿者，面对当地教育局官员招待他们的盛宴难以下咽的事。报道枚举了该县家庭年收入不到2000元的贫困大学生的生计窘况，也枚举了这个县教育局官员接待宴之奢华。报道披露了一个强烈的反差，那顿鸡鸭鱼肉俱全并出动了“人头马”的一桌菜的价钱，可以让一个贫困的大学生生活好几个月……

报道说，在饭桌上，志愿者们哭了！报道没有指出，那顿饭的饭钱是否用了公款，只是说，官员们事后登门表示：“‘人头马’

我们AA了！”官员们还解释：主要是来了贵客才这样！

打心眼里说，我们都不希望，这就是一幅“穷庙富方丈式”的今日世相图。然而，从报道来看，官员们在这顿饭当中，虽然是大感尴尬，但仍不失从容。他们也许已经知错，但却肯定觉得自己“情有可原”。

毫无疑问，这篇报道义正词严地将那几位官员的良心，放在道德的殿堂上去拷问了。结论是无可辩驳的，倘若这是一顿公费请客的饭局，那这顿饭中大块吃肉大碗喝酒的官员们，此时此刻，肯定是已经忘记了为人民服务的宗旨，他们可能还不是贪官污吏，但与“权为民所用，利为民所谋，情为民所系”的执政为民要求，却也渐行渐远。

在贫困或经济落后的地区，官员们餐桌上的开销与当地的经济状况严重不对称的现象，时有发生。许多当事者认为，一不偷，二不抢，无非饭桌摆摆款。殊不知，就是这左一顿右一顿，躲不过群众心中的一把秤，作为执政党的成员，你为官一方，又海吃一方，这势必吃垮地方的财政，从而在生活上脱离群众，在政治上败坏党风。事实上，历史的经验表明，种种的腐败，往往也是从饭桌上开始的，正是那志愿者的泪和官员的酒所形成的强烈反差，形成了可怕的戏剧性对比，使人们对某些官员们的角色产生了怀疑，导致人民公仆与人民蠹虫的错位。

在现实生活当中，不少人总是把官场和酒场接起轨来，但可曾想过，人民赋予的手中权柄，在用于支配公共资源之时，是万万不可滥用公帑的。打一个触目惊心的比方：从官场公款应酬餐桌上流过的酒，实际上是百姓的血和百姓的泪啊！

有朋自远方来，不亦乐乎。在礼尚往来的交际当中，不可能没有开销，可能也免不了客人的一顿饭。但是，“收入与支出”要相称，官员们更应慎用这方面的资源。事实上，对有关接待的规格，纪律上时有明确约束的，但是，总是上有政策下有对策。企业在这方面的开销，有法律的约束，那是为了避免税源的流失。“官府”在这方面的约束呢？据说很多都有这方面预算的，不过，就是不大透明。

如果，官员们用公款的应酬也能有公示，那就太好了！只有公示，才有监督。有了监督，百姓的泪，一定少流！

死猪回收不仅仅是“垃圾回收”

刊于2005年8月11日《羊城晚报》A2版时评

近日，《新快报》的几名记者，对本城死猪处理回收的一些环节进行了追踪，报道表明，在城市的屠宰行业中的部分从业人员或从业单位，仍然存在未能依法妥善处理死猪的做法，从而有可能为我们的公共卫生防御体系，留下深深的隐患。

归纳起来，至少有三大漏洞应由我们及时地封堵：一是有死猪处理回收不及时的现象，死猪往往从发现到拖走会在现场滞留相当长时间；二是处理死猪的运载车辆，往往在未做现场处理或采取稳当隔离措施的状况下，穿梭于定点屠宰现场；三是有的从业人员明知故犯，私自对死猪实施处理，有可能给死猪回流市场留下管道……

屠宰市场的规范化管理，一直是市民关注的焦点，“放心肉”和私宰肉的话题，十多年来一直挂在媒体和百姓的嘴边。而对于死猪处理流程的关注，则是在不久前四川部分地区出现猪链球菌为人类所感染的疫情后，才引起广泛重视成为热门话题的。

本来，就屠宰业的行业规范来说，1998年起，广州市就有一个非常详尽的“基本法”。这项法规明确指出：“环保行政管理部门负责对定点屠宰厂（场）的环保设施及废水、废气、噪声、固体废弃物等污染处理的监督管理。”因此，城市中的所有死猪，是应依法由卫生处理厂这样的机构统一处理的。

然而，按照现代公共卫生管理的理念，仅仅从“固体废弃物”的角度来看待死猪处理问题，是远远不够的。与一般的“固体废弃物”不同，死猪的回收和处理，其实并不是一般意义上的“收垃圾”那么简单。作为一个可能会诱发流行病或传染病的污染源，按照简单和粗放的原始方法来“收垃圾”，那是非常危险的，正如四川猪链球菌感染疫情的出现一样，人们就是在毫无防范意识的情况下，按照当地传统的模式来处理受感染的猪只，结果付出了沉重的代价。事实上，死猪（包括其他畜禽的动物的尸体）这类“固体废弃物”，应当被看作是高危污染源，不可等闲视之。它们是病菌最有可能的宿主，在高密度的人群当中，快捷稳妥地隔离这类疾病媒介，正是我们保护人民群众生命安全的重要工作之一，这也是个防患于未然的人群卫生防疫管理程序。

按照行内人的说法，死猪的依法回收，目前尚处在一种心照不宣的自律状态。固然，这种以道德良心为基础的行规做法，非常值得提倡。但是反过来说，我们是否意识到，就这一环节，我们法规的实施细则，又是否有点“春风不度玉门关”呢？如果我们对这一问题的看法，能够从“收垃圾”的认识，升华到现代公共卫生管理层面上认识，我们就会意识到，我们在这一环节上还存在着法律缺位、监管缺位。

缺油是提倡节约的一个契机

刊于2005年8月22日《羊城晚报》A2版时评

不久前，广东短暂的一次缺油经历，使得不少城市中的有车一族，备尝了一次“能源危机”的困扰。幸运的是，由于方方面面的努力，这次“油荒”时间并不长，很快得到缓解。但是，正如“非典”改变了我们的许多卫生习惯一样，“油荒”事态，也开始引起了广东人的反思——

不论“缺油”事件的诱因有多么复杂，因果关系多么诡谲，也不论人们对未来的猜测来得乐观还是悲观，但节约这个久违了的词汇，毫无疑问地又回到我们的生活用语当中。许多人的消费行为，仿佛也因此有所匡正。以这一次必然中的偶然事件为契机，温家宝总理不久前强调加速建立节约型社会的倡导，也成了广东人感同身受的诉求。

然而，在令人炫目的经济增长过程当中，我们不能说，我们所发展起来的经济体系，符合节约型的国民经济发展体系方向。相反，高速增长的那份潇洒和单纯GDP的追求，也刺激着我们或多或少地培植起对资源综合运用上的大手大脚。不久前，33位中科院院士所诟病的依赖资源的高消耗来求得高增长的经济发展模式，可以说比比皆是。而在百姓的生活中，高度膨胀的高消费欲望，也在各种公众文化当中传播愈甚，成为时尚的主流。难怪不少经历过物质匮乏年代的前辈们，无不摇首叹息。

事实上，人们已经普遍认识到，可持续发展的基本支点之一，是与建立节约型社会构筑节约型国民经济体系密不可分的。如果说，目前政府已经在政策上引导社会向着这一方向发展，那么，在政务思维、地方法律构架、社会人群生活等各个方面，对此做出有力匡扶，应当是我们花大力气落到实处的重大使命。

应该承认，在引导社会向节约型社会转变的系统保障方面，我们目前的手段并不多。至少，我们还没有在广泛的立法和行政手段，在经济上、资金上、税收上以及资源上，促使“一部分企业先‘节约’起来”！我们也还没有有效的行政手段，遏制我们管理体系构架当中，人们大手大脚地挥霍公共资源，我们也没有有效的激励机制，鼓励那些对公共资源珍惜善用的人们。我们的公众生活当中，也没有形成良好的节约风气和习惯，我们很多时候，也没有对节约型的文化加以有效宣导，使之成为公众认同的品德风尚。

毛泽东说：贪污和浪费是最大的犯罪，又说：节约闹革命！这些大白话，都是警句，但是，光是在传统道德上要求人们保持一种操守是不够的。要建立节约型的社会，就要有鼓励任何节约行为的制度，甚至在法律上约束之，才会有持久的风尚。“缺油”事件只是一个契机，它触动了许多人的思想，但真正要大家具有节约的意识和行动，还要有有效的机制。

“翻生”月饼票

刊于2005年9月12日《羊城晚报》A2版时评

报载有人炒卖月饼票。不过这月饼票的价钱，不是往高处炒，而是炒起来比面值低。在一炒一卖中，月饼票成了低价变现的工具。

想想月饼票的“前世今生”，真有点像风水轮流转的活剧，颇见世情。

月饼票的发明，是广式月饼的“专利”。约莫二十年前，月饼还是手工作坊的时代，香港几家有名的月饼铺子，因为产能有限，索求人多，便以店家的信誉作赌注，在中秋节前发售月饼票，算是月饼期货的凭证。这可以集资来扩大产能，也能满足客户对月饼的需求，真是一家便宜两家“着数”。

那时月饼票一时风光，为得正牌“名月”，人人趋之若鹜。但所谓供不应求，必然坐地起价，因为后来还是需求太多，于是有人就炒起月饼票来。其炒风之盛，至于有人竟然整副身家都押注其上，四五位数地出手，也不眨眼睛。可惜好景不长，一是因为有店家集资后盲目扩张，终于周转不灵，出现倒闭；二是竟有不法商人，卷款玩失踪。于是泡沫终于破灭，许多人血本无归。月饼票在香港于是成了人人避之则吉的玩意儿，一切归于平静。

内地的月饼票，应是当年月饼票的遗蜕吧。不过，内地的月饼票对商家来说，固然有集资和期票的功能，但对于不少持有者来说，却大都不是真正的月饼受用者，他们手中富余的月饼票，多半是礼品又或是单位的违规福利，多多少少有灰颜色，所以大都巴不得快快出手变现，亏蚀一点，也想着法子捞回些真金白银来。正是这群“月饼贵族”，豢养出了一帮帮的“饼票黄牛党”来。

月饼票风光的岁月俱往矣，看看它们跌破面值的状况就能判定之！但是要刹住炒风，杜绝黄牛党，与其打击炒家，不如就封杀月饼票。毕竟，在内地，商家们擅自印发有价票据月饼票，实有扰乱金融秩序之嫌，属于不明不白的行为。

如果，有关部门依法没收店商们的非法所得的话，则月饼票休矣，黄牛党也休矣！

机制创新是“和谐广东”最重要的音符

刊于2005年9月14日《羊城晚报》A2版时评

一支扑向胜利的军队，需要计算精到的作战执行令；一项制度的发展，需要创造性的框架设计；一首雄浑的交响乐，需要一份激昂和谐的总谱；一个区域的未来，需要一份建设性的蓝图。9月3日，《中共广东省委、广东省政府关于构建和谐广东的若干意见》，在我国“十一五”新的国民经济发展规划制定的前夕，带着油墨的清香，展现在每个公民的眼帘。在未来，这应该就是广东省的决策机关，贯彻中央精神，心中所系的执政思维重点和着力点。也就是说，和谐广东的构建，有了一份体现科学发展观的切实可行的实施方案！

和谐广东的样子，是百姓们所关注的。在这份历史性的文件中，八个字，意味深长地勾勒出未来社会的最大特征——“富裕、公平、活力、安康”。在科学的发展观看来，社会的发展是包含了经济增长、社会进步和生态平衡的三维存在。而百姓们对生息环境的追求，也已不仅仅要求经济上的进步，更要求一个舒适健康的生活环境。他们不仅要求生活的水平，还要求生活质量和保障。而“富裕、公平、活力、安康”，正是在这一意义上体现人民根本利益的。这是不远将来的小康社会的写照，也是广东构建和谐社会的总体目标。

与传统的红头文件不同，这份长达一万二千多字的“施政报告”，充满了制度建设的冲动。在坚持党的领导下，机制创新，在这份文件当中通篇回响！在这里，现代社会中经济建设、政治建设、文化建设以及社会建设等核心议题，不再被肢解成简单的工业农业教育医疗卫生等领域的孤立议题。在构建和谐广东的核心命题之下，文件把推动这一执政理念的物质基础、政治保障、精神支持、社会激励、社会公正、社会和谐以及社会稳定等社会进步的条件，统筹在七大机制的构建当中。

通读文件，我们看到这样的制度设计框架：以协调发展的机制创造物质基础，以民主法制机制提供政治保障，以文化培育机制保证精神支持；以创造激励机制激发社会活力，以利益协调机制保障社会公平；以矛盾疏导机制促进社会和睦，以安全保障机制保持社会稳定……而在这一框架之下，“富裕、公平、活力、安康”，才得以成为一幅呼之欲出的人民生活图景。

事实上，这已不仅仅是一般性的工作指导，而是给本地的生产力转化、政治生态环境和经济环境营造等标定了具体的坐标和定位。当然，把构建和谐广东的细节落实到各级机关和基层公民的指导性意见，也在这一框架里周密地罗致其中。只要调动起社会各界的执行力，这些坐标和定位都不难达成。

机制创新是施政和制度进步的难点。但无论是处在历史进步的边缘或是参与历史进步的人们，都能够从这份文件当中，清晰地看到决策机关化解这一难点的魄力和勇气。尽管，经历了二十多年的不懈追求，广东成了全国屈指可数的经济发达区域之一，但是近些年来，一些经济指标和社会增长指数表明，广东的社会发展，遇到了某些瓶颈，这些瓶颈无疑还是当坚持“发展就是硬道理”，通过社会动员和社会管理机制的创新，才能得以突破。这份高屋建瓴的关于构建和谐广东的若干意见出台，无疑是广东突破瓶颈桎梏的“登月第一步”。在这份纲领性文件的引领之下，处在开放改革的前沿，作为社会主义现代化进程排头兵的我们，秉承广东人“敢为人先、务实进取、开放兼容、敬业奉献”的精神，实现“和谐广东”的目标，应是指日可期。

以药补医不除平抑药价无力

刊于2005年11月1日《羊城晚报》A2版时评

国家“发改委”价格司的官员日前在天津一个会议上指出：医药结合，利益挂钩，是导致群众看病贵、药品价格高的体制性原因。（据新华社）

这位官员指出：“以药补医”的政策，随着经济和社会的发展，弊端开始显现。他认为，如今财政补助和医疗收费已经无法满足现代化医院的一系列运行、建设，以及医务人员的工资、福利，只能通过扩大药品销售差价来弥补。利益驱动，必然会导致医生开大处方、医院卖高价药等种种不合理行为的产生……

如果把这位官员的矛头所指，与不久前发改委第17次通过行政命令的方式降低药品最高零售价，并把国家定价的药品扩大到1000多种等举措联系起来，就不难想象，这位官员的痛心疾首当中，也包含着百般的无奈。

希望通过价格管制的方式，令药品大幅降价，并从中挤出数百亿的虚高利润空间，让百姓直接受益，这无疑是政府试图通过自己的管治权力，纠正公共福利公平的一种努力。然而，温故知新，从结果来看，市场中的药品价格，经过多次“管制”之后，事实上并没有降价，倒是那些被列入降价名单的不少药品，从市场上销声匿迹，行内人指出，这些药品通过包装、剂型等改头换面之后，很多又以20、30倍的价钱，“魔王回归”！有数据表明，2004年，国家药品批文中更改剂型、规格的高达1万多个，出现了一种“井喷”现象。

目前，中国市场上有7000多家药厂，16000万家药品批零商，按照市场优胜劣汰的原则，竞争不可谓不激烈，如果市场规律起作用，光是企业间的“死磕”，药品价格特别是那些知识产权含量低的广谱药的价格，还不致居高不下。然而，在“以药补医”的背景下，中国市场上药品销售的80%，就掌握在医院的药剂房那里。于是，令人诧异的市场现象由此发生，药品市场的不少药品，不是性价比高的好“卖”，而是价格高的药品（包括改剂升价的）格外受到处方人的欢迎。更令人诧异的是，许多药品生产厂商也并不因为其产品价格高而得到好处，他们的平均利润率，也不过3%左右而已。有数据表明，许多所谓的三甲医院，在处方权的主导下，药品“销售”达到收入的将近50%，如果把润滑各种环节的灰色收入也算进去，那简直就可说是主副业颠倒，“以药补医”成了“以医保药”。

医药分置，是最好的制度设计。然而，在药品收入权重如此之大的既成事实当中，把药房从医院中抽离出来，无疑是抽掉了医院的“龙筋”。这一措施迟迟雷声大、雨点小的无法到位，其利益所在，尽在于此。但显然，“以药补医”的垄断体制弊端不治，则平抑市场药价无从谈起。

在改革转型的循序渐进过程中，政府不应该单纯希望通过药品市场的价格管制来平抑药价，而更应当制定相应的政策，一方面通过制度设计，减少医院收入中对药品的依赖，增加医疗服务的含金量并实行一定的公共财政补贴，逐步改变医院的盈利点；另一方面，扶持平价药品销售商，比如实施低税收的药品专卖制度，以保障廉价药品的市场空间。至于对药品的生产商，则应在市场价格管制的同时，完善对药品申报、审核等环节的监管，探讨更加有效的药品价格公示和制约，等等。这样，才能真正把药品的生产和销售解放到市场当中来，以利于宏观调控与市场调节相结合，使政府指导价、政府定价和市场调节价在公平而不是垄断的环境下，有效实施。

恪守医德伦理蕴含医院发展导向和规律

刊于2005年12月30日《羊城晚报》A2版时评

一连数天，省内的党报主流媒体，联袂相继刊登连续报道，介绍广东行风建设先进典型之一的广东省中医院。

这家医院之所以典型，在于其医护人员很好地贯彻了“以病人为中心”的医学伦理，并且把这种伦理观升华成为医院发展的策略和战略，并且成为医院的文化和发展的主轴，结果事业昭彰，人才辈出。短短十数年间，从一家地方性的“非主流”医院，成长为一个有全国影响的医界巨人：床位数全国中医院第一，全年收治病人数全国中医院第一，手术台次全国中医院第一，缩短平均住院日全国省级中医院第一，全年门诊量全国医院第一。同时拥有省级以上临床重点学科和重点专科16个（其中国家级8个），拥有四个三甲医院，超过1700张病床。

显然，省内党报主流媒体的这次大手笔的报道，是经过精心的策划和组织的。毋庸讳言，这次报道的最大推手，就是省里的最高决策层。这一组组立体的报道，毫无疑问地传达出一个有力的信息，我们的高层在关注着目前百姓同样也关注着的个别医患争执问题的动向，与此同时，我们也倡导医疗领域中的浩然正气。事实上，以广东省中医院为代表的这股杏林正气，恰恰证明，在市场经济的背景下，在具有竞争性的生存环境当中，恪守医德伦理，同样蕴含着医院发展的导向和规律。当“以病人为中心”的文化形成品牌之后，医院的发展不仅不会受到约束，反而能够使事业的传承和创新都获得强大的驱动力。

自从“医改未能成功”的结论导出和500万元天价药费疑案等被披露之后，百姓们对医疗机构“礼崩乐坏”的诟病和问责之声，就不绝于耳。然则，在现行的医疗体系当中，尽管有着这样和那样的制度顽疾，但是并不表明，中国医学伦理中的仁学传统和现代西医科学创始人希波克拉底的医学博爱传统，就没有了传承。相反，

“无德不为医”“医者父母心”这些规范仁心仁术的伦理信条，正被以广东省中医院为代表的许多医护人员长期实践着、发扬着，并造福着千千万万的病患人群，而他们当中的佼佼者也构成着我国现代医疗事业的中坚。

正如许多专家所评估的，广东省中医院的实践是具有普遍适应性，即便在现有的社会环境之下，如果这家医院的管理灵魂——“以病人为中心”真正成为我们医疗界的圭臬，困扰我们的医德问题和医患关系问题，当荡然无存。而广东省中医院的典型价值，其珍贵性尽在于此！

请“义务反扒”群落归位

刊于2006年1月10日《羊城晚报》A2版时评

仿佛一个英雄主义时代徐来，都市中有公民出于对扒手的愤恨和有感于“世风日下”，通过网络或QQ的邀约，组成一种叫“义务反扒”的自愿群落，利用业余时间，到闹市中去游走。他们犹如丛林中的猎手，盯梢伺机而动的“毛贼”，一旦发现猎物作案，狩猎者便一拥而上，将扒手扭送公安机关……

场景是令人热血贲张。这是当代的“佐罗”：该出手时就出手；这是当代的“侠客”：路见不平便“拔刀”；这是见义勇为的“义士”：拼将热血为大众，正气傲然系一身。过多的溢美之词，正把这群公民从欢呼声中，抛向“群防群治”的巅峰，成就着一组炫人眼目的光环。然而，令人兴奋的场景谢幕之后，抚摸着共和国立法的基石，我们不得不反思，公民们豪气干云的所作所为，果真的是合理又合法的吗？以一介布衣之身行使执法者的权力，是不是游走在法律的边缘呢？公民们，我们的追求理念是崇高的，但在程序上真的无可挑剔了吗？

不错，现实是严峻的。城市中的治安环境随着城市的变迁和人口的流动，进入了一个非常时期，政府和警方虽然致力于全面的保障和清理犯罪，但扒窃、“双抢”这些曾经是行话的关键词，还是成了妇孺皆知的熟语。在社会转型期中，一切都在膨化，传统的治理方法和有限的资源，却颇显捉襟见肘。于是，出于朴素的正义立场，反扒群落通过网络的联络，应运而生。

可是，仅仅基于正当防卫的法律立场和见义勇为的可嘉勇气，就能够成就舍生取义的理想吗？窃以为，脱离法律保障的舍身，乃是匹夫之勇；而试图超越法律的正义，则是虚幻的正义。分析所谓成功的“反扒”案例，尽管是轰轰烈烈，但是，不能不遗憾地说，在现有的法律框架下，本着“疑罪从无”的原则，这些业余“反扒”的战果，由于不是经过法律赋予的侦讯手段获得的，在成功定罪起诉的依据上，就有很大问题，何况，一般的扒窃，在刑法上还只是轻罪。作为一个业余的反扒群落来出手制“扒”，看上去很是壮烈。但是，就法律层面提供的法理依据而言，决定了他们在策略上是被动的，保障上是苍白的，根本无从主动出击。

所谓正当防卫，是指公民人身受到攻击时的反抗，所谓见义勇为，是指突发事件时人与人之间相互帮助的道德形容。很难想象，在纷繁复杂的扒窃个案中，业余反扒者在无从运用任何侦讯手段又不能使用执法武器的情况下，能够次次都有效地制服现行嫌疑人（没有现行的绝不能动手）。也很难想象，没有有效的取证手段的业余“爱好”者，能够每次都铁证如山地把犯案者送进监狱。可令人担心的是，维系这样一支队伍哪怕是业余的，公民们的活动经费从哪里来？来了之后又怎样管理？而更令人担心的是，公民们一旦在行动当中受到伤害，又有谁来承担？而按照逻辑去推理，这样的业余反扒群落的活动范围，“管辖”跨度以及人员构成，是可以加以界定的吗？如果不能界定，岂不是“无法无天”？如果能够界定，那还能够叫作“业余”的吗？

合情合理合法又合适行事方式，方能长长久久。业余反扒群落试图作为公民的“私警”而存在，显然是在以公民身份“浸”了警方的权。正确的做法应当是，业余反扒群落的着力点，不应该放在“捉扒”上，它应该乖乖地把精力放在研究防扒技巧上和反扒的宣传上。只有告别个人英雄主义的越权行为，令公民角色归位，才可能真正地营造出反扒的氛围。

“三个走在前面”是排头兵新的定位

刊于2006年1月11日《羊城晚报》A2版时评

答卷是优异的——2005年，广东挟GDP及居民储蓄余额双双突破2万余亿元、财政总收入达4400亿元以及外贸进出口总额超4000亿美元的“成绩单”，又一次以先行一步的坚定步履，走在全国排头兵的位置。

然而，新年钟声敲过，历史不会定格，在“十一五”规划起步的头年，秉承“敢为人先、务实进取、开放兼容、敬业奉献”的广东人精神的开拓者们，又得整顿行装，继续征程。

努力当好排头兵！中共中央政治局委员、省委书记张德江如是说。作为广东决策中枢的省委九届七次、八次全会早已未雨绸缪，及时提出：广东要在落实科学发展观、构建和谐社会和全面加强党的建设三个方面走在前面。事实上，要求广东抓住机遇，加快发展、率先发展、协调发展，更好地发挥排头兵作用，是胡锦涛视察广东时明确提出的。显然，以科学发展观统揽全局，把构建和谐社会作为目标，将全面加强党建作为保障，从而加快推进广东各项事业，实现对排头兵的位置定位和策略部署，正是广东决策层贯彻中央指示精神的精髓所在。无须多言，“三个走在前面”非常简洁而到位地表述了排头兵肩头的历史重任，也给排头兵划定了广阔的实践空间，更重要的是，排头兵的具体努力标准，也跃然纸上。而且，这个衡量政绩的依据，还把排头兵身上的压力顺理成章地转化成为动力，把广东推进了新的发展历史进程。

当目标和策略决定之后，行动便成为一个有机推进的系统工程。当“三个走在前面”成为决议之后，就要求全省上下把这一决策，落实为共同的奋斗目标和行动指南。为此，广东省委办公厅日前发出通知，要求各级党委开展以“三个走在前面”为主题的排头兵实践活动，从推动排头兵观念深入人心、推动体制机制进一步创新、推动经济社会发展转入科学发展轨道、推动服务性机关建设和推动党的先进性教育成果巩固扩大等五个方面着手，将省委的意图落实为每一个部门和每一个人的具体行动。

事实上，把排头兵定位为“三个走在前面”并加以实践，是事关全省人民福祉的思维框架和行动指南。一项以各级机关为核心的主题实践活动的展开，意味着全省的每个决策和执政的中枢节点，都必须以自主创新的思维去开展党务工作和政务工作，以达成“三个走在前面”的高要求。如是，排头兵的定位，也就成为有关人员政绩的评估标准。当各级党政机关都能在“三个走在前面”下足功夫，树排头兵的观念以修身，按排头兵的精神来用事，以排头兵的作风去亲民，为创排头兵的业绩而勤政时，广东在排头兵位置上的“继承、创新、提高、发展”也就不言而喻了，社会中许多尚未化解的各种各样的矛盾和瓶颈，也就迎刃而解。而当排头兵的实践活动升华成为一种“勤政氛围”时，那全面建设小康社会、加快推进社会主义现代化全新世象也就排闼而来。政系于民而民匡扶之，让每一个公民都来关注和督促并参与以“三个走在前面”为主题的排头兵实践活动吧，这也将是我们未来政治生活中最值得聚焦的一个焦点。

从“平价医院”说到“单病种最低收费”

刊于2006年1月18日《羊城晚报》A2版时评

卫生部的掌门人高强新年伊始要求各地要建“平价医院”，

却把投入的包袱甩给了地方财政；与此同时，卫生部发言人毛福安更进一步说："平价医院才是我们真正意义上的第一批公立医院""平价医院低价不低质""平价医院医务人员的待遇要保证""地方政府在建立平价医院时要考虑到流动人口特别是农民工的需求，并且制定相应的政策切实让他们能够享受到优惠"。

卫生部高调的声音，引来舆论一片热议。无从判断卫生部的这些建议是经过"解剖麻雀"还是信口开河，但理想与现实之间的那道深深的鸿沟，却使得业内和业外，都无不陷入深深的"长考"。尽管人们一直对传统公立医院的"去公益化"的倾向腹诽不已，但万没想到，他们的"老板"，时至今日竟也"前卫"到要另起炉灶，推销起"真正意义上"的公立医院来。

"以药养医"是"医疗改革不成功"的最大症结，而"以药养医"的症结则又是政府投入的严重不足所酿成的。卫生部提出了广建"平价医院"的"训令"，且不说各地能否做到令出必行，即便各地财政果然视卫生部为"中军"，令"平价医院"如春笋般咕嘟咕嘟往外冒，但现有条件和体制下又用什么去保证它们"低价不低质""医务人员的待遇要保证""考虑到流动人口特别是农民工的需求，并且……优惠"这样的"理想王国"呢？——又来"以药养医"乎？

在没有详方细略之前，望梅止渴的宏论只能是画饼充饥。但如果"平价医院"仅仅是作为一种"合理构想"，期望各地去"自主创新"，则未尝不值得期待。广东省日前召开的卫生工作会议上，决策层对"平价医院"进行"缩水"，仅要求医疗部门拿出资源如病房等来积极探索慈善医院、平价病房、平价门诊并建立社区首诊制度，而冷静面对建"平价医院"的"急急如律令"，就不失为务实之举。而其试点的"单病种最低收费"，从患者角度看去，则更加看得见摸得着。尽管，这仅仅是一种付费方式，但却蕴含了底线管理和信息对称管理的智慧。事实上，老百姓对看病贵的诟病，往往在于大夫们总是不按"最低收费"的标准来处方，患者也没有多种方案的选择。而如果医院在诊断、手术、护理、用药等常规医疗环节当中，都有基本的“最低收费”存在，则其公益性精神便得以彰显。至于削减调价项目、增加合作医疗补偿等也属循序渐进之措……

医疗制度体系是一项以民生为中心的公共公益事业，也是个兼顾公平和效率的系统工程。对于医疗改革成功与否的争论虽是老百姓热议的话题，但是，并没有人全面否定我们现有的医疗制度体系，人们在批评也在期待，在了解也在思索，都不过是希望它能够令我们的生活质量，好些，更好些。而当精英们在进行制度设计时，我们本来就没有期望能够一蹴而就，但是，我们希望管理层的决策，少一些花哨，多一些实在。

每个人都该为张丹而感动

刊于2006年2月15日《羊城晚报》A2版时评

张丹感动了世界，也震惊了世界！

在今年都灵冬奥会上，20岁的双人滑选手张丹，在尝试高难度动作“抛四周跳”时失误，但3分钟后，她和搭档又出现在冰面上，高质量地完成了剩下的节目，奇迹般获得银牌，成为当晚最耀眼的明星。

张丹和搭档是踩着《龙的传人》的音符完成自由滑的。他们赢得了全场包括国际滑联官员在内的现场观众雷鸣般的掌声；他们获得了对手俄罗斯选手的敬意；路透社和美联社都撰文赞扬张丹的勇气和决心……何振梁含着眼泪称他们是中国英雄。

通过体育赛事展现人类超越自我的潜能，在体育欣赏当中获得审美的愉悦，是世人共同的心理诉求。俄罗斯人说得好：奥林匹克不仅产生世界冠军，也诞生英雄！征服与勇气，是人类性情中最珍贵的一种财富。人们为张丹而动容，实际上是为中国而感动，为人类而感动。人类正是在这种共同的情感的驱动下，追求和构造自己的地球村。

我们曾经给体育运动赋予过许多价值，甚至令体育运动有不能承受之重之感，这状况已经正本清源。但是，我们不能否认，作为人类精神体现的载体，体育运动在精神层面上，还是附丽着许多人类美好的精神追求的，因而，当这些美好的精神追求通过运动员的表演得到充分完美释放时，震撼和感动，油然而生。

我们为张丹而感动，实际上也为我们心灵中最美好的情操而感动，我们为张丹自豪，实际上也在为自己的民族而自豪。

让“八荣八耻”成为全社会的道德基石

刊于2006年3月27日《羊城晚报》A2版时评

每个时代有每个时代的精神，每一个时代的人们也显示着每个时代的精神风貌。而作为支撑其精神风貌的主流价值观，则构成时代的道德基石。当今中国，于正高歌奋进的社会主义初级阶段的道路上，当代的国人正致力崛起于世界民族之林。与时代前进步伐相同步，中共总书记、国家主席胡锦涛不久前很有针对性地提出：以热爱祖国为荣、以危害祖国为耻，以服务人民为荣、以背离人民为耻，以崇尚科学为荣、以愚昧无知为耻，以辛勤劳动为荣、以好逸恶劳为耻，以团结互助为荣、以损人利己为耻，以诚实守信为荣、以见利忘义为耻，以遵纪守法为荣、以违法乱纪为耻，以艰苦奋斗为荣、以骄奢淫逸为耻。这组朗朗上口的排比句，一扬一抑，一褒一贬，阐释了执政党所倡导的社会主义荣辱观。

以民为本一直是我们党的执政理念。以德治国，倡导符合全中国人民利益的主流价值观，则无疑是凝聚民心民智合乎逻辑的举措。当下的中国正处在改革的转型时期，多元的价值观以及价值取向，在某种情况下，成了现阶段的鲜明特征。从曾经一元化的背景下走出来，人们正构建着更为广阔和自由的思维空间，并容纳更多元的价值选择。但是，对多元选择的妥协，有时会使得传统具有行为约束力的道德底线被模糊化，以致出现荣辱观的倒错或者被机会主义地解构，从而冲击和腐蚀着我们时代的道德基石。而旗帜鲜明地提出社会主义的荣辱观，求得多元价值观在道德底线上的共识，正是给混沌的时代价值洪流注入一股富有牵引力的清流。

不必赘言，只要感受一下“八荣八耻”提出后在中国舆论要津卷起的旋风，看一看大江南北，万众“热议”一时的言论氛围，便不难体味到，以“八荣八耻”成为社会道德标杆的广泛民意基础。朴素看去，“八荣八耻”一直以来就是百姓心中衡量身边事身边人的“一杆秤”。然而，当总书记在实施“十一五”规划、建设社会主义新农村、构建社会主义和谐社会这一新的历史起点上把“八荣八耻”系统提出来，其现实意义和指导意义简直就可直接称之为立下“国德”，这实不为过。不是吗？我们可以诉之于各级官员，量度一下他们的“官品”；我们可诉之于学界，掂量一下学人们的“学品”；我们可以诉之于同仁，衡量一下他们的“人品”；我们也可以诉之于社会风气，诉之于人际氛围，诉之于公共场合，诉之于左邻右里。这“八德”，真是可以诉之于庙堂之高也可以诉之于江湖之远！总之，知荣辱方可修正身，唯德馨方可行德政，在全社会的方方面面，都可以将“八荣八耻”铸为国民的基本行为准则。而当此道德基石确立，则共和国的凝聚力，颠不可破。

事实上，“八荣八耻”所涵盖的内容，一直都是人民群众认可的传统的并有所发挥的主流价值观，尽管在某些场合，有些力量试图通过解构或者“超越”而使其边缘化，但根深蒂固的是，作为一个民族的潜意识，它已经成为我们国民性最精华的部分被不断继承，胡锦涛的归纳和总结，恰恰将中国传统的修身哲学和现代化理性要求，有机地结合在了一起。今天，人们就是把它作为一面镜子，观照今天的某些现实，才具有鲜明的时代意义。在每一个热议“八荣八耻”的场合和处所，人们首先拿出来透视的，就是各级的公务员以及各级领导干部，这既是对腐败现象倍感不安的一种投射，也是公民义务的履行。毫无疑问，作为人民的公仆，无论在公德和私德上，民众都有理由以“八荣八耻”作为最基本的试金石，试一试他们的含金量。可见，当“八荣八耻”被视为中国公民以为立身之德的行为规范时，以“八荣八耻”为基本出发点的干部人事评估机制建立和推广，将是我们取信于民的首要任务……

当然，无论何时何地，我们只有在全社会中树立起“八荣八耻”的道德基石，社会主义的文明建设才能够真正固本强基。

徘徊在道德和制度之间的“爱心捐助”难题

刊于2006年4月7日《羊城晚报》A2版时评

爱心捐助是成熟社会中一种美好的情操。道德之花开放时总是绚烂的，正如大地上的花朵，没有丰沃的土壤就没有丰盛的灿烂。但是当我们审视花朵的美妙的时候，断不会去深究土壤肥沃意味着什么。科学的逻辑告诉我们，美艳的花朵之所以美丽，是因为它们很可能生长在牛粪之上。而带有奉献性质的爱心捐助这朵道德之花之所以惹人注目，是因为人们在物欲横流的商业社会当中，仍然保留着守望相助不求回报的那点人性之光。

不过，焚琴煮鹤的往往是现实的残酷。在大量的爱心捐助个案当中，雪中送炭者达到了道德的完满，但受捐者的结局往往并不总是以大团圆作为终章。昨日《羊城晚报》报道的小云及家人境遇，就颇陷入无所适从的“宿命”当中。类似的个案不少，去年网上发端的重庆女大学生救母求助案，不久前广州发生的“少年救命款医院转捐”案，等等，都出现了捐助者始料不及的结果，从而引出莫衷一是的讨论：道德层面的问题是，怎样的境遇下求助才道德？捐助款如何使用才道德？操作层面的问题是，捐助款该当如何监管？用剩的捐助款又该如何支配？由谁支配？其他层面的问题是，捐助事件频生意味着什么？在捐助事件当中富人参与为何不多？慈善组织在捐助案中为何鲜见身影？等等。

在这里，我们站在爱心捐助的捐助方那边树起了很圣洁的道德的标杆，对个人良心以及社会良心问题一连串近乎洁癖的拷问。这与其说过于严酷，不如说反映了一种人们怀疑现实的不稳定心态。不可否认，我们的社会正在转型，而转型过程当中的道德重构又成了现实中颇为迫切的问题。过去，当我们向化缘者布施的时候，我们很少过问化缘者钵头的归属；当我们向行乞者提供援手时，我们也很少算计他们的“乞得率”。但是当我们获悉，生活中竟然有不持度牒的化缘者和“富翁乞丐”、求助个案也有可能被策划等对传统伦理法则的“解构”事实之后，我们很自然便有了“我本将心托明月，谁知明月照渠沟”的挫败感，当个人的良心被别有用心者利用的遭遇层出不穷之后，社会的道德屏障就有可能被颠覆，正是因为如此，爱心捐助者的日益“不厚道”和道德洁癖，每每溢于言表。

道德的重构最终有待于社会的进一步发达和人性的进一步复归，然而，制度的建设或者在现有法律框架下依法行善，则至少能恢复人们对社会的信心。道德层面或者个人操守方面的问题是形而上的，其“报应”只能由社会的氛围和舆论氛围所营造的主流价值观去约束，但操作层面上的问题和其他相关问题，则应当理智地归入公共管理范畴去进行制度设计，过分的道德洁癖不应该妨碍可行性措施的弹性。就小云这一个案而言，我们不妨从现有法律制度框架社会和社会救济等实事求是的角度去求得解决方案。

从法律的立场看去，我们应当同意律师的观点，法律上小云的监护人对捐助款项应当有支配权。在爱心捐助的理念中，生命高于一切，而生存则是生命赖以存在的基础。我们应当承认，一方面医疗费的含义除了包含治病的费用之外，还包含有疗养支出，这笔钱只要用在孩子身体成长上面，应当就不算出格；而倘若孩子的监护人曾经为了给孩子治病而负有债务，部分被用于偿债也属人情，过分的苛求捐助目的的纯洁，可能会背离捐助的初衷，即便是这笔钱单纯用于医，我们也很难界定支出就一定合理。事实上，捐助行为人与受捐人之间的人格是平等的，不应该有道德上位者的心态，更不应当对受捐人作“有罪推定”。

从约束的立场看去，捐助款由医院来“监督”，显然是不合适的。尽管在实践上有过类似的案例，但从某种意义上看，医院是这笔捐助款的“终极收益”者。我们并不怀疑医院的公益心，但在逻辑上，免不了瓜田李下的嫌疑。红十字会的提议不无道理，尽管红十字会的公信力是不容怀疑的，但是红十字会必须清醒地认识到，必须先解决红十字会在接轨个人捐助上的许多实践问题。应当承认，红十字会在“定向”的个人爱心捐助上的作为，是非常有限的，也从来没有透明并且鲜有成功地实施过为个人募捐，在这方面的管理恐怕也还没有独立的制度设计，由此，有理由怀疑它的“官僚习气”会不会令这笔“定向捐助”款项“远水救不了近火”。笔者认为，在现有法律框架下，可以采用由红十字会出面接管，由公证机关以“公正提存”的方式，对款项进行托管，受捐者的款项定向开支，由公证机关进行约束，至为合理。

至于说到制度建设问题，恐怕就牵涉到立法。现今的个人求助以及爱心捐助，往往通过媒体、工会妇联等社会组织来实现的，但是，这些组织实际上并不具备管理和实现这种公共救济的授权，而红十字会对这些捐助的“游资”，如果要“从因到果”地管起来，恐怕也会不胜其难。为此，我们应当多元化地培育这方面的专业中介机构乃至终端机构，使公共救济服务拥有多个渠道，既令求助信息得以零成本发布，又使捐助款项得到透明化管理，才有可能使爱心捐助，具良好的发育环境和有效的保障机制。

最好还是让北京路“自由行”

刊于2006年4月19日《羊城晚报》A2版时评

北京路是广州人的一个情结。有报章近日将北京路“旺丁不旺财”的现象拿出来讨论。隐约间，对这条传统商业街发展的命运，忧心忡忡。

广州人无不关心北京路，短短一条北京路里“浓缩着”这个城市从历史走过来的身影，作为“繁荣”的象征，这条路上的商业发展倘若“行差踏错”，这对广州人来说，几乎是不可想象的，因而，北京路的前世今生，这两天，不可避免地成为城中热点话题。

据说北京路“旺丁不旺财”的说法出自市里的领导，在北京路的许多商家一定深感这话说到自己心坎里去了。但是，这并不等于给北京路号过脉了，并且能够开出药方。

——看来，北京路现在还是“旺丁”的。

既然“旺丁”，那就应当承认，政府目前所做的已经卓有成效。因为从市场管理的角度看，政府动用公共资源对一个商圈的最大的引导，就是给它聚人气。至于“旺财”，那绝对不是政府的事，相反，应当是商人自己的事。所以，“旺丁不旺财”这句话，值得玩味。

事实上，北京路还是旺财的，不过这旺起来的财，进的不是商家的腰包，而是进了业主的腰包，试问最高达每平方米1200元的商场租金，是一个怎样的经营成本？当然，现在的博弈是业主做了主导，但从趋势来看，这种“拿租金赌明天的”透支可能不会长久了，很多名店不是正在淡出北京路了吗？

其实，对北京路的透支，由来久矣。历史上的北京路之所以成为北京路，并不因为它单纯是一条步行商业街。而是因为它是反映了广州文化特点的综合消费区域。在北京路还没有“步行”之前，这里有特征性的东西包括：最大的书店和最大的文具店，最大的百货公司和靠近最大的灯光夜市以及高第街，最热闹的青年文化宫和最有名的西餐厅、饮冰室，最大的中西药房和最大的摄影器材店以及钟表店，还有，就是靠近每年最火热的中心花市和最吸引儿童的公园，等等。但是，北京路“步行”之后，由于种种原因，这些互为牵制和依傍的文化特征性的元素，渐渐被取代、抛弃驱逐或者弱化，取而代之的是同质化的日用货品买卖，而作为支撑的某些周边成熟的营商模式如夜市、大排档等，也被急于出综治政绩的官场刀锋，一一自宫了断，从此没了子孙根——连久负盛名的“花街”也几乎遭到厄运。这些来自种种原因的伤害，最终对北京路来说，无异于凌迟式的酷刑。

历时三百年繁荣的法国香榭丽舍大道，似乎因为与北京路结了友好街区关系，其名字便频繁进入某些决策者的视野，有人认为透过某些“引导”行为，直接干预，便能留下名牌，提高所谓经营档次。云云。殊不知，北京路与香榭丽舍大道，根本不可同日而语。且不说硬件上没有宽敞的马路、宽阔的人行道和厚厚的绿化带（农林路留着些树还有点袖珍版的意思）。就是软件和法律保障上，也没有那种传统。人家是欧洲的时尚中心之一，其名牌其实就是人家的“土特产”，人家对周边以及房舍有严格的保护，根本不容地产商去征地改建并破坏传统景观。人家也不会朝令夕改，在这里，商人们立足后都有个永续经营的信心……

对于北京路这一成熟的步行街，其实政府不必“落手落脚”挥起手术之刀，实施施暴式的“旺财”之策，相反，致力做好“旺丁”的工作就很好。而所谓“旺丁”的工作，自然包括：改造停车环境，重组更多有旅游价值的人文景观，开发周边辐射商圈形成特色卫星商群，立法保护原有景观风貌，加强租金及个税等税收征管（间接平抑租价），开放更多“住改商”的尺度，对有文化价值的老字号给予政策倾斜并扶持广式特色产品（比如香芸纱、广绣之类）和品牌，以及花大力气改善交通等等。

对于一个商圈来说，只要保证了“丁”源，自然就定有“财”源。“旺财”的工作，市场自然会做“产业调整”，政府无须费心，最好还是让它“自由行”。好高骛远、见异思迁，并不是有恒心和立恒产的思维。

当文化生产力释放

刊于2006年4月29日《羊城晚报》A2版时评

广东提出建设文化大省战略，时仅三年。广东的文化产业，已结出累累硕果。

作为经济强省而引人注目，广东一直是“排头兵”。然则，以文化建设作为“立省之策”取得成就，并吸引眼球，对广东来说不能不说正显示出“新的经济增长点”。特别在今年中共中央、国务院提出深化文化体制改革的背景之下，作为试点之一的广东，不能不说其在文化产业建设上争当“排头兵”所做的努力，取得阶段性的成果。

“促进经济与文化融合，提高经济发展的综合竞争力。”中共中央政治局委员、省委书记张德江三年前在阐释文化与经济的辩证关系后，提出了“文化已深深融入经济之中，成为当代社会生产力的重要因素和经济增长的重要推动力量”“文化要素是产品竞争力的核心要素”“文化资源是企业发展和竞争的重要资源”等一系列论点，并代表省委省领导提出了建设文化大省的有关战略要求。广东省还制定了2003—2010年的建设文化大省规划纲要。目前，这些播下的种子，有了丰沛的收获。仅2004年，广东文化及相关产业增加值就达到1205.43亿元，占全国的比重超过1/5，占全省GDP的6.6％。

建立“文化资本”，挖掘“文化资源”——文化生产力的释放，文化体制改革是前提。如果说广东省出版集团的创建，率先终结了新闻出版领域长期“政企合一”出版管理格局，使文化市场管理日益专业和令“文化资本”得以迅速增值的话，国内独一无二的全省性广电集团的横空出世，则创造了文化资源和资本得以整合的范例；而把“大物流”概念运用于文化建设当中，把公共资源系统投放到流动图书网、流动博物馆、流动演出网的建设，同时大手笔地打造公共文化标志性硬件建设并频繁组织多层次文化交往活动，则更既发掘了“文化资源”又营建起广阔的“文化经济”平台……显然，在文化领域和文化市场中的政府管理职能落实、文化产业的多元发展、文化公共事业的布局等一系列深层次的问题，正在体制改革的探索中逐步得以解决，而公民的文化消费比重和文化产业对经济发展的贡献率也在高速增长。

张德江曾经指出：文化和经济历来是联系在一起的。现实社会中没有纯粹的经济活动，也没有纯粹的文化活动。在现代社会，以信息技术为主要标志的高新科技向现实生产力的转化越来越快，文化因素越来越多地渗透进经济活动，使经济获得了新的发展形态。看来，实践着文化体制改革漂亮转身的广东，正展现出这样的前景。

让星星火炬旗帜永远飘扬

——写在中国少年先锋队广东省第五次代表大会召开之际

刊于2006年6月1日《羊城晚报》A2版时评

今天，“六一”儿童节。今天，中国少年先锋队广东省第五次代表大会在广州召开，这真是在特别的日子里召开特别的会议。作为全省1200万的少年儿童和少先队员自己的组织和决策议事机构，少代会将为“时刻准备着”的少年们，提出一份把胡锦涛总书记“勤奋学习、快乐生活、全面发展”的要求具体化落实的“课程表”。

星星火炬红领巾，白衣蓝裤少先队——新中国阳光少年的形象，一直都定格在火红的少年先锋队队旗之下。我们当中现在正为全面建设小康社会而添砖加瓦的若干代人，也无不是在这面队旗的引导之下成长起来的。对每一个新中国少年来说，少先队既是自己的组织，也是他们的课堂、他们的学校、他们的成长氛围和文化品格与性格养成的熔炉。谁没有过一袭代表红旗一角的红领巾？谁不会行“人民利益高于一切”的举手礼？谁不会哼唱“我们是共产主义接班人”的队歌？谁又不是在辅导员的指导下认识社会和人生？然而，当祖国迈进21世纪，正以惊人的速度在世界崛起，而社会正在向着多元化现代化发展之际，与百年树人息息相关的少先队事业，不可避免地遇到许多承前启后、继往开来的课题。

中央政治局委员、广东省委书记张德江在给这次少代会的贺信中说：“少年儿童是祖国的未来、民族的希望。今天的少年儿童是未来广东发展的重要力量。”他要求全省要站在对历史负责和对未来负责的高度，关心少年儿童的成长和重视支持少先队的工作。事实上，在过去几年中，依托“雏鹰争章”“新世纪我能行”“民族精神代代传”“手拉手”等数不胜数的主题实践活动，广东的少年儿童们在自学、自理、自护、自强、自律等基本素质培养方面，显示出了全新的精神风貌。形成了思想更开放，乐于接受新鲜事物、能够敏锐地感知外部环境变化，主动融入社会，懂得在同伴和组织中寻找关爱和温暖，有发现问题、钻研问题的好奇心、具备较好的时间意识和动手能力；行为更自主，对社会、对人生乃至自身成长有基本的认识和自我判断，敢于表达自己见解，有一定的独立性和个性追求的品格。比如在孩子们给这次少代会的1000多份提案中，“小红领巾”呼声最高的就是想发展个性、特长和爱好。而要保护环境，维护城市的美丽，保护母亲河，让广东的天更蓝、水更清、地更绿。要确保学校200米范围内无网吧。探讨怎样提高学生的心理素质等，也是“小红领巾”的诉求。可见，今天的“红领巾”，不仅有“让我们荡起双桨……”的情怀，更有了审视社会关注人类生存空间的视野。

古人云，正心修身齐家治国平天下。这，何尝不是一种人才观或人才培养规律的逻辑？站到对历史负责和对未来负责的高度，在儿童节里，我们除了应关心和分享孩子们的欢乐之外，不可避免地更应关注与孩子们的“正心”相关的人格筑基过程。而这其中的重中之重，则是构建他们正确人生观与价值观这一不无沉重的话题，当着我们的社会日益向复杂和多元化发展，当着多元的文化在时尚和潮流的包装之下，成为无孔不入的社会思潮时，解决迷思和选择的困扰，已成为少年儿童青春期辅导的课题。不言而喻，本次少代会也将在少先队事业进一步发展的框架下，由少先队员和辅导员的精英们去探讨和破解这一课题，而当孩子们的诉求成为全社会都来回应的目标时，社会接班人的成长环境便被进一步廓清，社会的栋梁之材也便如雨后春笋，能迅速成长并支撑起未来。目前，广东少先队员当中开展的“红领巾与光荣同行”与“知荣明耻我先行”主题教育活动，不就正贯彻着“八荣八耻”实践的核心理念，成就一种全新的育人格局么？当祖国的花朵在知荣明耻的精神土壤中扎下根基，我们的事业何愁不会更绚烂多彩。

时刻准备着！让少先队的星星火炬旗帜永远飘扬。

我“顶”市长这张“帖”！

刊于2006年6月6日《羊城晚报》A2版时评

“破坏环境就是破坏生产力，保护环境就是保护生产力，改善环境就是发展生产力。”这话说得很棒！

这是广州市市长张广宁昨日在市委机关报为“世界环境日”发表署名文章时，一气呵成地把政府对未来广州建设的管理思维和核心态度，高度概括出来，从而成为很耐人寻味的格言。而市长能把生产力与环境的因果关系，如此透彻地揭示出来，则当然也意味着，在未来的“十一五”期间，环境将成为这个城市的政府和公民都要放到日常关注的头等位置之课题，也可以说，这是政府城市管理思维的历史性的漂亮转变，也破了如何保障广州市可持续发展这道题。

在科学发展观的引领下，保护环境已成为可持续发展的出发点，绿色GDP更已取代单纯GDP的政府行为（作为）评估标准。尽管由于种种原因，国家的考核标准尚未实施，但是，省委省政府已经要求，把绿色GDP作为衡量各市、县政府和干部政绩的一项主要标准。不久前，有专家以《广东各地市2003年绿色GDP的估算》为课题做出研究报告，以人均绿色GDP计算，珠海居全省最高，深圳和广州则分别位居第二和第三。在这里，专家设计的绿色GDP的计算公式是：绿色GDP＝传统GDP固定资产折旧－自然资源价值减少环境损失。尽管这种测算有所争议，但却不能不说，换一个视角，一个城市原有的绝对优势也许会变得不尽如人意。

事实上，以年均增长12%的经济发展高速度迈进的广州，曾经荣获过“国际花园城市” 称号和“联合国改善人居环境最佳范例（迪拜）奖”，最近对比国家环保模范城市的28项指标，广州也基本达到，并正在迎接国家的验收。这说明，政府对环境这篇文章，做得是可圈可点的，不时还赋得若干美文。然而，正如善于考试的学生不一定是最优秀的学生的道理一样，一个城市是不是真正地建成了“生态安全与环境友好型社会”，还有待于时间和历史去发放“毕业证书”。显然，广州市的决策者们也意识到这一历史任务的任重道远。

如果说，市长的署名文章是阐述了政府的执政思维和施政态度的话，那么，可以肯定的是，广州市的经济发展和社会的发展，就有了一个站在历史高度之上的标准和度量衡。以此为基准，随着广州市“十一五”规划的一步步落实，到2010年广州市人均生产总值不仅会达1万美元，比2002年翻一番，达到中等发达国家和地区水平。而且，当市长所背书的“切实维护公众的环境权益”，将常常会成为政府部门乃至企业单位实践“破坏环境就是破坏生产力，保护环境就是保护生产力，改善环境就是发展生产力”理念落脚点之后，广州何愁不能将通过各种法律和行政手段的保障，营造出一个全新面貌的生态城市来！

当然，作为一名生活在广州市的中国公民，我们也应当意识到，推动经济社会与环境的协调发展、人与自然的和谐相处，保护生态环境，并不仅仅是政府施政的问题，而且更是我们怎样打造自己的生活方式与生活态度的问题；我们还应该意识到，环保之于人类社会，已经是个文明的进步的问题了。

总之，作为这个城市的公民，我们每个人都应该来“顶”一“顶”市长的快人快语。

为了未来的生活空间和生活质量

刊于2006年8月28日《羊城晚报》A2版时评

一份与我们的生活蓝图息息相关的纲领性文件——《珠江三角洲环境保护规划纲要（2004—2020）》，由中国环境科学出版社出版了。这份洋洋50多万言具有法律意义的文本，已在2004年9月24日经省人大十届常委会审议批准，以地方立法的形式，确立了珠三角区域的环保准入规范。这意味着，未来15年中这一区域的经济发展，被纳入到一个区域环境安全格局当中按规划加以考虑，再也不能以牺牲环境作为代价，盲目扩张。

作为珠江流域最具有活力的唯一经济引擎，挟开放改革的先发优势，广东20多年来国内生产总值平均增长13.7%，去年国内生产总值更突破2万亿元，占全国11.9%。被誉为全国的排头兵。毋庸置疑，这片南中国的热土，承载着一部分人先富起来的梦想，正在让一个个城镇摇身变成现代化的城市群落，一茬茬的农夫告别土地洗脚上田。世界工厂的隆隆机器摇滚已代替了桑基鱼塘的田园牧歌，簇簇耀眼的厂房已遮盖了沉郁平宁的远山春树……然而，蓦然回首，我们及后发现摸着石头过河有时也会使人短视，先发的优势也会带来先发的难题：譬如，环境问题的累积，就使西方发达国家上百年工业化过程中分阶段出现的环境问题，在改革开放这短短的20年间集中在珠江流域出现……

数据表明，尽管广东的GDP能耗水平低于全国平均水平，在环保问题上也不乏努力。国家环保总局近日发布数据显示：今年上半年，全国17个相关省市的两项重要环境指标——二氧化硫和化学需氧量的排放量，比去年同期分别增长5.8%和4.2%，而广东这两项指标却分别下降2.9%和1.1%。但是2005年据报，广东万元GDP废水排放量高于长江流域江浙等重要省份的水平。城镇生活污水处理率仅42%。珠江口是全国仅次于渤海湾的第二严重污染水域，省内63%的国土面积属国家酸雨控制区。珠三角入海河口近海水域例行监测市段均不符合海水二类标准，各市近岸海域的氮、磷污染严重，赤潮的范围和频率逐年增加。总之一系列的环境问题呈结构型、复合型、压缩型的特点。

生产的终极目的是为了生活的质量，而环境恶化后的富裕最终带来贫困。2003年至2004年间，广东省的最高决策者本着对历史负责的态度，针对这一历史性的挑战及时决策，高调提出“绿色广东”的口号，并把《珠江三角洲环境保护规划纲要》提到议事日程，以科学发展观为引领，着手实施中共中央政治局委员、省委书记张德江提出的“从重经济增长轻环境保护，转变为保护环境与经济增长并重；从环境保护滞后于经济发展，转变为环境保护和经济发展同步；从主要用行政办法保护环境，转变为综合运用法律、经济技术和必要的行政办法解决环境问题”战略要求，承接经济先发的优势先发把环保问题，融入区域发展的施政战略之中，而经济发展规律中的环境保护的理念也升华到环境支持理念。

华丽的转身需要沉着的舞步，思路决定着出路，依照《珠江三角洲环境保护规划纲要》的目标，在未来的十五年中，我们这些两千年来生于珠江流域依托珠江发展的珠江母亲河的后代子民，将要把珠江三角洲建成全面、协调的可持续发展示范区。这个陈述，并没有豪言壮语式的宏大叙事，但是，却锁定了我们未来的生活空间和生活质量，从今往后，环保将成为我们广东人政治生活及日常生活中不可回避也不可或缺的核心话题，而实现规划，则将会成为有关政府施政的理念和政绩的重要指标。

“红绿蓝”，三大战略决定“环保拐点”

刊于2006年8月30日《羊城晚报》A2版时评

连日来，伴随着《珠江三角洲环境保护规划》的广泛发行，环保或者说是环境安全的话题，成了广东媒介热议的焦点。事实上，自从省委、省政府提出了“绿色广东”的口号并使之落实为贯彻科学发展观的施政理念之后，不到三年，成绩已经有目共睹。有观点认为，在可持续发展的道路上，南粤大地在创造社会财富过程中，开始出现了“环保拐点”，环境保护的意识已升华为环境支持理念。其中，与全国相比，关于广东单位GDP能耗最低，主要污染物的空气中二氧化硫和河流中的化学需氧量的水平下降等一系列数据，就是重要的成绩单。

在2004年通过的《珠江三洲角环境保护规划》中，以“红线调控、绿线提升、蓝线建设”三大战略任务，把广东到2020年要实现的区域发展课题，清晰地加以概括——

在“红线战略”中，对珠三角的生态安全格局和水环境安全格局以及大气敏感区进行了科学的规划，这意味着无序的土地及其他资源开发的终结。在这里，无论是对土地、对森林、对流域河口海岸等不可再生的资源都被加以控制，任何的开发与利用，都在一个可控的有序系统当中执行。这种重新排序，将对未来的经济发展格局产生深远影响。

在“绿色战略”中，归纳了未来政府将大力扶持的与资源利用相关的产业要求和指标，以关注生态为中心，对未来的农业、工业、旅游等的发展格局描绘出详尽的蓝图。

至于“蓝线战略”则对水污染、大气污染以及固体废弃物的控制，提出了一系列解决方案和修根治本的详细攻略。

毫无疑问，已通过法定程序的这部规划，将会成为各地方政府规划区域发展的可依据法则。不管有何种理由，超越这部规划片面强调GDP式的发展决策，都将被视为违法，从而为广东特别是珠三角地区的环境安全，提供了有力的保障。

作为国内第一个通过立法实施的区域性环保规划，这本一寸厚的绿皮书，饱含了高屋建瓴的远见和科学决策的睿智。如果说，在经济发展当中有“环保拐点”的话，我们在这部规划中，首先看到的是高层决策者们决策思维的拐点，这是在可持续发展这一盘棋中的急所之处，落下了关键一子。在一个长期粗放发展的经济环境中，我们一直有一个重经济增长轻环境保护的思维定式，这种“一好遮百丑”的施政观念要改变，并把可持续发展的理念贯彻到各级政府当中，就需要科学的指引和衡量的指标。而这部规划，在某种意义上，就提供了系统的量化指标。更具有前瞻性的是，当围绕这些指标做出必然的决策之后，全省向可持续发展目标靠拢的发展格局，就一定形成。可以预见，当“红绿蓝”三大战略在各地方政府的区域发展过程启动之后，经济社会与环境协调的新的发展模式，就会在南粤大地上横空出世。

长征，是中华民族永远的精神财富

刊于2006年10月23日《羊城晚报》A2版时评

历史翻开着新的一页，悠悠70载，岁月又经年。然而，长征，这一部由中国共产党人创造的英雄史诗，仍然以其雄浑的声音，回响在中华大地：各种各样的形式、各种各样的情怀，或诗，或歌，或舞；或报章，或荧屏，或网络；或回忆，或追溯，或缅怀，或展望……围绕那一段壮丽的历史，人们瞻仰着那万古长青的丰碑，挖掘着先辈们留下的精神财富，掂量着肩头民族复兴的重任，向往着构建和谐社会的前景，在思考和纪念当中，以长征精神作鼓舞，夯实心目中的信念和使命感。

今年七月举行的中共中央政治局第33次集体学习，以“红军长征胜利的回顾和思考”为主题；近日，在中共中央十六届六中全会提出科学发展观、构建社会主义和谐社会等一系列重大战略思想之后，中央举行隆重纪念红军长征胜利70周年大会，具有非凡的历史和现实意义。胡锦涛总书记发表重要讲话指出：“红军长征向世界宣告的革命理想已经变为现实，红军长征播下的种子已经开花结果，并将继续开出更加鲜艳的花朵、结出更加丰硕的果实。”

对历史的回顾，不外乎引领对现实的感悟。作为一部气势磅礴的历史史诗，长征镌刻了中国共产党人的所有优秀品格，展示着她以及她的军队最伟大的人格力量。在这部惊天地、泣鬼神的伟大历史长卷当中，无论是战略和战术上的每一个转折，都留下了丰富的政治遗产。正是在长征当中，中国共产党形成了第一代的中央领导集体；正是在长征当中，形成了把马克思主义基本原理与中国具体实际相结合的毛泽东思想，形成了使中国革命走向胜利的“三大法宝”。70多年来，长征精神，早已经融入了我们的军魂、党魂、国魂。事实上，长征的每一个历史故事，都可以是值得后人深深反省的哲理寓言。在那些深沉的回忆中，我们不仅能看到血与火、战与败的冲突。我们还看到人与人、官与兵、军与民、上与下在火红年代中不分彼此依存的血脉关系，我们更看到信念与使命、牺牲与背叛、荣与辱、公与私、生与死、个人与集体、坚韧与坚持、团结与分裂、民主与集中等等从意识形态到价值观念以及人生态度，在艰苦卓绝的环境中经受考验的长长画卷。那是整整一代民族脊梁演绎“钢铁是怎样炼成的”的卓绝纪实。

温故而知新，鉴史而辨今。在当今的中国，弘扬和坚持长征精神，毫无疑问，就是要坚持中国共产党人的信念，坚持把马克思主义基本原理与中国具体实际相结合，“不断开拓马克思主义在当代中国发展的新境界”；坚持全心全意为人民服务，坚持权为民所用、情为民所系、利为民所谋。进入21世纪以后，在国际环境和国内经济生活已经产生了重大的历史改变之后，中国面临着巨大的挑战和机遇，对于承担着民族复兴大业和构建和谐社会的共和国公民来说，面对纷繁并日益复杂的社会环境与利益关系，从长征精神中吸取营养，对廓清思想，重铸信念，调整和理顺各种思想的迷茫，大有裨益——

在长征精神中，蕴藉着丰厚的精神营养和政治财富，无论是信念上的坚持，思想上的开阔，作风上的顽强，工作中的深入，战略上的眼光，生活上的朴素，等等，无一例外都能在这里找到最好的注脚和楷模。而作为一种人格力量，“八荣八耻”中的“八荣”，更在长征精神中体现得淋漓尽致。70年前，毛泽东曾经说过：“讲到长征，请问有什么意义呢？我们说，长征是历史纪录上的第一次，长征是宣言书，长征是宣传队，长征是播种机。”在新的岁月中，当年的历史已经过沉淀，并且已经升华，长征已不仅是一段传奇，而且已成为一个浓缩着信念和实践的象征。在我们的共和国中，长征精神所蕴含的丰富内涵，既可以成为执政理念加以贯彻，也可以作为理想信念的试金石，更可以成为我们修身磨炼的镜照。而作为对五千年优秀文化传统集大成的继承和发扬，长征所体现的那种所向披靡勇往直前的中华民族伟大精神，则更不啻永远熔铸在这部波澜壮阔的雄浑耐读的史诗当中。

以民为本，在化解利益矛盾中构建“和谐广东”

刊于2006年11月2日《羊城晚报》A2版时评

构建社会主义和谐社会是我们新的长征！胡锦涛总书记在纪念

红军长征胜利70周年时发表的重要讲话言犹在耳，昨日，中共广东省委向全社会公布了《关于贯彻〈中共中央关于构建社会主义和谐社会若干重大问题的决定〉的实施意见》（以下简称《意见》）。这个文件，是在党的十六届六中全会闭幕仅10天，由省委九届委员会第九次全会通过的。殊为引人注目的是，这是全国第一个地方党委为贯彻十六届六中全会“决定”而出台的《意见》。《意见》不尚奢华、言简意赅，50项条陈概括了近年省内推进和谐社会的经验和未来到2020年亟须解决和突破的难点课题，并以创新的思路，逐一阐述了新的对策和措施。《意见》以科学发展观为引领，在决策思维上清晰地把构建和谐社会，看作是一个不断化解社会矛盾的持续过程，以最大限度地增加和谐因素和最大限度地减少不和谐因素为着力点，逐一化解省内经济社会转型发展关键时期凸显出来的矛盾和问题。明确指出，以解决人民群众最关心、最直接、最现实的利益问题为重点，坚决从源头上减少社会矛盾的发生。

与以往的施政阐述不尽相同，《意见》除了展开政治经济发展、社会基础建设等宏大命题之外，用了相当多的篇幅关注老百姓的“家头细务”：就业难、读书难、看病难、住房难以及农民征地补偿难和劳动纠纷等都纳入了《意见》的单独子项，群众关心的社区建设、治安问题以及信访问题等也提出了解决的新措施。在不少与利益诉求和可持续发展有关的事务方面，《意见》都从保护弱势群体利益及可持续发展资源角度，做出了近乎严厉的政策界定：从国企改革到征地补偿，从环保准入到拆迁安置，莫不如此。从民本的立场出发，坚持情为民所系、利为民所谋、权为民所用，是这份文件最为百姓们关注的亮点。

事实上，在去年9月，省委省政府就曾经为建设和谐广东颁布过一个“若干意见”，围绕“富裕、公平、活力、安康”的目标，提出了构建和谐广东的七大机制——经济协调发展机制、民主法治机制、先进文化培育机制、创造激励机制、利益协调机制、矛盾疏导机制、安全保障机制。如果说，那一个纲领性文件勾勒了“和谐广东”的未来施政框架的话，那么昨天发布的《意见》，则从具体操作的层面，定位了构建广东和谐社会的每一个细节。两份“意见”相互关联，互为体用，相得益彰，更凸显出决策层构思探索和实践构建和谐社会的思维深度和广度——

改革开放先行一步的广东，经济转轨和社会转型比国内其他省份早，利益分化更加明朗，各种社会矛盾也越显突出并暴露得比较充分，各种利益诉求也越显激烈，从社会公平的角度出发，政府运用公共资源平衡保障弱势群体的利益，维系安定团结的社会局面，既是为经济的高速发展提供环境保障，也是政府功能的题中应有之义。而让人民共享社会发展的成果，则更是全心全意为人民服务的执政理念所在。广东省的决策层，一直敏锐而迅速地探索着化解矛盾、维系安宁的突破口，更把人民群众的利益诉求，作为施政的出发点。早在2003年，省委和省府就投入巨大的资源，全面实施“全民安居、扩大与促进就业、农民减负增收、教育扶贫、济困助残、外来员工合法权益保护、全民安康、治污保洁、农村饮水、城乡防灾减灾”十大民心工程，把群众最直接、最关心、最现实的利益问题，锁定在工作日程。如今，更为系统科学和全面的《意见》的出台，显示出决策层已经把执政的灵感升华为执政的坚持，显然，在党的十六届六中全会之后，在总结了以往的经验之后，广东省决策层的执政思维进一步跨越，正把中央提出的治国重大战略落实为基层的具体实践。

在过去20多年中，广东以排头兵的姿态雄踞在南中国这片土地上；在未来的20年里，按照《意见》所展示的算无遗策的宏图大略，也一定能写出新的历史篇章，成为构建社会主义和谐社会的排头兵。

“二元”结构不破，食品安全难求

刊于2006年11月30日《羊城晚报》A2版时评

在苏丹红蛋和超标多宝鱼等一系列农副产品食品安全事件被媒体曝光之后，食品安全的有关事项，成为全社会最为关注的一个热点。

犹如核聚变一般，连锁效应至少引发了三个层面的重大影响：首先是老百姓对食品生产和市场的信任度在急剧下降，怀疑一切的情绪成为消费者心头最为沉重的一层阴霾，对政府的市场管理监控能力也产生了部分的消极情绪；其次是连番的事件使相关行业产生巨大的震荡，以至于所有关联的产业都受到牵连，经济上和商誉上，都产生了迫在眉睫的危机；当然从乐观的角度看去，这也促进了政府尤其是地方政府以及立法机构，加快有关这方面监管立法的研究和节奏，如以《广东省食品安全条例》等为代表的相关地方法规，就提出将有望调整目前支离破碎的监管体制，整合多头管理的职能分工。

其实在今年的“两会”上，食品安全就是代表们议论的热点话题，不少代表都带着加强管理的提案来到北京，并对目前由农业、质监、卫生、工商、商业、药监、城管、出入境检验检疫等十个部门分段管理的食品安全管理体制提出质疑。有代表更提出，尤其在农产品生产方面，更出现了多个标准并行和打架的现象。据了解，尽管我国已组织制订农业国家标准400余项，行业标准1040项，并启动了农业行业标准制订修订专项计划和无公害食品行业标准专项计划，标准的范围已从农作物种子、种畜禽标准发展到农产品生产的全过程，涉及农产品品种标准、种子标准、生产加工标准、产品质量安全标准、包装贮运标准。但是由于不少的标准不配套和标准内容不适用，使得农产品(食品)质量安全管理分散，标准的内容残缺不全，标准中农药残留限量等质量安全指标少并修订不及时。因此，我们的标准技术含量低，大多低于国际标准和国外发达国家标准……

从计划经济走出来的中国食品市场，其实一直存在着多个“二元化”的问题：一个是农副产品生产和销售与加工食品生产和销售监管的“二元化”，从标准的制定和监管主体的角度来看，本来两者是相互关联的上下游关系，但前者的标准制定，属于农业部门，后者的标准制定属于质监部门，其逻辑关系长期混乱；其次是有序市场和无序市场交织的问题，在市场环节当中，长期以来我们并没有形成有效的市场准入制度，一方面以超市和百货公司为代表的规范营商者，执行着严格的准入制度；另一方面，集市式或墟场式的集贸市场，则处在一种宽松的管理状态，这就造成了两个市场处于某种不公平竞争的状态，规范的市场反而没有了竞争的优势，甚至无序的市场还会成为规范市场的上游。而在食品加工生产的环节中，更是在严格的标准认证体系之外，允许存在着大量的无证无照、有照无证的生产“企业”作坊，这类有着诸多安全隐患的加工成品，形成了庞大的市场势力，而管理部门则因为这样或那样的原因熟视无睹。最后是消费者消费观念的“二元化”状况，在日常生活中，人们既期望着食品安全的高质量，但同时却尚未形成标准认识的常态，总是价廉先于物美，而所谓的质量标准则永远束之高阁，不能成为有效的消费指导；当然，其他的“二元化”方面，还有地域不同执行质量标准不同、农村与城市要求标准不同……

正是由于这种种纠缠不清的“二元”结构，导致了食品安全管理的种种复杂性，也正是这种“二元”结构导致了食品安全管理“有容乃大”的现实状态，然而，这种状态恰恰是阻碍着成熟市场的形成，更使得市场只有一个利益最大化的指标，没有了公共利益指标，更模糊了市场健康发展的标杆。很大程度上，多年来的食品安全事件之所以层出不穷，正是因为我们的监管部门长期迷失在这种“二元”结构当中，扶持什么、打击什么如果不能旗帜鲜明，则有效管理无从谈起。事实上，目前的多部门分段管理模式，并不是完全没有合理性的，但是如果分段管理所形成的分段管理利益不消除，执政行为不趋于统一，则很难形成一个统一的思路，统一的管理。

江山如此多娇　民营经济发飙

刊于2006年12月23日《羊城晚报》A2版时评

在法律已经保护了政府的税收收益的条件下，政府或部门没有任何理由以行政需要的名义，越权逾规运用强大的威权，向受保护者攫取任何其他的部门利益，从而导致政府公信的崩溃。不与民争利，这实际上也是服务性政府根本的出发点

年终好盘点，掂量大趋势——不约而同地，媒体论家正从不同的角度，把一年来关注过的焦点，都拿出来说事；一些商业机构和法人单位，也通过发布数据和排行榜，表达自己诉求或寻找新的商机。于是，眼花缭乱的数据演绎着眼花缭乱的观点，却也带出了许多暂时难以求解的社会课题。

福布斯、蒙代尔等的亚洲或中国的富豪排行榜，越来越多地出现中国姓氏，而大陆的私企业主日益被世界所熟悉的时候，有权威媒介称：1999年，我国实有个体工商户3160万户，而截至2006年6月，这个数字变成了2505.7万户；7年间，个体户减少650多万。而全国工商联相关调查显示，繁重的政府收费使个体和私营企业的成本不断提高，一些地方个体私营企业需要缴纳的各种费用和基金多达375种。不期而遇的两组信息，有没有理由剪接在一起，从而测试我们营商环境的刚性和弹性呢？一方面是顶尖富豪们的财富与日俱增，显示出他们有能力在不断突破体制性的障碍；另一方面，不少还在“奔先富起来”道路上的艰辛跋涉者，似乎又不断沦陷在“制度性冷漠”的泥淖当中。而把霄壤之别的两极放置在同一个逻辑起点上，其实隐含着对弱势者的同情和对市场公平原则的诘问。

但是，平均的数据和只关注特例的排行榜，也许都能够概括

某些现状，不过仅以这些就得出泛化结论，却并不尽然。另一组权威数据描绘的景象是：截至11月30日，广东全省个体工商户达244万户，比2005年末增加近17万户，增幅为7.44％；注册资金数额518.6亿元。个体户数和注册资金数再次位居全国第一。港澳个体工商户在广东省投资也突破一亿元。

一直将私营企业和个体工商户的发展，作为经济价值创造主力之一来扶持的广东，显然正走出了一条截然不同的经济发展路径。过往，描述个体经济始发时代的代表性词汇“万元户”，是20多年前最早在广东出现的，时至今天，在广东的商界也出现了张茵、翟美卿等为代表的超级新富。在个体户到资本大鳄之间，孕育出近千万粤商，形成了广泛的社会中坚阶层，既增加着社会的经济力量，也增强着社会的稳定力量。尽管我们还不能以完全的市场经济来描述广东的营商环境，但是广东宜商宜于创业，却已经是不争的事实。

合法逐利是资本的本性，而法治下的营商环境则是资本增值的温床。在公平贸易的市场上，资金和人才的流向，很大程度上能够检测出作为护航角色的政府，是称职的保镖还是攫取的恶霸。事实上，数据往往是雄辩的，数据所投射出来的现实，最令人信服。正所谓春江水暖鸭先知，多年来连年私企或个体户的暴增，恰恰说明市场在认同着广东这方面的制度性建设和转型。政府已经初步为公平贸易创造出了低门槛的环境；而商人们则感到约束政府及其部门滥用权力、强化服务市场的现代管理意识，已渐成为社会管理文化的主流。

在以契约为中心的商品经济中，保障交易的平等是管理者的题中应有之义，公正是政府的基本标尺。在法律已经保护了政府的税收收益的条件下，政府或部门没有任何理由以行政需要的名义，越权逾规运用强大的威权，向受保护者攫取任何其他的部门利益，从而导致政府公信的崩溃。不与民争利，这实际上也是服务性政府根本的出发点。从广东的私企和个体户对其经济贡献率的比重日渐增多看来，工商皆本的思想和有容乃大的思维模式，已经在执政者的理念中打上了深深的烙印，并且正成为一种日益坚定的政治品格。我们完全有理由说，广东的政府在为民营经济创造良性的生存环境方面，已经逐步把施政的策略贯彻成为永恒的现实。

期待“旋风”行动升华为长效系统工程

刊于2007年10月24日《羊城晚报》A11版时评

更要研究的是，怎样约束获得丰厚利润的幕后出资人——这当然就包括那些鼓励并提供土壤的建筑开发商、工程项目投资人以及运输物流业的业主。只有法规和执法的刚性约束真正打断产生违法泥头车的利益链，令其上下游演变成相互制衡的利害约束，才算是真正建立起一个管得好泥头车的系统工程；每次整治的行政资源，才不会流于走过场和被浪费。

近日，广州市建委、交委、市容环卫、城管和交警等五部门启动了一项名为“旋风”的专项执法行动，这项行动锁定一个目标，那就是城市中已经无法无天到令人发指地步的违章违法泥头车。有评论认为，应当用治理火车站治安问题的劲头去治理违法泥头车，这话有民意所系，但是，经济活动应当按照经济规律进行有效管理，才能找到成本最低而又行之有效的治理手段。

入夜奔驰以超载超速为主要特征、违法营运的泥头车，被市民称为超级“交通定时炸弹”，历年来所犯交通肇事案件，可谓罄竹难书，所涉的人命案子，也是数不胜数，操纵这些违章的泥头车获得财富的利益集团，简直可以说是在鲜血和人命当中讨生活，他们视他人的生命财产为草芥，将法规和秩序玩弄于股掌，粗野营运，横蛮敛财，早已劣迹斑斑，成为城市公害。毫无疑问，五部门的“旋风”行动，如果真正落到实处，立竿见影，则肯定会成为近期有关部门最得民心的一项德政，而倘若治理违章泥头车的若干措施最终整合成为一项行之有效的制度，则更是解开了城市管理中困扰了我们十几年的老大难课题。

1999年广州市就出台了管理泥头车的有关法规，对城市中营运的泥头车的不密闭、未冲洗车轮出工地、洒漏、违反禁行路段、非法改装、假牌假证、超速、超载等违法行为，都有所规定。然而，尽管对违法泥头车的有效管理问题，哪怕是五大部门年年讲、月月讲、天天讲，对违章营运车辆又查车又扣证，疲于奔命，但好像效果都不佳。特别是市民百姓，对此也从来没有满意过。恶性案件，犹自层出不穷。事实上，广州对违章违法泥头车的管理，从省领导到市领导，从平面媒介到电子传媒，都不断关注过；老百姓更是街谈巷议，历久弥新。可是有关部门都还只是头痛医头，脚痛医脚，对个案处理雷厉风行，但系统执法却束手无策。其实，早就有政协委员提出，应将建筑开发商、工地负责人、运输公司业主和司机捆绑管理，一旦出事由四方共同承担责任，但是我们在法规上的衔接，却没有到位，执法的落点，大都直接落在操控泥头车的司机身上。相反，对那些最大利益的获得者，却往往没有或者不能予以有效制裁，甚至就是有些经济制裁，最终也会莫名其妙地被自由裁量权一一化解。

天下熙熙，皆为利往。城市中的违章泥头车这个现实问题，实际上是从建筑工地延伸到泥头车的这条利益链与目前城市管理中执法权力链博弈的结果。显然，目前我们执法的权力链的衔接是脆弱的，而违法营运泥头车的利益链是紧密的，从而造就了抗衡而不制衡的局面。事实上，一方面我们要打击那些风风火火地在城市之夜里奔忙的违法车辆，但另一方面，我们更要研究，怎样约束那些在违法泥头车的营运中，获得广大利润的幕后出资人——这些参与者当然就包括那些鼓励并提供土壤的建筑开发商、工程项目投资人以及运输物流业的业主。只有法规和执法的刚性约束能够真正打断产生违法泥头车的利益链，实现分而治之，各个击破，令利益链的上下游演变成相互制衡的利害约束，我们才算是真正建立起一个管得好泥头车的系统工程，也只有这样，我们每次整治的行政资源，才不会流于走过场和被浪费。

作为市民，我们力挺有关部门的“旋风”行动，同时也更期待“旋风”行动能升华为长效的系统工程。

为合法泥头车造天堂就是给野鸡泥头车造地狱

刊于2007年10月26日《羊城晚报》A11版时评

“旋风”行动是大快人心的，这一行动能够立竿见影，充分显示了我们有关部门执法和堵漏的智慧；但与此同时，显示出服务和疏导的智慧，才更是摆在有关部门面前的一个高难度课题：只有建立起合法经营者的天堂，才有可能把非法经营者彻底打入地狱。

短短一天一夜，在五部门联手的“旋风”行动的万钧雷霆之下，城市中一度视法规于无物的非法泥头车，偃旗息鼓了。城市难得的清静了，这又一次证明一个真理：那就是法规的威严，系于执法的力度和尺度。显然，在高度集中的行政执法资源充分发挥的压力下，起码在未来相当一段时间，非法泥头车在城市中肆虐的境况，应该不复存在了。

设查车岗、逢车必称，以及工地巡视等一系列有效手段，充分彰显充足的执法人力能很快形成有效执法环境的力量，迅速地还老百姓以出行的安全。然而，立竿见影与持之以恒，在有限的行政资源运用过程中，往往是鱼与熊掌，不可兼得的。何况，目前的执法环境，发挥作用的仅仅是泥头车行业外在力量。要有长效的管理机制，恐怕还是要通过政府扶持相关行业内部的力量，重建经营的伦理以及有序的行业经营规则，才有可能让合法泥头车强者愈强，显出合法经营的力量。

不少的数据表明，我们在严查死禁非法泥头车的同时，如果不能进一步为合法泥头车的运营提供更有效更低廉的服务，则此次整顿的成果，难以为继。据媒体报道，正在城市中讨生活的泥头车，约莫有三四千辆。而证照齐全的“正规军”却仅有1000余辆，其他的“游击队”，却都是非法和半非法运营的。而之所以形成这样的局面，很大程度上在于“正规军”经营成本，远远高于“游击队”。显然，倘若我们在加强执法的同时，不能够帮助“正规军”降低成本或者提供更好的经营环境，那么，“游击队”驱逐“正规军”的戏码，在“旋风”过后，势必还会粉墨登场。

从长远来看，合法经营者如果在成本远高于非法经营者，同时又没有享受到足够的服务的情况下，势必向铤而走险迈进。因此，想办法为合法的泥头车行业提供更有效的服务，减少名目繁多的行政许可收费，便成了当务之急。事实上，政府是掌握着城市所有工地的动态资源的，从服务出发，我们完全可以扶持搭建一个让所有合法企业都参与的网上或者现实的信息交换甚至竞标的平台，通过这个有效的信息平台，降低企业的谈判成本，也使合法企业能够垄断有效的资源，在行业资源上把非法经营者屏蔽在行业之外；与此同时，应该研究降低或者取消部分的行政许可收费，尽量让合法企业把经营成本降下来。此后，在穷尽一切办法为合法企业创造一个优于非法经营的行政环境的情况下，充分发挥行业协会的自我约束作用，在行业中提倡正确的经营伦理，建立人员与法人的行业准入制度，同时，让行业协会站在自身利益的立场上，组织社会力量监控举报纵容非法泥头车的工地以及经营者，等等。

总之，“旋风”行动是大快人心的，这一行动能够立竿见影，充分显示了我们有关部门执法和堵漏的智慧；但与此同时，显示出服务和疏导的智慧，才更是摆在有关部门面前的一个高难度课题：只有建立起合法经营者的天堂，才有可能把非法经营者彻底打入地狱。

管泥头车，要以目标执法替代忙碌执法

刊于2007年11月5日《羊城晚报》A3版时评

管理部门迫在眉睫的任务在于，一要合法的泥头车如何守法经营的问题，二要杜绝野鸡车的生存空间。从工地源头着手从严执法，才能真正令到违法泥头车真正刹车。而在现有的技术和法律环境下，这是完全有可能的。

广州治理泥头车的旋风行动，如火如荼地在夜幕之下展开。从陆续公布的种种消息看来，这场由五大部门联合、动用了浩大人力物力资源的执法专项行动，已不断取得阶段性效果：除了一些野鸡泥头车继续肆虐之外，泥头车明目张胆的违法运营行为，已经日渐收敛。但是，舆论虽然一方面盛赞这项行动卓有成效，另一方面却还忧心忡忡：普遍认为行业中的许多症结，尚未得到根本的改善，违法泥头车死灰复燃的阴影，还是笼罩着城市未来的夜空。

泥头车违法运营无法无天的状态，其危害性表现为泥头车的超载和超速，这仿佛仅仅是个交通秩序的问题。然而，当人们把疑问扩展到行业背后，却发现在超载和超速这个“表”的背后，暴露出在散体物料运输这个行业当中，一连串的利益链条，不断地间接或直接地鼓励和促成泥头车的违法违章这个“里”。更可怕的是，有关的利益群体为了自身利益的最大化，不但为违法违章的野鸡泥头车提供着生存的土壤，而且，还形成了一种迫使合法的泥头车“野鸡”化经营的恶劣环境。无论是工地要求车辆超载，还是合法经营成本高；无论是野鸡车数量是合法车的三倍，还是司机们抱怨守法运输收入少……种种现象表明，城市中的这个行业，已经成了经济学上“劣质经营”驱逐“良性经营”的典型。

事实表明，有关部门所面临的治理途径是，仅仅通过围追堵截路面执法罚款，只能遏制违法现象的势头，而由此指望根本解决行业中的混乱状况，其实是不可能完成的任务。实际上，管理部门迫在眉睫的任务在于，一要解决合法的泥头车如何守法经营的问题，二要杜绝野鸡车的生存空间。这两个方面相辅相成，缺一不可。舆论普遍认为，在从严执法的前提下，从工地这个源头着手，才能让违法泥头车真正刹车。

在现有的技术和法律环境下，从工地抓起为合法的泥头车创造有利的经营格局是完全有可能的。众所周知，没有《余泥排放证》的工地，雇用运力排放余泥，是要冒巨大的经济风险的。这意味着，政府部门在发放此证过程中，掌握了绝大多数工地里的余泥排放动态。既然如此，那么我们也就有可能掌握有关工地排放余泥的数量和时间，尽管每年城市需要排放余泥是1800多万吨的巨量，但同一时间排放余泥的工地以及集中排出的余泥总是有限的。因此，我们就有可能针对不同时段排放工地，派驻监督员或者建立必要的视像监控系统，如是，是完全有可能管住超载问题的；而如果有关的监控系统能够与营运证照及车辆编号系统联网，那么，野鸡车的营运问题恐怕也很大程度可以遏制。至于超速的问题，既然掌握了余泥工地这个始发点，对规定车辆和规定路线也就可以予以控制……而逐步建立了有关基础管理系统之后，着手运用现有法规对非法经营的野鸡车用重典坚决取缔，就有了坚实的环境基础。至于在行政许可收费方面，逐步降低合法经营者的成本，把违法经营者引导到合法经营的轨道上来，则是另一个需要政府努力解决的课题。

当然，现实中的解决方案还有很多。对看似难以治理的泥头车问题，我们认为，部门联合执法只是解决泥头车违法经营的第一步，而运用科学的手段，重新在科学发展的思维下打破部门资源的藩篱，真正实现信息和资源共享，重组现行管理执法体系，同时发挥行业和相关行业的积极性，以目标执法替代忙碌执法，才会长治久安。

推荐一本颇值一读的好书

刊于2009年7月13日《羊城晚报》A2版时评

《走进新加坡　走进香港》，是羊城晚报出版社不久前出版的一本书。这本书是由我们的首席记者樊克宁和经济部的青年记者蒋铮合著的。

两名女记者作品的结集，缘起于《羊城晚报》去年下半年起连载的同名专题报道。这一组报道得到了省委主要领导的好评，他表扬有关报道表现了省内媒体的世界眼光和新闻眼光的敏锐，体现了应有的政策水平。这位领导还认为，有的报道可以汇集起来供珠三角党政主要领导参阅。

在这本并不华丽的小册子当中，两名女记者是揣着一堆目前最为热门的公共政策话题，闯进新加坡走进香港的，多年来，像这样以翔实观察纪实见长的社会调查式的采访报道，已经不多见。虽然，它们不以田野调查那样的冗长和细节的展示见长，但正如她们自己思考时说的："可以明确地说，观察这些城市在经济建设和各个公共管理领域的'制度建设'，最要应该是观察它的观念性问题。观念是制度建设的理论基础，是制度产生及施行的合理性根据。在不同的观念指导之下开展制度建设，必将带来不同的效果。"

与其说这本书的观点特别，不如说两位女记者的视角特别。她们不仅仅是旅游者，走马观花地去领略一个城市的美艳；她们也不是无的放矢的杂乱的观察家，把一切所见所闻都拉杂写来；她们也从来没有把自己看作是所谓的评论家或者高不可攀的学者，总是以宏大的叙事把生活中细节的精华化为遥不可及的虚无。她们只是按照记者的逻辑，理性地把日常采访的经验和思考，朴素地以求解的心态予以印证，从而把我们的公共制度与政策的设计难点作为采访的出发点，然后不厌其烦地厘清各种夹缠不清的利益关系，把公共政策与各种利益的博弈结果展示出来，从而揭示出合理制度的无比管制威力。在这本字数不多的小册子当中，最震撼人的并不是作者解谜般的结论，而是她们小心翼翼地探索制度秘密的过程。在这本书里头，从头到尾浸淫着这样一种疑问：好的制度构想为什么我们没有？这么容易做到的事情我们为什么不做？我们到底是不想做还是不能做还是做不到？这恐怕就是这本书最深沉的忧患意识！

樊克宁是长期研究文化的记者，蒋铮则是一名经济记者。两位记者形成了奇妙的组合。她们的合作使这本书兼具两个采访行当的特色。一方面全书从文化观察入手，从价值观、人性、人心的格局中寻求制度的目的答案；另一方面从发展战略的布局入手，从战略的目标中获得公共政策制定的逻辑性。正是从大文化和大战略切入，以人性为依归，两名女记者细腻地抓住新加坡以及香港两地的法治、反贪、产业升级、公交、住宅政策、城市规划等公共领域的发展和治理过程，揭示着完备细化的公共政策是如何成就真正的政绩，实现社会的和谐的。认真地读着这本书，虽然并不能完整地说是制定公共政策的教科书，但是，对任何一位关心和关注公共政策制定的读者来说，这是不可或缺的启迪性读本，也是难得的社会考察报告。

第六辑

大城小议

TANGLANG YOUHUA

——为《羊城晚报·广州新闻》版撰写的城事评论

6

紫气东来

刊于2005年9月5日《羊城晚报》A9版《广州城事》

做生意讲地头，讲成行成市。同样被“钦定”为步行街，但是北京路北段的商家，看着南端那火红火绿的光景，端的不由人不眼红。

然则，看官莫急。举凡商业重地，有个历史沿革的问题。北京路南端旺区的形成，人气积累久矣，何北端不同，那是顺势而为，水到渠成。不管怎么说，中山路一隔的北段，不过是因为南端的饱和，这才有幸忝陪着步行街的末席。

既然是步行街中的“细路哥”，那就没必要眼红人家的发达，当务之急，固然可以希望政府的配套安排，来个一视同仁，让这一个区段，打造出适合更多人聚集的场地来。可是，步行街之所以为步行街，是因为它的营商环境，有别于超市百货公司。所以，是为当地的商家，当以经营的特色，拉近人流，才可聚齐充足的人气。窃以为，北京路北段未旺的根本原因，实在于此一地段的商铺，似乎有点抱残守缺之嫌，大抵不过是图书文具之类，即便是运动品牌，也只是呈守成态势，很少有些促销振气之举。久而久之，自然淡出鸟来。

其实，北京路的北段，与其说是一段短马路，不如可看作是个小广场，而小广场的态势，借着财厅大楼的雄浑，在地理的条件上当然可以营造出比南端更有气势的商业氛围。倘若这边厢的商家们，更看透两端营商成本的差异，取个低成本经营的战略，不愁不能做出一个地段的价格落差。由是，大事成矣。

坐商言商，不如坐而起行。等人气至，不如引人气至。君不见英雄广场地下的“流行前线”，地理条件并不佳，但却也盘满钵满。用多一番心思，自然紫气东来。

治“咸”之策

刊于2005年9月6日《羊城晚报》A9版《广州城事》

广州的方言俚语，每有生动之作，比如对性骚扰者，便唤作“咸湿佬”，漫画般活画出此一人等猥琐阴暗的嘴脸。而对他们“非人”行为的概括，又从“咸”字引申，贬之为“猪手”，于是，“咸猪手”就成了性骚扰行为的代名词。

据心理学家分析，“咸湿佬”的心理多半有点自卑。明意识上，或都知道自己的行为，有违公众道德；潜意识当中，却又约束不了自己的本能，结果就让自己的“咸猪手”频频伸出。然法律规定，在公众场合“咸湿”，那就违法。因为这种行为，直接侵害了他人的权益，妨害了他人的自由。也就是说，伸“咸猪手”就是在侵害人权。

在现代的都市，人群聚集的地方，如公车地铁商场处，“咸湿佬”混迹其间，视之为伺机作恶的“丛林”，他们所以得手，在于手段隐蔽难于指证，也在于当事人的不敢指证，所以防不胜防。日本社会病态，“咸猪手”为害甚烈，于是有了“女性车厢”，近来，更有了“妇儿咖啡馆”，颇有令女生们惹不起却躲得起的架势。是故，从防患于未然出发，广州也有人从人文的关怀角度，建议地铁仿而效之。

然则，以广州的世态而言，一则其“咸湿佬”之患，未至于成群成团，实癣疥之疾耳。二则其防“咸”需求，还没到大有市场的地步。所以，“女性车厢”之议，当属超前。不过，人群摩肩接踵之处，难免常有败类。但心理专家指出，要根除这些“咸友”，公众氛围尤为重要，只要受害者大胆指证，公众们唾而弃之，自有灭其色心色胆的奇效。“咸湿佬”，毕竟属“荫生动物”，经不起曝光。

看到成熟

刊于2005年9月7日《羊城晚报》A7版《广州城事》

广州市并区，两千多公务员岗位调整选调，这对于广州来说，可是个“大动作”！历史的选择，使一向相对稳定的区级公务员们，要对城市的发展，做出一定的个人牺牲，他们既参与了历史，也见证着历史。

与以往的“指到哪里就打到哪里”的原则不同，这次公务员的“大执位”，借鉴了部分的劳动力市场的运作方法，实行“双向选调”，使很多原本以为“一劳永逸”的老公务员，经历了一次“临老学‘嘀哒（唢呐）’”式的抉择，体会一番“人才市场”的社情民意。

放松心情，放飞希望。这次公务员的“双向选调”会运作得相当透明。从报道来看，广州的公务员对此番“跳槽”的认识，相当达观，大多数人把这看作是机会而不是负担，很多人的选择，宁愿把目光投向南沙、萝岗等新区，哪怕这肯定会给日常家庭生活带来一定影响。而新区的单位呢，也求贤若渴，真像民间劳务市场上的招聘机构，“明目张胆”地张榜纳贤。这番有条不紊的景观，正于细微之处，体现出广州的公务员队伍，是多么成熟！

“上屋搬下屋，不见几箩谷”，大规模的干部调整，本是伤筋动骨的举措。但广州市公务员这次大规模的人才流动，颇显活水微澜，这也说明，政府的运政能力和人力资源整合手腕，相当高超熟练。作为“治下”小民，我们由衷希望，在这“双向选调”的旋律之下，我们的公仆们，都能够人尽其才，各当其位。而公务员们经历了这番“酸酸甜甜就是我”历练后，对情为民所系有新的认知。

秩序意识

刊于2005年9月8日《羊城晚报》A7版《广州城事》

昨天上午，消防部门在天河北进行“仿真”演练，演成了天河北的交通大瘫痪。

天河北一带因为规划上的问题，早为市民所诟病。这次消防部门“牛刀小试”一下，就搞出个“大头佛”来，可见这一地区的疏散能力的脆弱。这次演习，只有一栋大厦作为“火灾”点，就搞到连消防车也因塞车迟到了4分钟。不难想象，倘出现多点事故，有个连锁反应什么的，那就会有多么残酷的“远水不救近火”景观。

规划思维的短视，导致城市新区的某些僵局已成事实，无从改变。但是有序的交通习惯和健全的忧患意识，未尝不可亡羊补牢。显然，这次演习过程可见，平时马路的人车无序的交通混乱，到了危急关头，就会成为抢救的瓶颈，可见，没有良好的交通规则观念，实属“损人不利己”的行为。

有媒介对目前广州的应急疏散能力表示担忧，由此设问广州市对大型事故的承受能力。

这问题对政府来说，是个挑战性的课题。而对于市民来说，则很简单，习惯遵从交通规则，在公共场合听从管理人员的指挥。这既是一种文明的意识，也是自保能力的培养。在现代社会里，“走得快、好世界”不是绝对真理，健全秩序意识，这才能“磨刀不误砍柴工”。

想到工会

刊于2005年9月9日《羊城晚报》A7版《广州城事》

城市中，妇女有了权益方面的问题，她们会先找妇联；工人遇到不公的待遇，他们会先找工会。这些机制发挥协调和保护的作用，最后解决问题，那就保证了社会的和谐。

农民工进城打工卖力气，自然冲着微薄的工资来。老板一旦欠薪走佬，他赤条条无牵挂，光棍劲头一来，便以生命为赌注，博社会同情，给政府施压力，以为以尊严和性命作代价，就可以追回那微薄的权益。城市中近来常发生的“高处欲跳‘秀’”的个案，情况大概如此。

恻隐之心，人皆有之。然则，城市是个有序社会，当这类“讨薪之秀”不时打乱社会的节奏时，舆论就要在这其中，被迫作两难的选择。近来市民对此举开始颇有微词，不是因为他们天生冷血，而是他们必须作现实的选择。毕竟大多数人都不希望社会起混乱！

讨薪者的权益，法律已有明文。解决的管道，也已经敷设。问题是我们的社会对农民工进城，还没有完善的辅导。如果城市中的工会也来取开放的姿态，真正接受和容纳他们，种种“讨薪秀”，定会减少。

规范报警

刊于2005年9月12日《羊城晚报》A7版《广州城事》

110、119、120等紧急情况的电话呼号，妇孺皆知。在任何家庭中，孩子们懂得用电话起，最早知道的“有用”电话号码，可能都是这些。

与时俱进，随着“拇指族”在都市中繁衍，警方开通了020110的手机短信报警呼号，强化为人民服务的功能。事实证明，这一短信报警呼号，在很多的特殊情况下，方便了公民们履行自己的义务，能“秘密地”为警方提供线索，以维护社会治安及自身的安全。

不过，从实践看来，由于这是新生事物，020110开通半年，还没有像110那样植根人心，加之由于用文字来表述比口头表述来得难度大些，短信报警，还并不是很普遍。警方收到的短信，有时也有些不完整，这令短信报警功能的发挥，并不那么淋漓尽致……

空短信或错误表达的短信，既增加警方的工作，又不利于及时救援，误事。怎么办？想到所谓报案，不过也与报纸报道新闻差不多，无非要讲明的是何时、何地、何人、何况等等，以便警方及时做出正确的反应。

如是，短信报警宣传时，何不弄几条“规范”的格式短信，告诉公民在不同状况下的不同做法，让公民们一一记下存到手机的草稿本、收藏夹里，一旦遇到情况，填上几个关键词，便就能准确报警了。

逾越的爱

刊于2005年9月13日《羊城晚报》A9版《广州城事》

社区中的志愿者，是都市里有爱心的一群人。他们的存在，是生活中一道最璀璨的彩虹，所有人都应该赞美。

一个“帮”字，道出志愿者行动底蕴的全部。每一个志愿者，心愿中都洋溢着帮助有困难者的冲动。

但是，志愿者不是神仙！志愿者机制的设计其之所以能发扬光大，是这个机制只要求自己的同盟者，在力所能及的情况下尽力帮助别人。倘若要求志愿者在逾越能力的状况下帮助任何人，是对志愿者的不尊重，那会侵害志愿者私人的自由空间。事实上，爱心只有在对等公平的天平上体现才最自然。逾越能力的“爆棚”爱心，是不可能长久互动的，很多情况下，这对施爱者和被爱者来说，都会带来伤害！因此，在通常惯例下，志愿者作为社会互助机制的辅助人员，只参与“低端”社会活动，平凡地展示自己爱的胸怀。

与一般的简单抚慰不同，提供心理咨询无疑已是复杂的“高端”社会活动，它已经涉及医学、心理学、社会学等专业的科学领域，除非是受过训练的专业人员，一般的人员插手参与，哪怕是业余高手，都已经逾越了自己的能力，所以，理论上是不主张“无牌”志愿者，涉足其间的。这样的制度安排是多年经验的结晶，也是对志愿者机制的信用保障。

超越自己能力地施爱，会犯下“同情的罪”，于己于人，都没好处。如果要求倾诉的人多，自然会产生善于倾听的机制。志愿者应当推动这种机制的产生，而不是取而代之。

治司机“牛”

刊于2005年9月14日《羊城晚报》A7版《广州城事》

公交车司机马路上“虾虾霸霸（欺欺霸霸）”的新闻，时有所闻。但所属公司，却鲜见当负“教化”之责后续报道。

“一样米养百样人”。崔司机之所以“牛气冲天”，也许是性格使然，属个别极端事件。但是许多公交司机，在警方和公交稽查看不见的时候，凭公交车的躯体优势，横冲直撞，早为市民所诟病。以法律面前人人平等的观点看去，公交车本不应有什么特殊性。皆因公交车承托着乘客的安全，所以司机们无非挟乘客以称“雄”，成为马路一霸。

这次对崔司机行为的管治，用了“重典”。“子不教、父之过”——但如果我们有个机制，能将公交司机的行为同其所属公司的收入挂起钩来，那这个“典”，效果会更佳。

平民意识

刊于2005年9月15日《羊城晚报》A7版《广州城事》

中国的百姓对于自己心中的领导人，除了职务的称谓，都爱在称呼中加上些形象的表述。这是领导人的作风，在百姓感性认识里的朴素印象。温家宝，大家就将他唤作“平民总理”。

温总理在广州逗留时间并不长，行程依例也有周密的安排。但是在温总理行程追访中，还是凸现出人民心中那把秤，掂量得有多准。温总理来到工厂、科研单位以及社区当中，不是“微服出巡”，但是他同百姓之间的沟通，就像是在拉家常，和邻居们之间的打招呼没什么两样。而以时间做尺度，他在社区中停留的时间最长，他对社区中的医养境况，问得最详细。

把相当的注意力集中社会的最基层，使自己的步履贴近到百姓中。温总理的行止不管在实践意义上说还是从象征意义上说，都充分显示出他的平民意识。

点中“死穴”

刊于2005年9月16日《羊城晚报》A7版《广州城事》

娱乐业大鳄华纳唱片公司状告广州加州红一案，以华纳的胜诉一审落幕。这场官司涉讼的钱不多，但象征意义重大。对于“卡拉OK”来说，委实是个晴天霹雳，分分钟有可能被各类版权人“捉住鸡脚”，告到“大出血”为止；而对于华纳们来说，则是天籁福音，依此判例，只要写上几封律师信，就有可能将大把的“卡拉OK”厅收于彀中，当作分销商无异。

版权问题是绝大多数“卡拉OK”厅得以低成本经营的“死穴”。这一判例的成立，意味着它们“免费午餐”时代的终结。敢问路在何方？恐怕这行当要保证市场的竞争优势，要参考一下电影发行业的“院线制度”，最终要乖乖被人家招安而去。华纳公司为那点“湿湿碎”的钱大开庭讼，个中“阳谋”，自然是有一手收钱、一手收“线”一箭双雕的打算。加上广东是“卡拉OK”厅的策源地之一，在此间打赢官司，等于通报全行。这真是有“不战而屈人之兵”算着，用心良苦。

知识产权是当今市场上“杀人不花本钱”的利刃之一，华纳这一次“大炮打蚊子”，就是以这个法律支点，撬动了“卡拉OK”行业的根基。

放心与透明

刊于2005年9月19日《羊城晚报》A7版《广州城事》

广州的放心早餐在海珠区试行三月，不放心的事情出了不少。光媒体披露，便有卫生问题、卖剩余物资问题等，现在又来了个差价问题。这些问题查实后，“黑镬”都背在分销商——餐车那里，属于“管理细节”，与制度无关。

然则，按照放心早餐工程的六个统一的规定：统一生产、统一配送、统一餐车、统一服装、统一价格、统一服务，目前城市中能够通过标准又能够为市民认同的企业，恐怕只有一两个，有代表性的比如“麦当劳”，可惜“麦当劳”为自己的“统一”，必须承担比较高的管理成本，所以不可能在低价格的轨道上运行，自然，不可能纳入“工程”之中。除却“麦当劳”的出品到底是不是“垃圾食品”的高端争议，应该说，它在人们的心目中还是比较“放心”的。

无意为“麦当劳”卖广告。不过，在同等商业生态环境中，要进入“放心工程”的企业，又要“麦当劳”又要低价格高质量，想来几乎是个“不可能的任务”。这想法，其实和将广州的早餐供应市场，变成一个“大饭堂”，没什么两样。凡是在单位饭堂吃过的人都知道，公共饭堂要搞得好，除了高补贴加透明度之外，别无他法。

靠经济规律办事，只要一个统一——统一的质量标准就行，至于价格、至于服务，看看市场就知道解决方案了。放心早餐的前景如何，不敢预测。在目前已经上马的情况下，让整个供应系统的各个环节标准化后更透明化吧，市民知之，则监督也就到位。但是，企业真的愿意“透明”吗？

楼巴再现？

刊于2005年9月20日《羊城晚报》A9版《广州城事》

小谷围是个岛，岛内建了大学城。就建设而言，广州于是有了“大学城速度”，令人叹为观止。

既然有了城，便得住进人。所以，10万学子和工作人员蜂拥而入，成了大学城的“岛主”，好风光了一阵子。但是，当他们“安居乐学”之后，才发现自己真成了“堵主”——因交通不畅被堵在岛里的主儿，好生烦恼。

大学城的硬件建设美轮美奂，但进出如此不便，不能不说是美中的大不足。有关部门在此之前不是完全没有规划的，一批公交汽车早就已经到位。但显然，有关部门对大学城的交通状况似乎调研不够，没有充分重视到进出此间的人流，是个“大出大进”的人流，按照普通的情况应对，在上下班或节假日，调度起来不免就顾此失彼，再加上岛外的城中交通本来就不畅，人潮外涌时自然来不及“江湖救急”。

公共交通虽然不是慈善事业，却是政府必备公共服务，因此缺位造成人们不便，被“骂娘”是必然的，问题是被骂之后，有关部门会不会“脸红”？“脸红”之后，又会不会马上改善？其实，公交单位也有难处，大学城的车流调度，一时挤一时松，不像居民出车那么有规律，倘若有备无患，可能要空置资源而亏本；人潮峰值时再说，又忙不过来。委实“顺得哥情失嫂意”，颇有难度。

然而，公共服务，以民为本，不能简单利润最大化，由不得你不下血本。正所谓“食得咸鱼抵得渴”啊！难道也像早些年那样，番禺楼盘建设时交通配套缺位，使得发展商不得不出“楼巴”下策，到后来人气聚起，便又厚脸皮接收么？如是，大学城管理当局，也许得考虑一下集资办“校巴”了。

有“容”乃大

刊于2005年9月21日《羊城晚报》A7版《广州城事》

人有三急，无地自容。广州市城区和商业旺地厕所布局不合理、标志不醒目的问题，由来已久，媒体呼吁也已不是三天两天。

就建设的质量而言，广州已经基本完成了老公厕的改造，也建成了一批颇有示范价值的“星级”公厕，应该是很有些成就感了。又据说为了减轻管理成本，行内又在“如厕”上做出了不少“生意”文章，于是捣鼓出不少“厕所商机”来，令人佩服。

就服务多元化来说，厕所的文章是做到了“有条件就上”了，但就城市配套来看，不能不说是“麻麻地”，无论在旧城区改造上，还是就新城区布局上，那“方便之门”总不见“堂而皇之”。不知是由于“没有条件上”呢？还是因为公厕属于“落后文化”的代表，总之，以人流增长做分母去比较，解决“下半身”问题的公厕，是愈见日少。殊不知，厕所文化建设，也属社会文化建设的范畴，公厕的配套也显示城市的公共事务管理水平。

为了亡羊补牢，广州的有关部门公布过一个通告，要求公共场所以厕所的“有余”去补“不足”。但两年过去，由于通告是属“劝谕”性的，权威性不足，很多公共场所自然不会让“三急人士”宾至如归，毕竟，这不是“规定动作”，一个安全理由，便可令你当堂止步。

在国外的旅游城市，厕所配套是以立法形式规定的。即便不见公厕，但对沿街商铺，却规定必须建造厕所才能够开业。而且，这些商铺厕所，还规定标识清晰并不得拒绝外客，为此，还有投诉和稽查机制，甚至还有罚则，可见，厕所的问题，也是可以立木有信的。

旅游城市讲究“有容乃大”，让人“无地自容”，大家都有损失。我们的城市也来个立法治厕，如何？

也谈塞车

刊于2005年9月22日《羊城晚报》A8版《广州城事》

广州市塞车的问题，天河中心区是只麻雀，能不能解剖好这只麻雀，考验我们的智慧。

规划的问题不说也罢，说也白说，已经既成事实，还不如面对现实。

贵气的天河中心区每天堵得慌，与市领导所讲的“交通管理力度不够”的情况，是不是很贴合，我辈小民所见不远，故此不得而知，但对居住在天河、上班在天河的人们的被堵痛苦，却也感同身受。

报载说广州城区道路有34个点段在交通高峰期会塞车，有11个点“塞车很严重”，想来，既然已经有数据，那肯定出现状况就不是一天两日了，如此，带规律性的塞车，由来已久。这表明什么？表明我们的管理能力，不足以把问题消弭在萌芽状态，表明我们总是预见不到，在不远的明天，城市的发展，会有怎样的问题。

很多专家预测过，天河有朝一日，会出现今天的情况；也有专家预测，珠江新城的明天，也很可能会像天河的今天。专家还预测，海珠区如果不未雨绸缪，大面积的交通“肠梗阻”，也不可避免。专家的预测为什么会准？专家的道理其实很简单，人流的聚集，与对交通的高要求，成必然的逻辑对应关系。

原来，交通堵塞的问题，无非是个分流的问题，那么，如何分流天河中心区的车流，就是解决问题的关键。事实上，现在通过天河中心区的车流，细分上不过只有三股，一股是公交车，一股是过路车，还有一股就是要在区内落脚的“当地车”。运用一定的交通管理手段，让这三股“势力”各行其道，让公交车通畅，过路车直通，“当地车”归位，一切就好办很多。至于行人，天河中心区是广州城内人行设施最健全的地方，用执法的手段，让人们养成文明习惯，情况自会改善。

非常时期用非常手段，特殊地点用特殊规则，才能各适其适。

从难不从简

刊于2005年9月23日《羊城晚报》A7版《广州城事》

新光快速路修建中，又遇“钉子户”，拆迁方动迁了几年，都还没有成功，眼看工期在即，肯定急了。

在这宗个案中，“钉子户”之所以成为“钉子”，在法律关系上，应该是老汪一家同业主之间的纠葛，而不是老汪与拆迁方之间的矛盾，虽然，事件中很多冲突，发生在后两者之间，令拆迁方和施工方很是烦恼，但若简单化处理，就可能越俎代庖。

促使业主一方出面妥善处理，这是循合法合情又合理的途径，诚然，老汪家的理由确实有其不尽合理之处。但是，在法治社会，程序是公平的基础，而涉及公权力的民事问题，启用有人情味的程序，则是真正的情为民所系。至于业主一方，也不能当甩手掌柜，袋袋平安之后，把问题推给社会。

虽然涉案各方各怀心事，但是“换个姿势再来一次”谈谈，还是很有必要的。

社区邻里

刊于2005年9月26日《羊城晚报》A7版《广州城事》

广州居民之间的关系，随着城市中新型居住模式的改变，正在形成以社区为依托的邻里关系。今天这里刊登的两则消息，都同社区有关，尽管内中的有关内容，所表达出来的诉求，是截然不同的，但我们不难看出，住在社区中的人们，无论是追求精神生活，还是在日常生活当中遇到烦恼事，最容易寻求互为依傍和守护支持的，无不把自己的欲求，寄托在社区居民的互助之上。

自从“单位”随着社会进步的步伐，离我们的日常私人生活渐行渐远，大家从单位人成为“社会人”之后，邻里关系尤其是社区的邻里关系，便开始在一般的家长里短的“八卦”中升华，有了更为深刻的共同利益。无论是日常的歌咏队也罢，“非常时期”签名征集也罢，同进同退的邻里同盟，总是以这样或者那样的形式，活跃在社区的邻里之间。这不仅是社区人的素质比较高的缘故，而且是新背景下的邻里关系，得以在渴求优质的公共服务上，找到共同支点的缘故。

新型的邻里关系对公共服务提出了更高更细的要求，那么，对于提供这方面服务的机构和组织，也应该进一步成熟起来，根据这些新的标准，转变立场，提供新的服务。这就是机制上的创新。

家中药罐

刊于2005年9月27日《羊城晚报》A9版《广州城事》

像“积谷防饥”那样囤积药品，是都市中长久以来的怪“传统”之一。因为有这个“传统”，所以药品商们的“以旧换新”的营销策略，才有了市场。

家庭中常备应急药品，实不为过。但囤药过甚，则有些费解。这其中恐怕原因有二，一是公医时代的“遗风”，先把公共资源拿到手再说；二是药品的市场，实在风云变幻诡异，更新换代快，价格也常新常贵，面对“药价膨胀”，普通小民只好出此下策，指望有个“抓拿”。这就是囤药的“社情民意”。

老百姓对医改有微词，其中有相当情绪是针对药价腾贵的。如果说药价的攀升还有“好处”的话，那就是现在药铺多过米铺——方便！现在这种“方便”深化到“以旧换新”上来，当然是好事一桩。但如果常用药的药价也能像货币一样相对稳定，人们家中的过期药，定会少。

照样关门

刊于2005年9月28日《羊城晚报》A7版《广州城事》

“住禁商”之后，在住宅中“偷步”经营的人们，抱着侥幸的心理，在同执法人员玩开了“猫捉老鼠”的游戏。本来，这知法犯法的所为，一旦被揪住，是不值得同情的，否则，法规的尊严何在？

然则，在执行“住禁商”过程中，的确有复杂的情况存在，它们扭结在一起，执法起来，稍有不慎，就会有不能一视同仁的错觉，这也会损害法律的尊严。“禁商”令所以不能一刀切，就因为禁令之前，有过一些模糊地带：在那些“住改商”的商户中，有的是因为合乎法规，办了“住改商”的变更手续、领有“永久性”的经营牌照的；有的是办了性质变更手续，但还没有领到工商牌照的；更有的是虽然没有办变更手续，但是领了工商“临照”……

可见，在这些商家中，比照各种法规的话，就有合法的、半合法的、不大合法的可能交过税费的和不合法的等各种类型，如果单纯地以“非法”去画线，那真是“一竹篙棒煞一群人”，何况，有很多开门想做生意的人，本不愿“非法”，只是由于这样或那样的原因，还处在“合法化”过程之中。只是碰上了“禁商”令，遇上了“政策风险”，“合法化”过程戛然而止。其实生意嘛，谁都想永续经营，谁又不想合法呢？除非那法确是“苛政”！

真正维护法律尊严的执法过程，不完全是得理不让人，而是应有更多的柔性。对不同情况的行为人采用不同性质的办法应对，则剑拔弩张的场面，大概不必经常上演吧。何况，总有办法令违法商家，无法开门经营的。执法得力或乏力，不完全以效率显示之，给点耐心和时间，如派个定点巡视员什么的，耗一耗，让经济规律起作用，经营不下去了，照样关门。

古城之变

刊于2005年9月29日《羊城晚报》A7版《广州城事》

古城多变，历史规律。

广州城始，出自秦汉。后至晚清民国，不过东到大东门西及西门口，北止越秀山南到滨江路一带。其后一变，因商业和旅游而繁衍出“荔湾”，因官衙宦属派生出“东山”。然后新中国成立后一变再变，始有“老四区”而后又有“老八区”。早去二三十年，市民也只知郊区而不知芳村区、白云区为何物，更想不到会有林林总总的商业区和社区。可见世事嬗变，虽有哀荣之叹，却不必过于执着。何况看广州之多变，是越变越大，越变越好，能不慰怀有加？

人别人，说离愁；人别地，讲别绪。人未走，地未去，只不过是行政区划的调整，虽然没了行政建制，但作为历史地名以及其中的各种文化符号，却是永远存在的，将这些有文化含量的传统保留发扬，本来无囿于新区旧区。古来多少形胜都会，虽时过境迁，但无不通过民俗，通过诗文，流传千古。当然，收拾一下心情，讲讲故旧，也算不无情趣。

“新区万岁，老区千古！”有好事者如是说，我同意。然而作为老广州，我们更会把对政经治理的盈掬期望，寄托于履新的新区领导者。

张弛之道

刊于2005年9月30日《羊城晚报》A13版《广州城事》

放假了。人人放松心情。

喜滋滋的是商家，看到盘满钵满的进账，所以有了“黄金周”的说法；兴冲冲的是市民，在终日的营营役役中“偷”得几日松弛，换换活法，走出去或静下来，大大满足了自我支配的快乐。

放假的心理暗示对人的影响如此强烈，可以反衬出为名为利奔忙给人的压力和紧张的程度。无论节前还是节后“综合征”，大家都以宽容的心态待之：不以物喜，不以己悲。当然，除了火烧眉毛的事情，效率低些，耸耸肩大伙儿一般也就认了忍了。

文武之道，一张一弛。都市中忧郁症的病例在增多，这种张弛心态为何一定要等到假日来了才调节呢？有朝一日，我们不把假日看得那么“隆重”，各种“综合征”也就不复存在了。平常的日子，也可以是假日，我们不妨每天给自己一个“假时”。

谈“老”上当

刊于2005年10月10日《羊城晚报》A7版《广州城事》

“银发”世纪，将是人类社会面临的重大民生问题之一。

先哲前贤们都没有预见到，当一个由寿星们构成的社会群体诞生，就更需要养老、医疗、教育、安全等公共保障资源的支持。近年，老人被骗的案例时有发生，这些个案的特征有两个比较明显的共性：一是同保健有关，二是与高回报的投资有关。面对这些个案，人们大都只有告诫一句老话：贪字得个贫！

这本是老人们告诫儿孙的人生哲理。现在“一报还一报”，颇为讽刺。然则，这黑色幽默中，却透视出我们社会保障资源上的若干缺失，应该引起重视。老人们关注保健问题，是因为他们老有所忧，他们发现老来依赖的医疗保健资源不足，不得不从追求长寿改而追求“久病成医”；老人们关注投资问题，是因为他们“老而入穷”，他们发现“养儿防老”的古训不那么灵光，不得不学着“落手落脚”赤膊上阵，想着把那点“棺材本”利益最大化；而由于老人们在资讯日益发达的现代社会当中，只根据以往累积的“可怜”知识来做判断，不免堕入“信息不对称”的陷阱，结果“老猫烧须”。

解读过“老人中招”的逻辑过程，就不难理解“银发世界”中的基本烦恼。那么，作为给老年人以保障的晚辈，作为未来的“银发”后备军，我们难道还不明白，今天为老人们工作的关键点和着力点，应该从哪里起花大力气去落实么？

话说重九

刊于2005年10月11日《羊城晚报》A9版《广州城事》

双九重阳，古来一节。这一民俗节庆之于广州人，在主题选择上，颇为“卡拉OK”：“登高”“思亲”“尊老”，都可以是其中意义。人们因人因地因心情而异，不妨按照心理需要，按照自己的能力，通过“自选动作”度过，不必要像清明、中秋、春节那样，非按“规定动作”完成，才算完满。从这意义看，把重阳节看作是自由之节，实不为过。

“登高转运”对于“老广州”来说，曾经是个主题，但随着人们生活安定富庶，已经淡出。倒是交朋会友，成了个中精髓。重阳节也是唯一可以不必计较一定要同家人过，却更强调可以与朋友们聚在一块儿的节日，因此，重阳节也可看成是国人的交谊节。

率性而为，登临高点，凑凑热闹。这种重阳节的过法，可见广州人的真性情所在。

不过话说回来，每年回头看看白云山要承托众多人群而不堪重负的模样，便不免感叹，我们的那份率性而为性情，发挥得并不淋漓尽致。我们的城市已经扩大，交通也更加发达，为什么我们的聚会之地，还总是白云山呢？诚然，就服务保安交通饮食园林等配套来说，白云山确乎是目前最为完美方便之地，但是，来点冒险精神，追求更多的野趣，把欢乐延伸到帽峰山等地，不是也很有挑战性吗？

咦，习惯成自然了！要改改习惯，不是不行，首先基本的公共设施的保障，要“兵马未到，粮草先行”。

不满由头

刊于2005年10月13日《羊城晚报》A9版《广州城事》

广州公用事业投诉服务满意度调查，从某种意义上看，就是我们这个城市公用事业的“形象调查”。

数据表明情况并不令人满意。意味深长的是，对公卫、医疗、教育等公共资源和公权力运用比重高的领域，投诉者在不满程度上，明显高于“市场化”程度高的电信、银行等行业。

“一样米养百样人”，对于投诉的结果，具体情况具体分析。这些部门的形象，之所以受到质疑，皆因其机制上出了毛病。而毛病所在，恐怕是一家独大或者多少带点垄断行业的味道；更在于对它们的约束力，仅表现于它们自上而下的自我监督和自我改善上，以致这些部门的每点改善，都仿佛有恩赐的意味。在现实生活的投诉个案中，“你不放刁他就不怕”的情形，屡见不鲜。

可见，在一家独大的情况下，要求自我监督是很难做到的。应该先在“透明度”上做文章，同时，从“他律”着手——除了有自上而下的监督之外，重点是要有一个横向的监督。

防“偷加料”

刊于2005年10月14日《羊城晚报》A9版《广州城事》

“苏丹红一号”事件，举世震惊。最后查出源头，原来是广州“田洋公司从2002年至今，一直在往辣椒红一号里偷偷添加以苏丹红一号为主要成分的工业染料……”

“偷偷”二字，应是本案关键所在。

痛定思痛，话题回到商业的诚信问题。信用是现代商业的根基，但是，从“苏丹红事件”我们看到，光有商业诚信作为“游戏规则”，还远远不够。诚然，田洋公司固然“罪该万死”，可在整个生产和销售的链条上，“苏丹红一号”竟然一路畅通无阻，在长达两年的时间里，田洋的原料产品，显然从出厂到终端，都脱离了监控，下游企业对原材料也没有通过各种手段，进行有效的进料监控。按道理说，田洋既给原材料“偷偷”加料，其产品合格性就肯定有问题，可微妙的是，这问题却居然没有及时发现，从而酿成大祸。

食品安全，关系民生，监控从严，义不容辞。在食品安全的制度设计上，目前我们对于原材料的监管，还是以自律送检为主，强检方面，由于成本太高，还不能普遍实施。因此，由下游企业承担部分严控义务，应是出路所在。

不是小数

刊于2005年10月18日《羊城晚报》A9版《广州城事》

公共利益在整合过程当中，很多时候于个人的利益会有冲突，既能够化解这种冲突，又能够顺利地完成整合，是为善政。

广州市有关部门提早通告，将于明年大规模整治市政设施违法占用行为，为美丽花城“清障”，无疑是得民心之举；而且，政府采取的办法是先规划建设后清理整治，保证平稳过渡，这是一种有序的管理。今天报载有报贩担心，把书报亭作为城市公共设施元素进行统一规划设计建设后，自己的生计可能因种种原因受到影响甚至出局，这是人之常情。对于我们来说，这是一个典型的公共利益整合过程当中，可能会影响部分人利益的个案。

4000多个摊位可能会受到影响，这不是一个小的数字。诚然，这些摊位的形成，有许多不同的历史原因，严格依照法规去评度，可能正与市政管理官员所说的，都没有正规合法手续，但是民生所系，妥善安置这一群体，既是考验智慧也是衡量我们整合公共利益的过程，能不能“执正来做”的指标之一。

随着公民意识的加强，人们对公共利益的整合，应当是理解的。所不能理解的是，往往在整合执法过程当中会有粗暴和简单化的处理，有道是：法律不过人情！给利益受到冲击的个体予以合理的退路，也是公共利益整合的要旨之一。

也要“严打”

刊于2005年10月19日《羊城晚报》A9版《广州城事》

伪造凭证乘坐公交车，由来已久。取消月票之后，打特殊证照或老人证主意的人，多了起来。制假贩假的人非法牟利，当属“严打”对象，不必多说。然则，同样可恶的行为，应该数那些用假凭证占用公共福利资源的人们。有市场才有供给，因此“严打”造假固然重要，但恐怕不“严打”一下“用假”的行为，造假的根源就会“根深蒂固”。

利用伪造的凭证骗取公共福利资源，在法制健全的国家是重罪。其行为的恶劣之处，不在于其骗得的资源多还是少，而在于其破坏了整个诚信的制度，干扰了社会资源公平的再分配，像持假证坐公车这种行为，行为人往往不仅要接受司法惩罚，还要留下案底，成为有诚信污点的角色，以后再享用公共福利时，将障碍重重。

老人无疑是社会应当时时关怀的群体，而法规上对老人的界定，自有立法的论证过程。未能纳入法律视野的老人，希望法规的庇护，其情可谅，其心可察。但铤而走险，利用自己的外在形态，倚老卖老，用假甚至造假，那就其心可“诛”了，这不是为老不尊么？事实上，我们应该加大对这类破坏公平的行为的惩罚力度，让这些人真正感到“晚节不保”的痛楚，才是治本之措。

当然，公车上特殊证照过多以及证照技术的进步，也是有关方面当及时调整的。

叫一声好

刊于2005年10月20日《羊城晚报》A9版《广州城事》

12319开通一周年，受到市民9.3万宗对城管问题的投诉，办结率97.58%，虽然还有2000多宗处理结果语焉不详，但从处理效率和结果来看，市民打分应该不低。特别是城管部门使用了GIS定位技术，实现了市区街三级联动办案，使投诉的处理图示化、多维化，管理绩效大大提高。可见，有关部门在处理民生问题上面，颇见“科学发展观”。

无疑，在城市管理这个大系统中，市民的投诉，多半是“鸡毛蒜皮”之事，但是，市民对政府的信赖，恰是从政府处理这些许小事的能力和效率逐步建立起来的。作为市井小民，对有效公共管理的体会，就在于政府怎样解决自己身边烦恼等诸多“小事”当中。市民的感受很朴素，政府“鞭长有及”，那就是执政能力强；总是“鞭长莫及”呢，问号就打在心头了。

数据最能说明问题。由于城管部门的科学管理，我们对所处城区和街道的执政管理能力，有了部分可量化的数据，你的管辖范围里投诉多，你就得好好照照镜子，到了评估业绩的时候，你就不得不面对事实，在数据面前你将无所遁形。

投诉权利是公民意识的基础之一，它既是市民保护自己公共利益不受侵害的手段，也是监管公共管理部门的手段，善用12319吧!

另类“锁定”

刊于2005年10月21日《羊城晚报》A9版《广州城事》

选择手机号码尾数为“88”又或是连号的人，大抵上是求个所谓“意头”，炫耀一下“身份”。但是在资讯社会中，有这类共同行为特征的人，要想低调想不受打扰，就不那么潇洒了。因为营销学当中，有“目标客户群”一说，专门锁定有共同行为特征的人们，倘若这些行为特征有经济地位的意义，则更是鱼龙混杂的推广活动追猎的对象，一旦近身，如恶鬼萦绕。

这种作茧自缚的境况，终于被折射到犯罪活动中来。日前警方破获的电话招嫖案，就是一个极端的例子。内中种种丑恶交易的由来，无不从带有特征的手机号码开始。如有变态畸形心理的， 遇上多半尽入陷阱之中，自以为消遣别人，却被人用种种“适销对路”的伎俩，狠狠“消费”一把。被警方抓住的那些人，更是“赔了夫人又折兵”，污点上身，极尽狼狈。

能够被不法分子瞄上而成为猎物的人，身上自有弱点。有弱点又有特征，就特别容易被锁定。身份通常不是“摆”出来的，关键是修炼出健全的心理和健康的行为。

知青情结

刊于2005年10月24日《羊城晚报》A7版《广州城事》

知青情结，是一代人的情结。因而，每每在知青的聚会中，我们总是看到久别重逢的感人情景。

作为一代人的集体记忆，在这内中既有激情也多多少少包含着一丝无奈。

正如咀嚼橄榄，越嚼越见滋味；生活如禅，哲理就在每一份经历、记忆当中。所以，我们在知青这代人的身上能读出许多共同的品格：他们刻苦耐劳，坚韧进取。时光荏苒，岁月如梭，今日的少年们，有多少能够深入到他们父辈母辈的灵魂，读出人生的种种沧桑！与现在流行的大中小学同学聚会不同，知青们的聚会，往往并不单纯有叙旧情谊，还有一点劫后余生的欣喜和安慰。

知命之年的聚会，也许已经淡化了许许多多的抱怨，更多的是百感交集的温馨。但每次的知青聚会，总流露出一丝告诉世人的顽强：中国历史上有厚重的一页，那就是不能忘记的一代人的青春——知青！

现在，这一代人已经垂垂老矣，社会对他们的最好回馈，就是完善养老的机制，让他们随着中国社会的进步，安享余生。

学习“另类”

刊于2005年10月25日《羊城晚报》A9版《广州城事》

哲理故事告诉我们，神给人类最好的礼物就是“忘记”，“忘记”能使人们随着时间流逝而抹去痛苦。然则，人类知识和经验的不断发展积累，又使得人们不断开发自己的记忆，从而提升智力，以便把有用的信息“记忆”下来吧！

记忆奇佳的人，总是令人敬佩的。广州两名少年因超凡的记忆力，在一个脑力锦标赛中，得了“状元”和“探花”。这很叫人欣喜。欣喜一自然是祝贺他们“狠秀”了一把我们当中佼佼者的“超能力”，世人刮目相看；欣喜二则来得更像“福音”，他们的指导老师说，他们并不是天才，只要有好方法并持之以恒，人人都能成为记忆天才。

城市中除了传统教育方法之外，还有很多“另类”教育方法，这些另类教育法常常都能产生许许多多成功个案，当这些成功个案“横空出世”时，每每令人拍案惊奇，而从中学习的人，也总是很兴奋投入。可惜的是，我们常规的教育方法，总是一板一眼，不能学习得更“另类”一些。对知识的学习，条条大路通罗马，实不必“一本通书读到老”。

正当其时

刊于2005年10月26日《羊城晚报》A9版《广州城事》

今天报载的“铁门”烦恼，说白了就是老城区治安管理上的细节问题。然则细节虽细，可对于城市的老街坊来说，却不仅与居住安宁息息相关，而且低头不见抬头见，委实是个不能不寻策化解难题。

从防盗防匪的意义上看，画地为牢不失为一时之策，把迷宫般的老街道闸起装上防盗门，看上去确乎很是心安理得，至少心理上的安全感大大增加。但是，经验表明，缺乏管理或管理不到位的硬件，形同虚设又徒添烦恼。

居民从感同身受出发抱怨质疑“铁门”的实质功效，街道居委则苦于管理成本的开销，左右为难。其实，双方对于建铁门的目的是一致的，只是对于铁门建起以后，维护管理以及开销等方面，因立场不同而对责任的认知不同。

小小铁门问题，其实折射出在老城区当中，以街道或居委为单元，尽快建立恰当的物业管理模式，正当其时也，通过物管形式，将公共管理中的行政管理与经济管理分离出来，也是大势所趋。当然，在构建这一新型物管关系规划时，要考虑老城区居民的经济状况，在保障现有公共资源补贴的基础上，分步实施。而小区的居民，也应当学会认知新型公共管理关系中的权责利。

小贩问题

刊于2005年10月27日《羊城晚报》A9版《广州城事》

城市中无牌摊贩烧烤档滋扰夜广州愈演愈烈，并在城中不时与城市管理者上演“老鼠和猫”的游戏：小贩屡败屡战，城管们屡胜屡战，管理的责任和摆脱管理的利益，形成长期的博弈。而在这种博弈的背后，城市中的居民，又扮演着双重身份的角色，一方面不欢迎小贩们对居住环境的干扰；另一方面，又禁不住口腹之欲，给小贩们提供着广阔的市场。于是，一种极不合理又浪费资源的城市管理格局，由此形成。

统筹各方利益，兼顾多方立场，是建立和谐社会的出发点。站在这个出发点上，不少读者纷纷支招，甚至连小贩本身，也在期望一个“漂白”自己的方案，图个生意安生。

小贩现象恰恰说明，他们提供的服务具有一定的合理性。然而，合理不等于合法，但是，要真正地解决这一问题，就要一方面给他们提供一个合理又合法的生存空间，另一方面作为享受服务的消费者，改变消费习惯，既保障自身的健康安全，又通过市场的力量，引导他们有序经营。至于政府，则当在加强管理的同时，想办法降低城市准入的门槛，造就小贩们一定的经营空间；小贩的监控难，难在他们便于流动，只要能管住流动，问题迎刃而解。在香港和新加坡，还有以有牌小贩制约无牌小贩的成功经验，这也是利用市场竞争的规律，多管齐下，逐步解决城市难题上策之一。

当然，入城谋生的小贩，也应补上成为城市公民的第一课：守法经营。

人性推广

刊于2005年10月28日《羊城晚报》A15版《广州城事》

广州推行“医保新政”，城镇中有单位的外来人员和自由职业人员以及个体户，都可以参保。这意味着，只要在广州市生活工作，符合规定条件的人，都能纳入到广州的医保体系当中，这也意味着，我们的城市，在制度设计上向追求机会公平的和谐社会又迈出了关键的一步。

诚然，在医保的品种界定上，新政旧政对象所享受的福利，略有不同。但这新的设计，是按照人群需求不同来安排的，落点落在容易“因病致贫”的住院开销上，这可谓一手棋落到了急所。报章上常有打工仔患病、致伤住院呼吁社会援手的报道，新政实行后，那些有风险意识的打工仔们，多多少少就可以有了具一定保障的防身依托，不必再寄望于“嗟来之食”。

可以预见，这一惠及百万人群的医保新政，会在社会当中“一石激起千重浪”；随之而来的浪潮必是对政策细节的咨询。一项好的政策能不能成为需求人群的福音，不仅在于这一政策的制定，还在于对这项政策的解释和落实。医保的新政，应当属于公共福利保障范畴，内中政策执行，既有自愿原则，也有强制规定；既有福利的共享，也有义务担当的前提。这就要求涉及的社会各个方面，都要对权利与义务的理解达成高度的统一。因此，我们为新政鼓掌的同时，更希望有关方面，在进行政策解释时，有更多的“换位思考”，有关服务的安排，更加方便和人性化，为和谐社会的政策推广和落实，提供一个和谐的空间。

“部落”秘密

刊于2005年10月31日《羊城晚报》A7版《广州城事》

“换一种活法”。生活中总有人这样唠叨。“懒人部落”通过设计，给部分人提供了选择的空间，让“小资”们闲来时“乌托邦”一下，颇具吸引力。

都市人其实是需要“心理治疗”的。如同围城一样，入世和隐逸，两种态度分裂了许多自命“精英阶层”的人们的人格，大伙儿在营营役役的利益追求中，交替着用这两种态度，去对待生活中的矛盾，化解心中的“块垒”。所谓“新田园主义”的号召，召唤的就是这样的人们吧。

“懒人”其实是不懒的。他们都“有一定经济基础”。所以，他们在“部落”中的生存状态其实并不是他们真实的生存状态。在“部落”中，他们在“度假”、在“旅游”、在“放松”；“懒”过之后，重新走进他们真实的生存状态时，他们恐怕会更加“强悍”。

用各种手段去“柔化”自己的生活，有时是为了支撑更坚强的意志。“新田园主义”的背后其实是“新冒险主义”，而这两个“主义”属于同一种价值观。这就是“懒人部落”所以受到欢迎的最大秘密。

不过，将生活的理念打造成一种可触摸的生活方式，哪怕只是暂时的，也是丰富生活的一种方法，梦回田园与回归田园虽然不是一回事，但在自己庭院上种上几棵菜，还是值得期许的。

档主心态

刊于2005年11月1日《羊城晚报》A9版《广州城事》

做生意转场，是小业主最苦恼的选择。天时地利人和，都同入息相关。将心比心说开去，眼下在大沙头“坚持阵地”的那些伙计们，一脚踏两船，忐忑不安的心情，可想而知。

广州人讲实惠不尚奢华，故旧货市场长盛不衰。广州的不少男人，逛陶街、游弋大沙头旧货市场、徜徉“天光墟”，似乎是种“心瘾”。许多入世未深的年轻人，都把自己“淘二手”的精明，作为表现自己能力的舞台。在广州，无论男人们富或贫，没有到二手市场淘宝的经历，几乎就不算行过成人礼，用所谓文化的视角看去，广州男人的这种小传统，是颇为有趣的。也正因如此，经营二手电器特别是小玩意儿小老板，不见得太风光，却也很见殷实。

把大沙头旧货交易市场改造成港湾广场，没有太大波澜，拆迁便完成得七七八八。虽然也有人在报章电视上“很文化”地凭吊过一番，但看着这个临建市场渐渐隐去的身影，大家虽有留恋，但却并不惋惜，见惯除旧布新的广州人则更见几分兴奋，淡然处之。

现在仍在欲迁未迁的旧市场中“望天打卦”的留守者们，应该是大沙头旧货市场的最大得益者，同时也是有几分落寞的失意人吧！他们不愿离去是他们不愿放弃最后的机会，对转场再战也不是那么有信心。与其说他们希望政府尽快督促解决市场问题，不如说他们希望一种动力，把自己推出早已准备好起锚的港湾。

都来投票

刊于2005年11月2日《羊城晚报》A15版《广州城事》

广州文化精髓之一，赋得的一个“食”字。

民以食为天，是圣人名言。食在广州，是城市的招牌。食得开心，是街坊们的价值观。食得放心，则是近年来城市居民最关切的追求。而公民们的这个统一意志，通过政府的多年努力，集中体现为“食品放心工程”。

不说不知道，一说吓一跳。今天本报列举的广州16项食品放心工程措施，真实地反映了政府在这些年来，为让我们“食得放心”，所建立起来的庞大安全保障体系。作为对自己城市负责的公民，我们不妨把这看作是政府工作成绩的清单。作为城市的主人，我们不妨也“代入角色”，体会一下公仆们复年复月地为主人们打造良好的食品安全环境所付出的艰辛。

16项措施看上去数目并不多，但是，正是这十六根支柱，撑起了我们得以食安寝酣的最基本生活平台。不必细细匡算，就已经能体会到，铸造这平台所投入的无数人力物力财力和心力。正所谓开门七件事：柴米油盐酱醋茶！恐怕我们日常进嘴的东西，无不经过这一平台的有效过滤；我们广州人所自豪的“食文化”，也正是建立在这一安全平台之上，才有可能毫无后顾之忧地张扬。

对这16项措施打分，实际上很难，因为每项措施各有关联而又必不可少。而政府有关部门要让大家来说出满意不满意，实际上是给自己的工作“加大难度”。我们可以下巴轻轻动动嘴，从自己的角度出发“指点江山”，然则，政府就要从宏观角度做出调整以平衡各种利益要求，实现公民统一意志的最大化。好在在食品安全问题上，政府的利益和公民的利益是高度一致的，因此，当我们严肃地投下自己的一票时，我们就既给政府投下了信任的一票，也为自身的安宁尽一分气力。

应对“欺负”

刊于2005年11月4日《羊城晚报》A15版《广州城事》

广州城区部分工地“夜间施工”，噪声不断，灯光不灭，扰人清梦，由来已久。“大规模作战”的，是违反管理条例，延长施工时间；“打游击”的则是偷偷运料清余泥，却又不能“无声作业”，弄得砂石之声，不绝于耳。

而城市中日间禁止未经批准的“泥头车”“田螺车”进城，

夜间施工时间短，这常常是工地为自己开脱的理由。但是这一规定“困扰”，恐怕再接工程时，就已经考虑在内，相应的补偿，肯定已经在工期核定中涵盖。所以，以此为理由除了“博同情”“耍赖皮”之外，别无意义，更不能成为其“偷步”和“避罚”的挡箭牌。

其实，建筑工地的种种作为，无非是“从时间中要效益”，他们同城管法规“斗法”，一是“欺负”城管队伍的执法效率，只要不被逮到现行，在“时间差”之内收工，就算过关；二是计算过守法和违法的机会和成本，认定就算“落入法网”，也不过罚几个钱，与漏夜施工“抢”得的时间效益相比，是“湿湿碎”。

事实上，只要对症下药，没有什么治不了的。城中的建筑工地，应是屈指可数的，相信做一个在建工地的数据库并不难，而城管部门在街道中，也有延伸的触须。如是，一方面利用有关数据，直接启动街道中的城管元素，就能“现场监管”；另一方面，把凡是月投诉超过20次、查实无误暂时吊销许可证等措施订得更严格些，罚则更严厉些。相信这种“开夜工”的状况，就会从“由来已久”，变作“斩立决”。

有关问题

刊于2005年11月7日《羊城晚报》A10版《广州城事》

广州市上下班时段堵车。其中现象之一，是堵在学校门前——

这是因为越来越多家庭进入汽车时代。到时到候，接送娃娃的家长，便每天“飞行集会”蜂拥在学校门庭。

城市中的许多教育设施，始建于上世纪五六十年代。那时的家长，代步的家伙也都是自行车，学校的门前，至多在人行道上请两位老伯，打理一下“自行车临时停放处”，也就算为人民服务了。但21世纪之后，“铁包肉”时代驾到，请老伯的策略失效，于是，“老革命遇到新问题”——学校等教育机构周遭停车场不足就成了政府、学校和家长的共同困扰……

像广州市第二少年宫这类新建教育设施，规划上是有停车场的，无非是及时配套问题，在没有完善之前，家长们学学刘先生，既守住规则又能接送孩子，很有必要。等明年春节后地下停车场开放，家长的烦恼自然烟消云散。但是老城区里的老教育设施呢？就近的停车问题不解决，城市中某段时间很多路段堵车的景观，恐怕真会很“永久”了。唉，塞车问题，竟与学校有关，真令人始料不及，又考人智慧！

从长计议

刊于2005年11月18日《羊城晚报》A9版《广州城事》

挨年近晚，冒出一个西湖路中心花市或迁到大沙头的议题。这是广州并区之后，第一个为老城区居民热论不已的话题。

动迁的提议，自然是官员们提出。理由颇充分，从交通到人流，从监控到防火，等等，新址似有很大优越性。这应该算是代表“理性”的一方。反对的一方，以市人大代表徐若清为代表，认为西湖路中心花市，有至深的民俗文化含量，是一个经过传统积淀的品牌，未经充分研讨，便作决定，恐怕会带来不可恢复的历史伤害。这恐怕算是代表“感性”的一方。

离新年不到三个月了，留给争论的时间已经不长。从工作方便上说，“理性”一方，占着上风，仿佛是“硬道理”。但从长远来看，“感性”一方，却不由我们不深思，文化积淀这事情，“软道理”往往大于“硬道理”。记得十年动乱后的第一个春节，广州恢复花市那一年，西湖路花市重搭牌楼的日子，广州人那种迎来春天的感觉是何等令人兴奋啊！事实上，西湖路中心花市，不仅有着民俗景观的意义，还有着与广州人的喜怒哀乐息息相关的象征意义。为了城市管理的方便，使许多的历史民俗景观消失的遗憾已经太多。在老城区里，这些年我们不正修修补补地进行着许多亡羊补牢的工作吗？西湖路中心花市就算是有迁址的必要，为什么不能采取先培育后安置的办法？一个历史性的民俗景观，真可以一蹴而就地迁来动去？在原基础上就没有更加完善保留的可能？

南沙公车

刊于2005年11月21日《羊城晚报》A7版《广州城事》

往南沙去的公共汽车，遇到个入乡是不是随俗的问题。

在广州城区扩展之后，原来城市化的工作，竟如此的具体。衣食住行中的行，首先就遇到了乡村文化与城市文化的“冲突”，到站停车和扬手即停，给公共汽车的司机一个尴尬的选择，这真是令人始料不及的状况。

一处乡村一处例，农耕文明的可爱之处，就在于它的散漫和随意性，约定俗成，就是乡村里的规矩。看着沿途乡民们乘车大咧咧的习惯成自然，我们就不得不佩服那些钻空子营运的“野鸡车”。在法规面前，“野鸡车”们固然应当取缔，但这些“应运而生”的经营者，其生存的技巧和灵活性，却反衬出“正规车”的刻板。

公交专线开到南沙，对往返老城区和南沙的人们来说是件功德。但是，一路车线的运营，光是始末设置是不够的，否则单位的上下班专车就解决问题。从老城区往南沙一线的公车，除上下班送客外，更重要的，恐怕还是要为沿线群众服务才是正理。那么，站点的设计和宣传，是不是合乎沿途乡民的意愿就成了重点。比如站点是不是过长，站牌标志明不明显，公车开通的告示有没有深入乡村，都成了问题。

诚然，我们没有必要要求公车像的士那样扬手即停，但是，我们也不该抱怨乡村惯例与城市秩序的差异，如果公车的站点和路线设置真的方便沿途群众，所谓尴尬，很快会事过境迁。

当今孝义

刊于2005年11月22日《羊城晚报》A9版《广州城事》

今天，面对日益增大的“银发世界”，我们反躬自问，在保证了老人们生活需要之后，又有多少时间、多少节目安排到老龄人的心坎上。在娱亲乐心方面，都市中的每个人，不免都会在古人“老莱子”面前汗颜。

长者心声热线即将开通，这是运用公共资源，部分承担了儿女们尚未尽的那部分义务。对于晚辈来说，犹如流行歌中所唱“常回家看看”那样，将心比心，以心交心，常拉拉家常，也许是当今最缺乏的孝义！

论坛文化

刊于2005年11月23日《羊城晚报》A9版《广州城事》

不知不觉间，广州市不少的区，都有了定期或不定期的论坛。

这些论坛的主题，都是生活当中的热点问题。在论坛中，政府的官员、社会上的专家、普普通通的市民，共同成为主角．大伙儿论政议政，可以提意见，也可以拍“板砖”。

以各区命名的论坛悄悄走进广州人的生活，并成为政治文明建设的一种形式。政府一些执政的难点，也越来越多地通过这个管道，直截了当地呈现在市民面前，形成互动，求得解决的思路。这在一定程度上，拉近了“庙堂”与“江湖”的距离。

有论家把这种互动看成是一种“政治秀”，但是，追溯市民论坛嬗变的脉络，便知道它在市民生活中的生命力。广州最早出现的论坛是在20世纪80年代后期，那时一些媒介以“官助民办”的形式，将政府官员请到论坛上，给市民释疑解惑，基本上与官员接待日没什么区别。官员们多拿出一副外交辞令的腔调，很是“麻麻地”。而这些年，政治生活的改变也影响了论坛风气，它们从“帮腔”或“帮闲”变成了真正的“帮忙”。各区政府也开始投入资源，当上了论坛的“坛主”；而市民们通过参与论坛，沟通信息、交换看法，有时也能成为政府解决棘手问题的助力和推手。

作为新生事物，决策层已经看到了论坛的政治潜力。我们期望，广州的论坛能作为本土新文化的一部分予以发扬光大，这倒也是政治文明建设中实实在在的内容。

托福旅游节

刊于2005年11月24日《羊城晚报》A9版《广州城事》

托国际旅游文化节的福，广州城刹那间成为庆典之城。旅游节做足珠江文章，将用花船的巡游，夜夜装点珠水之滨；旅游节也极尽张扬之能事，让花车的巡游，将欢乐的种子，播向城市的每个角落。

当今的花车花船巡游，追其源流，不外乎古代的“礼”与“乐”。而古代的所谓礼乐，一向与所谓的教化有关，正所谓独乐乐不若众乐乐，而众乐乐则天下昌平。到了今天，这些礼乐之举，被浓缩到各种的节庆当中，教化功用已为商业功用替代：聚起人气，打造氛围，成了现代的“礼”与“乐”的核心关节。

任何城市知名度的张扬，多半与其民俗和特色节庆有关，这些特色，往往构成了人文旅游资源的很大部分基础。换言之，造就自己与众不同的“礼”与“乐”，也就在造就自己商旅资源。

目前广州的花车花船巡游，自然是为国际旅游节配套，但是这喜庆活动，更使广州城增色和增加商机。如果从今以后，咱广州选个什么时间，把花车花船的巡游锁定下来，成为本城的独特风景线呢？

“癖”的问题

刊于2005年11月25日《羊城晚报》A10版《广州城事》

丘婆婆家的“垃圾屋”，在各方的努力下，终于被以吨计的清理力度，打理完毕。

据说动用了11个有关部门“联合行动”，才一举达成了现在的成果。在城市当中，类似的老人行为异常以至影响到左邻右舍日常生活的个案，时有发生。而这类个案最难以处理的是，事情通常发生在私人权属的地方，影响却波及公共的空间，其中的分寸，并没有恰如其分的法规厘定。有律师提出基于相邻权的权利限制的概念，希望通过类似“人身限制令”或“保护令”一类的法律途径，去制约行为人可能对公共利益的直接或间接的侵害。自然这只是一种法律观点，并没有判例作为依据，法院是否受理类似的诉讼请求，恐怕还有待商榷。

不过，对于有异常行为的老人来说。罚则或者强制性的行为限制，也许真能在一定时间内，使其安分。但长远来说，由于心病还在，“死灰复燃”情况居多。因此，在社区当中，有针对性地建立专门机制，长期主动而又细致地在老人心理辅导上下功夫，才可能是解决类似问题的根本。老人尚“癖”，表面上带来“扰民”问题，实质却是退养保障的公共服务细化的问题，不可简单视之。

有感于“客伤”

刊于2005年11月28日《羊城晚报》A6版《广州城事》

公共交通中客伤事件的埋单问题被提出来。一句话，公交公司不愿再支付这张账单。

这个问题也许牵涉立法，我辈小民不便多议，心中只能坚持两条原则：一条是负担不该转嫁到乘客头上来；一条是你既在我身上营利，那就得确保我的安全。这两条都很朴素，违反这两条，就有赖皮之嫌。

我更关注的是客伤事件的频发。公交司机提供的情况，是“急刹车造成客伤事故”。所谓的急刹车，当然是遇到紧急情况。不过，总是“急刹”而又总使车中人受伤，恐怕自身的车速也有问题吧。有关部门统计去年老人受伤事件188宗，这算是个高发的数字。联想到市民近些年来对公交司机野蛮行车的诟病，就不难想象，是什么因造成什么果。

公交部门特意将免费乘车的老人单列出来统计，其实是带有成见的。言下之意，自然是这些老人没有给他们带来收益，反而带来麻烦（140多万元的赔偿）。然而，有关部门是否有想到：从人本角度出发，降低或杜绝客伤事件才是解决问题的根本。没有了客伤事件，埋单也就不成问题了。

强迫押金

刊于2005年11月29日《羊城晚报》A7版《广州城事》

羊城通之便利，无人有异议。然而，作为城市中一项垄断性的“准金融”服务，身上却黏附着颇不公平的霸王条款。如果听任霸王条款的存在，一方面用户的利益会受损；另一方面，发卡方还可能存在通过占用大量资金谋取非法利益的嫌疑，不可等闲视之!

办理羊城通要收押金，是个不明不白的“买卖”。所谓押金，等于说羊城通卡是发卡方“租”给用户使用。发卡方承诺，用户停用时，凭押金收据和票卡可以退回押金。但这一“美丽”承诺，在实践中其实屡屡得不到兑现：发卡方给用户的票卡，并不是永不磨损的，牢固度也没经第三方作鉴定。但作为强迫性的条款，发卡方却要求退卡时票卡不得有损。于是，一旦遇到退卡、索押金的用户，发卡方总有理由将其陷于“不义”。结果当然是30元的押金，由发卡方“袋袋平安”了。

不能提供永不磨损的服务，退卡时却要求“永不磨损”，这简直就是强盗逻辑。而就算你不退回押金，也应该有张发票或者罚单，表明你对这笔押金的“罚没”，是受到有关方面监管的，并没有脱离税收的体系。可是对于这笔押金，不仅很令人怀疑收取的合理性，而且从目前很小的成功退卡率来看，发卡方长期无息占用这笔押金——如果发卡达千万张，那可就是3亿多元！可见羊城通的押金，还真不止霸王条款那么简单。

再议羊城通

刊于2005年11月30日《羊城晚报》A7版《广州城事》

羊城通收押金虽经物价局批准，但其合理性仍值得质疑。撇开这一点，大众消费者亦不解限制退卡的“霸王条款”。事实上，在羊城通自己的宣传品中，写明收押金时要给发票的。可是，恐怕没有一位用卡人，拿到的是有税务证章的押金发票，发卡方通通给的是非正式的代理收据。可见，羊城通公司到底收了多少押金，只在它的流水账上反映，如何监督，确实难说。而其他霸王条款还有：羊城通卡退充值超过十元的，要收10%的手续费；查超过10条以上消费清单的，要收取手续费，等等。

这家原先只为交通支付而成立的公司，目前业务已经扩展到某些零售业的“代币”领域。作为一家“准金融机构”的国企，却直属于政府的某一部门，政企既没有真正脱钩，又不受银监系统监管，很见其垄断特征。因此，它的腾挪空间，可真谓“海阔天空”！事实上，羊城通对于消费者来说，是个先收钱后办事的买卖，在某些方面，成本可能比银行还低，但是其风格却霸道得多。何故？有权力优势和垄断优势罢了！这样的企业如果不理顺关系、监管又缺位，则危害大矣！

关乎治安

刊于2005年12月1日《羊城晚报》A8版《广州城事》

广州市的治安问题，不仅与人们的人身安全有关，而且与市政建设和市政管理有关。关系何在？路灯管线和沙井盖常常被盗，就是个值得重视的问题。

据路灯管理部门称，今年1—9月，线路被盗的损失，高达580多万元。这惊人数字说明，有人专门吃这一行！公共设施大多数都有特定的标识，公共设施的频繁被盗，不仅仅表明盗窃者多，而且表明，把偷窃来的有关赃物变现的管道十分流畅。事实上，城市中的废品收购行当，在所谓特种行业管理的意义上看，已经失控。我们不能得出结论说，所有的废品收购店档，都是不法分子销赃的管道，但可以肯定，大多数的赃物在销赃漂白的过程中，都有所谓“废品收购”行当经手的过程。

没有合法手续的“废品收购”店档，被称为“黑店档”，但是天光日白，这些所谓“黑店档”往往却照样经营，否则，盗窃者为何总是很方便地找到出手的地方？既然他们开门做生意，查处应当就不难，问题是花不花工夫。

市政设施关系城市的门面，也关系城市的声誉和服务。市政设施的不健全，其实也是城市管理的污点，而市政设施被盗和其赃物被销赃的问题不彻底解决，城市管理上的这个污点，就难以抹净。所以，先花大气力堵住盗贼销赃的管道，恐怕也是与城市公共设施管理相关的系统工程的重要环节。

三议羊城通

刊于2005年12月2日《羊城晚报》A7版《广州城事》

公众对羊城通押金的质疑，今天初步得到回应。但是，这些有关的回应，颇难令人满意。

据表述，羊城通票卡的回收再造比一张新卡还贵。这说明所谓的票卡损坏就无法“回收再用”根本就是遁词。既然“再造”成本高，那么，对发卡方来说，“非损卡”和“已损卡”实际上都没有回收的价值了。而竭力找理由“不予退卡”，对于已下袋的30元来说却意义重大。因此，退卡机制中的种种霸王条款和门槛制定目的，自然是司马昭之心，路人皆知了。

另据表述，羊城通所收的押金中，票卡的采购成本，还不到50%，其他据说大多数都作为退款的准备金了。而据羊城通公司的累计，退换票卡的业务迄今只有30多万张。这就产生一个令人困惑的问题：既然一张卡的采购成本低于30元的50%，为什么非要翻倍地收押金；既然累计退还票卡率只有发卡数的10%左右，竟要那么多的准备金。这，不是不合理地占用消费者的资金，又是什么？如果真从消费者利益着想，光这两条理顺，所谓押金也不用收那么多！

至于作为一家运作公用资源的国有企业，透明地接受公众的质询，自然是天经地义的，特别是当它处于垄断地位又经常能运用准公权力的时候。事实上，作为这样一家公司，光是其独有的经营权，就是个可以喊出“天价”的融资资源。因此，他们老讲困难是毫无道理的，除非……

出了“绝招”

刊于2005年12月5日《羊城晚报》A7版《广州城事》

广州火车东站动用摄像取证这一“狠招”，把违章运营的“的哥”们治得服服帖帖。这当中，颇显现代化手段的威力，叫人拍手称快！

然而，我以为令人叫绝的，不仅在“电子城管”的运用上，还在于交通和城建两个管理部门，通过现代化的手段，实现了管理上的“强强联合”，将双方取证和执法的优势串联到一块儿，既合理又合法，收到很好效果。

以往联合执法的尝试也很多，多个执法部门约定时间凑到一块儿，去对付一些复杂的管理难题，这些行动往往也很有震慑力，遗憾的是无法持之以恒。雷声过后，故态复萌，收效既不“坚挺”，又不持久，长此以往，连百姓也不以为然了。

如今，上述两执法部门这种你取证、我执法的尝试，无疑是对“联合执法”的破题之作，城市管理上的“1+1大于2”的效果真正体现出来。试想，城市中的其他执法部门，也能借鉴这种思维联动起来，来个“相互利用”，想来城市的面貌，也当大有改观吧！

立个“规划执行法”

刊于2005年12月7日《羊城晚报》A7版《广州城事》

广州市将通过立法，正式规定开发万人小区，要配套公交站场。矛头指向，自然是那些不愿按规划拿出空地来为公交站场配套的发展商。

其实说到公共设施的配套，目前我们对发展商的约束是疲软的。按照规划，许多楼盘应该配套的不仅仅是公交站场，还要有学校、公厕等等。可是这些规划就算画好了红线，也总是被一拖再拖，不是项目缩了水，就是遥遥无期。显然，在发展商的策略中，对这些没有直接盈利甚至还要稍稍“出血”的公益项目，要支出的能省则省，有便宜的能占则占，要问责的能躲则躲，有“人面”的，能改则改……总之就是撇清了之。

有规划而不执行，该有的配套却没有到位，这显然都是对规划权威的蔑视。可见不仅配套公交站场要立法，而且，还该为规划的执行和对规划的改动立一个法。对那些刻意不执行规划、“过了海就是神仙”的法人和个人，可直接追究法律责任。

寄望平安钟

刊于2005年12月8日《羊城晚报》A7版《广州城事》

按照民政局负责人介绍，广州即将推行的“平安钟”系统，除了开通应急功能服务之外，下一步还要开辟和完善其他服务功能，例如日常生活服务、咨询服务、聊天服务等等，这意味着，在现代科技背景下的“平安钟”，大概已经不仅是“饿马摇铃”式的求救铃铛，而是一个有助于全面提高老人生活质量的互动系统。

详细资料不多，但从前景而言，这系统肯定不仅仅鳏寡老人需要，而是所有行动不便的老人都需要。推论下去，这是一个以老人服务为中心的巨大网络。从功能看，这将是个老人身心安保系统，从服务看，这是安老工程的升级，而如果从生意眼上看，其商机也是前景无限的，这很有可能将是电子商务和电子政务相结合的一个社会服务的尝试。

如果“平安钟”真能如此升级，则真是城中老人的福音，前提是要千方百计地维护其公共服务的功能，保证廉价物美，透明运作。不要像医疗改革那样，弄得嘘声四起！

让我们与秦丽同行

刊于2005年12月9日《羊城晚报》A19版人物

在大草原上，秦丽脆弱的生命所闪烁的光华，像一小簇倔强跃动的火苗般亮丽。她并没有做什么，只是以生命的顽强和超人的意志，实践着有价值生存的意义！

一直与秦丽同行的，是广东“草原爱心团队”不知名的叔叔。力所能及的资助，就财产的绝对值来看并不多，然而，这就是雪中送炭！在这些有限的资助中所藉蕴的内涵，对于贫病中的秦丽来说，不仅仅是物质上的扶持，而且更多的是在精神上赋予其生存奋斗的希望以及勇气。

在贫病中，秦丽坚持自学，以惊人的毅力完成着学业；在孤独中，秦丽写下了数十万字的作品；在最底层，秦丽成了一群姐妹精神上的灵魂。面对秦丽这弱小而又顽强并且富于创造力的生命，谁都不能不在震撼中感悟到一个生命最本能和最终极的意义所在。

秦丽最大的梦想是坐到课室中去听老师讲一堂生动的课。这是她在生命的挣扎和创造中孕育出来的最朴素的梦想，也是一个在偏远地区贫病中的孩子对知识的最大渴求和礼赞。怀着对秦丽这首默默奋斗着的生命之歌的感动，在力所能及之下，我们都来做守护善良的“不知名的叔叔”吧，为了千千万万的秦丽，也为了我们的社会良心！

过程也要告知

刊于2005年12月9日《羊城晚报》A7版《广州城事》

市建委主任陈如桂在局长接访日中，连气接待了14宗市民投诉，件件有答复或者有初步解决方案。这表现了本届官员对百姓投诉的有担当。很能说明主要官员接访日设置的必要性。

类似的接访日现场办公，在市决策层的推动下，在广州已成制度。然则，从很多的个案处理当中，也暴露出由于部门之间沟通不够，导致重复投诉和解决问题效率还不能为百姓所满意等问题。很多积案，鉴于政府的部门只能在法规和职能的框架上，处理权限之内的问题，同时有很多的历史问题的化解，需要时间。所以大多数的个案的处理过程，都会有漫长的等待。

一切问题的解决，贵在及时。而及时与否的感觉，又在沟通。如果在接访日制度设置之外，还有个问题解决的进度通报，又或建一投诉之后的咨询热线。百姓的满意程度会更高。

数字化生存之后

刊于2005年12月16日《羊城晚报》A8版《广州城事》

数字化生存！开通市民邮箱并推广市民卡，这是广州市政府电子政务向公共服务领域延伸迈出的实质性一步。市民邮箱是政府提供给市民的一份值得兴奋的“免费午餐”，市民卡则是“廉价午餐”。

但愿没有羊城通押金一类的陷阱，也但愿不会有商业网站中个人资料外泄、随街卖的尴尬。既然是一项政府的公共服务，我们希望在享受这份服务时，心中踏踏实实；而运用这份“权利”的环境则干干净净。只有这样，市民才不会有“多只香炉多只鬼”的感觉，并为自己能在广州纳税和生活而自豪。

能够令自己获取资讯的管道同“政界”接上轨，年轻的市民会觉得爽。但电子化这玩意儿，对于城市中的中老年人来说，可能就是一道坎儿。所以，对于我们这个试图让日常生活快步迈入信息时代的城市来说，“扫盲”也许将是未来繁重的一项工作。政府这项公共服务未来能否真正荫及每一位公民，取决于电脑终端在社区中的布局，以及政府将怎样使上了年纪的市民或者物质条件仍需支援的街坊，也能“数字化”一把，掌握电脑使用的常识——须知，对社保、医疗等资讯最为关注的，可就是这一绝不能忽略的人群。

要共管还要联防

刊于2005年12月20日《羊城晚报》A7版《广州城事》

“走鬼”们的“刁”与“韧”，执法者最头痛。他们既声大夹恶，又舍身抗法，不时演上一出泼妇骂街的戏，逼执法者走入一种不能与之敌对的道德困境，以达到金蝉脱壳的目的。更有甚者，形成同声同气的“走鬼”地方军，“有组织地”与执法者周旋。

既不能硬也不能软，这是执法的难点。然则，治城如治水，无非疏堵二策。疏则给予生存空间，不妨划出一些内街造个小环境，让“走鬼”在一个特定范围内合法化，使之不要到通衢干道上讨营生；堵则对要害区段执行“酷法”，常设执法岗位，做到“时时常拂拭，莫使惹尘埃”。

在广州，步行街里是较少“走鬼”的。这内中可以总结的经验恐怕有二：一是执法范围封闭，有专门的管理，“走鬼”不能轻易进来；二是所有商家们都不乐意“走鬼”在门前阻门面争生意，于是自然与执法者形成联防网，令“走鬼”变作“走人”。执法者在人民路上联合执法再加上联防，不知可行否？

不要全退

刊于2005年12月21日《羊城晚报》A7版《广州城事》

广州的肉菜市场或农贸市场，前身叫“墟”。由墟而市场，走过很长时间。现在市场美容升级了，却遇到了麻烦。看上去，各方利益摆上台面，公说公理，婆说婆理，好像很难摆平。其实，这是政府将土地卖给发展商后，自己退出了对市场的直接控制，而各利益主体都想自身利益最大化，这才扯了皮。不像早些年，政府没有多少成本概念，划一块地临时建些顶棚竹舍，就能让“墟”使用好多年。

在政府退出之后，新市场目前矛盾的焦点，是准入的高门槛。解决这矛盾的办法一个是降低门槛，一个是让它“高来高去”。这两个方法，实际上都还要政府出面才能彻底解决。头一个办法是对市场的改造给予更高的一次性补贴，降低投资人的风险；第二个办法，则是应运用管理的手段，用高门槛逼走“走鬼”，让市场参与者享有高回报的“独市”经营空间。当然，双管齐下，更好！

事实上，肉菜市场是有公共性的事业，政府卖地收了钱，那就不该彻底退出。

警察也是人

刊于2005年12月23日《羊城晚报》A7版《广州城事》

人口多，环境就复杂，治安问题就棘手。公安局长接访群众，意味着管理公共治安的首脑，要直面纳税人，接受他们的投诉，甚至接受他们的责备和申斥，对投诉的个案，做出当场的拍板。

广州市近年来的警风警纪警容，应当说有了很大的改善，警察在市民心目中的地位也日益提升。不过，城市的运作，正处在一个转型期；城市的迅速膨胀和开放，使得治安问题也在白热化；各种案件的频发，令到市民对安全感日益敏锐。这一切，让警察处在了各种非议的风口浪尖上。

很多的非议并不公平。这些非议，有的由于对警方的处境不了解，有的从自身的立场出发以己度警，显得多少有些过分。警察也是人（而非超人），也是血肉之躯，也有七情六欲。从吴沙对市民的“唯唯诺诺”，我们应该体会到警察这个公务员群体的兢兢业业。因此，在与警察打交道时，是否更应当多一些理解、支持和配合，少几分腹诽和谩骂呢？

换位思考

刊于2005年12月27日《羊城晚报》A7版《广州城事》

广州洛溪桥，这些年来成了市民与有关部门之间互动的敏感神经。以媒体曝光率来算，这道桥简直有点像“超级女声”那样抓人眼球，完全有理由荣膺“超级路桥”的称号。

因为民生所系，这道桥便成了政府有关部门管理水平的“试金石”。比如关于春运期间封桥维修，议论就不少。今天有媒体报道，昨天封桥并没有按计划执行，只进行了45分钟。

肯定有很多充足的理由封桥。而昨天的欲封未封，也有着充足的理由存在。否则，有关部门就是“吃饱了撑的”。然则，为什么每次有充足理由的动作告知市民之后，不是反弹之声不绝于耳，就是议论纷纷余音绕梁呢？事实上，夜间封桥施工那样开开合合，已经有不宜影响民生的考量了，可是为什么还是惹来微词呢？

有关部门站在管理的立场上可能已经考虑很多，也有把事情做到令多方满意的驱动。可惜，有关部门在下每一个决断前，往往不习惯来点换位思考，掂量一下市民的多种立场。有换位思考，才能见微知著。未必事事都要听证，但以市民的眼去看透市民的心，才能把管理升华为服务。

贺政府管住自己

刊于2005年12月29日《羊城晚报》A7版《广州城事》

政府各部门的行政规范性文件，和百姓民生息息相关。它不是法，但却是规。在法律框架之下，政府在管理和服务当中许多自由裁量权的许可和尺度，都在其中。说白了，它们是公民与政府之间打交道的“游戏规则”。

所谓依法行政的意义之一，就是明晰政府各部门的权限。过往，我们都很清楚部门的“权”，却不太清楚它们的“限”。这多半因为一般老百姓很少有渠道，通晓那些浩如烟海的行政规范性文件。而这些所谓的红头文件，又只生不死，高龄高寿，即便有不合时宜或自相矛盾之处，老百姓也无从“以子之矛、攻子之盾”，故往往在“知权不知限”的懵懂下，吃了哑巴亏。

明年元旦起实施《广州市行政规范性文件管理规定（修订案）》。这个修订案的亮点，一个是规范了行政规范性文件的生死期和“准生”“准死”的程序；二是保证了其透明度。这是很大力度的改革——当政府懂得对自己行政权力进行有效约束的时候，法治环境的改善就指日可待了。作为本城公民，我们该为自己的政府致贺。

我们爱听“今天下午就去办”

刊于2005年12月30日《羊城晚报》A7版《广州城事》

我们爱听“今天下午就去办”。

历届的政府，历任的官员，都会遇到一些历史遗留问题。而大凡历史遗留问题，又通常很棘手。

在任官员的魄力和智慧，相当程度就显示在能否化解这些历史遗留问题上。非常问题必须用非常手段，如果他们真能够情为民所系，善用手中的公权力和裁量权，公正公平地终结历史遗留问题，那破旧立新和立木取信的过程就完成了。时谚“新官上任三把火”的奥秘，就在于此。

市房管局局长简文豪昨日在接访时说的和做的，就很耐人寻味。他表示：“不管这些问题是不是历史遗留问题，是不是我们的错，我们都应该积极去解决。”

“我们也是实在没办法才来麻烦你！”那位吕姓市民这样说。

“我们今天下午就去办，你们一定要在家等着我们。”简文豪如是回答并及时将问题解决。这样的对话，我们听着辛酸，也感到欣喜。

在许多的接访日中，局长们处理问题的办法都相当简洁。这种简洁，如果时时处处都显示在每个公务员身上，多好！

干预才能破解尴尬

刊于2006年1月3日《羊城晚报》A7版《广州城事》

新市场侧畔，野鸡市场横生。新市场的环境优势，不敌野鸡市场的价格优势。这是广州普遍推行市场入屋、升级改造之后遇到的尴尬。这种尴尬，影响民生，考验政府管治能力，并且涉及如何保障税源不流失的大问题。

现在，只有强有力的干预，才能破解这种尴尬。作为一次性投入，政府对新市场的硬件补贴，大致都已到位。但是作为软投入，怎样处理原有商贩的成本以及未来的租金等，原来的考虑其实并不过细。虽然，这些成本的分摊，都由进场者承担，但是这类成本从整体来说，也应算是新市场投入运行的成本。如何消化，政府出面干预是很有必要的。否则，新市场就很难有个天时地利人和的成长环境。

另外，对野鸡市场的取缔，恐怕也是新市场得以生存下去的必备条件之一。在这方面，政府管治的力量显然是疲软的。扶上马，送一程。这是新市场合理的要求。回应这种要求，也是政府间接管理的题中之意。市场边寄生野鸡市场的景观，实在再不该存在下去了。

谈谈“招安”

刊于2006年1月4日《羊城晚报》A7版《广州城事》

以120为中心节点连接各医院的救护车网络，是城市的公共资源之一。但，它的覆盖面是区域性的，偏远地区的危重病患只能长途跋涉才能到城中就医。于是，野鸡救护车应运而生！

当合法服务无法满足大众需求时，非法服务便生机勃勃。野鸡救护车的生态，又一次证明这点。野鸡救护车至少有几宗罪：一是盗用警灯和红十字的标志；二是由此骗得过桥路费从而获利；三是乘人之危漫天要价；四是冒充医护人员草菅人命；五是违反交通运营法规非法载客；六是干扰公共服务秩序破坏行业诚信；等等。然而，我们不得不承认，它们的市场空隙，恰恰是现有医疗公共服务中出现缺位的环节。

治理野鸡救护车，光是打击恐怕效果不彰。如果我们的资源一时还没有能力实现远程救护，那么，制定约束性法规，“招安”这些越界运营使之明码实价规范经营，就成为必要和急需。当然，如果我们能够鼓励足够的民间慈善机构或资本进入这一领域，替代这些野鸡救护车，就更好！

少年宫啊少年宫！

刊于2006年1月5日《羊城晚报》A7版《广州城事》

好消息和坏消息，通常参半而来。

少年宫的报名情况，就反映了这点。好消息是家长们为孩子报名时都趋于理智，同孩子有很好的沟通，希望借此提高他们的素质。坏消息来自两个方面：一是少年宫的学位显然不够，要抽签才能满足要求，这是政府还须努力的；二是家长和孩子选报科目时，有较明显的重文重艺轻理工的倾向。

重视素质教育，重视心智培养，自然是好的。然而，如果对孩子的能力培养注意不够，也是一件尴尬的事情。这些年学子从校园初闯社会，多半都是电脑交流和游戏的高手。但是他们日常生活中的自理能力却不尽如人意，很多人理化知识贫乏，以至于连换个保险丝都战战兢兢，可见头脑“爆棚”却四肢无能，四肢发达却头脑简单，同样都不是社会需要的高才。正所谓“治大国若烹小鲜”，动手往往也需要一种统筹的智慧。

事实上，我赞成少年宫应多开一些动手能力强、理化知识广泛的科目。少年宫嘛，毕竟是课余活动的龙头，实在不必成为直接与应试升学配套的家教补充。上世纪五六十年代的少年宫是个科学宫，我们这代做父母的很怀念。

假发票

刊于2006年1月9日《羊城晚报》A7版《广州城事》

惊人消息：警方在太和镇破获特大制造假发票、假完税证的窝点。收缴各类假发票1000多本，最大可开发票面额达150多亿元，发票种类涵盖货物销售、饮食娱乐、建筑安装、服务业、运输等20多个票种。

在此，我们既惊异于犯罪团伙之猖獗，也惊异于假发票市场的巨大。翻造假的完税票证是重罪，但那些“消费者”，又何尝不是一种“自宫”行为！发票在商业社会当中，既是财务凭证，也是信用的凭证，使用假的发票，实际上是一种破坏自己信用的行为。对于个人来说，那是贪污；对于企业来说，那是逃税。而从中得利的部分，就是黑钱。在法制完备的社会中，漂白黑钱，当然是高风险高成本的“黑道买卖”。明明做着白道的生意，却偏要混到黑道上去，最终必会得不偿失。在信用社会中，逃税是企业的污点，也会上“黑名单”，从而在融资市场上寸步难行。街头上还有很多“发票！发票！”的叫卖声。看来只有进一步完备税务审计制度，提高偷用假发票的风险成本，才是釜底抽薪之策。

不能疏离

刊于2006年1月10日《羊城晚报》A7版《广州城事》

很欣慰看到政府和警方的强势出击，令都市的犯罪势头得以遏制的数字。

一度猖獗的犯罪，除了直接威胁市民的生命财产安全之外，还制造了城市中人群之间的疏离感：传统的信任被颠覆了，我们几乎不相信自己，不相信政府，不相信警方。

城市的扩张，生活节奏的改变，人口的流动，都是文明发展的结果。这一结果带来了生活环境的变化，而犯罪这一社会进步的副产品，也随之而来。犯罪是在人群中异化出来的反社会行为，犯罪者则往往是极少数的人。但明明是我强敌弱，我们却偏偏总是无力对抗和防不胜防。这种无力感正源于每个个体对暴力的惧怕和群体中的不信任感。现在，要双管齐下，一方面是警方不懈的出击；另一方面，是公民发挥自保的能力和团结的力量。如此，定能压缩犯罪的空间。

在人群中克服疏离感，造就守望相助的氛围，也是抵遏犯罪的一段长城。

夜的服务

刊于2006年1月11日《羊城晚报》A7版《广州城事》

夜最寂寞，也最怀人。

广州市殡葬服务中心参照上海等地的做法，为有需求的人开办守灵服务，好。

虽然人数有所限制，虽然价也蛮贵，但开设比没有开设，好。

出于对逝者的尊重，出于传统的习俗和礼仪，借守灵表达惜别的依依，是不少人寄托哀思的一种形式。过往，这类特定的感情表达方式，一概被作为封建迷信的载体统统扫除掉了，很伤人的心。如今，随着人性化服务理念的复归，形而上学的商规之破灭，合情合理的人性需求终于得到满足。这也算是为部分民俗“平反”了吧。

作为一种精神抚慰服务的尝试或试探，服务中心目前的做法还是有点小心翼翼——因为这在观念上还是有些别扭，因为管理上将增加难度，也因为服务上要有更高的要求。真是难为了！然而，既然已经对服务策略做出了调整，就不妨将服务做得彻底些：如果，在人数上有更多弹性，以适应更多需要陪护的守灵者；如果，在收费方面更加透明一些，以便让受用的人们花销得明明白白……这，应该不算是饶舌之谈吧？

所向披靡

刊于2006年1月12日《羊城晚报》A7版《广州城事》

可惜无法从地产广告当中获取这样的信息：当你住进新住宅新社区之后，将会与谁为邻？新的住宅模式，改变了人们生活方式的同时，也改变着人与人之间的关系，孕育出新的人际关系。

“远亲不如近邻”，这一老城区中的古训，如何在新社区中继承，常常令人回味不已。有贼“光临”，群起攻之。这故事也许不是新闻，但媒介仍然不吝版面关注。这一方面说明，此类事情中所蕴含的义勇精神值得赞扬；另一方面，也反映出社区人群守望相助情态的难能可贵。

新的邻里关系如何产生？有句广为流传的口号：重在参与！共同做事，共同担当，共谋共进，共荣共享，这是人之常情。报道中这群一起经历抓贼惊险的街坊，不约而同地共同担当公民的责任，事后，彼此间的感情，一定增进不少。

捉贼有风险，但风险中仍能挺身而出，这是良知和正义的驱动，也是团结力量的推动。邻里间联手成功捉贼的平凡故事，常常蕴含着许多哲理，其中一条就是：邻里间以良知为前提形成的共同价值观，再加上团结的力量，往往在维护共同利益的事务上，所向披靡。

良心有愧

刊于2006年2月7日《羊城晚报》A6版《广州城事》

年前节后，广州人爱用一句口头禅：“新年流流”。大意说的是指望新年万事顺遂，一切溜溜顺。可是，有市民在年初八办公日到政府某些服务窗口办事，遇到的却是有人“玩流嘢”，明里暗里玩疑似放假，害百姓白跑。

国务院每年都有放假的通知，作为一种行政安排，公务员放假的周期应该属于政府机关的铁律。而今，在铁律之下，竟然有单位搞所谓的内部规定，有意无意地推迟上班时间，这显然是赤裸裸的违纪行为。公务员拿的是纳税人的钱，守纪遵章为纳税人办事，那是天经地义的。而现今却有部门为了一己之便，把自己的衣食父母撂在一边，以“行为可恶”论之，实不为过。

将公共权力视作一种特权的意识，在公务员队伍中仍然普遍存在。多放两天假，看上去是小事，但背后根深蒂固的，自然是“官治”而不是“民治”的思想在作祟。从有关部门胆敢出台内部规定而所涉人员竟毫无异议的现象看，这种风气若不根治，则公务员的为政之风，危矣！

端正作风，先要端正位置。没有按章准时开工的公务员们，都应当良心有愧！

“会馆”的作用

刊于2006年2月8日《羊城晚报》A7版《广州城事》

很多外来工对用工服务信息一脸茫然，他们对广州市劳动保障咨询投诉电话（86012333）是多少、各公益性劳动力市场地点在哪里等，都一无所知。

这令人想到一个久违的历史名词：盲流。尽管这个词汇因在特定语境中含有负面意思，不再使用。但事实上，从社会学角度看，这个“盲”字，还是很能说明目前劳工市场上“老乡带老乡”找工的现状。很大程度上，民工潮的季节性流动、劳动者权益未能保障等等问题，都出在这个“盲”字上——因信息不对称而带来一系列问题。

古时士子到省城、京城赶考，也有同样的问题。但那时省城、京城中有许多非营利性的同乡会馆，提供不少免费或价格低廉的信息等公共服务，对士子们的信息保障起着很大的润滑作用。如今，城市里虽然发展起了中介市场和中介公司，但基于现状，倘能够让各地驻在城中的办事处等，也能提供类似“会馆”的某些功能，在同声同气的乡音中，把有用的信息传达到位，则善莫大焉。

那些驻地办事机构，花的也是纳税人的钱，在情为民所系、利为民所谋方面，应当有农民工的位置。

天下网站都“排行”

刊于2006年2月9日《羊城晚报》A7版《广州城事》

时下网站，都有三两个“排行榜”，一是标榜自己，以便吸引“自投罗网”者。二是标新立异，故作惊人之语，在于吸引眼球。

“排行榜”看上去很像经由市场调查得来的结果，但并不是在严格的调查框架上得来的结论，公布的管道也很随意，所以其数据多半都只是“阿婆数”“神仙数”，较不得真。多数网友，对其所抱的态度也只是信则有不信则无。不过，“排行榜”作为一种商业设计，成功之处就在于，内容虽不确切，但总有些“搔到痒处”的小设计，撩拨起过目者敏感的神经。而过目者一旦敏感，便引起公众争论，便能吸引目光，网站的浏览量也就成倍增加——如此效应，正中设计者“下怀”。

携程网这会儿抢闸公布“2006春节黄金周最具人气指数城市排名”，目的无非如此。如今异议嚣然，想来始作俑者一定正“偷着乐”呢！

古时愤青，看不惯八股文章成一时之尚，遂有“天下文章一大抄”之绝评。如今，资讯发达，“排行榜”和各种数据满天飞，如果你是愤青，也大可为其做一偈语。但如果你有一颗平常心，则见怪不怪其怪自败。在商业社会里，一个网站如果总是公布不扎实的数据，一个媒体总是公布来源可疑的数据，触霉头的最后当然还是自己。

生态意识

刊于2006年2月10日《羊城晚报》A7版《广州城事》

海，离我们较远；水，离我们很近。有时，远的海也会“欺负”到近的水，这便影响到我们的生活。比如咸潮，就导致了番禺部分小区间歇性停水。

广州人滨水而居，一向不觉有用水的压力。城市中的居民用水，虽有节约意识，但驱动力多半停留在自己的荷包那里，并没有升华到与我们的人居环境相关。人的行为对生态产生影响，而生态的影响则反过来会制约人的生活质量。这道理并不深奥，但知而不行、行而不力却是人性弱点。很多时候，我们不知不觉间，就那样自陷困境。报载有人公然为牟利而破坏珠江口的拦门沙，专家说，这会加剧咸潮的侵入。但这事看来并未引起主管部门足够的重视，取沙者一句“领了牌”，并没有人再对其行为作进一步的界定，于是捞沙者依然故我。

千里之堤毁于蚁穴。人类个别的长期积累的行为最终可能造成生态的灾难，这在史上的记载屡见不鲜。但安于现状的我们，却总不能引以为戒，很是可悲。现在，咸潮又来了，受害的人们，无论是机构还是个人，都觉得很无助很无奈，但是，我们更多的应抱怨谁呢？唯一出路，是每个人都应在日常生活中做自我检视：我是否有生态意识？

自由过节

刊于2006年2月13日《羊城晚报》A8版《广州城事》

元宵节要吃汤圆。圆滚滚的汤圆据说象征团圆、完满，所以成为主角。然则，对于“欢度春节”来说，元宵节的汤圆，何尝又不像一个句号，提醒人们“节日期间”真的结束了。

前段时间有言论称：要保卫春节。说的是过年的味道越来越淡薄，民俗性越来越少，所以要大声疾呼。也许是对这声音的回应吧，今年的春节就显得红红火火，年宵品、灯笼窗花等把各个角落装扮得喜气洋洋。一些洋品牌的春节促销形象，也摆出一副“本土样”，在农村，则许多按旧式习俗的祭祀巡游活动，也被经过包装之后，大行其道。不消说，今年的春节，确乎颇有年味“爆棚”的样子了。

其实过年该过成啥样子？本来没有一定之规，比如在过去，年成好些，就热闹些，年成不好，就节俭些，这叫看菜吃饭。又比如昨夜的元宵，人们为它寻找到很多的主题，情人约会、敬老尊老、阖家团圆、关怀弱势又或者游江登山逛公园等等，可谓各尽所能，按需过节。过节本是过日子，无须强求。让所有人按自己意愿过年，这是最大的年味。

面面俱到

刊于2006年2月14日《羊城晚报》A7版《广州城事》

五山主变电站选址重作调整，这消息被城中媒体广泛报道。

因变电站就在家门口而感到不快，是很多人的同感。这说明居民的环保意识已经普遍加强。然而，环保意识的基础，是对科学知识的深刻了解——我们除了对静态的技术问题要有了解之外，还要对技术的进步及时更新认知。

市政建设中的很多问题，因为牵涉到公众利益和个人利益，历来有不同立场的争议。如果告知方没有用直白的语言把事情和道理讲清楚，又或者被告知方对事情和道理的认知与告知方不在一个前提下，都会产生沟通的障碍和理解的错位。那么，在法治的社会里，市政建设依法依规行事，就是公众利益和个人利益达成共识的前提。

关于五山变电站选址的调整，我们看到政府作为告知方，对与百姓切身的问题，做出了很大的努力。在这里，政府不但依法依规对变电站的规划做了国家、省和市的环评，而且还听取建议对原址进行了调整，对周边居民的利益和心理期待都做了“最大化”的考虑。政府这种面面俱到的意识，正是媒体的关注点所在。

讲讲花归宿

刊于2006年2月15日《羊城晚报》A8版《广州城事》

岁在丙戌，时值狗年。都市人对狗啊猫啊等宠物的感情骤然升温，爱心爆棚。有论者谓，此情此景，是都市文明进步之表征。

生命无常，人生苦旅，与宠物之辈同行，不时也能排遣几许寂寞，唤得几分温情。这属于古义。将自己的喜怒哀乐同其他生命牵扯到一块儿，俨然也有了对自然的尊重，萌生出环保的意识。这是新潮。

然则，都市中的此等风尚，好像只荫及动物之属，植物这以静默为哲学的性情佳侣，虽也植被于都市，绚烂于斗室，给大家的生活增添不少色彩，功德尤大。但是，比如年橘桃花，与猫狗们却有点“同遮不同柄”，猫狗们陪伴我们之后，大都能够“尘归尘、土归土”，有个归宿。但花草们呢，甚至还没有发挥完“余热”，便已被弃于市，比如每年节后，满目凋花败叶在城中角落瑟瑟抖动的样子，就很令人感怀。

黛玉葬花，未免矫情。但从环保和感恩的角度看去，花草们是否也应该享受得到我们“文明”的都市人更为“新潮”的风度？

懂“道”识“魔”

刊于2006年2月16日《羊城晚报》A7版《广州城事》

车本代步。但随着技术进步和人的精神需求增长，车也成了人们“显派”的载体、财富的象征。车与财画等号后，招徕的不仅是艳羡的目光，也有碌碌贼眼。

今天公布的两宗案子，都与车有关：一宗是明抢，一宗是暗骗。明抢的穷凶极恶，暗骗得机关算尽，且竟有“相映成趣”的团伙特征，属于高智商犯罪。好在警方道高一筹，一举破获之。

犯罪总在生活身边，这是老生常谈。但善于识破犯罪，察觉罪案的蛛丝马迹，从而达到防止犯罪或者趋避伤害的目的，需要智慧和精明。在明抢案中，罪犯利用中高档车辆作为工具，自然是为了达到其作案的机动性和欺骗性。这提醒司机在高速路上落单时要恪守“不要相信陌生人”的信条。而在暗骗案中，罪犯利用车主的大大咧咧和保险索赔过程的某些漏洞，把送修车作为了犯罪的道具。可见，做一个成熟的车主，“懂行”，显得多么重要。

“道”“魔”互斗，是生活中免不了的。我们不能光懂得“道”，更要懂得“魔”。

的哥的潜台词

刊于2006年2月20日《羊城晚报》A7版《广州城事》

广州出台新措施整治出租车行业。这产生较大的反响。就市民的立场而言，大都乐见其成。谁不欢迎更尊贵更安全的服务呢？

但在出租行业内，广受议论的一条措施，是出租车的报废期，从年限制度增加了里程制。有分析人士表示，这一改革，将使出租车的8年报废期，缩减至4年。这将使司机认为供车没钱赚。

供车制和承包车制，可能是业内比较流行的责任经营模式。内中乾坤如何，外行人不得而知。但就市民而言，对出租车以什么模式经营，是插不上口的，况且他们只关心车辆的服务质量的优劣、价格的高低，只要这两条不变，任何的行业进步，都会弹冠相庆。

从出台的措施来看，管理者是倾向于推广承包车制的，对供车的做法，不言反对，但也谈不上创造条件予以鼓励。至于报废期强调里程数，则是接轨国家经贸委的标准。实在也无可腹诽之处。

然则，听话听音，司机们对某些新制度的微词，其实包含了对现行管理体制的某些不满，事实上无论供车的也好、承包的也罢，目前司机所承担的所属公司的各种管理费用，或有偏高之嫌。所以，供车或者承包有没有钱赚，在于承担的管理费用的高低，不全在于报废的年限。因此，恐怕在承认政府加强行业管理的前提下，希望政府也能出手理顺一下行业内部的各种收费，也是司机们所最期望的。

洗牌要均匀

刊于2006年2月21日《羊城晚报》A7版《广州城事》

市交委出台的政策，将促成出租车行业的大洗牌，已成定局。

司机供车制，应当算是当年一度狂炒出租车经营牌照的遗风。广东人想当老板，当不了大老板就当小老板——供车就是这种心理的变通。一度，广州尝试过对出租车牌实行竞价，很多人认为，拿到出租车牌照，就等于拿到一只生金蛋的金鸡。后来，由于发排竞价的游戏规则有诸多限制，出租车牌才逐渐为法人单位所垄断。供车制从表面上看，车辆和车牌仅仅收回成本，但内中奥秘只有供车的单位心知肚明。否则，也没有人鼓励司机供车了。

供车一族正如供楼一族，最怕政策无常，因为供车的那本账，是基于现在时计算的；未来的事稍有差池，便会出现“预决算”不平衡，导致血本无归。现在供车族对新政反弹最强，就是担心行业洗牌洗掉了自家的利益。从新政来看，要平衡各方利益，做到洗牌洗匀，令行业从业者共赢，那就要考验政策监管者和执行者的公平和智慧了。

房地产这事儿

刊于2006年2月22日《羊城晚报》A7版《广州城事》

广州的地产市场真是事多。先是老房子的“住改商”喧嚷了一阵子，然后是部分中高端一手房价格逆势异动，随之而来的是“地荒论”的争执。今天，媒介热炒出政府批准四个安居工程项目。

这反映出大家对房地产市场有一种矛盾的心态，人们很希望地产市场化，但一旦与自己的心理预期脱轨，就希望有只手来“拨乱反正”。而最方便的倚仗背景，就是政府。其实政府是一直关注着市场的，并且意识到在发展中保持城市竞争力，是目前管理的关键。林树森就认为：在未来5—10年，如果广州一直保持较低的城市生活成本，对发展非常有利。因此，我们可以认为，政府近来陆续出台的一些宏观和微观的举措，确实有平抑地产价格的意图。

不过话说回来，市场是一个有规律的系统，和需求意欲息息相关。由于公众一直以来对“居者有其屋”的解读实际是“居者有房产”，这种认识上的偏差使得地产市场产生了很多不合理性。比如，按规律来看，二手市场的价格对一手市场的价格应当是指标性的，但是现在的市场却是乖离的；空置房的比例与一手现楼的销售比例本来应当是成反比的，但市场中并不形成这种关系，等等。目前，很多原本有杠杆作用的举措对市场的调控有点失灵，而一手市场和二手市场、商用住宅与民用住宅、租赁市场和房产物业市场又没被熔铸成一个关联系统，消费者也未能理性消费。

“上环”之后

刊于2006年2月23日《羊城晚报》A7版《广州城事》

给活鸡戴上脚环，市场内不得有“无环鸡”。这是政府将要实施的新政。

“非典”改变了我们吃野味的陋习。禽流感呢？源远流长的吃鸡文化，使广州人面对健康的可能威胁，未能很快改弦更张。尽管农业部出台规定，明确禁止在市场内宰杀活禽。但是，在广州人的吃鸡情结中，现宰现杀才算新鲜，刚刚熟才嫩滑。于是，让活鸡“上环”作为变通，将防范病害重点放在检测环节，无疑是承认现实又行之有效的选择。

活鸡“上环”，相信市民是相当受落的。商家那边，只要管理和服务到位，估计也不会有太大的阻力，毕竟人命关天。不过，杀鸡的服务倒是令人担心的。目前市场上的鸡一般都由鸡贩现宰活杀，其工作场地的卫生状况很难令人恭维。活鸡虽过了检验关，若不能搞好“归宿”处的卫生，一旦有个“冬瓜豆腐”，一样于事无补，还可能前功尽弃。

针对宰杀服务，最好能够拿出一套既有合理流程又易操作的卫生规范，使市场有本可依。改善宰杀环境，这恐怕是更难的难点。

卢婆婆的心结

刊于2006年2月24日《羊城晚报》A7版《广州城事》

龙津东路五桂南20号居民楼后座排粪管道要改造，能惠及20多户人。但由于主管道须借道楼下的106房，户主卢婆婆坚决不肯，这桩事耽搁了大半年。

住户们一定有些怨卢婆婆。但卢婆婆的想法又何尝不是人之常情？毕竟，在住宅当中挖地三尺，还埋上一颗“定时炸弹”，对于卢婆婆来说，是有困扰的。何况，饱经人生阅历的卢婆婆，对这项工程的施工单位和过程，是无法监督和控制的。万一管子铺好了，但留下些什么手尾，到头来其他住户“过了海成了神仙”，而默默承受的只有卢婆婆自己。

把卢婆婆硬放到“少数应服从多数”的所谓基本道德的架势下拷问，其实是不公平的，应当尊重私人的财产。在这宗公案中，维修者在计算修缮成本时，仿佛没有更多地考虑到给卢婆婆足够的补偿也属于成本，也没有更多地考虑这当中还有长期的心理补偿。这种光让卢婆婆“学雷锋”的出发点，自然说服不了卢婆婆。此外，长期的拉锯战，也使得卢婆婆对施工越来越失去信心。

事关利益的博弈，不能让人有被剥夺感和被欺骗感，用事实打消、化解卢婆婆这两处心结，方为上策。

“嘘嘘……”之事

刊于2006年2月27日《羊城晚报》A7版《广州城事》

这兴许是个笑话。或者，是个只有专家才能回答的课题。

然则，笑话中含有苦涩，存在就是问题。幼儿园托儿所的男女共厕由来久矣。家长们也大都是“过来人”，见怪不怪。但是，幼儿园托儿所的管理者和老师，却都是专业人士，对广东省的有关规定三年来熟视无睹，岂非咄咄怪事？而管理幼儿园的“有关部门”，在检查管理托儿所幼儿园的时候，竟也可以有规不守，放任自流，更是奇闻一桩。

大多数的家长，都不是幼教专家，很多关于孩子的事情，只能托付给幼儿园托儿所。幼儿园托儿所是否规范，很大程度决定了我们对教育的信任。倘若幼儿园托儿所一直在半规范运行，那么“举一反三”，光联想一下,就很令人胆战心惊了。按广东省要求幼儿园建筑场地生均占地面积不少于13平方米；户外活动场地使用面积生均4平方米；活动室使用面积(与寝室合用)每班100平方米以上，卫生间每班不少于15平方米并要求男女分隔等的规定.指标都很硬。但现在看来，实践当中很多标准被“变通”了。

生活中的变通可说圆融，管理上的“变通”乃是违规。如此透视看去，小孩子的“嘘嘘”之事，就绝不是“小儿科”了！

话说“博傻”

刊于2006年3月7日《羊城晚报》A7版《广州城事》

很多人在城市生活中为了一己之便，抱着侥幸的心理违规。这种挑战法治的行为，广州有句老话描述得很形象：博傻。其实，博傻是不懂装懂的反义词，即懂而装不懂！博傻的行为很令人厌恶，违章停车就是一例。

在博傻中，最令人发指的，是明知故犯，并将此视为特权。特权是民主和法制社会的天敌，在城市停车的潜规则中，却偏偏对其网开一面。很多的公务车、特牌车本应在履行公务过程中才享有特权，但往往被车主们拿到私人生活中滥用。很怀疑那些云集在食肆酒楼、百货商场周遭的公车、特牌车，每次都有公务在身。

博傻而违章停车，看似小事，但这种“虾虾霸霸”的行为，实际上已经把自己置身于法律之外。城市管理中，如果容忍和放纵这样的行为，政府就难以取信于民。市建委的负责人对此“忍无可忍”，要联合交警来同这一顽疾“较较真”，很有些宏图大略的意思了。但倘若只敢动市里的，却未必敢动省里的、部里的，又有什么用呢？法不容情，也不容官，希望广州市能做得到。

管治的视野

刊于2006年3月9日《羊城晚报》A7版《广州城事》

广州的交通执法管理部门已掌握情况：至少有3000辆克隆出租车，在路面上运营。这意味着，城市中有将近15%的所谓出租车，在法外经营。

克隆车之害，不必赘言。它们既扰乱市场秩序，又埋下安全隐患；既偷漏税收，又欺蒙坑骗；既伪造证照，又粗暴经营。对行业和市场服务体系的冲击尤其具有破坏力，故以重典治之，事属必然。

然则，我们应当清醒地认识到，我们面对的不仅仅是个别的违法人员，还面对着一个"走鬼"市场。要铲除这个市场，恐怕只有多管齐下，方能治标治本。所以，除了对非法营运者施以铁腕之外，治理的目光还要盯住源头和终端。克隆车的来源，多半来源于报而不废、"咸鱼翻生"的破车。如是，报废车处理体系就一定存在漏洞，这漏洞不得不堵。而对于市民来说，关键要有一个可识别系统，方便市民能揪出"走鬼"。在这两个方面，政府还要多下些功夫。

约束激情

刊于2006年3月10日《羊城晚报》A7版《广州城事》

一连串整治娱乐场所的措施，联袂而来。部分人士对于有关禁令颇有异议，认为这些做法既增加了经营的成本，又逼走了一部分客人，对行业发展造成压力。

娱乐业是城市文化中的一张个性脸谱。如形成风格和传统，乃是城市最令人陶醉的景观之一。然而娱乐行业又是一个激情迸发的行当，青春之火的恣意燃烧，常足以焚毁种种的羁绊；放纵的欲望，不时会伴随逾矩的行为。因而，这里也寄生着种种不为主流文化认同的另类亚文化生态。稍不注意，有悖道德伦常甚至违法乱纪的行迹便应运滋生；不加严格的约束，罪恶的渊薮就可能植根。

将娱乐行业作为特殊行业进行管理，各国各地无一例外。基于公共安全和公众利益考虑，为娱乐场所设定种种门槛，实际上也是社会公共安全机制的一个组成部分。不过就算对娱乐业的要求有异于其他行业，但法律面前，同行业内还是“人人平等”的。当然，对于实力不足的商家来说，洗牌是免不了的。

新规既已颁布，遵守就成为关键，不需多言了。

做“知道”文章

刊于2006年3月13日《羊城晚报》A6版《广州城事》

近来常常出现的住宅居民与政府规划路之间的争议，演变过程，往往令人遗憾。

“已经告知”和“从不知道”，总是构成矛盾的触发点。在政府看来，大凡道路的规划，一般消息早就通过媒介透露，而从2002年起，政府的规划网站，一直开放可查，从来没有打算隐瞒什么，在这方面，只要有心，每个市民都可以成为“知道分子”；在习惯于看公告和未受过专业训练的某些市民看来，由于信息获取的管道多样，一般人接触有一定难度，他们总要通过“知道分子”们的传达，才有可能获悉，一旦“知道分子”出于自身的利益有所隐瞒，他们就会成为最后“知道”的一群，无法趋利避害，很是受伤。

信息不对称现象的形成，透彻看去，有两方面的原因，一方面作为服务型政府，有必要对信息的公开做进一步的努力，不应仅仅满足于有管道告知，就高枕无忧。另一方面，既然是一种“投资”，市民就应当先学会“知道”，而这种“知道”，包括对政府信息管道的了解，而在依赖中介获得信息的时候，也应当对中介的资质和自己的权益做出合理的认知和界定，这也是现代公民的一种素质。

“知道”的文章，无论是政府还是公民，都应该做下去，不能再回避。

都当“先知”

刊于2006年3月14日《羊城晚报》A7版《广州城事》

凡事预则立。广州市市政部门首次公布了全年度的城市道路共计2115宗开挖计划即是。

过往，管理部门对城市道路开挖肯定也是有个年度计划的。但是，这个计划只有政府知道，相关的施工单位知道。而市民多半不知道，大抵要等到门前的路面来了施工人员、车辆，成为出门的“拦路之虎”，才恍然大悟。

政府先知先觉，市民后知后觉，对工程的进度，应当不会有太大影响。但是，对市民或者商家而言，则不便陡生，可能出门要绕道、可能营业额会下降、可能驱车上路找不到北，等等。当然，一时的方便和生计让位于大局利益，这大家都能理解，城市在建设嘛，短期的不便会带来将来的方便，何乐而不为？嘟囔几句也就罢了。

然而，让市民心中也有数，以趋利避害不是更好么？这想法在心中总是徘徊。现在，政府把大家的心中所想做到了。真好！

“条条块块”动起来

刊于2006年3月15日《羊城晚报》A7版《广州城事》

一讲整治，就想到执罚。这仿佛已成城市管理的撒手锏。然而，就城市管理这个系统工程来说，罚只是手段之一。建立化解违章行为的机制，创造一个减少违章的环境，管理的成本才最低。

目前进行的“人行道机动车乱停专项整治行动月”联合行动，百姓叫好。可是，对达成整治目标，大家是有疑问的。因为促成违章的环境若不改变，“水过鸭背”就属必然。城市中贪方便抱侥幸乱停车的人，多数因购物、修车或就餐而为之。换言之，是停车场地不足或不方便促成的。因此，被罚者有些怨气，不无道理。

如巡城马般执罚整治，必要。但光是一个“条条”动还不行，还要整个“块块”动。审批经营者经营条件时，管审批的那些“条条”就当从严把关；而对于占用公共用地的商家，日常监督的那些“块块”则应时时给以管束。如是，“条条块块”动起来，才能使城市秩序做到年年讲、月月讲、天天讲。

维修这“江湖”

刊于2006年3月16日《羊城晚报》A7版《广州城事》

说起家电维修这行当，大家不免又爱又恨。爱它是家中几大件随叫随到的守护神。恨的呢，则是这守护神有时并不那么诚实，不是换个零部件奇贵，就是三修四拆之后，小毛病闹出个大病症来。

家电维修这“江湖”，大致上有两大派系：一派属于专攻售后服务的，有厂家制约着，只要是在保修期内，猫腻大概会少些，多少能明码实价，还会免去人工费。另一派呢，就有点“三教九流”各出法术了。它们大都门面不大，人气有限，表面上做的是街坊生意，但却是“黄皮树鹩哥——不熟不啄”，看准了送过去的都是家中宝贝，所以总是大刀阔斧砍你“一颈血”，还“喜唰唰喜唰唰”的。

收开机费、偷换零部件、以次充好等等，相信都是家电维修业之必杀技。而这些难于界定的“出术”点，又总令消费者“食死猫”。奈之若何？现在推行《家用电器维修服务收费价目表》和《家用电器零配件价目表》，相信对这江湖中的黑道能有所遏制。但行业的进一步透明，恐怕就有赖于行业协会制约功能有更大的发挥和消费者家电知识水平的长进了。

响应一下

刊于2006年3月31日《羊城晚报》A7版《广州城事》

将三处交通节点改造工程的研究结果拿出来“亮相”请市民出点子。这事好。

说实话，这三处节点的交通瓶颈，也算是老大难问题了，市民日常生活中为此产生的许多不便，已经延续了若干年。如果有人在这几处地方录音，一定会是骂声一片。

解决交通的问题，无非是通车和疏人，建立一个流畅的道路机制。以往，构建硬件时可能考虑纸上的科学性多，但建成后应用，却总觉得捉襟见肘，皆因研究人的行为太少。其实，对交通规划提些意见，并不一定要非常专业，絮叨一下自己的驾车和过路的行为习惯，讲一讲自己上下班的时间等等，都行。因为，规划部门掌握的人群信息越多，人性化就会做得更好。

有关部门建立机制，要听大家的声音，初衷就在于此吧！那么，记下网址，码上几个字。我们都来响应。好吗？

最好分开

刊于2006年4月3日《羊城晚报》A7版《广州城事》

“卡介苗”的接种，广州人称为“种痘”。这事很普通了，但由于思路死板和不与时俱进，闹出尴尬——

宣传资料在不断清楚告诫：婴儿接种后尽量不要与结核病人接触。但颇为黑色幽默的是，十多年来，广州市新生儿接种卡介苗后复查时大多都要到市肺结核防治所，而在这里，“大厅时常可见到戴着口罩来取药的肺结核病人，狭小的电梯里，病人和孩子小脸间的距离不过几厘米”！

也许还没有案例说明这样的“亲密接触”导致婴儿致病的案例。但“知行不一”的现状，确实令人胆寒。连院长都没有否认这样危险性的存在，可见有关部门，并不是不知道在这领域中，有环境待改善的问题的存在，只是反应迟钝而已。

就技术而言，检查PPD皮试是并不复杂的，一般的医疗机构也能做到，恐怕不一定非要“集中送检”不可。以往资讯网络不发达，在档案管理上有困难，要求专科医院来做，情有可原。现在计算机技术已经很发达，有关部门也已经联网，为什么就不能分流一下呢?

治疗与预防，面对不同的人群并提供不同的服务，对病患者和非病患者分而治之，也该是水到渠成之时了吧。公共服务的落脚点，应落在先与人方便上，而不应是先与己方便。

共管有益

刊于2006年4月4日《羊城晚报》A7版《广州城事》

天河路一带交通堵塞的痼疾，现在只能由交管部门对车流进行微调。昨天起，对龙口西和龙口东部分路段实行单行，就是一个举措。

像所有系统的调整一样，对交通车流的微调，实际上是个“试错”的过程，在实际中不断调整不断排查错误，最后做到最佳。其中有所不便，自然免不了。不过，希望在明天！大家心知肚明，所以都能够理解。

交警部门对管制措施进行调整，有一套理论。然则，交通问题的出现，除了同管理有关之外，被管理者们的配合，也是重要一环。如驾车者或行人的行为习惯、心理承受力和秩序意识，都同管理机制的成败有关。因此，有管道让被管理者也参与到管理机制的决策过程中来，恐怕也是微调的题中应有之义。

交警部门承诺调整后会公布有关结果，这就给涉及者有了个公众议题，这个公众议题会不会对管制者的管制理念有所裨益，就视乎决策者能否以开放心态，建一条开放的管道了。毕竟，管理者和被管理者，都同属一个利益共同体。

关注“楼盘黑势力”

刊于2006年4月5日《羊城晚报》A7版《广州城事》

警方公布首季治安形势，特别提到“楼盘黑势力”。

楼盘本是人居社区，但竟同有组织犯罪扯上关系，真是咄咄怪事。

然而，从警方透露的情况来看，罪恶的滋生，原来出自物业公司或有关管理者。一种是利用自己的安保系统，以威胁、暴力手段作为解决纠纷的方式，实行法外经营；另一种，是庇护某些利益集团，在其管理范围内对装修等作业强买强卖，实行霸王工程。

警方把这些行径定性为“涉黑”，非常恰当。有组织地以暴力手段侵占他人利益，这不就是典型的“黑社会”？只不过这个“黑社会”，披着法人的外衣。可怕之处在于，它使得很多涉黑行为日常化和合法化。

要使得楼盘管理彻底“脱黑”，只能立法令其安保系统不得变成“私人军队”，同时形成业委会和物业公司共同管理的态势。一句话，对物业公司和楼盘管理者，要务必约束其滥用权力，这才能铲除“楼盘黑势力”的土壤。

有点担心

刊于2006年4月6日《羊城晚报》A7版《广州城事》

大型公共设施相继动工，珠江新城按照政府的规划，马上就要成形了。不断的利好消息，确实令人浮想联翩。

愿景很快成为现实，所有广州人都深感兴奋。一些好事者免不了要按图索骥，到那厢去踩踩场，打打心中那个小算盘。

不过，到珠江新城去，虽说是进入一块城中熟地，但心有余悸。何故？塞车啊！想到这事，心中便会凉半截。天河北的塞车“盛况”会不会也在珠江新城上演一次？以珠江新城目前的交通框架和未来要容纳的人流来看，还真是难说。起码珠江新城东西的出入口就有瓶颈一串。莫非这里要搞步行街或者封闭式管理？

按历史沿革发展起来的商贸区有塞车和停车难之弊，情有可原。但如果新规划的商贸区也重蹈覆辙，那么其规划者和管理者，就要忍受被市民“督背脊（戳脊梁骨）”、骂无能的痛苦了。

红线已经画过了，地块恐怕也已出手。但是，未雨绸缪总好过亡羊补牢吧？但愿，这不是杞忧。

撤后要拆

刊于2006年4月7日《羊城晚报》A7版《广州城事》

仓头收费站要撤！“有车一族”无不举手赞成。哪怕有的调整计划尚有朝三暮四之嫌，收费站的撤并至少在提供方便上，是有所进步的。

作为补充公共服务资源不足的权宜之计，法律允许有约束的路费收取，市民在生活中已经习惯了留出路费作为基本生活的成本。不过，既然收了费，就应当提供相应的服务，而要求无障碍行车则是最基本的。

奇怪的是城市中很多收费站撤销之后，总留下些挥之不去的幽魂：旧的路障和废置的建筑，是死而不僵？还是欲借机还阳？不得而知。但对于每天经过的车辆，它显然是个瓶颈。倘是到了月黑风高之夜，还可能客串“马路杀手”的角色。

“至少起个限速作用吧！”有人苦笑着不无嘲弄。真如是？未免太行为艺术了吧。对政府来说，凡有碍公共服务顺利执行的东西，都是一种隔断群众的樊篱。而拆掉樊篱，则宜速不宜迟。

为消防站做个广告

刊于2006年4月11日《羊城晚报》A7版《广州城事》

消防员在美国是英雄。社区里的消防局，在节日里有时还是孩子们派对的圣地。至于好莱坞以消防员生活为背景的浪漫故事，更是层出不穷。某种意义上，在美国，作为文化烙印的一部分，消防员和消防局，深深地印在了公民生活当中。

反观我们城市居民的公共观念，应当感到汗颜。广州是中国最早建立消防机制的城市，广州博物馆中展览的唧水(早期消防车)就是明证。没想到，在历史翻到百年之后的今天，消防站在社区中竟没了立锥之地，真是“世风日下”。

小时候家住文明路的附近。消防队的消防钟是孩童时悦耳的提示，老爸老妈就是聆听着这钟声强化孩子防火意识。印象中消防车也只在上路时才鸣起呼啸的警笛，平常红色的战车和着豆绿军装的消防员，反倒展示着有纪律的安宁。靠近消防局的另一好处是有安全感，就是在“文革”期间（那时消防员着军装蓝裤），我三更半夜回家，也总是雄赳赳气昂昂，有什么蟊贼，不怕纪律部队？

市场中的某些庸俗的商业导向毒化着公民的意识。趋利的地产商总是不那么热衷建设公共的配套，即便被迫设置，也总是不给充足的资源，所以变电站是丑陋的，垃圾站老是不便于清理，消防站干脆能不建就不建，等等。长此以往，连居民也被这氛围所左右，把所有的公共设施都当成负担。当然，我们的公共设施往往还不够人性化，也是诱因。

立法令地产商先配套公共设施才允许其售房！既然已有规划，却执行不了，那只好诉诸铁腕。至于市民，则不应人云亦云，而应更多想想公共配套设施的好处和必然。

城管变阵

刊于2006年4月12日《羊城晚报》A7版《广州城事》

为破解城市管理中的若干老大难问题，越秀区城管队伍从近日起开始变身、变阵了。

显然受专业协防、兵团作战的思路所主导，大家对这种加强队伍对口执法的新政充满期待。花血本壮大执法队伍，属于“基本建设”。但提高执法质量，并让“基本建设”升华，使之令街容市貌真正焕然一新，这才算是不虚此回。

能不能治理好街市上的无牌小贩，贵在一个“恒”字。而这个“恒”字，又不能有太多规律被利用，否则，上有政策下有对策。把重点放在巡逻上，总觉得有点老套。现在不是准备在路面上安装录像监控吗，能不能利用这些现代化工具有的放矢？

没收走鬼用具，固然是提高摊贩违法成本的一种惩戒，但是隔断违法交易过程，恐怕也是个值得研究的策略，也许协管员能发挥这个作用吧。

有魄力大手笔抓城管，值得期许。而管理上取得成功，才为百姓称赞。

拆迁之痛

刊于2006年4月13日《羊城晚报》A9版《广州城事》

城中拖沓了11年的最大一宗烂尾楼的拆迁补偿案终于尘埃落定。拆迁户在拿到补偿款时的那份悲悲喜喜，令人感慨万分。

“很多人都等老了，也有些人都没了。”这话说得沉重。在这块地被征用拆迁时，恐怕没有人预计到会有今天的结果。但是，历史的无情令人无法后悔。亡羊补牢的事，政府能做到这分上，算是最好的结果了。毕竟，“让群众损失减少到了最低”！

长期以来，拆迁户与开发商之间只要签下补偿合同，开发商便能动工。这是基于开发商的信用。可是许多个案所带来的结果却是令人追悔莫及的。这种苦果，使我们不能不怀疑现行拆迁制度的设计有缺陷，而缺陷放大之后，给政府、业界、百姓必然带来很大困扰。“宝岗大道2号烂尾地”一案就是活证明。

有鉴于此，应该立个规矩，拆迁的执行和动工，应当在所有补偿都落实之后。因为群众的利益大过天！

两个费解之处

刊于2006年4月14日《羊城晚报》A7版《广州城事》

同公权力部门打交道，委实有点“怕怕”。不是说“衙门”的门槛特别高，而是其中的环节忒烦琐。常先生的遭遇，很能说明问题。

其实好像也不是没有一站式服务的可能。伴生在公权力部门周边的那些合法或者非法的中介，办起事来倒是快捷妥当。事实上，公权力部门振振有词：之所以设计不同的窗口，是为了分工明确。但殊不知，“公仆”们的分工可能清晰了，“主人”们办起事来可就麻烦大大了。银行的业务那么复杂和敏感，尚且能够实行柜员式管理。而以授权分明著称的公权力部门，反倒非要将简单流程复杂化，令人费解。

另一令人费解之处，是很多的项目都有所谓的工本费。虽然这些工本费都经过批准，但是公权力部门的管理成本，不是已经在财政预算中划拨了吗？为何还要已纳税的被管理者再次承担？再说，工本费究竟算是公权力部门的收入呢，还是管理成本的转嫁？这可不是少数。

“豪装”有病

刊于2006年4月17日《羊城晚报》A6版《广州城事》

种瓜得瓜，种豆得豆，是成语。但装修这事儿，如今却是种瓜得豆的活计。都市人向往豪宅，有了豪宅就要“豪装”，没曾想到头来却换来“嚎啕”。真是“折堕”！

还没有人将装修材料的生产和销售同人民群众的健康和生命安全，真正地联系在一起。否则，中国室内环境监测中心广州分中心的调查结论，就是胡说八道了。很是专业的陈博士在循循善诱，告诫我们每个市民应当做些什么，讲得苦口婆心！然而，在市场上我们几乎难以做出正确的选择，陈博士的告诫，很可能白费了。因为与其说“超标”家庭的比例高是因为人们的防范意识差，还不如说市场上“超标”材料的制造和销售覆盖面太广，令人防不胜防。

这种尴尬，归根结底责任在于监管，不在于市民。最终，我们都是受害者啊！

共同度过

刊于2006年4月18日《羊城晚报》A6版《广州城事》

变电站入小区，遇到居民反对和杯葛，这是供电部门的一种烦恼。

大多数市民坦言："电我要用，但变电站不要建在我家附近。"这种说法似乎很自私，但这种自私，来源于对自身安全的担心。

百姓对变电站选点有意见不外两条：一是担心变电站有辐射，一是变电站的选点好像总是没有个规划，也不预先告知，让百姓有出尔反尔的感觉。

很多专家都对变电站的安全性做过说法不太统一的论证和保证：昨天说"辐射有如微星之于地球"，今天又说"根本无辐射"。遗憾的是，百姓们不相信。

百姓的不相信，只能说明专家的说服力不强，也可谓政府的说服力不强。

为什么不用事实来说话呢？让百姓参观一下变电站，更多地到民间来演示有关原理。同时，规划时把领导们、专家们的居所都优先安排靠近变电站。讲理论不起作用的时候，示范就最有效。不是说榜样的力量是无穷的吗？

百姓们的心结，有时结不到哪里去，只要你和大家"共同度过"，心中的结也就解开了。

可怜少年宫

刊于2006年4月19日《羊城晚报》A7版《广州城事》

国家近日强调的"未成年人校外活动场所不得开展以赢利为目的的经营性创收"，给了少年宫一些压力。从广州市少年宫目前的运作情况看，我认为其收费与某些流行的"课外班"相比，象征性的成分多一些。

据知，作为事业单位的少年宫，在目前的财政体制上，与公务员单位还是有很大的不同，其所需费用并不是由政府财政全包揽的。少年宫的硬件建设，政府或有投资。但其他方面的开销，大多需要在“收支两条线”的管制下向上级伸手。事实上，广州市少年宫不到百名的老师，承担了本市近50000名孩子的课外培训。显而易见，少年宫没有强大而高质量的外聘力量，根本不胜负荷。而外聘的开销，就要在那些象征性的收费中列支。

作为一种制度安排，公共服务除了有免费的设计之外，还有廉价和低价的多元化选择。目前的少年宫服务，恐怕属于后者。在财政还未能全包的背景下，少年宫要收些钱维持目前的状况，家长们应当是可以接受的。当然，如果少年宫的收支情况能更透明一些，误会就更少。

下决心就好

刊于2006年4月20日《羊城晚报》A8版《广州城事》

珠江水的水质，因为有了“万人游珠江”的作秀，日益成为焦点。“创意”一出，关系着政府的颜面，因而牵动人心。

生于斯、长于斯的市民，对珠水长清的期待从来强烈。人们不管对游珠江这个策划抱有多少看法，但对整治好珠江则是人皆同心的。事实上，不管有关部门的出发点如何，只要能够排除种种偏私之心，割舍种种历史渊源，还珠江水一个清白，就是最大的德政。

常识表明，管住了排，就治好了珠江的污。而除了生活垃圾污水之外，生产性的垃圾污水，恰是珠江污染源的最大症结。而这症结之所以“坐大”，与各级政府长期没有下定决心甚至纵容有莫大关系。现在，因为有了游珠江这个事情，大家对治污这个长期性任务，有了定时定量定质的短期目标，都“亲自”出手做实事。这很令人痛快！

不是例外

刊于2006年5月8日《羊城晚报》A7版《广州城事》

大学生宿舍普遍存在火灾隐患！这是一则不容忽视的“警讯”。

值得关注之一的问题是，学生哥们的生活习惯之中，缺乏安全的防范意识和资源节约的意识。值得关注的问题之二是，学生哥们的公民意识中，没有了纪律意识这根弦，他们抱着侥幸的心理，不惜逾越学校的规章制度，只以个人的方便为前提，在宿舍里违章使用各种的电器。值得关注的问题之三是，学校在为学生供电资源配置的思路上，恐怕也没有考虑到与时俱进，的确存在着部分不够人性化的地方。值得关注的问题之四是，作为火灾防范单位的责任人的学校一方，因为这样或那样的原因，没有把规章制度落到实处，留下了许多不该有的“手尾”。

不怕一万，只怕万一。这是火灾防范中最基本的信条之一。所有的人都应当认识到，防火既是关系到自身安全也是关系到他人安全的一种公民责任。这对大学生而言，也应不是例外，更应从自身做起。

行人靠管有辱斯文

刊于2006年5月9日《羊城晚报》A7版《广州城事》

管人是件头痛的事，而管不自觉的人更会令人“咯血”。交通协管员偏偏是为这档子事而设置的，“出更”归来，苦水苦过黄连！

说起来，城中出了这么个行当，并不是什么光荣，反倒是一个耻辱。有红绿灯在，一些人却不遵守，搞到要人来“协管”，这不是对公民意识的反讽吗？这不是有辱一个文明人的斯文吗？政府出此权宜之计，不能不说是无奈之举。

由于没有正当而明晰的管理职权让渡，上岗后交通协管员颇有“弱势群体”的味道。他们的作用，恐怕只相当于一个会说话的活动红绿灯而已。事实上，按照有关的管理法规，对于协管员治下的违规行人，至少应课以10元的罚款，只是因为违规者常常人多势众，让交警来执法，颇得不偿失——真的实施起来，反而会妨碍道路的流畅。

靠劝谕、哨子、红袖章来协管交通，不能不说是旧桥段。能不能在此之上，增加一些设施，如罚则告示牌、交警执法点，甚至是与交通灯联动的活动铁栅栏等等，让协管员的手段，更收放自如一些?

当然，哪天这个行当式微，那才说明我们的公民意识更上一层楼。

一卡两制

刊于2006年5月10日《羊城晚报》A7版《广州城事》

羊城通收押金的合理性问题，报章上纷嚷了好些日子，最后不了了之。对于垄断的准公共服务行业来说，舆论算什么？反正有巨大的利益集团在支持，我行我素，公众又能奈之何?

不过，逆市场规律而行，就得吃点亏。近来市场上偷偷分销所谓的企业卡，其实就是对羊城通公司的某种惩罚。

羊城通公司事实上已承认，市场上流通着两种卡，一种收押金，一种可不收押金。这种一卡两制的做法，说明羊城通在批发业务中达到一定销售量时，不收押金也是可以运作的，可见，这家公司在前段时间面对舆论抨击时的百般辩解，至少部分理由是不能成立的。显然，该公司利用了手中垄断的权力，强令企业卡分摊了普通卡的成本；又或者这些企业卡的收入，有可能会脱离监管。否则，他们这种“自损三千”式的反市场逻辑的做法，将很难理解。

企业卡之所以被偷偷转入流通，是因为其与普通卡之间，存在着30元的差价。而这差价，是羊城通公司的经营猫腻造成的。现在，这已经给羊城通卡的信用带来很大的损失。我们不希望一项与公共利益相关的事业信用扫地，但要“执掂手尾”，恐怕还要靠羊城通公司自己。

还可以更好

刊于2006年5月11日《羊城晚报》A7版《广州城事》

有关部门对影响较大的市政道路施工，采取“先模拟再实施”的方式，以检验交通封闭疏导方案。这做法市民当然欢迎。

修路围蔽，市政所需，造成一段时间的不便，大家都理解。而模拟的好处，当然就是使施工带来的不便降到最低。这种实事求是的做法，算是市政管理思维的一种进步。

其实，城市中对市政修路工程的置评，一般而言少有不同声音。诟病多的地方，多数集中在“拉链路”上。而之所以常常“拉链”不止，是在管理的协调上。按道理说，城市中的设施管路怎么走，都有一定的统一规划。不知何故，不同部门的蓝图就是不能合并处理，非得你一张我一张分头去实现不可。“拉链路”的由来，就是这种各管各的思维导致。

另外令人困惑的情况是，一些长期性的施工，似乎也往往不大能统筹处理。比如天河商区中，体育西路南段修地铁已封了几年。现在准备封路的是体育西路北端，与地铁工程这边基本是同一区段，本可以与南段一起动工，形成一个同步的工期。这样，两个工程对大伙的影响，只来一次疼痛，而不必连番阵痛。可是如今却偏偏分了两步走，形成道路封了一次又一次的格局。

提供方便的事情，多多益善。造成不便的困扰，总是要“再来一次”，那很烦人。况且，这次封路，一封就是10个月，这委实是长了点。

晓以真相

刊于2006年5月12日《羊城晚报》A7版《广州城事》

一个充斥着大量危险品的化学品仓库，居然能脱离监管悄然生存在城市的生活圈！这枚“定时炸弹”，果然惹下祸害。

一些未经专业训练也毫无化学基础知识的廉价劳工，每天在恶劣的劳动条件下，毫不知情地搬运、处理着混堆各种高危的化学原料，但从仓管员和搬运工，都并不知道自己每天打交道的，是随时致命的“化学杀手”。

一群追逐特殊利益的违规经营者，罔顾法律，绕开了政府的监管体系，建立起一个“独立王国”，最终导致了国家和人民生命财产损失……

这就是广州“5·10事故”的惨痛教训。“广州市对危险化学品管理有一套成熟的日常制度”，广州市安监局副局长俞述西这样表示。但事实是，这家化学品仓库却有足够大的权力在“日常制度”外生存。对这一宗关乎民生的重大“人祸”的处理，我们的最大期望在于：同样的事情，有一而不可再！而要达成这一目的，前提之一是将有关的查处结果，无论涉及任何人和任何单位，都大白于天下。

节水也是一种文明

刊于2006年5月15日《羊城晚报》A6版《广州城事》

将水作为低成本而又取之不尽的资源，是都市中人很不健康的一种惯性思维。数据表明，去年广州市城区供水总量129899万立方米，无论人均年用水量、人均日用水量均居全国各大城市前列。

在注重环保倡导节约的今天，这可不是什么骄人的数字。相反，当我们叩问自身的文明程度时，我们对自己的行为结果，应当感到不安。不久前有报道，伦敦市长为了号召市民节约用水，高调公布自家马桶使用一周才冲刷。这在我们看来，恐怕只是一桩域外奇谈，但其中所透露的文明观念变化的信息，又有几人有所触动？

作为公共产品的水资源倘若涨价，都市中的喧嚷定会甚于“炸营”，人人都会感到“荷包缩水”的肉疼。但是，如果大家的“公共行为”都不把珍贵的水资源看作值得珍爱的“恩物”，大手大脚地浪费，那么，作为一种有限的资源，有朝一日水资源定当有短缺之时。至此，按照供求规律，天价之水进入我们的日常生活，也将成为必然；甚至作为一种无奈的约束手段，高价也会成为一种公共管理手段的选择。

节约用水吧，这既是对自然的尊重，也是为我们自己有个美好的未来。

不逾矩而获得自由

刊于2006年5月16日《羊城晚报》A7版《广州城事》

本月，《广东省道路交通安全条例》实施，但很多人还知之不详，尤其是不少机动车驾驶员。这是一个不正常的现象。

每个人挨罚时，第一反应多半是“怒气冲天”——或对自己明知故犯的行为感到懊恼，或因为自己的无知而恼羞成怒，以致酿出种种以为是“自救”但实际上是抗拒的“仪态”。然则，最终还是要吞下违法违规的苦果。

事实上，熟悉法规，应是现代人的习惯。尽管我们不是律师或者法律工作者，但熟悉法规，实际上也是在认知自己的权利。把权利与义务界定清楚，规范人在社会当中的行为尺度，这往往是一部法规的基点。对于公民个人来说，不逾矩而获得自由；而认知自己的权利与义务，则是一个公民享受自由的先决条件。

交通安全条例是人们出行时的行为准则，欲敏于行，则必先熟悉、执行这部法规。我们都这样做，才真正会有理性的交通秩序。

话说“场”事

刊于2006年5月17日《羊城晚报》A7版《广州城事》

城市中有很多“场”，都在不同程度地被改造着。从规划的思维看，将不同类别的“场”重新配置，令其在城市中各安其位，这既是城市发展的需要，也是群众心中所求。所以说，这是大势所趋。

然则，知易行难。“场”的改造，属政府“鞭长所及”，如停车场之属，一般来说都改得顺风顺水。但是，属自发形成或有诸多商家牵涉其中的不少“场”，改造过程总是一波三折，颇有些“福兮祸所伏”的无奈惯性。

是决策思维出了偏差？非也！皆因很多的改“场”行动，其成本风险，多由商家们承担。广州有句老话，道是：“上屋搬下屋，不见几箩谷”。“改场”，就要考虑成本。其中的管理成本，绝大部分应当由政府承担方才合理。今天，那种“政府出一点、地方补贴一点、百姓牺牲一点”的“三点式”思维，应当休矣！即便是善政，也当量力而行，不要总是来个一揽子的方案，以便有个好看的政绩。“没那么大的头，就别戴这顶帽”，否则，德政也会差之毫厘、谬以千里。

不必焦虑

刊于2006年5月18日《羊城晚报》A7版《广州城事》

电召的士并不是一件新鲜的玩意儿。在国外，再也普通不过。而在我们的城市，这项服务却引起关于隐私的争论，这是蛮奇怪的。

既要享受方便的服务，又要严保所谓的私隐，难！其实，道理很简单，你如果信不过，不用它就是了。公开个人部分信息，本是生活中所必需的，也是有风险的。风险的评估，在于自己。比如我们用电话、叫外卖、收快递乃至买家私，都得暴露一点所谓的隐私。有人认为出租车行业流动性大，隐患必多。其实一切上门的服务，恐怕都有这个问题，不独出租车行业如此。一般而言，我们只能约束公司的行为，个人的行为能否约束，确实有些博一博的成分。

目前，乘客在电召和扬手即停之间，选择后者的恐怕居多。两者比较，扬手即停是个卖方市场，电召则是个买方市场。也就是说，如果电召的士没有更多的增值服务，恐怕很难实现市场角色的转换。反之，如果电召的士确实能够提供给顾客“不一般”的服务，与“扬手即停”差异化生存的空间也许更大。

“样板工程”

刊于2006年5月19日《羊城晚报》A7版《广州城事》

明年年底前全部解决双特困户住房困难，在房价高企的今天，这消息无疑是一股暖流。

值得关注的是，市长张广宁强调：新社区的建设，要坚持政府主导，从方案制定、征地拆迁到工程建设等各项工作都要由政府来组织，坚决避免商业利益的介入，保证建设质量。规律表明，大凡属于政府公共工程的项目，最终多半都以定标发包的形式落地，从而集合市场力量去完成。而任何有幸参与的实体都知道：这基本上是个公平的博弈，参与其中，至少是项不赔的买卖。但是，在实践的过程中，市场实体的逐利本能，总是驱使某些利益集团通过赚政府的便宜，来完成自己的利益“升华”。张广宁强调坚决避免商业利益的介入，就是在政府德政工程中避免有人上下其手。

将公共工程项目的每一个环节、过程进度以及所有参与者情况都公开化透明化，让市民都能监督，才是对市长所强调问题的最根本的贯彻和落实，在这方面，期待广州能够做一系列样板出来。

感慨传统

刊于2006年5月22日《羊城晚报》A6版《广州城事》

很欣赏越秀区社区服务中心陈茂勇主任谈社区服务时说的这句话：“即便是采用平安钟这些先进的手段，也要充分加强传统支撑，离不开传统工作方法。”

越秀区是广州市最“烂熟”的老城区，社会保障体系的完善，也总是先人一步。陈主任的“传统支撑论”，我以为有两层意思：一个是指导思想，一个是工作方法。越秀区面向弱势群体的一系列配套服务不时都有新意，莫不源之于他们的“新政”中总蕴藏着这传统的意味。

说实在话，城市中不少的政府或公共管理机构，随着所谓“现代化管理水平”的升级以及“追高”手段的运用，衙门的门槛也越来越高，官员们、公仆们的脸，也拉得越来越长。连某些公共管理的接口，百姓也摸不着北了，更不用说“马天民式”的服务了。这官场现象，无疑都是“传统支撑”的缺失！

以传统的优良作风作为出发点，运用传统的工作方法做群众工作，这当是老百姓最感希冀的。

纵容的恶果

刊于2006年5月23日《羊城晚报》A8版《广州城事》

荔湾区大坦沙珠岛花园部分业主的遭遇，归根到底，是开发商为富不仁。这其中的不仁，一是不讲诚信，二是罔顾法律。

售卖商品房自然要提供基本的生活设施，这是规划中理所当然应有的。地产商订价时，肯定已将成本打入房价中。时间过去一两年，这些配套仍不到位，不但要业主承受使用临电的苦涩，还要其承担违反《电力法》的风险，这就是典型的不仁。

发展商之所以干着不仁之事还偷着乐，其实是政府监管市场和保护消费者权益的机制缺位所纵容的！法院判决了却难执行，电力部门供着临电却莫之奈何，房管部门因为售楼已经事过境迁当了甩手掌柜，而消委会又力有不逮……发展商自然敢为所欲为了。管不住损害着百姓利益的开发商，这是政府有关部门的耻辱，该当受到问责。

开发商在公共配套设施上“玩猫腻”由来已久，规避的伎俩也层出不穷。这与有关部门审核公共配套设施时总有弹性有关。临电临水这类制度，本来是为了便于工程加快进度而施行的，殊不知，却被不仁的开发商所利用，带来一系列悬而不决的社会问题。要治理这类公害，就应当立条规矩：开发商不搞好公共设施配套，就不得售楼或预售楼。

大快人心事

刊于2006年5月25日《羊城晚报》A8版《广州城事》

广州市为迎接2010年的亚运会，实施旧城区危旧房大片改造。这项事关民生的重大系统工程推进时，实行了两条引人注目的新政：一是坚决避免商业利益的介入，二是实行“老房原地换新房”

的做法，公产永迁，私产回迁。

曾经在旧城改造中导入过地产发展商，这种模式因部分房产商的不仁不义，令回迁者的利益遭到很大的损害。当回迁户回到被“改造”的住户单元，面对的常常是面积虽达标、但却粗制滥造并且门窗厨厕都不配套的回迁房。回迁房在人们心目中，成了非常另类的一种住房概念，回迁也几乎成为一种不幸。

现在，两条新政凸显出了政府对旧有政策的改弦更张，真正把旧城改造作为一项回馈纳税人利益的公共工程。同时，也更把对私人产业的尊重，提上议事议程并加以维护了。这样做的“形象工程”，百姓称快！

斯言中的

刊于2006年6月9日《羊城晚报》A7版《广州城事》

许教授直指地价对房价的影响，实际上是对政府高价格出让土地的事实提出看法。这已经不是一家之言了。很多学者对此都发表过见解。不过，像他那样公开呼吁土地市场透明的学者，不多。

许教授的“透明论”是有针对性的。很多城市的土地转让，已经是通过拍卖完成的了。有观点认为，既然是竞价拍卖，自然是公平的，所以，政府可以撇清责任了。然而，公平、公正、公开，通常是联系在一起的。政府的责任更重要的是保证公正。因为在资源或资讯不一定平等的情况下，公正就显得尤为重要。比如，拍卖市场上也有联手抬价的情况存在，土地市场上会有人囤积居奇，这些操纵手法，有时看上去是在蛮“公平”的环境下实现的。这情况下，能否予以公正治理，就考验政府的魄力和智慧了。而其解决的前提，则唯有公开有关信息，因此，土地市场上的各种“公示”制度建立起来，真正的公平、公正，也才能建立起来。

不要“虚拟衙门”

刊于2006年6月13日《羊城晚报》A7版《广州城事》

广州的政务信息建设，近年来可圈可点。不时更有一些公共部门，公布些公众接口，聆听市民的意见。这当然好。

不过，很多的这类平台，人气与商业网站相比，总是天差地别，很是郁闷。功夫做了，可是收听到的声音，寥寥落落，颇有点得不偿失。

原因何在？公众还未习惯上政府网，即便上去浏览，索取资讯多，发表意见少；此其一。政府的网站，知名度低，且各自为政，人们非得对口上网，才避免鸡同鸭讲，颇不方便；此其二。政府网站公众接口设置的“好玩”元素，不如商业门户网站论坛那么丰富，虽说是交流，但提过建议之后，总是没有反馈，提建议的人当然颇感失望，于是转身到公众论坛上骂娘了；此其三也……

要改变这状况不复杂。比如可以把政府网站的论坛设计得更亲切，将不同部门的接口都链接上来，令市民只记住门户，就可到达各处，不亦快哉？另外，也可以把某些专题性的内容，挂到热闹的商业网站上去，让渡一部分资源，令市民关注。当然，这就要立法，规定商业网站要有公益的空间。

在虚拟世界里，政府的“衙门”门槛，再放低一点，和市民走得更近些，群众的声音就能够听到了！

想到“住改商”

刊于2006年6月14日《羊城晚报》A7版《广州城事》

越秀区请来专家论证“北京路国际商贸旅游区发展”，专家层次很高，议论的热点也多。但有个声音值得重视，就是利用原有的人文条件，形成“旧城历史文化改造区型”，在商圈内恢复古街、巷、院、铺的原貌，从而再造岭南文化风味。

窃以为，这个理念很对头，不可想象如果广州的“商贸旅游”，全变成“香榭丽舍”，那么客商们到广州来从事商旅活动，还有什么意义？

假如认同专家们的理念，就不能不涉及一个敏感的话题：“住改商”。前阵子这话题沸沸扬扬，最后大致以“住禁商”终结。“住禁商”的理由很振振有词：比如房屋的安全问题啦，防火问题啦，社区管理问题啦，等等；又有更深层次的原因，是因为有许多宜于商业的高价楼宇空置多啦，等等，但这些理由，其实都不大成立，就算成立，也不该一刀切。毕竟，一刀切本身就是一种“惰政”思维，只有个案处理，才是实事求是。

事实上任何一个城市的发展，都有“住改商”的动力存在，抹杀这一点，往往也会抹杀历史文化的传承，比如北京路有今天的繁盛，就有“住改商”的功劳存在。所谓的特色商圈，往往是由居住人群和住宅的特色先形成的，你不给它“住改商”，那么商圈又从何而来？这一点，全世界城市的发展莫不如是。

所以，要形成“旧城历史文化改造区型”，必先有规划地开放“住改商”。

亲水不止一条江

刊于2006年6月16日《羊城晚报》A8版《广州城事》

城市中的十大河涌，即将披上华丽的景观建设外衣，变身“个性”河涌。这消息真好，弯弯的水系，清清的湾流，不遥远了。

旧城区的老街坊，都还记得不少市区内街里有个什么“东约”、什么“西约”之类的名字，而且很多还在沿用。这个所谓的“约”，其实就是水边的意思。那些叫“约”的地方，其实历史上在附近都有水涌流经，只不过经历沧海桑田变迁之后，河涌都成了地下的暗渠。

曲水流觞，本是浪漫，封成暗渠，大煞风景。但是当年很多封渠之举，实出无奈，因为人口膨胀，水涌不胜排污负荷，故有“明涌变暗渠”之剧变。其实也曾有过把现存的流经市区的几条大涌也封闭的想法，只是后来观念变了，才得以仅存。

依水落宅，亲水而居，其实不必见什么一线江景，出门乃见溪流，也更温馨洒脱。荔枝湾历史上所以著名，也皆因当年的一湾清流侧畔，荔枝树下，建起很多背水面街商肆民居，前有喧嚣人流，后有篷船花艇，方成一时繁盛。想想广州有几十条河涌，可造就多少风流名胜啊！

水文化本是广州人文之根本，但是仅仅因为排污而使河涌糟蹋，我们毁掉了多少浪漫？现在，政府动用我们纳税人的钱来逐步修复了，我们每个市民呢？都应当自我约束自己的行为，减少污染，使我们的水文化发扬光大！

男人高潮要懂节制

刊于2006年6月19日《羊城晚报》A8版《广州城事》

世界杯是男人的狂欢节。但是所谓“福兮祸所伏”，精神上的愉悦亢奋到极点，身子骨未必受得了。世间好事，大抵如此！

目前的世界杯主要还是欧洲人的游戏，在欧洲看球，赛事的“生物钟”，自然按欧洲人的习惯旋转。但时差关系，可就苦了地球另一半的我们。更何况又要打工又要看球，这样的“劈腿”生活，不能不说是苦中作乐。

在快乐高潮中的男人最脆弱，这话不假。所以男人们虽叫唤着世界杯让女人走开，实际上却最需要被别人关爱。如果你爱你的男人，而你的男人又爱世界杯，那么请你记住，这段时间里，你的男人只不过是迷失在欢乐中，但他却并不强悍了。

“我为波狂！”那是境界，但却不明智。问医问药，去支撑在世界杯“寻欢”的体能，犹如吸毒一般，是饮鸩止渴。好在接下来的赛事不那么纷繁了，追求高潮的男人，应当在欢乐中学会节制。事实上，我们应当学会说“不”，学会舍弃，学会睡眠，学会戒酒，那才是学会享受。留得青山在，不怕没柴烧——这句老话，诚不欺我。

以法律为“铠甲”

刊于2006年6月20日《羊城晚报》A8版《广州城事》

人在江湖漂，哪能不挨刀？竞争型的社会，不时遇上陷阱，虽不敢说是规律，但肯定是现实。

学生哥乐于做暑期工，一指望积累社会经验，二赚点零花钱，三更可能找到个潜在的就业机会。算盘打得啪啪响。但是有需求就有市场，当很多大学生都愿当暑期工时，供过于求，不法的商人或企业，自然会动脑筋，这些频繁转动的灵机，会造出重重陷阱。

犹如游戏通关的第一步，首先要将自己武装起来。学生哥涉入社会人生，第一步其实先要学会保护自己，而对自认权益的认知以及对权益保护的制度认知，就是保证自己不被伤害的“铠甲”。倘若所有的学生哥都能穿好这身“铠甲”才出来游走江湖，那虽不敢保证“步步生莲花”，但却能保证绝不会马失前蹄，哪怕其陷阱复陷阱，又能奈我何？

学生哥走出社会，就意味着“不要与陌生人说话”这个准则要修改，而在法律框架下保障自己的合法权益，则是成熟公民立身之根本。江湖中做人有没有“深度”，实际上也考验人运用法律自我保护的熟练程度。

一时反应

刊于2006年6月21日《羊城晚报》A7版《广州城事》

食盐这个国有专营的产品，突然要穿件“洋马甲”，升价30%，于是部分超市零星出现集中采购现象。

区区0.30元的涨价，与有些商品价格上涨几十元，简直是“蚁同牛比”。待脑子冷静下来，个别囤盐者会发觉自己心里有些脆弱。

然则，小部分人一夜间顿成“盐粉丝”，其实也是对近来公共产品分分钟想提价的一种必然反应。这次食盐因“换马甲”提价，其实不可谓不透明，理由也不可谓不充分，唯缺乏的是，预先并没有论证过程及循序渐进的说明。按常理想去，一罐250毫升的饮料，批发价也就卖一元多，商家便赚得盘满钵满。食盐的包装标准，想来也严格不过软包装饮料吧，怎么就技术含量这么高？盐业也属专卖吧，包装好像也没有听说经过公开招标……总之，这些疑惑，给大家有个涨得很“牛”的感觉。

不过话说回来，虽然心有忐忑，但抢购却大可不必。我们应当相信，不管是谁，恐怕都不敢把价格涨到令我们小百姓过活不下去的地步吧？想及此，区区三毛钱，何不等闲视之？何况，还有个信誓旦旦的“双轨制”存在哩。

“到肉”执法

刊于2006年6月22日《羊城晚报》A7版《广州城事》

不言自明，房中房有害。禁止房中房，也有多项的明文规定，并且三令五申。

但是，热租地区的房中房改建潮，却愈演愈烈。特别是那些房改房，二手交易后变得“无王管”，新业主逐利本色发挥得淋漓尽致，政府规定、邻里侧目，全都“冇眼睇”。

有规定没罚则，有想法没手段，这是目前政府有关部门对房中房现象管理无能的窘态。很多人以为，房中房改造，只是业主自我约束的问题、道德的问题。但其实，房中房动工的地方，虽然发生在单位面积以内，但其牵一发而动全身，动工之后，影响的已经是共有建筑物业主们公共的利益。这事往严重里说，已构成了对公共安全的危害。

按照规定，房中房的改造应有报建流程，但现在是人家不屑于报建，主管部门也似无可奈何。而建成后房子被出租，物业中介照样推介，税收部门也照单全收。这无形中是对这些户内违章建筑的鼓励。难怪城中的房中房改建，会信马由缰，一发不可收拾。

如今政府要做的是：立下对房中房改建及推介等行为处罚的规矩，把房中房的出租收入视为非法所得（因为危害了公共利益），构建一个举报奖励及相关部门联动管理机制，授权执法队伍重点查处，等等。相信政府动了真格，就不会有人以身试法了。法规没权威，是因为执法不“到肉”，别无他因。

绝对担忧

刊于2006年6月23日《羊城晚报》A7版《广州城事》

“搜房网”爆出的电梯疑问，令到小业主们“惶惶不可终日”。

买楼时精明的业主，都会看看电梯的品牌。用了名牌的电梯，想来保养、维修服务自然跟得上吧，大家都一厢情愿地这么想。

殊不知，世上无绝对，名牌电梯有“标配”和“选配”之分；维修保养，也有“正宗”和“副宗”之别。而发展商与物业公司于此大可将“猫腻”玩得溜溜转，骗你、宰你没商量。

但最恼火的是被人当作了“墨鱼”来宰，花了钱没买到应有的品质和服务，价差却被发展商或物管捞走了。这倒霉事目前似乎还没有法律细则去管，至少购房合同上就没有电梯的“标配”或“选配”这一条。如不较真，就只好自己吃暗亏了。对于物管公司，业委会可查查发票，便知道电梯保养者的来龙去脉了。

令人忧虑的是，商家以诚信作赌注蒙人，已经令市场无以自律，使消费者风声鹤唳。不知唱着和谐高调的权势部门睹此，有何感想？

多忙才能不盲

刊于2006年6月26日《羊城晚报》A6版《广州城事》

“交通盲点”议题的提出，无论如何，都是一种社会进步。一是由于司机群体的迅速扩大，二是人们对于法律的认知水平有了很大的提高。至少，那些明确对“盲点”提出异议的公民，对自己的权利和义务，都是有独到见解的。

“交通盲点”的形成，原因很多。在议论这议题时，多方都阐述了看法。窃以为，最重要的地方，是要有迅速的解决方案。事实上，提出盲点议题的目的，并不是要追究哪方面的责任人，而是希望尽快修正交通管理系统中挂一漏万的欠缺。

我们的有关部门，应当养成一种理性的倾听习惯：大凡市民对管理制度的缺陷提出异议，并不是对制度本身提出异议；相反，大家是希望制度的执行，有更完善的安排。正所谓人非圣贤，孰能无过。“交通盲点”被提出来，也不外如是。关键的解决办法，是弃一己之见，施以自觉协调；又或者，公布必要的解析。要盲点不盲，只能是政府部门多忙。

银行忒牛

刊于2006年6月28日《羊城晚报》A7版《广州城事》

在《反垄断法》进入立法程序前夕，有着明显垄断优势的银行业，出色地演出了系列“垄断没商量”的大戏：比如，跨行查询收费、对小额存款账户收费，等等。

银行是以成本高为由收这个或那个费的。在没有电脑的年代，成本可能更高；现在用电脑了，周转快了，却收费了。真想不通，既然想不通，被活宰的感觉，由然强烈。

被银行活宰的感觉，还在于它们的态度。现在有很多公共服务的收费都委托银行收取，银行有了这些让渡的权力，态度更牛，其告示也学足政府公告。这方面的服务，也横得很，比如报道中那家银行的解释，就很居高临下。前段时间，有几家银行系统升级调整储户的账号却不告知，结果很多人的电费煤气费的代收账户无法划账，而银行却只是一句“系统升级”了事。

“存储自由”和“为人民服务”的字眼，经常出现在银行的文告里，但现在一步步缩水了。小储户们没有办法，只好存进301元，在底线上同这些“资本家”们博弈。对于那些处于垄断地位的庞然大物来说，个人总是渺小的。

修学游有“双抢”意味

刊于2006年6月29日《羊城晚报》A7版《广州城事》

“读万卷书，行万里路”。对于读书人来说，应该算是古训吧。时代嬗变，古为今用，于是古训的用法，似乎已经不仅读书人了，商人们用得最起劲，更有“商”“学”结合的，终于创造出“修学游”概念，因为有了修学作点缀，“游”便庄严起来。

学生因修学而欲“游”，商家因“游”而修学。在商业社会，这是周瑜打黄盖，你情我愿的事情，谁也无话可说，收费合理，也罢。

然则，旅行社通过学校来招揽“修学游”，那就有些不甚正常了。因为，学校的“公权”被旅行社的“私权”所用，这种“强强联合”就是很可疑的。除非把持这项活动的“两强”，能够透明其所有项目的开支，而带队的老师的费用，也由校方掏腰包。

可见，商家与学校所共同倡导的“修学游”，没有功利目的，是不可全信的。而从逻辑上推理，只要学校及老师从中有一丝便宜可赚，那么我们指控这“两强”在“双抢”学生，就很有理由。

吃力的因由

刊于2006年6月30日《羊城晚报》A7版《广州城事》

双向转诊为何转上容易转下难？道理很简单：水往高处流。

双向转诊或许是个好想法。但卫生部门一厢情愿，并不表明患者接受这个制度。

双向转诊之所以“双向”不起来，根本原因是转诊医院的医疗水平很不对等。不同等级的医院，医疗水平千差万别。

好想法的落实，要有好的制度安排。目前这个好想法所遇到的瓶颈，都是医疗制度中的不完善和不合理造成的，其背后和利益博弈有关。在这一切都没有尘埃落定之前，官吏的好想法，在百姓眼中就显得很烂。这并不是什么观念问题，而是百姓比官员聪明，看到问题的本质。如果医疗制度基本框架中的矛盾被化解，各种互联和服务管道又通畅，那么，双向转诊推广起来，绝不会这么吃力。

销赃也应治重罪

刊于2006年7月10日《羊城晚报》A6版《广州城事》

偷盗电缆是重罪！拿几个案例出来公布，应该不难家喻户晓。

但是，凡偷盗者，必要变现，于是便有一条销赃的“食物链”。所以，如果以法律的名义定性，偷电缆是“大盗”，那么，作为“食物链”的终端，为偷来的电缆销赃，也应当有法律给予定性，同样赋得重罪，这才合乎逻辑。

但目前的情况是，这方面的法规，配套上似乎出了问题。在不少案例中，偷盗者往往把销赃者唤作“老板”，俨然觉得自己在给“老板”打工；而“老板”们是“低来高去”并且“赚翻了”，但所承担的法律风险，却低于“打工一族”，真是形成了个“精人出口笨人出手”的格局。

按道理，销赃者是“长线经营”，并有“店面”，顺藤摸瓜并不难。可是管治起来，怎么就总是“投鼠忌器”？取证公诉就那么难吗？看来都不是。只要发现有销赃行为，不管其法人是什么所有制性质，都重罚并让其关门——这至少在现有法律框架下并不难实现吧！

当然，我们更希望人大尽快有个立法，把销赃定为重罪，因为在目前背景下，这也是万恶之源。

让过去随风

刊于2006年7月11日《羊城晚报》A7版《广州城事》

莲香楼和泮溪酒家，要拿出产权做交易了。老广州人心有戚戚。

许多老字号的招牌撑不下去，这已是广州不争的事实。其实颓风早些年已见，大多数人宴客，也多半不提老字号了，因为它们不无店大欺客的恶习，菜式创新不多，服务态度也差。谁愿意“贴钱买难受”呢？

相反，对老字号的式微，圈中人的辩解理由却很多：如租金超贵、体制不顺、老员工多等等。这些理由讲了十多二十年了，竟然也不与时俱进。管理方也罢，扶持方也罢，都依然故我，鲜有出招。其结果是，既然不能“造世界”，就只好“挨世界”，挨不下去，就来个留名不留种的“重组”，这个宿命成了城中老字号不能摆脱的噩梦。

据说，产权易手之后，一切问题会迎刃而解，有人举出“陶陶居”作为例子。果真如此吗？十年八年后才见分晓。以前泮溪酒家开始研发冷冻点心时，不是也被看作是“永远健康”的撒手锏吗？

老字号一切皆随风了。为什么呢？不能问，不愿问，不敢问，不许问。

大可不必

刊于2006年7月12日《羊城晚报》A7版《广州城事》

一段时间，国学儒学，忽然兴焉。读经之声，不绝于耳，奢谈儒道，颇显激情。有汉服儒礼，昂昂然招摇于市；见诸种祭祀，施施然登堂入室。学界时尚，似乎轮回到了春秋战国时代。激进之士，更巴不得“独尊儒术废黜百家”……真个是古风习习！

有感于世风日下、礼崩乐坏，遂求解于古代诸贤，这大抵是知识分子的流习。比如“文艺复兴”，就是个成功的先例。然则，当年推崇的显学，似乎并不单纯沉浸在往日希腊罗马的荣光中，而是把苏格拉底理性和柏拉图的乌托邦等种种代表先进文化的元素加以熔铸张扬，创造催生出现代西方理性人文文化发展的基石。可见，怀旧复古的目的，应不止于对先贤的顶礼膜拜，更不应止于对旧学的囫囵吞枣。只有扬弃创新，才是根本。须知，孔学当中的忠孝礼义廉耻，也许很有些借镜价值，但内核中的君君臣臣父父子子却也是现代民主的死敌。

古为今用，是学人做学问的权利，但却大可不必一定要将某学某人以官方“钦定”的形式加以固化神化，让人民仰而拜之。一些在野学人求“朝廷”为某学派立贞节牌坊的做法，我们不敢恭维。

破其狗胆

刊于2006年7月13日《羊城晚报》A7版《广州城事》

大凡贪官，都有贪论。他们或辩解或开脱，无非几招：要么是“竖比”，要么是“横比”，再就是怨环境，好像自己不是贪婪成性，而是人情难却，才“袋袋平安”似的。

“竖比”的贪官，总觉得自己功劳大，“支出”与收入不符，亏了。“横比”的呢，总觉得自己的才智不比别人差，但得到的不如人家多，也亏！

这厮们的高论，其实都是站在私利的立场，看待公权的效用。他们并不以权力寻租为耻，巴不得将既得利益最大化。于是他们不仅有了贪的标的，更有了贪的动力，也形成了贪的文化。

每年纪检部门的情况通报，都能以触目惊心形容之。为什么贪官们还在贪？这使我们想到共和国元帅陈毅的“莫伸手，伸手必被捉……”的名句，关键在于“必被捉”！倘我们的机制中，能把贪官“必被捉”的概率，提高到九成九，那威慑力就大了，欲贪者伸手的狗胆，也就会破掉。

人之常情

刊于2006年7月14日《羊城晚报》A8版《广州城事》

高温，烦人。停电，更烦人。

错峰停电是无奈的必须，没有人不理解！但是，理解不等于没牢骚，也不等于不让发发牢骚。于是，媒介或其他管道，就要让百姓倾诉一下怨言，倾听并从中归纳出些尽量能化解或补救服务的方案，则是有关部门的职责所在。对有大局意识的市民和消费者，没有更多的呵护意识，就不近人情了。

强制错峰出于不得已，却不是完全不能做预案的，预案也不是不可以事前告知的。这种告知，相关部门已经在做，但还是做得不够，或者说，做得还不够体贴。发展是个过程。缩短这过程是工作；尽量减少这过程中的烦恼，也是工作。贴心，更能造就一个和谐的发展环境。

“温柔”昏刀

刊于2006年7月20日《羊城晚报》A7版要闻

作为公众，我们有理由对广州市卫生局最近一份名为对医院信息发布进行规范，而实际上却是制造门槛的红头文件感到吃惊。

从这份文件的执行来看，实际上要求医院对来访的任何新闻单位，都采取“钳制”策略。在这种策略之下，新闻单位到医院采访，必须提早两天递交提纲，报批后才能进行。

如果这份红头文件仅仅为重大突发的公共事件设置一个门槛，也许还会为社会所理解，国务院也有相关的规定。但如果事无巨细都要求一个本身就非常公众化的处所，对新闻采访进行预约式控制，这既是一种权力的膨胀和倒错，也是一种欲盖弥彰的“走私”。很难想象，新闻单位能够提前预知一项交通事故或其他公众灾难的发生。

无论是卫生局或者医院，都有义务接受群众和舆论的监督，这种监督只要在法律的框架内进行，就无可非议，也无须预约。但是卫生局今天所设的障碍，实际上是在宪法之下塞进了自己的私货，对宪法的精神动了阉割的刀子。这狠狠的一刀，实际上是割掉了舆论监督的法律赋权。一个敢于如此发文的政府机构及其下属，真会“批准”社会对其进行监督吗？鬼才相信哩！

大恩不言报

刊于2006年7月22日《羊城晚报》A6版《广州城事》

礼，是中国人深入骨髓的一种文化。“谢师宴”，恐怕也应属对“礼”的一种文化发展。然则，这个话题引起争议了，争议的焦点，其实不在于师要不要谢，而在于谢的方式，在不在宴。

“滴水之恩当涌泉相报”，这个理念被认可作为宴的一个最好注脚。于是在“涌泉”观念的支配下，宴的节制被冲破。诚然，三年不逢一闰，请一顿“谢师宴”对抱着“涌泉报”思想的学生及其家庭来说，毕竟不是“天天读”，算不得什么。但是作为社会风气，人们有理由担心，当物质尺度成为一个标杆时，学校教育中所强调的社会价值观就会受到冲击，师生之间的关系就有可能被物化。

理智地说，在现代教育框架中的老师，其实只是公共社会服务机器的一个终端，其职业道德和位置设计本身，就要求其处在“施恩”角色。而由于每个成员对岗位的理解不同，所投注的感情也不同，所以才会有“感恩”情怀滥觞的土壤。又因为成长期对于人生来说相当宝贵，所以，负责性格养成教化责任的老师，才显得尤为值得尊重。

站在“礼”的立场，用在能力范围内以物质的代价来回报老师似乎并无不妥。但站在教育制度设计的立场上，老师却似乎不该接受岗位薪酬以外的其他回报。这说法有点令人伤感，却是一种原则，原则就是无情的。因此，在谢师宴问题上，更应多听另一句古代江湖上的行话：大恩不言报！这，也是令人刻骨铭心的谢词。

宠物与人情

刊于2006年7月24日《羊城晚报》A8版《广州城事》

宠物也有性情，宠物的性情被驯化，便学会了与人类交流，这种交流给人类带来乐趣，于是宠物便被赋值了人性。

“狗医生”制度的尝试，是将这种人性作为资源，加以开发，把独乐乐变成众乐乐。真是不亦乐乎！

恻隐之心，人皆有之。慈善行为，其实不难。心而系之，做就是了。但“狗医生”制度的设计，是把人的爱好同慈善的活动结合起来，这就丰富了我们生活的内涵。慈善不一定要钱到，意到就很帮忙。这类设计，多了，社会风气就友善了。

要的是世俗之见

刊于2006年7月24日《羊城晚报》A8版《广州城事》

新的人民陪审员制度实施一年多，广州有自己的探索和传统。

这一制度的实质，说白了就是由职业法官和普通人共同审理案件，从而使精英司法和普通大众意识、大众价值观在判案中得以结合。所以，人民陪审员并不是“编外法官”，而应当是有代表性的普通公民。换言之，合议庭需要的人民陪审员意见，并不在于其法律知识，而在于其社会经验、社会伦理等“世俗人情”方面的意见。当然，群众参与审案，也可以在很大程度上对法官形成监督。

但是，对于人民陪审员制度，普通市民实际上并不是很了解。按照有关法规，人民陪审员每年所受理的案件，是有一定的数量限制的。因此，遴选更多的人民陪审员便成为亟须。

现在，人大代表调研认为，应当选拔更多的人民陪审员。但与此同时，对人民陪审员制度知识的普及，恐怕也是公民教育重要的一环。有好的民意基础，才有遴选工作的创新。

要出有用书

刊于2006年7月26日《羊城晚报》A7版《广州城事》

公众以近乎求援的呼吁，要求房管部门编发购房指南，以廓清住房交易过程中的各个环节，让市民规避交易陷阱。

广州的商品房市场自20世纪80年代中发轫，迄今已有20余年。各种利益在市场博弈，都已各得其所。唯独为博弈平台供血的终端消费者，一直被种种“内幕”所隔绝，蒙查查为他人作嫁，这也算一大讽刺。不透明的市场算不得成熟，而致力于市场的透明化，则是管理部门的天职。但这天职，似乎被部分蒸发了。

回应市民要求，编发购房指南不失为亡羊补牢之策。好！但是想到种种政策法规的错综复杂和房地产市场的吊诡，不免叫人气馁——倘若这本购房指南编出来像个法规汇编，那又有何用？其实，房产中介之所以存在，就是因为房产的交易过程太复杂，这才催生出了这些“专业”的牙人掮客。还是教会大家怎样对中介“有风使尽力”吧，又或者出一本地产陷阱概览，这肯定比购房指南适销对路得多。不过，既然仍有那么多陷阱存在，不正表明，有本事出书的人在养虎为患吗？唉，尽信书不如无书啊！

还要销毁更多……

刊于2006年7月27日《羊城晚报》A7版《广州城事》

克隆车何来？克隆车多是报废车。车辆报而不废，流到地下市场黑市销售，便有了克隆车。

报废的车辆早该销毁。车辆之所以在使用一定年限后要销毁，是为了道路安全。克隆车钻了管理漏洞的空子，得以借尸还魂营运，这就给城市埋下了祸端。加上克隆车的司机本身品流复杂，非法营运，就更给市场带来冲击，也带来治安隐患。

劣车驱逐良车，不法营运蚕食合法营运，这状况在整顿中已经有所收敛。而对克隆车实施销毁，自然要使克隆车形神俱灭。但是如果光销毁克隆车，却不能及时销毁所有的报废车，则克隆车还会“王者归来”。只有各环节通盘发力，治住黑市，才治得住克隆车。

改改接访日

刊于2006年7月28日《羊城晚报》A7版《广州城事》

广州市的局长接访日，近几次有些冷清了。

接访日该是一趟民意直通车吧。这趟车，无论人满为患或是门庭冷落，恐怕都不太正常。解读前者的内涵比较简单，无非是问题成堆，以致不得不仰靠行政权力的顶端来解决。所以，才会有个别局长拒绝媒体跟踪采访的尴尬。对后者的解读就比较复杂，可能是群众真的没什么问题要“劳驾”的了；也可能是当值行政机关下辖哪些领域、工作程序如何？大伙儿根本不了解。比如，对食品药品监督局，很多百姓的认知，不过是望文生义而已。

作为一个民意管道，接访日不能取消。但总是门可罗雀毕竟也不是事，还会浪费公帑。那就不妨让当值机关为接访日设立一些议题，提早公之于众。这样，百姓们、局长们能在共同的前提之下，平等议政了。毕竟，接访日不只是上访日啊！

习惯成自然

刊于2006年7月31日《羊城晚报》A7版《广州城事》

旧历七月七，牛郎会织女，是民间传说。七夕拜七姐，是地方民俗。至于以女孩子的女红为核心的“乞巧”呢，估摸起来恐怕算是盲婚哑嫁时代里，女孩子们的“我行我秀”吧——把自己才艺的冰山一角，摆到公众眼前炫耀一番。当然，这活动也确有些“关关雎鸠”的意思。

可见，作为一个文化符号，七夕在民众心中的内涵，还真有点复杂。以往过或者不过这一个节，至少不必有太大的心理负担。

最近，“乞巧”这个节被发掘出来，实用主义地被赋予“中国情人节”含义，这就使得一个本可以轻轻松松的特别日子，变得沉重起来，好像这个日子如果不能被“正名”，就过不下去似的，真有点滑稽。

其实，不就是每年有个旧历七月七日么？商家愿意多一个推广的理由，官家愿意拉动一下地方的旅游，老百姓愿意乐它一乐，挺好。过节么，何必老是要想着抗衡什么？也不必管它涉及的范围，全国性的也好，一条村的也罢，只要过得快活，每年多一天快活，就好。习惯成自然嘛，何苦呢？

政府的坚持和担当

刊于2006年8月1日《羊城晚报》A7版《广州城事》

建一个人民公园，原来有这么多烦恼，经历那么多曲折。

有坚持是可圈可点的。虽然历经20多年，政府终于把公园按照规划落实了。须知，一个城市的规划是一份有法律效力的文件，政府有义务执行。放在一个较长期的历史环境中看，政府没有因为换届或换管理思路而改变规划，就是依法行政的范例。当然，像黎老这样的人大代表对政府的长期监督，也功不可没。

如果说庄头公园的建成曾经走过弯路，那么，弯就弯在政府曾经指望把一个公共项目的建设成本，让社会或者企业去分担。在计划经济时代，我们养成了建设公共项目时总是“政府出一点、地方出一点、企业出一点”的思维惯性。但事实证明，在市场经济时代里，这种摊派是行不通的，因为这违反了公平税负的原则，也滥用了政府的权力。商家的逐利本性也注定其在公共项目上缺乏诚信。所以，公共项目就应该并且只有由政府去担当，才能皆大欢喜。

对人民的公共利益能坚持又有担当的政府，就是人民政府。

巨富精算

刊于2006年8月2日《羊城晚报》A7版《广州城事》

巨富之所以为巨富，在于其精明。自从南方大厦由盛而衰之后，广州西部的人们，就很期待有个什么东西，能够横空出世，从而把昔日南方大厦的辉煌再度焕发出来。于是，巨富顺应这种心理的和现实的需求，来他一个以MALL为号召的“都荟”。

有多大的头戴多大的帽。巨富建巨MALL，当然有商业风险，却也有商业的暴利。从现在的市场状况和心理来看，巨富的赢面，呈压倒性的了。

操作一个成功的投资案，令人赞叹的不仅在其案内的控制，还在于其对案外资源的控制。正如黄沙这个巨MALL，一旦建成，哪怕是片没有左邻右舍的孤地，周边的交通就得围着它转。甚至在局部上，也好比“绑架”了政府的整个交通体系。未来政府为了疏导和管理繁杂的人流车流，所投入的资源，肯定比建MALL、管MALL来得多多。有着交通的保驾护航，能不盘满钵满？南方大厦之所以衰，交通不畅，就是主因。哇！这巨富的思维模式，比那些设几辆楼巴、建几条私家路的房产暴发户，真不知高明多少！

该案的算计之精，不必再作圈点。只是我们以后招商引资时，能悟出点什么吗？

“夺权”系统

刊于2006年8月3日《羊城晚报》A7版《广州城事》

广州市启动全国首个“城建征拆决策支持系统”，行之有效，为政府节省亿元。相信运行并完善下去，效果更彰。

这个系统好就好在用“系统”取代了人脑。政府是在法规下运行的，本来应该执法如山。但法规只是原则，不可能事无巨细，一一包揽。于是为了解决“具体情况具体分析”的实际问题，在法规框架内，设置了弹性原则，这就是自由裁量权。本来，在任何一个环节中，自由裁量权的权限都不大，但是，在比如城建拆迁这样复杂的工程系统中，个个环节都把自由裁量权放宽了，其叠加效应，就有可能出现滥用乃至寻租的状况。而人性终有弱点，一旦弱点膨胀，合法不合理的流弊，则应运而生。“城建征拆决策支持系统”的诞生，就等于用科学的理性替代了有软肋的人性和人情，政府集约控制的能力大大提高，快而省的成果自然瓜熟蒂落了。

在理性的程序面前，政府以高成本的投入创造了高效率的结果。我们的公务员呢？也应该考虑一下如何回归理性。否则，又怎么与时俱进呢？

答非所问

刊于2006年8月11日《羊城晚报》A7版《广州城事》

广州烂路多，执法检查的人大代表提出看法。市政部门皱着眉头回应：市管道路养护经费缺口大。前者说的是面上情况，后者讲的却是部分苦衷。

有钱好办事，人皆尽知；少钱办好事，却见水平。从市政部门摆出的情况看，经费不足，肯定是一个事实。但人大代表看到的烂路多，则更不能抹杀。何况，这样的状况，竟已全面开花，很难令市民原谅。

或曰：金钱并不万能，但没钱却万万不能。但是，正如投资，如果在已经有一定资金的情况下，都没有智慧运作得当。那么，投入更多的钱岂不是竹篮打水？显然，人大代表站在市民立场对市政部门有所责备，其所指的是对市政投入的使用是否得当，是否量入为出，是否发挥效益最大化等问题。而市政部门呢，却撒娇一般答非所问。

拓展管道、追加投入是要的，但进一步提高市政部门的管理水平却终归是解决烂路多的前提。

侵权就是原罪

刊于2006年8月14日《羊城晚报》A6版《广州城事》

商标之战就是商战。其中攻防的极致，乃诉讼至公堂之上，相互举证进行PK，求得知识产权的独有。然则这是终极之战，所谓杀人一万，自损三千，虽不至伤筋动骨，但时间上、精力上的损失，则不可避免。

商战难分正邪，诉讼但求平等。然则，作为一种伦理，“大丈夫行不改名坐不改姓”的气概，这年头似乎已经不吃香。这问题之大，不止于商家如是，消费者亦如是。市场中频见的侵权案，除了明显违法的假冒之外，以疑似名牌的做派，欺世盗名于世间者，比比皆是。许多行径，消费者心知肚明，可是对名牌的疑似，恰合大家的虚荣心，于是乎市场大焉。更兼地方保护主义的泛滥、行中设计策划人的无耻、市场监管机制的疲软，自然更令拉大旗作虎皮的过海神仙们，练就一身变形金刚似的铜皮铁骨。

以提高侵权成本、加高罚则制止侵权固是一策。但营造起一个全社会看法一致的商业荣耻氛围，恐怕更值得期待。侵权就是原罪，这观念一旦建立，则商标战的攻防，或可息焉。

看到过程

刊于2006年8月15日《羊城晚报》A7版《广州城事》

小民百姓对政府采购的理解，望文生义而已。但对此的理解，却关系到对政府行为的监督，不可掉以轻心。

简言之，政府采购就是财政支出下的政府消费行为。对其约束，一是要杜绝政府浪费，二是因为这是政府与市场唯一通过钱物交易的口子，故而防腐便成了另一关键。2003年实施《政府采购法》，通过程序确立，保障着政府这一行为的公平、公正和公开。

然而，所谓上有政策下有对策，法规保证了行为准则的框架，并不能保证人的行为的万无一失。因此，进一步在监管制度上下功夫，就成为亟须解决的课题。

完备的程序记录是监督执行过程的根本。通过录像感性地记录政府采购活动的过程，不失为一个有效的尝试。当然，人的肢体语言不一定能说明什么，但作为考核过程的“呈堂证供”，却很有力量。

重点在执法形象

刊于2006年8月16日《羊城晚报》A7版《广州城事》

在城市生态中，用“天敌”来形容城管与小贩之间的关系，虽是个蹩脚的比喻，却不无道理。

城市中的小贩是难以赶绝的，这和城市乃至周边的就业和用工环境有关。如果不是企业的工资待遇过于低廉，当小贩的一定大大减少。与之相对应，小贩力量的膨胀，也间接促成了城管力量的膨胀。诚然，城管的管理对象不止于小贩，但如果不是有那么多的小贩，则不至于需要那么多的城管。这么说可能令城管难以接受，但这就是辩证法。

生存是个硬道理。故城管执法过程中出现与小贩冲突，不可避免。但社会的同情心总是向着小贩倾斜，这似乎令人费解。然而城管是纪律队伍，因此人们对城管素质的要求自然要严格些，他们代表着城市的形象。“老广州”们都有记忆，倒过去十几二十年，车辆和交通的状况没现今那么复杂，但交警与司机的冲突比今天大得多。自广州交警从严治警、文明出警之后，冲突反而减少了。可见，纪律队伍的执法形象对于执法对象，具有很大的威慑力。城管在这个方面，看来还需努力。否则，要得到人民群众的支持，会成为痴谈。

存疑“大平均”

刊于2006年8月18日《羊城晚报》A7版《广州城事》

广州卫生局官方网站公布数据说，今年第二季度，广州地区医院的人均一次诊疗费、人均一次住院费都有所下降。这被解读为城中持续上升的医疗费的首次下降，应是个报政绩的声音。

然而，这种由大平均式的统计数据算出来的“政绩”，值得怀疑。众所周知，广州地区的医院划分为不同级别。不同等次的医院，收费自有梯次。在医改背景下，因为挂钩制度的关系，不少病人都被“压缩”到收费梯次较为廉价的医院。这样，病患流动本身，就很有可能令大平均的数据降低。也就是说，哪怕是各医院的价格体系依然故我，等级医院间的现存差价，就能使“大平均数据”降低——只要流向底层医院的人越来越多。

毫无疑问，患者选择较为廉价的医院，也是解决看病贵的一种途径。但是，如果把这也算为有关部门和医院在降低医疗费上的努力已经卓有成效，则大谬。对于医疗费的升或降，百姓们更相信掏腰包缴费刹那间的事实。

礼仪执法

刊于2006年8月21日《羊城晚报》A6版《广州城事》

白云山为期一周的综合执法活动结束了。管理当局在活动中“搞搞新意思”，以劝诫为主宣传“新条例”，派“文明使者”提示违规的市民。

从数据来看这些举措很得人心：一是白云山很大，人流很多，但一周内违章被劝诫的人只有区区数千人。这在城市中简直可以说是一片净土。二是“文明使者”都有醒目的绶带，统一口径，统一礼仪，市民非常受落。

在公共场合中执法不以执罚为目的竟有奇效，这恐怕颠覆了很多有关部门的传统管理思维。其实内中奥秘并不复杂，道理也非常简单：文明的执法自然有利于营造文明的环境，讲究执法礼仪更容易获得尊重。此正所谓将心比心嘛！从心理学看来，执法中的大部分冲突，多半是由违章者的恼羞成怒引起的，执法人员如果在执法礼仪上中规中矩，自能化解很多矛盾。消除违规行为是执法的目的，开出罚单只是辅助的手段，这不会有假。

但愿不仅仅示范一下

刊于2006年8月22日《羊城晚报》A7版《广州城事》

市长、局长接访日好不好？好！因为这个接访日给市民提供了与头头们接触的机会。市长、局长接访日有没有用？有用！因为这个接访日为市民提供了一个“衙门系统”之外的高效率解决问题的管道。

昨天，市长高调地概括了这一制度的示范效应。他表示：“我希望起个带头作用，给所有公务员一个示范。”他还说：“我当市长都对市民客客气气的，作为政府部门的公务员更不能霸道。”

他还展示了自己的政府管理理想：“我们更希望问题都解决在基层。”

作为市民，我们由衷地为市长的善解人意感到欣慰。但同时，我们也不能不打搅一下市长的兴致勃勃：正是因为很多问题未能在基层解决，我们才对接访日制度充满期待。人们宁愿见高官也不愿见小吏，就是因为高官有权势，能够“大人有大量”。把问题在接访日提交给他们，通常都会“尽快”得到解决，至少是一个明确的答复。

作为高级公务员的行政示范，市长、局长接访日的办公过程，就应当成为所有公务员可以临摹的经典案例，并在行政机制上保障他们能举一反三，这个示范才有作用。高官因权势而成事的办公过程固然因“亲民作风”应给予称道，但如果所有公务员都能把市民当作市长、局长那样来侍候，那自然“问题都解决在基层”了！

崇高敬礼

刊于2006年8月23日《羊城晚报》A7版《广州城事》

城中正在开展一项规模浩大的严打整治集中统一行动。连同治安骨干队伍在内，警方出动了7万多人次的力量，挥刀向“两抢一盗”犯罪活动砍去！

城市的管理者将市民的安全感提到政府工作的首位，这真是欲与民众同呼吸、共命运。多年来，以警力建设为龙头，广州形成了多警种配合的灭罪体系，加上保安队与街道治安骨干这支联防队伍，给城市安全提供了有力的保障。特别在大案要案的处置成效上，广州警方更是有口皆碑，威震全国。然而，不以人的意志为转移的是，由于城市的发展和变迁等诸多复杂因素，不少罪案还是发生在我们的身边，“两抢一盗”就是长期困扰城市的频发性罪案，而恰恰是这类飞贼式的作案，来无踪去无影，严重削弱了市民对人身财产的安全感，也破坏着政府的管理权威。

集中力量以查摩托为突破口从严打击“两抢一盗”，政府经过周密的调研，投入前所未见的资源和力量向城市犯罪开战，无疑是顺乎民心民意同时也是难度最大的一场战争，这场战争正如火如荼。在这里，我们每一个市民，都应该向参与这场战争的指挥员和战斗员，致以崇高的敬礼！

在视野之外

刊于2006年8月24日《羊城晚报》A7版《广州城事》

事故之后，必有整治。“8·17”钛白粉厂四氯化钛泄漏事件后，市环保局召开会议，将清查广州化工企业环境安全隐患。

化工品的生产和仓储，是高危行业。但同时，也是高利行业。所以，这一行业也在高增长。本来，一个行业的增长，对于城市来说是个好事。然而，令人担忧的是，有部分的从业者为了利润或降低成本，往往置行业规范于不顾，简化生产运营的流程，给城市带来隐患。清理和监控这一行业中的环境安全隐患，保障人民群众的财产安全，善莫大焉。

然而，高危行业的高危之处，并不仅仅在于有案可稽的化工生产企业，还在于那些“富贵险中求”的地下工厂和仓库。它们往往是在某些基层管理机制的庇护和纵容之下，才得以生存的。如果环保部门不能斩断这些“地下工作者”与行业的瓜葛，不能管住容留它们的“地主”，那么，此次全市大清查，便不可能毕其功于一役。因此，此举成败，不仅在于行业内的清查，还要看行业外的清查。

发票这尾巴

刊于2006年8月25日《羊城晚报》A7版《广州城事》

街头兜售假发票，好比癣疥之疾，说大不大，说小不小，老让你痒痒。

卖假发票的在城中游走，良久也欤！自展业至今，已把利用妇孺当作专利。在这个行当中，每天抛头露面在街头巷尾念叨“发票经”的，多半都是“师奶”。之所以演变成这种局面，无非是这些“师奶”们柔弱与泼辣兼具，在应付执法的攻防中“进可攻退可守”。

说实在的，对付这类走鬼游击队，并没有一劳永逸的做法，只能是年年整月月整天天整。作为一种商事凭证，发票在我国是财会核算的原始凭证和税务稽查的重要依据。但这玩意儿追溯上去，也是计划经济的产物。在税制健全的国家，税收监管的重点似乎并不在这张小小的票据上。所以，街头贩卖假发票这一景，也算是“中国特色”。如果算一笔账，国家每年用在管住发票上的开销一定不菲，地方政府的执政成本也不得不提高。唉，都市场经济了，制度要创新。税务部门怎么就下不了决心砍掉这尾巴？“发票、发票”的叫卖声，不绝于耳多年了，什么时候才会彻底失声呢！

先求自己

刊于2006年8月28日《羊城晚报》A7版《广州城事》

揾食艰难，学习紧张。每逢假日皆肆意，大人孩子，莫不如是。至于假日之后的小小情绪波动，意犹未尽耳。

大凡被医生称之为“综合征”的人群毛病，都有非器质性的特征。而所谓非器质性病态，都当属无病而呻吟吧，尽管以心智的成熟程度来说，孩子比大人，应当脆弱一些。故在心理调适上面，更加需要帮助。但除非有严重的神经官能反应，恐怕要先求自己再求大夫。

其实，生活中孩子最好的“心理医生”，往往就是家长。家长的行为模式，塑造着孩子的人格。信任孩子，是家庭教育中家长最需要坚持的立足点。像“开学综合征”这类问题，最终还是要孩子自己去克服的。因此作为家长，首先要信任孩子自己的心理承受能力，诱导其学会自我调适，才是真正应对之策。当然，老师在开学期间及时介入，效果会更好。

这件事，要较较真！

刊于2006年8月29日《羊城晚报》A7版《广州城事》

在一句“整合融并”的华美辞藻之下，中山一院全面从人、财、物等方面，整体控制了一家区级人民医院和六个社区的卫生服务中心。

主导这件事的有关方面向社会交代时承诺：保持“四个不变”。但从产权属权的角度看，这次颇有计划经济色彩的“融并”不能淡化一个事实，那就是由地方政府软硬件投入了数十年之久的一家区级医院和六个社区卫生服务中心，一夜之间全归到了一家法人单位名下。这个法人哪怕是国有国营的，但毕竟改变了资产属权的性质，属权不同，未来的资源输入管道也会不同。

也许，我们不应怀疑“整合融并”的善意。但事实上，这么一宗关联公共福利而又价值巨大的财产转移案，我们没有听说有过听证或者经过地方人大等程序。政府把这些本来依法配套的、有部分间接的公共权力的机构，全让渡给中山一院程序依据为何？难道制度创新就一定要超越法定程序了吗？据说，将有“社区卫生服务监督委员会”来监管让渡者对社区卫生服务中心的运行。然而，百姓却对这个横空出世的机构的组成和职能一无所知……

对这事儿，无论是普通居民或是人大代表，至少还有个较较真的权利。

君子之约

刊于2006年8月30日《羊城晚报》A7版《广州城事》

《香港一日游最低成本价自律公约》出台了，“98元”被作为香港一日游出团的最低成本价。除有特殊原因者外，广州有资格出“香港团”的20多家旅行社都签了约。

广州地区旅行社协会与香港旅游业议会之所以牵头做这事，是因为“香港一日游”被不少语焉不详的旅行社做烂了市。天下没有免费午餐，告诉你仅花费城中“打的”那么多钱就可以逛一天香港的家伙，多半没安好心。想都不用想了，这类旅行社不靠硬拉顾客多去购物点、吃回扣赚钱，难道在学雷锋？民谚云“堤外损失堤内补”，活画了这类“购物团”组织者的嘴脸。

便宜没好货！“公约”不仅又一次印证了这一消费法则，还起到明码实价的提示作用，实乃好事一桩。然而，对于目前的市场运作，消费者还是不无疑问的：不就只有20来家旅行社有资格出“香港团”么？老板们坐到一起，还塞不满一个小学课室，那等坏了行规的阴损事，做过没做过，都心知肚明吧。事实上，市场中之所以有“购物团”搞搞震，恐怕与目前部分旅行社卖资格、外包业务有关。否则，组“购物团”者又哪敢明目张胆卖广告？看来，倘若旅行社目前的经营格局没改动，则一纸公约，也不过是防君子不防小人。

对工地出手

刊于2006年8月31日《羊城晚报》A7版《广州城事》

举报城中滋生蚊子的卫生死角，市民热烈响应。可见百姓已积怨良多。

问城中卫生死角有几许？那真是一个“唔使问阿桂”的问题。人人都知道，楼盘工地就是最大的主儿。广州楼盘工地之多，说其到了“三步一岗五步一哨”不为过。这样的密度，实际上已经把个古城，演变成了大工地。由于前段时间雨水多，大量工地排水不畅，自然就成为蚊子滋生的大温床。

既然广州已变成大工地，那城中的爱国卫生运动，恐怕就应该针对大工地的现状来实施。工地的老板们，也应该承担一定的义务。传统上的全城灭蚊行动，近年似乎不大搞了，据说就是因为光在街道搞，效果不佳。既然如是，为何不把工地也作为卫生死角的重点，大搞它一下呢？事关公共卫生、人民健康安全，再难，也应该出手吧！

政府应负“信息对称”之责

刊于2006年9月8日《羊城晚报》A7版《广州城事》

发展商为售楼言过其实，不是什么新鲜事了。在造势的过程中，发展商不敢白纸黑字言之凿凿，只任由售楼小姐闪烁其词，将口惠而不实的承诺吹得满天飞。

客户买楼时的兴奋，往往会蒙蔽自己，这是消费者的弱点。比如报道中的业主们，听着卖家天花乱坠地承诺电池厂要搬家，也就相信了，殊不知发展商在吹嘘时不知不觉就“越权”了，把规划部门的权力也揽到了自己身上。如果业主能冷静一些，查查规划红线，现在的烦恼，也许不会发生。

城市在发展，生产区与生活区混杂的现状，最终是会改变的。但这过程是长是短？真是难说。像这一类因为信息不透明导致的争议，在我们的城市里太多了。发展商因自身的利益隐瞒信息，消费者因缺乏管道掌握信息而被蒙蔽，这种情况不应该视为合理。因为政府作为公共服务机构，是有义务保障公民获得真实信息的；公民在获取房地产业信息时不应该有所阻碍。查规划，本应是非常方便的事情才对。

成本最低

刊于2006年9月11日《羊城晚报》A6版《广州城事》

“电子狗”要失灵了！这对于“狗主”来说，是个郁闷的消息，尤其是那些花过大价钱的人。

装“电子狗”的人，不外两类：一类是怕管不住自己，常常需要“预警”提醒的人；另一类是有心同交通规则过不去的人。但不论哪一类，都有硬要“违反交通规则”的潜意识。而不想违章被罚，则是他们的动机。

希望通过技术依托来规避法规的心态，其实是缺乏公民意识的行为。他们自以为玩规则于股掌，但却已置他人和自身的安全于不顾，其危害不必赘言。更为可叹的是，看准了这部分人的微妙心态，一些投机者干脆玩起了“黑吃黑”的把戏，不断地研发各种“狗只”，大发其财。而那些青睐“电子狗”的诸君，往往就做了“冤大头”而不自知。其实，从成本角度看，被罚和买什么“狗”，都是大出血，“养狗”，又有什么好自得的呢？

守法的成本最低。明确这一点，则什么狗都可以嗤之以鼻。

危机根源

刊于2006年9月12日《羊城晚报》A8版《广州城事》

297路车的司机表演了惊险的危机处理一幕，受到乘客的称许。但他之所以获得“舞台”，皆因那台车的保养出了漏洞！这事情不该仅看作是有惊无险，而应当看作公汽公司的安全管理出了毛病。诚然，这次事件并未酿成悲剧，但乘客受到惊吓，公汽公司的车辆保养人员难辞其咎。

很多人在不断探讨高架桥的设计合理性以及公共汽车该不该上桥的问题。依常识看来，行车安全主要的保障，应该是车况和行车的速度。车况良好，则不大会有行车故障意外：合理的负载配套合理的速度，则不论路况如何，都可从容通过。

目前公汽行驶在部分桥梁上的安全性之所以令人担心，一是有的经营实体或保养管理不严或为了节省成本，让病车上路，埋下隐患。二是司机为了提高效率，自命不凡，没有根据负载和路况控制速度，于是险象环生。

保养是公司的事；根据负载和路况自觉限速，是司机的事，这两点关乎职业道德。至于选择什么样的路况行驶，并不是关键问题。

眼光放远些

刊于2006年9月13日《羊城晚报》A7版《广州城事》

农林下路的商铺，一向做的是过街生意。近来政府进行道路改造，人流少了，生意就清淡了。但凡事有一弊则或有一利，关键在眼光长短。

农林下路原本并不是商业街，现在商铺连绵的局面，是近些年才形成的。绝大多数的商铺的房产性质，多属住改商或者临建。如果不是地方政府扶持，这道风景线，也不过是海市蜃楼。现在政府实施道路改造，恐怕已经默认了它的商业发展方向，并运用财政资源改造购物的大环境，使之更为舒适一些。所以，换个角度去思考，不妨把农林下路的改造，看作是对这条商业街的一次装修。

所谓欲立必先破，几个月时间的修路，确乎会影响人气，但修好了路则可旺人气若干年，不亦乐乎？做生意也讲“斗长气”，但愿各位商家都能往长远处想想，不再哭丧着脸，要笑到最后。

洛溪疑云

刊于2006年9月14日《羊城晚报》A7版《广州城事》

洛溪桥好不容易不收费了，却遭遇堵车的难题。路上堵得慌，网上就闹得欢。人们通过互联网宣泄烦恼，正常。但是，各方见解轮番上阵，不免就会有流言，“‘华快’制造车祸导致塞车”便属此列。

堵车，在系统管理上又叫作“排队”问题。这问题解决之难，全世界的数学家和管理人士都为其绞尽脑汁，但都还找不到理想的终极方案。因为动态的问题要动态解决，不可能一劳永逸。事实上，洛溪桥的瓶颈，并不光是磕磕碰碰造成的，其原因数落开去，可列出长长清单，如：上下班高峰车多，外地车收费点设置不合理，红绿灯有待改善，六车道转四车道过渡太短，司机驾驶技术良莠不齐，驾驶员争先恐后，大小车辆并道而行，车辆启动节奏各有差异……而这些因素往往又互为因果相互纽结，结果就造成了乱象。

指望所有问题同时解决，这恐怕只有在实验室或仿真模型里才能做到。唯今之计，只能是先调整硬件设施，再解决软件——人的问题。硬件服务到位了，“软件”也就无话可说。流言和传闻，自然断根。

委屈也是尊严

刊于2006年9月15日《羊城晚报》A8版《广州城事》

“你有压力，我也有压力，你为何挑衅我？”香港巴士阿叔这句名言所以流行，多少是因为这话颇贴切地反映了现代人的心态。所谓“揾食艰难”！人人都唱着这同一首歌。

然而，态度决定一切。社会上的许多热冲突，倘若彼此都能冷处理，则和煦风气，油然生焉。广州电车公司近日毅然颁发首个司机“委屈奖”，鼓励员工对“打不还手，骂不还口”的行规理解要执行、不理解也要执行，这算是吃下了第一只螃蟹。“委屈奖”的内涵在于，对服务行业来说，越顾全大局，越能体现自身的人格和尊严。

“一样米养百样人”，因而才有社会百态。一个公司的所有员工，如果不管在什么时候对什么人都能贯彻一种平等平和的态度，这就有了自己的企业文化。广州电车公司的做法，值得许多提供公共服务的部门与行业借鉴。窗口人员能经得起委屈，也是企业或行业成熟的标志。

儿女之事

刊于2006年9月25日《羊城晚报》A7版《广州城事》

家长与儿女之间，因阅历不同、视角各异，看世象总有差别。从传统上看两者关系，家长的立场以“教”为主，而孩子们的立场不外乎“学”。这种语境可谓源远流长。

时至今天，并没有大变化。但在提倡平等的现代教育理念之下，这种语境已经出现裂痕。一方面，孩子的叛逆，使得家长们不得不调整“教化”的手段；另一方面，日新月异的社会发展，也使家长意识到，如果不更新观念，恐怕也会失去与儿女们对话的前提。因此，学习与儿女相处，便成了家长们一个颇为焦虑的课题。

与孩子交朋友！教育专家们都这样说，但说得容易做起来难。“爱心手拉手”活动，也算是一种尝试吧。不过，从孩子的反映来看，这类活动似乎并不入“法眼”。看来，在孩子们的眼中，家长比自己并不高明多少。怎样才能将长者与朋友集于一身，并能够为儿女们所接受呢？那真是一桩不容易的事情。不过，高高在上的教化者身份，确乎已不合时宜。

生态还原

刊于2006年9月26日《羊城晚报》A7版《广州城事》

广州老字号流年不利，名存实亡矣！这是这个城市最令人痛心的损失。老字号不再，其实是文化传承出现了断层。

是经济的无形之手撕裂了我们与文化历史之间的血脉吗？人们在问。然则，《广州老字号普查报告》指出，随着广州城区改造、道路扩建、地铁拆迁、侨房私房退还等变迁，相当一部分老字号企业被迫迁离原来的经营场地……由于失去了原有的地缘、人缘优势，老字号企业的寒冬来临。

显然，那只是客气的说法。真实的表达应该是，一系列有偏颇的公共政策的实施，改变了老字号的天时地利人和，使其抽离了原有的生存环境，成为无根的浮萍。由是，通过各种经济手段重组或优化老字号的资产固然重要，但真正要老字号置之死地而后生，恐怕要把功夫做在还原其生态环境上面，否则，忙乎半天，硕果仅存的老招牌，将还会飘来荡去。老字号如果没有生存的根基，对资本又何来吸引力？

我们原来的公共政策把老字号涮了一把，现在后悔了，那么，矫枉过正一下又何妨？毕竟，老字号也是城市的文化名片，能为客来的哥德堡号花几亿元钱，为什么对本土的老字号就这么悭吝呢？

周某“胆生毛”

刊于2006年9月27日《羊城晚报》A7版《广州城事》

企业不把劳动部门放在眼里，并以一副赖皮嘴脸来抗拒行政处理，真是“胆生毛”了！

周某之所以斗胆玩失踪，是以为自己的腾挪，能够跳出法律监管的“五指山”。殊不知现行法律虽然在配套和手段上有些衔接不畅，却并不是真的无所作为。

当老板的不给员工买保险，是典型的违约行为。员工与企业签有合同，企业竟然违约，这就是诚信污点。正所谓凿一孔可窥全豹，企业竟连人头费都想克扣，其实力真是“麻麻地”。商品经济是契约经济，诚信和履约是最基本的游戏规则，合同无小事，周某此举，暴露出他治下的企业无能不振及无赖，谁愿意同他继续做生意?

现在，这家公司露脸了，不过露的是黑脸、脏脸。但话说回来，如果有更有效的手段、更强硬的约束，那周某们的违法空间就会被堵死。

对数据执着

刊于2006年9月28日《羊城晚报》A9版《广州城事》

这几天，省市环保部门之间，就第37、38、39周的某些水质定点监测数据，出现了不同声音。省部门曾经公布数据，由个别定点测得珠江广州河段水质为劣V类。但市部门认为查无实据，至多为V类。其后省部门做出更正，而市部门解释因为数据传输原因，才出现数据有误。

水质劣V类与V类有何差别？前者按规定是不能用作工业用水的，后者则不会影响工业生产。对有关部门来说，执着数据的背后，就是对政绩的执着了。

其实，广州对珠江治理的政绩是有目共睹的，百姓们都很认同。但“革命尚未成功、同志仍需努力”的现象也是有目共睹的。因此在百姓看来，过去那一两周时间里的水质数据，其实意义已经不大，关键是珠江水质未来的数据，是否向好的方面改善。正所谓好汉不提当年勇，百姓们更期望放长眼光看未来。

“加塞”就是添堵！

刊于2006年10月9日《羊城晚报》A7版《广州城事》

东风路先烈路这个“丫”字路口堵车，堵的多半是东往西去或东北往西的方向。瓶颈在哪？恐怕就在那条立交匝道上——东往西、北往西去的车在这条双车道的匝道上汇流，下桥时要各行其道，实际上就只有单车道了。

我们现在谈整治，乃是在不改变硬件现状的情况下整治，这属于保守疗法。保守疗法成本低些，只要通过“智慧系统”解决各个路口车辆左转向的问题，也许就会顺畅些。但是，车道未能拓宽，那么，车辆在宽车道向窄车道变道时的摩擦，肯定仍未能免。

在排队这个有趣的数学问题中，有人插队时，向前流动的效率最低，这早已被专家证明。但是在生活当中，许多人并未意识到这一点，更把“予人方便自己方便”的古训抛诸脑后。其实，“加塞”好像是让自己的位置超前了，但对排队的队伍效率来说，实际上是添了堵，是名副其实的“增加堵塞”。因此，在处理道路瓶颈当中，从严界定变道行车线，重罚“加塞”者，肯定是一招良策。

公交出租没“王”管？

刊于2006年10月10日《羊城晚报》A7版《广州城事》

公交车和出租车，可以说是城市文明发育程度的一个符号。可是，在我们的城市中，这个符号出了问题。

公交横行、出租霸道，这现象由来已久。本来，在马路上的车辆中，最有“王”管的，应该是这类车辆，因为它们都是有组织认头的主儿。然则，偏偏城市中就有那么一大怪——忒横的就是这行当的司机。也许，他们有恃无恐，也许他们最熟悉管理漏洞、最能钻法规的空子。

文明行车是城市文明的组成部分。但是，在这类窗口行业里，挂着文明号招牌的车辆在马路上横插霸道的景象，却比比皆是。真不知我们是否应当为这些单位的创文明活动悲哀！莫非马路上的文明就不算是文明？

公交和出租业既然是公共服务行业，就有责任维系自己的公共形象。而令人痛心的是，尽管不少司机们的行车行为已为千夫所指，但却总得不到解决。这不能不使我们怀疑那些管理人员是长期吃着干饭的不作为者。

投诉指南

刊于2006年10月11日《羊城晚报》A7版《广州城事》

天河区银利街居民反映，有20多辆货车长期在居民区和学校门口占道停放，困扰人们正常生活学习的秩序。这件事作为一宗投诉，兜兜转转已过了一年，仍然未有解决之道，真是令人扼腕！

表面上看，似乎因为投诉的居民“捉错用神”，连找几个部门都不对口，所以连区人大代表出马，都只能铩羽而归。但实际上，虽然所涉部门确实所辖不一定对口，但倘若有其中一个部门肯援引有关法规，到实地勘测一下，至少恐怕还是能遏止一下这条街道的车辆乱象的。又或者有一个部门把有关的投诉信息向那个管事的部门“让渡”一下，结果恐怕就大不一样。然而，却没有一个单位肯这样做。

“铁路警察各管一段”的工作态度，是纳税人最不愿看到的公务嘴脸。政府机构分分合合，各有专攻。民众对其管辖范围和权限摸不着北，毫不奇怪。奇怪的是各有关部门似乎从来不曾把自己的管辖范围和管理权限，明明白白地告示一番。纳税人也是诸位公务员的衣食父母吧，怎么就忍心让他们来回折腾呢？看来，政府在街道上真应该立一块牌子，把分支机构的管辖范围和权限，好好罗列一番，以便民众按图索骥，有情况反映时不至于“盲摸摸”。

岂有此理

刊于2006年10月12日《羊城晚报》A8版《广州城事》

打官司遭遇挫折，就在法院门前殴打、掳走当事人。今天报道中的原告梁某，真是斗胆包天，岂有此理！

因生意上的纠纷诉诸法庭，这表明梁某并非毫无法律意识，也懂得通过法律手段保护自己的权益。但是预见自己的诉求可能不能“得值”，就召集打手在法院门前报复，来个“不是你死就是我死”，而后又把人掳到自己的地盘上折磨，这就错得离谱了。

为一己之私试图通过暴力侵犯他人人身安全的手段，为法律所不容。在法庭上叫嚣威胁他人安全，并在庭后加以实施，这无疑是对法律尊严的挑衅，更属触犯刑法条律的行为。我们暂时还不知道梁某此举的动机，也不能判断这到底是蓄谋已久还是一时冲动“火遮眼”，但是梁某的横蛮已经不亚于黑社会，这样的生意人更像无法无天的黑帮！

无论如何，梁某及其同伙的行为已构成严重的后果。在这出闹剧中，梁某如果脱不去干系，则先“死”的结果，已经注定！

加油站外

刊于2006年10月13日《羊城晚报》A7版《广州城事》

加油站的短斤少两和油品货不对板，最令车主深恶痛绝。真是“趁你病要你命”，在垄断着资源的卖方市场格局之下，消费者有天大的本事，也不得不低下高傲的头颅，被斩到“一颈血”。

到市场去买肉，你可以对肉挑挑拣拣，可以带把弹簧秤掂量分量，消费者自保手段良多。但到油站去加油就没那么简单了，人家是有心算无心，你道高一尺，他魔高一丈。

行业的垄断性越高，消费者的弱势地位越显，消费者的权益自保能力就越低，也只有加大垄断行业的违法成本，才能真正维护买卖公平。可惜，有关部门很少去检讨目前的监管格局是否监管得力。

看来，光在网上出口鸟气，揿揿加油站的底牌是不够的，还要援引各种法规，监管一下监管部门软弱的作为。

人仔细细

刊于2006年10月16日《羊城晚报》A1版要闻

小孩毕竟不是大人，对于孩子在生活中的人小鬼大，大人会心一笑，老怀大慰，是因为孩子们偶尔稚拙模仿大人的情态，反愈发显出童真。但设若眼前的孩子，真个少年老成，思维与行为跟大人无异，那就反而会带来困扰。

心理学告诉我们，不同年龄阶段，应该有适合的心理情景和语言表达，过犹不及，则必带来心理毛病。孩子们因为环境的关系，被拔苗助长，则很易患上强迫症。所谓小时了了大未必佳，讲的就是这个道理。

事实上，在我们的教育环境当中，有意无意地强迫孩子们变"老人精"的做法屡见不鲜。尤其在思想品德教育上，为了灌输某些特定的理念，毫不考虑孩子的年龄阅历，把孩子们没法理解的宏大叙事硬塞进他们的脑子。这做法，往轻里说，是教育手段的失败；往重里说，简直是违反人性的教育"恐怖主义"。

让孩子们有自己的天空，给他们今天最充分的幼稚，就是给他们最幸福的童年。

不能上路

刊于2006年10月20日《羊城晚报》A8版《广州城事》

资质年检，犹如驾驶员驾驶证年审。房产开发商不"尿"年检，毋宁于自杀。放弃开发售楼的权利，就好比私家车主拿着行驶证却不要驾驶证。如此，要重新上路，只好雇司机或者将车辆转让他人。

建委也许是万般无奈才出此下策吧。从报道中列举的项目看，现在的房产开发年检，事实上等于对企业商誉和诚信的调查，只要管理部门不做太多的“自由裁量”，能够通过年检的企业，在信用上是经得住考验的。不过，作为生活中最大宗消费品——住房的提供商和制造商，我们更关注那些在年检中被“暂缓通过”的企业。毕竟，155家中有37家是不小的比例。这些企业既然处在信用考查的“缓刑”期，是不是其销售活动也应该暂缓呢？至少，也公示一下它们的名单。会驾驶车辆的人，在没有驾驶证的情况下，也不能上路啊。

可比性说

刊于2006年10月23日《羊城晚报》A8版《广州城事》

商家精明且活络。制造出“套装产品”并打入了“广东省中小学智能机器人竞赛”，于是，套装产品和完全由个人构思制造的组装产品打起了擂台。

热兵器一定能打败冷兵器，先进的规模生产一定胜于手工作坊，这地球人都知。不知这个“机器人竞赛”属于什么性质的赛事。如果只是让学生们接触一下“机器人”，培养对科学的兴趣，倒也无妨。如果说这类比赛，与学生的特长评估有关，与参赛学校的声誉有关，那可能不仅只是“游戏”，还有个“公平”问题。把不同前提的东西放到同一前提之下比较，经济能力还成了重要因素，那就难怪有选手愤愤不平。

商人把学校看作是市场，无可厚非。但校际之间的赛事，能不能让商家准入，就涉及运用公共资源是否合理的问题。“机器人竞赛”惹来争议，恐怕就在于商家不仅准入了赛事，还可能直接通过产品“干预”了比赛的游戏规则，令人产生了丰富的联想，学生们可能不知道已经或将会发生了什么，但旁观者清！如是，始作俑者，只能“食得咸鱼抵得渴”了。

很没有道理

刊于2006年10月24日《羊城晚报》A7版《广州城事》

政府和商家，都在有意和无意中推动家庭汽车这个市场。城市中，禁这车禁那车，就是不会禁行小轿车。但是那些有车一族，在成为车主之后才发现“一阔三大”。在我们的城市中，养车的费用，竟比别的城市高好几十个百分比，这令人很是不爽。

城市中停车要花那么大的开销，我们不禁要问，停车场的配置，算不算公共事业？决策的人们算盘打得很好：买车的人多，GDP自然高；停车费贵，GDP更高！事实上，在城市中停车场的临建和永建，都是一桩需要某种程度的政府“特许”的经营，这种经营不仅批复手续不简单，而且还要使用大量的地块。而城市中的地价，简直就是天价。

缺口大，地价贵，成本高，而政府在物价复核上又允许投资商加快资金回笼，这就使得停车这个带有一定垄断性的行业，成了一个人人眼红的“聚宝盆”。依照提供公共产品的原则，停车场本应该是微利的。但是，高价供地之后，又许可公共产品高价供应，这样高来高去，不正是一种转嫁吗？

广州人纳税，比别的城市居民只高不低，但在享用公共产品的时候，付出却要更多，这，很没有道理。

新的福祉

刊于2006年10月24日《羊城晚报》A8版《广州城事》

观念在悄悄地变。过去，父母在，不远游。但是现在为生计为事业，儿女工作在外地的家庭不少；过去，讲儿孙绕膝，但随着社会生活节奏的加快、都市居住环境的小单元化，大家庭越来越加速分蘖成小家庭。于是，独居的老人陡增。

独居的寂寞和疏于照顾，困扰着父母，也困扰着儿女。因应需求，以孤寡老人为对象的老人院，成了许多在无奈中变得“前卫”的家庭解决难题的方案。报载，在60岁以上的老年人中，愿意入住老年机构养老的已经占到了50.2％。入住养老机构在老人中俨然成了新潮!

广州是个千万人的城市，老龄人的比例超过12％。可是，全市只有街道办敬老楼46家，民办托老机构54家，床位才9000多张。可见，这当中有多么大的市场和社会需求。很羡慕报道中梅阿婆那样的“现代化”生活方式。如果政府和商家都能与时俱进，考虑在社区当中配套适应多种需求的多层次的养老托老机构，那就真是创造了新的福祉。

恩怨特牌车

刊于2006年10月25日《羊城晚报》A7版《广州城事》

特牌车在城市中有公务特权。按照规定，特牌车执行公务的时候，对执行交通规则有一定的豁免权，用老百姓的话说，就是可以“持牌违章”。这个存在，一向被视为合理。

不过，由于在路面上很难判断特牌车是否在执行公务，于是目前形成的现状是：城市中所有特牌车，都仿佛有了逾越规则的豁免权。既然有豁免权，特牌车的顾忌就少，跑得野、停得横仿佛成了特牌车天经地义的品格。加上不少公务人员在非公务时间，也经常开着特牌车出门溜达，享受豁免带来的便利。这就使情况变得复杂，百姓们理解特牌车的公务身份，但愤恨这份特权被滥用。

缺乏监督的权力会产生腐败，而豁免权被滥用本身就是腐败。正是因为特牌车常在酒楼食肆、摆货卖场以及娱乐场所等人流车流大的地方，有意无意地显示着自己的“公务特权”，分外肆无忌惮，才刺激那些享受不到特权但是铤而走险者，想出假冒特牌车的招数，并形成地下市场。

打击假冒特牌车是维护城市管理的规则，但如果在特牌车的公务和非公务使用方面有科学界定的方法，整治特牌车的非公务使用，不仅假冒者的生存空间会烟消云散，特权部门的形象也陡然高大起来。

良心理由

刊于2006年10月26日《羊城晚报》A7版《广州城事》

广州市庆贺第19个环卫工人节，市容环卫局局长吕志毅呼吁市民：“把减少垃圾排放当作最好的礼物送给环卫工人。”这话说得实在。

为了彰扬环卫工的奉献，我们设计了很多的荣誉和仪式，把桂冠授予这些普通劳动者。但是，对于劳动者来说，最大的尊敬是对其劳动成果的尊敬，最大的关爱是减轻其劳动的负担。

城市垃圾的排放，是城市生态发育的必然。但是这种必然或者需要，却是人的行为造成的，因此，垃圾排放的有序和理性，一定程度上反映着城中人的文明程度，也反映了人们对生活方式的追求。在任何文化发展中，对垃圾处理方式野蛮或文明的选择，既反映人对公共生活的态度，也反映了人们的生活质量和生活水平。从某种意义上说，排放垃圾并不单纯是个人行为，还是一种公共行为，一种敬畏生存环境的行为。

太多的不文明行为在使城市蒙污，也增加了环卫工人的劳动强度。这种状况要改变，而改变则当从每个人做起。吕志毅的观点，为我们文明地排放垃圾，更提供了一个良心上的理由。

支持进步

刊于2006年10月26日《羊城晚报》A8版《广州城事》

社区矫正是件新事物，广州市正全面试点铺开。

对这一批“特殊街坊”的入驻，市民普遍多有疑虑。疑虑之一，是这些已被司法处置的罪人，原本应该生活在监狱或看守所的围墙之内，现在却要融入社区中。这会不会导致观念上对刑罚从轻的误解？疑虑之二，是这些已有前科的“出位”人员，导入到社区中来，会增加社区的隐患。

对于第一种疑虑，其实是个观念的问题。按照现代司法理念，刑事惩罚作为对犯罪行为的一种处置，与传统上的因果报应并不尽同。核心意义，在于对其公民权利的部分剥夺和限制。按照没有比人权被剥夺更痛苦的理念，对于某些犯罪，并不一定要关起来。采用社区矫正的方法，一方面可以减轻公共资源的压力；另一方面，服刑人最终要刑满释放，给其一个“提前量”，令其有个返回社会的过渡，也是一种稳定社会的举措。至于第二种疑虑，则应当在机制上加以约束。

社区矫正，应当说是司法制度的一种进步，我们应该支持。

珠江三桥变

刊于2006年11月3日《羊城晚报》A7版《广州城事》

城市如美女，桥梁就宛如美女头上的环钗；城市如肌体，桥梁就犹如输送养分的血脉。

广州大桥又叫珠江三桥。顾名思义，以连接城市南北的桥梁算，这是继海珠桥、人民桥之后，广州城内兴建的第三座过江桥。这三座桥，又恰是三个时代的历史见证。海珠桥是1949年被旧政权炸毁、新中国成立后由人民政府重建的，可以说是代表着城市的上世纪五六十年代，广州解放纪念像就矗立在它的北端；早期的中国出口商品交易会也在这里举办；人民桥则印证着上世纪六七十年代的繁华，那时的南方大厦，可是省城里“血拼”的主战场！而广州大桥与改革开放同步，横空出世，带动了以天河区为代表的广州新城和新商务区的发展，见证着广州成长为国际大都市的历史巨变。

现在，广州大桥将要变身孖宝桥了，这说明，它已完成了历史上的第一个阶段性任务。不管如何，老树发新枝，茂密结新果。我们期待它变身之后，能释放出更大的交通能量，为我们解脱城市交通堵塞这个“成长的烦恼”。

“搞笑分子”

刊于2006年11月6日《羊城晚报》A6版《广州城事》

都市之中，有人也将笑作为一种运动。这很有点后现代的味道，他们试图捕捉笑、驾驭笑、解构笑。

“笑一笑，十年少”——民谚如是说。生活中，笑很是平凡，也很是神秘，没来由地来，又没来由地去，但总是与愉悦和满足相关。尽管还没有一部情绪词典能够揭开笑的秘密，但不少研究者却从生理机制角度，已把笑这种行为加以“分拆”，“提炼”出许许多多对人身心有益的结论。

没有笑的生活是不可想象的，而把笑作为追求的目标则不失为充满想象的尝试，于是都市中出现了“追笑”的人们，他们试图打破生活的既定逻辑，成为“自笑”同时也“逗笑”的人群，他们在笑的“强迫症”中，寻觅笑的愉快，用笑去理解和演绎生活。

“伸手不打笑脸人”。也许除却诡异的冷笑之外，没有人会对笑产生反感，哪怕是极度悲观的人，却也躲不过会心的一笑，多一张笑脸就多一份温馨。都市中的“搞笑分子”，毕竟都与笑有缘，我们无论理解或者不理解，都对他们笑笑吧！

错位教化

刊于2006年11月7日《羊城晚报》A8版《广州城事》

组织学生看电影，希望达到“三感”的目的。但是学生们仿佛并不领情，不但没有令组织者如愿以偿，反而在“三感”之外，多出来一个“反感”来。

这是一种悲哀。学生们不好说学校什么，话题便落在了对电影的批评上。

以学生为题材的电影，并不一定要以学生为市场对象。这就正如不少童话片、卡通片，也以成人为对象一样。而成人们在这些虚构的艺术境界中，同样得到审美的愉悦。不错，电影有教化的作用，但是却不是教化的教材，潜移默化的教化总隐含在审美的过程中。而像解读课文中心思想似的上电影课，不免将看电影这项审美活动，变得功利和庸俗。

学校组织学生看电影受教育的用心是好的，但却没有考虑学生的立场和心理。其实学生有学生的成熟，看看他们对影坛的议论，就有不少是“的评”。当然，学生对于悲情片的理解，从自己的阅历出发不无偏颇，但却不是看看电影就解决的。

事实上，如果不介意学生的即时反应，也不存功利主义的思维，而是通过这项活动，触摸到当代学生的心理动态，从而能因势利导因材施教，那才真是高明。

传闻拆迁

刊于2006年11月8日《羊城晚报》A8版《广州城事》

结业清盘，清仓贱卖，不祥不吉之兆，传统商家无不避而远之。可叹的是，这置之死地而后生、壮士断腕博同情的一招，如今竟成了城中商家最流行的一种营商手法。不独宝华路，就是在畅旺的北京路、天河南，摆着拼血本、跳楼秀架势的商家，可真不少。

虽然有点“自虐”，但“桥不怕旧、最紧要受”。总有轻信的消费者成为主顾，总有愿打愿挨的买卖做得成。至于商家清不清仓、跳不跳楼，谁也不较真了。诚然，按照保护消费者的有关法规，商家招徕顾客的手段含有虚假成分当可查处罚款，可是法不责众，除非全城工商部门统一行动，否则还不是东边不亮西边亮？

扮“跳楼”的有店有铺，信用毕竟比“走鬼”高一些。倒是宝华路的商家齐齐拿“拆迁”说事，算是个“创意”。老城区的拆迁，如果公平处之，本来是件好事。可是经验告诉人们，每次拆迁，总是制造一群弱势群体，很是凄凉。而老城区的商家因而福至心灵，祭出拆迁由头来博得同情，竟然屡试不爽。这个世象，能不让人感慨？至于说到坊间，因商家的“拆迁说”而三人成虎，引发不必要的忐忑，就更发人深省了。

后遗症

刊于2006年11月9日《羊城晚报》A8版《广州城事》

广州天然气置换大幕，拉开有时。天然气热值高，又较煤气（油制气）环保，政府还补贴改造燃气器具，率先“上马”的人家，当然喜上眉梢。但是，撒欢儿过后，却尴尬发现：换用了天然气之后，居然不知道天然气的价格！月尾就要来了，疑问油然生：家庭开支这笔账上，不知要加个正数还是负数？

大规模置换一项公共产品的供应，却将价格迟迟滞后告知，不能不说是“乐极生悲”。老百姓对天然气的置换，之所以抱着欢迎和配合的态度，是因为相信有关方面的宣传，估摸着这好处多多的新玩意儿，一定会价廉物美。因为，大家对政府的信用，都颇有信心！

民心可用，这是天然气置换频频报捷和安定祥和的原因所在。但没有价格的销售，始终有点强卖强买的怪异感。何况，从目前的情况看来，为了收回成本，天然气的价格未必会比煤气来得低。唉，回避了价格问题，制造出新的矛盾，还可能搭上政府的信用，真不是明智的决策。有关部门在日后要怎样收拾这条尾巴呢？只能拭目以待物价部门与煤气公司的博弈结果了，但愿“为民所系”的座右铭仍起作用。

令人灰心的听证会

刊于2006年11月21日《羊城晚报》A8版《广州城事》

公共或准公共部门听证后提价，近年来像走秀一般连番上演，成了一种时尚。这种时尚由于种种的不透明和利益瓜葛，总是半遮半掩地粉墨登场，以至于在百姓心目中，听证又几乎变成了恶搞。不客气地说，人们对听证的期待被反复磨砺之后，已经不再有什么脾气，一概以冷笑置之！

听证会按道理说是汲取民意、修正制度的正式管道。但是，在听证会上听到的声音，远不如一个街道的论坛来得真切，这不能不使人质疑听证会的设计。前段时间人们对试图不公布听证代表背景的做法提出异议，就是民意的一种敏感反应。

总有人认为民意与官意是天然对立的。其实不然，从荔湾区西华路金花直街这个论坛的论题中，与其说我们听到的是百姓的不满，还不如说更多的是听到将心比心的声音。当然，论坛直指“垄断行业只为自己的员工福利埋单，而不是为社会福利埋单”是尖锐的。但是，如果这是市民的误解的话，那为什么垄断企业就不能更透明一些？政府在垄断企业那里获得税收甚至其他的计划外资源，所以无法站稳公正的立场，这是官办的听证会与民办的社区论坛立足点不同之所在。什么时候官员们不再觉得民间声音“顶心顶肺”，其听证会，恐怕才实至名归！

原来因为懒！

刊于2006年11月22日《羊城晚报》A7版《广州城事》

公交车因排队进站导致效率低，这是推行“依次”和“一次”进站规定的管理部门始料不及的吧？

相信他们决策时是要施行善政的。可是，因为物质条件准备不足，反而带来恶谥和腹诽。马上就要禁摩了，仰赖公交便成为市民出门代步的必然选择，可“塞公交”这种烦恼如果真无法解脱，有关部门又该天天“打喷嚏”了——免不了挨骂！

经验表明，无非是需要一个“港湾”。但有关方面回答说，港湾式车站需要较大的场地，“因此暂时还没有比较完善的解决办法”。不知道这答复说明什么？——原来，并不是没有办法解决，而是有办法解决却不愿或无能解决。政府不是一个完整的协调部门么？能够拿出大量资源去打造门面和政绩工程，但对事关十万余人出行的问题，居然还“暂时”拿不出地，去营造一个好环境。这真是懒政的一个注脚！

且慢抱怨

刊于2006年11月23日《羊城晚报》A8版《广州城事》

番禺交警整治公交的超载行为，惹来舆论纷纷。许多市民更从引起出行不便的角度出发，对此番禺交警整治深表不满。然而，依照有关管理的法规，更依照人身安全为重的原则，番禺交警对公交超载的整治，是有道理的。

任何车辆行驶的安全系数，与负载有关，也与速度有关。老城区里允许公交车客运峰值时超载，是以城区中的平均车速一般较低为前提的。尽管老城区的公交车多半如沙丁鱼罐头，但道路限速也只有30公里/小时，因此，行驶的安全系数还是颇高的。而目前番禺除原来的老县城之外，公交车行走路线的道路限速，很多在60公里/小时以至80公里/小时，如果超载的公交车辆按照这种速度行驶，则乘客的安全岌岌可危。由于番禺境内的公路网是连接珠三角的通衢，不可能为公交车辆营运单独制定限速标准，因而从负载角度来规范公交车的安全，就显得很有必要。

此番番禺交警查超载，市民抱怨的不该是交警。反倒应该期待的是，公交部门既然根据城市的扩张而向外展业，那么就应该先解决车速和负载之间的矛盾。

骗局的投影

刊于2006年12月5日《羊城晚报》A7版《广州城事》

关心则乱。这话不假——

骗子是懂些心理学的。骗子在街上设局欺骗路人时，利用的是世人爱小便宜的贪念，不论是拾金分利也罢，中奖分成也好，利用的就是人性的弱点，正所谓有心算无心，中招者只能买个教训。

骗子也懂得社会学。黎女士遭遇的这个案例，就是骗子“与时俱进”的另一伎俩，他们针对城市中独生子女家庭而设计骗局，这骗局利用的却是血浓于水的亲情。

有识之士告诫：不要对陌生人泄露个人的私密资料，诚哉斯言！但是，在这些骗局中，我们却也可以看到社会风气的流变，假如医院不是像现在传闻那样先收钱后救命，而是把救死扶伤放在了首位，这类型的骗局，又怎么会有根基？骗局有时候也折射时局啊！

贬值“名牌”

刊于2006年12月6日《羊城晚报》A7版《广州城事》

北园被挂牌转让——又一家“老字号”被推到市场。产权的转让在今天已是常事，但老广们都知道，这些同城市文化记忆有关的老风物，换了东家意味着什么。所以，谈起来除了叹息就是长叹息。

在这些“老字号”的转让公告中，无一例外都连带着巨额的无形资产，想来是因为其名声在外的缘故。可是想想有点荒谬：一家因为种种原因经营不下去的酒家，还有什么无形资产呢？就算有，其价值又有几何呢？老字号总是经营不下去，其实无形资产就已经贬值，就算不贬值，那些个无形资产对企业的经营，似乎也没有什么助力！这就是现实残酷的逻辑。

“老字号”总是拖着“无形资产”的尾巴抬高着自己的市场门槛，却因此而转让不出去而不断贬值，成了怪圈。这怪圈不破，看来还要贬值下去，直至归零。唉，真要保“老字号”的品牌，还不如反其道而行之。

美中不足

刊于2006年12月7日《羊城晚报》A9版《广州城事》

市民卢先生因女儿重病无力承担医疗费，遂去电市长热线求助，在当值副市长的提示下，卢先生按规定办法向教育基金会申请到了一笔救命钱。

这是个听着暖心的故事，也是给弱势者以希望的故事，这样流畅的社会救济过程应该在城市中不是孤例吧？因为开放改革以来，城市中萌生了不少类似的救助组织或机构，构成定向社会救济网络的雏形。

不过从卢先生的故事中我们也看到美中不足，那就是救济过程虽然流畅，但未免也有些曲折。作为本城市民的卢先生，在求助之前并不知道自己有条件具备获得社会救助的权利，而即便他知道自己的权利，如果不是经副市长“点化”，他也不晓得“救助之门”朝哪边开。

我们对社会救济组织和获得救济管道的宣传太少了。今天这位卢先生的问题初步解决了，其他的卢先生或N先生呢？总不能老让市长当“中介”吧？既然走投无路时获得社会救济也是公民的一种权利，那么，救济指导就应当做到尽人皆知。

赛诗断想

刊于2006年12月8日《羊城晚报》A8版《广州城事》

风水轮流转，国学又兴焉。于是，顺势而为的学界，有了大学生的诗词大赛。古时诗词兴会，莫不讲雅集；今日复兴诗词，竟然举赛，虽然有些搞笑，但也算是与时俱进吧！

诗言志。又曰不平则鸣。古人近人，凡直抒胸臆，莫不寄言于诗。然自白话文兴以降，则古诗词几废矣。毛泽东是诗词高手，却不提倡年轻人赋诗，谓诗词格律，烦琐而束缚多，不利表达也。确乎，中国诗词，有体有例，有牌有令，讲格律，讲平仄，讲用典，表达体系，自有一格，所以诟病者莫不以形式大于内容斥之。不过，泱泱中华文化，源远流长，传承下来的民族文化精华，许多就沉淀于诗词当中，一部文学史，多半是诗；故无人敢以颠覆。于是长久以来，古诗词便在教育中一直处在赏而不亵的学不致用状态。

学而不用，自然不精。此次诗词大赛，竞相投诗者众，却以平仄不符格律不当而出局者多，这毫不奇怪。

值得反思的问题是，对中国诗词的学用分离，究竟是福还是祸？一味地用颠覆的目光去审视古代的文化成果，是后现代的流风所及，但如果连“本体”都抛弃了，所谓的传承，起点又何在呢？对于普通人来说，古诗词确不必学，但对术业有专攻的学界来说，能学以致用，还是值得提倡，港澳古诗词教育的方法，更不妨借鉴。

市场正在发生变化

刊于2006年12月18日《羊城晚报》A6版《广州城事》

保姆市场，正在发生变化。广州“96909”的开通，很可能会促成一个新的行业标准的诞生，并形成一个市场价格的参照系。

尽管“96909”的平台服务，不仅在于提供电招家政工的服务，但媒体的视点，还是集中在保姆这个焦点上。

有需求就有市场。但是城市中的保姆需求很大，供给却紧张。这种怪现象，探讨起来不少智者都认为，无序化制约着市场的孕育。传统的保姆在很多人的观念中，与佣人无异，家头细务，无不囊入其中，无所谓工作时间的量化和用工的标准。自从有了钟点工之后，保姆的细分，逐渐进入人们的视野。我们已经看到，这种细分，实际上在量化着家务活动的分类，也量化着工作时间．同时，也量化了保姆们的权益。而这种量化，也将带动职业技能的提升。

应当欣喜地看到，正在开始被量化的家政服务，正在使得一向原来的无边界服务，成为要“讲清讲楚”的用工合同，这意味着，保姆已出现“家政工”的现代特征。“妹仔大过主人婆”了，有人会惊呼！但现在已是21世纪，平权意识早已大势所趋，行业的变化，实际上也是观念的变化，毕竟，保姆们供给的只是服务。当然，保姆的职业道德，也就要提到更高议事日程了。

“创卫”是件长远的事

刊于2006年12月19日《羊城晚报》A8版《广州城事》

广州“创卫”成功，本是面上有光的事。政府有荣焉，劬劳经年，终见成效；市民有福焉，人居环境变干净，举手投足亦轻松。

然则，正所谓做好一件事容易，长做一件好事难。广州此次“创卫”，其斐然的成绩，更多显示在政府的投入上，显示在政府动员依照“创卫”条款逐一把工作落到实处上。但是回想起来，除了花花绿绿的海报之外，在市民动员，使卫生文明成为市民的行为准则的群众发动方面，却还远远不够。今天报道的“今天‘创卫’成功明天就开始乱丢垃圾”的情况，就是一个注脚。

任何事情，光有政府使劲，光有严厉的执罚，往往很难做得长远。白云山公园有严格的管理，同时又有许多志愿者在劝诫，所以这个人流非常集中的地方，一年四季，还是非常卫生。这说明只有管理和市民的自愿参与，才能把事情做得圆满。卫生是一种文明，也是一种生活方式，政府应当花更多的资源，扶持像在白云山上活动那样的志愿者组织，把这类活动也辐射到城市中来，把长远的“创卫”，变成市民自身的事情，卫生文明才在城市中扎根，才不会被市民认为是政绩工程。

“大话”爆破

刊于2006年12月20日《羊城晚报》A7版《广州城事》

爆？还是不爆？这是个问题！

天河城西塔爆破拆工程又一次遭遇难产。对于偌大的城市来说，区区一栋在建楼宇的拆除，本是小事一桩，老百姓不会当作谈资。但因为这幢楼宇地处闹市，用的又是“非常手段”，市民家短里长地去议论，就不足为奇了。然则令人困惑的是，自今年5月轰轰烈烈地发出“安民告示”之后，爆期便一拖再拖，人们因爆破而紧张的神经一直得不到放松。

是商业秀？还是准备条件不足？还是……这档事本来并不具有公共性的，不过三番五次的改期，已令得周遭的居民心底不七上八下都不行。定向爆破虽然已被证明安全，但是爆破就会有声音和粉尘，特别会对老人、小孩的日常生活多多少少有干扰，何况，四周还有医院学校幼儿园。诚然，可能受到波及的人士只是不胜其烦地反复准备应对而已，不至于伤筋动骨，但生活秩序被搅和，却已经是不争的事实。

外婆很早就给我们讲过“狼来了”的故事，告诫我们不要下巴轻轻讲大话，否则，就会失去公信力。这故事不新鲜，却有真理。比如广州的这项爆破工程，有关方面还是准备好了再公布吧！你的工程也许不必算时间成本，但老百姓过日子，就不能不算。

善后“龙怡苑”

刊于2007年1月3日《羊城晚报》A4版《广州城事》

“龙怡苑”的涉案人员，判的判了，赔的赔了，从法律意义上，案子已经了结。不过，与其他的刑事案件不同，这个案子的“作案工具”龙怡苑本身，却不能简单归档。拆与不拆，网友们认为，对于政府来说，都是两难选择。

作为一个刑事案判例，建筑物本身本来没有实质意义。不过，作为违法行为的结果，它就分外刺眼了。政府的难处在于，从维护政令威严的角度看，拆，无疑是最合乎逻辑的选择。然而，这偏偏涉及一大帮无辜者的利益。当然，从法律意义上说，非法交易的利益不受保护，但执行起来，还是会有部分民众的利益受损的现实。倘若不拆，正如网友所担心的，形成示范效应，宅基地的违章兴建可能会成风。

回溯整个“龙怡苑”事件，政府思考的落点，我看不应该放在“龙怡苑”的拆与不拆上。相反更应该反思的是，何以偌大的违章建筑，从兴建到销售竟然都一路绿灯？监管部门、基层管理组织，都集体致盲了吗？这档子“乌龙串烧”事，光责备百姓的侥幸心理，恐怕是说不过去的。因此，从今往后，政府的基层触须，还有没有效？宅基地这条线还守得住守不住？这才是重点。这重点一旦落实，龙怡苑的拆与不拆，反倒不成焦点了。

当然，如果立法部门比如人大认为，不拆不足以维护司法正义程序正义，那么“龙怡苑”当然必拆无疑。政府还要承担所有的成本，因为，这是监管不力的成本。

开放包容就有可能

刊于2007年1月4日《羊城晚报》A6版《广州城事》

Twins有首歌叫《恋爱大过天》，很受欢迎，因为它源于生活。

恋爱和恋爱观，在传统的教化中，常常被强调成一种因果关系，巴不得所有的人都在建立了“正确”的恋爱观之后，才来做恋爱这档子事。其实恋爱是感性的、随缘的。而恋爱观的建立，则是人生有了阅历后的结晶，是理性的、逻辑的，两者最好不要混为一谈。所谓实践出真知，没有恋爱的过程，谈不上有什么恋爱观。广州幼师这个“女儿国”，是个历史和现实原因形成的“特区”。几年的学习生活会不会形成焦虑，校方的管理方式决定着孩子们的心理成长。其实，国外的不少学校，同样有类似情况，不过他们采取更人性更体贴入微的方式。在许多传记和文艺作品中，我们看到不少学生恋情发轫于联谊活动中，而这些恋情的发生，又往往是顺其自然的。历史上有不少学校，反而会因为学生性别的单一，形成独特的教育风格，从而成为名校。一家学校是“混教”还是“纯教”，可能并不能决定“产品”素质，关键看校方有没有包容精神。

恋爱是挡不住的。我们不提倡学生恋爱，但坚决反对学校棒打鸳鸯，还板着一张道德面孔。

珍视生命

刊于2007年1月9日《羊城晚报》A8版《广州城事》

生命无价。在生产过程中珍视生命，是对劳动者的最大敬意，也是最基本的伦理，更是法律所保障的人权。

但是在不少的生产环境中，忽视生产安全的现象却比比皆是。人们往往抨击那些为降低成本而漠视人命的资本家包工头，这并不错。然则，我们是否也应当反思一下我们的伦理氛围呢？有官员为“招商引资”，不惜为劳保设施不济的企业打掩护；像这宗事件中的雇主，只顾着工程保障，签一纸“全包”合同之后，就撇清了所有的干系；一些污染企业明明保护设施不足，却照样连轴开工……所有的这些存在，都被社会视为习以为常。或者，监督部门一概采取不告不理的放任。

放任对生命的漠视是危险的，这样的社会不会产生关怀。安全生产是人人均有的权利，社会应当鼓励保障这个权利，而不是变着法儿去破坏它。只有建立起生命放在第一位的商业伦理，才是最合理的。

难乎其难说取缔

刊于2007年1月10日《羊城晚报》A7版《广州城事》

省政协委员郭清宏建议取缔公园内餐饮店。持相同看法者，众矣。

屈指算来，资本或明或暗地在公园里张牙舞爪，占地为营，迄今已20余年。从中催生的富豪，也“江山代有财人出”。城市中的不少力量，也曾为这公地私用的情况，发过舆论之威，连其“最高当局”市政园林部门，也曾为其中的一些违章建筑打过官司。然则，总是按下葫芦浮起瓢，东边不亮西边亮，食肆时过境迁又开张。

因何有此痼疾？一是缺乏完善的基本法，二是下不了决心斩断利益链。前者表明，我们从来没有从立法上明确过公园内是否允许办餐饮。至于后者，就更难看明白了，不敢说酒楼与公园之间有没有猫腻，但是公园出租这些用地的所得，恐怕是属于“预算外收入”吧。如此一来，有关系的有钱人，自然得其所哉！

郭委员的“取缔之说”深得人心。但取缔，又谈何容易啊！还是那句话：解铃还须系铃人。

再说“讨薪秀”

刊于2007年1月11日《羊城晚报》A8版《广州城事》

“讨薪秀”困扰着城市，用工制度上的缺失，使得城市的公共资源，不得不为此付出相应的代价，这就是社会成本的转嫁。

有人用绑架城市来针砭“讨薪秀”的不断上演，也有人认为这是庶民的自己权益的最后抗争。站在不同的立场，就有不同的结论。但是，不管你承认不承认，这种怪象，正在向“职业化”发展，有人钻法律的空当，用分成的办法，从被欠薪者的血汗钱中分一杯羹。

追根溯源，没有欠薪，就不会有讨薪。而欠薪之所以存在，是因为现行的用工制度，很多不是在法律框架下运行的。用工要有合同，这点法律常识已经深入人心，但是合同的履行，却缺乏监管。被欠薪的一方，作为弱势群体寻求法律救济的渠道，总是颇为周折，执行起来，往往也是远水难救近火。

可见，要有效制止欠薪，必先简化能够依法讨薪的过程；要杜绝“讨薪秀”，首先要降低法律框架下被欠薪者讨薪的成本，让被欠薪者不用再“权利险中求”。

看易行难

刊于2007年1月12日《羊城晚报》A8版《广州城事》

水，是生命之源。自有人类社会起，必有用水的法则，规范这一资源的运用。然则，在生活当中，水法的公共性，往往为人们所忽视，以为用水只是小节。

其实“小”节不小，牵涉到资源的公平使用，牵涉到公民意识。城市中正在草拟新的供水用水条例，其中将以重罚来约束种种缺德的用水行为。行厉法以治乱象，好！

从草案中罗列的种种涉罚行为来看，全部是够得上“破坏公共设施或公共财产”的行径，无非是在“水问题”上对号入座而已。

但据观察并据报道，城市中大赚水便宜的“老大难”，是那些从民用水管中拉一两条水管出来，从事商用的“行家里手”。而在法规草案当中，仅以改变用水性质一笔概括，恐怕实施起来，还是很容易被“忽悠”的。特别是联系到有关的举报条款，倘若举报者最终只能抽象地认知“用水性质”，却难于界定辨析改变用水性质这种行为的特征，那举报又从何谈起呢？奖励又如何见效？

大凡规矩，过于抽象必也会过于宽泛，执行起来，总会看易行难。

告示与民安

刊于2007年2月1日《羊城晚报》A8版《广州城事》

番禺就是广州。这在“改区”之后，已经不会有人有疑问了。但是，行政区划的调整，牵涉的不仅是换个名字而已，尤其是公共服务的配套衔接，怎样做到“快工出细活”，就很考功夫，也考管理者是不是常怀惠民之心。

广州医保纳入番禺这事，对于医院、政府这些“行内人”来说，是最自然不过的事。但是这条公共信息，若没有经过广而告之的有效传播，又有谁会生而知之？当然，在定点医院里已经挂出牌匾，不过，没有毛病，谁会在医院门前溜达？公共信息的送达，一方面引导着社会资源的合理运用，另一方面，当然也是为给社会大众提供最方便的选择。

不仅医保这样的公共信息要及时送达，其他的社会服务信息，也应同时送达；不仅是要在番禺区广泛送达相关信息，而且在其他的调整区域，也应当广泛送达。对于公共信息，自古有“安民告示”一说，可见，只有常常“告示”，才有长久的“民安”！

又到假期

刊于2007年2月12日《羊城晚报》A6版《广州城事》

放假了，孩子们被“交回”到家庭管理！双职工的家长们，平日里把儿女“放在”学校里，都很放心。但到了假期，就变得惶惶不可终日，仿佛“忘掉”了管理孩子的方法。

家长们多觉得独生子女们是孤独寂寞的。但其实每个孩子都有自己的天地，其实他们都有自己的朋友，也有自己的交流方式和思考的方式。问题是做家长的，又有多少人很清楚自己孩子与朋友们交流的过程呢？当你以为孩子把自己关在书房里默默沉思时，说不定他们在发短信、发E-MAIL，或者读来信等等。一位心理学家说得好，没有人是真正孤独的，哪怕他默默地呆着，只有那些常常被过多干预的人，才会有孤独感。

马君慧老师认为，孩子上网，玩游戏上瘾是在其中获得成就感。那么做家长的应该想一想，自己的孩子为什么只能在虚拟空间中获得成就感呢？家长是否了解孩子们游戏的内容？我们当中许多人看武侠小说时曾经被父母师长干预过，但结果又如何？金庸今天不也成了“显学大家”？

人的行为总是有理由的，孩子们的也不例外，我们读懂了孩子们的行为，我们就会明白，孩子们实际上是会管好自己的，否则，学校的教育就是一个失败，而我们平常的“放心”，就得打个大问号了。孩子们难管，实际上往往是你在用你的方式管他，而不是用他能够理解的方式管他。

高低软硬说维权

刊于2007年2月13日《羊城晚报》A7版《广州城事》

上世纪有位未来学家曾预言，21世纪一个主流矛盾，是消费者与大商家之间的矛盾，这一预言不幸言中。广州部分大商家店大欺客的现状，就是一个缩影。

消委会反映，这些企业在遇到投诉时往往对消费者采取一推、二不理、三不处理的态度，无视国家的有关法律法规。其中的无奈溢于言表。这说明这些企业不仅不理消费者，连半官方的消委会也不放在眼里，可见大资本的腰板真个硬得可以。

一边厢是民，一边厢是官，居然对走在中间的商家莫之奈何，可见我们的市场监管制度设计上存在很大的漏洞。显然，在这场博弈中消费者的维权成本过高，而商家侵权的代价过低。要调整好市场的关系，只有“矫枉过正”，才有可能让商家在消费者面前服服帖帖。

商家对消费者一推、二不理、三不处理，是在同消费者耗时间，毕竟消费者不是专业维权的，而商家却可以专业侵权；商家视消委会透明，则因商家可以挟资本以令诸侯，总能大事化小、小事化了。这就是他们敢于撬动地球的“杠杆”。

怎样才能倾覆这店大欺客的杠杆？无他，只要简化投诉程序，让消费者不依不饶，关上游说“机关”，使执法者百毒不侵，则万事谐矣。当然，如能在法律上再提高一下商家侵权的代价，则更威慑常在。

话说租侣

刊于2007年2月14日《羊城晚报》A8版《广州城事》

“租个女朋友回家过年！”——理由是为了应付父母的唠叨。据说这是个善意的欺骗，内中包涵一片孝心。

用权谋来表达孝心，横看竖看总不是滋味。父母的唠叨，其实并不止于孩子的婚姻。过来人都知道，父母之于儿女，早恋有早恋的唠叨，晚婚有晚婚的唠叨，等到儿女结了婚又有生儿育女的唠叨……可见，为人儿女，若要为唠叨而权变，那恐怕就不得不算计大半辈子！

我宁愿把这档子生意，看作是不谙世事的年轻人为自己交友所演绎出来的一幅世俗风情画：既然给一个浪漫的理由，就可以恋爱。那么，以生意作为由头，又何尝不能真个“通过几天相处能有机会发展成为情侣”？不过，这生意做得是如此特别如此贴身，倘若回到家的那几天，唠叨的父母们忽然迫不及待，逼着安排膝前的男女圆房，则又情何以堪？更难操作的是，被租的一方，怎样保障自家被“消费”时的权益？

不能公平保障双方权益的生意，其实算不得生意，至少不受法律的保护。那么，这门生意也就定必兴盛不起来。对于这群嚷着寻租伴侣的年轻人，倒也不必太过横挑鼻子竖挑眼。

“平安”二字值千金

刊于2007年2月15日《羊城晚报》A8版《广州城事》

“平安”二字值千金！出门在外，无论是回家还是远行，只要你在路上，承受得最多的祝福只有一句，那就是“一路平安”。

在路上坐车是个相对封闭的空间，除非特别的意外，多少隔离着危险。而旅途的中转站，则往往是最容易出事的环节，平安不平安，八成机会，就系于此。

广州火车站是大多数“南飞雁”每年往返的歇脚处。北往南来，这里承载了许多谋生者纷沓的脚印。这一站，二十多年来，见证了开放改革以来，“春运”里无尽的苦辣甘甜。曾几何时，这里简直是都市的丛林，每一只来去匆匆的“南飞雁”，都有可能遇到猎食的天敌，用谈虎色变来形容这里的生态，毫不夸张。毫不客气地说，广州火车站几乎就是没有安全感的另一个代名词。

不过，这两年来，广州的这一站变了！政府的努力和用功，使这里的“环境保护”早已昨非今是。零报案，本身就是一项了不起的成就！不用什么精到的匡算，光点点人头，就知道用了多少资源，才使得这个某种意义上曾经的罪恶渊薮，才变得如此清平。“平安”二字，对于政府投入来说，又何止千金！

没有办不成和办不到的事，只要政府对公共的投入，真正上了心。广州这一站，证明这一点！

无所适从

刊于2007年2月26日《羊城晚报》A5版《广州城事》

多数到酒楼食肆用餐的消费者，坐下来的第一件事，就是自行用茶水或开水冲刷餐具。这几乎是条件反射的举动，多少说明着人们的卫生意识。不过，行内人或卫生专家都表示，这做法，心理安慰的功能多于“消毒”的功能。且不说这种冲刷能不能起到“杀菌”作用，如果食肆的厨房流程有问题，那么就是食客自带餐具，保障卫生也是枉然。

据说从2005年开始，有关部门对食肆酒楼进行了分级的卫生状况评定。这种理想主义的做法，受到了一定程度上的抵制或漠视：低评级的不少单位，并不愿挂出自己达标的等级标志；而食客呢，似乎也并不知道这个店分几等的区别。

总觉得对于食肆的卫生状况的分级，有点简单问题复杂化的味道，或者是对目前的监管现状无奈的折射。这种分级看上去“科学”而又“精致”，但从公共政策制定的角度看，对于消费者来说，在高风险的状况下消费，本来就应当为严格的监管制度所不兼容的。留着长长的高风险尾巴，还有怎样的监管意义呢？卫生与不卫生，只有是或否的判断就足够了。分级的概念，反而使人无所适从，因而在实践中无法彻底贯彻。站在消费者立场看，我们只要最简单的分级，合格就开业，不达标就关门。如此干脆！至于锦上添花，那已属于行业自己的追求了。

不要跑题

刊于2007年2月28日《羊城晚报》A7版《广州城事》

花城中一年一度的年花处理，是个年年讲的问题。这话题讲起来很长气，从公德角度、环保角度、公共服务角度都能够扯出“一匹布”那么长的说法。但是，我以为，这件事情的逻辑根本起点，还是应该先回归到公共服务的配套上。

年花的处理，用学术一点的说法，无非是个垃圾峰值处理的问题。专业人士说了，年花花盆回收成本过高，想法很好，但亏本买卖谁也不会做，所以这只是理想主义的想法。城市中每天有大量的废纸张、废塑料要处理，无论从重量看还是从体积上看，肯定比年花更“沉重”，却没听说回收上有太大困难，这是因为回收这些能产生一定利益。而年花回收不产生利益，所以多年来我们都要部分仰仗志愿者。

正如圣诞节必然要处理圣诞树一样，年花的回收，在现阶段还是个城市垃圾处理的问题。而既然是垃圾处理，那就是环卫部门的课题。市民有过年买花的习惯，环卫部门就应该习惯列支这方面的成本和服务。环卫工人负担过重人手不足，环卫部门就应当从人员人工和运力等方面加以解决，市民安置弃置年花有一定随意性，这也应当由环卫部门花成本去引导。从花纳税人的钱就应该为纳税人服务的出发点去看，环卫部门不应该有市民的习惯增加了负担的思想，而应当多想想，目前的问题是不是自己为市民服务做得还不够。

欠薪就是污点

刊于2007年3月1日《羊城晚报》A7版《广州城事》

企业欠薪，在市场上是违约行为，在法律上则是违法行为。因此，欠薪的企业算是污点企业，其诚信与商誉，都应当为社会所质疑。因此，600余家企业的拖欠工资信息被纳入人民银行企业征信系统，顺理成章。

在生意场上，企业拖欠员工工资，本是严重财务危机的征兆。但这个江湖规矩，在我们这个初生的市场经济环境中不那么灵光，不少老板一犯再犯，还面面风光，丝毫不见负疚之感。

硬环境上的处罚过轻和软环境上的约束不多，使得欠薪企业足以支付违法的成本，这是欠薪企业后浪推前浪冒出来的温床。在立法上提高欠薪老赖们的违法成本，扶持工会力量与其制衡，是一步棋。但运用社会的软环境体系如银行征信系统对其进行锁定；又或者通过行业和相关行业的自身管理系统对其经营活动进行制约，形成一个反欠薪社会氛围，树立起反欠薪的商业伦理，则欠薪老赖的生存空间就更会大大收窄。其实，当社会能够有效地把欠薪企业赖以生存的各种利益链条都斩断，则习惯性欠薪这个怪胎，就无容身之地了。

也谈门槛

刊于2007年3月5日《羊城晚报》A8版《广州城事》

城中热议城市人口容量问题或流动人口管理问题。论家观点多多，针锋相对。不同阶层和不同处境的人们，背靠自己的背景，为各自的观点，找现实的论据，争得不亦乐乎。其实，大家心中所议问题的核心，就在城市管理水平上。

不能否认人口的流动带来一系列社会问题，但这些社会问题并不是流动人口与生俱来的，在不流动的人口中也有。

广州动态流入的人员数量大，并不在于城市的设防不设防或宽容不宽容，而是这个城市就业机会多，养家糊口容易。

反过来说，这个城市也是离不开外来的务工者的，论坛中有很多例子说明这一点。现在的问题是，我们配置资源时，仅仅给那些外来的精英们提供了方便。有合法职业并纳税的外来务工者与无业的盲目进城者是有区别的，但是现实中，由于种种的历史原因，我们看不到而他们也享受不到城市的相应福利。有恒产则有恒心，某种意义上，福利也是恒产之一，能够拿出税单并能享受城市福利的外来务工者，其实也就是城市的一员了。而这应该也是最合理的“门槛”吧！政府在管理外来人口上动了不少脑筋，如果在服务上也花一番心思，双管齐下，那些城市需要的外来务工者，也许就不流动了。

重罚随想曲

刊于2007年3月7日《羊城晚报》A9版《广州城事》

广州市民王某花60元买了自行车黑市上的赃车，被罚款500元。这事成了各报的新闻。警方是在目睹交易的情况下，“抓现行”缉获这宗买卖的。

警方公布这宗案例的目的，自然是要宣示未来执法的立场，警方认为，在反盗自行车的布局中，打击“需求”和打击“供给”同样重要。警方没有进一步提供信息，公布对卖赃者做出了何种处理。显然，这案例的意义，具有告诫的性质。

广州人把赃物交易，叫做买老鼠货。在法律上，销赃和买赃都是违法的，因为这行为实际上为犯罪者提供了洗钱的方便。这市场如果发达，则治安环境堪忧矣，故打击销赃买赃是强化治安环境的题中应有之义。

不过说到自行车，情况有些复杂。从流程上看，广州虽然已实行了实名制，但执行得似乎并不落实，街上走的自行车，车主与用者分离的情况比比皆是，这就很难界定这些车是否赃车了，光有“疑似”，恐怕还难以执法吧？至于销赃者，是否应当再提高其违法成本或风险予以更重的处罚？反自行车偷盗，是个系统工程，如果不能在整个流程上配套，让市民信服，那是会“按下葫芦冒出瓢”的，也容易引起执法随意性的猜疑。

电子眼与交通灯

刊于2007年3月13日《羊城晚报》A7版《广州城事》

不怕一万，只怕万一。这话在交通安全教育中，可说是“看家”金句了。而在交通安全具体的管理中，这句口头禅，除了及人恐怕还应及物。否则，安全在一定情况下，无从谈起。

据说广州的交通管理系统硬件建设，在国内也算名列前茅。至少，成千上万具备不间断供电的“电子眼”，已“看住”不少重要路段，令违章行为无所遁形。一些主要路段，据说也可以按需启用“绿灯带”，实施了智能化管理。然而，这样先进的管理系统，偏偏交通灯的供电系统，竟然不是自成体系又或者具备不间断供电保障的，这真是令人诧异。如此脆弱的系统伺服，又怎么符合“不怕一万、只怕万一”的精神呢？

交通是城市的血脉，交通灯是保障这一血脉有序畅通的基础“看板”，保障这一终端的运作，应该比保障电子眼来得更重要。作为纳税人，最愿意花的，恐怕还是这一笔钱。而作为花这笔钱的代理人呢，心思应该不仅仅在“电子眼”上吧？

两种垄断

刊于2007年3月14日《羊城晚报》A9版《广州城事》

经历一轮价格波动之后，广州种猪批发价最近降了下来。但是零售市场的肉价，并没有“水降船低”，“放心肉”成了高价肉，市民很受伤！

为什么这样？原来市场出现了新的垄断，市场价格并不由市场主导，而是由配送批发商主导了。真是“按下葫芦浮起瓢”，还没有彻底摆平屠宰场对价格的控制，导入“物流”后，又出现“大石砸死蟹”，批发商居然敢罚起零售商来。

没有了自由选择议价权的市场就可以称之为垄断市场。就广州新鲜猪肉供应市场而言，强制性地指定只能由若干屠宰场供应广州，这是行政垄断；现在打算让镇级屠宰场也进来，这算是在尝试些许打破这种垄断，行政垄断是由监管行政部门授权才产生的，取消或者扩大就能引入竞争。而另一种垄断，则是资本垄断，现在由批发物流商控制定价权的状况，就有资本垄断的嫌疑，而且如果这些物流商还是由肉联厂控股的话，那情况就更复杂，是行政垄断与资本垄断合二为一了。

一个城市的肉类供应不仅仅是个市场问题，还是民生问题，既然现在这个民生问题要解决的主要矛盾是垄断，那么，我们就要在解决这个问题上，下大决心，下大功夫了。

盯住库存

刊于2007年3月15日《羊城晚报》A8版《广州城事》

汽配市场中存在严重的假冒伪劣状况，尽人皆知。伴随不同热门产品的消费浪潮，总有不法分子鱼目混珠，攫取不当利益。这种畸形的市场生态，恍如挥之不去的噩梦，困扰着我们市场的健康。

汽配零件事关汽车车况，进而事关交通安全和公众的安全。同时汽配零件又是为大宗消费品的配套，往往涉及暴利。因此，治理好汽配市场的秩序，应是政府部门的天职。

告诫消费者慧眼识珠固然是必要的消费知识普及，但建立起一个有信用的市场才是市民所企盼的。“3·15”前，有关部门加大执法力度，查处了部分胆大妄为者，是大快人心之事。但是，这种执法力度能否成为常态，我们不免狐疑。且不说执法队伍的数量是否足够，光是执法成本，已经不菲。

怎样管住汽配市场？这次执法行动提供了一套思路，那就是管住汽配商们的库存。汽配产品的特点是不同车辆的配件来自不同的品牌，而经销批发商要做大生意，就要有海量的库存，就要有大容量的仓库，倘若能对批发商的仓库实施更为严格的登记管理和随机抽检措施，则虽管不住假冒伪劣产品的生产，却可以遏制大规模的流通，并增加经销商的违法成本，从而有力地净化市场。事实上，汽配业中的零售中，大多数终端商户是靠“跳货”生存的，因此，管住了“上家”的仓库，也等于管住了市场。

过程更有意义

刊于2007年3月16日《羊城晚报》A7版《广州城事》

羊城“小市长”活动在变革，从较单纯的才艺展示评选改为“五星”评选，大大丰富了活动的内容。这是一大进步。

任何活动都有定位和目的，从以往几届“小市长”的“政绩”来看，增强孩子们对社会的观察力以及培养其参加社会活动能力与参政议政意识，成为一个基调。但是，随着社会的进步，窃以为，这类鼓励青少年们积极参与的活动，应当淡化其精英意识，令其成为一项尽可能吸引更多青少年参加的公民意识培育的广泛活动。

从才艺展示到能力展示，能够使孩子们的入选面变得多元化，并把参与面扩大到外来工子弟学校，这当然好。但选“小市长”的过程，恐怕比选出几个“精英少年”来得更重要。事实上，孩子们对“市长”的认知，更多的应包括对公民责任的认知，而不仅仅是荣誉和能力的认知。因此，应该把更多的公民责任的内容融进“选”的过程中，在“选”的程序上更多向孩子们开放，比如增加孩子们做评委，让孩子们的义工团队参加组织工作，甚至让孩子们参加评选标准的厘定，评选中增加公民知识和公民责任内容等等，当然，这些安排不能脱离孩子们的特点，但又要让他们有自主性。另外，选出来的“小市长”，在日常的城市形象公关活动，也应当担任更具有象征性的角色，从而使“小市长”在城市公民生活中更有地位。

选“小市长”，不仅是青教部门的事，而且也是城市公民的事；不仅是“官方”的事；也是民间的事，更是城市“小公民”自己的事！

谈判环境

刊于2007年3月30日《羊城晚报》A8版《广州城事》

卡拉OK领域中的版权收费如何操作的争论，在城中扰攘有时了。一个地方性的协会与一个全国性的协会在为自身的权益博弈，不时通过媒体向社会传话，成了新闻不断跟进的主角。这场争议看来还将延续，预计如果没有更多的行政权力干预，拖一段时间，恐怕是要的了。

小民百姓，既不是歌曲的权益人也不是K厅的经营者，关心的只是价格。按照对知识产权的认知，付费唱K，大家并无异议。羊毛出在羊身上，最终那些版权费用会转嫁到消费者身上，也见惯不怪了，所以腹诽一下，也就尘埃落定。不过，作为看客，看看利益集团们的博弈，倒也颇具娱乐性。其实两方的目标，盯着的无非是歌曲权益者流失在市场中的那块似小实大的利益。

迄今为止，这场博弈没有行政权力明显干预，这很值得称道。就法律而言，这两个协会的法人地位是平等的，让他们对等地运用法律进行谈判，求同存异，逐渐清晰各自利益的分野，这就创造了一个好的博弈环境。我们的国家正处在转型期，很多的权益问题有待厘清。行政权力回避的谈判环境，尤为重要。在法制环境中，司法权力、仲裁权力和监督权力，都不应被利益集团所裹挟。

多蹴而就

刊于2007年4月3日《羊城晚报》A7版《广州城事》

黄埔大道的交通整治，微调又微调。交警的管理，算是从善如流，悉听尊便了。

不断地调整，不断地尝试，不断地被非议，再不断地调整。个中市民的意见和专家的意见反复互动，最终渐趋求同。这说明，彼此的前提是一致的。而不断地调整互动，其一致性方能愈加凸显。

市民认为，科学的规则设置，是交通规则易于被执行的前提；交警则认为，只有人人遵守规则，养成习惯，交通才会有序，有序自然畅通。其实两者并不矛盾，只是关注的侧重点不同。

黄埔大道目前的交通管理设置，实际是市民和交警换位思考的结果。尽管司机们的规则意识，是在摄像头的威慑下养成的，但习惯成自然，除了极个别公交车不时越轨之外，基本上都很守秩序。而交通管理上的若干画线，也吸纳了不少市民的意见，颇显人性化了。但愿，此路从此不烦人！

交警在执法时要有权威，但在听取市民建议时要虚怀若谷。能屈能伸，才见公仆情怀。这种互动，如果能在所有公共管理环节中都推而广之，就好了。

最要紧还是人气

刊于2007年4月6日《羊城晚报》A8版《广州城事》

城市中变化最快的生活万花筒之一，是商家们聚人气的各种噱头，广告潮也好，文化牌也罢，无非是把人流吸引到自家的卖场上，使尽浑身解数，不怕你不受诱惑，最终掏出您的荷包。

营销专家们说，大多数消费者并不是理性的，那就尽量创造一个氛围，让他们感觉到自己有能力拥有，最好还要营造出“过了这个村、就没有这个店”的紧迫感。在这等策略之下，不怕您不中招。广州有句民谚叫做“贱物斗穷人”，意思是说，我物美价廉又丰富，而您的财力总是有限的，就是要您有“钱到用时方恨少”的挫折感，您不服气么？有了钱再来嘛！呵呵。而事实上，每个消费者都有买不少便宜货回家而不一定适用的经历。何故，经不起诱惑啊！无用即贵，这道理谁都懂，就是按捺不住霎时的消费冲动。

至于商场中的各种折扣，无非是个创造便宜感的局。所有折扣的前提，都以必要的消费量作为基础，您计算自己的“少支出”，商家们则计算其总收入，各得其所而已，商家最终是“除笨有精”。

商家就是商家，文化不文化，在于这策略能否引来人群。如果策略奏效，是因为消费者的品位有文化的诉求，商家们只是发现了而已，却并不是前瞻。

总是骗你没商量

刊于2007年6月12日《羊城晚报》A7版《广州城事》

街头骗局，层出不穷。大骗小骗，万骗不离其宗：用子虚乌有的东西，空手套白狼。今天报道邵小姐的遭遇，骗子还自我包装了一张“官皮”。

稍有常识的人都知道，官员做买卖，是党纪所不容的。而倘若其违法乱纪，恐怕也不敢在大街上向路人大肆张扬。不知邵小姐是故事听多了，还是为电视剧所累，竟晕乎乎地成了一个劣等骗局的受害者，何其冤哉！

骗局中都有利益置换的环节。诀窍在于在你看来是以小博大，而他却“笨”得以大博小，有大便宜在。比如此案中的骗点，就在于人家以所谓千万元之巨，“抵押”你那区区16万元。在这天文数字的强烈对比中，如拿捏不定，还真会“佛跳墙”。

当然，骗子所以敢自披“官皮”，也在一定程度上反映了若干世象。一则是百姓们普遍迷信官员，越大的官越有“号召力”；二则也确有不清不楚半真半假的官员，在社会上招摇撞骗而得手的。

暂住证与蓝印户口

刊于2007年6月13日《羊城晚报》A7版《广州城事》

说到IC卡暂住证的办证率低，不由不令人想到蓝印户口。IC卡暂住证的办证成本虽一降再降，很多外来人员仍不“感冒”。而取得蓝印户口，当事人是要付出不菲代价的。公开的，要么在某个岗位上做出成绩，成为先进人物；要么“投资移民”弄上一套房产。私下里，要拉关系、搞公关自不待言。可见，同样选择在这个城市安身立命，IC卡暂住证乏人问津（多数人是被逼办了证），“蓝印户口”可是让人打崩头。

其中原因不言自明，蓝印户口的含金量远比IC卡暂住证高出许多。人是有理性的，如果蓝印户口的含金量也只有IC卡暂住证那么可怜，除非是疯了，否则，谁也不会抢着办。

专家指出已承诺的针对IC卡暂住证的许多利好政策没有兑现，可谓是一语中的。IC卡暂住证之所以怎么看都像光收费没服务的无用东西（针对办证人而言），原因尽在于此。要让全体外来人员自觉办理IC卡暂住证，必先让他们真正体会到内中的好处。

不可能中的可能

刊于2007年6月20日《羊城晚报》A7版《广州城事》

林子大，什么鸟都有。人多嘴杂，啥话都敢喷。所谓“艾滋牙签”的传说，便是一例矛盾百出的“无脑”谣言。

谣言止于智者。稍有医学常识，均可判断这谣言的不可信。正如专家说的，消化道不可能传染艾滋病毒。况且，医学上更证明，除非经过活体血液的交流，与艾滋病人的正常接触，并不是不安全的。

谣言之所以有人信，必然有所附丽，正所谓含有部分事实的谎话最难识破。我们坚决相信“艾滋牙签”是一则荒谬的谣传，但是，如果说涉及公共卫生的牙签保证是卫生的，则谁都不敢下结论。因为尽管我们相信大部分牙签的生产是按照安全卫生标准生产的，但是从生产到零售的终端，中间还有无数不可控的环节，都有可能导致二次污染。

真是下巴轻轻

刊于2007年6月22日《羊城晚报》A8版《广州城事》

用纳税人的5000万元建起来的广州大学城配套小学要挪作他用了。管辖的教育局理由很“充分”：生源不足，打算用作写字楼出租。

真实下巴轻轻！作为大学城配套设施的一部分，规划并建成了的学校相当于一个“法案”，管理这所学校的教育局，从法理上看，只有执行和完善这一“法案”的义务，并不具有私下里打“小九九”的权力。不错，大学城由于交通及生活设施还没有完善，真正入住的从业人员目前不多。但是在整个城市的教育资源严重不足的背景下，把珍贵的教育硬件资源拿去发财，肯定是暴殄天物。

教育局没有回答在获得了学校管理权之后，在师资等软件配套方面做了什么工作，甚至也没有任命或延聘合适的校长，只凭一个问卷就匆匆决策，来了个“狸猫换太子”，真是官好当啊。

我们不以诛心之论去批评一个衙门。但可以肯定，官员们并没有穷尽一切手段去善用纳税人的钱。如果配套好优质的师资，有大学城的招牌，想一些办法，甚至办成可以寄宿的学校，又何尝担心会没有生源？连地产商和私立学校都明白，该怎样做的事情，教育局官员居然束手无策，除了懒政或者无能，我们还能说什么呢？当然学校具体怎么办，确实有体制上的难处，但因噎废食，未免少点职业精神了。

游珠江也是门必修课

刊于2007年7月2日《羊城晚报》A7版《广州城事》

“目前的水质情况还难以实现市民天天游珠江的愿望……”广州市市长张广宁日前视察珠江时说了句大实话。我的理解是，张广宁话中的关键词是：天天游！

要实现这个愿望并不简单。自去年起，广州恢复了组织市民横渡珠江的活动。从媒介报道看，普遍是谨慎乐观，一方面是珠江水这些年确有很大改善，另一方面，这事也算是顺应了民意。

相信政府一定是在水质情况较适宜游泳的日子里，做足功夫才组织这项活动的。舆论谨慎存疑的观点无非有二：一是既然水质情况如市长所说，那么组织横渡是不是有做秀成分？二是如此规模的活动要动用许多资源，有没有必要？所幸这些存疑后来都被“游珠江”本身的气氛冲淡了。从市民角度看来，赞成的还是居多，一年搞这么一次，还是被认可的，花点钱摆摆形象，也不算太冤。

其实每年游一次珠江，对政府来说也是一份年度的考卷。无论参与或不参与的人，都会在这段时间，特别关注有关水质的数据，数据改善了，能看到成绩，数据逆转了，则政府就该检讨，这至少也是一场鞭策。其实我倒很赞成让那些对城市环保负有着直接或间接责任的政务官或事务官们，能常把游游珠江作为一门必修的执政之课，此正所谓有体会才会有动力嘛！

彻底暴露

刊于2007年7月13日《羊城晚报》A8版《广州城事》

昨天报道的越秀区人民街城管打人事件有了新进展。警方迅速回应市民的报警求助，依法介入这桩纪律队伍人员严重越权个案，可喜！然而，从城管应对警方调查的反制措施来看，他们并不是彻底地配合。这些人打人时穿制服，而提供指认材料时却是便装，显然，他们在合理地规避和干扰警方依法的调查，是要把事件导入无法确认的状态。

一介草民被一群制服人员突如其来的群殴，事后要面对一些便装脸孔去指认，显然是有难度的。不过被殴的黄先生也不用担心，你是这个城市的纳税人，你也有份长期供养着那群“忤逆”制服人员，因此，以一个公民的身份，你完全有理由向这支队伍的管理机关严正提出：让他们自查自纠挖出那几只害群之马，从组织层面上提供给警方，以便接受有关部门的处理。你城管不是纪律队伍吗？如果连你的管理体系都不愿意或者不能给市民一个满意的答复，那只能说明，这支队伍根本就称不上公仆，更谈不上纪律。

从这支队伍中的个别人对待舆论监督的态度来看，更暴露了他们作为执法人员，不但根本没有“法”的意识，连普通的公民意识都没有。在执法中对群众打，在越权被调查时避，在被监督时对舆论逆反，这本身就很立体地反映出他们的心理和思想状态。在我们的城市中，据称政府已经把100多项对“事”的执法权力，让渡给城管具体实施，这就要求这支队伍具有较高的人员素质。但是，这支队伍的招募方式，从来就很少大规模向市民公开过，他们的执法程序和考核过程，市民也鲜知标准。难怪啊！唉，某些不能知法懂法遵法奉法的人，居然也能执法，不能不说是城市的悲哀。

包工头这角色

刊于2007年7月27日《羊城晚报》A7版《广州城事》

两名煽动工人堵路讨薪的包工头被刑拘，这又是“法不容情”的一个案例。毫无疑问，被欠薪的数百工人是值得同情的。但是，以扰乱公共秩序作为筹码，要挟社会，这就已经逾越法律，要受到处罚。

包工头的角色，大致上算是经纪人吧。既是经纪人，包工头本来是有义务首先维护工人们权益的。但是在经济生活中，包工头却是处在承包商和工人之间，两头通吃的角色。其实，在许多欠薪案中，多是承建商欠包工头的钱，而包工头欠工人的钱。所以，其实工人们首先应当向包工头讨薪，包工头才是讨薪债权人“追剿”的直接对象。在本案中，包工头居然不但没有履行应有的法律义务，反而忽悠工人上街，真是本末倒置。

我们对包工头制度的制约力是不够的。最好是先实行一种基本保证金准入制度，然后才让包工头揽生意。包工头至少应当有能力保障用工期内工人们基本的生活保障。否则，不允许他们组织队伍接生意。如是，建筑工地欠薪的个案一定会少很多。包工头出血在先，其对工人权益的保障才会愈加看重。

重奖如何?

刊于2007年8月3日《羊城晚报》A7版《广州城事》

食野味的风气，又开始抬头。

广东人吃野味的习俗，现在已经被认为并不是良俗。“非典”时期，很多人都认识到这习俗的风险。但事过境迁，移风易俗并不容易，好了疮疤忘了痛的大有人在。

食野味于健康无益，吃保护动物更是违法。但在侥幸心理的作用下，城市周边地区仍然有不少以身试法者。更为触目惊心的是，这个行当在不知不觉间，竟形成一整套的产业链：一端是终端的食肆，一端是囤积货源的供应商。番禺这几天打掉的非法养殖场，就是较大供应商之一例。

重罚与没收，固然是治乱的良方。但是，光靠专业人员疲于奔命地查处，恐怕也只能是治标之策，打不断这条产业链。愚以为，不妨在重罚与没收并举的措施之中，再加上重奖一策，设置简易的报料程序，对凡举报“食野”“养野”者给予重奖。如是，那些违法“玩野”之辈，生存的空间就更少了。

辉煌前奏

刊于2007年8月6日《羊城晚报》A6版《广州城事》

广州市政府立木取信，昨天依诺奖励在国家级动漫比赛中获奖的本地作者和机构。10多万元也许不多，但表明一种姿态，给业界很鼓一道气。

动漫成为创意产业的主力军之一，短短几年在政府的大力扶持下，在广州立下了脚跟。从文化产业中的支流，壮大成为富有经济活力的主流，这可以说是一个传奇。最近央视少儿频道热播的《猪猪侠2》，就是广州原创的3D动画片。不少的境外动漫行家，也开始在广州生根落地，找寻自己的发展依托，更多的民间创作机构创作群，也在广州开花结果。

十多年前广州流行音乐在国内火了一把。如今，动漫产业在广州，又露出新的头角；而且更可贵的是，民间的动漫热潮愈益高涨，显出流行文化新的活力。其实，粤文化当中有许多特点，与动漫文化是一脉相承的，特别是粤式港式的无厘头、粤语言中的“生鬼”及逆向思维，都是滋润动漫文化中最好的土壤。事实也证明，这些文化特点，通过电影、漫画等艺术形式，都曾风靡大江南北。

可以想见，通过动漫形式实现的新流行文化形式，不仅可以解构现代人在快节奏生活中焦虑的情绪，也将成为一种广受欣赏的大众消遣文化。

有市场就有前途，有百姓基础则有发展的潜力，我们祝福广州的动漫产业，为广州再创造新的流行文化辉煌。

要得人心

刊于2007年8月10日《羊城晚报》A8版《广州城事》

昨日本版报道了三女报案被滞留派出所近6小时一事，当事派出所派员专程做出解释。戏剧性的是，事情似乎正演变成一宗事关百姓如何向警方报案的公案。

按照警方的解释，有关公交的案件，派出所仅仅负责接案的环节，最终结案，是由上级公安机关处理的。如此看来，这类案件的程序，果真是非常繁复了。警方在设置这样的程序时，可能更多地考虑到程序正义和专项管理的权限。但是，对为报案人提供高效和方便服务方面的设计，就有所阙如了。试想，连一个接案手续都那么复杂，简直就是“通关”，老百姓想主张一下举报的权利，也要过五关斩六将，未免太烦了吧？

其次说到报案过程，在这里，许多难以解释的细节，可能正在成为这宗公案的“举证”要点。事实上，正如法律专家所说，撕掉原始材料算什么行为？对扭送犯罪嫌疑人的市民少了一分热情是不是应有的态度？这些都远不是合不合乎程序能够完美解释的。

总之，法律不过人情。老百姓所以关注这则新闻，是因为普遍体会到，现有的报警程序和处置报警过程的态度，也许合法也合理，但就是不太合人情。而不合人情就缺乏人性，不得人心。

家和万事兴

刊于2007年8月14日《羊城晚报》A7版《广州城事》

广州民谚中“相处好同住难”的说法，是很多现代大家庭的真实写照。

老年人执着，年轻人固执。代际间的共同语言日少，这只是表面现象。实际上，过去的四世同堂是建立在家长制度的前提之下的，老人的威权，是旧家庭的中心。现在处在商品经济社会，老人维系威权难，年轻人摆脱威权易，摩擦的土壤早就铺就。

成长环境不同，价值观也就不同，代际间的差异，也使得人们对家中内外事务处理的方式和解决方案不同，因此很多家头细务，就成为争执的引爆点。其实，多数时候，两代人的出发点都是好的，只是对解决方案的选择看法不同。比如，老辈人讲究节省，年轻人追求效率，这往往也是摩擦的开端；老年人比较敏感，年轻人说话行事大大咧咧，不知不觉间，纷争又起。

清官难理家务事，这是世态。但是万事缘起有因果，要想家和万事兴，少不了耐心、理解和包容。最好是，在家庭事务中，不要要求对方必须做什么和不做什么，也不要判定对方一定是对还是错，而是沟通着解决，存异着求同，两代人均应如是。

岗顶竟也水浸街

刊于2007年8月15日《羊城晚报》A7版《广州城事》

“落雨大，水浸街……”这支旧民谣唱着广州老城区的过去。经过多年改造之后，老城区除了个别特别低洼的亲水地区之外，不是特大的豪雨，水浸街的新闻，已大大减少。

令人困惑的是，这几天广州大雨，这支民谣所唱的景象，居然唱到了天河岗顶。顾名思义，岗顶本是城中高地，竟然也成一片泽国？真是风水轮流转？ 老城区水浸，可以说是历史问题，一时半刻不能解决，大家谅解。像岗顶这样的地方水浸，就令人苦笑不已了。这恐怕连城规专家，也百思不得其解吧？

其实在新城区出现的水浸，要寻其因果并不难。情况表明，凡是有过大面积的城建项目开过工的地方，接下来多半在项目的周边地方，豪雨时都会有水浸。何故？建筑承包商施工管理不善，大量的建筑垃圾被排到市政管道啊！而且，造就这种人为水浸街的始作俑者，不少还是市政项目本身。

对新城区的水浸街，人们拷问规划部门，问责政府。这有点冤，有点背“黑锅”的味道。但是，连“直辖”项目的排污问题都长期没法解决，不能有效监管问责的有关部门，是不是也该扪心自问，自己是干什么吃的？每次水浸街，都浪费着人们的资源。为什么就没有一种制度，能够向建筑承包商索赔呢？向有关部门问责呢？

读懂孩子

刊于2007年8月20日《羊城晚报》A7版《广州城事》

孩子如一本书，看你怎么读。做父母其实是要学习的，每一代人都有自己的青春期，我们做父母的，总希望自己能够帮助或者引导孩子们度过青春期。然而，到头来，我们会发现，自己其实帮不了什么，而合格的父母，只不过是在陪伴自己的孩子，度过他们的青春期。

父母不希望孩子犯错，特别不希望孩子犯自己犯过的错。但是，父母又总是要求孩子依照自己的模式生活，这里面有着深刻的矛盾的。孩子们其实都懂得，父母的生活方式并非完美的。孩子们是从父母的行为中学习的，而并不是从父母说什么中学习的。如果你想影响孩子，做比说来得重要。孩子们在成长中感觉到自己被人支配着生活，青春期的他们有了独立人格，希望自己支配了，所以他们显示出脱离这种支配的倾向。当父母压抑这种倾向时，摩擦就产生。其实青春期的孩子的所谓叛逆，一切缘于他们不再把自己看作是孩子，也不希望被看作是孩子。

有医生总结孩子青春期的八张脸谱：独立和依赖的矛盾、理想和现实的矛盾、自负和自卑的矛盾、沟通和封闭的矛盾。但我们成人一辈子又何尝不是存在这些矛盾，只不过，成人们已经学会用自己的管道，排解这些矛盾。事实上，我们总是认为自己解决这些矛盾的方法是最好的，所以总期望自己的孩子继承。但可悲的是，每一代人面对这些矛盾的表现形式并不同，在他们没有找到属于自己而又为社会所认同的方式之前，他们都还是“叛逆的”。

读懂孩子，就是不要把他们当作可随意支配的孩子。

阿婶你好嘢

刊于2007年8月21日《羊城晚报》A7版《广州城事》

粤语形容粗口烂舌者的语言，谓之“炒虾拆蟹”。一则拆解虾蟹过程繁复，二则虾蟹容易腐殖，故集合两个特点，形容其话多口臭。

粗口烂舌者多半是语言的“巨人”，行为上的懦夫，自以为用各种侮辱性词汇，便能掌握主动，滔滔乎得意忘形，置身份人伦于不顾，以逞其“强”其“牛”，殊不知最终只落得个神憎鬼厌。

骂人不带脏字，不乏有些幽默，但未免有失厚道。泼妇骂街式的表演，那就极不文明，又有失体面，实属自我糟蹋。对那些以此为荣并自得者，我们只能说一句：真是少了教养。

当这样的人充分表现时，我们不妨视之为猴戏。现在科学发达了，好事者将其恶形恶状诉诸视频，流布网络，可能也算是一种监督。绝！

阿婶错在哪

刊于2007年8月22日《羊城晚报》A7版《广州城事》

在我们的日常生活中，公共汽车可能是最容易使不相干的人不得不近距离地亲密接触的地方。人是不是宽容，人是不是自信，人是不是谦让友爱，都能在公共汽车这个特定的空间，无遗地表现出来。

无论是巴士阿叔也罢，巴士阿婶也罢，无非是在压力之下，“超现实”地表现了他们非常态的自我。

从公德立场去批评巴士阿婶的私德，合乎国人强调个人修身的思维定式。但是，公共汽车实际上也是个公民社会，而公民社会得以成立的原则是：人生来是自由的，但他的自由不得以伤害他人的自由为前提。在现代，我们要强调公德私德，但同时为了建立有序的公民社会，更要强调公民意识。

公共汽车里，不仅有人生百态，还有人生哲学。

但愿不仅“在期间”

刊于2007年8月23日《羊城晚报》A8版《广州城事》

300个镜头动态监控城中的情况的图像上画了。同时，在创卫期间，还提供免费彩信管道，让市民把所看到的违章街况，反馈给执法部门。据报道，这都是为了动用城市中的所有眼睛，盯紧一切“乌糟猫”行为。

事实上，要看到城中的创卫动态，并不难，就算没有彩信，有关部门2004年以来，平均每天也处理着300多宗的电话投诉。相信彩信开通以后，有关部门的接报个案，会有更多。城市中大多数人都希望生活和工作在一个整洁宁静的环境中，只是很多人对自己“地盘”内的情况，管理得很好，但对公共场合的情况，就事不关己，高高挂起。当然，没有确凿证据，举报也难。现在能动用起彩信，确实不错。

能够看到各种情况了，但能不能管起来，大家心中并没有底。虽然有了机动的巡管力量和车辆，但城市很大，假如投诉纷至沓来，城管们岂不疲于奔命？作为应急的动员机制，彩信也罢，机动巡管也罢，在创卫期间，相信确能发挥作用的，但管理的成本，恐怕也是沉重的，否则，也不必强调这一切，都锁定在创卫期间才免费提供。但是，持之以恒呢？我们盼望着更为完善、成本更低的长效机制。

环保执法要更硬些

刊于2007年9月4日《羊城晚报》A8版《广州城事》

食在广州，是个美誉，但食在广州，也有烦恼。这烦恼就是食肆带来的烦嚣不洁和混乱。简单去做一个社会调查，问为何对小贩不满？问为何对“住改商”不满？十有八九人们都会说，最神憎鬼厌的，都同“食”字有关。

食肆的油烟、食客的喧嚣等等，很多人都以为只是个软约束。但是，无论从公民道德看还是从城市管理规定看，这些实际上应该是个硬约束。公德要求人不能妨害别人的自由，城市管理也要求食肆的建立有一定范围和规范。

城市中的环保执法，其实还不够严厉，如果把消防卫生看作是对食肆的事前事中管理，那么，环保就是对其的事后管理。事后管理对食肆影响和威慑最大，如果环保不过关，食肆的一切投入都会化财为水。因此，违章违法的食肆，也在这个层面上与法律制度的博弈最不遗余力。

从管理角度看，最有威慑力的环节执行力越强，管理就愈加有序。在一个以“食”为号召的城市里，从环保角度去管好这个行当，才是市民们的福音。

粗糙服务

刊于2007年9月5日《羊城晚报》A7版《广州城事》

对数字电视的恩怨情仇，大家都说不清道不明。说到恩，当然是技术进步，能享受更好的画面；说到怨，那就费些唇舌了，因为大家没得选择，不得不一刀切。把它看作公共服务吧，它是收费的。把它看作一门生意吧，它又独此一家。总之，不用不行，用了不免心中还是有点愤愤然。

接受现实！广州人心理素质和调适能力，无人可比。所以，大体上数字电视整体升级过程，并没有遇到太大阻力。但是，数字电视更换过程中，有关机构的装后服务，确实有问题，否则，不会投诉越来越多。

究其实，所谓投诉，严格区分，应该包括真正的投诉与寻求帮助两类。第一类要具体问题具体分析，各个环节都可能相关，唯求善后处理具有高效率。至于第二类，则完全由于有关机构粗放“售后”服务导致的，事实上，转换后如何正确操作，有关部门只给了一张简单的说明书和电视上的一张菜单，而用户千差万别，各有习惯，没有到位的个性化服务，真的很难满足。

从技术层面来看，数字电视对用户的控制，其实已经可以精确到户了，不明白的是，为什么就不能在频道中开一个能够互动的点对点讯道，让用户边看边学呢？为什么不能在过渡期内，在街道服务机构，培训或配备一些辅导员呢？

因果杂谈

刊于2007年9月6日《羊城晚报》A7版《广州城事》

按照去年公安部公布的数据，全国因交通肇事造成的死亡人数，达到10万之巨。可见，交通事故已经成为一种社会公害。作为对事后追究法治制度的彻底贯彻，广州交警展开了代号为“蓝剑3”的事故逃逸专项打击行动，大快人心！

交通肇事逃逸事件近年数字有所上升，这与车辆剧增有关，更与车辆属权的变迁不无关联。以往，大部分车辆都是属于单位或者法人的。司机肇事后，一般承担肇事的责任，经济责任除了保险公司负担外，其他补偿都由车主（单位或企业）承担。这些年，私家车成为主流，一旦司机肇事，刑事的和经济的责任，多半会双重落在自己身上，很多逃避责任的车主（也是司机），往往就铤而走险。事实上，许多的肇事逃逸，都有逃避经济责任的因素在其间。

肇事所处地方的经济发展水平不同，造成的伤害情况不同，往往经济上的责任也不同，使很多当事人心中没有一个底，这是现行赔付制度中的缺憾。我们在加大打击逃避责任的肇事逃逸人员的同时，还应当探索更明晰的理赔制度，让公民心中有个数。毕竟，交通肇事大部分是一种过失伤害，赔付起来是个神仙数，实施起来，难度就大了。

到位评估

刊于2007年9月7日《羊城晚报》A8版《广州城事》

“阎王好见,小鬼难缠。”中国人过去是这样形容官场生态的。市长张广宁所批评的基层工作人员不负责任的情况，或多或少就是一个侧影。

百姓总是从自己跟政府打交道的感受中，去体会对政府的满意度的。他们对政府的评估，可能没有各类考评小组来得科学，但是，感性有时比理性更直接。坐在权力顶端的人，其实都希望把事情办好，但他并没有“百足那么多爪”，他的施政理想，要通过许多辅助部门的配合才能成事。倘若这种配合失灵，就等于被架空。张市长对基层官员批评时，应该体验到这种痛心，所以才言之切切。

怎样对政府有关部门进行考核，是一门科学。百姓对政府执政能力的感受，不外乎两点，一是能不能解决问题？二是解决的效率高不高？在一些政务管理先进的国家和地区，评估政府绩效时，就是把这两个环节量化为数据，比较部门之间的差异，优劣之分，昭然乃见。事实上，有时群众满意度的高低，不能完全反映实际水准。高要求的群众，对政府期望值高，评估标准就苛刻；低标准的评估，认同度可能会高。所以，政府在自我评估时，最关键的是年年要有进步。而这种进步，用接访数据和解决数据以及解决周期等硬指标去相互比较，排个座次，更能说明问题。皆大欢喜，有时不是最有效的评估。

中介“社团”？

刊于2007年9月10日《羊城晚报》A8版《广州城事》

地产中介竟如“社团”，白领职员一如“古惑仔”，当街当巷“开片劈友”，几十人上演一出全武行活剧，也算是都市奇闻。

教科书说：商场如战场。这话竟然在公然械斗找到注脚，真令人始料不及。坊间一向有传闻说某些地产中介不厚道，现在看看他们了结同行之间恩怨的做法，简直不寒而栗。身为客户，想想自己万一触了霉头，不幸惹上了这样的“白领”，可能怎样“死”都不知道！

作为治安事件，警方介入，不言而喻。但是作为行业的极端事件，不知行业协会、地产中介的自律组织，将会有个什么回应？生意场上，把法人行为当作“社团”来做，是个不好的苗头，试图利用暴力来实施市场资源的垄断，是“黑社会”的想法，更是妨害公平竞争的原罪。不论市场竞争如何激烈，也只能是商场如战场而已，如果直把商场变作战场，文斗变作武斗，那就是都市恐怖了。这个苗头，社会各方都当制止之。

很多问题不应是问题

刊于2007年9月18日《羊城晚报》A7版《广州城事》

无论多么金贵的娃娃，终究要长大。倘若说，从家庭到社会，有个人生的中转站的话，那么大学阶段，应当算一个大站。

甫一踏入这个中转站，家长和学生，就遇到很多问题。家长的问题，站在关怀的立场上，更关心孩子们权益和享受的服务。学生的问题呢？则更多的感性，这些感性被大面积触发，更多体现为他们与社会、环境以及非家庭人员接触互动时，还不太适应。

存在决定意识。环境的变幻，会带来迷惘，不足为奇。家长的问题，往往是公共的问题，与社会公共服务有关，社会应当尽快着手解决或者改善。孩子们的问题呢，就复杂得多：更多地体现为他们提问题的出发点和自己求得的解决方案。

不消说，大凡于社会公共服务相关的问题，我们都要重视，加以解决。但凡是孩子和环境互动时，只与个别人的感触相关的，做家长的不必太过紧张，甚至一些关于权益方面的问题，也应该由孩子们自己去提出、去克服、去解决。不是都希望孩子们成长快些吗？那么，他们吃点亏，受些委屈，其实都是生活给他们的教训。你家长不是也有大量不如意事吗？家长的家长可是从来没见插手啊！不是一样走到现在？

生活本来不完美，制度总是要逐步完善，一切还有一个过程。所以，当孩子已经成年时，为他们多做些，不如要他们多做些。

缓冲行政

刊于2007年10月29日《羊城晚报》A6版《广州城事》

公共环境当中，大凡有区划权划分的相邻区段，总会赋得一个“乱”字。何故？“铁路警察，各管一段”而已。

在两个各有独立行政权的结合点，权力的发挥，往往是远的不便穿插管理，近的要避免权力和利益的冲撞，所以在实践上总会有个“让一步”的缓冲区。这个缓冲区，就是“结合部”。

缓冲区是个典型的行政“病灶”，比如今天报道的滘口客运站现象，就可以看见这种缓冲行政种下的恶果，种种现象表明，周边种种群众看不惯的现象，所有违法经营的行为，都是冲着这种缓冲行政来的，凡是行政执法部门有话可说，称之行动“不便”的环节，就是违法行为最肆无忌惮和猖獗的峰点，可见，管理权力一缓冲，违法行为就有了生存空间了，甚至，违法者的经营规律，就是为所谓的缓冲而设计的，这从报道中，可以显而易见。

实际上，在有缓冲行政思维的地方，往往结果就是管理部门省事了，违法行为泛滥了，而人民群众就辛苦了。在真正以民为本的治理思维之下，被人民授权的行政权力，应当是无缝连接，相互配合的。缓冲行政的思维，是权力为本的思维，这种思维无论是附着在上面的权力，又或者是附着在下面的权力，都要不得。

无言的结局

刊于2007年11月6日《羊城晚报》A7版《广州城事》

广州大东门的那幅民国时期的美女香烟广告墙，灰飞烟灭了。这是无奈的结果，又是必然的、符合“逻辑”的结果。

从这幅广告墙被关注到被拆毁这短短两个多月中，我们看到为保留这面墙而奔走的，只不过是包括舆论在内的一群民间人士，一群侠骨柔肠的书生。而站在对立面的，则是强大的利益和资本。至于那些有能力制约这种金元势力的“县官”和“现管”们，何尝有过对普遍公众声音的一丝回应？更不用说助公众一臂之力了。在这种博弈格局之下，我们还期待什么呢？

站在法律的立场上，广告墙毕竟还没鉴定是文物，而征地方一旦完成征地，就完全有财产意义上的处置权。当然，发展商并没有意识到这幅墙的文化和经济的价值，倘若他精明，就会把广告墙固化，放在将来的大堂中，倒是很好的招徕。

过去的已经过去，我们却可以观照一个尴尬的现实：城市中有许多属于文化但并不一定属于文物的物质遗产，它们是这座城市公众的或与公众相关的，而那些最有能力保护它们的“县官”和“现管”们，往往会在关键时刻失语或回避，他们真的能够代表人民群众的利益吗？唉，恩宁路上公众希望保留的很多有文化含量的风物，已经被“县官”和“现管”们划到拆迁的红线内了，不知最后真能保存的，又有多少呢？

门票背后

刊于2007年11月20日《羊城晚报》A10版《广州城事》

因为若干时间后，广州将有大型的国际活动，市民遂关心起白云山公园门票的“着装”。有市民认为，公园的门票“太土”了，有损城市形象；也有行中人士认为，白云山公园是福利公园，收入本来不高，“承受”不住门票的改头换面。不同观点代表不同感受，有点儿公说公有理、婆说婆有理了。

问题看上去是提给白云山管理部门的，但其实是提给政府的。因为既然白云山公园是福利公园，那么，提供这种福利的政府，自然应该担当应有的开支。不过，话说回来，白云山“地头”上的收入，恐怕并不止门票那么些，还有其他如场地出租等项目，究竟每年的收入是多少？能不能承受门票改造的负担？恐怕要审计审计、预算预算才会有结果。问题的本质，其实是包含有问责政府对门票的态度的意思，而这种态度，又包含着问责政府对这类公园管理上的宽和严。

其实白云山公园的门票形象，是可以分而治之的。对反复使用的门票如月票，可以先改得更方便和牢固；对一次性使用的门票，也可以重新设计，使之更为得体。也可以先改月票，再改普票，分开来走……总之，办法总比困难多！最怕的是，原来的门票月票早已印下庞大的印量，十年八年也用不完，那就“大件事”了。

啊，电梯！

刊于2007年11月21日《羊城晚报》A8版《广州城事》

老住宅加装电梯，美好的事情：一则高层的住户可免每日爬楼之苦，二则提升了住宅的物业质量，物业价值剧增。

然则，装电梯也会改变原有的居住环境，譬如采光、通道宽窄、绿化、管道走向等等，这就需要相关住户的理解、妥协，以及更新对眼前利益和长久利益的观念，毕竟，装了电梯，对物业整体的升值，总有好处的。

陈岗路2号院的争议之声，是不同楼的住户之间对加装电梯问题的看法不同步而导致的“谐振”！目前的“烽火连天”，是停留在说理说情的不同立场的打嘴仗阶段，其实，这也不应当是什么过不去的事情，毕竟“这几幢楼的住户都是一个单位的同事”嘛，没有必要出现“不怕你混得好，就怕你在我的地盘上混得好”的江湖局面。

严格来说，建梯户已经得到法律许可，那就可以依法行事。而反对建梯户呢，真要取缔这一行政许可，那就依循法律管道申请复议，如果复议发现当中确有违法违规问题，那电梯就是建起来了也要拆掉！

蜂乍起……

刊于2007年11月26日《羊城晚报》A6版《广州城事》

凡事有利必有弊，反之亦然。城市中成为马蜂“安身立命”的福地，或可也算是个有反讽意味的典型。

专家们的调查表明，这些年马蜂们“农村包围城市”，是因为广州城的绿化好了，城市中又只能用低浓度的杀虫剂。于是马蜂们为了小命和生计，只能在农村和城市之间“两害取其轻”，进城筑巢觅食，流连不返了。

作为城市环保绿化的一个注脚，小小马蜂生态的变迁，值得我们大书一笔。但从人民生命财产安全角度看，马蜂进城频繁，就不是那么乐观了，一则这毕竟是违反生物生存规律的事情；二则马蜂蜇人，蜂毒会危害生命。所以，百姓们面对目中所见的马蜂窝，忐忑不安请求有关部门清理，就势所必然了。

端蜂窝成了消防队不辞劳苦为市民的“副业”，这事情本来看上去很美。然而想到消防队的公共资源开销上并没有这方面的成本，又想到战士们没有专业的防护，作为市民的我们便深深不安。还是姑毋论成不成立什么专业队伍吧，既然端蜂窝已经必不可免，先给战士们必要的开支和装备起来，才是急所。

政府的欠账

刊于2007年11月28日《羊城晚报》A8版《广州城事》

不可否认，今天的同德围，是个很大部分由拆迁户形成的安置社区。曾几何时，政府对于拆迁户是有过很多承诺的。这些承诺并非仅仅包括居住的面积，也包括居住的环境。显然，就同德围的现状看来，我们可以毫不客气地说，政府至少没有兑现全部诺言，是欠了同德围居民一笔账的。

衣食住行，生活必需。单看同德围的“行”，便知这其中一项生活的必需，保障是远远不够的。这里面公共资源的投向，和这个城市的其他后发社区相比，有很大的不平衡。有评论说，这是因为同德围社区里的人们，掌握的话语权太少。我们且不论这番言论是否中肯，但在一届合格政府的办公桌上，确实是再不该出现像同德围交通这样的长期投诉个案了。

深究历史，同德围的居民为城市发展牺牲很多；反观现实，在公共资源的配置上，他们得到合理的投入又太少。现在，恐怕是政府该适时补救的时候了。但愿不久的将来，同德围能够换个新面目，成为政府立木取信的正面例子。否则，未来的拆迁安置，难度就更大了。

都来学学杨先生

刊于2007年11月30日《羊城晚报》A8版《广州城事》

谁是好市民？什么叫公民意识？杨先生就是好市民；杨先生几年来为解决同德围交通问题，不辞劳苦建言政府的做法，就是有公民意识！

如果我是市长，我会深深地向杨先生鞠躬，感谢他对政府孜孜以求的信任；如果我是有关部门的工作人员，我会在知道杨先生的经历之后，深深感到惭愧。扪心自问，自己到底为同德围那30万市民做过些什么？而作为与杨先生站在同一立场的普通公民，我同样会深思，为什么不能像杨先生那样，习惯把自己的利益诉求变成建设性的建议？

古有策士，居江湖之远而达庙堂之高，不时给皇帝建言，成就不少历史美谈，成为圣恩隆眷的点缀。现代社会，政府民选，每个公民都有向政府建言和批评政府的权利。杨先生为了争取每天生命中1/8的时间不被浪费，在几年之中，在为生计奔波之余，踏遍有关部门，反复万言上书提建议，其坚韧，其热情，其理智，比之古代策士不遑多让。而其真诚，其才华，其用心，虽不能说感天动地，但足以令那些吃着人民俸禄的大小公务员们如坐针毡了吧，现在，恐怕已经不再是该说什么而是该干点什么的时候了。

杨先生有句话值得一录："我觉得，光埋怨没有用，同德围老百姓叫苦已经十多年了。现在，关键不是骂政府过去有什么不对，而是协助现在的政府找到可行的改善措施，并实施这些措施。"听一听这赤子之言中的弦外之音，在这个城市中，不管你是属于被埋怨的"官角色"，还是正埋怨着的"民角色"，都该深深震撼！

同德围是个标本

刊于2007年12月3日《羊城晚报》A7版《广州城事》

不管你愿意不愿意，也不管你舒服不舒服，同德围被"围"之事，可以看作是城市民生问题症结的一个标本。

从历史来看，同德围之"围"的成因很多。但正所谓"相由心生"，一个社区文化氛围和社会氛围如何，与政府对公共资源的投入情况息息相关。从同德围成为城中话题以后，各方纷纷回应这要增加、那要规划。以此看来，今后一段时间，政府要做的，都是"亡羊补牢"的工作。

"补牢"作为对市民的承诺，铁板钉钉是肯定的了。但反思一下"亡羊"过程，不无益处。显然，在过去一段时间里，我们在对城市的拆迁过程中，对拆迁人们，考虑安置的多，考虑安居的少。就在最近政府在解困户安置房摇珠的一份材料上，仍把同德围描述成一个交通畅顺的宜居社区。可见，官员们的思维与百姓的思维，差距是多么远！

从今往后，我们一定要建立"安居才算安置"的思维，这才真正是以民为本。城市建设如果不能及时跟进公共资源配套，必然矛盾丛生。借用一句流行语：“出来行，迟早是要还的。”这对急功近利的执政哲学，是个警戒。

骗局大篷车

刊于2007年12月5日《羊城晚报》A7版《广州城事》

所有的骗局，都是估摸着人性的弱点设计的。而人性中的贪婪和无知，则是骗子们赖以生存的最大温床。报章今天报道的以假歌星行骗的团伙，可说是集坊间行骗手法之大全的怪胎。

在明眼人那里，对于假歌星假珠宝假抽奖假鉴定证书，全都不屑一顾。因为无论从生活逻辑还是从事实逻辑上看，团伙的手法都是拙劣的。歌星混到街头卖艺，还哪谈得上“星”？珠宝流落街头量贩，又哪里值得“宝”？那么多废纸如果真的顶用，那鉴定机构又怎么忙得过来？至于抽奖，就算不是假的，中奖的概率也是微乎其微吧？而这个团伙的“高智慧”在于，把骗术连贯成局，把骗局做大。

用“骗局大篷车”来形容这个团伙并不过分。过分的是社会提供了一个供他们大骗特骗的环境。一些需要聚人气的商业环境，为了私利，对这个团伙经营的合法性根本不予审核，就允许他们大肆敛财。事实上无论是“歌星”演出，或者是“珠宝”经营以及抽奖，在管理上都要有特别的报备。而这帮人之所以能够成为“骗局吉卜赛”，就是因为他们经过每一块地盘，“现管”们都高抬了贵手。

骗局骗局，需要有空间。不给骗子空间，则无局可骗矣！

贵在防止

刊于2007年12月6日《羊城晚报》A7版《广州城事》

安全感，当是“幸福指数”该包含的内容之一。所以，一个城市的治安环境的好坏，常常被作为执政水平的高低指标。

诚然，广州被坊间认为是“全国最乱的城市之一”是属于“民间传说”，并不科学。但是，城中部分地区发案率高，却也是不争的事实。不过随着近年来警队建设的创新性发展，以及地方政府对重点地段的有效整治，公开化犯罪的势头得以遏制了。其实，城市中除了极端的犯罪外，危害最大的是偷窃和抢夺，除了威胁人民的财产安全外，更威胁其生命安全。在这些加强打击的领域，广州有关部门，不仅建起了专门的队伍如便衣队等，而且还建立起科学的防范体系如监控镜头等。

显然，在城市的系统建设中，打击犯罪的部分重点，已经转到了制止犯罪上面来。这是令人可喜的。因为，人们走在大街上，感到不会被侵害，这才是安全感。而被侵害后“有仇报”，则已经是亡羊补牢了。能抓住犯案之徒，应该表扬为有效率，而能防止犯罪发生，才叫作有水平。

值得可喜的是，政府已经向这方面努力，并且初见成果。

该出手了

刊于2007年12月19日《羊城晚报》A6版要闻

说到渔业的问题，和农业的问题一样，关键词在于减负。今天本报推出的专题报道，洋洋洒洒上万言，讲的就是这个问题。

从记者的调查看，广东沿海的渔业，一直在种种的生存矛盾中，苦苦挣扎。渔民们面临什么？环境恶化的矛盾，市场竞争的矛盾，自然条件的矛盾，再生产投入不足的矛盾，等等。多年来，我们的渔业就是在这些丛丛簇簇的矛盾中，寻找自己生态的平衡的。现在，我们看到，油价以及生产资料成本的“一路高歌”，成为打破渔民们生存平衡的地“最后一根稻草”。

柴油是渔业生产的基本动力，其他生产资料则是维系生产的必需。种种迹象表明，在这个供求体系之中，出现了异乎寻常的高价。这种高价在一定程度上更超出了正常的市场秩序，其危害，到了“渔不聊生”的地步。从种种杯水车薪的补贴来看，政府对渔业或者渔民的补贴是有所不断扶持的。问题是，这些补贴，其实最后总是被生产资料供应这个环节掠夺或者消耗掉了，这种消耗的能量，比补贴的能量来得多多。在一个还是以小农生产管理模式的状态下，完全的市场化恐怕此路难通。

还是先把优价降下来，特别要检点一下我们的柴油供应体系中到底处理什么问题，哪些人在“趁火打劫”。这真是到了政府该出手时就出手的时候了。

寄望金沙洲

刊于2007年12月27日《羊城晚报》A8版《广州城事》

规划部门给金沙洲描绘了一幅美妙的交通图景，不仅有双桥过境，而且内部“一扇三轴四环四射”。有关人员强调，这个漏斗型区域，决不会重蹈同德围的覆辙。

对于规划部门的“纸上谈兵”，我们小老百姓是无法置评的。因为我们没有规划专家那么多的华丽词汇，也无从想象规划图景有多么壮丽。对于有关部门，我们只需要一个承诺，那就是做的要比说的更好，就够了。

金沙洲会不会成为同德围？从规划上看，当然不可能。就是同德围，相信在规划上看，也不是如今这个样子。我们说在同德围问题上政府有很多欠账；实际上是说，原有很多的规划最终没有真正落实，才会变成一个矛盾重重的集结点。

规划必须法制化，规划必须与建设和发展同步。这一切，都对规划的到位或不到位有实质性影响。我看，金沙洲与同德围的不同，也在于此吧。我们应拭目以待的是：规划在落实过程中的节奏，是不是与小区的发展同步。

“职业重刑”

刊于2008年1月4日《羊城晚报》A10版《广州城事》

新年伊始，媒介中报道了不少关于“炒鱿鱼”的新闻，大都涉及劳动合同法，在那些新闻中，“炒人”的企业，无不皮里阳秋，形象颇为负面。而今天公布的交通部门“炒”了三名违规司机，确来得堂堂正正。

诚然，有的行内人会觉得，不就是营运打手机么？不仅被“炒鱿鱼”，还动用了行业准入制度，可谓判决了“职业重刑”。然而，正所谓人命关天无小事，在严格的行业规定执行过程中，不把制度当一回事的人，又怎么能够托付乘客们的性命呢？事实上，公交司机在营运过程中的任何高危行为，都有可能对公共安全构成严重的威胁。

不可否认，此次严处“手机司机”，确有杀鸡儆猴的味道。但公共服务中的这种严格要求，恰恰是我们所有的窗口服务行业的从业人员，都应该习以为常的。

荒唐“主旋律”

刊于2008年1月7日《羊城晚报》A6版《广州城事》

广州金叶大厦今晨因拍戏导致多条干道塞车，数万市民上班受困，这是一件荒唐事，也是一件扰民的事。

能够动用警方和消防的力量在上班的高峰期封路拍戏，真牛！想来这部戏的内容，应该也是“主旋律”的了，否则，谁有能量为一部戏，动用如此多的公共资源，谁敢冒大不韪，伤害半城人出行上班的利益！实际上，问题不在拍戏本身，而在于要求配合拍戏的那些人对待公共资源和市民正常生活节奏的态度。

公共资源的设置，是为市民提供安宁保障和方便的，任何人任何力量动用这些力量，给市民制造烦恼，都是应该被谴责甚至应当承担责任的。对今天这宗影响甚大的扰民事件，相关部门应该给一个说法。这个说法应该是合法和合乎逻辑的，否则，人大或者政府监察一类的监督程序，就应当启动，向那些滥用公共资源为小团体利益服务的负责人问责。拍戏算什么？拍了电影后的营销利润又不会拿来补贴市民出行；而政府的信誉和市民的利益受损，又岂是一个小小导演承担得起的？今天清晨广州上空奏响的这一组与和谐不咬弦的声音，绝不是“主旋律”吧！

釜底抽薪

刊于2008年1月8日《羊城晚报》A7版《广州城事》

在泛滥的偷盗电力设施案件中，偷盗者的“志向”，其实并不高远，他们只是把电力设施中的铜件，看作是能够贱卖换钱的来源。法律高悬，但是违法者仍然铤而走险，反映出来的世相，乃在于他们销赃的风险实在太低！

旧货回收行业过去是特种行业，但是这些年在不少边缘地方，暗地里萌生的路边店应运而生，弄得普通市民真不知道哪些是有牌经营、哪些是无牌的买卖。不过，话说回来，像任何行业一样，这行当也是一级一级往上延递的，最终应当有个总回收商。既然这样，总管不起来，看来说不过去。

境外也有回收行业存在，行业管理上有一招，那就是所有卖旧货者都要登记身份证号码和常住地点。手续看上去有些麻烦，但是对于追赃却有莫大的好处，对销赃人员也起一定的威慑作用。我看这些招数，不妨也用用。现在我们打击破坏电力设施的力度不可谓不大，但是对于销赃管道的管理却软弱无力，真是一手硬一手软啊！事实上，真能把可能的销赃管道管死，才是釜底抽薪！

被孟浩盯住

刊于2008年1月9日《羊城晚报》A7版《广州城事》

省政协委员孟浩，在广州可算是明星委员，他总是试图代表民意，向一些被熟视无睹、但深究起来却与社会正义的初衷有冲突的制度设置开火。孟浩的开火，往往使市民拍手叫好，却令某些既得利益者骂娘！

又到省两会前夕，孟浩这厢准备向“有线数字电视”的经营模式和状况开火了。从孟浩所列举的一系列质疑来看，有着强烈行政权力色彩的“有线数字电视”及相关利益集团，恐怕是很难招架的。作为社会公共品的提供者之一，“有线数字电视”的许多经营策略和手法，究竟厚道不厚道，市民都有目共睹。事实上，一家独大和绝对的权力一旦相结合，最终会产生怎样的怪胎，其结果是不言而喻的。

肯定是先有许多不合理的制度设置，才会产生孟浩式的政协委员；也肯定是广州“有线数字电视”的毛病，存在着太多与市民利益相冲突的地方，才会成为孟委员“抓辫子”的目标。不知“有线数字电视”及其有关部门，有没有虚怀若谷的胸襟和从善如流的气魄？

意义重大的“新年第一歉”

刊于2008年1月10日《羊城晚报》A7版《广州城事》

纷纷攘攘的央视“拍戏扰民”事件，这几天正在以高官的道歉和剧组的道歉，作为“总结”，进入寻求市民谅解阶段。尽管，有人还没有意识到，此事成为公共事件的关注焦点，不仅在于拍戏时因为“不周到”让城市塞了车，更尖锐争议的是，动用公共资源“大阵仗”去拍戏，从而给市民带来不便，到底存不存在滥用资源的责任问题？从中涉及的有关大小经济利益，又应当算谁的账？等等。

在广州这个城市，人们具有强烈的纳税人意识和公民的主人翁感，人们把城市的资源看作是自己的资源，把市民的利益看得高于一切。事实上，正是传统的“官本”意识和今天这个城市现代的“人本”意识发生了激烈的冲突，以及媒体第一时间捕捉“民意”并通畅淋漓地“下情上传”，才导致了这出“牵一发而动全身”的戏外之戏！

教训是深刻的。但愿有关人士都能够在这次对市民的“新年第一歉”中得到更深刻的反思，把歉意落实到今后的一切实际行动上，建立起根深蒂固的民本意识。

机顶那个盒！

刊于2008年1月15日《羊城晚报》A7版《广州城事》

机顶盒是什么？有线电视的信号解码器而已。但是，自从鱼骨天线不给装，卫星天线要申请批准之后，广州有线就成为一个毋庸置疑的垄断行业了。它不仅利用自己的优势把所有无线电视都“有线”化了，而自从数字电视转换后，更利用转换之机，用机顶盒更进一步地实行垄断了。这不，装机顶盒的，不仅可以看收费频道，而且卫星频道也是清晰的。不装机顶盒的，对不起，只能看几个“雪花”台。

可见，机顶盒在“广州有线”那里，在某种意义上，是个更有效地控制客户枢纽，从而使自己成为集提供商、运营商和终端接入服务商于一身的“数字大鳄”。现在，这只大鳄虽然是成长期，但是在用户关停重开机顶盒的处置上，已经显示出一张霸道的嘴脸了：机顶盒是国有资产！因此你要重开就要交钱！真是振振有词。如果真是国有资产，那就应该有折旧吧？那每个月多收9.5元又是怎么回事？你有线电视每年是不是也公布一下对机顶盒这项国有资产进行管理的情况？还是少说漂亮话，干脆直接承认，尽量使机顶盒不回收，不过是一种经营谋略罢了。

无论如何，加装机顶盒后报停，再开通就要交钱，在逻辑上是说不过去的，拿冠冕堂皇的理由去掩饰，更觉其丑陋。据说，广州有线也是有上级的，本着以民为本的宗旨，还是管它一管吧！

“冷笑话”

刊于2008年1月22日《羊城晚报》A8版《广州城事》

限价房中了签，高兴！但是到银行去申请公积金贷款，却要吃闭门羹，这叫人很不爽。甚至有被剥夺了应有权利的郁闷，心里面就是要骂娘。

虽然也清楚可能是被一些没有衔接好的规定给害了，但是实际的结果却是，这边厢分享了政府惠民政策的结果，那边厢却又有被“吊”起的感觉。您说一介平民，怎能不悲喜交集？

肯定是有很多法规配套，没有“配套”上限价房吧？明眼人都能作出判断：让穷人花更多负担去“享受”助困性质之福祉这样的制度设置，简直是个冷笑话，想必决策层或者有关部门，不会这么“浑”吧！一定是官僚机制内部，夹缠不清了。我们相信，推动限价房这种策略，一定不是拍脑袋拍出来的，肯定经过反复的论证和严密的实施方案。但是我们也很奇怪，为什么在实施过程中，偏偏忘了“拍拍”公积金管理部门的脑袋？是不是因为世界变得快，有关部门真的跟不上了？不是干什么事，都是会预先调研的么？限价房的“配套”政策，其实是涉及这一特定商品的市场和政策属性的，要管限价房“一辈子”，这还真含糊不得。

还是快快“配套”出一个说法的好。

还我清白

刊于2008年1月23日《羊城晚报》A9版《广州城事》

“原配”车主被人套牌那股子窝火，恐怕可以直比被强暴之后无法知道谁是施暴的人！像王先生这样能够“好彩”抓到作奸犯科者的案例，可真是“跑马射蚊须”那样的巧事。要不，也就不成其为新闻了。

这则社会新闻令人关注的，我以为不是王先生抓住李鬼这事儿。反倒是王先生“食死猫”时间长达一年的经历，可以看作是百姓们被套牌时磨难的典型。王先生之所以被迫支付了近千元的罚单，是因为他没办法举证自己车辆的清白，只好自掏腰包，“享受”被强暴之后的结果。

套牌行为是一种造孽。可惜我们现在没有办法建立车牌的DNA制度，也没有办法在监控中识别“原配”车和套牌车的分别。这是一种制度缺陷。目前，正是这种制度缺陷使得套牌车愈演愈烈。可见，套牌车实际上是在“调戏”现行的规矩。遗憾的是，小民百姓，为什么要为制度缺陷而承受这种“调戏”的恶劣后果呢？真是天道不公！用智慧去解决这个难题，恐怕也要解放思想：让受害者举证自己清白时，不要那么难！

年年创创卫

刊于2008年2月26日《羊城晚报》A8版《广州城事》

广州历时19年的创卫，真的使创卫成为城市公民生活中的关键词，特别是过去的一年，政府更是调动各路资源，将创卫搞成了某种意义上的“政治生活”中之大事。

成绩是不小的。我们又一次站到了“国家卫生城市”的门口。而这是不容易的，毕竟，这是个过千万人口的城市。数字尽管干巴巴，但却从一个侧面，反映出去年政府所做的努力：新增了1.6万保洁人员；220条城中村落实有保洁12小时的专职队伍；升级改造了498家农贸市场，检查“五小”公共场所5万间次，整改2.5万间次……光从数字的庞大，就可见动用公共资源之甚。

事实上，一个市民对家门口是否宜居的执着，是肯定远胜于一名官员对创卫的执着的。在官员那里，创卫是一次性“消费”，但对于市民来说，家门口的“创卫”，却是年年讲、月月讲和天天讲的。由是，我们由衷期望，不管“国卫”这块招牌我们能否拿得到，只要政府在创卫中花的钱和做的事，今后每年都能再做一次，那广州可就真会是“卫生城”了，这样的卫生城，一定实至名归。

逆耳忠言

刊于2008年2月28日《羊城晚报》A12版《广州城事》

被别人称作是“国内创卫首席暗访专家”的四川省绵阳市爱卫办主任黄远松，对话记者时不无所指说：刚才我们也看到了，在检查的过程中，有不少的清洁工人正在搞卫生，这当中可能有一些是临时请来的。我希望广州市委、市政府能继续加大在这方面的投入，留住这部分保洁工人，而不是创卫检查一结束，就辞退这部分人，或是减少他们的工资，这样不利于创卫成果的保存。

黄专家的话不带批评色彩，但却反映出他的看法。可以想象，他的看法比较尖锐直接，也算“积多年的暗访经验”了吧！正所谓见多识广，因而不仅能够透过现象看本质，而且能把丑话说在前头，不愧为弥辣老姜，更有多少忠言逆耳的色彩。

想来，黄远松虽然是个“明检”专家，讲的话当然也当不得什么指示的。不过，听话听音，他这话老百姓是爱听的。但是，地方官员呢？只能听其言，观其行了。唉，什么时候，百姓爱听的话，官员也爱听进去呢！

各自精彩

刊于2008年3月4日《羊城晚报》A9版《广州城事》

大排档的生意，是街坊生意，正所谓“鱼儿离不开水，瓜儿离不开秧”。倘或一家大排档被神憎鬼厌，那老板离关门的日子，也不远了：连“自己人”那关都过不了，遑论远方来客。

其实，问问老街坊们，都不大说大排档坏话的。毕竟，与人方便，自己方便。而且揾食艰难，世人尽知，只要不太过分，街坊邻里也没有什么过不去的。不过，一样米养百样人，也有一些靠“声大夹恶”起家的大排档档主，根本就是以占道经营为根本的主儿，成为坊间一害。

住户用投掷杂物的办法对付这类大排档，可以理解，但实属不智。高空掷物，不是君子所为，大可以通过其他法律途径解决。而至于大排档呢？其实应当意识到，真要罔顾街坊利益做生意，是做不长的。因为街坊邻里真要有心算无心，总是有办法让其生意难以持续的。

大排档没什么不好，只要他守法经营。街坊们也不是要将它赶尽杀绝，只要它不喧嚣、不污染、不占道。可见，一人让一步，各自都能找到各自的精彩。

宁愿孩子有个堆

刊于2008年3月20日《羊城晚报》A11版《广州城事》

孩子上下学的安全，是双职工家庭苦恼的话题。网上坊间传闻多多，不得尽信。但三人成虎，许多故事总是有现实生活中的某些影子，当家长的听得多了，心中忐忑，其可无乎？

我们小的时候，左邻右里均是通家之好，学校放学时还有个“红路队”，孩子们彼此关照。虽然没有电话，但家长们都不大担忧孩子们的着落，孩子们放学有个朋友堆，一荣俱荣，一损俱损。

如今，新的社区文化在形成，往日的邻里关系被打碎了，全新的又没有建立起来，很多家长因为各种各样的理由，不愿意同邻里交往，这可真有些“自闭”了。让孩子有个“堆”吧，这可能会让孩子相互影响，甚至学些恶习，但是孩子时建立起的友谊，会让他们终身受用。而眼下来说，有堆儿的孩子，会比没堆儿的娃娃安全。

有线电视“窜”

刊于2008年4月22日《羊城晚报》A7版《广州城事》

广州的有线电视“数字化生存”以后，就成了众矢之的。何故？皆因其名为公共服务部门，实则垄断利益多多。加上暗箱操作多，服务流程和质量霸道十足。自然，无奈的百姓，有切齿之恨而无宣泄之所！

体制上的原因不说也罢。只要是现代公民，用脚趾头也能想到，一切的弊端皆在垄断。那些管的人和牵涉其中的人也深知，其中利益予取予夺，能不死命保住现行机制乎？

其实，没有公共资源的投入或者政策支持，有线电视是很难独吃这块蛋糕的。问题是，既然它是公共服务的唯一提供商，运营中又离不开公共资源的扶持，那凭什么他的账目不能向公共资源的主人——城市的公民公开？又凭什么把每年的利润当作普通商业利润消化了？另外，据知，目前绝大多数的电视节目都还是按照模拟制式播出的，那又凭什么经过有线电视的网络转换之后，就数字化收费了呢？

……

说实话，只要公共服务的收益与监管不在政府利益部门的控制之下，也不能成为政府利益部门的计划外收入，而是独立核算，账目公开，同时接受人大等独立部门的监督，那些个头顶公共服务光环的机构，就不会像如今那么“窜”了。

昂贵“休闲”

刊于2008年8月19日《羊城晚报》A7版《广州城事》

人生是自由的，但这自由不得以伤害别人为前提。这是现代公民赖以在社会生存的基本法则。与弱肉强食的丛林法则不同，在现代城市当中，非法伤害他人或侵害他人利益，一旦暴露，随之而来的法律后果，就要自己承担！——从河南入住广州的张小伙子，连日贪玩，用弹弓射烂他人汽车玻璃“休闲”取乐，昨日就因此进了局子。他一定想不到，自己那几下子，警方竟动用了六人的警力，见识到了什么叫做保护人民财产安全！

自称16岁的张小伙子上的这一节公民课，代价是惨重的，恐怕这是毕生难忘的一课！倘若那十几辆车的车主给某个律师说服，联合起来追究附带的民事责任，张小伙子可就更加倒运了：真是一场极其昂贵的“休闲”取乐啊！无知方能无畏。张小伙子的行为，恐怕是这条格言的注脚吧！

张小伙子还小，生活际遇也许值得人同情。但事情一码归一码，入乡随俗，这是古人的成语：所谓一处乡村一处例，到什么地方，就要尊重当地的法则，不能任由自己的意志，否则不管你怎样抱怨，还是必受惩罚。张小伙子入城来自尝苦果的个案，蛮有启发性的——对总是挑战人家规矩的某些人。

学校门前要禁车

刊于2008年9月5日《羊城晚报》A8版《广州城事》

开学就塞车。这是都市中的怪象。某些学校门前，明明是公众路段，还是给画出了“临时停车线”，还得派交警焦头烂额地维持秩序，异常壮观！

校园门前不停车。这本是传统。这是因为孩子多的地方车辆出入多，容易出交通意外，这是常识。因此，一般而言，校园附近的交通标志，惯例都是“万事人为先”。车辆靠边站，才是理性行为，任何在校园门前停车的“需要”，都是借口。不就是接孩子么？别的孩子可以走，别的家长可以走，为什么有车的就不可以？

校园前的停车塞车现象，完全可以根治。那就是恢复理性，校园门前禁停车！有停车线的，也应该撤销。在校园门前设临时停车线，实际是个“捉虫入屁股”的行为。校园门前的临时停车线是怎么来的？是因为特权车老是在校园门前乱停乱放，警方执法上难有作为不得已的鸵鸟行为！最近，广州市领导信誓旦旦地表明要对特权车严格执法，这很好！警方不如趁此东风，恢复校园门前禁停车的“清白之身”！从另一个意义上看，能不能根治校园门前的“车辆乱象”，倒可看出，广州市的领导，能不能在治特权车上“牙齿当金使（有信用）”！

房中房困住了政府

刊于2008年11月6日《羊城晚报》A8版《广州城事》

城市中拉扯多年的“房中房”话题，因为市委副书记近日对房管局的一声“痛斥”，又在媒体上热络起来。

监管不力这顶帽子，房管局是戴定的了。检索一下公开的资料，这个城市近年来对“房中房”成功查处的案例，少得可怜。

用“无能”来描述城市现行对“房中房”的治理现状，毫不过分。尽管又有条例又有法规，但一提到“房中房”的清理，有关部门就像“老鼠拉龟”，无从下手。其实，有关部门对“房中房”的处理哲学，是非常含糊的，执法起来更是鼠首两端，雷声大雨点小。老百姓早就不把这方面的“软蛋监管”放在眼里了。试问，现在哪一套“房中房”不是“顶硬上”，而有关部门又无可奈何的？不客气地说，政府这方面的权威，早就荡然无存！

翻翻相关管理条例，管理部门除了死抱住那个“房子装修要报批”的所谓原则，以此空洞地显示权威之外，对“房中房”的定性以及罚则都是无关宏旨的。至于执法主体及队伍建制更是一队“临记”，如此这般，拍胸口说能治好，只能说是“官场忽悠术”。

还是来点实在的吧！比如，花点工夫在制度上完善装修报批流程，真正把报批权建立起来。君不见，现在对装修的管理，物管公司比房管局的审批权可大得多。你不到一线去，又管得了什么？又比如，执法上的思维能不能综合一点？往往一找不到业主就无计可施。你不是有通告有封条吗？政府文告封条随便撕毁，是可以课以“进班房”的处罚的。这些权力，为何不用？另外，如果监管到位，对一些轻质安全材料的“房中房”，也未尝不可推广。这样有堵有疏，何愁大事不成？另外，每幢楼房都有报建图纸，对于已建的“房中房”能不能坚决清理，也是百姓衡量政府决心的一把尺度。

教育的走动

刊于2008年12月6日《羊城晚报》A8版纪念改革开放30周年

粤港澳是近邻。近邻的孩子们会经常走动。开放改革前的这种走动却不容易。由于意识形态上的樊篱和偏见，内地总觉得那边“暗无天日”，是个大染缸，充满“香风臭气”和“糖衣炮弹”，一不小心，就被“精神污染”。港澳那时还没有回归，人们也觉得内地人是“阿灿”，总是“面懵懂”，古板，视野窄，缺乏世界眼光。文化隔阂由此种下。

恢复高考之后，内地与港澳的教育交流，除了少数学者的学术会议之外，最直接的民间接触，就是大学里的港澳生和侨生。那时的这部分外来的孩子，与内地恢复高考后考进学校的知青、青工不同，年纪小，没吃过下乡下基层、每月拿24元半学徒工钱那样的苦。而且，很多港澳生是因为家境不好，才转到内地念书，利用政策因素，来“碰碰运气”的。他们与内地生那种“为中华崛起而读书”“把失去的时间夺回来”的刻苦不同，念起书来比较洒脱，穿着也总是很“前卫”时髦。那阵子，内地的学生毕业后都要服从分配，只有港澳侨生，可以自主择业，所以他们留在内地工作，就反而成为外资办事处或初期合资企业猎取的人才。

三十年之后，由于制度的变迁，两地学生的文化分野也不再明显。网络、流行，以及商业模式的趋同和生活水平的接近，消弭了生活形态不同带来的风貌区别。而港澳的学校，也纷纷制定“优才引进计划”，挟奖学金到内地招生，两地学生学习的学科，也从应用的理工科为主，扩大到人文科学社会学传播学等领域，研究生交流也活跃起来。事实上，在社会用工选择上，两地学生早已没有分别。

人才不因教育体制不同而有所区分，这是社会的进步。教育也因而比肩发展。

哲理如此

刊于2008年12月7日《羊城晚报》A2版要闻

揾食艰难，世人皆知。有份工作的人，知道这道理，尽管不满意本位，但还是很珍惜那份工作。何故，因为揾食先要揾工。

研究生揾工难，是因为研究生们都有高学历必然职位高的预设期待，但是社会现实并不如是。社会工作很实际，人到就要用人，更希望不需要再培训，这样效率高！

理解这个现实，就会理解自己当年考研的想法有错，为转工而考研，无可厚非。但想法挺幼稚，却不得不承认。道理很简单，你搞研究的，那自然应当往研究领域钻；搞研究搞不成却往应用领域转，还要高职位，那真有点“文不对题”。常识性错误啊！ 其实不论啥样的学历，抱定从基层或者从最委屈处做起，一定没错。将军自古从卒起，而最后成为将军的人入行时多半很少抱怨的。这道理，揾工揾食者，必先知之。揾食艰难，其实是有哲理的。

又说同德围

刊于2008年12月8日《羊城晚报》A5版《广州城事》

“同德围”在广州字典中不仅是个地名，也是个著名的名词。说起来有些“对不起”有关部门了，但也要实话实说：什么时候同德围能成为广州的“首善”之区，能常成为什么参观团、评审团看“广州气象”的首选之地，则善政就果真有常了。

记者在采写报道一年后回访同德围不易，每日同德围街坊们出“围”上班更不易。倘若“有关部门”的办公核心也以“围”为家，则同德围的“围况”，恐怕就另一番光景哟嘿！

并不是说有关部门对同德围的交通等问题无有动作，但是从报道来看，优雅的有关部门端给同德围街坊的不是治理的“套餐”，而是治理的“散餐”。明眼人都知道，“套餐”和“散餐”的区别，在于档次的不同，投入的心机不同，治本和治标的不同。

做“散餐”不用费长工夫，一样光鲜漂亮。做“套餐”则费力费时费人工，是个系统工程，谁都说了不算数。颇难！

不过，知难而不作为，特别是不做大作为，不是人民政府的作风吧？总不能天天听着百姓埋怨公仆哦！几时，我们面对同德围时，真能够官民同心同德呢？

戒瘾工程

刊于2009年2月24日《羊城晚报》A10版《广州城事》

古人云：玩物丧志。可见，成瘾这毛病，也算是人性的弱点，古已有之。

毫无疑问，近年来社会所忧虑的青少年沉迷“网游”之现象，也成为如今商业社会中新的成瘾病态。为何“网游”会有吸引力？无非是商家们创造一个能够满足各种欲望的虚拟世界，让客户通过在虚拟世界中的“梦游”，暂时摆脱现实世界中的烦恼，在“网游”中为所欲为。好的“网游”充满教育性，但纯商业性的“网游”则更多引人沉湎的持续性。何谓“网游”成瘾？乃是意志力薄弱的人，把自己完全沉湎虚拟世界，不惜一切代价浸淫其中，以至于断了七情六欲，误了现实世界的人生的一种社会病态。

故此，帮人戒瘾，也就成了救人于水火的善事，帮青少年戒瘾则更是百年树人的工程。今天广州青少年网瘾戒除基地的挂牌成立，可谓对症设医，可喜可贺。不过，也许是资源有限吧，目前基地从治疗名额到举行有关活动的时段，都太过“稀缺”。作为一项非盈利的事业，其实我们的公共部门在这方面的投入，可以更加大些。

我们为了经济事业的发展，给了“网游”商人很多的机会。但对“网游”带来的副产品呢，竟然却让社会来承担成本，真是作孽啊！有没有一种机制，能够让“网游”商们，在发展中回吐一些所得，帮助民间能有更多的戒瘾工程落地呢？

被摆上台

刊于2009年2月25日《羊城晚报》A7版《广州城事》

有商品经济的市场，就有市场各方的博弈。大名鼎鼎的广州“双子堡”京隆阁之所以在城市中“裸站”十年，是因为参与这市场游戏的某方，卷款而匿。这使得在游戏链的至末端的小业主，饱受十年几乎“见财化水”的煎熬，真是天地不仁，无端端惹了无妄灾。

好在还有一个最后的救济——那就是政府出面对市场的干预。干预的结果是通过拍卖形式，给京隆阁换上了新的开发商。按照事件发展的一般逻辑，应当尘埃落定，有个喜剧结局了吧！且慢，据说因为测绘的“乌龙”，闹出了个实地差价问题，新开发商站上了博弈上风的高地，把摆了乌龙的裁判员也拉进了游戏的博弈场，无奈的裁判员只好等着“背镬”上身，只是裁判员并不是轻身一人，而是拖了个体制的尾巴，只好也“裸站”着被千夫所指。当然，在目前的时空里，继续等到“花儿又谢了”的，还是小业主这些蚁民百姓。

民生无小事！这句话不知道在那些效率低下的诸个“有关部门”心中，到底分量如何？在这会儿，摆的乌龙已被群众摆上台面，莫非还要拖拖时间“拿回一把地面沙”？不要了吧，那些已经焦虑十年而不已的可是供养着您的纳税人啊！

“代孕”与买卖人口无异

刊于2009年3月4日《羊城晚报》A7版《广州城事》

计生部门在白云区京溪街发现3名代孕母亲集体“养胎”。多数市民会将这则消息当作八卦新闻来看。然而，我以为，这是一件不可掉以轻心的“公案”！

自从都市中出现不少夫妇生育能力下降的趋势之后，所谓“代孕”的行当便有了市场。很多人以为，这事是你情我愿的私事，不必大惊小怪。但是，仔细推敲，这件所谓的私事，其实是与公众相关的。人类的生殖问题从来就不是单纯的技术问题，不可避免地与伦理和法律相关。而反过来说，正是因为有伦理和法律的约束，才得以保障这人类繁衍秩序的正常进行。

在所谓的“代孕”买卖当中，有人用豢养的方式把自然人当成是生殖的工具，这肯定不是什么信息服务中介，而是对生命的侮辱和人的奴役——这是“血汗工厂”。再者，就现行法律而言，对母子关系的法律保护，使极致细微的，不管是婚生或非婚生的儿女，母亲对其有着如探视权、抚养权等一系列权利。可以想象目前的“代孕合同”，从根本上就是违法并不受法律保护的，在孩子成年之前，亲生的母亲，随时可以向法律申请，讨回应有的权利。此外，承担代孕技术的暗大夫们，更是一个见不得光的群体。更重要的是，孩子一旦出生，所谓的代孕关系，实质上就是人口买卖的关系了。

综上所述，不难得出结论，“代孕”绝对不是一件私事，而是要一查到底的“公案”。再从新闻产生的背景和新闻背后的一系列状况可看到，在代孕母亲的背后，存在着一个不择手段牟利的团伙，而这个团伙不仅气焰嚣张，而且还可能与业内人士有所勾结，形成一条视人类法律与伦理如无物的利益链。

天生“贱格”？

刊于2009年3月5日《羊城晚报》A9版《广州城事》

就使用的功能而言，羊城通是好东西。但就服务而言，管理这好东西的公司，不知是不是有些“折堕”——总在与市民的互动过程中招骂！比如最近向市民收取学生优惠卡押金一事，就是把好事给办成了坏事之一例。

羊城通难道天生这样“贱格”？恐怕不是。看看羊城通找骂，交委却出来说事，就知道这羊城通的官气，非同一般。真不知他只是普通法人，还是个翻牌公司？其实，羊城通的许多制度设计，都只表明他垄断式的贪婪和懒惰，毫无服务可言。羊城通的押金所以贵，是因为没有竞争，只有专营。羊城通之所以自以为简单地把收费委托给邮政，就很振振有词地认定有服务意识了——真是谦虚啊！明明30元的押金是个无本生利的买卖，却还不愿多花成本服务更到家些，真是没天理！为什么不能到学校上门收费呢？

不要说为什么了，如果羊城通也能像银行扒下那张官皮，刷信用卡也能坐公交，那就“天有眼”了。我看，羊城通不该归交委来管，为什么没有回避制度呢？就算是国有资产的管理，为了公平，也应该有个利益共同体的避嫌吧！

对电梯管理要“用强”

刊于2009年4月21日《羊城晚报》A8版《广州城事》

没吃过猪肉，也见过猪跑；没被电梯困过，肯定也会听过“困梯”的倒霉事——都市人之出行，已经离不开电梯了。在高楼大厦林立的“丛林”当中揾食，“登顶”的交通工具，自然只能靠电梯了：君不见，每天早晨都要花上几十分钟，在那些所谓CDB商务区里，排着长长的队伍等电梯“向上爬”的白领们，是何等焦灼啊。

至于位居都市的高端，家庭社区的电梯就更重要了。

故此，当代的衣食住行中，电梯与行，息息相关。不过，这个“交通”问题，纳入大家的思维中，还远没有马路上的问题那么受到重视，所以，很多有关的游戏规则，恐怕还停留在自然人约定的“习惯法”里。

其实很多规定是要强调并要普及的。马路不通，全市的市民要骂娘，有人要被问责；那电梯不通呢？马路设施造成伤害，要有规范的责任赔偿；在电梯呢？高速路的建设维护有资质有标准，电梯呢……事实上，眼下最令人关注的是电梯维修和保养的规则，电梯安全人命关天，但是电梯的维装费用，又往往与物业管理公司的收入成反比，于是电梯保养的决策，就会在道德先导和欲望先导之间徘徊，这种博弈很危险，万一赚钱为大的意识战胜了人命关天的意识，后果必难以收拾。

人性有不善之一面，我们应该对电梯管理的要求，有更多更细的强制性措施——直到零件和细节。

路与桥

刊于2009年4月28日《羊城晚报》A7版《广州城事》

城市中，路与桥的工程，用时髦的话来说：都是民生工程！既是以民为本的政府动作，应当被百姓赞誉有加才对，可令人郁闷的是，到街头上做个满意度调查，多半的市民都不敢恭维。

其实老百姓的怨气并不多，无非是不要老是“拉链”；不要几条主要干道同时围蔽；市政工程要讲口齿，不要总是拖个尾巴完不了工；拆迁时不要太粗暴，补偿要合理；不要为赶什么喜庆日子夜里加班……这些都不是强词夺理的要求，反而都是政府应当保障而市民又应有的权利。

政府要做好事，却总成了被抱怨的出气筒，这好像道理上说不过去。但是，政府有关部门真是应该问一下自己，怎么总把好事做得天怒人怨？中央一再要求，要把“群众满意不满意”作为执政的标准，可为什么这些“有关部门”总是在落实的时候，克服不了心中的“不可抗力”因素呢？

事实上，市政工程的开动确实是牵涉到多方利益的，我们百姓并不是不允许利益各方谈判解决。但是，其中的博弈，应在动工前完成。为什么总是要“边施工边博弈”、又或者总有突如其来要改的规划呢？重大市政工程都是人大法案通过的。严格说来，不准时完成，又或是随意超支，都是违法的行为。可是，我们的市政工程“当局”真有法的概念吗？

我看我们百姓不该光幽怨地唠叨“有关部门”的不是，而是应该义正词严地通过人大向他们问责。路与桥的问题，如果常被摆到人大去，而“群众满意不满意”又真成为衡量官员乌纱有没有戴正的尺子，那“老大难”就一定成为“湿湿碎”。

治多动症

刊于2009年4月29日《羊城晚报》A7版《广州城事》

据说在幼儿时期，很容易患上“小儿多动症”。幼儿园老师说，有这种症候群的孩子，总是我行我素，辅导多动孩子的方法之一，就是教导孩子在行事时要兼顾左邻右舍，进而先人后己。有了这种教化，孩子对自己的行为有了约束力，就会改掉自己不当的行为。

我们处在一个法制逐渐完善的时代，政府或管理部门的“多动”自然免不了。比如公安的交通管理部门，就很喜欢改这个改那个的。当然，他们不是孩子，不论改什么，也不论改得多么频繁，总是有不得不改的理由。所以，交通管理上“多动症”——朝令夕改，是不用辅导的，还会成为业绩，真的是“动而优则仕”啊！

其实，诸如此类的“行政多动症”，倘与百姓的衣食住行不相干，我们当然由他那厢动去好了。偏偏这种多动的终极目标，总要动我，总是“官动伤民”！是故，古代贤者，自有“安民告示”的官箴官诫，今日也有听证公示的制度。这类制度安排，都是为了缓解“行政多动”所带来的影响。

为什么我们的公仆，总是那么不成熟呢？真应该给官僚们，开一家由人民来强制治疗的幼稚园！

查出“房中房”公布地址又何妨？

刊于2009年5月26日《羊城晚报》A7版《广州城事》

“房中房”是个积弊：擅改楼宇结构，令他人利益受损。出租后更改变居住点的人文气氛……都令左邻右里深恶痛绝。市政府终于愿意投出较大的执政管理成本，整治这一现象了！多数人拍手称快。

公布各区街“房中房”举报电话，此举甚好。毕竟“房中房”神憎鬼厌，举报之，拆除之，人人称快。唯一担心的是“房中房”太多，政府拆不完，又或者基层对举报的处理很拖拉，重锤出击变成了虎头蛇尾，善政变成一茬“胡子工程”。

其实治理“房中房”的手段，并非仅仅是“报”与“拆”而已。“房中房”是违法的：故由此而发生的经济租赁合同，不受法律保护；故由此而得到的收入，当属非法收入；故中介组织为非法物业放租，也应属违法经营……这些理由，都有可能对抗拒整治“房中房”者实施合法的查封，令其终止经营，并可课以处罚。更可以泯灭其生存于市场的土壤。总之，能综合地创造性地运用现行法规，便可极大程度地封杀利用“房中房”非法牟利的行为，将其生存空间压缩到至小。

我们绝不能再让违法者存在侥幸心理，造成政府“是吃素的”

那样一种负面无能的形象了。政府公布了投诉电话，预计投诉的高峰大概会延续一段时间。为了维护政府的执法力度和令行即止的高大形象，我以为，有关部门最好能把坐实了的“房中房”地址清单公布一下，让市民督促整改的效率，让中介避之、租户远走之，形成对“房中房”赶尽杀绝的氛围。

人品

刊于2009年6月23日《羊城晚报》A7版《广州城事》

谈及人性，古人或曰：疾风知劲草；或曰：路遥知马力。其实，这讲得都有些复杂。而我们生活中的某段插曲，一宗平凡小事，却也往往能看出人性人品的优劣——

今天报道的191路公交车上发生的故事不大，可我们不吝版面进行报道，是因为我们对这故事有多重的感动。一重感动是司机。他的镇静，他与乘客之间刹那间建立起来的信任感，显示了他的职业精神和感召力。二重感动是乘客。乘客们有高度的安全意识，同时还有谦让精神，更有着在公共场合应有的那种自觉性。在上班高峰期出现时间上的耽误，全车居然没有过激的怨言！三重感动是这辆车上的司乘所体现出来的社会共同体意识。在保安全这个前提下，所有人包括司机在帮助自己的同时也在帮助他人，形成了一种互相依存的关系。而这样一种关系如果不是所有人都具有现代公民的素养，是难以维系的。

成都公交燃烧事件，令全社会提高了防范火灾的意识，这是好事。而在城市中这种防范意识与公民意识融为一体，则令人更加欣喜。谁说广州是个冷漠的城市？像191路公交车上人们这种镇静应付突然变故的态度，不正是城市文明之高度的最好注解吗？

“三维”房管

刊于2009年7月10日《羊城晚报》A6版《广州城事》

广州市不久前开始推广新版的购房格式合同。这事酝酿了很久，百姓也期待很久，因为格式合同规范了我们生活中最大宗的消费品——房子的买卖，使可能对购房买卖一无所知的小民百姓，也能通过格式合同变成“专家”，从而少吃很多被忽悠的亏。政府推动格式合同，也是对小业主们的最大救济之一。人人都知道消费者能够维权，那么维权何以为据？格式合同就是铁据！

新版的格式合同肯定是站在百姓的立场上想问题的元素更多了。所以新版合同也就难免挂一漏万。特别是房地产行业中人，更是用显微镜去看内中的逻辑，甚至“从鸡蛋里挑骨头”。

日前，本报就成了行中人“晒”骨头的平台，指出了新版合同确有某些妨碍可操作性的矛盾处。可喜的是，这个平台的社会效果很快就出现了响应，有关方面仅用两天，就决定从善如流，对新版格式合同做出了修改。

不断修改，不断匡正，一步步走向完善，这是任何事情的本质。房管局通过报纸这个公共平台汲取民意及时回应这件事，也许能说明一个政府机关作风的改变！在房管部门的举措当中，我们看到了什么？一是效率；二是勇气。如果加上制定格式合同的举措本身所体现出来的保持公正的“侠气”，那就是一个很理想的为人民服务的三维形象了。

如果我们的所有有关部门，都能有房管部门在这件事的处理风度，不把媒介的稍微不同看法视为“洪水猛兽”，而是把报纸媒介看作是公共的意见平台，那我们的社会互动，不亦乐乎？

好戏做全套

刊于2009年10月27日《羊城晚报》A7版《广州城事》

越秀区东风街驷马涌社区居委会向辖内居民收“社区协管服务费”这件事，被网帖所质疑，有点狼狈。

以公共利益名义向每户月收15元，按照居委管辖范围，多则700户左右月收入万元，少则100户左右月入几千。数目说多不多，说少不少。居委高主任说：“收费是按照《中华人民共和国城市居民委员会组织法》和越秀区政府关于加强住宅小区物业管理工作的指导意见，在居民自愿的基础上收取的。”

这话说得坚决，也不假。故居委收这笔钱的行为性质似乎就依法有据。但是，从居民尹阿姨们的强烈反弹来看，又或是从高主任表示打算每户发传单（通知）的情况来看，向居民收“社区协管服务费”，显然居民的知情工作没有做足。查《中华人民共和国城市居民委员会组织法》第十六条：“居民委员会办理本居住地区公益事业所需的费用，经居民会议讨论决定，可以根据自愿原则向居民筹集……”

原来如此！驷马涌社区居委会的“依法”目光，光盯住了“筹集”等“有利字眼”，却马虎了“居民会议”这个核心的民主程序。程序合法，结果才合法。这是管理公共利益事务的原则。不论是官场还是“民场”，逾越这一原则，必然导致违法违规。居委会是居民自治组织，在收费问题上尤其要走严谨的程序。居委会是民选的，任何公共事务的依归，在于民意。

在“依法行政”上，好戏要做全套哦！

失礼官员

刊于2009年10月28日《羊城晚报》A7版《广州城事》

在国人的人际关系处理习惯中，讲究面子，讲究互相尊重。这是我们这个礼仪之邦常常自傲的理由之一。所以，待人接物上失礼的人，属于没有教养的家伙。而因为失礼而恶化人际关系的人，则更是“人渣”，在江湖上是往往要被暴打一顿，以示惩戒的。

昨日，广州，在一个官方回答记者提问的场合，居然有相关单位的人公然对提问记者“爆粗”：“那么我是不是拉屎也要告诉你？臭不臭也要告诉你……”——撕下官员画皮后，露出“恶少”的嘴脸！

在公众场合中，官员的仪态，代表官员所属政府的文明水平。粗鲁的官员后面，自然是粗糙的政府。显然，这位失礼官员暴露出他所代表的某些官场中人的阴暗心态，那就是对代表百姓的记者问这问那的极其不耐烦，对公众知情权的极度蔑视。也许，是躺在权力上作威作福惯了，觉得面对公众就是一种恩赐。讽刺的是，倘若在市政公共事务管理上没有毛病没有失误，老百姓哪来那么多问题，要对官员质疑质询呢？官员总是被质询，那是因为其无能；官员怕被质询，是其更无能；官员面对质询恼羞成怒，那是缺乏EQ的超无能。

事实上，就这位对百姓摆出一副臭脸的官员，从公众之知情权而言，他吃什么？怎么吃？有没有吃过界？老百姓还真可以通过正当的程序要求他“告诉”。站在纳税人的立场上，我们也应该对其人摆一副“臭脸”，周久耕不就是让百姓们“臭脸”给弄进班房了么？

“服务储蓄”重铸新邻里关系

刊于2009年11月4日《羊城晚报》A8版《广州城事》

时间就是生命！时间就是金钱！这是尽人皆知。时间就是服务——越秀区洪桥街、广卫街和光塔街三个街道最近启动养老服务储蓄机制，建立首善爱心服务队，参队人员服务别人的时间可换成需要时别人回馈服务的时间。这在老人中受到欢迎。

这是一个相当好的制度设计。我看这个制度设计不仅可以在老人中推广，也可以在全社会中推广；不仅可以在几个街道推广，而且可以在全市当中推广；覆盖面甚至不仅应涵盖广州户籍的人员，也应该惠及外来的社区租户……

打从这座城市华丽地向外扩张以来，从老城区搬到新社区的人们，总是抱怨新社区缺乏老社区那种人际关系的温馨和凝聚力。事实上，老城区老街道那儿的温馨，是那里的街坊邻里相互照应经历多个时代积淀下来的。那种邻里间入心入肺的联系的基础，正是家庭间需要时的互相照应和帮助。以互惠为基础的养老服务储蓄机制也许能够破解这组民间社区凝聚力的“城市密码”。其实，服务储蓄机制并不一定要定义为“养老”，每个家庭都有被帮助的需要，而每一个成员也都可以调整出帮助他人的时间。如此，只要制度设计公平合理又有信用，在这个平台上重铸新的温馨人际关系，指日可待矣。相互服务就是联系，这不是乌托邦！

可贵互动

刊于2009年11月5日《羊城晚报》A7版《广州城事》

在广州最近一期政情通报会上，市里有负责人用了一套比较平民化的“请客说”，来平息市民对迎亚运导致目前城市“举头望棚架，低头见堵车”状况的不满。这位负责人还坦承广州城市管理水平与佼佼者之间的差距。

像这样推心置腹的一种互动，感情上百姓应当是认同的。百姓怎样看自己的公仆？虚怀若谷的，我们都喜欢；趾高气扬的，神憎鬼厌——且不说他们真有多么充分的理由！如果城中所有的公共事务协商，都可在这等氛围下进行，那多么和谐！可是这种氛围现在需要用新闻这种形式广而告之，可见多么珍稀。

其实，用在家请客要大扫除来比喻迎亚运的政府动作，市民未必苟同。大扫除不过是大扫除而已，谁见过家里请客要拆建大门换墙纸的？何况，真正的客人说要来，本来就不会嫌弃东道主的现况。这年头，资讯如此发达，谁还不知道谁的底细？因地制宜是智慧，虚张声势才是矫情。

当然，从政府的努力来看，自从意识到城市不能承受"过度好客"之重以后，群情滔滔之下，政府的透明度和应变力，已经努力和进步了许多，可惜调整需要时间，也需要机会。

不管如何，点滴进步也是好事。

有了态度　未有结果

刊于2009年11月6日《羊城晚报》A8版《广州城事》

备受关注的东山洋楼争议，相关住户终于见到了规划局复函，表示：该土地开发项目与现行《新河浦历史文化保护规划》存在矛盾；项目历时10多年，经历了社会对新河浦地区近代优秀民居由忽视到重视，再到保护的转变过程。经规划调整，原规划路由宽20米调整为7至10米，将不影响这两幢历史建筑。已拆除的江岭下街（应为光东前街）三幢洋房，准备按原样重建。

拿着这样一份没有时间表、也不知道找谁落实的部门公函，真不知道是该笑还是该哭？于部门而言，公函发出后，就能够向领导掷地有声地交代：我们有了回音！然而在现实中需要解决的问题却还有一大堆，有关的法律问题怎样解决？发展商的损失怎么办？原样重建由谁操作、花费如何、在哪出账？涉及的利益各方在多长时间内各自公平满足离去？等等等等，恐怕不等到“黄花菜冰凉”，也不会有结果。

把问题“化解”在案头，与把问题解决在实际。是两种不同的工作作风，也蕴含着两种不同的制度设计。政府威信肯定树立在解决切实问题有结果的基石上。平心而论，东山洋楼案目前的结果，并非庶民的胜利，而是政府、开发商、原业主以及城市文化保护几方面的四输之局。真正尘埃落定之时，各方能一笑泯恩仇的话，彼此间对公共事务的如何决策，一定另有心得。古人复建有文化含量的楼宇，都有详记其事的纪颂文章，以纪其举。东山洋楼若在短期内得以复建，我想也该请城市的官员来写一篇“拆建记”，以便铭镌我们城市确实走过一段弯路。

资助“海龟”并不公平

刊于2009年11月12日《羊城晚报》A7版《广州城事》

不可否认，“海归”是个人才资源。然而，在一个冷战思维已经退潮的年代里，“海归”不再是一个壮举，只不过是出国留学人员求职揾食的一条路径罢了。因此，某些把“海归”神话化的政策，实在有碍公平，应该调整了。审计表明，由市财政每年安排的给留学回归人员的所谓创业专项资金，对于我们纳税人来说，实在是一笔不必要而且管理不善的开销。

这笔资金使用的状况和发放的漏洞，在就业环境如此严峻的情况下，着实令人震惊。与钱学森当年回国不同，一些“海归”既不掌握什么高精尖技术，也不须冲破重重障碍，凭什么一回来就获得10万大元。“海龟”就业和“土鳖”就业，其实是一回事，没有数据表明，“海龟”必有创业能力。

站在社会就业的立场上看，纳税人为什么要无端端地无偿资助毫无贡献的“海龟”们。从审计情况看，这笔所谓的创业资金，已经成为“海龟”们侵占城市财富的一条“捷径”，而疏于管理的有关管理当局更是成为他们的财神爷。

站在商品经济的立场上，设立这笔资金，其实是违反经济规律的。这不仅是加强和追究管理责任的问题，而是应该改变其无偿的性质的问题。

如此大花洒，纳税人心痛啊！

几“流”功夫

刊于2009年11月19日《羊城晚报》A7版《广州城事》

濂泉路乱象整治之后回潮了！“回潮”两个字说明什么？说明在濂泉路里讨生活的人们，总是要把生计放到第一位的，他们和政府公务员不同，每天掰手指过日辰，不开工就要吃“谷种”，没生意就断收入。

可见，除非撤掉濂泉路这个市场。否则，人们还是要来这里碰运气的。所以，从中可以看到，说濂泉路要整也好，盼濂泉路有治也罢，离开了让人在这里更好地讨生活这个主旨，不论你立多少军令状，都休想“闲闲地搞掂”！

普遍舆论说濂泉路“乱”，但你问问在濂泉路讨生活的人们，他们肯定会告诉你，在这“乱”之下，其实也有秩序的一面，那就是里面的一行又一行，都有自己的行规，按行规办事，他们只不过光看自己的小规，不看你城市的大规而已。

其实在一个市场里，也有上下游，你政府能抓好上游，自然就能管好下游。其实濂泉路给市民的观感不爽，我看主要是几个“流”的问题——人流、物流、大车流、小车流（含非机动车）、货流等。而各种“流”肯定也是按需求流动的，找出需求找出上下游的规律，分而治之，就一定有办法。既然是“流”，就一定要让其顺其自然地流，现在的问题，恐怕不在于堵“流”，而在于科学地分流，分好这几流，才会有管理的一流。

一有“冬瓜豆腐”，第一时间就想到联合执法，一联合执法，就把管理的脸孔拉长，这真是不敢恭维。人性化管理其实不用那么费劲。市民并不需要“急急如律令”这种“投名状”式的军令状，要的是长治久安的说到做到。

另类“爆管”

刊于2009年12月4日《羊城晚报》A7版《广州城事》

这种烦心事——花费纳税人的钱和消耗纳税人的时间的这些成本，该由谁来承担？我们总是无法清楚。

猜猜吧：野蛮施工脱不了干系。但施工不是赶工期吗？如此修修停停，按道理说施工队肯定耗不起，恐怕这些情况可以归结为“不可抗力”吧？反正市政工程花的是市政府的钱，到手就行，居民的不便，不必劳心什么！

对于城中野蛮施工屡见不鲜的现象，最是不解的，是要质疑施工单位的素质。然而，市政工程不是向A级资质工程公司招标的吗？怎么干起活来怎么看怎么不像？有行内人说：往往是A级公司中的标，层层分包后，干活的还是只有低成本投入无甚资质的那些人。这已经是潜规则了！呃，原来纳税人的钱就是这么“潜水”走了。

分包现象看是一种合理的责任制，但其实是个货不对板的骗局。所有纳税人的钱本来是按服务质量付给的，但就那么“包上一包”，A级资质变作无级，真是“折堕”啊！

这是不是另一种“爆管”？

“道”与“湾”

刊于2009年12月7日《羊城晚报》A7版《广州城事》

东风路“执信路”的这个公车站，立在那里已经好多年了。虽然这里是前不着村、后不着店的非居民区地带，可面邻医院背靠学校，所以大白天里是个人流颇盛的车站。

老车站的最大好处是人人皆知，老居民们闭着眼睛也能摸到地点；过路人问路，谁都能报出个准确位置，故老车站也往往是城市中小区域的一个坐标。然而，老车站也有新问题：那就是城市在发展，路面在拓宽，于是很多老车站的占地，也就从大车站变成了小车站——执信路站便是如此。30年来，这个车站从一个绿树成荫的校园车站，变成了一个狭仄得连人行道也成甬道的袖珍车站。设计者给执信路站安排了一个港湾式停车点，从出发点来说，肯定自认这是很人性、很安全的设计。然而由于人行道过于“勉强”，公车靠站的港湾成了乘车人等车的港湾，作用适得其反，以至于老街坊们将心愿诉诸报章，希望还是实事求是，弃“湾”取“道”，给人更多空间。

街坊梁伯他们的意见有道理吗？到现场看看，一目了然。

唐螂有话

TangLang YouHua

（下册）

莫丹涛（唐螂）⊙ 著

一个羊城晚报人
三十年的城事观察
和公共评论

羊城晚报出版社
·广州·

下篇

XIAPIAN

约会财富

TANGLANG YOUHUA

——为《羊城晚报》B15《置业投资/谋财》版撰写的专栏评论

7

戒贪方能规避“损手烂脚”

刊于2007年6月5日《羊城晚报》B15置业投资/谋财版 约会财富栏目

投资最大的敌人是风险，家庭理财尤甚。所以专家们主张在家庭理财中的投入，是家庭中暂时不必动用的闲钱。只要你主要的日常收入还算稳定，那么，你的抗风险能力就最高。

上周股市大跌，以财政部一纸调高印花税通知为由头，从沪指4300多点高位急转而下，深沪股市市值蒸发上万亿元。不少股民成了“大闸蟹”，又或被“斩到成颈血”。幸运的回吐30%～50%的利润，倒霉的缩水了1/3本金，一堂股市有风险、投资须谨慎的大课。

大多数人都抱怨政策市害人。其实，有经验的投资者很早就从许多指标中意识到股市调整的到来。比如就在大跌前那天，其中以沪深300指数为指标，5月29日上攀到4168点时，K线图就已经突破了布林线的上轨，大势回调的理由已经相当充分，就等一个触发点来激发多米诺骨牌效应。

中国的经济并不是完全的市场经济，中国股市更多的是个政策市，这是我们股市与生俱来的一个特点。作为投资者，恐怕从决定选择入市那天，就得接受这个现实。在我们的普通经济合同中，政策风险不是也被视为不可抗力因素吗？事实上，本次行情的触发，也是以股改和奥运这些政策理由作为起点，一步步炒热拉高的，可见政策市也有所谓成也萧何败也萧何的正负效应。政策这玩意儿，对市场来说固然举足轻重，然而，具体到一个投资者，投资的成败还取决于在做自选动作时，你做了稳健还是冲动的决策。

家庭理财中不管选择何种投资方式，进入哪个市场，都只是以银行利息为参照系，采取的一种保守中有进取的资产增值策略，归根到底还是种“业余”的投资行为。因此你必须设定一定时间段中合理的回报率作为盈利点，同时也必须为风险承受区间设定止损点，然后以年度为周期进行营利活动。我们在这波股市行情中所受到的教训是，在家庭理财中，切忌光指望财富无限增值而毫无风险的意识，甚至拿副业攀比主业，将保值的事情做成了以小博大的“博傻”，最终落得“贪字得个贫”的宿命。其实，如果此次调整中，你还能保住牛市一年来有5%甚至10%以上的财产增值，你已经很成功，来日方长啊。

有房子，并不意味很有现钱

刊于2007年6月26日《羊城晚报》B16置业投资/谋财版 约会财富栏目

现在人们对楼价高企议论很多，主要是因为这两年楼价步步攀升，使得大多数人对自己拥有房子的梦想，变得越来越遥不可及。

其实，有房一族从来就不会是大多数，发达国家如此，发展中国家也是如此。我们之所以倍感住房价格的压力，恐怕还是因为我们的廉租房、公房体系还没有建立起来，这才引起一种集体性的焦虑。事实上居住的保障，不一定是人人都有房产。巴黎就有许多人没有房产，但有法律规定，租户不愿意离开的，只要他没有欠租，业主是不允许随意升价又或者不续约的。因此，在巴黎有不少的房子，到今天，有的老租户，还是按照上世纪40年代的租金来付账，当然，这些租户的年纪已经是高寿了。

当今的房地产发展商，总把买房描绘成最好的投资方式。但实际情况是，只有在特定的政策背景之下，在我们中国这几年的经济环境下，才能勉强自圆其说。在资本的市场里，不动产的流动性总是比较差的。一般来说，房地产作为投资对象，保值的意义更侧重一些，你可以把它看作一份保险，又或者是一个存折的“变体”，当你需要时就拿出来套现，平时就收一点租金作“利息”。事实上，即便在中国，除了拥有大资金的炒家，还没有听说过有人买了一套房就能在短时间内发达的。成功的案例至多也只是小房换大房（多半还要增补资金）。至于那些因为拆迁补偿或者“住改商”而导致物业骤然升值的案例，也是凤毛麟角；如果买了封闭式小区的房子，更是想也别想会有这样的运气。

理智地看，房产的猛然升值在很特殊的情况下，才会是孤立存在的。一般来说，你十年前拥有100平方米的房子，十年后房子价格的绝对值增长了，但如果你卖了它，大致上你也只能买回100平方米的房子，而且只少不多。多出来的，无非是你历年已经收取的租金而已。

如果确实需要，经济能力又许可，买房又或者“供房”当然无可厚非，没有什么比需要更有价值的了。但如果纯粹因为有闲钱买房，那么要记住，那是一项长线投资——供房的话，是一项不菲的债务；一次性结算拿来出租，也不过是每月有个稳定的收入。当然，最大的心理安慰是，你还为后代攒下了一笔遗产。总之，有房产可以令你身价百倍，但不一定能使你很有现钱，因为，你的钱已经被房产锁得死死的了，除非你马上就去套现。

买二手楼吧，你总能占点便宜！

刊于2007年7月3日《羊城晚报》B17置业投资/谋财版 约会财富栏目

假如你已经有了一个安稳的家，又有幸多出几十万元，只要你找到保值的工具，这几十万元买不买楼，并不重要。当然，如果你已经“中毒”一定要买楼，那么我认为你买二手楼，你总会有“着数”的。许多人总认为二手楼不好听，而且又被别人赚了一手，不是很划算。其实对于房子来说，价钱划不划算，关键在于它的使用价值。二手楼的最大好处，是它们所处的位置多半都在成熟的社区，有人气，这就是所谓回报率的第一前提。

事实上，买二手楼的乐趣在于发现价值。这几年楼价攀升很快，可二手楼价格的厘定，并无规律可循。房改房的价值多少？非小区楼房的价格几何？都是神仙数。至多的参考，不过是楼房所处的地域，旺地高些，僻地低些，如此而已。所以，二手楼房的开价，多半只是业主心目中的期望价。而所谓业主心目中的期望价，因为这样或那样的原因，往往会低估。因为业主只看买入价与期望价之间差价的绝对值，很少人能精明到像新楼盘那样，找精算师来根据市场来为自己的房子定价。

再者，期望价不等于成交价。说句老实话，在楼价攀升的背景下，愿意出售二手楼的业主，多半是急需要钱才会出卖。如果不是急着用钱，一般人家，恐怕都不会卖楼。由此，对于那些急着“放盘”的卖家，实际上除了期望价之外，还会有一个底线价。这个价就是决不能低于他所需要的那笔钱的价格。换言之，在卖家的期望价与实际需求价之间，就是成交价的价位，你如果能够在尽量远离期望价靠近需求价的位置成交，多半就不会吃亏，因为卖家总是急着要成交的（他需要钱），他是“急惊风”，你是“慢郎中”，这种状况下，卖价的底线，一定会是低于所谓市场价的底线的。何况，如果你再精明一点，对一幢二手楼，总是能横挑鼻子竖挑眼，找到一些压价的理由。

买二手楼吧，买二手楼时你只同业主谈判，而业主多半是个半吊子的卖家，他永远不及专门卖楼的地产商精明，只要你心细而又不焦急，你总会占点便宜的。当然，如果你碰上职业的炒家，那就是你的不幸了。

为租客而不是为自己买房

刊于2007年7月10日《羊城晚报》B16置业投资/谋财版 约会财富栏目

除职业炒家外，大多数工薪阶层买楼，多半只能求个保值。所以，许多小业主，最津津乐道的话题：第一是楼价，第二是租价。特别是那些好不容易囤下一两个小单元的业主，对租价的关心，更甚于楼价。

由此我们发现，置业，其实里面也有一些窍妙，并不光是买楼那么简单。最近有位朋友“愤”而卖楼，以45万元左右的价格，卖掉了城东棠下附近一套近66平方米的高层公寓。眼看楼价不断攀升，他却基本是以平价卖出起码是区域发展颇有前途的房子，很有点怪哉。朋友的回答却不无道理，他说这幢原价近40万元的房子供了7年，每月放租千百块钱，自己的活动范围在老城区，几年下来回报得益不多，不如卖掉另找投资渠道。

这位朋友对物业升值的理解未免看得太快，但是他的物业单纯从放租角度看，确实是要等到环境有很大的变化，租价才有可能上升。事实上，他的物业面积不大，本来很适合某些白领阶层。问题是他的公寓楼盘，紧挨着一片很大的城中村，离商务区也很远，加上小区管理也不是特别理想，这样他的房子与周边出租的楼房相比，就很没有优势。他的房子的租价，真的要等周边那些低价放租的房子租价都升上来后，才有可能显示出被低估的价值。

不难看出，与买自住房子不同，如果你希望买楼放租当房东，那么你实际上不是为自己买楼，而是为你未来的房租客户群买楼。在这里，房子的价格固然是一个因素，但如果是考虑供房，那么，价格恐怕就不是第一要素。相反，你的房子是不是你目标客户群的首选就成为主要的因素。比如说，我买珠江新城的贵价大单元要花上200万元，但我能找到月租5万元3年以上的长租户，那我害怕什么？但如果我花50万元买一个七八十平方米的中小单元，每月放租只有千八百块钱，那可能你每个月还要贴上一些，未必划算。

所以，作为一个精明的小业主，一定要懂得，如果你打算买楼放租，那你在选择单元面积和价格以及格局处所时，就要学会换位思考。实际上，你是在为承租户买楼，而不是为自己买楼。只有这样去决策，你才能真正地做到利益最大化。

爆炒车位其实有点玄

刊于2007年7月17日《羊城晚报》B16置业投资/谋财版 约会财富栏目

市场上的“炒”字诀，普遍被认同为暴富的一种途径。但许多经验不时给我们敲响警钟——炒股的风险，人所共知；炒兰花的昙花一现，令许多人血本无归；至于炒普洱茶，也让很多人成了“大闸蟹”……不是说“炒”字就是个坏东西，但如果你在“炒”的买卖中接了最后一棒，那你就是个谁也不会同情的倒霉蛋。

在诸多炒风中，我总觉得最近随房价飙升而刮起来的炒车位之风来得比较“无厘头”。十年前6万~8万元一个的车位，一夜之间炒到16万、20万元，据说还有破30万元的。我拍烂脑袋，也想不清楚：这约3平方米的地皮，为何价格比一套房产的首期还高。难怪许多地产商原先捂着不放的车位，也纷纷“拉价”出笼，连一些产权并不那么明确的车位，也被炒家们“落了定”。

车位炒家们的理由很简单：城市中车位紧张，车位也算是不可再生资源，而买车的人未来只会多不会少，手里边拿着几个车位，不怕没人要。真是一厢情愿！

如果说十年前花上6万元、10万元买个车位，还算是划算的话，现在花上一倍或两倍的价钱去买，恐怕无论在升值空间上还是管理回报上，理由都不是很充分。

其一，城市中的车位少是事实，但未来在这方面的配套、建设步伐一定会不小，临时的公共停车位，市政府也在配套。起码，不够，并不等于短缺，真正有车无处停的概率，并不高。

其二，我们来算笔账。城市中的车位是限价的。就是在天河这样的地区，月保也不到1000块钱。由此算去，买一个8万、10万元的停车位，加上管理费，约莫十来年的停车费支出相当于是持平，余下来的价值算是基本上免费停车，买停车位当然有升值空间。

但是，现在车位价格已经摸高到近20万元了，而公共停车场的停车费基本没变，那么你在未来的停车时间的花销，其实买不买车位都差不多，就算高一些，你每月的开销，占收入比例并不大。相反，手里面囤下车位，至多也只能升上一两万元卖给邻居，市场承接面实际上很小。在这种情况下，除非真是必要，买车位才有用，但欲想炒高，恐怕已经机会不多。而一旦车位炒上30万元去接盘，那还真不如正儿八经买套房子来得划算，何必去当炒家们的“解放军”。

还是看好老城房子

刊于2007年7月24日《羊城晚报》B16置业投资/谋财版 约会财富栏目

工薪一族买楼自住，其实并不光是买一套房那么简单，买什么样的楼，实际上决定着自己家庭未来几年甚至一辈子的生活方式。

相对于城区的楼盘，郊区楼盘往往比较便宜。就升值的步伐来说，这些年番禺等地的楼价攀升很快。市区特别是旧城区里的不少新盘，相对而言，价格反而升得不如郊区快。看来，这些年买楼人气，是在风水轮流转，风头转到郊区。

郊区楼盘的生活形态显而易见，价格优势也令很多白领乐于选择。但是，如果把生活成本、交通成本、时间成本也算在内，就会有些“一阔三大”的感觉，而考虑到自己又不是短时间内有换房的能力，那么买郊区楼盘，实际上多少会影响自己的生活质量。因为每月算下来的必要开销，真的不少。

对于一个追求实惠型的双职工家庭，我以为老城区的房子，价格可能会比郊区楼盘贵上一两成，但住进去以后的好处，还是划得来的。十年之后，盘算下来，这高一两成的贵价并不吃亏。毕竟，郊区楼盘的“小资氛围”是有那么一些，但是，这在自己房中也可花心思去缔造，毕竟那不是必不可少的元素。

其实，住在郊区不可不买车，买车就要付停车费和汽油费，相对于公共交通来说，就不能说便宜。买楼贵一点不过是一次支出，但买车养车，既要一次性支出也要长期投入。同时，就日常的购物成本而言，旧城区的商业配套成形，在时间和空间成本上相对低廉，生活节奏反而慢，而住到商业配套还不那么完善的郊区，可能会连私人时间，也常给奔忙生活用品所占用，变得忙乱。

更为关键的是，也许近些年城市扩张比较快，郊区楼盘现在升值快，但由于自己这段时间并不打算换楼，因此，这一段的收益不过是纸上富贵。而从发展的趋势上，旧城区的新楼盘，价格也会补升，而且将比较稳定，因此，趁老城区的楼价还没有升到位，反而是个趁低吸纳的好时机。况且，当购房者具有二次购房能力时，手中老城区房子易于出租和出售的优势，将更加显著。

自主性越强的物业风险越小

刊于2007年7月31日《羊城晚报》B13置业投资/谋财版 约会财富栏目

人最重要的是自由，受到他者影响越少，个性就越张扬。地产亦如是。尤其是对于那些将养老本也拿出来投资，指望着些许稳定租金的小业主更如是。近来房价飙升，各种不同性质的物业，都被包装得美轮美奂，不断地拿到市场上忽悠；而其中最耀人眼球的，一是所谓酒店式管理的白领型超小公寓，二是那些被不断分拆成细细单元的写字楼。

这两样东西对投资者吸引力其实无他，在腾贵的楼价当中，由于其单元小，又包上“返租”外衣，所以给人以一种“便宜的贵族”的感觉，好像三五万、几十万，就能买得一个旱涝保收的“系统”。

从人性以及逻辑上推断，这种号召的概念是不错的。但是在我看来，这两种物业其实是都有一定的泡沫性，只不过在华丽的包装之下，不冷静就只看到“高来高去”的好处，看不到内中的风险。我以为，这类物业的回报风险除了与一般物业共有的元素之外，还多了一个风险，那就是一切的关键成败，恐怕还取决于物业管理商的能力。这对于小业主来说，实际上是自己的物业在很大程度上并不由自己做主。

比如一户一厅的超小型白领公寓，看上去很美。但究其本质，不过是白领宿舍而已，我不知在目前我们社会中白领还不那么白的状况下，有哪个物业管理公司，真有本事把几十上百户公寓高价出租出去？而又有多少白领，能够以接近酒店旅馆的价钱，租住这些“贵价宿舍”？其实看看招贴也就晓得，这些小小公寓的返租期，其实也不过三五年，至于“返租”的累计费用，也至多达到回本的10%到15%。这点回报，其实质可看作是买了贵货却获得“分期折扣”而已。至于那些被分拆的写字楼，就更令人担心了，其实二三十平方米的写字楼，只能租给小公司，而小公司的稳定性，可想而知。加上物业公司对写字楼的管理，则肯定收取高额的管理费，万一你那几十平方米的办公楼租不出去，每月管理费都交到心寒。何况，全部由小公司组成的写字楼，只能叫作“创业孵化器”，升值空间和租金空间都很有限。

全由物业管理者决定的物业并非一定不好，广州不少酒店式管理的大型公寓，回报就相当令人眼红。但那些好的物业，一定是大而且贵的，不属于小业主投资能力的范畴。投资物业的小小投资人，一定要看透市场的花哨，买那些自主性强的物业，这样的回报率可能不高，但却稳定，而且至少一定不会吃亏。

涨势中不要轻言出货

刊于2007年8月7日《羊城晚报》B17置业投资/谋财版 约会财富栏目

今年广州的楼价，升幅惊人，根本不将政府部门所谓的调控放在眼内。特别这几个月里，不少小业主发现，楼价再高下去，自己小楼换大楼的计划，二次置业的算盘，都被这种惊人的升势，弄得荡然无存。

事实上，坊间已经传出不少卖楼悔约的故事。无非是阿甲卖楼，到了交割时发现楼价大升，于是不惜赔上一两万元，终止合约。更有一些中介，利用自家的资金，把一些卖家的楼房囤在手里，待价而沽。这年头，炒楼炒成房东不再是笑话，反而是一种精明，真是今时不同往日，几番风雨几番新！

那么，对于已有物业的卖家来说，对于手中的物业，到底是该在高位时出手，还是该拿在手中，避免涨势中越卖越错的陷阱呢？这就要具体情况具体分析了。

一般而言，在房价特别是一手楼价涨势惊人的情况下，手中有了物业的人，还是不要轻言出手为好。因为，二手楼的市场价格相对于一手楼来说，总是有点滞后的，它必须参照一手的市场价格；因此，对于市场来说，一手楼价不稳定，二手楼的价格，也很难稳定。当然，像股市一样，楼市的价格也会有一个阶段性高位，一旦到了这个高位，价格是会回落的。不过，与股市不同的是，楼市的价格升跌，不是以日为单位的，如果你不是职业的炒家，你还是能根据自己的情况判断，该出手还是不出手的。所以，涨势中还是不要轻言出货。

不过，对于一些楼龄超长的楼盘来说，特别是那些并非旺地也不是框架结构的楼房来说，对于一些周边环境较难有重大改善，否则主要消费群已经衰落的房改旧宿舍来说，这一波的楼价大升，却是一个出手的好时机。因为这些楼房，除非遇到大规模的区域改造，否则主流楼盘价格对这些楼盘的价格牵连始终不大，所以，还是及时出手为好。长期看去，这些楼盘出租价格一般不高，而水电厨厕的楼房维护成本较高，拿在手里贬值的机会也多，趁机出货，当其时也。

买二手房，应怎样拿捏价格？

刊于2007年8月14日《羊城晚报》B14置业投资/谋财版 约会财富栏目

商业社会，买房总被说成是投资。但在市场当中，满口投资的人其实是有区别的。我看市场中的芸芸众生，仅仅因为有钱和房地产保值而购置物业的，是直觉的投资者；而那些有钱同时也经过精确算计才购入房产的，才是较理性的投资者。

有人认为，房产分分钟在升价，买它就是了，还用什么算计？其实不然！置业未必全用自己的钱，尤其房地产，是目前唯一最容易给私人贷到银行钱的领域，为什么不去贷款按揭？只是一旦贷款就要考虑利息，或者，对于许多热门楼盘，就算不贷款，也要交物业管理费。所以，投资了房产以后，除了算计买房的付出外，每月还要掏腰包付出管理成本，一着不慎，就可能“损手烂脚”。

任何买楼人，还是多考虑一下怎样降低管理成本好。城市中越值钱的房产管理费就越贵，我就听说过有的白领买下别墅供得起买得起，就是住不起的事。还有就是倒了霉的富豪不得不出租自己的大宅，只为管理费太贵的故事。值得注意的是，地产价格也不是一成不变的，大跌也不是没有机会，如广州1994—1998年出售的不少楼盘，刚刚才升回到原来的价格。想一想跌价那十几年里，房子卖掉不舍得，租不起价格还要倒贴管理费的滋味，就知道什么是“套牢”了，股市“套牢”还可以不管它，至少不用交费，房产则不然。极端结果就是，管理费交不起，滞纳了还要付息，搞不好连房子都要拿去拍卖还债。

而对于二手物业来说，就更要精打细算了。因为第一手的升值空间已被别人“吃”了，不评估一下就买进，还真有风险。房产行内对二手楼的评估，一般基准以10年为一个单位，如果10年的租金基本上与投入资金等值，那就是基本合理的。当然，这几年房产价格升幅惊人，也有人以15年、20年作为基准的。因为现在的租金，受制于人群收入的提高幅度不大，并没有怎么提升。故此，这个评估标准就有了弹性。你当然还可以把回报期算得长些，荷包是自己的，怎么弹性算法？就看你的承受能力和耐心了。

经过这样的回报率计算后，你对要买入的房产，就有了基本的底价。其他的环境、人气、装修、管理等方面的溢价或贬值，无不万变不离其宗。这样估算过后，买房时就算对价格有所偏离，也能容易算计出偏离在哪。当然，你还可以有更科学的评估标准，但那已不是泛泛而谈了。

到二线城市买间铺！

刊于2007年8月28日《羊城晚报》B16置业投资/谋财版 约会财富栏目

有间街铺！这对于以物业为投资对象的小额投资者来说，可以说是最高境界了。炒楼无力，囤楼资源又有限，几十万元买间街铺一边等升值一边收租，那是何等潇洒。万一哪天动个念头，自己开个小铺，也是不错的选择，真是一举三得。

“欲要富，买商铺！”“一铺旺三代！”这一类的民谚，着实反映出几代人积累下来的投资理念，而这一理念，越是商品社会发达，就越见其是真理。看看一些没有产权的临建商铺的转手费的价格，就知道商铺的含金量了。实话实说，小业主们买物业，大都不指望炒铺发达，无非是希望手中的钱能够保值，到晚年有个收入保障。

不过，在大都市里，房价已经到了天价，高来高去地入珠江新城，最好的已经接近前几年的商铺价了，城市中单家独户的商铺，更是稀缺资源。除了个别地方食住“住改商”这条水，搞些剑走偏锋的买卖，小额投资者想弄个商铺，非得有气吞山河的魄力才行，而不少的有价值的商铺，发展商干脆自己当房东，也就是说，在这会儿房价暴涨的市场上，商铺的交易，是有价无市。

广州人口近1500多万。旺地每天人流两三百万，稍差的地方，好几十万。故而商铺寸土寸金。然则投资却不一定要往一处扎堆，退而求其次也未必是不明智的选择，近来到珠江三角洲的二线城市去兜了一圈，不少地方的住房价格已经升了一倍，可是这些城市的不少商铺，价格不过每平方米2万多元，以比价关系算上去，简直太便宜了。这些城市连算流动人口，约莫也有两三百万人，商铺人流也许不及中心城市，但从发展的眼光看去，和中心城市二三类地区，不遑多让，但是商铺的价格呢，只需一半不到啊。换一种思维，走到二线城市去买个铺，只要管理上不是所托非人，相信回报率决不会比炒二手楼低，何况，那可真正是“有间商铺”喔！

银行的服务不用白不用

刊于2007年9月4日《羊城晚报》B13置业投资/谋财版 约会财富栏目

作为平生积蓄至多拥有两三套物业的小业主，对银行的最大认知，多半从按揭开始。按揭业务的发展，使得许多有着稳定收入的人们，敢于透支未来，成为“房奴”而不悔。也正因为银行愿意承担风险，才使得“有产”的门槛得以降低。

事实上，很多人在拥有房产之后，除了租金或者自然升值，很少考虑通过银行去盘活手中的房产。曾听说过有些前卫的风险投资人，把房产抵押给银行，获得资金后投入股市尽情一博的轶事，但都是作为稍微负面的个案加以传播的。其实，抛开股市的风险不说，光从看好生意就融资这点意识来看，这种做法不无可取。另外，在二手楼交易中，你购入房产时，愿意付些费用，最好多多少少选择按揭，这样，对于房产业权等的审核，银行比你还认真，能够按揭的房产，至少房产证不会有问题。何乐而不为？

虽然银行总是以债权人的角色出现在我们的经济生活之中，但我们不能否认，当我们不愿意失去不动产的所有权，但又希望在某段时间内抵押融资，银行总是最好的选择。哪怕是你的物业还在按揭当中。比如，通过“加按”，一些升值较快的房产的升值部分，就有可能被部分流转成为鲜活的资金，解了燃眉之急。当然，对于“加按”的部分，你还是要付出利息的。

如果你真有几套房产，并且各有用途，那么，我认为最好就找一家银行要求抵押授信。授信的好处是，银行在一定时间内授予客户定额信用，在信用额度内，你可以随时调用头寸，动用时就按动用的时间付息，在账户里不动用，就不必付息。这样，你最好就用这笔钱去股票市场上打新股。从目前情况看，这样去使用资金，风险实在低。打新股锁定资金的期限是“T+3”，也就是说，动用授信3天，你只要付3天息，而打到新股，则上市时至少有一两倍的溢价利润。如果你的授信有个几百万，每周打打新股是多半不会落空的。如是，你等于用尽你资产的边际效益，你肯定会“赚翻”了（物业升值、收到租金，还能融资打新股，三者兼得）。当然，前提是你打到的新股，不能跌破发行价。

闲话校园房改房投资攻略

刊于2007年9月11日《羊城晚报》B17置业投资/谋财版 约会财富栏目

都市的二手房中，有一种房改房是稀缺资源，那就是大学校园中的房改房。这部分房子处在校园中又或者校园附近的教工宿舍群中，比起许多工厂宿舍的环境，可是优越得多。至少那高高的树木和幽静的院落，就是很好的诱惑。

在校园的房改房中，最容易出手的，当然不是那些上百平方米一个单元的教授楼。一般来说，教授楼多是上世纪90年代初建的，基本格局与现代商品房相似，主人们一般都不愿意拿到市场上交易，而是希望留给后人。然而，校园中那些当年被称作“讲师楼”的房子，据知交投就非常活跃，价格也非常合适。笔者有个朋友，算是个高校子弟，一年多前花了十来二十万元一套先后买了几套“讲师楼”的房子，每套花了一些钱去装修，把内格局的间隔打掉，成为西式的六七十平方米的单身公寓，租给外国留学生，每套居然租到5000多元，一下子成了个“食息”阶层！

这位朋友得意的地方有两个。一个是人情练达，既洞悉高校这个小市场的交投心态，又把握好了高校租户的特定人群，一举成功。原来，高校里的“讲师楼”，当年房改时分配的对象，都是今天的教授或副教授——当年的讲师。这些人现在已功成名就，都不想再住在“讲师楼”那70平方米以下的小房子里，都有买车换房的愿望。能力强的，会把“讲师楼”的房子留着，让给老乡们住，自己保留一个可供午休的地方。但大多数都把“讲师楼”看作是自己低潮时的“故居”，巴不得卖出去，拿到现金买车供楼，就算是租给老乡，每月租金也不高，不如卖掉。另一方面，校园中能出租的房子并不多，很多学生只能租附近的城中村或民居，这些民居当然不如教工宿舍的环境。这位朋友得意地说，别看老师们都很清高，当我拿着大笔的现金去“蛊惑”一下，再加上自己的“子弟身份”，低价成交，手到擒来。

事实上，教工宿舍还真是很少能在中介那里看到有现货的，要么因为价格低，给中介囤起来了；要么是很多的主人，不到真的需要钱时都不屑于拿到中介去放盘。我的朋友说，最好自称是外来创业人员，急于改变两地分居现状，希望在校园内找片安身之地云云，悄悄往“讲师楼”里发卡片。他说，老师们都有恻隐之心，如果真有放盘的愿望，先找你联系的命中率，很高！

这样的人精，真是机关算尽，想不发达都不行！

大房子小房子的理财哲学

刊于2007年9月18日《羊城晚报》B14置业投资/谋财版 约会财富栏目

对那些稍有积蓄、刚立下事业脚跟的年轻人来说，置业是应该一步到位，还是逐步升级，是道难以抉择的选择题。

有人说，楼价高企，过了这个村就没有这个店了，趁着价格还没有见顶，宁愿供房辛苦一些，一步到位盘下一幢百来平方的心水房，边住大屋，边等房子升值，何等享受。但以理财的思想作为标尺，如果你手里的资源，仅仅足够你供一套百来平方的房子的首期，我们并不以为，这样倾其所有去谋划一幢房子，是最明智的选择。

没有人怀疑马上拥有一套房子，这套房子每天都会升值。但是，倘若这房子的产权暂时不完全属于自己，房子的升值空间，必然要同贷款以及利息对冲，方能体现出来。而事实上，相应价格的房产，对按揭人来说，在没有还清供楼款之前，应当看作是一项长期的债务。从这个意义上说，你选择大房子还是适用的房子，实际上是在选择债务的多少。

理财最讲究的是性价比，同时也讲究一堆鸡蛋不要放在一个篮子上。因此，对于一个年轻人来说，就算拥有稳定的收入，选择房产时也应理智地考虑到，你今天选择的大房子也许并不是最优的选择。房子总是越大越好，百来平方的房子并不是最大的，只不过因为你只有30万，所以你是在“看菜吃饭”——觉得百来平方的房子已足够大了。

其实，换一种思维考虑，未必没有更好的财产运用。对于一个忙碌的年轻人来说，五六十平方米的安身之地并不狭窄，如果前卫一点，更可以发现，对现代情侣来说，厅和书房也许并不是必要的。如果给自己一个10年左右的规划，你会发现，当你选择了先买小房子分步升级方案后，起码在这10年中，不用花30万就可以供一个小空间，剩余的头寸还可以用作其他投资取得升值，而且10年间每月的还款压力并不大。10年后，现值五六十万的房子随市场价格升值，而作为其他投资的钱也会有所回报。诚然，10年后的房价也许会很高，但是，你的小房子照样也能享受到升值的甜头，以这份甜头作为供楼的首期，绝对能够供套不仅仅是百来平方的房子。

相反，如果现在以30万为基数去供百来平方的房子，你不但倾其所有，而且，按照现行月支付能力，没有二三十年是供不完的。除了这一笔高昂的负债之外，你还把自己锁定在一个不大不小的“心水房”里，迁徙不愿，换房无能，很是不爽啊。

向楼市中的兀鹰和鬣狗学习

刊于2007年9月25日《羊城晚报》B14置业投资/谋财版 约会财富栏目

黄金周到了。新楼盘又像雨后春笋，呼呼地冒出来诱惑我们。对于那些铁了心要买楼的人来说，市场中有两种人的投资策略，不妨借鉴。一种是专喝“头啖汤”的，另一种是专啃“硬骨头”的。

前一种仁兄，资金来源多而灵活，每见新楼盘开张，都会见其身影。他们的策略很简单，每个楼盘都有楼向最好、楼层最好以及格局最合理的单元，这些单元往往价格最贵，而青睐的人也多，特别是对于那些确实有钱的人家，为买好单元，多花10%甚至20%的价格也在所不惜。于是，这些人把这些抢手货作为有限资源来收集，等到楼盘销售开始稳定、市场价值也被消费者发掘得差不多时，他们出手的时机也就到了，这些老兄的回报率，往往一年不到，就有40%到50%。这些人可以看作是市场中的兀鹰。

另一类人却不然。他们踩盘时往往不看那些抢手的单元，而是瞄准那些楼盘中不那么被看好的单元，这些单元往往因为这样或那样的原因，被看作“卖剩蔗”，唯一的好处就是价格低廉。因为现在很多楼盘是物业中介包销的，这部分单元是卖楼者最难处理的“硬骨头”，巴不得有人接下这个“烫山芋”。这些人的策略也很简单，他们认为，除非是问题楼盘，一般楼盘都会被销售精光，当楼盘销售基本完成后，成熟的社区应运而生。对于一个成熟社区来说，一个单元的瑕疵对于很多人来说是可以忽略的，此时，以超低价格买进的单元，按照市场比价关系去衡量，岂不赚得盆满钵满？这类型的投资者，可以看作是市场中的鬣狗。

以上两种策略使我们看到，在进入房地产市场时，一般人的看法，是立足于自己的审美价值观去选择楼盘的。但是，市场上却还有另外的精明，从别开生面的角度去考察楼盘。也许他们的眼光有点庸俗和急功近利，但掌握他们的想法，我们会不会也精明一些呢？！

为长辈筹划房子

刊于2007年10月16日《羊城晚报》B13置业投资/谋财版 约会财富栏目

给老人买房子，是工薪家庭的一大负累。特别是那些新来乍到的家庭，本身住得不宽敞，如果老人挤到一起，更显拥挤。

在家庭的附近，弄一个合适的单元给老人，可能是比较好的解决方案。个人以为，这样的房子不管是租还是买，只要价钱合适、单元合理，都是很好的选择。

为老人筹划房子，要用老人的心态，千万不要以年轻人的心理去强加于老人。比如，对郊外楼盘，在老人看来就会觉得看着合适，但住起来不习惯。事实上，中年人喜欢安静，老年人却喜欢热闹。过分安静的环境，往往会令老人觉得寂寞。老年人比较青睐的地方，往往是闹中取静的地方。特别是在中国，开车的老年人并不多，所以出行方便、交通便捷，就成了老年人的首选。对于医疗设施，老人们也是看重的，即使是身体好的老人，也会觉得，靠近设施信用较好的医院，会比较有安全感。至于购物环境，老年人希望能够就近又有较多的选择，更希望价格能够便宜。其实说了半天，对于老广州来说，还是比较习惯在老城区里住，无论是老区新盘还是老区的房改房，都不是最重要的。在老人的心目中，住地只要满足两个条件就满意：一是要靠近儿女或者方便靠近儿女；二是让自己觉得能够“支配”或“控制”环境，而不是被环境所支配。

把自己的邻居设计成为家中老人住处的首选是不错的。当然，住在郊区楼盘的哥们，就得多听老人意见了。在自己的住房附近为老人寻找住处，最好的就是环境不会有太大的落差，第二是对于房子的租金或售价，自己心目中最有底，多半不会租贵或者买贵房子。第三由于自己长期住这一方水土，对环境比较熟悉，有什么不能整合的，都能够预见，不会令老人“抓瞎”。

为老人筹划房子，其实也是投资的一种策略，老人今天住的房子，也许在未来也是自己的安身立命之所，所以也要有个长线的眼光，掂量好面积后，也一定要“平靓正”，不可含糊。有时，就是贵一点，也是划算的。

耐心也是最佳买楼策略

刊于2007年10月23日《羊城晚报》B14置业投资/谋财版 约会财富栏目

黄金周后，城中楼盘的成交成为市场的一个悬案。“阳光家缘”不再公布市场即时成交数据，人们只能参考滞后的有关数据，更难判断，坊间的价格传闻与实际成交价之间，到底有多大的距离？

不过，回顾一下黄金周媒介上连篇累牍的楼盘广告，大致也可以把握到市场动态的端倪。正如“王婆卖瓜”的故事一样，地产市场上也有规律。当楼盘好卖、市场购置欲望强的时候，地产商是不必做广告或者可以少做广告的；而当推盘意愿高于市场购置欲望时，开发商才会不遗余力地推广自己。事实上，从推盘的价格号召，再综合热销盘和小楼盘的价格走势，可见城中一手房价经过前一轮的上涨之后，估计在相当长的一段时间内，会维持在这一个水平，也就是说，可能是“见顶”也是“见底”了。

如果这个判断成立，加上还有一系列包括如物业税等调控措施可能出台，预计市场价格走高的空间可能不大，所以对于有购房打算的小投资者来说，耐心求房的机会又来了。在这样的背景下，我们不敢说房价一定会下降，但是不会再有大升，是没有大错的。价格升幅的态势，使得前一段时间有很多人冲动买房。但是，从市场经验来看，坊间的许多二次置业者，之所以在短时间二次置业，往往是因为首次置业不太理想，才不得不根据实际情况，选择再买房子。

其实，对于小额投资者来说，耐心买房，是一条百试不爽的经验。任何一个楼盘推销时，都会突出自己的卖点，只有多比较，你才会知道，哪些是适合自己的卖点。另一方面，在审视不同的楼盘时，聪明的买家不仅要代入角色，想象自己成为业主后的那份怡悦，而且还要根据自己的生活状况和经济状况，审视自己买楼之后的生活质量水平，唯有如此，才会得到好的性价比。

像所有的消费一样，买楼最忌讳的是冲动型“落定”。面对一个新盘时，你要晓得，同楼盘中不同单元的差异再大，也大不过你自己和别人生活习惯的差异，而拥有一个适合自己的生活空间，却比任何“着数”都来得实惠。事实上，广州市很大，楼盘也很多，慢慢选择，细细研究，货比三家，也是最好的买楼自住策略，唯一要投资的，不过是时间而已。

凡利于物业升值的，都应当支持

刊于2007年10月30日《羊城晚报》B14置业投资/谋财版 约会财富栏目

手里的物业升值潜力如何？人人都关心。然而，说到物业的升值速度，还要看眼光，看运气。同样是地铁上盖，区位不同，上升的百分比也不同，绝对值也不同。对二手楼的报价，按照市场的一般规律，虽然有个基本评估，但真正到市场成交，却往往视具体情况具体分析。在一些交易个案中，对面门的房子、同时间交易的，相差四五万元的情况大有人在。这道理和菜市场买菜的规律差不多，卖相、买家的实力、买卖双方博弈的心态、买家卖家的缘分、经纪人的口才和态度等，都会造就不同的交易结果。

对于一套存在于一定环境中的物业，看的角度不同，价值就会不同。比如原东山区闹市中的楼房，老年人去评估，对于安静与否、医院远近，都看得很重，就不会打个最高分。但在青年夫妇那里，最重要看的是交通和学校，说不定就会打个很高分。这高低分的差价，就可能有三几万元。我们很多的利弊选择，都取决于需求。

在一些小区当中，对于“住改商”常常会争论不休。楼下的住户，都很赞成改；楼上的业主，坚决反对。楼下赞成，道理人尽皆知。楼上反对，自然就是怕人流过多、嘈杂，也影响治安。但往深里想想，那些担忧是政府的事，与物业性质无关。在一些条件成熟的地方，你不允许“住改商”，楼下的住户只能把物业低价租给租客，而这些租客对环境的破坏力，未必就少过商户。事实上，商户多的区域，物业升值的潜力大，是规律。一味憎人富贵地反对“住改商”，是典型的损人不利己。又比如旧公寓加装电梯，也是高层住户和低层之间矛盾最大的问题。其实，是不是电梯洋房，对二手楼来说，是个质的飞跃。所以建电梯，在方向上应该是正确的，至于费用和管理的分担，则应当另议。

其实，看物业升值潜力，主要是看物业周边环境的改变，是否会很快地创造出需求。要求政府增加周遭公共投入，本质上说，无非也是令供给的质量更高一些。因此，当你拥有一套物业的时候，你的立场最好就是：凡是有利于物业升值的，都应当支持；凡是不利于物业升值的，才应当慎重。从物权观点来看，这也是业主的权利。

让卖家多赚一点，买家少花一点

刊于2007年11月6日《羊城晚报》B14置业投资/谋财版 约会财富栏目

二手房的交易，据一些行内人士说，有两种情况下总要费些周折。因为买卖双方对房子的价格期待，往往会有较大的距离。

第一类是有些装修过度的房子。这类房子，卖方总觉得装修对房子的舒适和美观贡献特大，自己也花了不少钱，或多或少在报价上应打入装修成本。然而，在买家看来，除了奔装修去的，总会觉得自己买的是房子，装修对自己来说毫无意义，何况，房子多半还要按自己的审美标准和生活需要改造，所以并不愿意为此付出更多的代价。往往会造成这类房子，哪怕是卖家不把装修费用打入卖价，买家还是会狠狠压价。于是，交易如果不加努力达成谅解，就很难继续下去。

另一类是保养不好的房子。这类房子的买家，往往会用一种挑剔的眼光去审视，由于缺乏基本的维护，房子的弱点总是暴露无遗，很多时候，供水系统、下水道系统以及内部房间的空间感，都会成为败坏交易的“臭虫”，价钱被压低会成为交易的宿命。

因此，在不少交易个案中，房产中介往往会建议对前者作一些适度的清拆，对后者做一番适度的掩盖。尽管对这些的投入看上去是额外之举，好像要花一笔钱，但精明人都知道，适度的投入，是为了争取一个谈判的有利位置，特别是这类花小钱的举措，往往有利于较高价或者较快地成交。

卖价策略的精华，对买家来说就是要特别警惕潜在的陷阱。作为买家，一方面要“看透浮华”，学会分辨房子价格中的实价；另一方面，对于“素面朝天”的房子，又要特别检查水电排污和各种管道的情况，稍有闪失，翻新费用就是一大笔。而仔细挑出毛病，则可能是压价的由头。很多行家的谈判，往往从细节谈起。

应该说，二手房成交，掩饰往往是屋主的权利，但同时，识破掩饰，又是买家眼光的考验。成交游戏中的博弈，其实往往是在细节方面展开的，一人让一步，往往就是成交的基础。当然，在房价居高不下的情况下，只要是合法交易，二手房的种种瑕疵，或者都可以忽略不计。不过卖家多赚一点、买家少花一点，不正是交易的乐趣所在吗？

看过现货再落定

刊于2007年11月13日《羊城晚报》B14置业投资/谋财版 约会财富栏目

尽管开发商不遗余力地推出新盘，但国庆黄金周以来，一手房产的成交量，却有了回落的趋势，房价的涨势，也有了疲弱的势头。我们不敢指望，房价能一下子落下来，不过，不再高涨已是好消息，起码，有意向当小业主的我们，首次置业的冲动又再燃起。

如果不是价格因素作怪，买一手楼应是所有小投资者的第一选择。毕竟要花平生最大的一笔钱购入不动产，买旧不如买新，自然是人之常情。但是，不要以为新楼盘就一定“干净”，旧楼盘就一定不光鲜。其实，很多二次置业的老手，眼睛盯的，多半是二手的次新楼盘，他们对房改房兴趣不大，但对买下一两年或三四年的楼盘却很是青睐。他们认为，那些楼盘虽是二手，但第一手的价格低，按照现在的市面价去谈判，议价的空间较大。此外，这类型楼盘已是相对成熟的社区，较易找到合适的租户，不必费钱去做广告。同时，如果楼盘在管理上有什么弱点，多半已暴露得差不多，不至于被卖家蒙过去。

当然，这些经验之谈对很多买房者来说，是不屑一顾的，谁不贪新厌旧呢？其实，新推楼盘往往不是没有“陷阱”的。以广州市场为例，前段时间房子供不应求，形成了卖方市场，很多房子在销售时我们看到的都不是现货，只能看样板房。“样板房仅供参考”，这是每本楼书都写有的字眼，样板房毕竟不是实物，卖家在布展时做些手脚，买家没有经验，就不一定能看出来。

比如楼顶做高几十厘米，窗户开大十几厘米，家具缩小一定尺寸，同等面积的房间，看上去就宽敞很多。又比如一些高层住宅，一定楼层上有转换层的，转换层有泵房或特粗的管道；再就是公共通道宽窄60厘米，房子的感观也大不一样等。这些细节上的区别，有时对房子来说是举足轻重的，决定房子未来的升值潜力。

有经验的买家，买房子时一定要看现楼，不看现楼，也要在很多细节上对合同有规定性，以免在一些重要问题上引起争议。所以买一手楼，最好是看过现楼才“下定”，看好了面积还要看空间，看完空间看管道，看完了管道看外围……依次类推，才不会吃后悔药。

商铺放租，短高价不如长低价

刊于2007年11月20日《羊城晚报》B14置业投资/谋财版 约会财富栏目

住的社区是个新生社区，这些年“住改商”搞得不亦乐乎，最大得益的自然是一楼的业主。听说这里20来年楼龄的房子，只要有“可铺性”的，房价都有了10倍以上的涨幅。许多的小店小铺，也如雨后春笋，呼啦啦地开张。甚至连地产经纪行，也开始有专营商铺的专门店了。

不过不要以为这就会构成一个商业旺区了，尽管这里有着一定的地理优势，但商铺的稳定性，用广州话说来，却是“麻麻地”，不少店铺开张一年半载，就不得不“执笠”关门。何故？业主都不愿意与商户签长约，而且每次签订的新约，租价总是有涨无跌。业主的心态很好理解，买房子出租总希望回报率高，每次签新约租金都有涨幅，真是好过炒股！

然而，市场规律却表明，任何不动产的租金并不总是稳步增长的。这令我们想起另一个传统的商业区上下九路。曾几何时，上下九也是首屈一指的地王，租金高企，不少铺位的租金，对商户来说简直到了“白打工”的地步。于是，很多传统老店，由于成本问题，纷纷迁出或者远去。留下来的，往往是些“打一枪就走”的投机性卖场，以及一些品牌和质量不无可疑的卖家，如果不是后来政府扶持搞了步行街，这个地方还真会从一流的旺地，变成一个专卖低档货的卖场。所以，我们也会看到一些新兴的小商业区，总是租户连轴转，总难以形成一条健康的商业链，十室几空的景观总给人以萧条的感觉。

事实上，商铺出租的管理，有一个微妙的平衡点。租金越贵，则租单时间越短，不完全是高来高去的。而且，商铺的生存也与经济周期有关。要形成一个对产业有利的环境，才有可能令商铺永葆青春，而商铺的稳定，造就物业价格的稳定。因此，出租商铺，有时并不是老提高租金就好，关键要有维持稳定的租金收入。在一年当中，站在租户立场考虑，商铺是淡旺不均的，他要看平均的收益付租，单月租金太高，租户就不会考虑。而站在业主立场考虑，倘若你的房子每年只有春秋两季高价出租，那你的房子所收的租金至多比别人高20%；但如果别的业主价格比你每月低20%，但人家是长租，一年中的总收入就比你多得多，还不用老给中介费，这样算下来，短约高价就不如长约低价的回报率高了。

其实，在一个稳定的商业社区中，长租客越多，物业的价格就越稳定，何况，是带租的商铺物业呢？

精明师奶“买三赚一”之道

刊于2007年11月27日《羊城晚报》B16置业投资/谋财版 约会财富栏目

“升斗小民”资本不多，干什么都精打细算，投资不动产也如是。久而久之，各自都会有些另类的投资哲学心得。这些看法，对于专家来说，属于登不得大雅之堂之论，可诉诸现实，却颇见精明。比如近日听到几位师奶坐而论道，大谈自己这些年专买中小面积楼盘低层单元的体会，实在叫人感而慨之。

在大多数楼盘中，特别是中小户型为主的楼盘，在控销表上，我们都可以看到，许多封闭式小区里的二楼单元，大多不受买家欢迎。特别在一些贵价楼盘中，如果价格相近，差价在3%—5%左右时，这些低层单元由于采光和景观上都处在不利位置，所以都不是买家、更不是炒家的首选。这部分单元在发展商或者销售代表看来，都是属于滞销的，因此在楼盘销售旺淡未有把握前，这部分单元，会被作为未来促销的存量；当楼盘推出超低价优惠时，这些单元才会以“最实惠”的价格向市场推出。

而在一些有裙楼的楼盘中，最底层的单元，往往就是裙楼的顶层，这本来可作为窗台开朗之地，可惜的是，裙楼多半用于商业用途，制冷排风设备就成了低层单元住户的心中之痛，所以，有经验的买家，也是不会看重这一类单元的。

但是，光从价格上看，这是一种“买三赚一”的买卖！原来，师奶们的算盘有自己的打法：与同一楼盘其他单位相比，这类低层单元由于种种先天原因不受欢迎，发展商在无法按时价销售时，如果遇到团购买主，往往会按照七折甚至六折多的价格销售。于是，她们三五个师奶姊妹便利用自己的闲钱，组成一个小小的“银团”和发展商砍价，如是，她们往往能够低价“横扫”某楼盘的低层单元。师奶们认为，尽管这些单元都有瑕疵，但就价格优势而论，她们若把手中的物业出租，回报率铁定比同楼盘的其他物业要高，而且也有租价的优势。对于租客来说，虽然住宅外环境略嫌不足，却同样能享受所有住户同等的物业服务，并不吃亏。

看来，这几个师奶虽然是从市场的不利一端入手，却占下了未来有利的市场空间。

从疯抢一线贵价盘说开去

刊于2007年12月4日《羊城晚报》B15置业投资/谋财版 约会财富栏目

对流动资金充足的贵价楼炒家来说，疯炒一线楼盘，已成为一种病态。与以团购抢批发价的职业炒手不同，现在还在抢新盘的许多投资者，通常都只是很单纯地认为，一线楼盘特别是江景单元，是有限资源，参照沪深等地的房价发展势头，珠江新城是理所当然的炒家必争之地。他们还认为，能在珠江新城立足的地产商，实力都非同小可。如是，进货没商量，肯定不会亏。

不过我认为，在目前楼价微妙的情势下抢买贵价单元，虽然不敢说有多大风险，但至少有几个方面欠缺妥善考虑。

其一，普通单元总价就达数百万元之巨，在二手市场上接纳面不广，短线投资可能会变成长线投资。而以珠江新城的新楼盘作背景，由于入住和配套还有一个过程，这类单元的出租，竞争力肯定不如同区内的老楼盘，投资回报有疑问，除非你已经有高端的租客。否则，单纯囤房并不是很划算。

其二，除真正的江景单元外，珠江新城的楼盘作为“豪宅”的定位去投资，疑问良多。虽然珠江新城现有楼盘多是大单元，但从规划上看，该区域是广州的高密度住宅区，这光景有点像当年的淘金小区，只有当小区成熟以后，是否“豪宅”才看得出来。在城市成熟以后，真正“豪宅”恐怕还有两个指标：一是低密度的社区，以小高层为主；二是楼盘单元的走向，并不以超大面积为导向；楼层高低，恐怕也会成为指标，除复式单元外，3米2、3米4甚至4米的楼高都有可能，因为高价楼盘的面积潜力，已开发得差不多了，但单元空间的开发，才方兴未艾，未来高档住宅的走向，向高楼层要利润率，是完全可能的，这在新河浦的楼盘中已经初现。未来豪宅的意义，可能会改写。

其三，是物业的升值潜力，还要看物业管理。不管质量多么优良的物业，如果摊上不良的物业管理公司，那就连哭都没有眼泪。一些职业炒家往往因为团购，从而使自己在物管上拥有更大的发言权，驾驭成本很低。如果单家独户盲目买进未知物业管理情况的楼盘作为投资，很有可能得不偿失。

综上所述，在目前情况下盲目疯抢一线楼盘住宅，不敢说一定大跌眼镜，但占用资金量大、回报率降低、升值态势不明朗则是肯定的。

老房子的“霸道”小算盘

刊于2007年12月18日《羊城晚报》B14置业投资/谋财版 约会财富栏目

房地产市场并不稳定，房价总随着经济环境的变化而变化。作为小业主，对这些变化不能不关注，事关物业的价值啊。这几年入货的新房子还好办，高来高去，有个升值空间就行了，但对那些房改房，又或者购买了十几二十年的房产，又该怎么去算，才不至于吃亏？

诚然，房改房成本价很低，几乎可以忽略，但积淀了我们几乎是一辈子的工龄，所谓青春无价，如果估价低了，心中还是愤愤然的。至于老鼻子远的时间买的房，当年的价格现在看起来虽然不贵，但按照购买力来算，现在的100元，又怎么能与以前的100元比？加上环境和房子的完好度等因素，要让一个非专业人员报个价，或者要知道自己的房产到底有多大的升值空间，还真有难度。

讲太复杂的原理，有“一匹布那么长”，太烦琐了，这里说个简单的方法，是大致可以按照现在的市场心理来测算自己老房子的基本价值。

首先，自己的房子用多少钱买回来是知道的。房改房的价格，大概是当年商品房价格的八成左右。这是第一组数据。第二组数据可以到附近的房产中介，去看看同类型同地段的房子，一个单元的租金是多少，我们用自己房子的面积去匡算，应该可以得出另一组数据。然后，假设我的房子已经有20年楼龄，那么，用240个月乘上租金再加上房子的原价可以看出房子的基本价，这个价钱，基本上是房子买回来后，按现由市场价出租20年的“成本”。然后，从这个“成本”出发，你可以考虑，按照目前市场的租金，你再出租20年或者30年，这就是你房子的溢价部分。把“成本”和“溢价”相加，如此匡算，多除少补个每年出租的税金管理费什么的，大致就是你房子现在的市场价。当然，你也可以多算一些，但是你吃掉的回报太多，房子未必就能卖得出去。

这种算法，不一定科学，专家可能会认为有些霸道，但这是大致按照目前二手房市场的报价反推出来的。反正，我们是卖家，怎么开价，是我自己的事，科不科学，不是最重要的，不吃亏才重要。当然，你一定要把房子卖出去，那又另当别论了。

从小发展商看市场走势

刊于2007年12月25日《羊城晚报》B14置业投资/谋财版 约会财富栏目

年底的房地产市场，委实有些迷离，很多稍有积蓄的购房者，已离场观望。

明朗时持币离场，这是投资的金科玉律。其真理在于：场外的人永远不会大亏。不过，被动持币也有弊端，那就是总会错过抄底的机会。如果通胀继续高企，手中的货币也会缩水。对于打算购房的人们，往往也会陷入诸如此类的困境，面对飘忽不定的市场，找不到什么时候才是入市的良机。

其实，对于一个总体上还要升的市场来说，真正的低点是没有的。广州是一个正高速发展的城市，人口的扩张就像一字那么浅，因此，住房的需求永远旺盛。虽然目前的政策，似乎都在打压房价攀升，重视限价房和廉租房的建设，但是，公共投资或者政策倾斜总是有限的，就算是这些政策都一一落实，真正离“大庇天下寒士”的境界还很远。何况，房地产也像股市有不同的个股一样，有不同的产品，适应不同的投资冲动。一线贵价房、二线近郊房、二线三线之间的小面积单元，界限分明，面对不同消费力的投资者，展示着相应的市场魅力。

那么，怎样判断市场是否走稳呢？又怎样判断，市场有多少的可能下摸空间呢？从经验来看，观察三线小盘或者小面积单元价格的走势，是比较敏感的。一般来说，在这部分房子中，发展商的实力较小，资金链较短，多半是承接一些原来开发不理想的地皮进行开发，也有的是从一些圈地时间太长的大发展商分拆出来的地块进行开发，这些楼盘某种意义上都是由短线的“风险投资”组合来完成的。这些小发展商虽然都有自己的高毛利预算，但他们的脆弱性在于，无法像大发展商那样，拥有强大的资金支持。所以，当市场不明朗时，首先压低价格销售的，一定是这类发展商，特别是那些现货在手的发展商。所以，紧盯他们的价格波动，就能够确认房地产价格在微妙时期的走向。一旦这类房地产的价格大幅度让利，那么市场的拐点就真正来了。

看房地产市场，要看一线楼盘，也要看二手楼市，但一手楼盘中的小发展商，往往是促成楼市转向拐点的关键。

与地产中介打交道

刊于2008年1月15日《羊城晚报》B14置业投资/谋财版 约会财富栏目

在城市中生活，私人空间最容易受到打扰，其中之一就是来自房产中介。这个行业从业人员的职业韧性，恐怕除直销人员可“媲美”外，能出其右者，真是凤毛麟角。

不过，你可以不喜欢这个行业某些夸张的行业习惯，但是，如果你恰好有物业要处置，又或者你有能力购置新的物业，那么，面对房产中介的机会，就必不可少。

其实，无论你是卖家还是买家，只要自己心存几个原则，真正欺行霸市的中介，除非用上黑社会手段，否则，都逃不过你的手心。事实上，在二手房买卖中，价格的问题，多半与自己的眼光有关。尽管中介收益与成交价挂钩，但他最多是不积极砍价而已，一般在定价上出不了猫腻。我们要记住的是：一、国家规定，中介在任何交易中，每宗交易只能收成交价的3%作为佣金。如果中介对买卖双方都收3%，那就是欺骗。二、房产中介接受你的委托，为你提供服务，但并不能完全代替你，因此房产证的原件，最好不要离开自己的眼皮，更不要交到中介从业员手中，毕竟这年头造假的太多！三、需要身份证或有关材料的复印件，请注明有关材料的指定具体用途，并注明一定的有效使用时间。这可以有效控制资料不被滥用。四、所有的款项交割，全部通过银行划账或储蓄存折交付，避免现金交割不安全。五、有条件的话，尽量通过银行按揭，手续费并不高，但多一层的审核。当然，和任何生意一样，对中介行的实力及合法证照（包括人员证照），都要严格审核。总之，记住“证照原件不离身、转账交易最安全、复印件加上限制”等关键词吧，这虽然不敢说万无一失，但至少将风险降到了最低。

最后，不管你是买家还是卖家，你都没有理由害怕中介。有不明白，你就尽管提问和要求看资料。他态度不好，你就炒了他。当然，千万不要签什么全权委托合同，也不要认可任何不合理的罚则。对中介你永远有心理优势，而你要签署任何文字时都要问一句自己：签名后，自己的优势有没有丧失？

二手小户型价格坚挺的秘密

刊于2008年1月22日《羊城晚报》B14置业投资/谋财版 约会财富栏目

管理层多管齐下平抑楼价，总体来看应该是有效果的了，至少高炒一线楼的风气，没有像去年那样旺盛，楼价也不再有“海鲜价”那么令人瞠目结舌了。然则，有些政策并不能一劳永逸，比如银行提高按揭首付，固然对不少炒家起到限制作用，但是，那只是对狂炒贵价大面积单元的炒家有作用。对某些小户型的炒家就未必了，或者说，对转向炒小户型的买家来说，影响不大，反而给他们“创造”了某些空间。

在市场上，小户型的升值空间，一向以来总是可以预期的。支撑小户型楼价的，主要看其租金回报。租金单价越高，回报率也越高，楼价也越贵。对于大面积单元来说，供楼首付提高后，买家需要付出的现金就多，对首次投入的要求就高，没有一些实力，还真的不敢轻易下决心，因为除非自住，大户型要找到好租客，还真不容易。所以，很多被囤起来的大面积单元，多半会空置，买家只有一个盼头，那就是楼价高升。但对于小户型的投资者来说，本来单价就会比大户型的价格低，提高首付就算是增加50%，也在可预算之内；提高首付后，供楼的利息虽然高了，但每月负担反而没有那么重，这实际上就给租金收入对冲成本拉开一定空间。诚然，如果在楼价不变的情况下，买楼付出的款项看上去变化不大，从首付从资金的动态付出也没有减少，但是，由于利息成本的减少和供楼时间的减少，从投资角度看，小户型的回报，显然比大面积单元来得灵活，时效也更高，何况，策划得当的小户型的租金，随着需求的增大，步步高走应当不成问题。因此，在特定的政策背景下，小户型房子便会被敏感的投资者盯住不放。

事实上，在二手市场，我们会看到大户型的楼价下走已经有了很大松动，但质量和位置好的小户型价格依然坚挺，甚至有略高的倾向，这就很有说服力。

可能是最精明的租赁合约

刊于2008年2月19日《羊城晚报》B14置业投资/谋财版 约会财富栏目

讲到商业行为，不免就要讲到算计。尽管市场上都知道，买卖双方都是平等的，但在一般的住宅租赁当中，谈判的过程，并不是都很规范，所以，留下的“有心算无心”的空间，还是很大的。我有一位朋友，经营着几间不大的小户型住宅，算是个食利阶层了。开始，我对其人并不了解，稍微了解他的主要经济来源也就是所谓财产性收入之后，我总是诧异于他租房的价码。表面看来，他的房子总会比同级的房产，要租贵那么一两百块，而遇到市场价格上升时，他又总能稳妥地同老租户解约，安安生生地找到新租户，然后用更高的价码，把房子租出去。

其实我的朋友并不是“黑社会”，只不过，他是一个非常细心的有心人，从他手里签署出来的租赁合约，对于租户来说，简直到了“没有天理”的地步。

在这份合约中，一套单元并不是笼统报价的，而是对厅、房、厨房和厕所分别报价，尽管总报价大概也是每月3000多元，但与普通合约不同，由于他把各空间单元分别报价，就可以按照租户的心理，加以一定的调整，当然，租价也就相应会贵一些。我的朋友承认，虽然总租价仍是3000多元，但“多”多少，就可能是每月几百块的差别，小数怕长计，一年算下来，可能就是两三千元。

另外一个堪称“典范”的地方，是他的合约还有个附件：他把房子的所有设备，包括进出水口、用电口、煤气口以及窗户、门拉手之类的，都像宾馆那样列一个价目明细表（有一份合约甚至细化到厨房的瓷片），要求租户每月清点，不得损坏；如有损坏，应及时通知业主，业主可派人维修，工本费当然由租户负责，如不能及时通知或维修，则业主可在保证金上直接划付，划付后租户又必须有义务补足保证金，如在一定日期内租户不能及时履行有关约定，则可以解约并有可能没收全额保证金。这个附件对于较粗鲁的租户来说，简直就是一个“紧箍咒”。万一价目表上的东西有了损坏，那可就是个大麻烦，这个大麻烦可能是隐性的，业主不追究，没有什么，追究起来，那就可能要终止合约了。

发现世界上还有这样精明的人，你能够不服气吗？

让租客帮你“养”房子

刊于2008年3月18日《羊城晚报》B15置业投资/谋财版 约会财富栏目

小业主投资物业，不外乎有两个期待：一是希望物业升值，当不动产到了需要动的时候，成了只“大金牛”。二是物业能租个好价钱，每月的回报至少高过利息，让投资成了只“下金蛋的鸡”，让自己真的成为“食利阶层”。

出租过的物业可能会贬值，这是很多人的看法，因为房子出租就会有损耗，不少人认为，在二手市场，自住房会比出租房更容易成交。其实，这个看法不对。大凡房子，民间上都讲求“有人气”，房子长期不住或没有人住，是不会熟的，不熟的房子，看上去会显得生冷，人们不容易产生好感，这玩意儿有些玄，道理上一时半会说不清楚，但在房产行家那里有个讲究，那就是房子有没有亲和力，乃在于用进废退，房子拿在手里不愿出租，不单收不回利息，而且房子还会生。所以，有多余的物业在手，最好能找人来租着或住着。这有点像买紫砂壶的人养壶，太生的壶，就算是名家手工，有时还是比不过有年份的老壶。

事实上，如果物业不是遇到长租客，每年最好还是保养一下。很多业主的物业平时不保养，宁愿卖房子时，找家草台班子的物业公司粉刷一下做做表面功夫，就打算卖个好价钱。殊不知，当你需用钱时，遇到一些耐心而又老练的买家，总会找到理由砍你的价，结果，花了装修钱不说，预期的心理价位也没有达到，白忙乎了。但如果你的物业每年能抽个时间对管道、排污、电力等环节维护一下，花费不多，但会消除隐患，保证房子有良好的状态，遇到好价钱的年份便可以随时出售，必要时甚至可连租约一块儿卖，也是很好的要价条件。

能够保持有人常住，实际上能够不断发掘房子的内涵，这个内涵很多时候就是房子的个性，它与别的物业相比不同的地方。而保持适当的维护，一方面是对这些内涵的固化，另一方面也是对品质的维持。把出租作为一件“养房子”的事情来办，你会发现，房子出手时，你的议价能力甚至比中介还强，你的出手时机也会比没有“时刻准备着”的投资者来得准。

异地购房，不妨换换脑筋

刊于2008年4月1日《羊城晚报》B15置业投资/谋财版 约会财富栏目

城市中的房价，貌似降了下来。当然，这是在加法题的基础上，做道减法题显现出来的。于是，趁高出货还是趁低进货，又成了中小投资者的选择题。

我还是那句话：房地产终归是不动产，需要积淀大量资金，如果不是为了保值，还真不一定是投资的最好去处。许多房子，出租几十年才收回成本，时间还真有点长。所以，买也好，卖也好，需要时就是最好的时机，这是个无须长考的命题。

事实上，在不少小业主那里，买合适自己腰包的房子，已经是惯性思维了。而随着交通发达，人们生活圈的日益扩大，许多人的眼界也开阔起来，异地购房的业主也越来越多。

异地购房是个颇超前的理念，操作者看好的是未来的升值空间，是对经济有信心的一种表现。而很多二线城市的房价并不稳定，尤其在目前市场背景下，下调的幅度肯定会比大城市来得多，因为小市场的发展商实力有限，经不起折腾。因此，异地买楼也有风险，投资者要做出以下几点判断。

一、要判断所选楼盘在当地的规模。太小规模的楼盘容易烂尾，就算不烂尾，交楼后在物业管理等方面也可能会出现问题。所以，还是选择“当地名牌”比较可靠。

二、要判断所选楼盘的地头，千万不要太过荒郊野岭。毕竟，房子的主要功能是出租和等待升值的，还是不能贪图便宜。在小城市里，人气地王委实不多，城市的发展也不是太快，你的投资已经省了地区差价了，不妨扮扮款爷款姐，来个“越旺越贵越买”，这样才能较具灵活性。

三、最好能够摸清当地租金情况才买房。在二线城市买房，并不是越大越好，也不是越小越好，而是合适出租就最好。房子买大了，回报率低；买小了，对出租对象又框得太死，很难抢占高端。

换地方买房子，也要换脑筋。你是为那个城市的人买房，他们才是用家，而你不过是个投资者，吃的是租金和升值回报。所以，不能太自我。

千万要防失控“二房东”滋生

刊于2008年4月29日《羊城晚报》B15置业投资/谋财版 约会财富栏目

“二房东”是个神憎鬼厌的名字，在坊间的字典中，这个词大概和后母、泼妇、掮客、三姑六婆等一样，在很多的语境下，承担着撒旦般邪恶的角色。在不少反映旧时代的文字记载中，“二房东”对于租客是气势汹汹的，常常逼得欠租缓交租者走投无路，很有一副大恶人的嘴脸。另一方面呢，在真正的业主面前，一般情况下，总是堆着一副笑脸，很有些奴才的“觉悟”。

当然这些看法，都是旧时代的痕迹了。其实，说穿了，所谓“二房东”，相当于一个有限代理的角色：拥有产权的业主，有限地让渡出部分权利，通过“二房东”这个角色来执行或实施，而“二房东”利用一定的差价牟利。如此而已。不过，在具体的执行中，“二房东”也有“主动出击”型的。有的租客利用与业主之间的长期租约以及租约中的某些弱点，常租了房子之后，高价转租出去，来个“妹仔大过主人婆”。这样的“二房东”往往是个祸害，因为这一类的“二房东”多半要吃业主“夹棍”的，精明的业主，往往要防范这类恶客的滋生。

事实上，如果没有有效的合同约束，没有严格的权利界定，不签长期合约，是一个比较明智的做法。作为一个小业主，要明确保护自己的一些做法。一是绝对不要把房产证单独放在租客手中；二是绝对不把房产的全部处置权，委托给他人；三是任何人或法人签约都要有租约时间的限制；四是收款交收的时间和可选方式以及处罚规则一定要有约定。

其实，到目前为止，世上最恐怖的“二房东”，是在业主不知情的情况下，高价把房子租了出去，然后他一边敷衍欠业主的租金，另一边又收取下线租户高额的租金。业主稍不留神，上下三五个月的租金收入，就很可能被卷逃。另一种“二房东”更形同设局诈骗，那就是利用手里某些业主资料，同时对几个租户收取定金，然后一走了之，给业主留下一堆麻烦。实际上，不管何种形式，房产租赁中出现租户派生“二房东”这种行为的隐患，业主不但有经济上的损失，而且，应当反省的是，“二房东”能在业主不知情的情况下，有办法处置了业主的物业，这就是很严重的问题。而如果他的处置竟然还可能“合法”的话，那业主就更要小心补上自己在房产租赁中的某些操作上的法律漏洞了，否则，被人卖了，还可能被蒙在鼓里。

第八辑

唐螂有话

TANGLANG YOUHUA

——为《羊城晚报·时事评论》版撰写的专栏文章及首席评论

8

转变增长方式才能破解“N连跳”迷局

刊于2010年5月27日《羊城晚报》A2版时评

富士康N连跳的问题，站在法律层面上看，并不是企业管理有缺陷出问题，而是企业在经济链条中的产业属性有问题；站在人道主义立场看，不是员工的物质生活待遇出问题，而是企业的员工的精神生活出了问题；与此同时，从社会进步角度上看，也不是社会发展本身出了问题，而是产业发展的模式有了问题。

昨日，像中了诅咒一般，在数百中外媒体的聚焦之下，在董事长郭台铭“除了道歉还是道歉、除了痛惜还是痛惜”的鞠躬身影后面，备受国人关注的富士康，在连续十一跳后，再次传出决绝一跳的噩耗。不绝的悲声传来，已经使“代工王国”富士康的管理社会形象，推向被社会良心反复拷问的低谷。

无论是社会的关注，还是学界的质疑，绝大多数最后将落点都放在了这个“超级代工王国”半军事化的管理模式和生产线上的“人机对话”压力，对人的心理的摧残之上。当然还有很多的论家，也从心理学、社会学等各个方面来解剖这个标本。然而，对于一个企业来说，只要站在守法的平台上按照自身的经济发展方向去经营，我们对于企业以及企业的经营者似乎就不能附加更多直接义务。所以，董事长郭台铭前来致歉之后，舆论的指责就开始变得无的放矢了，而郭台铭也敢于带领着拿着放大镜的记者们，展示他那有数十万员工和庞大的园区的王国。

毫无疑问，作为把“代工”做到了极致的富士康，在其经济发展和管理科学的发展中，以其在内地创造就业80余万人、连续七年踞内地出口之首、2009年在《财富》杂志评出的全球企业500强中位占109位等佳绩，自有位置。但正如本报《富士康能否跳出“代工陷阱”》的评论所言：“正是集权式的管理方式让富士康比竞争对手更具成本优势，从而成为‘中国最大的出口企业、世界最大的电子产品合同生产商’，然而，富士康的成功之处也是其困境所在。”事实上，上世纪发展起来的高强度的劳动密集型企业管理模式与本世纪现代人的精神需要之间的矛盾激化，从这个“代工陷阱”标本中，正显示端倪。

有学者指出，只要展开视野我们应当意识到，富士康N连跳的问题，站在法律层面上看，并不是企业管理有缺陷出问题，而是企业在经济链条中的产业属性有问题；站在人道主义立场看，不是员工的物质生活待遇出问题，而是企业的员工的精神生活出了问题；与此同时，从社会进步角度上看，也不是社会发展本身出了问题，而是产业发展的模式有了问题。显然，这已经部分触及我们为什么要把产业升级看作迫在眉睫的战略的实质。

开放改革以来，在珠三角企业发展中的普遍现象，是劳动密集型的企业，依靠着劳动者高强度的加班“代工”赚取第一桶金。时至今日，社会发展的需求，供给市场的变化，劳动力素质的提高，实际上都使得我们面临产业升级，尽快实践生产方式的转变和产业的转移。作为一个标本，在社会发展的长廊中，从一个崛起的神话，蜕变为一个使管理神话可能幻灭的寓言，根源也许不是富士康本身，却提出了一个企业和社会都不容回避而必须做出正确选择的问题，这就是增长方式的转变，可持续的发展。事实上，用更广阔的视野来比照富士康N连跳所提出的问题，我们可以更深切地看到和感受到，广东转变生产方式，倡导和推动产业转型升级，不也是同时破解“富士康迷局”的有益探索吗？

广州“庙会红”的味道

刊于2011年4月6日《羊城晚报》A2版时评

广州市今年以来最“火红火绿”的全民街市嘉年华活动，除了过年的花市之外，当属越秀区的城隍庙庙会、黄埔区的波罗庙“波罗诞”庙会以及伴随清明节小长假来去的荔湾区仁威庙“北帝诞”

庙会。这些吸引着成千上万市民寻寻觅觅尽情徜徉，力图展现城市传统民俗菁华图卷的庙会，一项比一项色彩斑斓，比拼着组织者们对城市文化的挖掘和重新认同；而市民们则又感叹又新奇，在现代背景下寻找传统，在传统氛围下认知现代。一时间，广州劲吹庙会之风，堪可称之为广州的“庙会红”。

这个城市老庙会呼啦啦地出现复兴，其实并不是偶然的。成功举办亚运之后，广州这座城市的市民，不约而同地对自己的城市升腾起一股自豪之情，人们开始为城市定位，思考城市的自己的过去和未来。在这种思考的躁动中，怀旧之风勃然兴起，巴不得把过去的城市辉煌，一一演绎在后辈们的眼前以期获得期许和传承。怀旧既是对文化底蕴的一种追溯；同时也包含着害怕文化流失而无法传承的焦虑。从而，在“怀旧运动”的种种社会现象和社会行为，其实全都包含有急切地让流失或可能流失的文化精髓回归的深邃意味。

广州是个有两千年历史的城市，翻开这本历史之书的任何扉页，都可以令乘怀旧风唤起之机，捕获名或利的人掩卷沉思，找出富有仪式感又能吸引眼球戏码来“盗版”、“翻唱”一番，从而显示自己“能复古”、“有文化”，同时“经纶满腹”的所谓“大历史”情怀。然而，在广州，在这个开放包容而又平民化的城市，人们没有从古代的“礼”和庙堂之上的图腾祭祀中吸取营养，峨冠博带地再现封建时代的官场画面；用纳税人的钱，摆布一场场拜倒在种种文化图腾面前不仅劳民伤财而且与百姓无关的“公祭”活剧。相反，他们从平民化的春社庙会入手，演绎出一幕幕人人能够参与的繁荣祥和的现代《清明上河图》！

公众性的有历史传承意味的大型民众活动，往往是一个城市的名片之一。如西班牙的斗牛节、墨西哥的辣椒节以及洛杉矶一年一度的公众巡游，都历史悠远，它们既展示旅游特点又彰显不同民族的个性和城市的精神。亚运会后，广州城市经过大规模的建设和整治，正犹如涅槃的凤凰，展示出它的城市之美，而这个美轮美奂的空间，正是各种民俗民生活动的最佳舞台，譬如重建的城隍庙又或者修葺一新的波罗庙以及脱胎换骨的荔湾涌，不都不约而同地以公众性的庙会，向世人展示自己崭新的城市文化存在吗？从来，一个城市的文化名片都是在具有大量公众参与的广泛认同中，才成为经典并历久弥新的。愿广州这种平民化的“庙会红”红遍中国红遍世界。

两种“扎堆儿”

刊于2012年10月22日《羊城晚报》A2版时评

省府门户网站开通网上办事大厅,登录上去还真是个扎堆儿能办事的网页。虽然没法马上知道真正效率怎样，但光浏览,的确能把一个公民或者企业法人与政府具体部门的一般性互动，包揽无遗；其人性化和友好程度，在目前内地政府公共服务网站中，应是屈指可数。

城市规模越来越大，公民们要办成件事，跑上跑下，委实费时费事。省府门户网站开通网上办事大厅，把45个部门的大部分公共服务事项，公开在网上。人们通过网上服务，便可申办有关事项，此事功莫大焉！特别看到政府门户网站首页上“办事大厅”的项目占据着大面积的位置，心是暖的，或者这才真正是“公仆精神”的回归。

政府部门在虚拟世界中建立对现实生活有直接影响的服务，并让其“扎堆儿”一站式服务，这是公民的福祉！但在现实生活当中，某些个别官员推动的“扎堆儿”的事情，就未必乐观。起码，在按照规范的程序没有征得公民的民意之前，在未能公开和讨论透彻的科学论证的情况之下，便放卫星式地祭起来的那些无厘头“扎堆儿”事项，就往往令人瞠目结舌。比如，心血来潮拍脑袋搞什么“城”、搞什么“街”之类的，甚是雷人。更有甚者，这些“街呀城的”，总是喜欢把传统或者好生生的“旧”物“拆了”，仿佛最后非要民声鼎沸，才感到“心满意足”。

政府官员，手中握有公民让渡的权力，自然也便于行“扎堆儿”之事。但是，这权力行好了，顺应民意了，“扎堆儿”颂扬之声，自然滔滔不绝；但如果那“扎堆儿”之事，与民意和客观规律背离，那就只好“扎堆儿”地背负骂名。行什么样的“扎堆儿”之事、怎样行“扎堆儿”之事，是官品官声好坏的分水岭。

五仙门“一把火”

刊于2012年10月26日《羊城晚报》A2版时评

日前，广州五仙门发电厂旧址发生火灾，7辆消防车耗时一小时才扑灭。初步消息表明，是一楼商铺店面失火。

这则新闻事本寻常，一如既往，无非是“秋高物燥注意防火”的再次应时警示。不过，由于该地是市级文物保护单位，在老广州看来，是个“情根独种”的标志性建筑，因此，成了城中热议的话题。

五仙门发电厂旧址之于广州，重要性也许不及沙面和海关大楼，但与总工会旧址（现少儿图书馆）的地位，大致相等，在上个世纪，广州有不少大事能和五仙门发电厂牵上关系。而光冲着广州的工业发展史看去，它也应该是一个有纪念意义的地标；五仙门发电厂旧址，更与广州的长堤息息相关。只不过这些年长堤的风华，已被许多广州新的风情胜地所隐没，才退居广州人如数家珍的絮叨之外。不过很难想象，当人们在珠江夜游时，看不到五仙门发电厂旧址，又如何唤得起对这座城市的历史感呢？广州的海珠桥不断地重修，但海珠桥又怎么离得开五仙门发电厂旧址呢？城市需要历史，而历史则是连贯的，只有像串珠那样把有历史感的文化和发展标志锁定下来，所谓的历史名城，才变得可触摸，可观视，可沉淀。

五仙门发电厂旧址的火灾，原因正在查。但不容置疑的是，这个文物保护单位，被用作普通的商铺出租了，虽然没有法律规定，类似的文物单位不能用于商业用途。但是，目前广州类似的市级文物单位不能用于公益或公共用途、随意改变格局的情况很多。诚然，许多文物的产权问题千变万化，不宜一概而论和随意干涉。然而，随着城市文化发展的需要，为什么不能通过公共资源的倾斜，尽量让那些已经列入保护范围的文物或者标志性的历史建筑物，用于公共或公益的用途呢？

广州有则串联地名的顺口溜：“一德路、二沙头、三角市、四牌楼、五仙门、六榕寺、七株榕……”这里面的四牌楼（解放路）早不复存在，三角市也挪了窝，二沙头面目全非，七株榕也“名存实亡”，这些本都是城市的回忆，至少可以立一块纪念碑吧？对于文物的保护，实际上是对历史的一种抢救，永远是刻不容缓的。我们对其未来的方向和用途，不要总是停留在研讨和协调中。

故障后的地铁口碑

刊于2012年12月29日《羊城晚报》A2版时评

不敢下结论说广州的地铁故障率比较高。但在广州看新闻，不时总有地铁又在啥地方出现延误了，被网友或乘客吐槽的新闻。

我相信地铁管理方对故障频出也很纠结，出毛病并非自己所想；其实管理目标之一就是要避免故障，但故障还是不断地来。更委屈的是，每次故障的原因都不是人为的，而且，故障常出常新，没有重复着来，很有些“非战之罪”的样子。

作为服务单位而且是窗口单位，出故障耽误乘客出行，导致人家工作生活不便，被吐槽是必然的。事实上，哪怕你的“状况”花样百出，原因“千奇百怪”，但对于乘客的感受都只有一个——那就是耽误时间。在这种情况下，哪怕是最通情达理的人，嘟囔几句表示不满也在所难免。何况，地铁方面一般对故障之后所下的功夫，通常不会做到人客的心坎上去，自然就被喷得“一面屁”、骂得“周身蚁”……

其实，地铁要面对和满足千千万万人的交通需求，在这个环境里，人的权益意识是最为强烈的，对于提供服务的一方，人们的权利要求边界，往往也是最为苛求的。地铁方面如若希望改善舆论环境，满足人们的苛刻需求的办法并不多：要么，绝对不出故障，绝对不耽误服务对象的时间。这是一种管理的境界，圆满地按照服务契约运行，不出任何纰漏。其次就是建立一种“容错”的机制，这种机制就是众所期待的“事后服务”。

所谓“事后服务”，讲到底只有两条：一条是“讲清楚”，另一条是“做到家”。常看到的新闻是地铁方一个劲地道歉，从未能很有说服力地讲明原因。说实话，地铁出了那么多次的事故，哪有一次把事故调查报告详详细细通俗易懂地向公众说明过一次呢？不错，有时地铁负责人也曾“作秀”似地道歉了，也在某些公告中轻描淡写地用几个晦涩的技术字眼“很专业”地解释过了，但人们并不领情，没觉得有什么诚意。所以说“讲清楚”要贯穿到整个事件的最后。至于说“做到家”，那就是执行“应急”预案时人性化一点，工作人员在紧张的情况下人性化一点。我们承认，在地铁环境中，人群紧张拥挤在所不免。但在讲明原因的情况下，人们的困惑一定减少，更容易配合。人是智慧的生物，也不能像鸭子似的驱赶……总之，要站在乘客立场上设计应急的预案，而不光站在地铁“管好”乘客的立场上来实行分流，真心实意地把歉意融入每一个工作人员的肢体语言当中。

地铁是一套整合各种元素的运行系统，不出错是不可能的；但它出错之后还能保持自己的口碑，也不是不可能的。我们期盼着！

为难自行车?

刊于2012年11月2日《羊城晚报》A2版时评

城中公布了十几条有关自行车违规的罚则，大抵上是根据国家《道路安全法》的规定梳理出来的。其实广州上世纪80年代出过一个自行车管理办法的，但到90年代末废止了。大概是因为当年并没有预见到自行车在城市中会回潮，更没有意识到，环保和绿色出行的理念，给了自行车一个广阔的生存空间和坚定的存在理由。

若干年来，城市发展中对公共交通发展的推动，有关部门是不遗余力的，市民有目共睹。不过，我们的有关部门，决策上并没有睿智到“凡事皆留一线”的地步，在道路的规划和分类管理等方面，对用自行车出行的一族，一直采取边缘化的政策，以至于很多的路面，对自行车的引导和标示，不是名存实亡，就是支离破碎。怪不得，冷不丁地又要对自行车违反交通规则执行处罚了，招致市民的一堆非议。

从以自行车出行为主过渡到以公共交通出行为主，是进步！但部分人重新选择自行车出行，观念上算是一种“螺旋上升”的更进步吧？由于未能预见到这种“升华”，忽然发现，倘若大量自行车的涌现，势必影响和干扰到以汽车为主（特别是小车）的交通路况，加上不少自行车的违章穿插，更令城市险象环生。恐怕重申这十数条的罚则，多半是希望以阻吓来令自行车行者归于有序吧。

逻辑上看好像很简单。但是，事实上这只怕是一厢情愿的粗糙的管理决策。在公共管理当中，凡订立规则必先要建立一个系统，而系统运行则方能用规则去调整，城市中且不说没有一个完善的给自行车行者运作方便的系统，连保证安全出行的空间都尚不完善，又怎么能保证他们不逾矩不违规呢？现今在没有因势利导的条件下，要实行这些罚则，依我看首先是警察和协管员们“悲催”了，防不胜防的“违章”一定会满街皆是，到头来肯定会出现资源不足和法不责众并存的结果。其实，决策部门现在迫切要做的是给自行车出行更多的规划，健全一个完善的行走系统。同时给予更多的出行指引，才能创造出一个有利于人人按章出行的氛围。

城市中既然要选择那么多的交通工具出行，现在又要建有轨电车了，多种交通工具并行的结果，就是要让所有的出行者公平合理分配资源，一个现代化的城市，要容得下自行车。

节日的“过法”最好别一本正经

刊于2012年11月12日《羊城晚报》A2版时评

11月11日，传说中的光棍节！这个无来由的节日尚属“草根”，但在城中已搞得阵仗很大：大概没有年轻人不知这个日子；大抵上前卫一点的商家食肆，都会在这天有应节促销；以青年消费者为主体的网商，更是推出以亿计的优惠，聚拢网购人气，把个11月11日硬拨弄成个“经济事件”，使无孔不入的媒体无法置之不理……

这些年“非传统”、“非官方”的“节日”，进入主流语汇和抢滩媒体的潮流，奔涌而来，这些节日堪称草根的狂欢日，这些节日里人们花样翻新创意不断，丰富着商业市场，也增添着人们生活的色彩。起初，人们还试图寻找中外节日之间、传统和舶来节日之间的共同点。可是若干年过去，恪守传统的那部分人发现，尽管许多年轻人对传统节日还是充满憧憬的，但更多的带有迁就老辈人的色彩，老节日除了农历年之外，像清明、端午、重阳这类节日，已经是仪式多于由衷的内容，变得不那么充满活力和青春气息，当年怒马踏青、曲水流觞、登高插花的那种气势，已经有些暮气沉沉。反之，什么情人节、光棍节、感恩节、万圣节、圣诞节等跟中国传统节日多少不搭调，甚至被贴上“外来文化”标签的节日，却在城市中深入人心，以至成为城市中商业文化中不可或缺的部分。一年到头，只要商家们祭起某个节日的旗号，城市的欢快气氛、税收增量、市场人气、销售份额，无不有个令人满意的结果。

习惯于传统节日氛围的部分人不免百思不得其解，甚至郁卒：得出个世风日下、传统无继的结论。其实，节日的兴衰，与世风的走向，关系实在不大。历史上很多的节，是根据纪年、记节气，或记某些历史事件等的“需要”慢慢形成的，广州过去有个逢五逢十的“圩日”，实际上是农耕社会形成的农副产品约定的定点买卖的日子，这个圩日，不妨也可叫“圩节”。

其实，正如在英文当中，什么节就是什么day（日），也就一个主题日，如此而已。可是，眼下在我们的传统节日“过法”中，过着过着，就过出各种道德和伦理的仪轨来，一定要尊什么、崇什么；节日的推手们，更越来越把节日往道德高地上推，更热衷于动用公共资源把节日神圣化道德化贵族化，却把传统节日中的平民化和聚人气的根基给慢慢抽去了，是以某些传统节日变成令人生畏的道德遵循日。这，观念崇尚多元的年轻人自然不爽。其次就是，所谓节日，在城市中要操办起来，必先要有经济或者说商业的支持，把节日往道德高地上推，但道德是属于上层建筑的，来不了钱，这节日的资源，便越过越少，人气也就难以为继。

过什么节，需要一定的节日意义这不假，但切忌把本来可以放肆和狂欢的日子，过成一种仪式化僵化的程式。比如教师节、护士节、劳动节这类日子，设计“过法”的时候，为什么总要向会议、典礼方面靠，而不能够更自由更飞扬地让节日当事人更自主一些吗？节日怎么过，本来不应该是个问题，只要人们把节日的内涵或主题记住就行了，但如果规定每个人节日的“过法”，那就不叫作过节，而叫作“集会”了。节日的生命力在于其开放性和包容性，但愿我们的每一个节，都是一个真正无拘束的主题日。

求职时最好是本色

刊于2012年11月19日《羊城晚报》A9版时评

今年首场大学应届毕业生供需见面会在暨南大学开过了，共有120多单位携2500多岗位进场，见面的主角有1.5万名大学生。又是一个僧多粥少、群雄争战的局面。用陈词滥调来说——就业形势依然严峻。

据报道，不少单位的人力资源官反映：许多学生的答案惊人一致。面试时很多学生说话有套路，让HR觉得“很不诚恳”，“100个学生里会有90个学生答同样的优点和缺点，问他有什么优点，他就说‘认真细心’，问他缺点呢，他就说‘对事情太认真，以至于有时候有点纠结’”。

千篇一律的答案与千篇一律的着装加上千篇一律的个人简历，在历年的供需见面会上屡见不鲜。学生们被如此格式化，可说是惨不忍睹。也许是大学就业辅导中缺乏合理的就业指导，也许是就业市场上被滥发滥印的所谓“就业圣经”所荼毒，应届生们是直把供需见面会变成“职场秀”了，以为走走秀、过过场就能够把面试官唬住，就能够令应试时刻变成“见证奇迹发生的时刻”。

不晓得汗牛充栋的面试经济学产物是怎样教导学生的？也不晓得那些象牙塔中的老师们又是怎样把“职场求职”描述为“江湖”的？事实上目前大学生就业当中，很多“面试包装”都不免有着丝丝作弊的味道：最简单的是ps照片，结果令照片与本人形成巨大的反差。最繁复的则是让理工学生尝试把自己弄成表演系毕业似的，一口戏剧腔……连面试官也毛骨悚然。

把供需见面会描述得异常复杂，其实是误人子弟。供需见面会没有什么技巧，本色就行。

其一，用人单位参加供需见面会是要有成本的，并有特定需求，不可能吃饱了撑着是招聘会都派人去。因此，用人单位心目中的人选标准是固定的了，他只会因为来人比原定标准更优秀，才会做出微调。所以，你是无法知道自己是否比标准更优秀的，你只要把你的最优秀的特点展现出来就好了。正如汽车驾驶员一样，你通过车灯运用等约定俗成“语言”，告诉别的司机你想干什么或者知道他将干什么就行了，不必额外多做些自以为华丽的不相干动作。

其二，从校园到生活当中，最大的考验并不是你有没有什么技巧，而是你有没有基本的生活常识和生活的礼仪，你的自信度是来自于你的学业还是个花架子？事实上，来招聘的面试官全都是老狐狸了，你有多少斤两，是否够秤，一掂量就心中有数。刻意为他们加道菜，反而会弄巧成拙。

求职是干什么？就是看人家需不需要你，人家需要你，目的也很简单，就是雇个能用的好人。所以其实花很多心机把自己包装成不是自己，实在是缘木求鱼。试想，正如面试官们反映的，所有人的回答都相似，天哪，那又怎么能显示出个性来？为什么有面试官觉得有的应届生不够诚恳？因为你在装X。网上有个格言说“装X被雷劈”！生活中又何尝不如是？求职是自校园走入现实生活的第一步，这一步不需要什么技巧，只需要时刻准备着。

求职供需见面会上，最好做一个有底气有礼貌本色而不令人讨厌的人。

让普通业主也能“自救”

刊于2012年11月22日《羊城晚报》A2版时评

广州市新的物业管理办法正在向公众公开征询意见，这是对2001年公布的另一份比较粗糙的物业管理办法进行修订后拿出的新办法。学界和业界对新的物业管理办法是乐观其成的：评论者大体上肯定的地方很多，关注权益的，肯定其将“一切权利归于业主”；关注实操的，自然注意到其对“前期物管服务”的详细界定。总之，洋洋97条之多的“办法”，从制定法规的角度看，亮点无须赘叙。

不过，以一个小屁民的眼光看来，总觉得这份物业管理办法，有相当多篇幅不是讲物业管理服务的，而是讲怎么管理业主委员会的。办法有煌煌97条，其中有47条是关于业主大会和业主委员会的。我的天啊！这是业主委员会组织法嘛，哪里是什么物业管理办法？立法宜专不宜泛，选“业委会”和管物业管理服务是两件事，虽相关但不搭界，分开来制订办法就好了，咋的一定要拧在一块儿？看着颇令人“肉紧”（纠结）。而且，整份办法好像在暗示：业主维权，非要通过业委会不可。普通业主如何单独维权，在这里反而扑朔迷离。

从法律意义上，业委会和业主，权利上并无差别。站在物权法立场上，只要是业主，拿着房产证，应当就可以跟物业管理机构讨说法。在我看来，一个行之有效的物业管理办法，不在于它是多么华丽和繁复，而在于其简单明了和便于操作。物业管理办法，目的主要是规范物业管理服务行为的，那就明明白白地规范好了，而且这种规范，更要便于自然人监督和业主以自然人的身份去维权。让普通人也能自我救赎，这才是最优的管理办法制订精髓。

目前在物业管理服务中的纠纷，主要是物业管理公司在拥有一定资源的情况下，过于强势，以至于把业主“托管”和“让渡”的权力，异化为侵占业主权益的“资源”。正是在这种背景下，通过“业委会”等社会组织，强化业主维权的自救能力，才成为社会的热点。

其实，我们制订一份繁复的管理办法，不如建立一个便于普通业主也能方便地促使物业管理服务机构合法合理运行的机制。在新的物业管理办法当中，管这档子事的部门不少，但这些部门真正能起作用的，恐怕是那些对物业管理机构有处罚权的部门（这种部门并不明晰）。给物业管理服务机构制订一个章程不是难事，问题是怎样便于业主取证，从而能对物业管理机构按章监督；同时这种监督又能够便捷地通过管理部门立竿见影地对物业管理机构进行罚则干预。在新的物业管理办法中，这种机制有点闪烁其词。而且对物管部门的罚则太少，也没有罚则的标的，维权人没法看到维权后物业管理机构最终要承担的经济后果。

对广州市新的物业管理办法的无语，并不是反对这个办法，这个办法亮点还是不少的。只是觉得这个办法的明了性实操性很是不够，希望能够锦上添花。要知道，并不是所有人维权都能请得起律师，劳烦得了业委会的，最好的业权人维权路径是投诉像报警一样方便，处理结果像领导批示后一样雷厉风行。若果真能如此，则管理办法才真是善莫大焉！

珍视城市的“味道”

刊于2012年11月23日《羊城晚报》A2版时评

广州近日有若干带争议性的话题颇受关注。都是由政府提出或决定之后，被市民挂在嘴边嘟囔不已的。比如，燃放了18年的年宵焰火被取消了；春节花市要延续到正月十五；“市肺”白云山的肚子上打算开挖隧道；若干代表性的城中建筑要翻修改造、海珠区要兴建轨道电车……话题不一而足。当然，有些是已不容置疑决定要做了，有些还在征求意见，也有些是步入“正在进行时”的规划进程。

政府决定成为城市议题让市民讨论，城市的任何话题市民都愿意加把嘴，这是大好事！对这些正向和反向的议论，好听的难听的，希望政府都听一听，兼听则明嘛！当然，很多的议论未必改变得了政府的决策，但多种声音，多种利益博弈，最后的妥协结果，应该就是“和谐”吧。

抛开具体议题，也先勿论观点的正反，诸多议题的诸多落点，都不免谈到城市的“味道”和“传统”这些问题。不放焰火，觉着没有了热闹；花市延时，觉着颇有行政色彩；而旧建筑的翻修，免不了一个拆字，最后落个“假古董”；至于白云山修隧道什么的，对环境的影响难以预计，不少人心里好像也接受不了在市肺上扎一刀。真是说千道万，离不了“味道”的议题。

这个所谓“味道”问题，其实很“文化”。或干脆说就是个城市文化保留的问题。在欧美或港澳，这个“味道”问题，不见得总挂在百姓嘴边，仿佛这是个不言而喻的问题，而行政决策，往往会小心避开这些个问题逐步实施。不知道是不是我们的行政效率特别高的缘故，很多决策都“说到就做”，缓冲余地反思余地的空间，反而显得狭小。比如恩宁路的拆迁改造的反复，其实就是一个令人慨叹的先例。

城市建设要发展，但发展的同时要保住其历史传承。这就是百姓心中希望保留下来的城市“味道”，以现代化名义把城市弄个底儿朝天不是本事，现代化以后还能在城市成长轨迹中追寻“无一处无来历”，这才考验执政智慧。我们很多涉及城市传统和文化的元素，其实在官方的文件和施政思维当中，总是常有常叙的。但是，真正系统性的参透，就未必能见真章了。

我们谈粤曲粤剧，自然要牵涉到它的舞台、土壤以及物质空间；谈历史建筑就要具体到骑楼；谈岭南风格就可能触及土地和建筑的规划；谈粤菜小吃就有可能牵涉城市的布局和税收；谈“万亩果园”和白云山就要论及各种公共资源的长期独立支持等。如果不能把保留城市的“味道”渗透到每一个决策的毛孔，我们的城市就不可避免地异化成一个“不再是广州”的城市。我们目前最值得思考的发展命题之一，是如何在每一项发展当中，都为传统元素保留一个涅槃重生的空间：传统节日的移风易俗如是，旧城改造的规划方案亦如是，国际大都市的成长建设更应如是！

珍视城市的“味道”，实际上是珍视百姓的心理和感受。正是多种的城市传统“味道”的汇合，构成我们对城市的感官特征的识别；没有味道的城市其实是没有传统文化的城市。保留城市“味道”的微妙在于过细的调研，审慎的决策，同时还需要时间的磨砺。在扶掖城市的发展当中，首先要科学，才谈得上发展，而立体地保住城市“味道”的发展，应当是最大的科学。

“速成鸡”是个监管“课题”

刊于2012年11月26日《羊城晚报》A2版时评

网搜“速成鸡”这个词，很热！目标的指向，是“山西粟海集团”推广“45天成鸡”的公司+农户生产模式的广告神话；其次就是部分“鸡源”来自粟海集团的肯德基、麦当劳；然后是喷发而出的各种评论。“速成鸡”成为网络热词，恐怕是毫无疑义的了。

洋快餐如肯德基麦当劳之类的生产原料受到质疑，在其老家美国，早已有之。上世纪七八十年代，就已出现电视纪录片，质疑其“速成鸡”和“规模鸡”有问题，一些医学营养界人士，更是把其产品，堂而皇之地列为垃圾食品。不过，这些洋快餐照样扩张，活得很好，还很受很多小朋友追捧，许多父母也并不排斥。究其原因，是因为尽管有种种不利报道和揭露，但舆论上并没有直接证据表明，这些快餐生产商存在原料使用上的违法，企业所用的鸡（不管速成还是其他），不存在不符合食品生产标准的问题。故此，人家生意照样做，更做到泱泱东方大国来。

国人对食品安全问题的焦虑，令“速成鸡”成为公众关注的焦点。媒体的一些报道也做了自己的逻辑推断，从而“速成鸡”便成为人们口诛笔伐的对象了。然而，究竟这种有违生物生长规律的鸡在生产过程有没有问题，这样的鸡能不能上餐桌？目前还没人拿得出有科学数据做支撑的证据来。现在，“山西粟海集团”百口难辩，洋快餐们拼命切割关系，也没有人出来（包括监管部门）向大伙儿说清个子丑寅卯。总之，戴着个生产“速成鸡”的帽子，“山西粟海集团”以及之下的农户们，恐怕是永世不得翻身了。如果没有进一步的消息，这一段“速成鸡”公案，恐怕只能是笔糊涂账，除了再刺激一下公众的“食安焦虑”之外，毫无裨益。

事实上，所谓“速成鸡”的说法，是以时间“论英雄”的，归根到底根本论证不了那个鸡，到底“吃得还是吃不得”，更甭论去论证洋快餐如何如何了。偏偏我们都喜欢从伦理角度“发射”话题，也喜欢以“正名”的方式让别人上天堂或者下地狱。但是，在“速成鸡”议题上，舆论似乎面临难以为继的报道延伸，因为，现在最纠结的问题是，我们手中，并没有一个众所周知的“鸡标准”。在广州，吃鸡的话题和吃鸡的精致，恐怕是无所不用其极的了，但是问一下商家或者食客，有谁知道一只鸡该养多少天？该吃什么样的饲料？该含各种营养成分多少？不能含有的物质又是什么？在市场上我们其实是无法判断哪些鸡能吃该吃，哪些鸡是要被逐出市场的。

可见，如果没有一个明确的标准，同时又可以执行，那么，根本谈不上对生产和市场的约束，我们也无从谈什么伦理问题。现今最大的挑战是：普遍的食品安全焦虑与现实，遇上了可执行标准与管控体系的缺位，从而使政府部门对食品安全监管的公信力严重下降。

“速成鸡”所面临的尴尬，其实折射出我们在食品监管上标准不明确的尴尬。但愿监管部门或者市场监管机制，能够把“速成鸡”这个广受关注的议题变成一个课题，从中研究出一个真正可以实行监管的标准来。

有压力也要正向释放

刊于2012年11月30日《羊城晚报》A2版时评

经济环境不好,你有压力,我也有压力。压力之下，城市中竟然催生出一种文化——商业文化中的“折扣文化”，而这种文化走到极端，产生出了令人无语的“微优惠”或者叫作“分钱折扣”。今天，有媒体把这种文化来了个一锅端，撰文抨击这些看得见却摸不着的优惠，实际上存在欺诈行为。

的确，“原价4.99元，折后4.98元”告诉你：优惠一分钱，这本身已经有点搞笑，在结算时再给你来个“四舍五入”，结果有可能你舍了4分钱，他倒是入袋平安。你不能不佩服生意人“精明”的算计能力，更不得不佩服其“创新”精神。这“优惠”一分钱的杠杆，在琳琅满目的“优惠”忽悠中，好像确乎很能招徕人气，撑起那盘生意！

微优惠、分钱折扣这类东西，看上去无伤大雅，正如街头上有家店铺天天标榜自己“吐血”、“清仓”，天天声称“跳楼最后三天”一样，你不去理它就是了。在所有的商业欺诈当中，无论大小简繁，都是个“看上去有便宜，到头来有陷阱”的骗局，你不贪那个便宜，视若无睹，一定不会有上当受骗的挫败感和经济损失。所以，有商家愿意自甘堕落，画花脸蛋来博同情，大可以由它自己去，伎俩用多了，就不灵光了，所谓日久见人心。

不过，作为一个商业发达的城市，在商业管理和行业倡导上，这类带有若干不诚实的氛围，最好还是不要令其蔓延为好。立商之本是讲诚信，讲童叟无欺，倘若城市中的店铺都充斥着这类口惠而不实，甚至布满陷阱的街招，那这个城市给人的感觉，可就是“步步惊心”了，谁愿意在这里消费和消遣呢？不一定主张政府部门像搞运动一样地杜绝这类招徕“骗技”，但行业中，还是应该鄙弃这类旁门左道。我们实在无法想象在“厚于德、诚于信、敏于行”的满街宣传之下，竟然有这样格格不入的普遍商业氛围。城市的商业氛围，实际上也是城市的名片，这张名片，对于每一个在这块土地上讨生活觅生计的人都应当珍惜，无论压力如何，释放的都应该是为城市增色的正能量，商业文化中的折扣文化并没有错，但把折扣设计成陷阱，那就是奸商了，作奸必然犯科，应当为城市所不容。

截留乡村教师奖励，情何以堪

刊于2012年12月3日《羊城晚报》A2版时评

广东教育部门和民间机构联手,日前大规模表彰奖励乡村教师。受奖励和表彰的人虽不多，只有303名，但奖励的数额和带来的进修机会，是前所未有的。然而，省教育厅副厅长李学明在接受媒体采访时透露：“我听到反映，有三四个县教育局对老师说：荣誉归你，钱上交。我个人很不认同这种做法，这是不对的！我代表教育行政部门向你们道歉！”他严令各级教育行政部门一律不准“截留”或“抽水”奖金。

以“抽水”和“留一手”的方法，打教育经费或者给学校老师的奖励的主意，在不少基层教育机关乃至于区县级的管理部门屡见不鲜。基层教师和基层教育被如此“欺负”，似乎由来已久。照理，除了地区的差异之外，教师本来就不该有乡村和城镇之分的，都是在教育一线工作，凭什么乡村教师就低人一等？实际上很多地方的财政对教育的投入，不论是计划内还是实际投入，都是经过人大讨论以预算立法的形式通过的，人大通过的预决算，谁截留谁就是犯法。严格说来，如果预算实施不足，也是一种违法。只是这些法案到了地方管理部门那里，总会以各种理由被占用。对此做法，司法机关完全可以依法予以追究。可是，某些部门的官员，对于教育费用和教师收入的吃、贪、占，却是毫无顾忌甚至冠冕堂皇。其实，对教育经费的占用，本身就是对人大立法权的漠视和挑战，理当绳之以法。

这次对乡村教师奖励的可圈点之处，还在于有关机构投入资金对老师进行跟岗培训。乡村教师扩大视野的再培训，实际上是教育投入中长期缺位的一环。我们的乡村教师，长期以来，几乎没有向上流动的机会。诚然，他们并不一定愿意离开自己长期工作的地方，但是，他们不离开，就没有向上的机会，从工资到待遇，都处在教师队伍最低的一层。解决乡村教师的问题，其实不仅是表彰奖励，相反，切实打开乡村教师向上流动的机制，切实把他们的经济地位和社会地位提高到城镇教师的水平，这才有可能把整个乡村教育的水平，大幅度提高。再穷不能穷教育。过去，限于经济的原因，乡村教育或成为“被遗忘的角落”，如今，我们的经济实力大幅提升，可为什么“乡村教师”这个概念，仍然不仅仅是个任教地域的问题，还有资源上和待遇上的“少、边、穷、窘”的另类含义！

乡村教师在基层，撑起了教育的最坚实的基础。任何一个乡村教师在生活中都是最美的，我们除了在人格上社会地位上给予他们崇高的位置之外，应当更多地探讨在法律意义上，让他们更有尊严，决不能让其在自己的体制内受到“欺凌”。

在非正能量的数据背后

刊于2012年12月7日《羊城晚报》A2版时评

昨天报纸有条新闻看了令人不舒服，这种不舒服并不是来自新闻本身，而是读罢新闻以后引申出来的联想。报载，有民意机构电话访问广东3000余名城镇居民，有42%受访居民认同“政府人员办事，不给好处就办不成”。在有具体办事经历的居民中，24%的受访者有过“请吃饭、娱乐”、“给礼品、消费卡”、“给红包”。

这项调查是否严谨不得而知，光凭公布的数据，也无法判定这些电话访问当中，是怎样设定问题的，问题是开放的还是封闭的？不过，数据倒是具有非常吸引眼球的“感官刺激”，起码，在不少受访者中，与“政府工作人员”交往的经历是不愉快的，因为在他们看来，这种打交道的模式与商场江湖无异，“政府工作人员”都是“无利不起早”的。

我不知为什么会有42%受访居民认同“政府人员办事，不给好处就办不成”。这些受访者大概都委托过“政府工作人员”办事，至于这些“政府工作人员”的真实身份，不得而知。我们在生活中为什么那么多事情都要委托“政府工作人员”去办？我们委托他们去办的事情，是他们职责内还是职责以外的？托他们办的事情是法律框架内还是法律框架之外？我设想：很多要托“政府工作人员”办的事情，是不是很让他们力有不逮呢？

在物资匮乏的年代，广东有句话说：广东三件宝，医生司机猪肉佬。上世纪的过来人会有同感，医生治病，司机门道多且野，猪肉佬在肉类定量供应时，可以偏刀关照你一点。抱着近水楼台先得月的心理，这三件宝人人趋之若鹜，猪肉佬讨个漂亮老婆还真不是传说。为什么总要找“政府工作人员”办事呢？政府工作主要是提供社会公共服务的，而社会公共服务对每一个社会公民来说，政府提供服务时都是一视同仁，理论上是无须专门找一个特别的政府工作人员提供VIP服务的。所以，一些人找“政府工作人员”去办的事，很多恐怕不属于公共服务，而是灰色的“特别服务”。令人难以想象的问题有两个：一是他们为什么要“政府工作人员”提供“特别服务”？二是“政府工作人员”为什么又能够满足这种“特别服务”？这些，就是我们看到这一新闻觉着特别而不舒服的地方。

单方面对这些“政府工作人员”提出谴责当然是可以而且是必需的，但是，令其进退失据的土壤呢？我们经常在委托和要求“政府工作人员”去办成的都是些什么事情呢？为什么我们要用那么多成本去办呢？其实，正是这种所谓“人情往来”，败坏了社会风气，甚至腐蚀了社会基石。

强体魄，强风气强于一切

刊于2012年12月10日《羊城晚报》A2版时评

广州“广马”长跑之后，青少年的体质问题，一直萦绕不断。“广马”中两名选手的英年早逝，成为城市文化建设进程中，两道挥之不去却引起不断反思的阴霾；及后，中学、大学运动会，参会的学生动辄晕厥的新闻，屡见于报端。

运动会、军训等强烈的体育活动中，有学员、学生身体不适，出现中暑、晕倒之类的现象，以往都有发生。但是，如报载珠海某家学校那般，一场运动会下来出现十余名学生相继晕厥这样的狼狈现状，就不能不令人吃惊了。青少年体质与民族未来相关，这是老生常谈了。这大道理，恐怕是个公民都能够口若悬河大谈一通。但是，回到现实中，真正投身到为孩子们创造锻炼身体的条件、给他们以锻炼的时间和空间、为提高锻炼热情而营造氛围等工作的人，就少之又少了。

影响青少年体质、或者说到致其素质下降的因素很多，课程设置是一个问题，体育场馆少也是个问题，家长对孩子的娇生惯养更是个问题……关于这个根源的探讨之论，说它不胜枚举，肯定不为过。我辈不是社会学家，也不是行政官员，没有系统的理论，也没有什么规划纲要，仅以常识和生活经验看来，关于怎样令青少年重视体育锻炼以提高体质一事，实际上是个社会风气的导向倡导问题。

在上世纪初，中国国力衰微，有志者无不以兴国为己任，科学救国、工业救国、主义救国乃至体育救国等都成为青年志士的主流价值观。毛泽东当年就把“文明其精神、野蛮其体魄”作为座右铭，更有国人把强体魄视为反封建反列强的“物质基础”之一来建设。在那个时代，脑满肠肥是从文学形象到社会审美价值观上，都是被鄙视和批判的对象，体能上的弱者在某种意义上，也是生存上的弱者。到上个世纪的下半叶，体力上的强者更是与社会的主流精英军人和劳动者直接相联系，成为社会崇尚的英雄。

对锻炼体格的轻视甚至蔑视是近十来年才开始渗透到青少年以至家长细胞的。道理上人人都知良好体格的重要，但是，满眼所见的社会现象呢：带长字号的所谓成功人士，有多少不是身宽体胖的？像王石那样的可谓凤毛麟角。在时尚偶像当中，恐怕也不是把阳刚健壮作为潮流来推动的。可见，社会风气所带动的潮流，容纳体育锻炼的空间，是小之又小的。广州人要改变体质，必先要改变广州的社会风气，而风气的改变，则当从社会精英做起。若果社会主流人群均以体育锻炼为时尚，则何愁青少年们不参与其中？若果广州的体育锻炼风气成为城市公民的意愿，我们又怎么会缺少体育锻炼的资源；而若这种风气成为城市的传统，我们又何用担心下一代，可能会成为“弱不禁风”的社会怪胎？

想到年终花市的“行花街”

刊于2012年12月14日《羊城晚报》A2版时评

报载，顺德花市惨淡，花农欲改行做菜农。这则消息表明，本地花农不看好这几年的花卉市场，都在想出路，避风头。广州芳村的花卉市场交易情况怎样，不得而知，切花的交易情况，应该还好吧！但顺德花农不看好，估计芳村这边的鲜花交易商，也会有“麻麻地”的市场感觉。

然而，这边厢行内人不看好花卉市场前景，那边厢官方却不时传来消息，说广州有官员已放出“声气”，要把花卉交易最富象征性的市场——“年终春节花市”，从年三十结束延长到年十五元宵节结束，看来，为了营造某种需要，官员对春节花市“驳命”，信心满满。两则消息放在一块儿表明：官见与民见，截然不同，莫非官家要大掏腰包（其实是公共资源），“激活”年终春节花市，以创造一个经济学家都不敢想的奇迹？

广州的春节花市，并不是一个稳定或固定的花卉交易市场。这个民俗性意味很浓的“花街”，历史上颇有一些“大赦”八方的味道，年终岁末，为营造喜庆气氛，官府采用低税或者免税的办法，由士绅支持搭建临时市场，给四乡花农一个面对广大市民销售的空间。以往花档的交易量很大。在小农经济背景下，物质并不富庶，几天下来，一个花档的交易，好年景甚至可养活一家人。“文革”中花市被“破四旧”给停了，开放改革以后，作为人们历史记忆中红红火火的象征，在市民强烈要求下，重新恢复了，而且各区来一个。

花市原本是作为传统来保留的。这些年，由于经济环境和经营方式的变迁，芳村陈村等地，形成了每天都大量交易的集市式花卉市场，年终的“春节花市”，在花农心目中，已经不占主要位置了，市民也由于习俗的流变，对“行花街买花”的认同感，大大减弱。所以，对每年的花市花档订位，花农或者鲜花交易商的兴趣大大减少，广州市的“花街”，实际上“花”味道，已被礼品、玩具、气球乃至其他小商品给冲淡了。如果单从“保卫花街”的意义来看广州花市，恐怕并不存在官员们一厢情愿的延时或者扩容的问题，反倒是怎样在花市的四天里，保证鲜花交易的分量和市民的临场兴致才是重中之重。当然，硬是说花市不卖鲜花也可以叫花市，那我们无话可说，但是，花市和庙会又有啥区别呢？

广州年末春节花市的继承和沿革，不仅是个维护城市传统的问题，还涉及复杂的经济现象，涉及公共资源的投向以及投入规模等。涉及民风民俗的流变和主张，仅仅靠拍脑袋就“敢想敢干”，很可能会掉入“尾大不掉”的陷阱中……其实，大凡公共性的决策，最好按照公共决策的规律去做，不能够想当然。所谓年终春节花市，虽然也算是广州的“春晚”，但是并不完全是纯官场意志可以左右得了的，应当顺民意、顺市场、顺规律并且力所能及。

广州人为何有“两张脸”

刊于2012年12月17日《羊城晚报》A2版时评

打开昨日的新快报，上面同时刊载着不同的消息，描画了广州人的“两张脸”：一条消息说，广州公交车或地铁上让座成风，市民普遍已把让位养成习惯。另一条消息说：灯光节点亮了广州，但部分游客的行为却给美轮美奂的灯光蒙上了阴影。因为赏景市民众多，管理者应接不暇，花城广场平时保养完好的草坪遭到部分游客肆意践踏，有的草坪直接“湮灭”为人行道。

按照“五讲四美”为行为标准的市民文明守则，“让座”与“爱护公物”应该是同一层次道德准则的同一性质的行为和习惯，可是，在我们的市民身上，在不同场合，“道德标准”或者“文明习惯”居然是那么截然不同，两个极端竟然同时发生在同个“社区人群”身上，这对这个城市来说，是多么的难堪，是一个多么尖锐的课题，同时也是一个多么难以解答的社会现象啊！我们到底应当怎样认知这个城市公民的文明水平和文明程度呢？

文明让座的社会风气，从二十多年前开展“友爱在车厢”活动时已在提倡了，真正风气改善，最后变成多数人的习惯，是在近年来公共交通改善，特别是地铁、BRT等现代化交通捷运系统开通运行之后。至于“爱护花木”的行为，随着这几年公园的拆围墙和城市绿道等新理念下的城建配套推广之后，也在市民当中习以为常了。像灯光节中那样肆意践踏草坪花卉的粗暴行为，恐怕只是某种极端状态之下的极端行为吧？

事实上，在很多公众节日或者城市庆祝活动中，不为平时道德准则所认同的不文明行为，总是在一定范围内有所发生。而每次发生，都会有媒体介入鞭挞不已，但是，同样状况往往一再重复发生，而我们总是一概以城市“文明水平”还没有达到如此高度批评之。其实并不尽然。

回顾城市文明程度的发展，不能不回顾城市公共需求供应的发展。在公共交通不发达的车少人多、人挤人的情况下，指望有人让座，那是痴人说梦而已，就是现在在地铁上班高峰期，也很难见到让座的情况，因为想让也难；城市的花木建设，如果不是经过亚运等多次对城市面貌的绿化更新，人们对城市装饰花木养成珍惜的习惯，大概也不可能像如今这样“花城处处见芳菲”。可见，公共资源的供应是稀缺还是丰沛，也决定了市民对文明认同的态度：公共交通发达了，人们在公共交通上占有的空间扩大了，彼此之间的谅解就改善起来，因而主动让座的行为也多起来；灯光节上，市民站在花城广场上能够看到精彩场面的立足点不够，挤占草坪的踩踏行为就会多起来。这正如市场上某样商品供应不足，就会出现排队，如果大家都知道，这种商品实际上是敞开供应的，那排队现象自然就消失。

因此，当城市中出现一些不文明的现象时，我们除了对人们的价值取向进行针砭之外，还要多看一看，我们的公共需求供应是不是足够。就城市建设而言，要求市民培养文明的习惯重要，但是在物质条件上满足公共需求，更显重要。这种软约束，更考验城市管理者的执政水平。

驾校价格之“政策市”

刊于2012年12月21日《羊城晚报》A2版时评

明年一月起，“驾考新规”实施。驾校市场立即传出风声，培训费要升价，而且升得很厉害。就媒体报道看，从辽宁到北京再到广东，都有这样的传闻。广州的行业协会日前召集各驾校开会，倡议“驾考新规”实施前手动挡C1牌学费不高于5680元。

驾考培训价格，从十年前到现在，已经翻倍有多，但似乎还有涨价的冲动——市场大嘛！虽说驾校理论上是市场化的，但驾校的资质是有三六九等的，以什么为依据？是资本，是教练人数，还是培训场地设施的完善度？普通人看到驾校广告就去报名了，并不清楚内里乾坤。其实驾校价格目前这种“政策市”状况，跟驾校管理的现状有莫大关系。听听坊间传闻的各种理由就可以略窥一二：说难度大了，说场地要求高了，说教练资质要求严了……都有！可见，不同的驾校，实际是按照自家拥有的资源，来向市场要价的。

教练技术虽然有高低，培训出的驾驶员标准是一致的，就算时间等资源成本略有差别，但也不至于能如此漫天要价。

若干年前，驾车是专门技术。人们填履历表时，一般都把掌握驾驶技术看作专长之一，现在如果还强调这一点，恐怕就成笑话了。今天，掌握驾驶技术，已成为都市生存的必需了。故此，驾校里的培训，已经不再仅仅是专门技术的培训，应该是“普通生存技术”的培训了。正因如此，驾校这门生意，才雨后春笋。

一边是无限市场，另一边是有限的驾校，供给和需求的关系自然不言自明，只有供需达到一定程度的平衡，价格上的普降，才有可能。然而，问题还并不只如此简单。驾校好不好，除了能不能教会驾驶技术，还要看驾校的弟子，能不能高效地被安排“驾考”领证。如是，驾校培训跟“领证程序”之间的结合部是怎样互动的，那讲究就多了。众所周知，驾校与“领证程序”之间的关系“铁”与“不铁”，决定着“驾考”与领证的效率，实际上并非仅仅“市场化”那么简单。

要进一步地市场化，实际上就要市场准入的公平化。而所谓市场化，首先就是要市场交易环节的公开化、透明化，其次就是运作环节和程序的“白日化”，只有消费者能够看到和监督到一切环节交互运动过程，才能够使得价格体系合理可控。我们的驾校之所以会动不动就加价，或者议价满天飞，实际上跟驾校这个“准垄断”行业的透明度还朦朦胧胧是有关的。即便是行业协会倡议学费不高于某个数，但这个数的收取逻辑，好像也还是不清不楚的。

“地下广州”的利益导向

刊于2012年12月24日《羊城晚报》A2版时评

规划部门近日公示：广州市地下铁道总公司拟结合地铁五号线淘金站和花园酒店、白云宾馆的地下空间，建设2层综合地下广场。

公示冠冕堂皇。可是，原花园酒店城市广场方案的规划师、中山大学教授袁奇峰透露：早在上世纪70年代，广州就曾提出要在该地建设花园酒店城市广场，而90年代重提方案并于2004年确定。当时，计划将整个花园酒店门前的环市东路全部挖开建成立体隧道，地铁5号线占最下面一层，公交和社会车辆占中间一层，地面层则做成一个总面积达4.5公顷的地标式城市广场，原本横穿其间的环市路则改为地下交通，从而实现人车分流。

现在公示的方案与原来的设计相比，没有了城市广场。可见，原方案考虑的分流交通增加公共空间绿化广场等的公共目的元素减少了。袁奇峰认为："现在的业主方是地铁公司，他们肯定想用地下空间做商业和停车场……是商业的力量战胜了专业的力量。"

事实上，规划领域中商业力量战胜专业力量的事情几乎是业内常态了。比如说改红线、改户型、改容积率、改绿化面积等，我们可以看到商业力量的无所不在。并不是说所有的规划都不可以改，问题是改动有利的方向总是向商业力量倾斜而不是向专业力量倾斜。

由于政府调控和有关土地使用方面的立法日益完善，地面的土地使用日益透明化了。但是地下空间的土地如何使用，目前法规并不完善。我们没有听过地下空间使用的拍卖，我们也不知道城市中哪里能建地下空间哪里不能建，许多人可能也不知道地下空间有没有产权和转让买卖的价格。目前"地下广州"越来越大，地铁车站144座，主要地下商场16个，还有11条地铁线和两座超百万平方米的地下商场即将亮相……数据显示，目前广州市地下空间开发总量约为1900万平方米。但是，我们市民知道这里面的总价值和利益交易的转换情况吗？

地下建筑的开发，是公共资源向利益团体转移，城市的公民其实是应该清楚其内幕的。而开发过程中市民们还要承受开发带来的痛苦和不便，但总是打着市政需要的名义从不说个对不起。"地下广州"的利益似乎正在有计划地被各种利益群体暗地里以各种名堂瓜分，但大多数广州人却懵然不知。花园酒店地下广场规划的变迁，只是内中利益链和利益博弈结果的冰山一角。而规划的公示实际上并不能从本质上说明什么，我们应当尽快建立地下空间使用的另一种公示机制。

挂历式微的隐喻

刊于2013年1月4日《羊城晚报》A2版时评

鄙报一则挂历式微的综述，惹得媒体纷纷转载。理由无他，皆因“挂历”这种曾经被中国人青睐、颇有文化意味的生活现象，随着科技的进步和人们生活习惯的改变，随着环保生活理念的倡行，不由自主地淡出公众的生活和视野，成为人们对上个世纪怀旧的最后一抹余晖。

挂历可谓风靡国人生活数十年，作为纪年纪事的书面载体之一，同时还承载着百姓们喜闻乐见的许许多多特别的内涵。如果硬要给其分类的话，开放改革后的挂历可谓百花齐放：有明星挂历、山水风光、企业形象、字画剪纸、“宜忌通胜”等各种文化内容。作为流行文化的某种载体，挂历除了商品化的专门出版之外，很大部分是企业或法人单位为了标榜自己的理念，给客户印制的团体性礼品。这类印刷品虽然千姿百态，但万变不离其宗，就是承载着发行者本身或者发行对象最直接的追求、梦想、理想。这种既大众又能够凸现个性的印刷品可谓是发行者印得爽，受用者也挂得爽。

曾几何时，印刷发行挂历是中国一个庞大的“文化产业”，现今的许多广告大鳄、文化传播大鳄、印刷发行大鳄们，谁没有在“挂历印刷”这个产业链上，挖过第一桶金？而从平头百姓到达官贵人，中国家庭又何尝没有经历过“视挂历为年礼”的时代？幸亏那些年头还没有时兴过度包装，否则，“挂历满街走”的风尚，还不知会刮成什么样儿！

挂历值得令人怀念的地方，恐怕在于它的实用性和精神享受性在当时技术条件下，完美地结合于一起，而且雅俗共赏，同时每年都有每年流行的主题。这想起来颇有纪录时代的意味．是人类学家、社会学家们很好的研究题目或者研究样本。今天我们已经进入了数字化生存的年代，挂历这种曾经辉煌的“纸质媒体”，已经被手机、电脑的数字化载体所代替。

概叹挂历的默默离别，不如关注挂历这种文化传播方式的变迁。在报道中，我们看到，挂历的公共传播功能逐渐弱化而被其他媒体所替代，但是，在私人领域却还有着自己广阔的存在空间。这可能也昭示着，社会向多元化发展的趋势是不可逆转的，而文化载体的发展，也只有不断适应小众的需求，才具有向自由王国升腾的空间。

谁来拯救花季少女

刊于2013年1月7日《羊城晚报》A2版时评

鄙报昨天的头版，刊登了清远市一位花季少女，不幸罹患世界罕见病“庞贝氏症”，但仍坚强面对，并在家人关爱下，顽强求生的感人故事。这位住在ICU病室、靠呼吸机维持生命的女孩，其独白特别感人：当每天阳光照进病房，能借助镜子看看窗外的世界，就已经十分知足了。——报纸刊登这个故事，一是昭示报章关爱生命的人文主义精神，二是呼吁社会给这个深受病患困扰的家庭伸出援助之手，尽媒体的微薄之力。

正所谓天有不测风云、人有旦夕祸福。没有人能够预知自己的身体什么时候出毛病，也没有人能预知自己身体生什么病。但每一个生命都有追求自己存在的价值。在现代社会，生病虽是很个体和私人的事情，但提供一定的资源和保障也是现代社会保障机制不可或缺的。所以，我们要完善医疗保障体系，要完善社会救助体系，要完善每个生命得以依赖的资源供给机制。虽然，由于和种局限，这种依赖不可能100%地满足提供，但是穷尽现有可能提供的资源，使每一个生命最大化地生存却是我们社会追求的理想。

由于历史的原因，我们的社会，目前对于罕见疾病病患的康复支持机制是缺乏的。所谓罕见病例，自然是属于尚未破解的世界医学难题，治疗机制自然属于探索性的尝试。而大凡探索性的临床治疗过程，往往也意味着医疗资源的无限供给，对于一个家庭来说，也就意味着倾其全力耗尽家财的一项长期工程。在目前的社会现实当中，绝大多数人是难以支撑这种经济负担的。正如郑宇宁和她的家人，自己中止学业，父亲辞去工作为其治疗奔走，母亲下班倾情陪伴，每月还要支出数十万元昂贵的自负药品费……总之，因病返贫成为不争的事实。

如果，我们的社会，对于罕见病患一旦确诊之后，有一套迅速动员各种力量为之出手出力的机制，保障他们得以获得更好的治疗环境和治疗过程，那对于郑宇宁们来说，是多么大的福音和福祉！一个罕见病例的出现，既是大自然对于人类的挑战，也是我们破解生命密码的关键节点，也应当是全社会都关注的焦点，而令这些罹患特殊疾患的人们不断展现自己的生命之光，则正是我们科学和社会进步的荣光！愿人人能献出一份爱心，力所能及站出来——我们期盼和正在努力达成，通过对郑宇宁一家伸出援助之手，能够催生出一个由相关部门主导，全社会参与，方方面面都能够对罕见病患提供力所能及的物质支持的社会福利机制。

秘制“电眼地图”也是人之常情

刊于2013年1月11日《羊城晚报》A2版时评

同城媒体报道，有出租车公司秘制城中的“电眼地图”，令司机对街头违章拍摄镜头的位置，如数家珍。出租公司此举，初衷并不完全是要普及交通规则知识，而是要降低公司所属车辆的违章率。元月1日起，国家实行“史上最严交通管理条例”了，为了应对这个“最严”，在大马路上讨生活的机构，不免祭出种种“出位”的招数，秘制“电眼地图”，应当是其中之一。

没有见过秘制的“电子地图”的实物，其全图能不能100%标注所有的违章拍摄点，不得而知。但如果归纳司机们的经验，把公司司机的日常观察化作“踩点”记录，估计其实用性和效率性是相当可观的。这种公司秘制“电眼地图”的做法，看上去很是另类，颇为持传统看法的人们所看不惯，毕竟，遵守交通规则才是正道，规避监控，则很有逃避监督的嫌疑。

那些秘制“电眼地图”的公司的所作所为，估计也是在实行新交规之后，一时适应不了而“事急马行田”吧。其实，大凡有新规定要实行，被监管的对象，自然要花费自身资源，与监管方博弈，以减少自己的成本。就事论事而言，本着“无罪推定”的原则，我们不必假设司机们一定会在“电眼”监视以外为所欲为，在“电眼”之下就循规蹈矩。我以为，公司如果在不断告诫自己的司机们要遵纪守法、遵守交通规则的情况下，给司机们秘制一两份“电眼地图”，实在也算是人之常情。毕竟，“电眼”不是什么国家机密，常用“电眼地图”，心中是有警醒，久而久之，养成习惯甚至本能，没有什么不好。

正如市场上的“电子狗”，在GPS中不断附带着语音提示，这同样具有“电眼地图”的功能。但有关方面并没有严控或严禁销售。可见，用“盘外招”去规避监控，只要没有造成违反交通规章的事实，那就不是执法的范围，大可不要太介意。何况，“电眼地图”这类事情，凡有负面的一面，但也必有正面的一面。出租车司机使用一下“电眼地图”，哪怕是公司行为，只要公司是多管齐下地教育旗下司机遵规守法的，就不必大惊小怪。相信司机们用习惯了，到了监控的“电眼”之下，自会规规矩矩。加上，如今道路上的监视镜头如此密集，还怕司机不谨小慎微么？

应对灰霾，立法不该缺位

刊于2013年1月14日《羊城晚报》A2版时评

这几天，北京PM2.5指数濒临“爆表”，出现雾霾状况，城中能见度不到200米。中国环境监测总站网站1月12日全国重点城市空气质量24小时均值显示，北京的可吸入颗粒物浓度为786微克/立方米，天津为500，石家庄为960。截至13日零时，全国74个监测城市中，有33个城市的部分检测站点检测数据超过300，即空气质量达到了严重污染。昨天的本报头版也报道：12日珠三角62个空气质量监测站中，有49个出现PM2.5超标，占到站点的79%左右；广州环保局29个监测站点中，有23个站点出现超标，呈现轻度污染。

显然，全国大多重点城市，存在轻重不同的空气污染。处在不同城市的网友们纷纷把自己的所见和感受，以各种形式，传播到互联网上。人们对大气污染的认识，对增长方式的思考，对环保治理的期盼无不溢于言表。事实上，对于PM2.5指标的确立到布点公布，若干年来经历了一个很长的过程，才成为环保部门的共识。也就这两年来，百姓们才能根据有关指数，认识到自己生活在一个怎样的环保指标的空间当中，也才能认知到我们生存空间的环境，与发达国家相比，差距是多么远。事实上，PM2.5的指标，某种意义上，现在也成为民众衡量执政者践行科学发展观的标尺。

面对目前PM2.5的指标，人们的诉求是复杂的，但是，期待空气质量迅速得以改善，是每个人心底里由衷的声音。绝大多数人同时也深知，目前恶劣的大气环境，并不是一朝一夕的病态发展造成的，欲使之立马改观，也是不可能的。唯望目前这种严重的空气污染状况，能够使官方从顶层设计做起，痛下决心，还百姓一个蓝天白云绿水青山。

眼下，不管是谁，也不管你承认和不承认，城市的空气污染严重已成为现实，保障民众的健康安全已到了不得不重视并要拿出措施来的时候了。据报道，北京已经首次发出了灰霾程度的橙色信号。但是，从指导人们如何系统应对灰霾天气带来危害的社会公共系统上，我们并没有一整套对应的制度设计。在百姓看来，尽管并不指望污染现实的即刻改观，但希望有一套应对制度。比如说，地方政府应当根据现实情况告诉我们，孩子还应不应该上学？大人是不是可以不上班？防疫部门应不应该发放合格的口罩？等等。

为了计划生育，我们可以调用庞大的资源支撑这项政策。为了每个人能够不在可能致癌的空气下生存工作呢？要改变目前的环境问题，环保部门承认要若干时间。在这个“若干时间”之内，政府是有责任通过立法程序来界定自己应当为百姓做什么，而百姓们又有什么手段和方式应对环境、保护自己的。至少，当灰霾达到一定严重程度的时候，每个人都能堂堂正正地像科学家们告诫的那样，待在家里，还能领到工资！

企业欠薪要追究“违法所得”

刊于2013年1月18日《羊城晚报》A2版时评

岁末年关，城中关于讨薪的事情多起来。讨薪事情之所以多，多半是因为在我们目前的用工制度中，很多老板及企业与工人之间，契约关系的界定，往往没有规范的操作。尽管劳动监察部门一直强调，两者之间应该按规范的合同订立契约，但是，由于企业与员工之间的契约合同的规范不规范，并不影响企业的运作经营，所以，契约不明确情况下所引起的劳动纠纷，经常会出现纠纠缠缠的状况，劳动纠纷的解决流程拉得很长。更有甚之，在员工维权自我保护意识不强和不善于利用合约来保护自身利益时，不良的企业主们，往往会利用劳动市场人多工少的结构优势，欺诈和侵占工人们的利益。

讨薪现象之所以层出不穷，其实是贯彻《劳动法》和《劳动合同法》不力造成的，特别在基层实施的过程中，对一个企业来说，倘若他不执行这两大法律，照样可以在违法的情况下进入市场，那他自然无所顾忌。从某种法律意义上说，一家企业不执行《劳动法》和《劳动合同法》而获得经营利润，应当是属于“非法所得”。毕竟，守法经营是企业生存的前提，也是公平竞争的前提。但是，在目前，我们的劳动用工方面的法规，在执行上并不与企业的经营行为和所得挂钩，而就算有事后的处罚，也只作为附加的罚则去惩处，并不全面回溯企业的所有“非法所得”，这使得企业主们的违法成本畸低，不良企业主也自然把国家的大法置之度外。

讨薪现象是用工环境的直接折射，用工环境又是市场环境不可或缺的一部分。而用工环境不改善，则市场环境难以达到公平。目前对企业欠薪行为，用事后管理和不告不理的态度去对付，实际上是无法真正亡羊补牢的。年关将至，是人总是要用钱，工人们讨薪，往往是被逼得走投无路才出此下策的。在这个临界点上，不管对企业或者所谓的协调部门来说，都是逼到墙角上了，那就造成了大凡讨薪事件，都不得不在激烈对抗的氛围下去解决。

其实，要治理讨薪现象未必复杂，只要能事前对企业的用工合同建立审核制度，其企业的用工合同不规范或者干脆没有，那就是经营资质缺陷，可把他逐出市场之外，从而形成企业行为合法方能经营的社会环境。而同时，对不执行《劳动法》和《劳动合同法》的欠薪企业，又能把合法经营作为其获得利润的前置条件。对违法者实施全面封杀和没收非法所得的法律措施，不良企业主们，自然不敢胡作非为。企业与工人两者之间，企业是强势和拥有更多资源的一方，予以更多和更严的约束，应是必然的。

保护老地名沿革是对城市的态度

刊于2013年1月21日《羊城晚报》A2版时评

鉴于广州老地名消失太快，政协委员黄淼章呼吁“要赶紧抢救！”他认为，广州应向南京等地学习，将老地名纳入到非物质文化遗产的保护行列。他建议，由市民政局牵头建立一个专门的老地名保护委员会，尽快开展老地名普查，建立老地名名录，尽快出台保护老地名的细则或指引。他还透露，广州近年已有三四千个老地名在城市变迁中流失。

对此，市民政局地名处负责人回应，广州目前已有开展老地名普查和保护的规划，国家民政部有详细的老地名普查和公布指引，他们是根据这个指引开展工作的。

听到这样的官式回应，实在不知是属于“外交辞令”还是“情况属实”，在这种回答里面，我们根本不知道它到底做了还是没有做“普查和保护”工作，更不知目前到底“普查和保护”得如何。

老地名的文化意义和历史意义，不用多说，谁都明白其对一个城市的重要性，自然也是文化遗产的一部分。地名是什么？地名其实就是地标，老地名就是过去存在过的地标，对这些历史地标的保留，其实是保留历史记忆的句柄，让后人很容易解读和还原历史。这道理在谈文化的时候，人人皆知。但在某些掌握权柄的人，却往往知而不行，甚至背道而驰。

老地名的消失，其实恐怕不仅是民政部门责任。从那位负责人的回应看，他们不过是在老地名“消失”后做些补救式的工作，始作俑者，还不完全是他们。事实上，广州市的不少老地名的消失，是很多“有关部门”相互作用或者博弈的结果，虽然广州没有像某些城市那样出现“周×鸭”这样的地名，但是把地名命名的规律性变得看上去“随意”却不讲地标特征的事情比比皆是。例如二沙岛的命名就很令人茫然，明明二沙岛是广东体育人才培训的基地，也靠近省委和珠江，但是，这些“地标特征”在二沙岛的命名里就没有体现，偏偏选择了一套非常文艺而毫无地理特征的命名法，搞得用了这么长时间，你到了二沙岛，面对什么“砥柱”、“松涛”“渔唱”“菊湖”、“蒲涧”之类的路名，多半只能毫无方向感，更谈不上命名者希望的“诗情画意”。

如出一辙的还有珠江新城等地区。打开地图，光从很多新的地名看去，根本无从想象，历史和当下的地名沿革。比如，通过“恩宁路”这个路名，我们可以追溯到以往的恩溪村和宁溪村，但是请问我们又能从华穗路和金穗路考证出什么历史的轨迹来呢？

对老地名的保护保留工作，光是什么“地名专业管理”部门下功夫，恐怕是力不从心的。当年康王路的命名，就差点成了某个楼盘的名字，如果不是这家企业楼盘后来差点烂了尾，又有高层拍板，康王路可能就是另外的名字了。可见，区区地名之事，如果不是全城从庙堂之上到江湖之远，都对城市的地名系统有一个共识，并且把地名问题看作是我们对城市的感情和态度，甚至通过立法，将其放到与文物保护一样的位置上来。那么，黄委员的呼吁，最终还是找不到真落点的。

“住改商”那些事儿

刊于2013年1月25日《羊城晚报》A2版时评

“住改商”这个话题，前两年在羊城热了一阵子，最后趋于平淡。这些天，因为某些住宅区里发生了一两宗爆炸和火灾，不少居民“居安思危”，又关注起这个问题。有媒体试图剖析“住改商”现象，更狠批“住改商”顽强，工商局都赶不走。

凡事都可有是与否两种看法，“住改商”亦然。否定“住改商”的论据很多：破坏楼宇结构，造成安全隐患，干扰居民生活，或令公共资源分配不公平，非法经营，等等，原罪多多。肯定“住改商”的论点也不是没有：增加税源，方便居民，创造就业机会，拉动内需，等等。好处也多多！

哎哟，“住改商”真是一块臭豆腐，有人闻着臭，吃着香；有人则避而远之，深恶痛绝。其实，在目前的管理框架下，未经“有关部门”许可情况下的“住改商”，是违法行为，应受到法律的处罚。无序的“住改商”，只能带来无序的结果。但究其过去造成许多危害的那些个“住改商”案例，其实都是在摆脱管理的情况下运行的恶果。一概否定其实也是以偏概全。事实上把民宅用作仓库，开传销公司之类的那些“住改商”，已是“法外”所为。至于在有管理管控情况下的“住改商”，也不是没有值得借鉴的先例：小资们常常赞不绝口的建设街消闲小区、六运二街“欧洲风情”小区，就是城中颇有口碑的“住改商”尝试。

反观一座城市发展的历史，“住改商”几乎可说是城市商业扩张的一个路径，不以人的意志为转移的。近观广州的邻居香港，远眺欧洲的巴黎，环视世界上知名的城市包括东京、伦敦、纽约等，哪一个城市没有“住改商”存在？没有“住改商”，谈何市场经济的自由发展？没有“住改商”，哪里会有社区的成熟配套的细化？没有“住改商”，又怎么会产生商业旺地和“地王”？就算是本城历史上形成的上下九、北京路商业区块，也是“住改商”一步一步走到今天的。只不过，要强调的是，在别的成熟的城市里的“住改商”，有着一套完善的管理与扶持的政策。

泛泛谈“住改商”，泛泛谈禁止“住改商”，实际上是无助于改变城市中无序的“住改商”乱局的。在一些成熟的有一定条件的社区，为什么要一概而论地对“住改商”穷追猛打呢？“住”这个词内涵很多，有些是有“改”的条件的，在一定条件下，上做写字楼，下做规范的铺面，不是不可能。而“商”呢，涵盖的层面更多了：写字楼可以是“商”，卖杂货也可以是“商”；仓库周转更可以是“商”……可见，无论是住和商，都可具体情况具体分析，有些可为，有些则不可为。

“住改商”其实也有一个堵与疏的问题。一味地对“住改商”口诛笔伐，是违反客观规律的，也与物权法的总体精神不符。正确的态度应当是：对可为者扶持之，对不可为者制而止之。尽快围绕这两个支点，细化可行法规，有制裁也有服务，复合治理，才是急所，更是正着！

“失独”养老就是社会养老

刊于2013年1月28日《羊城晚报》A2版时评

网搜“失独”这个词，解释时多半都有：这是“中国特有的社会问题”云云。其中“特有”这个标注，不免折射出计划生育政策所带来的另一面的社会问题：因为“计划”，不少家庭都是2+1的组合。但是天有不测风云，万一遇上个天灾人祸的，家庭中的那个“1”出现夭折，其“2”则已非育龄，所谓“失独”之势，势所必然。

近段时间，媒体间反复报道着“失独”家庭的辛酸、彷徨与老无所依，呼吁政策对老龄化的“失独”家庭给予补贴。而有不少的地方政府，已从财政资源中划出一些钱来，试水这一领域的公共资源配置。不过，在一些城市，这方面的补贴大多还只是象征性的每月百十来元。显然，这种杯水车薪似的社会救济，是资源稀缺，聊胜于无。于是，给“失独”家庭更多的援手成了一个被议论却难以达成统一标准的问题。

的确，“养儿防老”在目前的中国社会中，仍然是事实。绝大多数的百姓家庭，老人们能否安度晚年，还是取决于儿女的反哺程度。儿女们除了经济上给予补贴之外，还要给予精神上的慰藉，必要时，还要令老人能调动晚辈们的社会资源，解决自己希望解决的问题。倘若因为某些原因，某些得不到儿女反哺的老人家庭，同样会形成“空巢老人”的状况，其孤独、无助、茫然与“失独”家庭相比，个中苦楚同样不相上下。

由此可见，所谓“失独”家庭养老的问题，实际上是社会养老问题。社会养老这个问题未能彻底解决，“失独”家庭这个“特殊”问题，也是不可能彻底解决的。事实上，“失独”家庭养老问题，是应当捆绑社会养老保障制度建设一起讨论的。就终极目标而言，当每个老人都老有所依，那“失独”家庭养老的问题，也自然迎刃而解。事实上，社会养老目前所面临的问题与“失独”家庭养老的问题是“高度”相同的。老有所养标准不够高，养老金出现运作上的问题，不见增值，却见缺口；老有所医名不符实，老而求医困难重重，老人们看病支出大且极不方便；老有所乐配套简陋，缺乏优质服务平台……

所以，对于全社会来说，对于政府部门来说，提高养老的经济补助，仅仅是解决养老问题最粗糙和简单的一小步，而真正的社会养老问题的解决，则必须调度社会服务来解决养老的经济、医疗、出行、居家、临终等综合问题，这才是善始善终。

所幸花市未被“创新”

刊于2013年2月1日《羊城晚报》A2版时评

广州花市，不日就要开档。

原本听说花市这个民俗活动，被有关部门“合纵连横”之后，要贴上许多标签，以打造成为羊城的新名片云云。“花市”这个名片，本来就是广州的了，为什么要重新打造？真真有些儿不明白，好像“花市”这张名片已经被谁弄走了似的。又听说“花市”要办一个月，结果又令人困惑了，“花市”是为广州人年花买卖而生的，年前年花买过了，花也要插上八九天，过年几天要守岁开年什么的，逛花市有必要吗？如果花市不做年花买卖了，名不副实能存在下去吗？况且，花市归根到底属于“占道经营”，要维持下去，要占用许许多多的公共资源，有必要搞上那么十天半月乃至30天么？

后来“有关部门”正式有说法了，说是一个叫广州嘉年华的系列活动，春节期间在很多公园举办，跟花市其实没有什么真正干系。“有关方面”还表示，广州花市只是其中一部分而已，广州连办十几天花市的条件还不成熟，到2016年也许“成熟”了就要办。不放心之下，去查了一下各花市花档竞价的租期表，才确定原来今年花市一切照旧，只不过被“创新性”扣了顶高帽罢了。

利用民俗、民间节日或民间传统，装点“有关部门”的唬人架势，似乎也是官场陋习了。其实，用民间的东西作点缀，也不算什么特别难容忍，只要真心对弘扬人们喜闻乐见的喜庆形式有所助力，百姓们还是不会妨碍官儿们各取所需的。不过，大官人们最好学点经济学、历史学、民俗学，不要想当然拿来就用。比如说花市，既是“市”，自然是要供求关系成立才存在的，硬要它拖上几十天？那存在下去的一定不是花市，而是最后与鲜花盆栽无关的“上下九”或者“一德路”了。

最近听说某位官员提出要在荔湾涌上打造花艇胜景，以再现昔日繁华，体现文明建设成果云云。话音未落，微博上即有若干行家捧腹指出：所谓花艇胜景，乃是民国时期，广州西关一带妓艇林立的河涌景象，是本城为时人所批贬的一大流弊，与“文明”可谓南辕北辙。可见官场上那位仁兄之信口开河，是多么的无知。还有，关于所谓“西关小姐”的评选，商家们把这作为噱头还没什么，某些官方或者半官方的选秀，就显得很“无厘头”了，虽说很多人想救命稻草般抱着“西关小姐”这块牌匾，以为抓住了广州“名媛”的“范儿”了，殊不知，在广州白话的语汇里，说人家是“西关小姐”其实是有骂人家小家子气的意思……

民俗与传统文化的东西，是源远流长，有扎实的根基的，哪怕今天你有权有势，也不可能把昨天的历史捏扁搓圆，想把传统留住和发扬，还是应当原汁原味地呵护它，让它保持原貌地存在下去，这已经是最大的发扬了。如果我们总是轻易地改变它，则最后的结果必然是被剥离土壤，名存实亡。

香港拟限“奶粉水客”“国标”该争口气了

刊于2013年2月4日《羊城晚报》A2版时评

据报道，香港特区政府为打击跨境水货活动及确保奶粉供应，计划修例,成年人每人最多可带1.8公斤奶粉出境；以一罐0.9公斤奶粉换算,即相当于两罐奶粉。

这一措施对长期游走穗港两地“奶粉水客”的打击是毁灭性的。因关税和品质因素等，迷信进口洋奶粉的不少内地家庭，一直是水客蚂蚁搬家式的奶粉供应的市场终端。虽说国产很多奶粉都标榜其奶源来自进口，但进口洋品牌仍深受追捧。特区政府之所以拟修法例，很大程度是因为内地对这类奶粉需求太大，水客的走私货量陡增，使得香港婴幼儿奶粉市场出现供应短缺。无独有偶：前不久，也有报道称，国人在乳业大国荷兰“扫荡”奶粉，导致当地婴儿“断粮”，迫使不少超市推出限购政策。后来抢购潮甚至蔓延到德国、丹麦、澳大利亚等地。

现在被水客们抢囤的进口洋奶粉品牌，当初进入中国时也并不知名，但美誉度一直传诵有加。其实，这些年有的洋品牌也有产品召回或某些指标超标的情况，但与中国乳企这几年层出不穷的负面新闻相比，那真是蚊子与大象的比例。

中国奶粉生产前不久搞了个备受争议的乳业新国标。不过，据报道现在很多乳企生产时并没有把那个当回事，大多数出品，主要遵循的是联合国世卫组织和食农组织共同制定的标准，它在营养成分的组成和含量，卫生学标准如农药和杀虫剂的残留量，致病菌的检测，以至于包装和标签表述上都有严格要求。但就是照此标准生产，恐怕要力撼进口洋品牌，还要很长很长的时间。

我国的很多产品，不知为什么，按照国标生产，其指标总是比世界通行的或者发达国家的标准低，这对国产品牌的信用度是有很大损害的。很多企业明明可以代工国际性标准的产品，但是我们的国标，却总令世界同行耸肩讪笑。事实上我们国标的制定，是涉水很深的，从来就没有特别透明的过程。国标制定总有垄断性企业参加，这也绝对不是新闻了。而国标的偏低，很大程度是参加企业代表“我把青春赌明天”的博弈结果。本质上是对这类企业的一种技术保护。前不久北京出现严重雾霾，舆论质疑“两桶油”是“祸首”，但油品大鳄居然说，油品污染度大是因为国标标准太低。国标的制定，哪一项不是这些垄断企业派专家“莅临”？自己参与制定的标准不高，现在反成了逃脱谴责的马甲了，这莫大的讽刺恰恰折射出“有关部门”标准制定程序和博弈过程的巨大猫腻。

改革开放已经30多年了，加入WTO的时间也不短，为什么指导“拉动内需”产品生产的种种国标，还是不愿和国际接轨呢？我们总是讲要转型升级，但是生产标准不转型升级，不与国际接轨，那么中国国情还要“特色”多少年呢？科学无国界，生产标准也应该无国界吧？国标不升级，不向世界的高标准看齐，那是什么“转型升级”呢？高看一眼可能难以迈过但最终能够迈过，但低看一眼则恐怕永远也迈不过了。低标准的所谓保护最终只能是对落后的保护。香港的修例，一波起三折，呼吁也罢，顿足也罢，世相而已。但普通世相中折射的内幕，却更该令“转型升级”的设计师们深思！

也说“年夜饭”与“年夜烦”

刊于2013年2月8日《羊城晚报》A2版时评

挨年近晚，老编出题，要写一写吃年饭。题目的缘起，是有媒体报道，为了对付年夜订餐者众，不少精明店家推出限时吃饭，以便多几番人客吃“翻台餐”。这种限时吃完的特别规则，很有“潜”味，客人们自然不爽，但也无可奈何，谁叫那供求关系不平衡，出现了“卖家市场”现象呢？当然，有些食客干脆来个“年午饭”应对之，但这标新立异之辈，毕竟是少数。

年夜饭这档子事，说起来还真是广州世相的一种折射。上世纪在还是计划经济和刚走出计划经济的年代，物质水平不高，广州年饭订在饭馆里吃的人家甚少，除华侨或港客多会在宾馆吃外，普通饭馆多半冷清。那时广州家庭的男人都颇能干，女人们的择偶对象，看的不是“高富帅”，而是“能做木工、会炒几味”的汉子。所以大家小家，一般是女人准备油角蛋散一类年货，男人们么，则负责准备年饭，无论是四五兄弟的大家族或一家三四口的小家庭，鸡鸭鱼肉从买到做，家里拿主意的都是大男人。那时候的年饭，南派的，九大簋；北派的，包饺子；居民区里处处热气腾腾。其后，随着物质丰富，城市里的小餐馆多了起来，家庭也有所积蓄，很多人嫌家里自做年饭麻烦，外出吃围餐的家庭便多起来，于是，广州人“敢为人先”，首先外出到餐馆吃年夜饭，当年央媒还将此作为人们富裕的现象之一，大肆报道。到了新世纪，年饭到饭馆中大吃围餐的风气，好像曾经也一度走进低潮，广州人可能油水多了，变得把年饭看得寻常，一般订个“盆菜”回家，也算过年了。故此，有几年餐厅里的盆菜，很受青睐。不过，这些年不知是不是70后、80后的家庭多了，这些家庭鲜有厨艺过硬者，于是，那些四老夫妻带一孩的家庭，都喜欢到餐馆里吃年饭，故此，吃年饭有些“烦”的世相，油然而生。

其实年饭怎么吃，吃什么，都不重要，重要的是一家人能够平平安安团团圆圆。饭馆里有些“潜规则”，其实大家也只是“腹诽”一下而已，抱着早吃早安乐的心态，其实也不太在乎“限时消费”。早吃那趟的，会说早吃了好去逛花街；晚吃那趟的会说晚些去花街说不定更便宜……总有理由化解，总之大家开心就好！

从广州人吃年饭的“历史进程”来看，广州人对待年饭，其实是抱着重视而又寻常的心态，有些随遇而安的态度，甚至，吃到第三趟“翻台饭”的家庭，老辈人还会对晚辈说：我们吃快些吧，饭店的师傅还要回家守岁呐！广州人对吃年饭的态度，很符合广州人那种来之安之的真性情！

“免费”也要破管理难题

刊于2013年2月18日《羊城晚报》A2版时评

广州市这些年不断推出得人心的惠民项目，从公园免费到部分文化设施的免费，都在改善“人民群众的精神文化生活”，享受到这些优惠的市民，自然“生活质量大大提高”。然而，既是政府服务，那市民对服务的质量要求，肯定也是“广东音乐——步步高”！据媒体报道，省博物馆春节期间实施免费，于是出现排队人潮。有市民为此希望借鉴国外的经验，让人选择免费或者收费，这样可使一些愿意付费的人效率高一些。（2月17日《羊城晚报》）

表面上看，这种建议容易让人产生“有钱大晒”的反感，但是，只要是可选择，就不失为一个解决问题的方案。发达地区人的权益意识和公平意识强烈得多，但人家实施这样的解决方案多年了，并没有什么问题，为什么我们就不能试试？难道非要“生蛤”拖“死蛤”“累斗累”，才是公平吗？每个人对时间成本的看法不一样，让人自由选择才是最公平的。

事实上大凡一些免费项目的推出，最难处理的是刚推出时对人流高峰的应对。亚运期间，广州市曾雄心勃勃推出地铁免费的服务，但就是因为突如其来的人潮滚滚，制造了地铁行车的安全危机，最终不得不取消。可见，哪怕是政府供应的免费午餐，也有一个怎么供应才恰如其分的问题。这在管理上叫作“削峰”策略。当一项影响面极广的政策推出时，如果没有一个能够解决“峰值”出现时的应急处置方案，那么，往往会好心办坏事，导致局部的紧急危机。比如春运，之所以要在琶洲设置中转，就是要缓解火车站的人潮聚集压力。再如春运买票难，还是因为人人都想在大年三十前回家，结果出现了节前买票的峰值，而有关部门却没有拿出更好的应对措施，结果怨声载道。事实上，让所有人回家的运力是基本够的，纠结在于买票及各种运输工具的分流障碍。

“削峰”管理是公共管理中很重要的一门学问，有经济学的原理，也有管理手腕的运用，更有对大众心理的研究，这是个成熟的政府必须上的一课。不要以为，当普惠性的政策推出，就一定会皆大欢喜。实践证明，大量的细节还在考验执政者的智慧。比如博物馆的免费，固然可按照市民的建议对付费者进行一定优先的办法。但也可以对人流进行一定限制，倒计数公布每天容纳的人流量，让排队的人们心里有数等。总之，“削峰”的办法很多，关键在于细节的服务，既要降低成本，又要周到服务。当然，还有一个透明问题，如果要增加收费优惠的服务，就要公布收费的去向，这才能使公共服务具有完整性。

招工，今时不同往日

刊于2013年2月22日《羊城晚报》A2版时评

本月20日，元宵前夕，广州春风行动举行了今年第一场异地务工人员就业招聘会。3200个岗位在招徕，结果才来了2000多人。媒体报道说，广州市可能有11万个用工岗位缺人。21日，省内多家媒体推出大篇幅版位，分析这几年本地企业招工难的宏文。

传统的春节休整期未过，企业是不是用工难，还不得而知，下定论为时尚早。但是，就传统的劳动力市场而言，这两年有点“风水轮流转”的趋势。过去，企业岗位不管多烂，都有人将就；但现在却“今时不同往日”，新一代的外来务工者，对企业岗位的挑剔度，大大提升。

新生代的务工者“眼角高”了：他们比老一代更看重职业发展前景，他们更看重能学到技能的企业，他们更追求工作带来新鲜感、愉悦感，他们对月收入的要求向高一线看齐，他们更注重社保和劳动保障……可见，我们社会的劳动力质素和诉求都已经大大提高。这是社会的进步和必然，倒逼企业转型升级。而从劳动力市场看，劳动力变化的本身也说明生产关系中的重要一环，也在随着社会的发展“转型升级”。所以，从另一个意义上看，劳动力成为卖方市场，出现务工者“挑”老板的现象，是社会的进步，也是一件好事。

可以预见，市场上不能适应劳动力新的需求的那些企业，最终会被社会的发展力量所唾弃。从长远来看，“用工荒”未必不是推动企业转型升级的动力之一！事实上，劳动力市场的成熟，并不仅仅在于每年在用工高峰期布局多少场招聘见面会，更在于关注用工过程中对劳动者的用工保障制度。一直以来，我们对劳动力在没有进入用工前的关注居多，对用工以后的关注偏少，这容易造成劳动力的需求动荡，使社会增加很大的管理成本。

事实上，劳动力的稳定性往往在于劳动者的职业发展，在一个区域中，用工岗位多，并不能完全表明其解决就业的能力强。劳动力其实也像金融业中的资金力量似的，需要一定的“洼地”效应，才会得以优质聚集。大凡劳动力不能流入或者流出的地方，多半是那里的市场不能满足劳动力的需求。而只有那些能够建立劳动力梯次就业，又能够对用工环境做出一定规划的地方，才能够成为满足劳动力创业梦想的乐土。对于广州和广东来说，招聘会不可或缺，但政策和地方法规上创造利于劳动力上岗以后的权益保障救济制度，扶掖更合理设计劳动报酬制度的企业发展，则更是当务之急。

“广府庙会”因纯粹而红火

刊于2013年2月25日《羊城晚报》A2版时评

“假作真时假亦真”——元宵节广州越秀区拉开“广府庙会”的序幕，以城隍爷元宵出巡为起头，“忠佑广场”一带成了城市中成千上万市民狂欢汇集的策源地，聚起人头的城市狂欢巡游活动，惠及文德路、北京路、惠福路、西湖路、中山五路、文明路这一带的商家。春节后“广府庙会”的红火和欢乐，将延续到元宵以后。

广州的城隍庙和城隍爷巡游活动，其实都是假古董。但在赋予了民俗巡游的新内容之后，竟然涅槃重生，正在使“广府庙会”成为城市狂欢的一张名片。回顾三年“广府庙会”的发展过程，遥想一下小小的广州城隍庙，居然撑起了“广府庙会”这一片天，真是令人啧啧称奇。当然，内中政府的资源倾力投入，不可或缺。

“广府庙会”聚集了同城的人气，已经是现实，能不能成为广州元宵的一个城市特色，从而聚来更多广州以外的观光者，还要看这庙会的未来“生命”延续和独特化。

“广府庙会”这些年来的红火，依我看来，其特点有三：一是庙会没有贪大求全，城隍爷巡游的路线范围很小，虽在中心城区进行，但对交通影响不大，影响的时间也不算长；因此，“螺蛳壳里的道场”反而做出了大格局。二是城隍爷巡游就是巡游，除了邀请民俗巡游的一些团体参加之外，牢牢紧扣民俗和祈福这个主体，而不是“硬”增加其他“游以载道”的内容，尽量还原“古董”祈愿的原意，使得参与的市民放轻松而非加沉重。因而，从“无”中追寻“有”得以扩大这内涵。三是政府目前的投入中要求活动本身的回报不多，暗合了历史当年的巡游仅仅为了“悦民”和给百姓带来简单欢乐的原意。故而，颇见“取之于民、用之于民”的为政之道。当然，打造“广府庙会”的官方在写总结时还是能大书特书其“创造欢乐祥和节日气氛”的丰功伟绩的。但，毕竟市民是实实在在享受了不带任何负担的欢乐，正所谓“无事一身轻”，何乐而不为？可见，尽量还原民俗的“古董内涵”和还市民纯粹的欢乐，是“广府庙会”得以聚集起人气的关键。

“广府庙会”运作三年初见成效了，今年更见其广州气派，能不能继往开来焕发更长远和更光辉的生命力，进而成为“广州传统”，使这种广州气派遐迩闻名呢？那还真要拭目以待了。

养老院“往内走”需立法落实

刊于2013年3月1日《羊城晚报》A2版时评

媒体报道，针对越秀区在萝岗区建福利院之事，广州市市长陈建华谈起老人院的规划问题。他认为，中心城区养老机构“往外走”是错误的思路。他还说：“荔湾、越秀和海珠接下来都要研究一下，如何利用三旧改造的契机，在中心城区建一些养老院。”陈建华提出，中心城区的养老机构原则上要在中心城区内解决，“哪怕窄一点，比国家标准低一点，但在中心城区，靠近地铁站和公园，既可以方便老人，又可以方便子女探望”。

随着老龄化社会到来，城市养老机构的规划和设计，正成为公共政策落实的一个紧迫问题。老人院的规划和设计，与老有所养的社会福利宗旨密切相关。广州市未来的民生工程之一，就是要按照高于国家标准的设置，大量增加养老机构的床位。市长在这个时刻，提出在老城区设置老人院的规划方向，要从“往外走”转变为“往内走”，这是暖人心的。

目前城市中不少新设置的老人院，都在城外解决。在宣传上，都把老人院宣传成青山绿水中的“世外桃源”。然而，养老机构的需求，与所谓的白领梦是不同的，老人的身体多多少少都有些毛病，便于前往医院看病是很大的需求；老人外出不易，交通方便，出行周期要短，是第二大的需求；老人不希望寂寞，希望便于亲友探望，故不愿选择远居；老人生活注重细节，故希望居家生活的问题都能就近解决……总之，青山绿水固然好，但看着好不如住着便利。所以，陈建华对老人院的需求定位，是合乎老龄人对居住环境的期许的。

当然，老人院“往外走”，还不仅仅是规划思路导向的问题，相反，也是城市资源博弈中无奈的选择。记得在老城区中，以往每个街道，大多都有养老床位的设置。但城市大规模开发之后，“靠近地铁站和公园”的地块，都是地产商眼中的“香饽饽”，在没有立法规范的情况下，是不会给老人院预留空间的。君不见地产商连学校配套都磨磨唧唧的，哪里会有老人院的地位呢？

陈市长希望规划部门利用三旧改造的契机，把一些改变用途的地块拿出来做老人院，想法是有远见的。但是在目前城市规划和建设格局中，这种思路要变成现实，无异于“虎口夺食”。没有一个能严格执行的硬约束机制，屡见不鲜的规划变更，肯定会把老人院这么一个“负担”消弭殆尽。由此，市长的思路，若能以立法形式规范下来，恐怕就更靠谱。在现代城市治理过程中，好的执政理念要成为现实，需靠立法的推动，形成法案，才有可能在资源分配和资源保障上得以最终落实，也才有可能永续实现。

治堵真能“一揽子”？

刊于2013年3月4日《羊城晚报》A2版时评

3月1日，广州“治堵30条”最终版本——《系统改善广州中心城区交通状况一揽子工作方案》，获市政府常务会议审议通过。这个治堵30条中的几个内容如“限外”问题、公车严管问题、征收拥堵费、自备车位购车等，成为公众热议的重点。这个宏大叙事到了几乎无边的治堵方案，几乎囊括了国内城市现行似是而非的治堵设想，好像真的能把城市交通拥堵的痛苦现状，一揽子解决了似的。

然而，关心这个方案可能实施的全部内容，还不如回头看看方案的几个目标：（一）中心城区干路网平均车速保持不低于25公里/小时，主干路公交车平均车速保持不低于18公里/小时，重点路段重点区域交通拥堵得到有效缓解和控制。（二）通过轨道交通环城高速以内30分钟到市中心，“两个新城、三个副中心”60分钟到市区，广州至珠三角城市实现1小时交通圈。（三）公共交通吸引力进一步增强，大幅提升轨道交通、常规公交、有轨电车、水上巴士等公共交通运输能力和服务质量，中心城区公共交通占机动化出行的比例提高到70%（2012年约60%）。而这些目标，则应在2016年实现。

不想腹诽这些个目标的标准是多么的令人咋舌，也不能想象自己以后怎样按照目标时速在城市中“奔驰”的景象。我数数自己的指头，算算到2016年也只有三四年的时间，遥想一下将要到来的2016年，真不知道有关部门有什么把握，能够把这30条从规划到管理的事项，做到一一落实。也难以想象，要完成这治堵30条，我们的城市要投入多大的公共资源，光是人力成本，恐怕也是天文数字。而有幸三四年以后实现了那个时速不低于25公里的目标之后，以后的十年八年广州交通又怎样了呢？再也不堵了吗？而只看到这治堵30条以及目标，我们也没法知道未来我们的城市，到底要控制成有多少车，又有多少停车场地，公共交通与城市人口发展比例为多少……在看不到这些标准之前，我们简直不知道那治堵30条，到底解决了什么？

一个治堵方案到底怎样，不在于它是多么的包罗万象，也不在于其有多大的动作，而在于其用多少合理的资源解决多少纳税人希望解决的事情。看着治堵30条的终极方案，想着那个“系统改善”和“一揽子工作方案”等字眼，我真想问一句：拜托，有关部门以为自己是神么？我真的不想听什么“一揽子”方案，只希望你做什么事情的时候，简单地告诉我：你要做什么？什么理由？要花多少钱？多少周期完成？就行了！所谓的“一揽子”工作方案，如果只是“一揽子”既没逻辑联系，又没有落实细则的东西，最终一定“揽”不起来的吧！

“狗咬死人”和狗上牌

刊于2013年3月8日《羊城晚报》A2版时评

“住洋楼，养番狗。”旧时代广州人描述有闲阶级的生活形态时，有此一说。物质生活普遍提升之后，世风流变，这种生活形态也成为普通市民生活的摹写图景了，越来越多人开始同意，养上一只宠物狗，既可以培养爱心，又可以排解寂寞，不失为治愈现代城市中人群疏离感的一种选择。然则，凡是有利的事也蕴含风险：同城媒体报道，日前，荔湾区有位阿婆被刚抱养的一只杜宾幼犬咬伤，未及时处置，结果染上狂犬病去世。真是飞来横祸！而据市疾控中心负责人透露，近年城中年均被狗只攻击人次竟达8万次左右。

狗咬人当然不是新闻，但狗咬人的频率高，就值得人们重视了。可见，“养番狗”在城市当中，也不仅仅是个人生活方式选择那么简单了，随着居民家中宠物狗越发增多，狗只管理，或多或少已成为城市公共安全的一个问题。

早在几年前，广州市就对狗只要求登记管理，实行发牌制度了。由于开始时收费太高，结果形同虚设。后来比较实事求是了，但很多狗的主人嫌麻烦，除了一些确实名贵的狗只归了档之外，大多数的狗狗，还是属于“黑犬黑户”。城市狗只管理制度建立，归根到底，是为了街里街坊的安全，同时也使得社会管理的有序化。但城市管理的有序化是为了什么呢？最终应当是社会服务的有序化和常态化吧！广州大量的狗只没有实现上牌管理，恐怕问题不完全在于这狗牌管理制度执法不严。

实际上，在我们的城市当中，上了牌归口管理的狗只，也享受不到什么上牌“福利”的——比如在免疫方面、狗的体检方面、狗只的过户或血统认证查询方面等，都没有相应的配套服务。故此，这狗牌上了也是白上。狗牌制度的建立，只是为了建立“狗秩序”，但没有“好处”，即等于这套制度没有实质性的依托，也就没有了被人民群众拥护和维护的根基。

个别的狗只伤害事件，诱因和狗只管理制度并不直接相关，但狗只公共管理制度不能行之有效，对狗只危害的知识传播就缺乏平台，也就缺乏这方面的服务。因此，不能把狗只管理制度仅仅看作是领牌和发牌，更要在收了上牌费用之后，把资源也用于发牌之后的社会服务，取之于民用之于民，这才是狗只上牌制度建立的真正立足点。

亲水平台理当更“亲人”

刊于2013年3月11日《羊城晚报》A8版时评

广州珠江两岸的亲水平台，坊间忽然冒出存废之争，莫衷一是。其实没啥好争的，珠江是城市之河，与全世界近水的地方一样，有水就有水文化，有水文化就有恋水的人，有恋水的人政府就要满足他们精神和物质的需求，亲水平台就是满足这方面需求的硬件建设之一。所以废亲水平台是因噎废食，毫无道理，也不明智。何况，建亲水平台本身，就花费了大量的公共资源，下巴轻轻说废就废？

但是，备受赞誉的广州珠江的亲水平台，显然是有缺陷的，如恋水的人一旦落水，就难以自救，造成过若干的悲剧，很令城市扼腕。亲水平台的前身，印象中是旧时长堤一带被广州孩子叫作“下水楼级”的简易码头吧。以前珠三角一带的小艇运些香蕉水果蔬菜之类的到省城来，多半会在这些地方下货，后来主航道管制了，这些狭小的简易码头，就成了原始的“亲水平台”了。记得当年的这些个简易“亲水平台”，夏天涨潮时不少孩子会在那里嬉戏的。那时已经不主张在珠江游泳了，但是这些“亲水平台”的左右两边，岸堤上总是挂着两样东西，一是若干个带绳索的橘白色救生圈；二是左右各挂有一杆叫作“箍头竹”的东东，那东西是长长的竹竿上挂着一个圆套套，万一有人落水，只要拿着竹竿把套套伸过去，就能把人给扒拉上来。这些应该就是城市中最原始的自救设施，而且是专门为“亲水平台”配套的，当时管这个的，好像是航道部门吧。

反观上世纪90年代建起来的新潮“亲水平台”，让市民亲水是亲水了，但是万一亲水不慎，却容易玩命。本来，亲水平台升级了，城市也发展了，自救或者救助的设施，也应当更贴心，应当有更多的提示，哪怕是恢复救生圈和“箍头竹”也好，但现在的亲水平台却是多半阙如，更别提安上风速水流潮汐等信息提示了。其实，对于亲水平台的建设，广州的市民是肯定的。但是因为频见悲剧的发生，谁都希望能防患于未然，也寄望政府，把亲水平台的建后服务，更上一层楼。而作为纳税人，作为城市公民的一分子，大家是舍得花这笔钱的。但愿很快，珠水两岸的亲水平台，真能也“亲”人、便于救人！

提高消费信心文章如何做

刊于2013年3月15日《羊城晚报》A6版时评

广州市工商局和消委会公布了2012年“居民消费信心和消费环境”的调查报告，其中很多数据，颇引人关注：比如，广州居民给消费信心打55.547分。七成受访居民认为未来三年楼价还会涨……又如，往年信心指数排在第三位的私营企业主，今年信心指数暴跌，仅高于“待业”和“其他”受访者。数据还显示，有达58.6%的受访者对国内食品质量表示不放心等。

这些数据包括了广州5000多个样本对当前经济生活的一些评价，反映了他们对收入、生活质量、消费支出、就业状况、购买耐用消费品等的满意程度与对未来消费的预期。媒体把近三年的有关数据做了对比，由于信心打分都在60分以下，因此评价为“广州消费信心连续三年不及格”。

其实，按照消费指数的评估方式，实际上并没有所谓及格或不及格之说，因为消费指数是市场状况的直观反映，只能说是低落高涨又或者一般。消费信心打出55.547分，应该说是在中档水平，考虑到全球经济环境的情况，只能说这是合乎实际的一个指数水平。

国情如此，广州要置身事外，可能有些异想天开。

由于问卷中广州化的数据不多，所以真要看本地特点，还真不容易。倒是一些细部的指标，颇能反映广州人知足常乐的心态。不过，消费信心指标的作用，用在不同的立场上，倒是给予不同的参照系。就心理期待而言，广州是开放改革前沿，经济总量在全国领先，又是经济发达的大城市，故都希望城市的消费信心应当比别的城市高涨一些；加上拉动内需的动力，也在于消费信心，而营商环境评估上，也当然是消费信心越高涨，说明情况越是向好，毕竟，有句格言说：良心生产，信心消费！

所以，消费信心指标高不高，其实跟消费环境有没有“良心”是相关的。比如安全感方面：社会保障水平高低，落不落实？又比如法律环境完善不完善？市场制度公平不公平？消费权益保障不保障？家庭收入是不是与社会财富积累同步？这些，很大程度上都是个社会发展的“良心”问题，只有这些个“良心”问题不断改善了，消费信心指标才有可能“挺”得起来。如果说这些消费信心的指标对我们工作真有直接价值的话，那么，政府有关部门，还真的要用这些指标参照自己的工作，按照人们对未来的预期去努力，在广州形成一个“良心生产”的法治环境，这个城市的消费信心指标，又何尝不会飙高起来？

微博江湖真的无法无天？

刊于2013年3月22日《羊城晚报》A2版时评

有人的地方就有江湖。微博是聚着许多人的地方，所以，微博这江湖就很大。林子大了，什么样的鸟儿都有，因此，微博上的大V小V，以及种种账号等，往往也是鱼龙混杂。昨天，有同城媒体把利用微博账号赚钱的利益链撸了一遍，试图梳理出一张有人利用微博账号不当得利的路线图。

真是创意无界限。在微博本身还没有找到稳定盈利模式的情况下，利用微博的传播力量来赚钱的手法，已经层出不穷。作为互联网上的“拓荒者”，能够搭建起行之有效循环不断的利益链条，本身并不是坏事。但问题是，这条利益链从抄袭账号搭建到传播谎言，再到传播时的对虚假信息来源的掩盖，然后是落地时委托者的假冒伪劣产品和售后服务的欺瞒，等等，串起来就是网络上的走私和走鬼。贯穿其中的每一个环节都是在走偏门的欺诈式买卖。

大凡在某个系统中出现毛病或者问题，人们都大而化之将问题冒泡的源头归之于管理。不错，在任何开放性的市场中，参与博弈的各方都须在约定的游戏规则上按契约竞争，才算得上公平。而管理的权限，在现行的运行格局上，很大程度已经让渡给了政府和行业组织。通常，管理上对于市场正负约束度不同，市场的兴衰也有所不同。然而，互联网带来的虚拟空间的系统管理对于我们的社会来说，却是一个更为复杂的问题。诚然，要实现互联网交易中的利润，最终是要通过现金的当面交割或实名的银行账户交割落地的。但是，在其他的互动过程中，穿着马甲戴着面具等种种虚拟现实的伎俩层出不穷，欺诈与反欺诈是最大的交易风险，而在这个过程当中，所谓的管理，犹如遥遥远空中的上帝，绝对是鞭长莫及的。而事后管理上的投诉难或投诉成本高，成了黑链条上的既得利益者得以逃脱的后门。

是否利用微博账号欺诈，又或者利用互联网的其他方式坑蒙拐骗，最终都是为了不当得利。正如在一宗案件当中，了无头绪时，判断罪案的行为人为谁，只需找到既得利益者，多半就能找出或降住罪犯。同样，在互联网上，特别在微博这类公共空间里，只要有措施落到那些不当得利的既得利益者头上，把这工作做得像拦截某类信息那样细致，微博上的坑蒙拐骗，一定难以立足。微博虽然很有江湖的味道，但最终还是刻有秩序的江湖吧。可见，目前微博对那些发布瞒蒙得利信息者的拦截，非不能为也，实不为也。

对广图搬迁，该讨论什么

刊于2013年3月25日《羊城晚报》A2版时评

广图搬迁。留下来的壳子，将成为广州少儿图书馆的总部，广州的少图，将成为中国的最大。一连串的消息，在坊间引起了连番讨论，意见很多，多半意见认为应当让广图新旧馆并存。理由很简单，街坊有这个需要——到新馆去没这么方便了。

马上要变身的广图，其实原先不是个图书馆，而是展览馆。“文革”期间，作为农讲所展览馆的新馆，这栋建筑可谓取之于“革命”，用之于“革命”，当年落成时是本城“文化大革命”的伟大成果。那时候，主楼顶上矗着五个一大四小的火炬灯箱日夜长明，一度成为广州的标志性建筑。如果说广州要找一栋“文革”期间的典型建筑，恐怕还真非它莫属。

拨乱反正以后，这个大而无当的农讲所新馆遂被改作图书馆用途，当年改作图书馆时，市里还顶住过不少压力。毕竟，把“红色的圣堂”改作民用，在当时是有政治风险的。有一段时间，象征这种妥协的是楼顶上的“红火炬”曾经短暂地变过巨大的几面“红旗”灯箱。如今，连图书馆的用途也要改弦更张了，晓得这段历史的广州人，会不胜唏嘘吧？

事实上，“农讲所新馆”及其绿化地块，因为改作广州图书馆，整个公共建筑和绿化地块，被完整地保留下来了。现在，这个地块周遭，已经开始林立并在规划起不少楼盘了，唯独这块石屎森林中的绿洲，仍如宝石般盘踞在城市居民区的中心。就公共资源的保存而言，作为市民的本人，并不太关心这里的图书馆是成人的还是少儿的。我更关心的是，这一块城市中宝贵的留置绿化地块，会不会因为左改右改，成为某些利益集团觊觎的囊中之物？这地块在图书馆搬迁之后，会不会被一些既得利益者以冠冕堂皇的名义开肠破肚，化公共利益为私有利益？嘿哼，少儿图书馆？不会像广州儿童公园那样，成为一个承包的儿童世界吧？不会建起各种的临时建筑，租给成千上万的儿童用品商家吧？更有甚者，干脆以改造为名，占用地块的通道和绿化的面积，加建莫名其妙的附属建筑，增加商业的用途吧？

其实，没有明确规划和说明地对广州图书馆旧址的所谓“改造”或者“改建”，实在比广图的去留，更令人担忧，这块兴于“革命”、用于公共的城市绿宝石，会不会毁于商业和贪婪呢？正是怀揣着这种对“有关部门”不信任的小人之心，我希望坊间对广图搬迁的讨论，能够更深入更具体更细化，并且能够从表面的便民服务深入到深层的公共资源处置层面上，形成对“有关部门”处置广图旧址进行全面监督的舆论场，以使得这块宝贵的公共用地，永远保持其公共性质。

著名商标被大规模摘牌不是坏事

刊于2013年3月29日《羊城晚报》A2版时评

本报头版昨日报道，广东142件著名商标被摘牌。其中，不乏上个世纪赫赫有名的一些品牌，比如步步高、燕塘、静心、鹰牌等。这些著名品牌曾经风光，它们的市场知名度，或多或少与广东这个世界闻名的“制造工厂”息息相关，它们昔日的辉煌其实都是在各自行业江湖地位曾经的注脚。

不过，俱往矣，长江后浪推前浪，在新的产业格局当中，这些品牌或因行业的衰落、市场份额的缩小；又或因产业行业的调整，企业战略的转变，或主动或被动地把省著名商标的牌匾生生卸下。虽然说，市场的竞争是不相信眼泪的，商场上更是英雄不提当年勇，但对于消费者来说，回首当年，还是会有一腔故事，几许唏嘘。

说到省著名商标的含金量，虽然不如上世纪厚重了，但是，作为一个品牌，含有的市场信用度还是很高的。广东省的企业出产的产品不计其数，但能够成为省著名商标的也不过几千家。据统计，

2011年有2500多家，如果以每年增加三四百家的评选速率，到今年也只有4000来家的样子吧。而要成为省著名商标，除了要向省工商管理部门申请外，省级的经济贸易、劳动保障、农业、税务、环境保护、质量技术监督、食品药品监管、安全生产监管等部门都要根据各自职责参加其认定，可见，对于企业来说，门槛不低。当然，这个商标认定是不收钱的，但是，如果通过中级机构代理，一般开价也是少则5万元多则10万元，而有效期只有三年。在上个世纪，很多地方政府扶持本土企业的品牌，很多每年都给上榜的省著名商标予以10万元到30万元甚至更多的奖励；另外，用地信贷等方面的政策倾斜也令人眼热。当然，贴上广东省著名商标标签开拓各地市场，也能如虎添翼……可见，著名商标被摘牌，还真不是一件不沉重的事情。

作为一种区域软实力和硬实力的提升，推动本地著名商标建设，是地方政府为自己企业背书的一种合乎市场逻辑而又行之有效的做法。但广东省今年摘牌的著名商标，是历年规模最大的。这种调整，使得过去基本定型的著名商标榜出现了实事求是的流动机制——有出，自然就有进，而这一出一进可以看作一种信号，著名商标这个品牌与市场的运作机制更加紧密了。这种流动，其实也是对著名商标这一无形资产的一种盘活，加大了企业产品在品牌江湖中的竞争，让那些名不副实的著名商标退出著名商标的排行榜，对于广东不仅不是坏事，反而是让著名品牌这块金字招牌更焕发生命力的举措。当然，企业也可以从这种大规模退出过程当中，重新定位自己的品牌本身。

每人都是“城市矿产”生产者

刊于2013年4月1日《羊城晚报》A2版时评

子曰：名不正，则言不顺；言不顺，则事不成。这不愧是圣贤之言，放到现代，也毫不过时。广州市日前开了5场“城市矿产”开发利用专题座谈会，高调把“城市矿产”的开发利用，与建设城市的生态文明挂钩。很多读者，被“城市矿产”的提法镇住了，思揣半天，还是雾里云里。其实，没有多么复杂，简而言之，“城市矿产”，不过是城市垃圾的另一个说法而已。虽说平民百姓不一定习惯，但成为政府施政的语汇，那就绝不简单，至少表示，政府试图用“矿产开发”的思维和路径，将对垃圾这类可再生利用的资源有一番作为。

查百度词条对“城市矿产”的解释是：“城市矿产”是对废弃资源再生利用规模化发展的形象比喻，是指工业化和城镇化过程中产生和蕴藏于废旧机电设备、电线电缆、通信工具、汽车、家电、电子产品、金属和塑料包装物以及废料中，可循环利用的钢铁、有色金属、贵金属、塑料、橡胶等资源。其利用量相当于原生矿产资源。而在广州的会议上，则更强调外延的延伸，把落点放在城市生活垃圾和建筑废弃物上，联想到广州曾经出现困扰的垃圾围城现象，则政府高调运用“城市矿产”这个既环保又前卫的现代概念，其要对垃圾分类等城市治理策略来个“脱胎换骨”式的“正名”整合的用意，溢于言表。

既然有了“城市矿产”这个认知，那么，城市中的每一个人或者企业，每天都有垃圾排出，恐怕就应当视为“城市矿产”资源的“生产者”了吧？大凡矿产资源的开发，都是有成本的，而这成本的部分支付得益者，应当就是矿产资源的所有方。但联想到正在试行的垃圾分类方案，收集“城市矿产”资源的袋子，还要居民们支出，这未免与开发“城市矿产”资源的主旨和逻辑，不大合调调了。

事实上，由于现在我们的“城市矿产”的产生，大都还处在各家各户自理的“小农经济”阶段，怎样对“城市矿产”进行“公司加农户”的引导，实际上就牵涉到公共资源分配的问题。要形成良性的“城市矿产”的开发利用，就要花大力气建立科学的回收体系和加大政策与投资力度形成产业链条，这应当是最基础的举措。

但这两个基础目前对城市而言还是一个“无中生有”的阶段，如果我们还是以高端论述低端运作思维来推动，“正名”的初衷很可能成为泡影。所以，我们除了要看有关部门推动的“名正言顺”之举之外，还要看公共资源投入上的“行必果”而令“事竟成”，要看政府对生产者的“生产积极性”和规范引导的投入和再投入，不如此，就不能真正成就由“城市矿产”引发的新产业和新增长点的“大业”，也就枉费了把城市垃圾改造升华为“城市矿产”这番作为。

老字号啊老字号

刊于2013年4月3日《羊城晚报》A2版时评

消息传出：越秀区将启动广州老字号一条街建设项目，首期位于北京路北段（省财厅至中山五路路口），路段全长188米，目前沿线48家商铺，越秀区经贸局表示，目前该路段公房有15家，租约期满后有望将其用于吸引老字号进驻。

因为世事变化太快，昔日的荣光总是牵引着怀旧的情怀。城市中对老字号的憧憬，大抵包含着城市中人，对过去生活节奏的不舍，所以老字号这个话题，常常会上报章，入邻里街谈，更不时出现在政府文件，可谓常说常新。然则，在现实当中，我们所看到的景象却往往不是老字号的辉煌再造，相反，老字号渐行渐远的背影，总不免在黄昏当中，划出几许城市的凄伤。事实上，就是在北京路—中山五路这个商圈里，消逝或是萎缩了的老字号，就不知几许，像东江饭店、大学鞋店、新华电影院等老广州耳熟能详的各种大小店铺，早就在一次一次的拆迁和城区改造以及商铺升级当中，湮没殆尽，一切如风。

对于历史变迁这样一个大格局的变动来说，老字号这个历史痕迹，只是很淡很淡的一抹抹痕而已，其实，广州城内的老字号，一点都不算老。多数的老字号当年开张，都在上世纪40年代光复之后。它们1949年之后经历了“三反五反”和“公私合营”的社会运动，继而经过“文革”最后存留下来。这些老字号其实到开放改革时，多半已经是国营或者是集体所有制性质的企业了。数数指头，截至上世纪80年代现在大家伙心目中的老字号，在广州也不过存在了30多年而已。对比之下，开放改革后，其实像什么南岗、南海渔村、大西豪之类的商家，生存的时间，到如今也相当长了。所以，客观地说，老字号并不止于新中国成立前留下来的商铺，开放改革以来建立的商铺，也应该够老了，至少应当叫新老字号吧。

老字号的渐渐消失，其实有很多因素，并不是一两条政策的短期扶持，就可以改变其命运的。当年最影响老字号永续生存的直接原因，恐怕还是企业的改制。有的老字号挫折于承包；还有的老字号因历史负担（如老员工的退休负担）过大，致使企业竞争力不如新生的同业。总之，经济规律起的作用很大。还有一个原因，就是商业旺地的地价升幅太大，过去，很多老字号是租房子开店的，但北京路一带的店铺租金，简直就是天价，很多老字号根本承受不起。是多种因素的合力，令老字号在城市商业发展中最终出局。

老字号的回归，目前来说恐怕也只能“旧瓶装新酒”了，一切的期望付诸现实，恐怕最难的还是复原老字号的营商环境，光是房租税金的方面，几乎不大可能。与其这样，还不如不要一厢情愿，搞什么老字号一条街。我们应当让老字号自由发展，能生存就让它生存，不能生存的也不必遗憾。否则，最终会破坏经商的游戏规则，导致劳民伤财。当然，作为城市记忆的留念，我们不如为老字号捣鼓一个博物馆，将历史铭记起来。

交通听证，别老是让人雾里看花

刊于2013年4月5日《羊城晚报》A2版时评

广州要新增1400辆出租车。这事日前开了个听证会，报道说是19票赞成1票反对。其实，与全市2万多辆出租车相比，增加那么一千几百辆车，对于市场竞争的影响，应当不算大；而对于增加运力的主要理由——缓解上班时间打的难，能够足以彻底反驳的理由也真是不多，所以，听证结果一边倒，事前早可预料。毕竟，这道似是而非的数学题，一眼看去没有烧垃圾还是埋垃圾那么复杂，所以，听证会轻轻松松和和谐谐地开完了，结果是皆大欢喜。

不过，对于为什么只增加1400辆车？怎么不多又不少？这1400辆车怎样招标？是特别管理还是融入主流？我们除了知道有20辆在大学城跑动之外，其他的除了一句含含糊糊的“多争取上班时间上路”之类的话，公众其实一概不知。

城市中关于交通问题的听证会，恐怕是开得最多的了，出租车加减价、公交票价优惠、限外等。但在听证代表和公众看来，很多听证会往往是雾里看花，知头不知尾。每次听证，都是应不应该，反对还是赞成。但是，拜托！既然是与公共资源调配相关的事情，我不知要投入多少资源？增减多少收入，公共开支有多大？会不会尾大不掉烂了尾？一切的一切，都没有数据，特别是用于听证的第三方数据，那岂不是要我们“跟着感觉走”么？既然天天把“现代管理”挂在嘴边了，那可不可以做戏做全套，弄得专业一点？我们已经做过好多年的无数据听证了，这么些年来，这么多精英，几乎听不到有人提意见，浑浑噩噩的就这么听来证去，真不知道听了啥？证了什么？

其实，广州的出租车每次要增加运力，其中上班时间打的难这一条理由，总是少不了。一到听证，赞成方人人都是受害者，个个都会大声疾呼；而反对方，又总是以“上班打的难主要原因不是运力少，而是因为堵车所致”来反驳。不可否认，城市在扩张，人口在膨胀，增加出租车辆的理由当然无懈可击，但是，仅靠增加车辆就能够解决打的难吗？2011年增加700辆车是这样，现在轨道交通和大公交发展了还是这样，真是叫我们这些听证的公民无语。

对照现实，我们无法反对出租车增量，但是我们更期望管理水平的提高，增量而不提高管理水平，不就是重蹈覆辙么？为什么不能在上班的时段，有意识地降低出租车司机的成本呢？譬如，让上班时间载客出租司机少交管理费或者给予税费优惠，岂不是用了经济杠杆来鼓励司机出车了么？总之，少将脑子花在增加运量后能够增加多少计划外的收益上，多花脑筋在现有资源的最大化运用上，则方为至善。

长跑也是一种文化

刊于2013年4月8日《羊城晚报》A2版时评

昨日，广州市11万初中毕业生进行中考体育试。这本是个例行考试，但由于2013年新增了长跑必考项目，结果上了报纸的头条。海珠区考场还来了救护车和急救的医护人员。从现场报道看，学生们还是很吃力的，喊累的学生很多。目前还无法知道这种女生800米男生1000米的考试合格率如何，也不知道此前有官员说这考试结果不是硬指标，学生跑完就成云云是否成立。但据报道，一方面光海珠区五中考场重铺跑道就花了118万元；另一方面，学生和学生家长，对这场考试也意见多多。

初中长跑考试该不该跑？强度多大才合适？这要经过科学的研究才得以确定的，很难置评。但是从旁观立场看，今年这么考一考，学生和家长还真的如临大敌，甚至有好胜的家庭，有的为此请了家教，有的请了陪练。不过，校园氛围表明，给学生增加这么一门必考项目，学生和家长看作负担的多，不爽的街谈巷议也居多。

体育项目当中的长跑，作为一个千年传承的文化载体和锻炼身体的途径，一直为世人所喜爱，也是国际最流行和最能展示人体耐力与健美的体育项目之一，在世界各地，长跑、慢跑也是许多城市的人文景观之一。遗憾的是，不知为什么，在我们的城市里，学生会将其视为畏途，家长们对此更是忧心忡忡。就是在城市的运动场里，喜爱和坚持长跑的人们，也都是四五十岁的壮老年人。倒过去三四十年，中学生中有个长跑比赛什么的，又或者长途自行车旅游甚至是去郊区长途步行暴走，在家长看来都是平平常常的课余活动。很多班级里，四五千米长跑的队伍，拉出来是一堆。总之，不管是校园还是社会上，田径运动的气氛非常浓厚，不知是不是那时候没有那么多“贵族运动”，长短跑这类“平民运动”反而流行，而学生们的体魄，也以吃苦耐劳见长。我们光听听过来人的故事，就知道当年上山下乡的那一辈人，在农村扛下了多么重的活，就晓得那是什么样的体魄！

事实上，学生是最易受家长影响的。通观城市中的许多家长，恐怕是很少进行体育锻炼的，更不要说中长跑这样一些强化耐力的锻炼了。体育场上坚持长跑的人都是50后60后，少见70后、80后，就很能说明长跑文化的断层。其实，在青年人的素质培养中，心志和体魄上的吃苦耐劳，是最基本的一项素质，而长跑的那份坚持，恰恰最能体现这方面的培养。在许多家长眼里，都知道让孩子赢在学习的起跑线上，但心志和体魄上的起跑线上呢？就少有考虑或者垂注了。

长跑是个好东西！不管是不是必考的考试项目，如果孩子在日常的体育锻炼中有坚持长跑的锻炼，在中考考试当中，大抵上都不会有体能或安全问题，而长跑能够过关斩将者，必成大器。当然，身体有隐形疾患的除外。

自主招生就是“掐尖”？

刊于2013年4月12日《羊城晚报》A2版时评

自主招生是本世纪初，由部分名牌高校在高考之外捣鼓出来的一种招生办法，一直披着件改革探索的外衣，这办法教育部许可，高校结成联盟操作，家长学生愿意多一条进入联盟高校的通道，于是乎，磕磕碰碰走了十年，尽管颇受非议，但也持之以恒。不过，昨天，同城媒体为自主招生话题做了几个版的专题，指自主招生早已沦为高校各地“掐尖”的一种把戏。

是不是要全面否定自主招生？这话不好说。不过从自主招生十年的成长过程看来，自主招生的高校承认也好，不承认也罢，自主招生另起炉灶，除去“掐尖”，还是“掐尖”。也许，对个别的偏才怪才，这一套办法确实有终南捷径之效。但，从这十年自招进去的学生情况看，绝大多数都是“掐尖”入校的。只不过，人人都是瞎子吃馄饨，心知肚明，落了好处不说而已。

不管自主招生的初衷多么冠冕堂皇，但说自主招生不是“掐尖”，不过是自欺欺人而已。看一看“自主”的首要条件，一望而知，不是尖子中学的尖子，你连摸门的资格都不会有。说起来也真是难为那些个自招联盟了，本来就是要在高考之外“另辟蹊径”与学生签约保证生源，那么，考题和游戏规则，自然不能离高考太远，否则有失公正和有违公平的批评就不期而至。其实，对于自招联盟来说，只要招到尖子就完成任务了。所以有些年的考试难得昏天暗地，更连轴折腾考生，但也只是说声“难了点”就过去了，当年的学生成绩也没有说有啥问题。事实上，在那些被“掐尖”的学生和家长看来，参加自招考试，只不过是一次练手的机会，自招成功，有了对口的大学录取，万一失手，并不影响高考，何乐而不为呢？

为什么说自主招生是“掐尖”行为呢？本来就是。试问那些被自主招生进了大学的学生们，被“自主”之后，在学校里得到了什么样的专才培养呢？没有。他们和普通高考招进的学生一样，也只是受到同样教育大纲的教育，只是进大学的途径有些特别而已。很显然，所谓的自主招生，不过是“让一部分人先进来”的政策而已，学校不可能也没有条件为这些学生“开小灶”，所以只能说是自主招生，而不能说是“自招自培生”。可见，实行自主招生的有关学校，只不过是在热衷一件有头没尾的“选才”而非“育专才”

之事。毫无疑问，以联盟的名义，自主招生的真谛，不是掐尖净化生源又是干啥呢？至于自主招生是否公平和公正呢？透明度不高，无法置评！

祭拜也念“限”字诀？

刊于2013年4月15日《羊城晚报》A2版时评

清明时节，家家祭拜先人，寄托哀思。城市中因为这个风俗，每年同时奔往公墓的人潮，络绎不绝。人气足，可见城市多数人都不忘古训，常怀孝心。当然人多，事儿也多，城市管理的成本也高。随着城市人口的膨胀，拜祭人群的增加，总有新需求会冒出来：比如，广州银河墓园中的拜祭桌轮候，便成为一些市民议论的话题，更有市民提出希望限时拜祭，以便加快拜祭桌的流转。

何为“拜祭桌”，其实是指骨灰安放楼周遭，墓园为了方便人们拜祭，设立的一些桌子，这些桌子原本是给拜祭群众休息小憩之用。但由于许多拜祭家庭都带着许多牲礼祭品、花束奠仪等，在祭拜时，往往把先人遗灰和祭拜物品一块儿安放其上。久而久之，这些桌子便约定俗成变成“祭拜桌”了。据报道，银河园里的这类桌子有三千多张，平常是按照先到先得的原则轮候的。由于不少家庭拜祭时间很长，所以，在正清或者一些拜祭高峰期。未能先到的祭拜者，就不得不排队轮候了，据说，某些时段，可能得排上两三小时的队。从直觉出发，限时祭拜便作为解决“不患寡而患不均”的办法提出来。

凡遇到管理上或者公共资源配置不足的时候，限这个、限那个就成为某些人的灵丹妙药。日常生活中，我们被“限”还少吗？限速、限购、限行、限外、限牌……现在，还要限时祭拜！事实上，限时祭拜看上去听上去很好，似乎这样就很公平了，殊不知，这个所谓公平里面，却很难公正地实施的：两个人祭拜和10个20个人祭拜的时间如何区分？离骨灰安放处远近不同的又怎么算？每个家庭的人员不可能同时到达，那么所有人都在排队处等待吗？造成拥挤又怎么算？由什么人去卡这个祭拜时间的超时与否？用时越长就收费越贵（典型乱收费）？清明时节可能有风有雨，如果一堆人在等待限时祭拜，就不会造成新的瓶颈吗？——总之，理想是美好的，现实却是灰暗的。

其实，清明节的拜祭桌轮候，不过也就是一年一度的轮候，不便之处，并非不可克服，而且，仅仅限于骨灰安放楼拜祭的群众，为什么要大动干戈去在拜祭时间上“均贫富”，按所谓的新游戏规则行事且增加各项资源呢？这是否有些脑残呢？很简单，按照骨灰安放的规模，拜祭高峰时适当增加一些临时的拜祭桌，找几个显眼的地方，像停车场公布车位那样随机公布祭拜桌的使用情况，让市民自由调剂，岂不让等待者心里有数？公共资源的调配，不仅仅光考虑和执着于公平，最重要的还是要考虑如何能公正实施。

抢购黄金，是抢投资安全感

刊于2013年4月19日《羊城晚报》A2版时评

广州城里，这几天最热络的地方在哪？——金铺！消息传来，国际黄金价格回调，金价从每克300元以上的高位，下调回到2字头，坊间的师奶们觉得有“着数”了，于是乎纷纷到金铺抢购黄金，广交会的淡静与金铺内的火爆，成了相映成趣的两种境况。

不说复杂的经济学原理，其实稍微关注一下国际货币市场的情况，就会对金价回调会心一笑。美元升值有一小段时间了，国际金价会受到平抑，势所必然。美国政府债务高企，必须发行国债度日，如果美元贬值，国债发行就成问题。所以美国政府是希望美元升值的。希望美元升值，就希望黄金的价格，不要再创新高。这里面的关关系系比较复杂，摆起龙门阵来“一匹布那么长”，不说也罢。但美元升，黄金调。炒金炒汇的都晓得这个道理。

广州的师奶，不一定懂那么多，只是本能地知道，黄金价这些年来升幅很大，看来是能够保值的投资对象，20年前不够百元一克的金子，这些年已经到达300多元的高位。况且，收藏金子按能力算可大可小，有能力就多收，没有能力就少收。不像大宗的不动产，非倾尽全力不可。故而，传媒对消息一炒作，人群就蜂拥而来，成就了金市一番旺盛的景象。不过，大凡被炒作起来的境况，总是有忧患的，特别是在毫无准备就从众而行的情况下，更容易出岔子。比如，金价可能会再创新低；再比如，饰金与裸金并非一回事；还有，买入价和卖出价也可能有很大的距离；等等。很多忧患之士，对此抢购金子的世相，甚为忐忑。

其实买金和不买金，个人投资意愿而已，现在还算是平明盛世，小百姓买金的小算盘，很可理解，无非求个升值保值而已。倒是师奶们被触发起来的热情，值得思考。百姓们有能力抢购金子，说明百姓们并不差钱，而且大家不愿持有现金和别的有价证券，这说明人们对黄金的信心高于其他的有价替代物。

事实上，看目前的投资市场，无论渠道还是对象上，是有些狭窄和悲催的：房产吗？限购!股市呢？调整！基金么？不透明且少回报！种种理财产品？衍生过分近乎骗局！保险么？兑现之烦琐几近抢夺……总之，小民百姓的投资渠道，真是少得可怜。不是说理财产品少，而是说有信用有保障的理财产品少！现今保障私人投资的制度设计，基本上是支离破碎的；特别是对于这方面的维权管道和维权执行力，更是贫乏无依。百姓们信黄金，是因为投资黄金不会输到连渣子都输完。试问，去哪里找比金子更安全更有信用的投资对象呢？师奶们疯狂抢购黄金，实际上是抢购投资的安全感！

呼吁不买熟食的警示有点可笑

刊于2013年4月26日《羊城晚报》A2版时评

超市散装熟食不安全，大肠菌群和菌落总数超标！昨天报载，广州市工商局网站公布一季度抽检报告，华润、百佳、吉之岛、好又多、沃尔玛、易初莲花等商场的部分熟食的质量合格率也仅有55.1%。工商部门警示：不要买超市散装熟食！

超市的散装熟食不卫生，市民心里是有数的。对付这个问题，有人把熟食看作半成品，回家再加工；也有人用微波炉加加热；当然也有人认为“大菌吃小菌”，干脆无视……无论何种方式，实际都是“明知故买”。其实超市熟食，在广州也是个“新时尚”。过去的超市，无非有个烧腊卤味档，方便市民斩斩“烧鹅乳猪”，没有成行成市的。随着生活节奏加快，80、90后快餐族成为消费主力军，再加上外来人口增多及外来生活方式的渗透，五花八门的烧卤凉拌等熟食，在超市应运而生，而且越做越旺。到如今，超市散装熟食，已和某种都市生活方式息息相关，甚至是一种舌尖上的文化，甚或搭载着某种乡情。君不见街头巷尾的走鬼小吃，比超市散装食品的卫生指标低更多，但并不妨碍摊档如雨后春笋。套用一句不免浅薄但却是真理的话：有需求，就有供给。如果又像限这、限那似的，又来“限”超市熟食，那有关部门就可能要被老百姓戳脊梁骨了。

凡事不可因噎废食。超市熟食既然有市场，堵肯定堵不住，那就需要智慧，需要有关部门在制定市场规范时，除了宏大叙事的原则思维之外，更要有过细同时可操作实施的行业规范。散装熟食其实并不只是广州市场里有，其他国家其他地区也屡见不鲜，问题是在广州市场上，对这些熟食的生产、陈列、销售等环节，并没有行之有效的规范流程。超市里的熟食档，很多并不是真正由超市自己加工生产，很多档口不是外包就是场地出租的，所以对生产过程的管理和规范，形同虚设；食品的陈列方式，也没有一个规范标准，把超市里的熟食点档看作是室内定点“走鬼”，似乎不为过。更有问题的是，熟食食品也应当有售后服务吧，在超市里的熟食档，其实售出的产品，都有条形码，监管回溯，完全可以做到。

其实，抱怨超市熟食档难以管理，是没有穷尽一切办法去管理而已。超市熟食有问题，那就重重执罚超市的连带责任好了，超市在散装熟食上赚取高额的利润，凭什么就可以不对这些熟食负责任呢？有关部门固然可以警示不要买超市散装熟食，也固然可以声称无权禁止超市的熟食买卖，但肯定有权力对经营问题熟食的超市全面停业整顿，为什么就是不这样做呢？连年抽检不合格，就是难以管理？这不仅太没面子了，简直就该下课！

民间的慈善

刊于2013年5月3日《羊城晚报》A1版要闻“新闻编后”

民间的慈善，从来不用立牌坊。慈善的血脉，其实一直在中国农耕社会中传承着，在民间，慈善既是一种生态，也是一种共同的生活态度。在大多数传统的村落中，一家有难，全村援手，这是人之常情，而粤地潮汕文化中，这一点尤甚。所以，除了方言上的文化联系之外，这种乐于帮“自己人”的文化基因，使潮汕人因此以团结著称。

基层的慈善，之所以行之有效并得以传承，其实并不复杂，不外乎有三：一是有需要时把慈善落到具体的事情上；二是每一笔捐赠都在村落祠堂中公开；三是自愿原则，有能力者自有担当。历史上村落设置在城市中的会馆，由士绅捐建成为乡里乡亲进城赶考或者营商的“办事处”，其实就有慈善的含义在。今天本报报道的这个个案中，人们所惊诧的这种乡村慈善的能量，其实就是民间传承下来的慈善正能量。而这种正能量之所以能够随时聚合和响应，就在于乡村里的人们总是在呵护这种慈善因子的信用，从来不去透支和拨弄它。

的哥聘任制：好头好尾才是好制度

刊于2013年5月3日《羊城晚报》A2版时评

五一节，劳动者权益和权益保障，是媒体的主要话题。有关部门也会应节推出一些早已酝酿的、被认为是有利于劳动阶层的措施。广州交委称：将在全市出租车行业推动“的哥聘任制”，便属于这一类。据称，广州交通集团、白云集团等龙头企业，有不少乃至近半出租司机，选择了“聘任制”这种用工合同形式。

据报，站在司机立场上看，这个新推的制度好处很多，用工性质上，出租司机和公交司机基本一样了。如：规定每月工作26天。完成任务定额后，可拿到“基本工资+奖金”，同时公司为司机购买社保和公积金。企业为司机报销定额燃气成本，基本满足每班的气耗需要，气价上涨风险绝大部分从司机转由企业承担，而且将来的成品油和燃料的财政补贴等，仍有部分归司机所有；而车辆的正常例行保养、二级维护和车辆故障的工时费用亦由企业承担；即使发生交通事故，司机亦只需按责任承担各类赔付后的剩余部分；等等。据白云集团有关负责人介绍，如果司机选择了聘任制，公司将给予每月1800元的底薪，还另外买社保和公积金。而出租车司机将分两班经营，每班向公司缴交370元定额费用。

广州出租车行业经历过供车制、承包制等模式。前面这些制度，从某种意义上说，是以减轻企业负担为首要目标的。新制度似乎有更多“以人为本”的味道了，虽然无法判断任务定额是高还是低，也无法判断实施后的奖金分配是否合理，但司机的社会保障福利元素更加规范。事实上，广州市普遍推行了社保和医保制度后，类似的职工用工制度，因为社保的统筹，成为了大多数规范企业施行的前提，不再像过去那样，企业要担负大量的退休员工的负担。不晓得实施新制度后，出租车行业司机的工作稳定性会不会有所改善。据知，年纪较大的司机，都愿意选择新的制度，这说明，对社会保障需求更看重的群体，更希望用工制度上，既要保障每月较为稳定的收入，同时还要临老保障“有尾跟”。

开放改革以来，我们尝试过很多种用工制度，这些制度在推出的时候，都有一定的合理性，但是，我们在制度设计和执行时，很少对这些制度的连贯性，有法的意义上的考虑。很多制度在执行若干年后，制度的完整性和持续性往往会衰减，甚至会被某些人任意操弄，比如说承包制里的“份子钱”，就从刚开始的“有数为”慢慢变成“无数为”，使得这个制度的合理性化作虚无。一个制度是需要公信力去维系的，不能随意“缩水”。我们很多用工制度，管得了现状却管不到退休，这往往就是社会问题的根源。新制度是不是全国首创并不重要，重要的是它的实施牵涉到成千上万的劳动者，能让这些劳动者笑到最后，这才是重要的。

控烟观念形成，就是城市的进步

刊于2013年5月6日《羊城晚报》A2版时评

有关部门近日在官网上挂出了《广州市控制吸烟条例实施细则（征求意见稿）》，使得城市控烟的话题再度热乎起来。细则中有条规定引人注目：国家机关和由财政资金供给的企事业单位和其他组织，除用于设置吸烟室或吸烟区用途外，不得购买与吸烟行为有关的物品。

广州市实施控烟已经两年了，但一直只有条例，未见实施细则，因而被诟病可执行度差，每年开出去的罚单，也少得可怜。在其责任归口上，更有“15单位控烟龙”的说法。总之，有观点认为，广州市的控烟是个童话，效果并不理想。

坦白地说，这次推出的控烟实施细则，实际上除了罚则更严，对控制场地更明确之外，也没有更多的新特点，实施起来，可能也是并不那么得心应手的。不过，腹诽羊城这两年控烟不见成效的说法，我却觉得失之偏颇了。其实，城市中很多场合，无论是吸烟者还是反对吸烟者，都把控烟的意识，提到议事日程，很多食肆酒家、宾馆以及会议中心，过往烟雾缭绕的恶劣环境，已经大大改观；在人际交往中，很多场合已不见递烟的陋习；正式场合里，烟草的身影，也正在渐渐远去……控烟毕竟不是禁烟，在一个城市当中，在短短两年间能够使得吸烟这种习惯被逐出“大雅之堂”，相当不简单。

事实上，控烟是一个移风易俗的过程，在现有的历史和法律条件下，禁烟是不可能的。香烟这种商品，数百年来曾被传播者宣传为一种奢侈品，更曾经是所谓“身份的象征”。烟草利益集团至今还在不断推出天价的烟品；畸形的官场上，还是把高价的烟作为馈赠礼品。虽然法律上已禁止在媒体上做广告，但规避法律的形象传播，还是铺天盖地。在香烟仍占据广大市场的情况下控烟，实际上是在跟烟草利益集团进行博弈。由是，政府是在旧的生活习惯和烟草市场与资本势力的双重压力下，实施控烟的。这种控烟注定是不可能彻底的，哪怕是规定国家机关和由财政资金供给的企事业单位禁用公款购烟，但是，政府不可能要求商业部门不得开具香烟发票，也不可能在税负要求下给予约束，在审计上对公款香烟消费的行为进行有效甄别。不可否认，控烟是在执行一项不可能的任务，而这项任务只有在社会的所有环节上都具有鲜明的约束时，才有可能完成。

因此，在现有条件下，能够鲜明而有效地在可实施硬约束的环境里控烟，就是社会最大的进步。而控烟条例的每一次细化，都是为控烟使命的完成，打下新的基础。在我们的城市中，能够把控烟的观念建立起来，就是控烟的最大成果。

玩离复婚游戏终伤己

刊于2013年5月10日《羊城晚报》A2版时评

结婚离婚，在坊间是个永远的八卦话题，多半作为小绯闻来传播。不过这个话题，也经常上得了媒体的台面。除却娱乐八卦之外，这话题常常会被作为社会心态或者价值观的一面镜子，反观世相潮流的变迁。又由于家庭是最小的社会和经济的细胞，社会层面有什么“冬瓜豆腐”，评论家们也喜欢拿着放大镜观照着这细胞来说事，故此，离婚与结婚，就成了个蛮“永恒”的话题。

不知是不是应了网络上的传说：有人为了规避限购政策，把结婚离婚作为手段应付之。有媒体遂对近期城中的离婚复婚情况做了追踪，得出前段离婚率高，最近却是复婚率高了的结论。报道没有说这仾说明什么，但爱联想的人，每每就要把这些往政策变化上挂，欲把这离婚率复婚率当作房产政策问题的晴雨表。

哲人说：幸福的家庭总是相似，而不幸的家庭却各个不同。这是把家庭作为一个庄严的问题来研究。殊不知，经历了时光的磨砺，家庭的形态，起了很大的变化，结婚离婚复婚，在特定的社会环境中，会被一些人作为经济意义的手段来趋利避害。比如为规避限购买房子的假结婚假离婚，便与婚姻的幸与不幸关联不大，甚至可作为趣味相投的共谋来注解。事实上，婚姻以及结婚仪式的庄严性被解构，不是这一两年的事了，由于社会复杂化的加剧，观念上的释放，使得人们为了实用地解决面前的许许多多问题，对过往积累着信用和价值的文化遗产，统统都拿出来透支。人们仿佛不再憧憬未来，宁愿消费现实。因此，曾经被庄严化的婚姻，便开始被世俗化、娱乐化、手段化。大量碎片化的信息，正在把传统神圣化的东西，冲击得支离破碎。所以离婚率高，不一定是坏事，复婚率涨，也并不一定有什么特定含义，只不过是现代的都市人，由于社会服务的便利，不再太在乎仪式化的东西而已。

从社会的稳定性来说，复婚率高，恐怕是大家都乐于见的。从抱团取暖的角度看去，人生不能“有情饮水饱”，通过婚姻组成的家庭，不论对抚养和供养，都比单个个体的经济能力强。不过，也有一些社会经验不足的年轻人，把婚姻当作儿戏，离婚复婚变着花样玩儿，这就未免轻率了。缔结婚姻关系，是一种法律上的承诺，也是生活中一种文化传承上的承诺，道德意义上的承诺，这种承诺如果拿来把玩，其实是对被承诺方的一种蔑视。不断的背叛对任何人际关系都是一种破坏，所以离婚复婚的游戏，玩起来最终是会伤心的。

公立医院卖假药该有一份专门报告

刊于2013年5月13日《羊城晚报》A2版时评

日前发布的广东省药品质量公告显示：公立医院也有卖假药的!看这份质量公告，药品市场的乱象，令人不寒而栗。去年第四季度，广东对药品厂家、经销商和医疗机构的1050个品种6872批次药品进行了抽验，其中156个品种510批次不合格。在药品质量“黑名单”里既有知名企业生产的药品，也有假冒知名药企的假药，而这些劣药、假药竟公然在医疗机构销售。

这只是冰山的一角罢了，药监部门的力量有限，只能对药品进行抽验，真正通过假药这座冰山敛财的利益集团有多大，附着在上面的寄生虫有多少，我们不得而知，但令人百思不得其解的是，公立医院的药房里，怎么也会让假药插上一腿呢?

公立医院的药品供应链，应该是可以回溯的吧？在整个供应机制中，谁让假药弄到这个供应链里来，其资质本身就是个问题，而资质有问题的药企或供应商，应该有个“入局”和“出局”的机制。假药能够鱼目混珠进入公立医院的竞价系统，只能说明出问题医院的药品采购机制，出了漏洞，而这个漏洞很可能是人为造成的。

各种药品“人为”地进入医院的药品供应链，是有一张清晰的路线图的，药典当中同样的药，因为企业不同、工艺不同、价格也天差地别，怎样能够“荣登”医院采购的目录，内中的沟沟坎坎、关关节节，恐怕难以为人道。为什么不少的药，在医院里会比市场的贵，其中奥妙，尽在于此。药品销售链条中的成本高，其实就高在那些个沟沟坎坎、关关节节的润滑和填平上，消费者只不过是懵然不知的冤大头而已。由此可以看出，正常的药品供应链，因为准入的关系，哪怕怎样正常，都或多或少受到“人为”的影响的，“人为”因素既然能够正常地使这条供应链运转起来，使得真药能够往贵的价格上走，那么假药，难道就不能也“人为”一下，最后说不清道不明地“假作真时真亦假”？

从质量公告的内容来看，不少知名药企被假冒的药品榜上有名，而对假药进入公立医院的供应链，并没有特别说明。这就意味着，假药和真药一起混进公立医院的药库，似乎难以避免，可见，监管部门有必要专门对公立医院的药库乃至药品供应链来一次专项抽查和回溯，以避免假药的漏网之鱼，堂而皇之地跻身于公立医院。既然，医院里以药养医的机制暂时未能改革，那么，公立医院就是一个最大的药品市场，严查、常查，是监管部门的题中应有之意。事实上，药监部门应该定期有一份关于公立医院药品质量情况的专门报告公布，才是正理。

油烟整治，先立一个法行不？

刊于2013年5月17日《羊城晚报》A2版时评

报载广州市正在拉开为期四个半月的油烟污染专项整治。这消息好！但，回头深思，却很觉忐忑。

自从PM2.5指数成为一个广为人知的空气污染指标，变成人们生活质量的参照系之后，围绕这个指数，民意滔滔之下，政府开始推动大量的工作。据有关数据，在全市总的污染物排放中，油烟污染的“贡献率”占到12%。这意味着，“食在广州”的美誉之下，如果现状不能够改变，那么，有可能广州之“食”，会被油烟所累，成为很大的污染源。或许就是因为这个原因，要使城市的

PM2.5指数降下来，油烟污染整治遂被提上议事日程。

广州登记在册的餐饮机构有5万多家，这意味着全市排烟孔至少有同等数量。副市长欧阳卫民估计，这些排烟孔连接起来，有2万平方米的面积。如此“排量”的油烟排放孔，的确触目惊心。欧阳卫民表示，希望各区能为这些油烟“排放孔”的改造设法提供引导性的专项资金。

只要是广州市民，对于政府的这项专项整治，无疑是由衷支持的。但是，在法律环境和资源有限的情况下，用短短四个半月来完成这个“宏图大略”，可行性有多大，确实不免令人存疑。据报道，在海珠区燕汇广场的样板工作点上，有饮食户实现了油烟在线监测，非常美好。但是负责人表示，安装油烟治理设施要花十几万元。能用十年左右。数据最能说话，全市那么多家饮食机构，要多少个十几万，才能够达到样板工作点的水平呢？

制定专项治理的团队似乎很科学地把专项行动分为全面核查、督促整改、督察指导、总结报告4个阶段，但是，在短短的四个半月中，花多少人力，核查啥级别的饮食机构以及单位饭堂，要求饮食机构按哪种标准整改，有没有法律依据，按什么标准督察，指导人员要不要培训，政府提供的“引导性资金”出自哪个账本，要不要人大过会等，在时间表和路线图上全都没有反映，更缺乏可操作的细节。看来，专项行动恐怕也是运动式的临时性工作吧？实在不明白，明明是百姓欢迎同时又是长期性的工作，为什么非要飞行集会式地搞这么一项只赚忽悠实质效果难彰的“行动”呢？这又要动用多少资源？试问如果不是全面铺开、并在严密立法的环境下推动油烟排放治理，那些整治不到位的饮食机构岂不是弹冠相庆？这样运动式的整治，会不会水过鸭背、劳民伤财？拜托！还是先推动立一个城市的地方法和实施细则，明确责任义务和罚则，再来专项整治吧，连整治的执法团队都可能临时拼凑，怎么能在四个半月内“总结报告”一番呢？

为了展示一颗为民的心，动员或者作秀也许是必要的。但，运动就是一切，结果却没有规范和标准的专项行动往往成效不佳甚至可能适得其反。最好还是谋定而动，深思才能熟虑啊，而对于施政者来说，一举一动，都要有法律先行！

广州房价如何，人人心里有数

刊于2013年5月20日《羊城晚报》A2版时评

国家统计局日前公布4月全国70大中城市房价数据显示，环比、同比上涨的城市分别达到67个、68个，占比超九成。价格上涨的城市中，环比最高涨幅为2.1%，相比3月涨势放缓，但同比看，涨幅再度刷新，达到13.7%，涨幅比3月高出2.5个百分点。环比价格上涨的城市中，最高涨幅为广州的2.1%。

有媒体报道这则消息时称："广州房价领涨全国"，似乎要把平抑房价不力的标签，贴在这个城市的脸上。然而，该怎样看这些数据呢？关心房价的人们，当然各自会有自己的解读。

从数据上看，有这样几个特点，一是"国五条"之后，各地房价没有下跌，反而都有上涨，但涨幅有限；二是大中城市的房价涨幅都差不多，没有异军突起的；三是这些数据的变化与市场人士的预估相差不远，没有出现"失控"情况。乐观地看，房价还是在上涨，但政策的影响已使暴涨的势头平抑下来。而且从面上看，政策的影响作用于全国，不仅仅影响着敏感的指标性城市如北上广。至于广州，只是在房价环比上排了头，但完全谈不上"领跑"，因为广州房价绝对值并不是这些城市里最高的，且不过是4月房价比3月稍升而已。

不过，很多专家都预测房价在后市还会反弹。但这并不需要太专业的知识，就能得出结论。毕竟，现在的所谓调控政策，都是试图通过提高购房成本和限制购房数量的手段来实现对房价的打压，然而，调节供需才是本质。所以，不管多少政策也好，只要不改变目前的土地供应政策，也就是地方政府土地财政的结构，只要各个城市还没有或者还未能推出充足的廉租房，那么从长远看，房价步步生莲花似地走高，是不言而喻的。总之，光靠征税限购等指望抑制需求，恐怕本身就存在方向上的问题。

广州的房价和其他城市比到底是高还是低，应当是跟城市的收入水平相配套的。对此，没有调查便没有发言权，真不敢置评。但是从广州二手楼价看，成交价格算是比较理性的。如果真有所谓的刚需，而这刚需们的目光，又集中在二手市场上，那么，广州现行楼价，实际上并不算高，而其成交情况，这些年大抵也是稳定的。

应该说，国家统计局的数据，作为趋向研究有很大的参考价值，但是在趋向数据中随意找某个节点就去概括一个市场，是不明智的。通过排行榜去给某某贴标签可能是抢眼球的传播手法，但用以制定政策和评估趋势，却毫无益处。单看广州在全国城市房价中的指标意义实际是钝化的：城区面积她不是个大城，单位价格上她不是最高，炒家集中度上更不是拔头筹，她的房价地价都只对本城有影响却无法影响全国。故此，就算这个城市的房价增幅高别人那么一点点，又能说明什么呢？住在这里的人们，对这里的情况，最清楚。

“除四害消毒费”的嘴脸

刊于2013年5月22日《羊城晚报》A2版时评

广州黄石街国际单位高新创意园果然是块“出创意”的土壤。可惜的是，这地方“创意”的落点，扶持的不是让企业做大做强，而是把不合理收费的“剃刀门楣”包装得冠冕堂皇。媒体报道，这个正在招商的创意园，居然隆重推出“除四害消毒费”这样一个行政收费项目，并把是否缴纳这一费用作为领取企业营业执照的前置条件。

法律规定，企业领取执照需要属地管辖部门提供必要的管理性文件。这一法律环节，在这里成为黄石街市政管理所要挟租赁200平方米以上的企业每年交出数千元的“除四害消毒费”，否则，恕不配合营业执照的领取或者年审。这笔钱汇总起来，有心人估算一下，光创意园就能收到80多万，而据称：黄石街辖地里的企业都逃不出这个行政藩篱。倘若属实，这街道每年光此项行政收费，便是个不小的数字。

据说，《广东省爱国卫生工作条例》是有条文可收取这个项目的费用的，黄石街市政管理所也能够出具相应发票。可是，像黄石街这样“强买强卖”地捆绑推收“除四害消毒费”，目前在广州是独此一家。

据查，《广东省爱国卫生工作条例》是有条文要企业负责企业红线以内的除四害消毒工作，但没有规定企业一定要与街道签订合同，必须委托街道来“除四害消毒”。在黄石街，当企业说要自行处置的时候，黄石街城管科的工作人员居然可以强词夺理地说：“请外面的消杀公司会很麻烦。”言下之意，就是“此山是我开”，外人别进来。如果进来，就小心后果——“万一要是你们的检查不合格，那可是一万一万地来处罚”。

整个收取“除四害消毒费”的创意很清楚：一是把现有的政策读歪来巧立名目；二是把必要的服务变成必要的关卡；三是利用手中的行政管辖权压制；四是利用手中权力为垄断保驾护航；五是辖区辖权内的各个部门配合行事让你飞不出手心。总之，县官不如现管，为了这样一笔款项，这条街道的执行力，可谓用心良苦！

收费且不说了，提供给企业红线内的除四害消毒服务呢？恐怕也就是全市卫生大检查那几天还可见人影吧！那么用行政发票收到手里的那笔巨款到何处去了呢？从来没见有“三公”的，而企业却要年复一年地如数上缴，而且还“合乎物价局收费标准”！可见，这个“创意”，不是集滥权越权不透明且管卡压欺下瞒上于一身的恶政又是什么呢？

作为政府的派出机构，法无规定不可行；作为公共服务的提供者，本身就要提供优质的服务，而不是把权力变成垄断的手段；作为执政施政的神经末梢，应当为辖内的纳税人提供方便而不是设置障碍。黄石街市政管理所的所作所为，很难令人不怀疑其“创意”当中，不存在显性或者隐性的利益输送。而这条街的除四害消毒费的收取以及其除四害消毒的作业过程，本身就值得用党纪国法来消消毒，以除其祸害。

老房子遇到的新问题

刊于2013年5月24日《羊城晚报》A2版时评

房改房老了！于是出现“养老”问题。有媒体对城中房改房集中的社区做了调查，用了将近一个版的悲情文字，洋洋洒洒描述房改房“房老人老设施老、缺钱缺管缺电梯”的苦况。

二十多年前，报章谈到单位职工买到房改房时，文字是一片喜庆的。那时候能够参加房改的都是单位人。按现在的说法，房改房当属于廉价保障房吧！工作一定年限的人，单位好的，都能够享受这一福利。房子是个不动产，享受了房改房政策的人，实际上是在享受当年改革的红利。心里乐着呢！然而，岁月真是一把杀猪刀。当年人人都是单位人，很多单位都有后勤部门，房子未房改时，修缮通渠换水管之类的事，都由其解决。房改之后，房改房算是放飞市场，再也唱不了后勤保障这支歌。而在房改后的制度设计上，仿佛房子是棵不老松，对房子的“养老”，也没有预料到会有“长手尾”。

按照后来的法规，房子交易中是要提取住房修缮的维修基金的。但房改房却没有，或者说由于交易价低，哪怕有也杯水车薪。于是，房改房就“风水轮流转”——乐极生悲了。从物权角度说，业主修缮自己的住房，是天经地义的。在一些国家和地区，对业主修缮房子的义务都有规范。本来，房改房既然可以交易，就应当有法律约束业主的房屋修缮义务。从房改政策实施到今天，老房子的市场价翻了无数番，在这升值的利得里，应当是包含房子维修支出的。但是，一方面法律上没有对这方面做出规定；另一方面，房改房有相当部分没拿到市场交易。不交易的房子，尽管可以价比天高，但也等于“纸上富贵”。所以，在房改老房子当中，如何重新提取出合理的修缮维修基金来，是一大难题。况且，如果房主已退休，他们仅凭养老金过活，确乎很难从其手中筹集到房屋维修基金。

房子的修缮，很多业主都视为负担。但其实房子修缮，又何尝不是一种保值和升值的手段呢？看看广州市穿衣戴帽后的那些房子的升值步伐，就可以知道修缮与不修缮，真是天差地别。当然，修缮的成本，是政府承担了罢了。

说到底，要改变房改房“房老人老设施老、缺钱缺管缺电梯”的状况，其实是个怎样合法统筹资源的问题。而要解决这种窘迫，非要观念、制度、管理多管齐下方可，更要有一个合乎逻辑的法律约束。比如，在观念上改变有能力的业主拿出钱来作为基础；在房产交易流转中提供部分来源；无法即时实现的在遗产继承中实现；允许长线资本垫付资助房屋修缮，同时通过制度安排（如税收优惠）等来保障其利益；甚至也可通过其他金融产品和手段来盘活那部分升值了的不动产；等等。当然，这些安排必须通过律法来保证其永续性、可成长性。

办法总比困难多。时间虽然催着房改房老去，但管理和制度上的创新却同样可以在空间上创造条件，让其重新焕发光彩。

“重拾扫帚”能走多远

刊于2013年5月27日《羊城晚报》A2版时评

今年上半年广州天河区有5条街道的环卫保洁外包协议到期，

不过最终这5条街道都没有再举行保洁外包的招投标，而是由街道环卫站收回自己干。“目前收回管理的环卫工人明显感觉收入增加、福利也好了”天河棠下街有关负责人说。但是，“就是街道城管科及环卫站的工作量加大了”。

媒体以“天河5街环卫站重拾扫帚”的大标题报道此事。天河区是广州较早推出环卫保洁外包给专业公司，实行所谓“一把扫帚扫到底”的“管干分离”改革的。时隔8年，在外包合同期届满之际，陆续又把这项工作握在手里，宣布“自己来”，不啻是一种管理机制上的“复辟”，否定之否定的选择。这选择，明面上的理由有二：一是“否定”之后，比外包更省钱；二是，外包的签约公司不愿更新设备，跟不上市民要求。但实际上路人皆知的是，前段时间环卫工人提出待遇问题，外包公司对此沉默不作为，结果还是地方政府埋了单。现在，决策层不再做“冤大头”了，宁愿“工作量加大”，也不干代人受过的事情了。

毫无疑问，“重拾扫帚”是对“服务外包”的一种否定，但是，“你不行我自己来”的思维，恐怕也只能阶段性解决问题。从成熟的城市管理做法看，社会服务外包，是实现小政府、优服务的办法，国际上很多城市都在用，但并不像广州搞环卫保洁外包那样，搞到自己“损手烂脚”、“焦头烂额”。皆因这些城市进行社会服务外包的作业过程，并不是简单选择价低者得的招投标模式。他们对中标者的利润率、用工标准、设备甚至管理模式，都有严格的管理和稽核标准等，中标者只能利润合理化而不能简单的利润最大化，中标公司在行业中是“长线投资者”，不是“割禾青”的“关系投机者”。实际上，在失败了的“广式环卫保洁外包”中，我们看到什么呢？拖欠福利有之、包上包有之、缩员吃空额亦有之……至于某些中标公司的中标门槛之低，就更为行业人士所诟病了。

可见，“重拾扫帚”固然是对不成熟的“广式环卫保洁外包”的检讨，但并不是真正在检讨一个管理制度的优劣，而仅仅是为了省心息事。且问：管理成本增大了怎么办？员工年龄老化了又怎么办？设备更新后闲置成本增加又怎么办？等等。这都肯定是未来的大问题。广式环卫保洁外包的“一把扫帚扫到底”的思维，之所以没有“扫到底”，很大程度是整个监管模式的制度设计没有“扫到底”，而不是社会服务外包模式本身有根本问题。“重拾扫帚”能走多远？同样有个监管标准和制度设计问题，简单地“一夜回到解放前”，恐怕还是会吃苦头的。

地铁紧急处置，关键在“便民”

刊于2013年5月31日《羊城晚报》A2版时评

前天广州地铁上演了紧急一幕：上班时间有人携带了“火水”上车泄露，引起恐慌。有人拉了紧急刹车闸，列车急停，一度引起混乱。这则新闻引起街坊普遍的关注。而地铁方面对此也发表看法。双方的互动，除了谴责私带违禁物品进入地铁的行为不当之外，对地铁运行出事后如何紧急处置及是否恢复安检等问题，展开了观点相左的讨论。

关于紧急处置的问题，地铁有关人士认为，拉动紧急刹车闸不是最好的处置方法，正确的处置方法是通知司机，地铁有一套遇到不同问题不同处置的方案，这套方案科学而安全。地铁方面的看法无疑是真理，谁也不会怀疑。但问题是，在混乱环境当中，并不是每个人都能冷静并科学地选择处置方案。

心理学研究表明：当人们遇到可能对自己有威胁的情形时，任何能够趋利避害的处置方式，都会被选择，对于一眼看去就有可能是自救的办法，被选择的概率最高。回溯这起事件的全过程，在恐慌和混乱的情境之下，拉动紧急刹车闸，往往会是乘客的首选。在车厢内，最醒目的提示有什么？一是紧急刹车闸，二是车窗安全锤，三是灭火装置。当然好像还有警铃。这些，对于训练有素的地铁员工来说，如何选择，自然心知肚明。但是对于乘客呢？停车才能下车，这恐怕是每一个人合乎逻辑的判断，自然拉闸就是第一选择。要改变这种选择，除了有鲜明个性的设计加以指引，别无其他。

事实上，一个普通乘客，上得地铁来，要问他如何能够与司机对话，简直就是个脑筋急转弯。所以，如果紧急处置时，通知司机是最好的方法，那么，安全设施设置上，就应把与司机通话的话筒设计好，让所有人遇到紧急处置时，都能吼上一声，而司机马上就有反馈。在这里，最重要的不是要求乘客怎么做，而首先要考虑，我能够为不同状况下的乘客做什么？做到位了没有？还有什么没有做到位？

至于安检的争论，其实是个伪命题。设置安检如果没有瓶颈，人人都不会反对安检，毕竟，这是为公共安全设置的一条防线。这是没什么争议的。如果安检的设置，只是增加小小麻烦，大家不会有意见。问题是，简单加上安检设施，却可能给人们带来不便，比如：排长龙、过安检门效率低，花大量时间在过关过程中……只有千方百计减少乘客们过安检的时间成本，科学设置不同乘客通道，设置安检才能皆大欢喜。

可见，不管是紧急处置问题还是安检问题，讨论起来都不是问题本身，化解争论的钥匙，只有一个解决方案，那就是既然地铁及其附属措施都是公共服务，那么，只要是站在乘客立场上考虑的设计，只要设计当中离不开“便民”这个内涵，人们是都会欣然接受的。

“拼养”未必就是真幸福

刊于2013年6月3日《羊城晚报》A2版时评

孩子的教化和养育，是时下年轻父母关注的题目。有媒体介绍一种叫作“拼养”的办法，说是某些父母，为了解决独生子女太“独”的寂寞，几家人凑到一起，组成个“圈子”，让孩子们一块玩儿、一块成长。有父母为了维系这种“圈子”，甚至“孟母三迁”！年轻父母谈起“拼养”，很有一番“晒幸福”的体会。

无意打搅别人“造就”孩子的幸福感。但信奉天生天养的我，虽然也很羡慕“拼养”孩子的做法，但不知为什么，看着那些“生活充满着阳光”的小团体，总觉得有点不真实的况味，那些“拼”出来的聚会，总给人一种“摆拍”的感觉。“拼养”真能给孩子一种真实的幸福吗？

独生子女的这一代，确实有孤独的情况。但这种孤独，其实不必刻意去强调。孩子们现在有幼儿园、有小学、有中学，有自己成长的环境与圈子，只要顺其自然，大家都是独生子女，条件都是“一般高矮”，其实成长环境并不怎么特殊，而现在有了互联网、微博、微信、QQ，朋友同学间的交流，比早二三十年的孩子们恐怕更先进更紧密些，担忧他们孤独寂寞，其实是杞人忧天，除非你的家庭培养环境特别蔽塞，根本不给孩子自由交际的空间，才会造成过于自闭的情况。

很多家长怀念那种大院孩子的生活，希望也给孩子营造同样的氛围。殊不知，不论“阳光灿烂的日子”还是“即将逝去的青春”又抑或是“山楂树”式的过去，都只是存在于回忆当中的美好镜头，硬要在现实中复制还原历史，其实是很乌托邦的想法。有家长刻意把孩子“拼养”在一起，孩子们真会快乐吗？孩子们只有在完全自由的空间里，才最有创造力。孩子们是根据自己的喜好和脾性形成自己的“圈子”的，由家长的喜好和价值观形成的圈子，孩子们只怕也会隐隐意识到，圈子是由爹妈拼出来的……总之，父母经历过的时代，属于父母一辈，不可能强加到孩子身上，生硬改变孩子成长的环境，恐怕会扭曲孩子的性格，并带来不可预知的后果。

独生子女会有独生子女的经历，做父母的，可以把自己的价值观传承给自己的子女，可以把人生的道理摆到子女面前，但大可不必刻意去营造一个时代之外的环境。其实，任何刻意营造出来的环境，对于敏感的孩子来说，都是“非自然”的环境，在刻意环境中成长出来的孩子，可能更脆弱而不是坚强。试想，一个可能习惯了所谓“寂寞”的独生子女，通过自己的努力在一个也许曾经并不接受他的环境中所获得的友谊，不比父母营造出来的圈子友谊更坚实吗？

“拼养”孩子的父母，可能是幸福的，但孩子却未必。寂寞的孩子也许会令父母担心，但孩子也许是享受的。以孩子的感受出发去关心孩子，才是真正的关心。相反，倘若仅从父母的感受出发去干预孩子的生活，则是霸道，最终会给孩子心理留下受伤的疤痕。

花大钱整饬半截骑楼街别操之过急

刊于2013年6月6日《羊城晚报》A2版时评

广州中山四路南越王宫博物馆南端、城隍庙广场西，有一段不咸不淡的百来米骑楼街建筑，是在博物馆征地时留下来的。近日，广东投资招商网上发布的《南越王宫博物馆周边环境整饬工程设计招标公告》显示，整饬项目预计投资总额达1589万元，需要整饬的骑楼约100米长，装修面积850平方米，工程将恢复骑楼东南面约200平方米的浮雕等。市文广新局相关负责人表示，“争取在年底完成整饬，将全面开放作为文化展示的场地”。

这件事有几个关键词：一是半截骑楼街，二是1589万元，三是文化展示场地。本来，事情和我等百姓小民，关系已经不大，然而，因为牵涉到上千万元的花费，资金来源虽说是“城投资金”，但城投的运作与公共资源有着千丝万缕的联系，所以，整饬这段骑楼街该不该花这么多钱，就有议论一下的必要了。

按照最初的规划，这段骑楼在博物馆建成后是要拆掉，后来在舆论关注下得以保存至今。可以说，这段骑楼的保留属于“意外”。这次整饬工程，是有关方面试图为“意外”善后。原因恐怕是：骑楼街留了下来，但很难看，风格与博物馆也不搭，所以就有了“整饬风格将会考虑到南越王宫的整体风貌”的计划；此外，这段骑楼街是建博物馆征地而来的，直接用于商用会有争议，所以整饰后会用做“文化展示”场地。

不过，这段骑楼街其实是块烫手的山芋，但凡属于保护性质的文化保留建筑，不是说留下就留下的，要永久保留，每年就得投入，本身存在又没有收入，那就是个无底洞。这段半截的骑楼街，不是什么文物，真要保留下去，恐怕按照目前的法律框架，是没有合法的经费支持的，管理方除了拆东补西，别无办法。就算这半截骑楼街归了博物馆，如果仅仅保留其“文化展示”功能，博物馆也敬谢不敏。

从规划和现实来看，这段骑楼街的存在意义是存疑的。所谓骑楼街的保留，无非要保留其文化意义，广州的骑楼街，有商业活跃在其中，才有文化意义，没了商业的骑楼街，只是徒有其表，魂已不在。而如果“整饬风格将会考虑到南越王宫的整体风貌”，那整饬之后的骑楼街，就连外表上的“文化记忆”都不存在了，何谈历史文化价值？

可见，中山四路这半截骑楼街，存在着功能上和文化上的很多不确定性，为这样一截充满不确定性的建筑花上大笔整饬的钱，是真的负责任吗？应当通过立法机制，先把这段骑楼街的去存确立下来，再考虑整饬也还不迟。不能因为手里有钱，就贸然一花了之。

“找绿的”、“追救命钱”是广州好声音

刊于2013年6月7日《羊城晚报》A2版时评

广州是个怎样的城市？总有人问。广州是个温情的城市，这温情洋溢在城市的每一个角落——

这两天，广州城经历了平常却又不平凡的50小时。3日，患白

血病的揭阳人老林到广州来准备做手术，不料同来的亲属把装有10万元的行李箱遗漏在一辆绿色的士的尾箱里。这10万元正是老林为手术筹备的“救命钱”。老林为此报了警，并把事情的来龙去脉发上了微博。

“寻找绿的”、“找回救命钱”等的关键词，成为整个城市传播不已的关键词。城中的微博传开了：转发、转发再转发，手机一族、微博控们行动起来，最热的转发牵动了千万人的心；城中的电媒反复播放着老林的画面和同样的寻觅声音，听到看到的人都通过自己有限的能力，关注或者帮助老林；城中的平媒则不约而同地辟出空间，大篇幅讲述老林在不幸中的不幸故事，呼吁城中人士帮忙；民间的动作和作为不断，官博也动员了起来参加寻找“绿的”的行动。而越秀公安和市交委，也迅速投入力量，大海捞针一般排查有关出租车。昨天，警方找到的这笔钱送回到老林家属手中。医生说，没有耽误老林的治疗。

这个故事并不曲折离奇，然而，值得城市自夸的是这座城市在50个小时当中释放的正能量。仅仅几个关键词，就调动了城市的所有传播手段，把“找绿的”、“追救命钱”的主旨，传送到整个城市，而城中相关的媒体、网站则义无反顾地把有关信息整合成一件城中热事。更难得的是，作为公共部门的越秀警方和市交委以及出租公司，也在这股关注的热流推动下，想方设法排查绿的，追寻这10万元“救命钱”。不必再多的溢美之词，总之，仅仅“救命”这样的字眼，就动员到了城市中从人心到行政的终极能量，可见，这座城市对生命的尊重和爱护，对“帮忙”的无私付出，对解决困难的行动力。这个故事所展现的人性光辉就是广州城最迷人的光辉。

故事还在发展，有人会质疑“绿的”司机的诚信，也有人会质疑司机是否“黑的”或者“无合约顶班”的身份；有人会认为警方的介入令到事件很有“侦破”的成分，也有人认为之所以费了更多的时间，是因为市交委对出租公司的素质管理存有漏洞……这些蛛丝马迹在有关部门不同场合的说法上，都有迹可循。但是，无论如何，10万元救命钱的失而复得的过程，我们至少知道，城市中关心弱者的舆论力量有多么的大，也体会得到，公共部门配合舆论力量之下，又能发挥多么深入人心的公共信用。市交委的管理能力和公安部门的排查能力，在公众眼睛之下，显露无遗。至于后面那些令人遗憾的细节，相信有关部门是有能力去亡羊补牢的。

广州的这个正能量故事表明，当群众自发生起的舆论形成合力之后，这力量能够营造一个趋善祛恶的强烈氛围；同时，公共部门在这种氛围发挥自身管制的能力，则更能够在社会上取得“立木取信”的效果。在这里，公共权力和民众的意愿是绝不会对立的，相反，这种互动会相辅相成，如果城市的公共管理与群众利益这种相辅相成总是这么同步，则和谐二字，触手可及。

怎样才能将玻璃幕墙管起来

刊于2013年6月10日《羊城晚报》A2版时评

阳光灿烂的日子里，城市中的玻璃幕墙，大幅大幅“张贴”在鳞次栉比的都市“石屎森林”中，美轮美奂，光影横斜。然则，城市中这上千万平方米的玻璃幕墙，经历了二三十年的风吹雨打之后，相当部分又是城市中的“达摩克利斯之剑”，悬挂在城市的头上，成为隐性的安全隐患。这个隐患，在某种意义上，也是公共安全的隐患，新闻报道显示，陆续的玻璃幕墙脱落，令城市居民百姓忐忑不安。

6月7日，广州第70次市政府常务会议审议并通过了《我市房屋安全监管职责和城市建设维护有关事项的请示》，就房屋安全监管、维护等相关问题进行明确规定。据悉文件要求，新建玻璃幕墙要求验收后1年内作全面检查，以后每5年应检查一次。同时，新闻发布会还显示，参考了上海市的做法，明确由市建委牵头负责建筑玻璃幕墙及外墙饰面维护使用安全监督管理，市国土房管、质量技术监督等部门根据职能积极配合。

城市的玻璃幕墙的应用始自上世纪80年代，90年代才真正建起全面应用的玻璃幕墙大厦。后来愈演愈烈，比如珠江新城等地，玻璃幕墙成为高楼大厦的共同选择。玻璃幕墙的大规模使用，美学原因、商业原因、成本原因均有，否则，不会被发展商所钟爱，规划部门的审批，当然也助长了行业的这个方向的发展。但是，根据有关的行业规范，玻璃幕墙的安全使用周期，大致为二十年。换言之，城市中的不少玻璃幕墙已经到了重新维护整固的高峰期。市府办公会议决定对城市中的玻璃幕墙进行安全普查，是一场及时雨，事实上，上海、武汉等城市，在前一阶段已经全面铺开这项工作。

这次市府办公会议，还明确了玻璃幕墙安全管理的部门，那就是归口到房管部门。媒介普遍用“玻璃幕墙有人管了”这样的评论或新闻标题，来为此额手称庆，这确实解决了长期多头管理的问题。然而，虽然是有关部门确立了管理主体甚至是执法主体，但最终玻璃幕墙的安全责任和更新责任到了具体执行时，到底怎样界定，还是有些模糊的。按道理，房产的安全整固，直接责任人应当是房产的业主，一旦出现房产的安全问题，毫无疑义，自然是业主承担责任。但是，就玻璃幕墙的安全而言，日常的维护打理，都是物管企业负责的。如此，真的出现安全问题的时候，追究责任就有可能出现扯皮或者漫长的责任厘清程序。现行物管与业主之间签订的合同，很多对玻璃幕墙安全问题的条款，恐怕还是一个空白或者尚不清不楚，这种现状，恐怕将会成为彻底执行市府常务会议决议的大问题。

因此，在普查城市玻璃幕墙情况的同时，规范厘清幕墙安全负责的主体，应当也是保障普查整固更新工作得以顺利进行，彻底消除城市安全隐患的大前提，而且，普查中有安全隐患的玻璃幕墙建筑，也应当向全社会公布。一言贯之，普查后的结果，形成科学和有力的公布机制，并使得相关责任人承担应尽的法律责任。否则，市府的决议，就是一纸空文。

法律缺位注定城市记忆湮灭的命运

刊于2013年6月14日《羊城晚报》A2版时评

在舆论的一片哗然中，广州诗书街被一群专家认为具有历史文化保护价值的民国现代主义建筑，6月10日深夜被钩机野蛮拆毁。其中，金陵台2号、4号与妙高台1号、3号的残留部分和尚完好的诗书路69号等，市规划局《关于暂缓拆除诗书路两处建筑的函》曾称其为在广州近现代建筑史上具有较好的历史、科学和艺术价值，又位于历史文化街区的核心保护范围，要求发展商暂缓拆除。

近些年来，城市之中，一边是文化专家们极力挽救，另一边是发展商毫不理会，最后“秀才遇着兵”，被“拆了”的历史建筑何止金陵台、妙高台，这次两处建筑被拆之所以成为坊间关注的焦点，是因为发展商并不把规划局看在眼里，强行推进，硬是把一群热心历史文化建筑的专家的心血和希望，用钩机狠狠踩在废墟之下，把资本对文化的强势放大到极致，甚至连政府部门“怯生生”的“暂缓”之声，也不放在眼里。这幕“有钱大晒”的戏码，激怒了一直追踪这两处建筑命运的热心人，使每个有一丝崇尚城市文化之心的市民，都成了“愤怒的小鸟”。

惋惜、无奈和无力感，是人们在此事件中最痛彻的感受。然而，对此结果许多人似乎又是早就预知的。发展商之所以悍然出手，振振有词是必然的。不管专家、热心人们说千道万，发展商打过了官司，排除了拆迁许可过期的法律障碍，又找到了敢于动手拆迁干“脏活”的人，有心算无心之下，造成既成事实的局面，可以说是“水到渠成”。至于专家、业主们乃至对文化保护抱有同情之心的规划官员们，又怎么能够抗拒这在法律和资本扭结之下的发展商强势呢？

现实的语境是：在这个城市中，文化保护的声线，哪怕已经唤起了广泛的舆论，但是，在法律框架里，并没有清晰的保护图谱，在城市发展的路线图上，对特有文化的保护，并没有一个理性清晰的界定。很多与地方文化有关的名词，并不是从一开始就被归纳到我们的规划法规或城管法规中。正由于法规上的模糊，使得我们在保护文化的道路上，只能“摸着石头过河”，骑楼街也罢、现代主义建筑也罢、特色小区也罢、历史广告墙也罢，只要不是文物，就不是文化了，就有拆迁的权利。仲裁机构、法院、规划和房管部门，在执法层面，不可能有文化的弹性，如是，发展商的利益，包装在法律之下，可以说是屡战屡胜，无论文化人有多少张口，终究也是口说无凭。

文化的保护，最终要靠绵密的法律的保障，才有可能实现。法律上没有文化保护的元素，或者在法律层面上没有体现被保护意义的文化承载物，实际上算不上保护，金陵台、妙高台最终被钩机湮灭，是城市的一大遗憾，更是法律缺位的遗憾。能不能从这个遗憾做起，让城市不再留下类似的遗憾？还是要看我们城市关注文化记忆的决心。

强拆、误拆不该充斥广州城

刊于2013年6月17日《羊城晚报》A2版时评

广州的文化，似乎很没有安全感。不知从什么时候起，谁谁手里有了钩机铲车，就不必把什么部门再放在眼里，放肆地将什么历史建筑、文物遗址都一刨了之。而对此状况，好像只能是政府不吭气、市民干着急——偌大的广州市，政府层面，道义上的表态声音寥寥。而有关部门似乎总是对类似的事情，一副避之则吉的模样！当媒体介入时，相关部门的官员，更巴不得都表白与自己无关。试问，大凡强拆或者“误拆”调查（真有调查的话）的最后结果，哪一个不是葫芦僧判葫芦案的呢？

这不，广州市规划局刚刚谴责完越秀区诗书街有价值的民国建筑被强拆事件，萝岗区地铁六号线工地，又现五座先秦墓葬一夜间被地铁施工方挖掘机尽毁的悲剧戏码。市考古所欲哭无泪：挖掉的都是我们用红线围起来的范围，还特意把我们的考古工具拿到了一旁再推的。甚至有个墓葬已向下挖了50厘米，前晚用塑料布把墓葬遮住了，塑料布目标很大，不信他们看不见！而地铁施工方却轻飘飘说：这是一个误会。

看来，这真是个“有钩机就有真理”的乐园，不管是境外上市公司，抑或内地的国企，都不把广州市的行政管理部门或地方法规放在眼里：你跟我商量，叫我暂缓，我偏不，一夜之间给你刨了再说；你拉了红线让考古人员来探讨一下价值吗？我无视警示，铲车一推，五个遗址不复存在，又奈我何？

又奈我何？这些轻蔑地不把“有关部门”看在眼里的机构和发展商，看透了我们城市的博弈格局。你是要速度轻文化的，比如地铁，你真愿意为那些先秦墓葬研究而推迟通车？愿意另外征地或负担相应经济责任？现有法规对文化的保护条文是不清晰的，执行是不彻底的，甚至，从来就没有哪个机构实体法人，因为损害了城市文化遗址而承担过责任，负法律责任的更难见记载。我为啥要听你的？何况，城市特色文化的保护工作才刚刚启动，就算有新立的法例，又能够管得住之前已形成的历史案例吗？你的所谓文化保护真有魄力上亿上亿地回购文化遗产吗？我地铁施工机构是国企，就是把文物遗址破坏了，难道你敢过来拘留我、起诉我，并追究我的刑事责任吗？

愤怒出诗人。然而，无论多少口水都无损于触众怒者一根毫毛，唯有在经济上的严厉制裁，法律上的彻底追究，才有可能令这些商界大佬收敛并尊重政府的权威，响应公共的意愿。对于广州市来说，制定地方法规，完善执法流程，是当务之急。另外，在保护地域文化和城市文化上，政府的各个部门要一个声音。而有关部门中的任何人，都不应该因一时的利益甚至私利，对破坏文化的行为有所妥协。也许限于历史和法律的原因，暂无法追究那些利益集团使城市文化蒙羞的行为，但是，为什么不能令那些曾经给我们城市文化带来过损害的掠夺者和伤害者，在这个城市的利益竞技场上，无立锥之地呢？如果我们不大大增加破坏地域和城市文化的成本，则利益集团必依然故我，政府和有关部门的权威，继续被无视，城市文化承载物的不断湮灭，会成为我们城市生活的宿命和常态。

提升城市文化形象要下盘大棋

刊于2013年6月21日《羊城晚报》A2版时评

报载，《中国广州文化发展报告》近日发布。报告承认，外界对广州缺少文化氛围的评价，一直困扰这座城市。广州经济形象突出，文化形象不鲜明、文化创造力不够。报告还称，由于政府参与过多，该严格遵守的法律法规和规划又没有严格执行，导致城市文化建设的混乱，旧的传统文化招致破坏，对城市文化建设带来非常不利的影响。这些观点，都一矢中的！

无论新老广州人，对外界关于这座城市“没有文化”气息的言论，都颇有反感，并都能根据自己的经历予以反驳之。但是，当人问及广州城市的文化特点时，瞠目结舌也许不至于，但赋得一个“乱”字，大抵免不了。所谓城市的文化特点，说来题目很大，但落脚点却很具体，建筑艺术戏曲小说出版以及消遣方式和时尚潮流等，都是“城市文化”的承载物，如果这些承载物构不成城市中独一无二的文化特征，当然谈不上文化特点啰。其实谁都知道，广州是千年商都，有外接五洲四海的“十三行”，有商贾聚居的西关地，有前店后居的骑楼街，有唱遍粤桂赣闽港澳的粤剧粤曲及粤讴，有传阅不已的小说《虾球传》、《三家巷》，更有岭南画派、岭南建筑学派……然则，与这些曾红极一时的文化代表承载物相关的历史存在，早就被拆的拆、遗忘的遗忘、割裂的割裂、阉割的阉割、委弃的委弃。

一个城市的文化传承，讲究的是一脉相承，而不是被强势的力量随意播弄。而且，文化特征的形成，是各种文化现象集中展现的结果：日本京都之所以和风四溢，是因为这座城市对古色古香的旧时建筑，悉心保护照料；弹丸之地的澳门虽是有名的赌城，但不排除那里有数百个民间或半民间的博物馆；巴黎、伦敦、圣彼得堡等城市，哪怕经历过二战的破坏，但城市的原貌却是上百年后都还能够寻其旧迹。而我们这些年做了些什么呢？——旧城老街不是拆就是刨，骑楼街有了前没了后、有了楼没了街，小港公园等岭南建筑的代表成了明日黄花。谈起粤剧更是悲催，连粤语都成为被极力边缘化的交际语言，粤剧粤曲及粤讴不成为无本之木才是怪事。总之，多种原因使得城市文化特征被资本被官场被急功近利所排斥所淹没。文化的特征和风骨，总是宁折不弯才得以传承的，但这些年的种种多重压力，令到广州的文化特征，折而破碎，几无瓦全。

文化政策与经济乃至宏观政策息息相关。因此，广州这个城市倘若真的要建立自己城市的文化特征，至少要从立法到产业政策支持上，以城市文化为立足点，确认政府的施政理念。城市文化的具体化，也是文化竞争力的具体化；文化竞争力的提升，也是城市核心竞争力的提升。政府如果真能转变思维，从提升核心竞争力的角度来理解这个问题，本身就是一种文化形象的树立。切实提升城市文化形象要有魄力下盘大棋，如果城市文化培育的因子，渗透到政府以及下辖机构的每个毛孔和细胞中，凡是有利于城市文化建设的决策不再扯皮推诿，凡不利于城市文化建设的都能受到约束，那广州肯定能够涅槃出一个生气勃勃形象鲜明的文化名城。

不必困扰“重罚”与“分低”

刊于2013年6月24日《羊城晚报》A2版时评

今年五月起，深圳开始对“中国式过马路”开罚，被网友称为“史上最严行人闯红灯处罚”：对闯红灯行人最高可处100元的罚款。然而近日国家统计局深圳调查队的调查结果却显示，5月深圳交通文明指数仅为76.51分，为近一年的最低分。

最严的执罚和文明指数的最低分，两件事凑到一起，引起口水不断。虽然，“对文明指数的测评共有四个主要指标”——测评分为守法率、交通设施完善、市民感受度和人行道无障碍指数四部分，但是，罚严了和分低了，像蒙太奇一样剪接到一起，还是给人以反差和震撼的戏剧效果。其实，按照指数的四个指标，只有守法率指数与行人的行为模式相关；另外两项，应当属于硬件设施的落实；至于感受度指数，这年月全城都在公布行人违章情况，恐怕是人心里就会有“违章的人真多”的心理感受吧。

交通执罚，其初衷是为了培养责任和规则意识，当然也希望增加责任人的违章成本。对“中国式过马路”开重罚单，就是希望用加大惩戒来威慑那些违章的人们吧？然而，当违章现象普遍存在，令到执法成本远高于违法成本同时又有可能“法不责众”时，单纯性的罚单，不但不可能制止违法行为，反而会“催谷”违法群体的侥幸心理，形成对立性的违法行为，形成违法行为的“场效应”。难怪，有悲观主义者调侃：“中国式过马路”可能是中国最为普遍和强有力的“税基（费基）”，如果开征“行人违章税”，恐怕永不用为税源发愁。

行人违章行为的直接诱因，是“贪方便”，换言之，是因很多交通设施的不方便，才使得那么多人去“贪方便”。事实上，从简单的读者调查就可得到答复：不愿绕远路，不愿爬楼梯，设施有漏洞可钻空子，怕晒，标志混乱，等等。可见，日常生活中的许多不方便，养成了成千上万的“贪方便”行为。那么，从公共设施人性化角度看，为什么就不能尽量让交通设施“很方便”呢？在城市中，行人就如流水一样，尽力为其排除瓶颈，才是流畅的路线设计。增强执法力度只是制止违章的办法之一，而流畅合理的设施完善度和人行道无障碍程度，则是引导人们不违章的最大基础。如果我们能够细化到从行人心理的角度评估城市行人交通设施配置并加以调整，我们的过马路就一定不再那么“中国式”。

把最重执罚和最低文明指数分放在一起说事，并无太多科学性。但两者形成有趣的“顶牛”，倒是值得深思：当我们加重执罚时，我们的硬件有没有准备好？人力安排妥不妥当？能否具长久的持续性？我们在设施人性化方面是否有潜力可挖？与此同时，所谓的文明指数打分，有没有和现实情况挂钩？选择的样本标准科学与否？加大执罚不一定会让文明指数推高，这是事实；但是说，加大执罚一定会让文明指数退步，则未免荒谬。解决问题的办法是：把两件事情都做下去，才会“路遥知马力，事久见人心”。一旦我们把坚持执罚和设施改善并举下去，文明指数一定会向“如你所愿”的方向前飚。

粤菜保护不妨提上议事日程

刊于2013年6月28日《羊城晚报》A2版时评

香港美食家蔡澜和人合伙在广州开店。媒体访问他时，他感叹广州传统粤菜越来越少，地道的粤菜反而在珠三角其他城市。作为一个资深的粤菜粉丝，深有同感。不过，余以为，蔡澜先生的感叹，对广州未必就是批评，而是种颇无奈的现实描述而已。

蔡澜先生的美食之道，追求完美，所以他主张原汁原味，越传统越好。譬如他谈咖喱面，便认为应保持其劲辣的口味而无须适应改动。

如果味蕾真的承载着一种文化，那么，这种文化还真是说不清道不明的。很多人喜欢说“妈妈的味道”，美食家也常常高深莫测地评曰：鸡有鸡味；鱼有鱼味；米有米味……只怕都属于一种记忆性评价，也是非常个人化的理解，不足为外人道。但偏偏这种个人化的体验，正是饮食文化中最高境界的一道标尺。也正是这些个人化的体验的形而上共鸣，构成了美食文化其妙无穷的风景线。故而，寻找美食有两种境界：一是年轻的、冒险的、尝新的，未吃过的都敢吃。二是成熟的、经验的、怀旧的，总按照味蕾的“记忆”，追寻“像从前”的美食。后一种境界恐怕已是“非物质”状态了，所谓世易时移，过去的味道，几乎是没有可能复制了。特别在城里，从食材到燃料、从环境到师傅、从调料到辅材……都不可能回复过往，如果加上心情心绪，那就更加虚无缥缈了。

饮食以及味道的发展，自然是与社会和生活方式的发展相匹配。“食在广州”的美誉，是以粤菜为基础的。不过，开放改革30多年，北风南渐，川湘鲁赣、京台陕晋、苏浙闽桂等特色烹饪，都排闼云来；西餐和东南亚的食风，也领一席之地。故其内涵，已大大扩容，可说是海纳百川。至于粤菜，传说都以顺德菜的做法为底子，讲究浓汤厚芡、轻蒸深焖，曾以广州老字号广州酒家、陶陶居、泮溪、芸香、南北园为代表；其后港风北来，以白天鹅、南海渔村等新派粤菜兴起，轻芡薄洽，海鲜成为主流；再后来，潮菜风头骤起，于是乎，城中纯粤菜的馆子甚少，混搭成为主流。其实，粤菜的流风所变，与社会交际的风变息息相关，城市用餐人群，也变得多元化，口味相随，餐馆自然也要顺势而为，没人跟钱有仇，于是人群变，食风变，菜式变。开馆子的，不得不“垒起七星灶、铜壶走三江、摆开八仙桌、招待十六方”。养成了今天不伦不类的广州粤菜。

其实粤菜菜系，不止于广州。正宗粤菜在珠三角腹地找到土壤，也是件好事。广州与珠三角，正在建立一两小时生活圈。在菜系方面，一脉相承，广州做流变百般的花样粤菜，珠三角做实实在在的传统粤菜，两相附丽，也算是风水轮流转，相得益彰。不过蔡澜先生所感叹的现实，也提醒我们，粤菜作为一种文化传承，其精髓和传统手段，应当进一步运用各种文化手段全方位去挖掘保护并推广，否则，很有可能在流变中慢慢迷失甚至湮没消亡。因而在广州，传统粤菜保护不妨提上议事日程。

广图新馆：吐槽不如给个标准考它

刊于2013年7月1日《羊城晚报》A2版时评

广州图书馆新馆迎客了。作为一个花了数亿又弄了7年才功德圆满的城市公共项目，自然会成为城中焦点。市民对此是有期待的，一是希望它比原馆更大，二是希望比原馆更好。

第一个期望看来是实现了。据新任掌门人方家忠介绍，馆舍面积从1.77万平方米跃至9.8万平方米，座位数量从1758个增至6110个。不过服务时间还是很“事业单位的”，晚上有些区域开放，但达不到一流图书馆能24小时开放的水平。至于第二个愿望，那就复杂多了，何为好？方家忠说：新馆和旧馆最本质的区别，是服务理念的革新——不再以书籍本身，而是以读者的需求和应用，作为馆区划分的标准。其最大特点是建立了若干主题馆，打破原来的资源结构，重新整合，有的主题馆还配套了小剧场等。

显然，新图书馆在管理和服务理念上都做了调整和努力，但这种努力可能令得新馆变得花哨并且更接近于图书活动中心了。当然，也许这就是它的定位。然而，很多读者意见也纷至沓来：质疑核心图书不足的；责备这是参观而不是读书的环境；等等。更尖锐的还提出，每年的运营费竟然高于书籍的购置费，很有些本末倒置的样子……

图书馆怎样才叫好？古今中外的图书馆存在时间已久，应当有一套公认的标准吧，但因为这套标准，在新广图开张之前并没有公布，新广图也没告诉我们它按什么标准运营。所以任意的评论和批评，也许都会武断。而未来的图书馆按什么模式存在才会最佳？也是个未知数。不过根据过往经验，根据图书馆是吃财政饭的公共服务项目的原则，它至少应该所有服务都是免费的，对图书和有关资料的检索也应是免费的，大量的公共图书在转录为数字信息后的下载，也应该免费。它应当是一个安静而利于阅读的地方，历史上很多巨著都是在图书馆里写成的，新图也应当有这样的服务。所有的图书检索应该是高效和专业的；图书馆还应当通过自身信用向其他馆交流本馆没有的书籍；如果决定向数字化图书馆发展，那么，就应公开这方面的准备和计划。而图书馆向市民全面开放的时间，则应当越长越好。

总之，图书馆每年耗费如此（数千万乃至上亿元）巨大的开支，对于我们的城市来说，除了一般审计，恐怕还要予以专门的管道公开。据说，广州有关公共图书馆条例（草案）正在征求意见，但愿这个法例不仅能保障图书馆的资源，还要更细化对图书馆运作的情况，予以更透明的公开。

图书馆好还是不好，首先应当给图书馆定个标准，而后看图书馆有没有按这个标准运作，没有标准就“口花花”给自己贴标签，是不合乎公共设施管理的原则的。新广图既然是新的，那就应该在新的公共服务设施的管理要求下，按照自身管理规律，成就自己的新模样。

广州老字号里潜藏着危机

刊于2013年7月5日《羊城晚报》A2版时评

“瘦田无人耕，耕开有人争。”广州不少老字号、老品牌，奄奄一息有若干年了。为了保住这些个商业“老本”，或扶持或承包或重组，有关方面使尽十八般武艺，也就摆弄出个广州酒家，算是一面旗帜！其他的呢，名存着，但不是东家不再，就是成为“历史传奇”。当然，也有些至今还威名赫赫的，不过，在品牌上，却争议多多。前不久，饮料当中有王老吉，现在报载，莲香楼也冒起了争夺硝烟。

王老吉那笔账，至今仍众说纷纭，不说也罢。莲香楼这一波争执，却很有说上一说的价值，因为，当历史和现实交织到一起时，便很有些故事的八卦可成为坊间飞短流长。广州莲香楼起于1889

年的“糕酥馆”，光绪年间易名“连香楼”，并在香港九龙开了三家分店。及后翰林学士陈如岳为连香楼的“连”字加上了个草头，连香楼遂变为颇为雅意的“莲香楼”。由于历史原因，穗港两地的“莲香楼”渐渐失去联系各负盈亏。

本来，穗港两个“莲香楼”花开两朵，各表一枝，两个市场不交织也没什么。可是历史的变迁令两个“莲香楼”的月饼及其他糕点，不约而同处在了共同的市场，不是我在香港开个分店，就是你或许来内地设个分场……一个叫法，两个到场，于是乎，便出现了“本是同根生、相争何太急”的豆萁相煎之局。

商场上，无论争正统争正宗，还是争渠道争品牌，无他，利益之争而已。事实上，两个莲香楼原本各占一方利益互不相干，但是，全球化的浪潮令谁也无法置身其外，内地与香港的市场依存度也难分彼此，争品牌也就成为争市场的桥头堡之战，最终可能演变为不是我吃掉你就是你吃掉我的企业存亡之战。

如果说王老吉与加多宝之争是历史的某些偶然性造成的，那么，“莲香楼”之争，在穗港商业纠葛当中，就不是孤例了，有同名的凉茶铺之争，也有同名近名的甜品店之争、月饼名称之争，以后恐怕还会有金铺、首饰店以及似名的饭店之争，穗港文化同源、商业发轫也相互影响，历史上的互相传承若即若离，有很多相似之处。过去讲的是相得益彰。但是，当市场交融之际，利益切割就很容易上升为法律争执。这些法律上的接轨，便成为一大现实问题，比如，穗港两地对商标的认可原则就有不一致之处，香港的适用原则是“使用优先”，内地则是“申请优先”，两个原则对各自的市场是相适应的，但跨市场时，争拗便会升温，在没有新的司法解释之前，可能只能承认现实，各安市场。

不过，广州正在扶持自己的老字号市场，那么，扶持的政策，就应当不仅仅是解决老字号的资金问题、机制问题，还要从发展的眼光出发，好好研究一下老字号的商标问题，如果我们对自己的老字号有信心，又有魄力把老字号做成跨市场的企业，那么，类似的法律问题，就应该未雨绸缪。否则，耗时耗力的商标争议，会成为“杀敌一万、自损三千”的常态。

高考，那些曾被追捧过的热门专业

刊于2013年7月8日《羊城晚报》A2版时评

每年高考录取，热门报考的专业多半会成为坊间的谈资。高校受热捧的专业，被认为是社会未来就业热门的风向标。这种看法不一定科学，但或多或少反映着未来精英们对社会的一种期许。当然，其中不乏实用主义的学业选择。有意思的是，广东今年的高考录取，华南农业大学出现了火爆的情景，提前批招生一改往年缺档的尴尬，以往招生不理想的兽医专业报考人数激增，动物科学、植物保护、草业、农业机械化等曾备受冷遇的专业报读均超过计划数。

真是“唔使问阿桂”。华农的这些专业之所以成为宠儿，是考生们猜想，未来生活中对这些专业人才的需求，可能大于其他学校的其他专业。看上去，城市宠物、农村畜牧、城市绿化、农场农机等，都能给人以无限想象的空间。其实，历数那些年曾被追捧过的专业，还是有些意思的。上世纪80十年代初高考恢复，人才匮乏，什么专业都畅销，只要是大学生，都受欢迎。到了中后期，外贸外语受青睐。90年代初则金融法律会计税务被普遍看好，此后建筑规划、传播广告又盛行一时。新世纪之后，经济学人类学社会学心理学等又曾被看好。至于理工科，也经历了从自动化到计算机技术到工业设计高分子化学医药生物工程等联袂受宠的过程……

哪怕只是粗糙的历数，也能看出，不同时期社会经济发展对人才需求培养的脉络。社会的优才，始终是冲着社会需求的热门就业岗位去的；人才的流动，最终是向着具有广阔就业空间和上升机会的领域奔去的。不过，从目前每年就业情况看，大学生们选择专业的初衷，与社会的就业需求，并不总是恰好配套的，且往往出现错位得离谱的情况。看看每年毕业季里，学校和毕业生使尽法宝找工作的“盛况”，并不亚于“春运潮”，这说明，在当下的高等教育中，学业与就业两者之间，接轨不畅，这是政府及公共管理中值得重新审视的迫切问题。

在我们的公共事务字典中，往往把大学生就业与普通社会就业分裂开来看待，仿佛这是两个截然不同的系统，但事实上，大学生就业也是社会就业的组成部分。在一些发达国家，大学学籍是个开放的系统，学生们并不一定毕业了才能就业，很多的学生得到学籍之后，也可以保留学籍先就业，获得一定就业经验之后，再回来继续学习也未尝不可。这样的制度设计，一定程度上缓解了毕业季里大学毕业生找工作难的峰值问题。而对于那些先选择就业的未毕业大学生们，在心态上又没有与社会就业人群的疏离感，毕竟，还没混上学历，就业要求也会适度降低。本科教育，在现代教育中，依然是素质教育的部分之一，是专才教育的预科而已，所以大学所提供的学习机会，应当是宽进严出。至于社会的用工制度，也不必把大学毕业看作一种资格，其实，那不过是学习的经历而已，肄业和毕业，都是一个过程。很多人都把大学毕业看作在社会里向上流动的一个跳板，但是，在一个成熟的社会中，人才流动归根到底还是以能力作为基础的。

带孩子是严肃的监护责任

刊于2013年8月9日《羊城晚报》A2版时评

暑假，孩子们的快乐时光，是阳光灿烂的日子。但新闻传播中，未成年人受意外伤害的消息，却不绝于耳，很令人扼腕。近日更有媒体披露，广州市疾病预防控制中心对过去5年广州儿童死因监测显示：2008年至2010年，每20个广州户籍儿童伤害死亡事件中就有7例发生在家庭，占35%，比公共场所地点的发生率，高出一两倍。这数据令人吃惊，意味着在家庭当中，未成年人的保护措施，存在缺位的问题。

带孩子是为人父母天经地义的事情。但怎么带孩子，却很可能因人而异。传统上我们对带孩子的认知，一直认为“有爷生、有乸教”，就是最好的孩子养成典范了。国人讲究“修身齐家治国平天下”，通常强调“子不教、父之过”，更多在养成哲学当中，强调父母对孩子心智上的培育，对孩子除了强调血脉相承生物学关系之外，并没有系统的理论或者规范，把保障儿女的人身安全，提升到为人父母的社会义务和社会责任上。

在现代的法律框架中，父母除了有血缘传承关系之外，从社会发展的意义上，有一个常常被忽略或者不被强调的角色，那就是未成年人的直接监护人。在法律意义上，监护人的义务，首先就是保障未成年人不受任何侵害。故而，倘若未成年人脱离了监护，或者在监护人的监护环境之下受到伤害，无论怎样的意外，其实都不应当看作是意外，而是监护人社会义务的缺失，在成熟的法治国家或者地区，未成年人遇到家庭意外，往往都要追究监护人的法律责任，这种追究，从训诫到经济处罚到判刑以及剥夺监护人的监护权不等。

然而，在我们现有的法律框架下，虽然有未成年人保护法规，但是，除了家暴虐待的案子外，鲜见有未成年人出现家庭意外之后，由公诉机关或者社会福利保障机构，出面要求法律追究监护人监护不当的责任的，更谈不上对监护人责任的追究。事实上，未成年人家庭意外伤害比率高，跟家长们“带孩子”的安全意识和责任意识都不到位是有直接关系的。未成年人是社会的未来，所以，作为家长和负直接责任的监护人，肩负的不仅有家庭责任，还有社会责任，为社会的未来的成长保驾护航。

为此，只有多管齐下，才有可能提高家长的这种社会责任意识，一是在社会教育当中加强父母安全意识，特别在社区公共教育中加强对父母家庭监护的辅导。二是在立法当中加大对监护人责任事后追究的力度，在实践中真正把未成年人监护制度确立起来。三是在社会公共保障当中提高对未成年人保护的力度，当监护人没有履行监护责任时，由社会把未成年人的监护责任承担起来。带孩子这件事，非同小可，在成熟的社会，带孩子是严肃的监护责任。

补课的万恶不赦不在补课本身

刊于2013年8月12日《羊城晚报》A2版时评

在教育管理部门的字典里，补课，眼下成了个万恶不赦的罪名。学校安排补课？那是校长不想当了，被举报了查实是要撤职的；教师给学生补课？那是教师不想当了，倘查实有跟学生收钱的，是要被清除出教师队伍。关于补课的传说，更被演绎得神乎其神。媒体报道，有任课老师授课时特意把一些解题“诀窍”隐瞒不讲，等到补课时（收了钱）才跟学生小范围里讲……

被管理部门“三令五申”和舆论所哗然的补课问题，其实是老生常谈。在城市中，家长掏钱给孩子在业余时间补课，早已是普遍现象。开始是退休老教师发挥余热打头阵，其后是大学生加入家教行列，以后一些学校任课老师卷入其中，最后干脆有公司化运作的生意，补课大业，到了今天，已是林林总总、堂而皇之。至于教学中讲“阴阳课”的老师，恐怕是个极致刻薄的段子吧。试想，如果有老师真能把解题的诀窍从日常授课中剥离出来，加以系统化，并施行“双轨制”教学，估计本人应列入“高人”一级的讲课达人行列了，还用得着弄几个学生开小灶去搞补课最大化吗？真有这种“高才”，恐怕早已是补课公司的“合伙人”了。事实上，补课市场如此庞大，是因为有需求才有供给，很多家长自己没时间督促孩子，便利用补课来增加对孩子的约束。一般家长都明白，孩子学习如何，更多还在于让孩子多做习题强化记忆。补课，无非就是请个有经验的老师督促孩子功课。

补课在教育部门看来万恶不赦，家长也是一边掏钱一边吐槽，这是颇为诡异的中国特有现象。其实伴随着中国教育制度近年来的发展，诡异缠身，早已见惯不惯了。明明是普及型义务教育，统一教材，统一大纲。偏偏派生出一个庞大的教辅产业，多少教学人才义无反顾地投身到那个海洋般深广的教辅编写事业中啊，他们要干啥？无非就是要把义务教育分成三六九等，切细揉碎让其偏离其“统一”的教材和大纲嘛！明明是按进度教学，学校还说不分等级，却偏偏存在什么省重点市重点，还有这个加分那个加分，这些加分还来自教育管理部门插手的这个赛那个赛；明明提倡作业减负书包减重，却能催生出一个光怪陆离的补课市场；明明三令五申不能收学位费，却又可以以赞助的名义收家长的钱，还披上件“统筹”的外衣，就洗脱了收学位钱的原罪……难怪有论家把我们现行的教育管理制度看成一个“局”，不无“阴谋论”地辩证认为，现行教育管理制度当中的很多东西都是光明面和阴暗面并存的，相偎依而存在的，提倡的光明面每每都在给阴暗面留着空间，各个利益板块已经犬牙交错形成一种共生和寄生关系，往往令得调整体制的体制中人难以取舍。

没了升学率考核，自然不会有补课，也自然不会有什么补课老师。大学教育能够自主招生并宽进严出，自然升学率这根指挥棒就会软化。小小的补课问题，其实是教育体制中的大大问题，不是一纸两纸禁令，就能够制而止之的。只有消除掉形成市场的要素，才能够彻底消弭那个市场。

读书是件占便宜的事

刊于2013年8月16日《羊城晚报》A2版时评

一年一度的南国书香节如期而至。最应景的话题，照例是谈谈读书。这个话题在过去是不需要发什么议论的，不过近来总被说事。比如说，传统的实体书店，被挤压得立足之地日益狭小，学而优等本地有名的文化连锁书店，连连结业，令人唏嘘。又比如说，纸质读物的市场，大有被电子读物取而代之的趋势，随着互联网和手机技术越发人性化，人们宁愿通过方便的虚拟空间阅读获得资讯，传统阅读中所谓读书的那份优雅，已经不再成为精神生活中的享受潮流了，公共场合中年轻人忘我翻书的形象，更是被刷手机的镜头所取代了。

传播中的阅读，资讯来自传统书籍还是来自虚拟空间，并没有本质的不同。但是书籍作为一个文化概念，还是承载着很多内涵的。传统意义上，书籍实际代表着记载知识的物质总和。我们上学，被叫作读书；老师教知识，也叫作教书。学人的成就，也叫作著作等身，直言其著书立说有多么丰沛。而书籍，对于人类文明的记载而言，也是功莫大焉，没有书，知识不得以记载；没有书，知识也不得以传播。在古代，一本书是非常昂贵的，没有印刷术之前，只能以抄本的形式存在。是印刷技术的进步，使得书籍成本一降再降，最后得到普及。有了电脑技术和互联网之后，求书若渴的困苦，不复存在。但是，为书而发烧的那种体验，得一心仪之书而欣喜若狂的体验，也一去不返。曾经有一个时代，得到一本可读之书的喜悦，恐怕如今日之粉丝遇见偶像相仿佛。在那个时代，手抄本、手抄歌本等特殊的书籍形态，大兴于江湖，当年的抄书，无异于今日之“翻墙”，依稀也如今日之盗版。

我赞成这样一个观点：读书买书，其实是人生中性价比最高的一种消费。花上不及一顿饭的钱，就能买到别人一生的思想精华，这是何等划算的买卖啊！读一本书，基本上就是一次精神上的漫游，你不仅可以经历别人的经历，吸收别人的思考，再把这些别人的精华，通过“盗版”或者熔铸成就自己的收益和经验，这不是“天赐大馅饼”，又是什么呢？其实，生活中那些学富五车口若悬河的“知道分子”多半无非是比你多读几本书而已。

由于电子记载的存在，拿着实体纸质书籍翻阅，逐渐成为非常“古典”的做派，但是这又有什么关系呢？阅读、记忆、进步，这是一条必然的知识获得轨迹，不论你养成读哪种“书”的习惯，只要读了，就是收益。所有资讯，就算不靠阅读得到，但是记忆到脑子里，也是要靠文字，就算是图像，也要用文字来读。所以，读书和记忆，密不可分。有人说“不化妆的女人没有将来”，其实，不读书的人，更谈不上将来。因为您连那句话，都不会知道。哈！

城市中的围蔽也是个公共议题

刊于2013年8月19日《羊城晚报》A2版时评

广州著名的海珠广场，经历了漫长七年的围蔽之后，最近终于解封了。海珠广场在老城区里，算是重要的交通枢纽，打从围蔽之后，这一片地区的交通，真是像被“结扎”了似的，总也不顺。附近周遭的商户，更是对这“临时举措”，一忍再忍。漫长的七年，可真是不仅等得“黄花菜都凉了”，而且不知都等得“黄花菜”烂多少茬了。

城市中类似长期围蔽的工地不少。而以“公共”名义画地为牢竖起蓝色金属挡板，更是城市中的常态景观。大家都理解，城市要改造，要发展，短期的阵痛和不方便，是人人都需克服的，所以，很多围蔽的周期，都有所告知，以便市民有个心理准备，有个安排的预期。然而，像海珠广场这样“重大”工程的长期围蔽，不免令人心里发怵，按现在的人群代际关系来区分，7年就是几乎“两代”人。用互联网时代的“另次元”时间去考察，7年前那就更是“远古”了。

必需的“围蔽”需不需要给个时间限制，或者在限定时间之内如没按时完工，是不是要给予一定的补偿或者承担一定的罚款，这都是小老百姓心目中所盘算的。扪着良心说，店门前家门前的施工围蔽，说不影响生活生计，那是在喷瞎话，特别是某些围蔽，随便把地一圈，就开始泥水横流了；围圈以外的公众感受，似乎不在围蔽者心中考虑之列。更有一些大的项目承建者，在城市中标了几个区块，干脆就拿这些地块的围蔽之地用作仓储材料的中转。其实，作为市民，我们没法知道这些围蔽之地的面积、时长和用途是不是合理。而若出现了不合理使用或者滥用，又有什么补救措施？有没有人要承担责任？早几年，就是这个海珠广场围蔽工地，被媒体曝光，竟被用作内部篮球场。这显然是把围蔽当作一种特权，让工地利益在围蔽期内最大化；而相反，公众的利益和感受，便被围在围蔽墙之外，从此不需要纳入自己的“法眼”。以公众利益的名义侵害公众利益，在围蔽游戏当中，有时成了一种附带注脚。

全面的信息公开和建立一定的惩罚规则，是对围蔽的一种督促，也是城市对公众利益管理水平的体现。我们没法计算七年的海珠广场围蔽，牵涉到多大的人群，也估不出其对商家带来多大的负面影响，但是，在这之前，应该有人告诉我们，这一片土地，除了建地铁六号线的站台之外，还做了些什么？公共事务管理当中，事必公开透明是一种必然，事无不能对人说，也是一个基本原则。倘若一件公共事务有所掩盖，内中的不透明部分，就有可能有利益输送的成分存在，其公共性，就要打上折扣。在城市中有很多在公共需要名义下的举措，往往都有一层围蔽的金属墙，这层围蔽之墙，什么时候会彻底打开或者真正透明呢？

“高速路救援”收拖车费，荒唐！

刊于2013年8月23日《羊城晚报》A2版时评

广东省物价局近日在官网上就调整高速公路救援服务收费公开征求意见，结果让很多人“惊呆”了：以家用小轿车为例，100公里的拖车费现在是432元，以后最高限价1780元！30座客车拖车100

公里的价格更惊人，涨了近5倍！

省物价局相关负责人对记者表示：广东省现行高速公路救援服务收费标准是2002年制定的，已执行11年。在此期间，涉及高速公路救援服务的油料、人工、场地、材料等成本均出现大幅增长。另外，收费项目的设置及计费方式等也存在与现时情况不适应的问题。因此，物价局在广泛调研基础上，形成了拟调整高速公路救援服务收费标准通告。

物价局官员对媒体的回应，可谓振振有词。这个涨价征求意见稿，肯定也经过很多“砖家”的论证，至于有关论证的依据，恐怕也不会一一向社会公布。如此大的涨幅，就事论事，我们小老百姓，估计哪怕有冲天怨气，也不会被作为“意见”，被征求进调整方案之中。因为物价局上有发改委的条文，下有行业利益集团的“院外”影响，大可很行政权威地“一口价”把价格一锤定音。

所谓的“高速公路救援”服务，并不是谁都可以进入的领域，不是交通管理部门或高速公路相关的单位，根本没有涉足的空间。换言之，这是个带有垄断成分的行业，不是严格的“市场经济”。所以，这个行业申请涨价的理由无论多么充分，在没有参照系的情况下，简直就是自说自话，物价局的所谓“广泛调研”，其说服力也只能是苍白的。

“救援”之于高速公路，其实并不是个简单的“方便性”服务，而是必备的公共服务，更是高速公路得以正常运营的前置性要件，不可或缺。“救援”的说法听上去很有“服务”的感觉，实际上它是个系统工程，没有这个系统，高速公路是不可能运营的，中外高速公路系统，概莫能外。而在这个系统工程中，“拖车”不仅仅是服务，还是必需的“清障”手段，没有及时的清障，高速公路的运行，绝谈不上“正常”。所以，既然作为保障系统不可或缺的一个环节，“清障”也要收费，并且还周期性地涨价，实在是荒谬的。请问一句，你高速公路“清障”是为了保证你运营，怎么还要别人承担这个费用呢？退一步讲，车辆在高速公路出故障，即便真的只是车主的事，但你高速公路是收费的，你的清障费用不在这收费里计提，还要那么高昂地收费，这不是“趁火打劫”又是什么呢？更何况，在高速公路上，还规定车主不得自行拖车呐！物价局现在跑出来规定清障（拖车）要如此这般，这不仅没有维护消费者利益，更没有维护市场的公平。这难道不是为虎作伥吗？

“高速公路救援”中的拖车费，其实是交通运输一条最大的霸王条款，至少，基本的“清障”费用，是应当免去的，按公里数收费，更是荒唐。有关部门滥用公共权力吃公共的管理思维，应当休矣！物价管理部门，更应对此断然祛之，而不是毫不脸红地保驾护航。

人大代表吃“软钉子”的背后

刊于2013年8月26日《羊城晚报》A2版时评

日前，广州的人大代表接待日，政府的职能部门，照例回答代表们提出的众所关心的问题。当市人大代表陈彦文质疑，去年广州的罚没收入24.5亿元，其中交通罚没达8亿元，占到1/3，这8亿元罚款的去向一直没有公布，尤其是相关部门有无分成问题，应该给出解释。对此，市交警负责人回应，非税收入的8个亿和交警没有关系，交警是报账单位，非税收入全交给财局。

警方给陈彦文的答复是“机智”的，陈彦文算是吃了颗“软钉子”。从1997年开始，广东就在全省统一要求公安部门对罚没收入实行收支两条线管理，所有罚款须先上缴地方财政部门，再通过年度预算方式拨款支出，返还的做法属于违规。换言之，陈彦文关于交通罚没收入去向的问题，应当问财政，理论上确与交警直接关系不大。就算交警每年的花销里，来源上有从这笔钱来的成分，但因经过“收支两条线”这种体制的“漂白”，交警或其他部门，有没有因交通罚没的“年度增长”而有所间接“得利”，在合适的公开制度未建立之前，是令公众颇费猜疑的。

按有关法规，罚没收入是地方政府非税收入的一部分。过去，交通罚款收入，被循例叫作计划外收入，有关的开支，也被叫作预算外开支。这些年，各地都有人大代表盯着地方罚没收入的使用，所以，很多地方开始要求对这笔款项进行预算管理。年初，珠三角某市进行预算案讨论的时候，就有代表提出质疑，为什么罚没收入预算，会出现“预增长”目标。后来，财政局的回应是，罚没项目中的有关款项，会出现应收未收，所以会有“预增长”，这才过了关。

从财政管理理论看，罚没收入比税收具有更明显的强制性和无偿性，与税收相比，罚没收入缺乏固定性，对取得财政收入缺乏稳定可靠的保证。但是，长期以来，有关部门对罚没收入的“强制性”更感兴趣，并把其不稳定性中的“无限增长可能”看作是“提高收入”的基础。然而，在公众看来，既然罚没收入的来源是强制和无偿的，那就是地方政府的“无本买卖”，依照“无约束来源更应该给予硬约束”的管理原则，对罚没收入的使用盯紧政府的钱袋子，这恰是阳光财政必须彻底公开的一部分。从人大代表陈彦文的质询可以看出，去年广州的罚没收入24.5亿元的款项，是“来得明白去得不明白”，所以，陈代表以罚没收入大头的交通罚没款为由头进行质问，是非常有道理的。

事实上很多人大代表认为，财政部门只有建立统一账户对罚没收入实行统收统支，并及时向公众公开这笔资金的使用途径，才是遏制罚款腐败和乱罚乱扣行为的有效办法。而现状是做到了罚没收入的统收统支，但是，印象中还没有真正做到彻底公开使用途径。所以，只要每年的罚没收入的用途去向一天没有公开，公众和人大代表的猜疑和质询就会永远持续下去。政府有关部门，是“躲得了初一躲不过十五”的，因为这本来就应该是政务公开题中应有之意。

规划餐饮业看上去总有些别扭

刊于2013年8月30日《羊城晚报》A2版时评

最近有媒体讨论，广州的餐饮与政府的规划问题。政府的规划提出，广州将建设23个美食集聚区，并且有42条美食街。另有文件称，争取三年内培育2至3家餐饮企业在资本市场上市，力争5年内，本市国家级酒家超100家（现有75家）。而面对政府的规划，据报道，广州饮食行业协会的副会长纠结半天，多家餐饮企业对这番“宏大叙事”的“转型升级”也是一头雾水。

“食在广州”这块招牌，其实是有点用滥了。这块标签贴在广州城头，该怎样注解，却是个见仁见智的无终极答案的命题。有人认为广州为这招牌应坚守粤菜，粤菜不纯，招牌就要变色；也有人认为只要世界各系美食均能生根开花，这招牌就被赋予了新含义，涅槃重生；还有人认为若广州没有跨省跨国的重量级餐饮企业，这招牌就不再名实相符了；更有人将其看作可以“政府搭台”的政绩道具，认为领导挥挥手，官员贴贴标签，就可从“中华美食之都”迈入“世界级”了……“食在广州”真是一本神奇的无字经，谁翻翻，都可以念出似是而非的“真经”来。

究竟“食在广州”怎样才算名副其实呢？看看统计就估摸八九不离十了：广州餐饮业经营网点约4.5万个，个体工商户餐饮网点4.03万个，占了九成。反观历史，广州原来驰名省港澳乃至南洋的老字号，恐怕也不是什么能上哪个亿字头的大家伙。其实以往“食在广州”所以名声在外，一是广州乃开放最早的商都口岸，客似云来；二是在物质不那么丰富的年代，广州餐饮业的手工精致讲究、产品名目繁多、烹饪自成一体，形成自己的菜系。可见，这块招牌是历史和文化的积淀、时间的磨砺形成的。不管粤菜是否正宗，也不管是否有“外江菜”融入，也不管你企业转型不转型，只要营商环境变化不大，几万家个体餐饮网点有生意做，“食在广州”这块招牌，别人是抢不去的。如果为此而忧郁，那也太没自信了。

至于政府规划这类奇思妙想，想把广州的餐饮业怎么样？实在很难妄评。不过，常识表明，餐饮业之所以为餐饮业，恐怕还是要附丽于其他商业或者人群才得以生存的吧，唯其如此，餐饮业也有自家的脆弱之处。广州目前能够称之为饮食带的地方，也并不是想当然就形成的。上下九那一带，北京路这一带，餐饮业原先是存在的，搞了步行街之后，租金大涨，饮食不得不搬到横街窄巷了，惠福路的餐饮档，才兴旺起来。番禺那一带，本来也就是乡村档口一两家，大规模的人口迁入之后，新生代住户不大开火，买菜也没老城区方便，从配套的简单食肆做开来，才形成了以大型停车场为背景的规模食档。可见，饮食餐饮业的成带不成带，自有其天时地利人和条件起作用，发达起来，恐怕也规划不了。至于餐饮企业上市不上市，那是企业自己的事，恐怕与“食在广州”关系不大。比如大家知道肯德基麦当劳，但多半不知道它们该贴美国哪个州的标签。说句没良心的话，越大的企业，地域的色彩越是淡化。

民众热议“官场新闻”是好事

刊于2013年9月13日《羊城晚报》A2版时评

广州市审计局原副处长王卫华一定没想到，自己会成为家喻户晓的公众人物，仅仅因为出国半年逾期不归，便被舆论揪住不放；广州南沙区的原副区长孙雷低调辞职到浙江民企出任总裁，也被媒体追问不断。两名官员所属部门，一时也成了舆论追问子丑寅卯的对象，不得不拿个说法出来。

“官场”上的小事，成为都市挥之不去的大新闻，被报章爆炒几天。这令不少人觉得匪夷所思。为什么为官者的一举一动，都会这样令公众注视得目不转睛？有好事者不无轻率地归之于社会心态的浮躁，更有体制中人批其为社会存在某种“仇官”心理。殊不知，公众关注“官场新闻”，并不完全是社会笼罩着灰暗阴霾，相反，恰恰是社会进步的特征。我们看看王卫华事件引发的舆论场吧：人们质疑为何一个副处级的公务员能够半年不归才受到处理？她的薪酬是不是被停发？她的身份有没有敏感成分？等等。而孙雷的辞职转任新闻，则诱发了公众对现职官员辞职后到企业任职该不该有冻结期，怎样避免可能的利益输送或利益关联的问题……

可见，公众的敏感神经之弦，并不是绷紧在所谓“仇官”这个非理性兴趣点上，人们也并不关注官员个人行为是否出糗或出彩的过程。人们所质疑的，恰恰是公务员管理制度上可能存在的不完善之处。王卫华因个人原因做了违反制度的选择，但是，基于公务员出国悄然离去的手续和过程，过于宽松和事后追究手段的贫乏，人们担心一些贪官污吏可能会利用这类似的漏洞得以挟利潜逃；而孙雷下海，虽说是一件人才自由流动的官场逸事，但基于经贸管理官员与商场有着可能的千丝万缕的关系以及人脉干系，如果没有像成熟国家的冷却管理制度，很可能会出现一定的利益输送缝隙。由此也看出，公众和舆论之所以把这两则官员新闻炒热，其实关注的焦点，是在我们的吏治制度上。公众对这类新闻表现出高度的热情，一是因为我们的公务员管理实际上并不完全透明；二是人们期待自己能够通过发表观点对公务员进行监督，三是希望现行的公务员管理制度进一步完善。

公务员是纳税人出钱供养的，人们理应对公务员岗位中的上上下下里里外外拥有知情权，这是民众应有的基本权利。纳税人对相关公务员的任何制度和管理问题，对公务员的公德和私德问题，对公务员履行公务的程序问题和态度问题，统统都有质询和监督的权力，更有其天然的义务，因此，只要不是恶意的诽谤和人身攻击，都是我们吏治建设的重要组成部分。人们对“官场新闻”的关注和议论孜孜以求，说明纳税人的民主意识和公民意识水平有大提高。而倾听这方面的舆论声音，应该是政府和有关部门的一种本能和习惯。公众关注官场新闻不是洪水猛兽，而是社会日益进步的征兆。当然，如果人们关注官场新闻的视角不再那么“刁钻”，不再有那么多问号，那么，就说明我们的制度透明度必然大大提升了，也说明我们社会的进一步成熟。

不宜过度解读“以房养老”

刊于2013年9月16日《羊城晚报》A2版时评

日前,《国务院关于加快发展养老服务业的若干意见》正式对外发布,明确提出“鼓励探索开展老年人住房反向抵押养老保险试点”。于是，这几天的媒体纷纷把“以房养老”作为一个话题，几乎将其作为基本养老制度政策的设计方向之一来热议，有学者更把“以房养老”看作是“做大养老产业的撬杠”来看。一番热闹哄哄之下，“以房养老”这个话题，从“发展养老服务业”的域限，有意无意地挪到了养老制度设计的层面上来；还有一众媒体，引经据典却又断章取义地把这报道成某些发达地区或国家养老方面的成功做法。却无视这个做法，在那些地区和国家里，与基本养老制度无关。如此这般的煌煌舆论大观，把不明就里的百姓，雷得外焦里嫩。

以个人的理解，国务院“加快发展养老服务业的若干意见”，主要是针对目前养老业发展的某些政策性障碍，提出一些相关行业的发展性方向。但“养老服务业”，虽然与养老有关，可是，跟养老基本制度，毕竟不是一个问题。养老服务业的发展，可以对养老基本制度做必要的补充，可以为养老基本保障制度的落实和进步，提供一个良好的氛围，提供一些可供借鉴和参考的思路，提供一个服务接轨的更广阔空间。国务院在这个时间节点，提出相关的意见，恐怕也是出于这方面的考虑。进入老年化社会，我们原先的养老基本制度设计，遇到了不少新的问题，前一阶段关于退休年龄的问题，关于养老金的管理增值和支付问题，等等，都是在这个背景下，或由官员、或由学者，断断续续提出来的。“以房养老”话题被广泛讨论，恐怕也是因为这个背景，才成为大家关注的焦点。

然而，余以为，“以房养老”可以作为养老方式的一种探索来讨论，却不宜纳入到养老基本制度的范畴。“以房养老”久已有之。房产既是个人资产，养老有需要时，自然就可以处置。所谓的“住房反向抵押养老保险”，无非是金融业“不动产”处置中的信托或保险业的具体业务处理问题，在政策的宽严口径上，应当是银监会和保监会以及税务部门的具体业务指导上的政策步骤把握。是否选择通过金融理财手段“以房养老”，是个人私有财产处置的题中之意，就算提倡这种方式，也应当由社会服务的发育而由人们慢慢认知，不宜将其描述和解读为解决养老问题的必由之路或者必然选择。而养老基本保障制度，是个公共社会保障的制度设计，与私权无关，无论“以房养老”的方法和制度多么成熟，都不是养老基本保障制度设计过程中，应当纳入其中的问题。可以说，“以房养老”确实是“发展养老服务业”的题中应有之意，但决不能放到社会基本养老制度领域来讨论。

在养老基本制度遇到资源问题的时候，应当多考虑在资源增量上做文章。而不应该像某些学者或专家，对老百姓手中的私产存量起觊觎之心。那些象牙宝塔中的专家学者拿延长工作时间做文章，把“以房养老”看作救命的稻草，最终都会成为众矢之的，原因就在于此。

“复辟”而来的广州轮渡

刊于2013年9月27日《羊城晚报》A2版时评

轮渡，算是老广州人的历史文化情结之一。广州立城珠江江畔，近水延伸，历史上往四乡多走水路，舟楫为甚。以往陆路桥路不发达，轮渡遂成为成本低的货运客运主力。十八九世纪，引进来烧煤的蒸汽机货轮，由火轮拖船运送人客和货物，而船运发达，拖船繁多，竞争中大量的拖船尾部为志区别，遂花花绿绿画上各种花鸟等色彩图案，形成“花尾渡”的文化符号。“花尾渡”那时跑的是中山、梧州等长途，船身巨大，上载人口下载货物，还有的趁机经营餐厅。为一时之盛。后来轮渡之大小客运船只，均被称之为“花尾渡”。而所有的“渡”，虽有不同的主体经营，却是当年广州人生意兴隆通四海的“公共交通”和原始的“物流业”。

及后，柴油机取代蒸汽机，“花尾渡”也由拖轮变作单体的轮船，盛行于上世纪，船只也不再有什么花尾这么古典了，变成国际通行的什么号什么号轮船了。记得当年从广州至广西的著名大渡船，好像就叫作曙光号什么的。再及后，公路桥梁崛起，效率优先，船运渐渐式微，剩余的“渡”，向邮轮的方向发展了，“公共”特征虽有，但走旅游的路线居多。而游走在珠江上的小客运轮渡，则有的发展成“珠江夜游”，纯公共客运意义上的轮渡，因迫于经营压力和转制需要，基本上名存实亡了。而与“花尾渡”行当有历史渊源的“拍拖”、“甩拖”之类的水手用语，也融进日常的粤语口语，变成了“处对象”和“分手”生活用词汇了。

不过，媒体最近报道，广州客轮公司准备增开和整合新的城市水巴线路了，广州人马上就能和念想不断的城市短途“轮渡”，再续前缘了。更值得欣喜的是，“复古”的轮渡只是路线，而客轮则更气派舒适，设施颇像飞机或者高铁，价格最低的也不过三几元，最贵的，可能也是十元左右。显然，作为城市公共交通管理建设的一种形态，轮渡又进入管理者的法眼。也许，轮渡的重开，已经更多是亲水城市文化色彩意义上的配套了吧，而“公共交通”意义上的配套功能，也许已属于“兼顾”的了。自然，政府有这颗“文化回归之心”，市民们从心底里是欢迎的。只是，就目前经济环境看，重开的轮渡可能最终是不会赚钱的，对于市政管理，可能是个负担，这就要考验有关部门的管理和经营拓展上的智慧了。在很多以文化旅游著称的历史名城，都一直保持着渡船这种“公共交通”形式。如今广州也做出这样的安排，估计已找到了平衡的解决方案，但愿这个方案真能给广州带来旅游文化元素与公共服务双赢的全新“花尾渡”涅槃。

当然，媒体没有报道城市恢复轮渡后的能源选择情况。珠江这些年基本禁行，禁行后水域噪音污染和烧油造成的污染，早就大大减少，恢复轮渡之后，所有投入运行的船舶是不是使用如电力等更清洁和安静的能源呢？这是两岸百姓十分关注的问题，大家当然最希望的是，政府部门不会忽略环保方面的努力。

本地生果实乃本地“大熊猫”

刊于2013年10月11日《羊城晚报》A2版时评

“本地姜唔辣”，粤俚有话。这跟俗语中“外来和尚好念经”的意思差不多，只是换个角度的说法，意在把本地物产做比喻用到人情世故上面了。可是，风水轮流转，世易时移，世风流变，有些物事，竟也会出现意外：比如本地姜，自从大肉姜出过问题之后，本地姜的身价，就比外来姜金贵了许多。真是此一时彼一时。

无独有偶，昨日有媒体报道，特别对本地生果做了一个专题，历数夏茅香芒、胭脂红番石榴、“倔笃”阳桃等水果的种种妙处，感叹这些本地品种的水果，已经“有钱买不到了”。当然，也有乐观主义型的专家为此等现象做出注脚，认为是物竞天择的结果。本地水果无人大量生产，走向式微，这当然是本地水果有缺陷造成的。农产品的生产，是按照经济规律调节的，本地水果物以稀为贵不错，但是产量不高，经济效益有限，自然种植的人就少了，这很可理解。更为糟糕的还有，本地水果种植的成本高，人们种果不如转手买卖外来的水果，所以急功近利的贩子乃至农户，自然按照逐利的经济规律，断了本地生果的生存空间了。

不过，本地生果“有钱没得买”真的不是问题吗？小的不才，虽无远见，却也没有专家那么乐观。余以为，本地水果风光不再，确有经济规律在起作用，不可怨天尤人。农家按照经济规律办事，也无可非议。然则，作为本地曾经存在的名果名木，虽在生产上有如此这般的问题，但居然在短短数十年间，到了近乎“断子绝孙”的地步，就不是什么简单的物竞天择了。从生态角度看去，农产品物种的产生，是历史上人工培育的结果，稳定下来的物种，那就是历史的成就。保存这些物种，有利于保存物种的丰富性，而从基因学的观点看来，历史上有名的农产品，既然成名，那就自然也有曾经的基因优势在。这些基因优势如果获得发展，说不定新的物种从而出现，可成为新的值得量产的本地生果。来自台湾的水果莲雾，市场上卖得忒贵，但究其物种基因，无非就是麓湖湖畔每年红红一串的“番鬼葡桃”而已。可见，种种水果，是人类智慧的结晶，物种的保存，至关重要，有些物种，一旦真的断了根，那就是不可弥补的损失。

广州的本土水果买不到了，可能有替代水果，但是其本土水果的物种如果真的没了，那就是历史的遗憾。其实不单是特色水果，就是本地绿化的树种，这年头也是基本上给换了个遍。广州花城的花木，其实与当年岭南园林盛极一时的那些植被，早就是南辕北辙了。然而，植物很多时候与城市的文化与风格也是息息相关的。历史文化名城和历史文化的名植物，是分不开的，像白兰、素馨、鹰爪、含笑、芍药之属，有多少岭南历史诗文与其相关啊，可是这些花木，已经几成传说了，至少，鲜见普遍种植了。救救岭南的名果名木吧，不应该轻飘飘地说一句“物竞天择”，就将其一脚踢开。相反，我们应当像保护大熊猫一样，保护我们的本土水果和本土花木。

天价养老院背后是标准和制度缺失

刊于2013年10月14日《羊城晚报》A2版时评

重阳节，养老话题循例热门。今年，被媒体曝到公众眼前的，就是“天价养老床位”（8000元/月）。公众的关心点，不外三个：一是价钱离普通阶层养老需求太远，晕！二是住进去的是些什么人，“羡慕嫉妒恨”！三是这个价钱的老人院有啥子服务？是不是货能对板？疑！

养老院问题，近些年是除养老金和“医保”之外，最被关注的话题。在各地普遍实行的养老政策中，除鳏寡老人之外，老人进入养老院，都算不得基本养老政策范畴之事。各种各样的养老院，只要被民政部门批准，都算合法经营了，至于价格，也就忽悠着收了。

事实上，越来越多商人发现，创建和经营养老院，是个很暴利的行当。暴利何来？无他，模糊地带太多。比如，硬件方面，建养老院可疑似房地产，不少养老院都在收住房的长期使用权基金，而老人并没有住房的产权，表面看这笔钱比买房便宜很多，但土地的价值是升值的，院方对老人来说，真是得了便宜还卖乖；又比如，一定规模的新老人院，多半在郊外，这就要求其有保健的配套，配套什么？是疑似医院了。医院资质水平怎样？谁都不敢说，但赚钱的机会，不用说是“大大的”了……

天价老人院引起普遍关注和质疑，毫不奇怪。问题其实不在天价不天价，而在于，我们对养老院的管理及服务质量，根本没有细致标准。有什么服务收什么价，天经地义，但现在有哪家老人院的收费，是明明白白经过批准和公众质询的呢？相关服务标准，又有哪些是清楚列明的？从监管来说，我们对老人院的管理，基本上是放任自流的，不存在一个科学合理的标准系统和相应的规范约束机制。老人院应不应该分级？基本医疗配置水平要不要分级？日常服务是否应像酒店那样有个软硬件标准？在老人院的服务中，哪些算是基本服务或必配服务，哪些可称作特殊服务？等等。养老院不管是官办还是民办的，在没有第三方的透明监管下，终归还是难以真正“洗白白”的。试问一下公众，哪个人对现有的养老院，不是心存质疑？

总之，老人是社会的弱势群体，他们的权益特别容易受到伤害，尤其是在一个相对封闭的环境中，更易被隐蔽的黑手盘剥而无力维权，所以，我们应当首先从立法和管理上，更细致地研究针对老人的各项标准和服务细则。对老人的关怀，只有体现在制度和更细致的刚性约束，才可能落到实处。

电商与百货巨头对垒或是产业发展的启迪

刊于2013年10月21日《羊城晚报》A2版时评

国庆黄金周的余韵犹在，广州市的广百、天河城、新光百货等多家百货巨头就纷纷启动了秋冬装的第一波大促销，刚开秋冬商品上架的序幕，便出现最低五折的喊话，赚足人气。有媒体人士认为，百货业高层不约而同的一番举措，是在剑指20多天后电商“双11”大促销，意图抢占消费市场。

一向华丽丽地坐享转季销售红利的百货大鳄们，一开季就很屌丝地祭出地摊手段，确乎颇不寻常，这招数是不是针对电商而为，不好拿捏。不过，传统百货业因电商营业额的日益壮大，其市场份额受到很大侵蚀，则是确定无疑。在行业矛盾激化的初期，传统百货的应对术不多，不过，挟其信用在价格市场上争得主动，不失为一个克服被动的行为。简单看，传统百货业以其本大利润空间充足以致“五折都有得做”，与物流成本普遍增加的电商相比，暂时还是能操胜算的。

不过，电子商务的消费模式，改变着市场的消费行为，除非实体销售的百货业能够包容虚拟市场销售的优点，否则，长此以往其利润空间侵蚀和市场规模受制约的困境，将随时间的推移彰显无遗。在年轻一代中，利用实体市场的价格作为依据，到网上淘宝上询价，从电商那里得到最佳优惠的消费模式，已经基本形成，百货商场为他人作嫁衣裳的现象，比比皆是。

消费市场上的竞争，最终是价格与服务的竞争，只要不出现垄断，最终的结果都会有利于消费者。这是市场经济的力量。但是，广州是个百年商都，业态的些许变化，都有可能带来未来的变革，如果说庞然大物的百货业，受到了电商的压力，不得不寻找市场应变的出路，那么，可以想象，广州市盛极一时的种种大小批发市场，是不是也会受到相应的挤压？不少批发类市场，后面跟着一个传统的物流业，这两个行当各个都给当地带来丰富的税源，但是，在电子商务发展的步调上，这些市场在实体市场管理中有着丰富的经验，而相应的电商平台，却迈步甚浅，城市中相应的政策鼓励，未见张扬。

广州传统的百货业市场相对稳固，历经风浪，无论是大资本进广州开店，还是大型电器分销商突入，都没有撼动这个行业的地位。广州百货业历经合纵连横，基本上已经是个利益联盟，但是，在跨地域跨时空的电商经营模式逼迫之下，已经眼巴巴地拱手出让其利润空间。那么，对于我们的城市决策者来说，应当少去研究夸张地建立这个城那个城，忽略甚至无视电子商务的发展。事实上，从市场发展的实践看来，未来的输赢，绝不会体现在简单的价格战上。

能不能扶“广州一日游”一把

刊于2013年10月25日《羊城晚报》A2版时评

新旅游法正式施行。“广州一日游”意外躺枪了！媒体以“正规‘广州一日游’报团无门”为题，报道了曾兴盛一时的城市旅游产品遇到的尴尬。报道还说，“野鸡”旅行社却在这样的背景之下，“天天出团大肆揽客”。

可不可以说，这就是劣币驱逐良币的一个现实版？或者说，在没有新法律规范之前，“广州一日游”的利润空间，就在那些个

“未规范之前”的法律空隙里？旅行社的生意，利润就在整合旅游资源的服务供给中，没钱赚的营生，是没人愿意干的！“一日游”的买卖，服务时间短，光靠景点的折扣安排，实在是“蚊利”。当然，“蚊利”集腋成裘，倘若旅游团异常庞大，数人头还是可以赚钱的。但是，一个“一日游”的旅行团，人数有限，做不出“意外之喜”来，除非，有高档的硬件、豪华的安排、贴身的服务，又有这种奢侈的需求，也许可以生出个“高端”的市场。偏偏，“一日游”却又是个适应目前低端消费城市的旅游项目，在玩不出更多花样，把消费潜力挖出来之前，旅行社选择离场，很可以理解。

“广州一日游”过去的利润空间，体现在旅行社和导游的腰包里，也在新旅游法规范之前的市场漏洞之中，当然，其兴盛一时，也有其游客可接受的合理性。事实上，“广州一日游”盛行的时候，旅游管理部门和旅行社都花了大力气去推动，有关部门定点安排时，是有意抱着“展示广州形象”的念想，去整合资源去打造的，因为有了这种念想，资源整合时，聚集了大量的非付费资源。而旅行社或者导游，在这个基础上又粘贴上购物消费之类的盈利空间，才成就了“广州一日游”这样一个略有“缺陷”的城市品牌产品。如今，新的法律环境之下，“广州一日游”倘不“升级换代”地调整，目前的尴尬境况，很可能还会延续一段时间。当然，怎样注入新的旅游元素，还有待旅行实体进一步开发。

黑旅行社活跃，说明这个市场还是有需求的。当然，黑旅行社的活跃，是因为他们规避了税收和管理，才得以活得滋润。这是一个违法与合法经营的问题，应当从严整治。但是，从另一方面说，既然“广州一日游”是展示城市形象的项目，又处在需要扶一把的阶段，我们的城市能不能对这个旅游项目或者产品，不仅仅看作是个单纯的市场产品，从而赋予一定的公共或准公共产品的特征，在资源、税收政策上给予旅行社以优惠，甚至，厘定一定的运营性补贴，让这个能够展示城市形象的有意义的旅游项目，真正地成为我们城市中一个不可或缺的旅游品牌。如果我们认同“广州一日游”

确实是个有益于城市发展的旅游产品，那就应当倾力为其创造良好的生存空间。

防火不仅是意识，还是公民责任

刊于2013年10月28日《羊城晚报》A2版时评

秋高物燥，慎防火灾。这警句年年都在呼唤着，但总是话音未落，火灾就翩然而来，很令人气馁！城市里的火灾，往往都是有因可循的。除了故意放火的个案之外，大多火灾，都与火灾处所相关人的管理不善有关。或设备老旧，或用火不当；至于火灾所以造成重大伤害，则多半是因周围日常物件的安置或设施的处理，违反防火规范章程。由此可见，火灾说是天灾，但归根到底，其因果还是人祸。

火灾害人害己，其结果令人唏嘘。只不过，在现实生活中，火灾的诱因导火索，是日积月累形成的，灾祸落到自己头上之前，多数人或熟视无睹，或掉以轻心，久而久之，便形成祸局。一朝祸起萧墙，则悔之已晚。防火意识的淡薄，固然有教育提醒的氛围不够浓厚，但对于每个防火主体而言，恐怕还是在于压力不够。一场火灾出现，坊间和媒体报道，都集中在火灾现场和处置之上，对火灾的后续处理和漫长的影响，却往往有头无尾就放过去了。

一场火灾，能令一个家庭或者一个企业倾家荡产，但这恐怕还是轻的，附带的民事索偿，才是令责任主体“永世不得翻身”的压力。中国是个人情社会，对火灾出事家庭或者当事人，多半是抱以同情的多，给予谴责的少，特别是万一火灾出了人命，则更是容易掬一把同情之泪。但是，火灾造成的人财损失影响，不是一把眼泪就能够一抹而过的。买了火灾保险的，尚可由保险公司担承，没有买保险的呢？恐怕只好通过民事诉讼途径，向责任人去要了。从经济责任和公民责任的角度看去，防火的重要性，在都市中应该是我们日常生活中每个人每天都要有的压力，而不是可以事不关己高高挂起的事情。

关怀火灾起火点的受伤害人，是从人道主义立场出发应做的事情，无论这种爱心怎么倾注都不过分。但是，因火灾之祸受伤害的其他人，更加的无辜，这些人所受到的损失，往往是火灾责任人掉以轻心和不负责任导致的，所以，我们更有理由特别关注这些人所应该得到的补偿。目前，在舆论和社会救济手段方面，对此是关注不够和不够及时的。而且，更多的人则把经济补偿的责任，误以为应当落在社会管理当局的身上，由于这种惯性，往往在舆论场上和现实生活当中，淡化了灾害当事责任人应当承担的责任，事实上，很多负火灾责任的火灾受害人本身，固然值得同情，但是，又是应当承担社会的道德谴责的。可惜，相对而言，我们的社会对这一层面上的责任意识和氛围，并没有形成，相应的索偿管道也不够顺畅。责任意识没有树立起来，防火意识恐怕也只能弱化，从而停留在空洞的口号之中。

“一路一树”设想别语焉不详

刊于2013年11月1日《羊城晚报》A2版时评

广州有关部门最近将《关于花城绿城水城建设工作情况的报告》提交市人大常委会会议审议，其中有一个“亮点”就是要对广州重要道路上的绿化“升级换代”，实现“一路一树”。

据媒体报道，市人大常委会副主任李力就此表示，广州到底要种什么样的树，栽什么样的花，需要进行规划设计，不能随便浪费纳税人的钱。她建议政府要考虑绿化的投入和产出，并考虑到后续管理的成本，否则就容易引起老百姓的质疑。市人大常委会委员杨明德也提出，在美化绿化过程中更要讲究效益和性价比。例如“一路一树”工程，计划选择部分道路补种或换种开花主题树种，是否就意味着把一些刚种好的树拔掉重来？如果这样花钱令人心痛，也不能让老百姓满意。

对此，市建委相关负责人回应称，花城绿城水城的建设项目并非要全部重新“起炉子”，而是要把已建好的统一进行提升优化，没有建好的继续建设好。

从报道看，这份报告之所以提交人大审议，应该就是希望人大常委会通过这个法案性质的文件。然而，人大有关人士提出来的有关问题，实在是比较尖锐的。而他们所以提出问题来，应该是报告中对“一路一树”有语焉不详的地方。既是对法案的审议，有关部门应当详细地列上一个清单，用数据来表明自己如何“并非重新起炉子”。不过，我们看到的情况是，除了原则性回答，并未见更细化的回应。

“一路一树”的设想，恐怕不是什么新构思，广州老城区中的不少路，就是一路一树的，比如陵园西路的红棉树，麓湖路的蒲桃树，越秀路的细叶榕，甚至，二沙岛、体育东的杧果树，体育西横路的红花羊蹄甲，应该都是按“一路一树”的设想去种植的。其实，现在很多新道路，大多也是“一路一树”，只不过多数都种了细叶榕。而且，很多树种下去好像也是权宜之计，总是挪来挪去，看不出本土风格来。更为悲催的是，过去漫天红霞的凤凰树，婷婷挺拔的“千层树”，还有白兰树、石栗树、苦楝树等，大都被舶来的树种所取代。有关部门这次“一路一树”的“新”构思，似乎很强调“花城”的含义，换言之，大概是重点放在“花树”上。

花期长的树种是有的，但是一年四季都开花的，其实并不多。广州花城不花城，似乎并不是那么笨拙地全面“开花”吧？新加坡是国际有名的花园城市，似乎它的底色还是绿色居多，很多地方，树木的存在，都是原生态的。人大常委们担心“一路一树”花钱令人心痛，是很有道理的，他们说的也是公众的心声。但愿这个“花城绿城水城”方案，花每笔钱都给纳税人们讲清楚，公布一下更多的细节吧，否则我们看到“花城绿城水城”这几个字，难免会想起天河体育中心对面那个存在了不到半年的天河“宏城公园”。

城市公共决策模式应当再检讨

刊于2013年11月4日《羊城晚报》A2版时评

在今年的广州政情通报会上，市长陈建华围绕城市的民生话题，以少有的坦率，谈到了城市公共决策上的遗憾。如谈及对金沙洲“洲民”尤为重要的地铁6号线，陈建华不无反讽地说：“这条线路还没有开通、还没有建成，我们就能预计到它可能是最堵的一条地铁线，因为当时论证时，专家坚决不同意搞六节车厢，最后专家说了算，还是四节车厢。如果这个地方能搞六节车厢或八节车厢，可以接受很大的人流量。地铁与地面公交不同，你修了一条地铁，就不可能再修第二条地铁，它的线路是一次性的。第二，你修了一条四节车厢的地铁就不可能再扩大，这是非常遗憾的。当时的预计比较保守，我们现在发现，在论证过程中经常出现保守估计，超前性、预见性不够。”

城市当中类似的“超前性、预见性不够”情况，在广州其实不仅于地铁六号线，城市中很多困扰都由此而生，天河北的堵车、同德围的瓶颈、公共绿化的不稳定、地下管线的多头开挖、施工围蔽的无限期拖沓、城市新开车道的狭窄、医院学校的布局不均等，很多的历史遗留问题不断推演出新的历史遗留问题。事实上，每届的决策人员，心目中都希望有个一蹴而就或一揽子解决的方案，但实际上各种利益博弈的结果，换来的总是拖着长长尾巴的胡子方案。

从常识看，所谓的“超前性、预见性不够”，往往是对发展的短视造成的，而这种短视，往往又是基础数据偏差和规划不配套等决策框架的不科学造成的。如对金沙洲出行举足轻重的地铁6号线，或是因为没有预见到该区域的人口增长，或是因为人口规划的不断变动使得地铁运力规划与实际情况不相称，造成了“可预见拥堵”。在现代城市管理中，大凡发展规划总是配套地以法案形式存在的，比如住宅、人口、道路、供水、供电、停车、学校、医院、商贸等的配套，都是按照科学的对称安排而存在的。但是，在现实中，发展商改规划、改容积率，政府部门按政绩要求改道路、改广场等的情况，比比皆是。一个区域的发展从规划到建成，人口等规模“预决算”有时会是面目全非，看看珠江新城的原规划和现在的模样，就可以想象未来的交通状况。此外，我们目前的很多决策，主要还是采取由相关利益人为主要骨干的博弈模式，这就往往使得决策方案更注重眼前利益，而容易忽略长远的利益。加上相关决策又往往存在听证会或者审议过程中的大量信息不对称，使得很多公共决策总是缺乏反复长期的争论，最终的结果就是贻害无穷。

无须赘言，倘不改变现行的公共政策决策模式，则“超前性、预见性不够”的决策，还会陆续有来！

莫让“图书馆之城”成为空壳

刊于2013年11月8日《羊城晚报》A2版时评

广州市人大代表近日到登峰街街道文化活动中心视察，发现里面空无一人。人大代表还发现，有关部门给不少街道配套了万册免费借用的图书，但这些图书的借阅率不高。这种令人纠结的普遍现象，值得检讨，到底是公共资源配套投错了方向？还是配套供给时有着错位的问题？

有媒体报道说，近些年，广州要建“图书馆之城”，是下了大决心的。数据显示，2011年以来，广州安排专项资金保障全市各级文化设施免费向公众开放。目前14间公共图书馆、13间文化馆、165个文化站、2000多个文化室已全部实现免费开放。2013年，市级财政对此项工作专项补助1440.6万元，这还不算各区按比例落实的配套资金。

有官员承认走过一些弯路：“市里花了300多万元来配书，但我们发现书的类目和居民的需求不一样。比如刚开始我们以为在乡村地区，种植、农业的书比较多人喜欢看，可是和想象的还是有误差。因为到社区文化站看书的多数是老年人，他们可能更关心身体保健。”他说，今年会对居民需求做更仔细的调查，根据其需求来购书，提高图书的利用率。

毫无疑问，投入重大资源去改善基层的文化项目配置，这是善举。但善举的落点，是不是落在民众所必需的急切点上，与这善举的效果息息相关。就目前的“投入与产出”对比看，建“图书馆之城”的想法是初步实现了，但这“城”与老百姓的关系有多大，却有了存疑。这种“理想美好、现实骨感”的尴尬，恐怕是同整个的决策过程大都与老百姓“背对背”，有很大的关系。财政资金的不菲投入，都是政府每年的合法开支，然而，时至今日，又有多少市民或者有关街道的“街民”，真正知道这件福荫大众的好事情？更不用说，问一问大伙儿，街道级的“图书馆”，配套什么书？啥时开放？怎样能够方便地索取目录？等等。政府公共服务，特别是新增的公共服务，是惠民工程，但绝不是一个简单的“供需”平衡关系，而是个“服务到家、到心坎”的贴身“主仆”关系。而要做到这一点，除了“顶层设计”的合理之外，还要实现目标的“基层设计”，在后者上出了岔子，“顶层设计”很可能会变成一个笑话。

我们处在一个信息服务发达的互联网时代，图书馆本身，也遇到转型的问题，在此背景下建立“图书馆之城”，其实是个很有挑战性的新课题。街道图书馆借阅率不高，除了内容不够贴身之外，恐怕还有个管理手段更新、传播手段不足，以及服务到位稍欠等问题。能不能在借书上“通存通兑”？能不能把图书书目送到家庭里？能不能预约到家里还书？如此这般，都应纳入到服务预算里面，而这些细节，都与这“图书馆之城”成败攸关。检讨“图书馆之城”建设的得失，其实也是对广州市新增公共服务实现过程的一个总结。不妨把这作为一个实施案例，从头到尾剖析一番，并广泛征求民意，寻求更佳的解决方案。倘若这“顶层设计”本身就有个一厢情愿的问题，那就及时收手，把好钢真正用到刀刃上。

希望城市“道路降噪”不再扯皮

刊于2013年11月15日《羊城晚报》A2版时评

城市中的交通降噪，是个很民生的话题。民生话题引起关注，就变成了民生的问题。民生问题由谁去解决？答案只有一个，政府！

但是，要政府解决民生问题，必须考虑两个因素，一是时间，二是方法。广州市内或者附近的交通道路降噪，一直在实施中，这进程进展得不算慢，但真正彻底解决看来还要一段时间，甚至，有不少的地方，这头在解决，那头却又开始有损害，这恐怕有些令人头疼。至于方法，媒体报道是这样的：“据了解，建设部门已将内环路及其放射线高架桥、人民路高架等市区高架桥沿线受交通噪声污染严重的幼儿园、学校、医院，以及道路两侧、临近道路且面向道路第一排噪声敏感居民楼列入近期计划，优先建设隔声设施。然后按轻重缓急分批组织建设，原则上先实施高架桥建设前已经建成的楼宇，而且同一楼宇不会既安装隔音窗又安装隔音屏。至于属于先有道路后有建筑的楼房，则应由环保部门督促开发商采取有效措施，使小区楼房的噪声标准达到《民用建筑隔声设计规范》的要求。”

这样的制度安排看上去很“合理”，似乎解决了“先后”、“重叠”等问题，但为什么站在小老百姓的立场上，总有些不是滋味的感觉？按道理，道路在住宅区里通过，噪音指数必然会升高，道路本身，就应该有降噪的责任，亦就是说，你建一条道路通过有居民的地区，是通过规划而来的，按照规划标准，你就应该提供一条经过降噪的道路，这是对道路的“无噪”标准，不管是因历史形成的噪音，还是现有的噪音，统统都应该解决，这样人民群众才能够安居乐业。而新建楼宇在道路两旁要有“降噪”的设施，这与楼宇建筑标准有关，却与“道路降噪”无关。事实上，“道路降噪”与“楼宇降噪”，是两不相干的事情。为何“同一楼宇不会既安装隔音窗又安装隔音屏”？

道路与楼宇，两个根本就不是一个法人主体，各自的标准更不相关，为何要扯到一起去呢？表面看去，这做法好像是一种节省资源的设计，但这桥段恰恰是造成最后扯皮的一种设计。事实上，你道路就执行“道路降噪”的标准，楼宇就执行“楼宇降噪”的标准，达到“术业有专攻”，对城市岂不有利，对百姓岂不有利？

解决民生问题，最忌是扯皮，任何民生工程，一旦变成胡子工程，就失去了惠民的原旨，关于城市“道路降噪”还是让恺撒归恺撒，上帝归上帝为好，而这里面的关系要梳理得当，最好就是给“道路降噪”和道路两旁“楼宇降噪”里都有一个法。至于历史遗留问题，不好意思，只好由有关部门开销了，否则，要政府干啥呢？

户外广告“新法”新意不多

刊于2013年11月18日《羊城晚报》A2版时评

广州新的“户外广告和招牌设置管理办法”即将施行，目前正在征求各方意见。多数媒体都注意到：在可能实施的“办法”中，“今后，广州市将划分户外广告优化区、严控区和禁设区，户外广告布点由城管统管”。

城市的户外广告该由谁管？好像并没有定论。以广州为例，试过建委管、工商管，现在又定为城管管。但实际上，除了出面执法之外，整个协调情况蛮复杂的，建设、环保、公安、工商、质监、安全监管、交通、气象等相关职能部门意见，都要达到统一，这就意味着实现户外广告管理不可能是个很高效的过程。过去如是，现在也如是。其实对户外广告的非管理者来说，谁来做这个婆婆并不是很在乎，他们关心的只是那户外广告能否做？如何做？利益分配如何？等等。至于谁来管，只要它不贪赃枉法，依法公平公正行事，就阿弥陀佛了。由谁管就一定会提高效率理顺执法关系？在多方博弈的现实之下，欲高效，那也只是痴人说梦而已。

新的“户外广告和招牌设置管理办法”，更接近于现代城市管理的范式，是毫无疑义的。不过也不是完全没有语焉不详的地方。比如说，城市的户外广告将设立优化区、严控区和禁设区，非常明确，但是这几个“区”的依据标准和区域范围有何界定，就只有原则而不见细则，而城市中的这些区域的厘定，是多长时间来一次？范围在哪？也有待“有关部门”一一公布。但采取什么方式公布，不得而知。再有，“办法”对户外广告的设置是要公示的。但公示什么，没有法律意义上的规范。其实，对户外广告这块肥肉来说，从许可依据到适用范围乃至利益分配、政府收益等都应该公示。因为户外广告的收益，是行政许可决定的，这就意味着，为什么许可，许可了什么，收入多少，税收如何，等等，都应向公众说明，因为这里面的收益有排他和垄断的含义在，政府不能为其行政许可的因果作说明，就难以撇清利益输送或者权力寻租的嫌疑。还有，办法也规定了对以权谋私者的惩处，但如果没有一个完备的公示方案，老百姓又如何监督管理过程中的可能失控之处呢？

此外，新旧办法实施的衔接，似乎也没有一个过渡的解决方案。说实话，户外广告是一项政府的行政许可，但这行政许可还牵涉着长长短短时间的商业合同，在那些法律上有衔接冲突的地方，该怎样协调？譬如在未来的严控区甚或禁设区里，有正在履行着的商业合同在，那是允许其“户外广告”堂而皇之地存在，还是坚决打入“不可抗力”因素的泥坑之中？其中的商业损失，又应当站在怎样的立场上仲裁？

新的“户外广告和招牌设置管理办法”，正在征求意见，以上所唠叨的“碎碎念”，应当也算是“意见”之若干吧？公示的“办法”有20来页，但是，如果对有关的实施细则没有一个系统的可操作的模板，那新旧办法相比，实在了无新意，修订了也就修订了，但那又有什么可惊喜的呢？

比特币是“自由经济”的产儿

刊于2013年11月25日《羊城晚报》A2版时评

互联网时代是个神奇的时代。运用互联网资源，能够创造出传统商业形态中难以企及的营销，从而改变芸芸众生那营营役役的平淡生活。同样，基于互联网，已经出现了许许多多的“神话”：比如，人际交互的各种平台如脸书、推特、微博、微信等，以虚拟世界的形态渗透到娱乐生活的“红色警戒、魔兽世界”……近日，比特币这个相对另类又颇令“屌丝”们关注的事物，不觉间又映入了人们的眼帘。

有报道说，最近在某个市场上，比特币经历了过山车似的大波动，其人民币兑换价从8000多元跌到了5000多元，投资界把这看作是投资有风险的一个案例。而曾几何时，比特币在互联网上，被吹嘘为一年升值20万倍的“投资产品”，不少电脑玩家和激进的投资人，都为此投入了大量的精力和财力。

比特币是什么？其定义是这样的：一种基于点对点网络的匿名数字货币，由计算机按照公开的算法运算产生，汇款通道不受中央控制，货币转账由网络节点进行集体管理，交易各方可以隐藏真实身份。比特币的产生机制非常复杂，但是它的产生机制满足五点：某一时间点上的总量是确定的；以缓慢的速度增长，不会突然增加；最终会增长到一个总量；其增长以一个公认的数学公式提供保证，任何个人、组织、国家都无从提供干预和保证；流通过程不需要任何中间机构，转账过程不受干预。此外，任何计算机只要安装了特定程序，都可通过一种叫作“挖矿”的形式，缓慢获得。据说，比特币刚产生的那一刻，其价值远远不到一美元。

以现有的经济学和电脑知识看来，比特币实际上是一段按照特定算法产生的一段程序。但这段程序不是轻易可以得到的。在互联网上，它之所以成为“币”并被炒作，应当就是物以稀为贵，从而登上大雅之堂。事实上，比特币的理论家们，更多地在这个价值的

“一般替代物”上，寄托着典型的自由经济理想，从它的产生和约束机制上我们可以看到，它的很多属性，试图规避现代货币的许多约束性特征，在比特币市场上，没有央行，没有货币M2，甚至也没有币值。比特币的理论家们之所以为之欢呼，是因为这个“币”的存在，在互联网上，满足了自己的经济自由主义的狂想。

经过理论包装之后，比特币由于有一定的奇缺性，产生的过程也极其复杂（难以造假和量产），作为一个具有一定价标特征的价值“一般替代物”，就在激进的投资者中形成市场，于是，“挖矿”和交易，就不知不觉地在互联网世界上时兴起来。比特币是否意味着未来货币形式的一种改革？比特币真实的投资（投机）价值是否存在？这些都是未定之论。不过，有需求就有市场，但有市场却不一定是规范的和公平的。所以，关注比特币是睿智的，但参与市场行为本身，却要对其风险有清醒的认知。比特币的交易在目前来说，是在脱离现行的金融管理体系下进行的。这一点每个人都应该清醒。

如果人才市场“淘宝”化

刊于2013年12月2日《羊城晚报》A2版时评

每年大学生的毕业季，城市中不时都会有招聘会的信息。对毕业学生而言，找工作的主题是这段时间生活的支点；对于用人单位来说，则这段时间也是招揽新人的工作高峰。于是，需求与供给就形成市场，这个市场的“最典型”形态，目前就是“招聘会”这种形式。

在人才交流的市场上，招聘会其实并不完全是单纯市场的衍生物。改革开放，鼓励人才交流以来，作为对劳动力资源配置的调节手段，政府每年都通过对“招聘会”的政策乃至资源的支持，实现就业扩大化。大凡大规模高质量的“招聘会”，或多或少都能看到政府的影子，换言之，每年城中次第展开的各级“招聘会”，也是政府公共服务的一个重要组成部分。所以，“招聘会”的成交指数和成交质量，自然是评估这项公共服务的标准。与此同时，“招聘会”对招聘双方的服务水平到位不到位，也是检验这项政府公共服务，有没有资源浪费，是否贴心的试金石。

以目前的“招聘会”公布的有关数据看来，“招聘会”的“点对点”服务，其实并不是特别高效的，今年的“招聘会”尤为突出。媒体报道，由于11月30日那天，城中多场“招聘会”在时间上完全重叠，各招聘会均出现毕业生分流，现场冷清的现象。好工也遇冷，应聘如赌运，遂成为“招聘会”的尴尬。不同部门不同级别的主办单位，举办不同形式和内容的“招聘会”，从单纯市场化的观点来看，似乎无可厚非。但如从公共服务提供的角度看来，有关方面的协调能力就大可诟病了，因为，凡是公共服务不能做到效益最大化，那都是没有对公共资源的使用做到最简约，这就与公共资源提供的初衷不符。当然，就现在的人才市场管理体制而言，怎样突破层级管理和区域管理的不适应机制，就是一个突出的难题。而信息管理上的多方共享机制，更是人才流动管理上的改革路向。

运作了30多年的“招聘会”这种形式，其实是有缺陷的。当年，“招聘会”构成的突破之一，最大的进步是使招聘双方能够面对面交流，避免了“隔山买牛”的低效。然而，这种集市式的“人才交易”，其实是招聘双方，都要投入时间、人力等物质上的成本的，而“定点相亲”的人才覆盖面、区域覆盖面以及专业覆盖面，都有着极大的约束。随着互联网技术的应用和发展，政府有关方面在对现场“招聘会”进行精细化管理的同时，还应当致力于催生“淘宝”式的人才市场形成。从目前的技术条件来评估，依赖高度发达的搜索引擎，是可以把“招聘”的有关服务，从时空上和海量上无限扩展的，建立一个人才交流的“云”空间，更是值得期待。可以想象，倘若有个“人才淘宝”存在，则“劳民伤财”的现场“招聘会”尴尬，一定能大大改观。

占道经营的为何如此“霸道”

刊于2013年12月6日《羊城晚报》A2版时评

咪表停车实施十几年来，广州人对咪表的态度，是恨多于爱，不为什么，只为这本是为解决旧城区停车场不足的公共安排，蜕变成一个迷雾重重、极不透明，又缺乏合理服务的泥淖。更令人嫉恨的是，交通管理法规执行的力度越严，它的活法就越潇洒。的确，咪表停车之所以很有“搞头”，并不是因为它有多少市场经济特征。相反，非市场经济的公权强迫型的特征，造就了它的生存空间。昨天，媒体又翻炒咪表停车的乱象：什么被骗不能刷羊城通无奈买卡啦、什么刷卡不成功可还继续计费啦，还有私自延长高峰时段令停车资翻倍等。个案都很生动，却又有“老生常谈”之感。

城市中最大的“合法占道经营”项目，当属路旁画上黄线的咪表停车。这项目占道面积大，经营时间长，还只能由指定的公司经营。但是，这样的准公共项目，公众却从不知其效益如何分配，更不知有没有取之于民用之于民，实在是名副其实的“霸道”经营。令人无法容忍的是，广州市2012年审计报告披露，抽查发现经营140多条道路停车泊位的两家公司，停车收费缴到财政的只有约70条，另外70条路段没有缴费记录；已缴费路段的缴费车位数也少于实际经营车位数，差异较大；部分市政路段被所在街道违规经营，泊位经营权收入没有上缴市财政。

小数怕长计。据说羊城目前有7000多个合法的咪表泊车位，一天24小时分时段收费，稍有数学知识，也可以算出这笔收入的“天价”所在。但是这个成本很低的占用公共资源经营项目，居然没有一个透明的管理制度去约束，还时不时搞些小动作来提高毛利率，真是大小通杀啊！比如2004年起就说全市咪表可以刷羊城通了，但现在多少年过去，羊城通往往还是通不了这个“智通卡”。

有人说，虽然都在某某部门的管理之下，羊城通是一个利益集团，“智通卡”又是一个利益集团，两边通不了是因为里面的水很深云云。什么叫作水很深？说穿了就是有“暗箱操作”的嫌疑，没有透明度。凡是利用公共资源的盈利项目，都与纳税人的利益攸关，纳税人应当有质询效益去向的权利，有质疑其管理细节的权利！广州的咪表停车问题多多，而且霸气十足，就是因为有人“胆生毛”，把公共利益和公共资源导入到“水很深”的暗箱中去分流，而所有的纳税人则无从追究来龙和去脉。

“空巢”催社会养老服务上层次

刊于2013年12月9日《羊城晚报》A2版时评

广州义工联向媒体公布了一项调查：城市中的空巢老人90%都有子女，其所以成为空巢状态的原因，当然是儿女总不能够“常回家看看”。而“回不来”的主因，则又多是工作太忙或在外地工作。这个调查结果并不意外，却给我们一个夹缠不清的死结，那就是“空巢”问题，似乎已经无解。毕竟，工作忙而“压力山大”是在职人员的现实，而在外地工作也早就打破了“父母在、不远游”的古训。

“空巢”问题成因很多，可归结为人才流动，可归结为人口老龄化，甚至可归结到城市中房地产。试想，过去住房商品化之前，许多家庭都是几代同堂，窝在一个十几平方米的小空间里，想要“空巢”也无从“空”起。事实上，“空巢”问题，是与社会的发展和进步同步出现的。农耕时代，靠经验和经历解决问题，故百善孝为先，伦理上形成了“老人至上”观念，所谓“家有一老如有一宝”，老人问题，一家之内，便可解决。然则，现代社会，效率优先，即便是处在“空巢”中的老人，对子女的不能“常回家看看”，也充分理解，毕竟儿女不是超人，能够有工作就是福，好过那些“有巢空不了”养着“啃老族”的。在某种意义上，“空巢”未必就不是一种对儿女的“成就感”。

“空巢”现象令人担忧，好像提出了多么高不可及的社会养老保障问题。但是，从媒体披露的调查中，“受到身边人的尊重、体谅和包容，知足常乐；参加自己有兴趣及喜爱的活动”等十个方面，是“空巢老人”们最开心的事情。而如果把这些作为基本要求来看，所谓“空巢”老人的期望值，并没有多么的高。

事实上，“空巢老人”之所以成为问题，与整个社会养老体系的问题是重合的。我们现有的养老体系面临三大挑战：生活保障、日常照料服务、精神慰藉。其实，城市中的大多数“空巢老人”靠着退休金和家庭成员的补贴，基本生活是有一定保障的。唯独这日常照料和精神慰藉，在社会服务领域中提供的资源，严重不足。目前，“工作很忙”和“不在身边”的儿女们，除了“常回家看看”之外，只能通过保姆市场为老人找钟点工或者保姆，然而，现有的保姆市场之“原生态”和混乱，价格高昂同时根本满足不了“老人照料”的专业要求。成熟的“老人照料”是一门科学，需要引导和教化培育。“空巢老人”问题的出现，说明我们的社会养老层次，已经不能仅仅满足于基本生存保障了。相反，把日常照料服务和精神慰藉两个元素结合起来的服务体系，正在成为社会的稀缺资源，如果这个稀缺资源仅仅停留在“义工”阶段，不能形成可市场化的服务体系，我们的公共养老服务保障，就会失去根基。空巢问题便会成为社会永远的“痛”。

举国关注节假日安排的背后

刊于2013年12月13日《羊城晚报》A2版时评

中国的百姓或许从没像今天那么关心每年法定公众假期的安排。打从“黄金周”之类的概念出现，而假期过法，又有了调休、补休和周末顺延等安排之后，人们关心假期长短安排的“八卦”之心，就从没消停过。关心假期安排的调度，固然与人们对自身权益的日益关注有关，但实际上，度假方式的日益多元化，也使得人们对于度假质量更加关注起来。尤其推波助澜的是，度假氛围的相互影响，商业市场环境的营造，也产生了所谓“假日经济”的市场培育概念。由是，法定假期安排，呼啦啦地成了社会舆论的焦点，也成为这些年名副其实的民生热门话题。

社会关注假期的安排，可以说也是天赋人权之一。农耕时代看天吃饭，生活节奏缓慢，恐怕除了“圩日”或者重要的节气变化日子之外，假日之类的安排，更多的不是为了休息，反而是为了祭祀或者生产收成的交易，是个“忙”的日子。而进入现代社会，社会生产单元不再以家庭为主，而是更注重人群的协同工作，统一放假便成为社会生活生产节奏调节的一种需要。而随着生产力水平的提高和生活节奏的加速，也形成了一种颇有意思的发展趋向，经济越发达文明越成熟的地方，给公众安排的假期，也越来越多。在西方的公众假期里，由于宗教文化传统的关系，整个社会乃至商业和银行等，除了像环卫这类必需的公共服务业之外，都处于休假状况。而在鄙国，公众假期里，人们却犹如“放风”一样地忙碌，东奔西走地按照自己想象中的需求来“过工作外的日子”，形成假日消费和假日出游的全国性浪潮，弄得“黄金周”也如同“春运”般交通资源紧张。

应当承认，公众关注假期安排，从而进一步关注度假的质量，要求社会为度假保障公共资源，是社会进步和生活质量需求旺盛的表现。但是，人们单纯希望通过公众假期来释放自己的度假需求，对于社会服务安排来说，也并不完全是科学的。众所周知，井喷式的度假需求，也需要井喷式的社会服务保障，这自然会增加社会服务的成本。事实上，对于公众假期的需求井喷，不少专家建议错峰度假。其实，在很多发达的国家，社会人群对公众假期的安排并没有国人那么“狂热”，相反，他们更加重视自己供职的社会组织安排的带薪休假假期，从而享受休闲的乐趣。目前，我们社会中对法定假期的落实是比较到位的。但是，很多社会组织（特别是私营企业）对每年定期安排雇员带薪休假的这一政策要求，落实相当不到位。因此，很多人的度假愿望，不得不被锁定在“黄金周”之类的“长假期”里得以释放。

要让人们和谐放假度假，其实并不仅仅于假期时序的调度腾挪那么简单，更重要的是，通过雇员带薪假期制度的落实，和社会成员度假观念的进步，才能成为现实和可能。

走好通盘棋方可根治“住改仓”

刊于2013年12月20日《羊城晚报》A2版时评

广州建业大厦的一场熊熊大火，把一栋烂尾楼烧成一栋危楼，令租用此楼的附近商户，损失惨重；商户欲哭无泪，烧通了的楼宇更是面临拆与不拆的善后问题，果真是水火无情，“手尾”难以执拾。而痛定思痛，政府和公众都把关注焦点转到那个备受诟病但却又彷徨无策的“历史遗留”问题上来——专业市场伴生的“住改仓”。

回顾城中专业市场发展的历史，可看到“住改仓”做法的成长史。开放之初，鼓励个体户发展，而个体商户多是提包拉车的“练摊”或“倒爷”的主儿，小本经营，谈不上多少仓储。二三十年后，“西湖夜市”等成长为批发辐射全国的各种专业市场，这些市场的营收无不以亿元计，“万元户”从而摇身变作“老总”甚至行业大鳄！于是，城市中的商事风景线为之一变：只要有专业市场在，周遭的民房宾馆，大抵都“因势利导”地向附生的“住改仓”转型，不知不觉间，火灾隐患也日积月累悄然滋生。

据报道，光是越秀荔湾两个老城区，各类专业市场便有400多个，而这些卖场的档口，平均皆达3000个以上。这个数目字，稍有数字知识的人，都可推算出为之配套的仓储面积是何等庞大，更可推算出有多少没条件从事仓储的民房出租成为仓库，明里暗里成为都市中潜在的火灾源头。

没达到仓储标准的房子出租从事仓储行当，乃是违法行为，本可即行取缔，科以罚金。然而，目前这却似乎成为积重难返、法不责众的现象。其实，说“历史遗留”问题，严格讲，不是“历史”的产物，而是执法管理部门、市场经营者、商户以及“住改仓”业主“共谋”的结果。其中每个角色都因自身利益，置法规与公共利益于不顾，使得“住改仓”的违法行为，成为生活中的“常态”，而公众安全则沦为空话。从这些角色关系中不难看出，是因为不遵章守法的行为成本很低，是执法不严造就了“法不责众”的局面。辖区内有违法者存在，执法者不用承担失察之责；卖场经营者没有仓储配套却照样可把铺子租得不亦乐乎；工商业者违法仓储物资没人追究；“住改仓”的业主明明收入违法却无人取缔……显然，这一块的公共利益的缺口，其实是人人都咬一口才会形成大缺口的。

因重大火灾而整改的次数多矣，但往往因法不责众或者“水过鸭背”而最终流产。实际上，仅仅一纸整改令加上集中执法，是不可能根治“住改仓”的。只有在增加违法成本前提下，税务工商城管街道等各方监管形成合力，持之以恒，才会得以改观。而那些与专业市场有利益关联的部门，也应当为卖场的仓储配套做出合法的分流处置，才能够彻底治本。目前，整改令要行，但同时对市场仓储的需求也要摸查以便配套。各个环节都加把力，短期也许会加大有关业者的成本，但若整个城市都从严执法，市场的公平公正，就不会出现“摁葫芦起瓢”的尴尬。

建议：除夕去“衙门”办事

刊于2013年12月23日《羊城晚报》A2版时评

国办近日公布的2014年春节放假安排显示，春节调休放假7天，而除夕这天的假日则被取消。广州市纪委表示，市各单位将按规定执行，纪委作为监督机关，将在除夕进行明察暗访，届时有关情况将向社会公布。

其实，对不把除夕作为法定假日的调整，假日办发言人甚至有解释称：“除夕能否提前放假将取决于用人单位，而多数单位将会把这一天假当成‘福利’。”不过，广州市的公务员，显然是不会享受到这样的“福利”的。市纪委提出的检查要求，就是明证。对节前节后的公务员在岗情况进行督察，这几年都是公众关注的焦点，道理很简单，公务员队伍要依法依规行政，按时上班，按时服务，乃是基础，如果你连这一点基本要求都做不到，为人民服务，自然无从谈起。老百姓花在你身上的公帑，就是“见财化水”，白白流失。所以，按时上班，实际上并不仅仅是个风纪问题，一个公务员该履行职责的时候不在岗，大可以渎职视之。故每年长假期过去，媒体总是长追不舍地报道公共服务部门有没有按时开门服务，不厌其烦地拨打各服务热线看能不能接通……只不过，这种不依不饶的公众监督，总是集中在节后，而鲜有在节前而已，相信自此以后，公众必定会盯上除夕这一天，看看公务员们去了哪儿？

有观点认为像除夕元宵这类民俗性强的日子，老百姓多半都不上“衙门”办事，没必要死磕“公仆”们是否上班，盯住这个日子的风纪问题，颇有形式主义嫌疑。然而，这又岂是个“先有鸡还是先有蛋”的问题！老百姓“养成”了节前节后不到“衙门”办事的“习惯”，并不是老百姓在节前节后不愿办事，而是因为他们不得不回避“衙门”上“一节淡三墟”的陋习，这种陋习打断了整个公共服务链，令老百姓总是“摸门钉”。久而久之，他们才无奈选择节前节后尽量“不麻烦”政府公务员们，因为谁也受不了那样的“老爷做派”。严格说来，对公务员有没有按时上班的督察仅仅是表面的一步，真正的督察，更要看公务员们在岗上的办事效率，要回溯整个公共服务链的流畅情况，这才是纪委监察部门更应该明察暗访的核心实质。

不过，倘若真要考察除夕这类特定日子的在岗工作状况，又何须“明察暗访”把监察工作复杂化，只要号召一下让百姓们在这日子里去“衙门”办事，然后让百姓的口碑去说话，评一评公务员的效率、监督监督公共服务的窗口有没关门，岂不更加有效？在监督政府自身廉洁自律这些方面，把自己的工作状况透明于世，再让世人监督之、评估之就至为有效，而监察监督部门之类的，给世人一个可供度量的标准足矣！

盼广州“老字号”能有新招

刊于2013年12月30日《羊城晚报》A2版时评

广州老字号一条街在北京路北段开市了，喜庆得很！老广州们在这里找到了沧州肉食、风行牛奶、皇上皇这些老品牌老商业面孔；而对广州有兴趣的人们，又在这里巧逢“广州手信推广周”，被这些“旧酒装新瓶”的商品，吸足眼球！

红红火火的启动仪式在冬日里显得格外温暖。政府和有关社会团体为了打造这样一条可能承载了城市商业文化传承意义的“专卖”街道，做足功夫。北京路寸土尺金，辟出这样一条“手信”街想来是下了大决心，也花了大本钱的。听说为了给这条以老字号为品牌号召的街道开路，把这里划成为步行街的方案，也进入了议事日程。“老字号一条街”的未来是不是顺风顺水，不敢妄测，但政策层面的扶持，可谓“今时不同往日”了。

广州“老字号”的传承，历经波折，也颇经磨难。留存下来的品牌已不多。真正传承到今日的商品，很多在工艺上已经大大改良，并适应于一定的规模生产。能够保持着产品特色同时又保存了品牌特点的，可谓大浪淘沙，硕果仅存。今天，遇到个天时地利人和，各方条件成熟，捣鼓出个“老字号”一条街，总算是借上了广府文化推广的东风，挟广州旅游业兴盛之格局，走上了“浓缩”发展的路径。可喜可贺。

可是，贯通了“老字号”一条街，对于这些“老字号”来说，并不是从此无忧无虑了，相反，这条“老字号”一条街能否从此“幸福快乐”发展下去，还是有所存疑的。众所周知，“老字号”的传统产品，并不是什么暴利新潮商品，以微利为多。过去很多的“老字号”之所以举步维艰，多半不是其产品或者市场有什么问题，而是商业旺地的铺租腾贵。上下九步行街原本的老字号不少，是“原始版”、“骨灰级”老字号一条街，但这些年由于铺租原因，大多数已经让路给了利润更高的成衣和高端消费品卖场了。现在，有关方面在北京路北段这样一个同样具有商业潜力的地方，打造“广州老字号一条街”，这固然是好事，但这块地如果也更兴旺起来，能不能保证租金不再吞噬“老字号”产品的毛利空间，应该就是这条街能否生存下去的关键了，不知有关方面对此有什么政策考虑？但愿已经有了政策安排，使这些“老字号”能够在这一条街里面永续经营。

“老字号”一条街的产品现在以“广州手信”作为招徕，看上去是要和广州的旅游业对接，但是这种对接恐怕还是比较浅表的，谈不上更多的文化内涵。其实，对照舶来的洋快餐之类的品牌，它们也算是有几十年历史的“老字号”了，但是，它们每年都能够不断推出新的“卡通玩具”之类的准文化主题，常推常新，故而吸引着一代又一代的顾客。而我们广州的“老字号”，似乎并没有这方面的认知或者努力，在能力上当然也有所欠缺，总是透支老广州们的怀旧感情，这终有一天因时代的变迁和历史的推进而感情资源枯竭，从而走到尽头。由此及彼，“老字号一条街”如欲不断焕发青春，恐怕也要向“洋老字号”学习吸取经验，走一条截然不同的新生之路出来。

从“烤鱼市长”看领导形象

刊于2014年1月3日《羊城晚报》A2版时评

新年伊始，万象更新。网民们热议的话题，集中在领导人或者官员的亲民形象之上。习近平主席看望职工回来，到包子店花21元要了个“主席套餐”，像普通百姓一样简单用餐。这新闻和图片，成了百姓们围观的话题；然后，习主席在办公室向全国人民发表新年献词，他的办公室里的照片，又成了大家关注的焦点，他和家人的合照以及他爱好足球等照片，展示出他热爱家人和个人兴趣的偏好。网评习大大是个“爱家的男人”。百姓们觉得，自己的领导人就像自己的“邻家大叔”，就生活在自己的日常生活当中。

细节体现作风。习大大这些风范的不经意流露，令新一代领导人的形象霎时间生动起来，让百姓们感触到自己国家领导人实实在在的人情味。而这不但无损于领导人的形象，相反，不经意间流露的真性情，令领导与百姓之间的关系，水乳交融起来。

走群众路线，是我们执政党起家的三大优良作风之一，也是新的领导集体强调党要坚持的工作作风。而说到“坚持”，就须时刻将自己置身于普通民众的生活海洋之中，才谈得上义无反顾的坚守；它不是一种姿态，而是熔铸在生活细节中的实践过程。多年以来，我们为在政治生活当中坚持去“神”化而努力，而去“神”化的前提，首先就要拉近党员干部与人民群众之间的关系，去除横亘在群众与干部之间的藩篱。“从群众中来，到群众中去”的工作范式，应当是我们党员干部的工作常态，而不是一种意外和“偶遇”。

官员们通过自身努力，尽量拉近和群众的关系，是我们的领导干部“到群众中去”的重新开始。他们的一切努力，无疑都应予以褒奖。新年中，广东佛山市长在电视上向群众致辞时，特地和厨师一起烤了一条多宝鱼，向市民致贺新年。一时也引起网民热议：有论家说是作秀，也有论家认为是亲民。然而，这位市长所表现的姿态，还是可圈可点的。佛山辖下的顺德，是粤菜之乡，市长在新年之际展现自己的厨艺，有与群众生活习俗遥相呼应的象征意义。当然，这算不算官员个性的自然流露，则另当别论。不过，市长能够一反“君子远庖厨”的古训，确乎大有“第一个吃螃蟹”的精神。厨艺虽是小艺而已，但在佛山在顺德，厨艺连着生活情趣，更连着普通百姓的日常生活。

在日常的政治生活当中，我们期待更多的官员或领导人展露自己的个性。古人云：人无癖不可交，这话说得绝对，未必是真理。但是，我们的领导干部能够和敢于展现自己的个性，有更多人性化的表现，说明他们更有自信，形象也更完整，是件大好事。而对于一些官员在这方面的作秀，只要不是劳民伤财，都应该本着“对作秀认真、逼做事认真”的态度，予以鼓励和欢迎，哪怕是这种姿态有些生硬，我们也应当包容。

殡仪馆征标志其实很寻常

刊于2014年1月6日《羊城晚报》A2版时评

一则请为深圳殡仪馆设计logo的消息，低调地通过微博等管道流传。这是深圳民政部门的一项颇有移风易俗味道的举措。征求设计的款项不多，只有2000元，这在设计界不是个有吸引力的案子，但其要求并不低，官方表示，需要直观、生动、易记，还需要体现深圳多元包容的文化特征，体现现代殡仪的服务内涵、殡葬的文化传承。

虽然官方有关“服务内涵”和“文化传承”之类的表述，颇为语焉不详，不过，“透过现象看本质”，这则消息还是被设计界的部分行家认为是挑战。但是，它也引起部分网友的调侃。殡葬业在国人心目中是个挺忌讳的话题，调侃的网友显然对此行业有偏见，似乎殡仪馆就不该有logo，又似乎有logo也不该“生动”、“多元化”。

其实，对“往生”的看法，是存在文明进步程度上的不同的。我们不能说忌讳谈论“往生”就是蒙昧，但是，用平常心看待它、看待殡葬业，其实也是我们心智成熟的表现。文明程度不同的社会，对这个行业的看法是有很大差异的，这或许也与宗教信仰有关。在有些发达的地区，城市中从事殡葬业的人士被看作“名流”，在美国的许多城镇，民选的自治管理层当中，永远保留着殡葬业者的一席之位，这方面人士的地位，与警察局长的地位相当。

其实，人生在世，生老病死，是一个自然的发展过程，殡葬业是守护人生最后一站的岗位，其任何变化也都事关公共服务政策和质量的变化，调侃它的变化，显然是心智不曾成熟的一种轻率。事实上，深圳的民政部门，一直支持这个城市殡葬业的改革，他们的某些做法，在全国同行是被视为领先的。这次该市民政部门出面征logo，应该也是创新的举措之一吧。在国内的殡葬行业中，也有一些殡仪馆是有logo的，但多半都是粗糙的，很多甚至是沿用一些道教特征的符号，八卦仙鹤松树什么的，还是有些拒人于千里之外的阴森感觉，确实没有更抽象的意蕴和更洒脱的精神。

当然，对殡仪馆征集logo表达欢迎，是对民政部门开放姿态表达欢迎。近些年来，该行业也不时传出有人以权谋私，发死人财的新闻。而目前，这个行业作为公共服务的一个行当，还有很多的管理环节未能做到透明和公开，这是其未来必须努力改善的。我们更期待的是，不管未来选择什么样的logo都不要紧，要紧的是，不仅logo上“体现现代殡仪的服务内涵、体现殡葬文化传承”，在行动上更要把自己的所作所为落实在“公共服务”这个本质和宗旨，不能偏离。

期待更多公共服务都能“定制”

刊于2014年1月10日《羊城晚报》A2版时评

在公众的新闻字典当中，官方的工作会议不是易入法眼的词汇。今年的广东省公共交通工作会议，提出“定制公交”的概念，并把这种模式，作为“增强公交服务社区的能力”的重要内容，却颇吸引眼球。

所谓定制公交，也称商务班车，是接驳从小区到单位，从单位到小区的一站直达式班车。市民可通过专门网站提出需求，公交公司根据需求和客流情况设计出公交线路。据省交通厅有关负责人解释，现在一些楼盘的楼巴亏损，可通过开设专门楼盘的定制公交线解决。

接驳上下班的班车，其实大家不陌生，计划经济时代，单位宿舍集中，一般都有大巴接送上班，算是一种普惠式的福利。实行货币分房后，单位宿舍逐渐不复存在，同单位的同仁们不再住一起，而是按各自心意，选择各自的家。于是，同单位不再是住户联系的关键，相反，同一个社区，就上下班交通而言，却有了共同利益。楼巴，于是成了这种利益的承载点。

楼巴，其实是公共交通服务有意无意忽略了的地区生出的怪胎。早期的楼巴，乃是房地产商为了售楼，把人们忽悠到城外买楼的促销配套。楼巴的成本，直接从售楼利润中分摊，所以，从小区到市里往返是不收钱的。故其车辆也不用上营运牌。随着住户增多，配楼巴的成本高起来，住宅小区的管理权，也从发展商转到了物业公司手中，那个“楼巴免费接送的承诺”缩水，变作了廉价收费接送。可是，这一来，车辆性质就发生改变，变成“楼巴运营”了。曾几何时，有的楼巴就出现与公共运营路线争利争站点的现象。随着私家车普及和公交线路的配套，大多数的楼巴变得步履维艰，在小区住户的强烈要求下不得不苟延残喘运营着。

从公共服务角度看，公共交通是为公民服务的，公民到哪，公共交通就应配套到哪！远近郊区的社区公共交通配套不足，在社区发育初期确有经营上或亏损的问题，但是，公共服务本来就是不该转嫁的。楼巴和公共交通之所以有一段蜜月期又有一段竞争期，就是公共交通配置部门与发展商为了利益而进行博弈的结果。然而，这种博弈并没有体现公共和服务的宗旨，受伤害的自然是被忽悠住进远郊楼盘的小业主们。

传统的公共交通模式对于远郊社区有个适应问题，而定制公交的模式，也许是破解这个僵局的有效路径。尽管对公交管理部门来说，提出这个概念已有点晚，但是现在催生，仍不失为一种人文关怀的主动。事实上，定制公交中的那个与客户互动的网站系统，很可能就是一门值得期待的生意，因为通过此系统，不仅可“定制”公交，还能够“定制”更多和更广泛的服务。期待“定制公交”的实现能令广州的公共交通服务上一个台阶。更期待的是，政府和有关部门，能够改变思维，令更多的公共服务项目，为公民们所定制。

防“公务员男女失调”关键是程序

刊于2014年1月17日《羊城晚报》A13版时评

“要关心一下公务员男女比例问题！”在省政协分组讨论会上，列席的广州越秀区政协主席钟俊鸣呼吁，关注公务员考试设置对新招公务员男女比例的影响。他说：“目前公务员考试设置，侧重考核记忆能力，讲究能说会道，女同志优势明显。”钟俊鸣表示，从越秀区情况看，每年大约新招20多名公务员，其中80%是女性，“按照这个趋势，我算了一下，再过15年越秀区公务员就没有男的了”。

这个呼吁颇为抢眼球，但从长远来说是否成立，仍是个似是而非的问题。不过，这位列席委员所谈的重点，其实落点不应该在所谓的男女比例上，而在于，公务员的入职，除了单一的考试遴选之外，整体的入职调控，应当有个更科学和系统的规范。众所周知，就目前公务员的招聘制度而言，每年都是规模宏大的适龄考试，总是若干千人百人争夺一个位置。虽然，这种万众过独木桥的方式，真能在高佬里面挑出更高的，但是，社会成本不能说不高，而不少的公务员入职后，还要进行不间断的适岗培训，否则，光是对本土文化的适应问题，就可能成为在基层工作的障碍。

公务员的遴选，其实也应当双向选择，同时，要做到遴选过程的透明公正。目前的考试制度，每年难免有考题难易不一和人员入职后是否适用等问题。在一些公共行政部门发达的地区或国家，公务员的入职是有一整套科学和完善的方法的。比如，在法国，要入职公务员队伍，须先到国家行政学院学习，分高中低三级获得入职的资格，获得各级资格之后，可对应申请入职不同级别的公务员，当然，有对口的专业资格则可附加优先。如是，有意进入公务员队伍的人员，就可向政府登记自己的情况，政府原则上按照报名的顺序公布排名，每人都可获得自己在意向部门的排名情况。而另一方面，政府各部门的岗位因预算制度而被锁定，故岗位是每年公布的，如是，公布岗位和轮候情况可以直接对接，上岗人员只要有资质，就无须年年考试。政府部门可以监控和知晓人才储备，而人才也可以掌握政府岗位的轮替情况，安排自己的就业空间……这种制度很公正很透明，不会一年一个样，当然，也很难出现“再过N年没有男公务员”的情况，甚至，连梯队断层的情况也不会出现。至于黑暗操作的风险，也会降到最低。当然，这只是公务员遴选方式的一种，它的“缺陷”在于，整个过程是循环不断的，很难一拍脑袋就改变什么。

说白了，遴选公务员，对政府来说是个程序问题。所有对队伍未来状况的担心，其实都是程序建设未能到位，有这样和那样的可能“外挂”，而所有的“外挂”得以滋生，就在于运作程序的不透明。我们经常呼吁用人或者人才的制度建设，其实，制度建设的本质，就是程序正义和程序透明地执行。

博物馆的冷清与恢宏

刊于2014年1月24日《羊城晚报》A5版时评

广州市规划部门公开展示新四大文化建筑，引出在打造文化名城过程中，如何构建博物馆的话题。广东省博物馆馆长魏俊最近跟记者吐了不少苦水，讲到了筹措大型展览的难处，也讲到了收钱的展览没人看，等等。但也有市民反映，有的博物馆文化内涵不足、馆藏不足，没啥看。

近年来，国内不少城市都在兴建博物馆，当然也对博物馆寄予很大的期望。然而，不少博物馆并不热闹，相当冷清，有些儿令人沮丧，离初衷甚远。不少能人策士，对此无不各有高论，很多传统观点，都认为是观众水平有待提高和培养。果真如是？回到常识和本源，或能把复杂的问题简单化。

在我们的博物馆中，故宫、军博这类博物馆是旅游景点，人流不成问题，但作为专门性具有独享资源的博物馆，难以复制；另一类的专题博物馆，如抗战博物馆等，又有特定的历史意义，总有特定的人群，也不至于冷清。现在受到困扰的是作为公共文化设施的综合性博物馆，虽有一定的政府补贴，但又总是步履维艰。以前，综合性博物馆，往往定位于“教育群众”，所以，其存在的意义，“宣传灌输”意识很强。其实，历史上博物馆的产生，对开启民智起着巨大的作用。但是，作为传播的载体，博物馆与其说强调理念教化传播，还不如说，更多的是向公众展示一个能开启视野的物质世界。诸多成功的博物馆，更多的展示并不是冗长的说教展览，而是单纯的实物藏品。只有让人们在实物当中从未知达到已知乃至深知的博物馆，才会受到欢迎。对上世纪的广州青少年来说，给他们予自然界知识启迪而又印象深刻的实物，恐怕是文化公园水族馆中庞大的鲸鱼骨或者省博旧馆门前那块大陨石……

专题性的小博物馆是世界上最易生存和最受欢迎的，因为它对目标人群的锁定需求最准确。小小澳门就有数百个专题博物馆，而且很多是私营的，很多都经营了数十年。在欧美、日本的不少博物馆，更是在藏品丰富、意境华美的同时，潮流产品汇集，娱乐休闲俱全，成为追求生活品质的民众日常休闲的场所，其受欢迎的程度，甚至超过一些大型购物中心。

而国内很多综合性博物馆之所以冷清，难以吸引人气，是因为“殿堂式”的布局总令人肃然，而且，总是“宏大叙事”、“文以载道”。但是，这种百科全书式的展出，要仔细看一遍，恐怕非三五天不可。试问，有多少市民或者游人，能够腾出那么多时间来这里“上课”？博物馆怎样能受到欢迎这个问题很专业，可以等身立著。但是从传播理论看去，出发点还是非常重要的。

“首诊制”需要更多的细节

刊于2014年1月27日《羊城晚报》A2版时评

媒体报道，喧嚷已久的首诊制将于今年在广州落地，预计不久后在荔湾等区试点。卫生管理部门称，今年争取40%的基层卫生医疗机构开展与居民签约服务。近年来广州市医改面临两大难题：一是基层卫生机构水平不高，二是病人习惯到大医院看病，即使是感冒发烧等常见病患者都选择到大医院就医。据称，目前的状况，有卫生服务人员水平高低不均等的问题，也有社会的问题，还有用药的问题（如大医院用药限制少，没有像社区医院设定基本目录），等等。

所谓的首诊制，实际上是分级医疗制度。总原则就是由社区医疗服务机构接收小病或初诊病人；病人往上一级医院转诊，须经社区医疗机构转诊。其目标是分流大医院的就医人流，减轻负担，使医疗资源配置更加合理。有报道说，欧美等国家和地区，普遍实行这样一种制度。深圳、上海、南京、沈阳和湖南等地，都在广州之前进行着试点。南京试点的结果表明：平均处方值和人均门诊费用都有所降低，但同比都没有超过10%的降幅。事实上，我们对首诊制度的了解，很大程度还是建立在“看上去很好”的了解上，而目前推进这种制度的手段主要还是行政式的。广州推进这个制度的手段，是在“提高报销比例”上，而深圳宝安则“推行劳务工合作医疗”。

分析表明，首诊制度的撒手锏就在转诊手续上。但是，大医院面对不同的病人真的就能够因为转诊手续不全而拒绝病人就医吗？目前大医院里外地外省的病人不少，非医保的病人也很多，这些医院真能保障“转诊”病人在病床和医疗手段上的“绿色通道”？从目前来看，社区医院普遍存在着医疗资源不足和医药费用并不低等情况，湖南的部分试点采取名医社区巡诊的办法来解决这个问题。然而，人们对基层卫生医疗机构的猜疑还是普遍存在的。比如说，在“双向转诊”的问题上，就没有一个可以有效衡量的标准，病人的转出和转回，由什么标准来决定？慢性病和急性病的界限在哪里？社区医疗机构的愈后护理水平又如何……总之，人命关天，大量操作细节规范和标准在没有形成制度化之前，首诊制的推进前景，还是有点让人担忧。

有人吐槽说，按照深圳实施“推行劳务工合作医疗”的思路，不如在公务员中先推进首诊制，这说法不免愤世嫉俗，但是，医疗制度的任何改革，都须在“救济手段”上让人人平等，首诊制可能是一个好的制度，但如何实现这个制度的“好”和实现一个“好”的过渡，政府引导的成败，除了资源上的保证之外，推动的细节，更是成败的关键，光是靠“提高医保报销比例”，可能过于乐观。

今天是个表达的日子

刊于2014年2月14日《羊城晚报》A2版时评

今天，农历正月十五，中国元宵节；同时，公历2月14日，又是西方情人节。中西方习俗上的节日以及公历农历的节日在这天巧合相遇，而节日的含义，又好像都有“情人节日”的意思，于是，坊间和媒介上的炒作便铺天盖地，成为都市生活一景。

确实，无论东方西方，节日的意涵，都寄托着美好的愿望。社会上下，为美好的愿望而闹腾，没什么不好。至于商家们利用节日发发财，也没什么不好，把精神寄托移情到物质享受之上，也是富足生活的表现，更是人之常情。君不见，元宵节中的寄托之物落在“元宵汤圆”上，情人节的寄托之物则为巧克力和玫瑰花。可见，对于人类来说，真个是“食色，性也”！

其实，不同年龄段的人，对节日恐怕有不同的理解。老辈人看元宵节，多取合家团圆的意思；而年轻人，更多愿取情人节的甜蜜和地久天长。当然，这并不意味着人们的价值观有多么冲突，只不过老人更重视亲情，年轻小辈更容易为爱情所感动，如此而已。值得重视的是，无论元宵节还是情人节，要为自己重视的人做点什么的仪式感，都非常强烈，其表现就在于“表达”二字，而恰恰围绕“表达”二字，幻化出生活中多姿多彩的种种行为，令人们津津乐道。

利用节日把平淡的生活锁定为一个特定的日子，然后让所有的人都意识到自己必须做出特定的表达，恐怕就是先贤们设计“节日”这个大招的意义所在吧？不论是元宵节或者情人节，其实都是人们利用特定的日子，强调人与人之间情感交流，从而深化人际关系的一种奇异的互动，这种互动总能使人们在精神层面上得到相互依存的满足。因而，人们重视这节日，为这节日而狂欢，其实也是对美好事物的感情宣泄和寄托。

不过，很难得的元宵节和情人节的重叠，也会令小辈们有种“忠孝不可两全”的两难境地。在这个节日之夜里，到底是与父母团聚呢还是与爱人“撑台脚”？很是为难。然而，只要记着，这是个表达的日子，不论你做出何种选择，其实并不重要，关键是对你重视的人表达清楚了，你不论做什么，都是正确的。也许元宵节和情人节之所以重叠，就是要你用你的智慧，向你所重视的亲人同时做出不同意涵的表达，从而使亲情和爱情都达到表达的圆满。2014年的元宵节很特别，因为在这个阖家团圆的日子里，包含着情人节的浪漫温馨；而2014年的情人节也很特别，因为在这个情人相会的日子里，包含着元宵节的团圆和谐；我们可以过一个团团圆圆的情人节，也可以过一个浪浪漫漫的元宵节。两个节日的内在意蕴，又何其不是一致的呢？

交通标线乱象应追查验收环节

刊于2014年2月17日《羊城晚报》A2版时评

最近，本地媒体特邀市人大代表和政协委员巡城，体验广州路边交通标线，短短两个小时的巡视，就发现至少15处问题路段。调查发现，之所以出现新旧标线重叠混淆的情况，主要原因是“标线施工过程中不规范，新标线的玻璃珠没放够，旧标线没有铲除干净就刷黑漆覆盖”。

城市中的交通标线，重要性不言而喻。车辆循交通标线行进，运行秩序靠标线来提示维系，标线标示混乱，必然也会带来交通秩序的混乱，令城市的道路交通安全陷入无序，甚而危机。任何交通管理部门，也不应对交通标线的质量掉以轻心。然而，偏偏我们这个城市的不少路段，甚至是广州大道这样的南北通衢，也被代表和委员抓了“现行”，出现了不该有的“新旧标线重叠混淆”的情况。

“不规范”、“没放够”、“没有铲除”这些眼见功夫的问题，归结为“原因”，恐怕只是事情的表面。所谓批评的说法，也真是客气了，把这些说法“翻译”一下，其实那些被“轻描淡写”的行为，恰恰是令纳税人发指的浪费公帑行为。而如果是政府工程外包造成，那作为负有监理责任的人员，就有渎职的嫌疑。难道不是吗？堂堂的施工过程居然“不规范”，不规范是什么意思？那就是不按照技术标准和技术准则施工，“不规范”还能验收，真是荒天下之大谬；“没有放够”、“没有铲除”又是什么意思？那是“偷工减料”和“货不对板”，这样有明显缺陷的政府公共工程也可以验收付钱？那和“串通一气”地“揾政府笨”有什么区别？

照理说，大凡属政府外包外派的工程，都有严格的验收标准，这些标准应包含严格的质量和有效的时间维度规范等，有关部门在验收过程中，应当有严格和公开的程序。然而，从目前情况看，很多类似“划标线”这样有技术含量、但又有着大量空子可钻的“公共工程”，招标时看似有规范的资质审核，也有了公示等一系列手续，充分表现了“公开”的程序过程。然而，在很多的同类工程中，对验收过程的制度执行和公开公示，经常是“水过鸭背”，至少，我们从没听过哪项类似工程，公开过整个验收的过程还有程序。其实，与其说招标过程很重要，还不如说验收过程也很重要，因为，只有对工程质量“放水”，政府的钱，才会流失在工程质量的“货不对板”上；其对公众的危害性，也会成为隐患深深埋在马里马虎的“验收”当中。因此，人大代表和政协委员，在巡视发现“交通标线”问题之后，应当把关注“验收腐败”的可能性，纳入重点关注的范畴。说实在话，以往，公众对公共工程的验收过程关注太少了，我们应当像关注预算问题那样关注“验收”，因为，这最终牵涉到政府公共开支的决算！

公务员“身价”为何受关注

刊于2014年2月24日《羊城晚报》A2版时评

“广州公务员工资可查”的新闻这两日广受关注。对公务员工资的透明化，被社会看作是政务公开的一个有意义的象征。半年前，有媒体误报了广州公务员的收入情况，曾引起轩然大波。而这次普受关注的举措，实际上是将于3月1日起实施的《广州市人民代表大会审查批准监督预算办法》的副产品，办法规定，部门决算草案按经济分类编报支出，并细化至款级科目。“那账本就很简单了，公务员的基本工资、单位津贴、各种补助，一目了然，小孩都看得懂。”市人大有关负责人如此解释。

事实上这个办法有很多亮点：包括政府收支全面接受人大监督、创设广州特色的预算“三审制”、人大代表专题审查、政府举债人大批准、规定时间内预决算公开，等等。不过，从百姓的直观感受来看，那就是公务员的工资待遇，不再讳莫如深了。

公务员的工资待遇，过去按照一定的职级档次，是比较清楚的。特别是在计划经济时代，除了地区差别，不单公务员，就是企业职工，谁是什么级别，就拿多少工资，人人心知肚明。不过，那时不同收入等级的人，有些隐性的福利，那些隐性福利，实际上就是特权，只是生活水平不高，特权背后的利益含量也有限。后来，社会物质生产水平提高了，政府部门为了解决公务员收入与社会的差距，居然有了“创收”的做法，公务员的收入也增加了奖金、补贴等概念，花样繁多起来。没有清理之前，某些部门的“创收”，跟拿手里的权利去寻租，没什么两样的。不过，随着立法对政府行为的不断约束，公务员的工资和待遇，逐渐走上正轨。事实上，就是现在，公务员的工资发放中，把奖金和工资分开，仍是个说不清道不明的“尾巴”，不同部门的同级工资是一样的，但奖金却未必相同。

百姓们关注公务员的工资待遇，恐怕有两个因素：一则公务员体制是个较稳定的科层体系，工资收入相对稳定，所以总喜欢拿这个体系中的层级收入水平，来比价社会普遍收入水平。事实上，官方文件也常有这样的比较，如：事业单位工资参照公务员同级水平、退休待遇参照公务员待遇等，如果公务员的工资待遇不透明，还真的无从参照起来；另一问题是，随着法制意识的提高，人们对公务员收入情况的跟踪，实际上也是对公职人员品行的跟踪，在反腐倡廉的背景下，公务员特别是官员，日常生活中有没有“收入和支出不符”是一个重要的参数，很自然，把公务员的收入情况纳入视野，就不足为奇了。

公务员的工资待遇，曾是个敏感的话题，而之所以敏感，是因其中有不足为人道的“秘密”，那就是有“见不得光”的成分。而从下个月起，规范之后的广州市公务员工资待遇成了“见得光”的政府公开项目，可喜可贺。当老百姓知道了公务员的实质“身价”之后，手里也有了一把尺子，不时量度一下给自己服务的公务员，是尸位素餐，还是适得其所！

拆高架桥与保护骑楼街应是“套餐”

刊于2014年2月28日《羊城晚报》A2版时评

广州人民路高架桥，在上世纪80年代中是城市的标志性建筑——那是全国第一座高架桥。那一年，广州举办第六届全运会，广州城市并不太大。人民路是南北主要通衢，但这条仅四车道的马路，堵车尤甚；为了解决这个“堵”字，政府遂向立体交通的方向拿主意，于是建起了这一座高架桥，上下叠加，车道得以扩张。桥梁建起当日，广州市民在这当时稀罕的陆路高架桥上狂欢三天；这三天里，高架桥向市民开放步行，全市人民都以走一走这座桥为荣。当是时，广州人为步行这座桥而万人空巷，可见，当时开通这条高架路，承载了广州人的多少期待！

然而，凡事有利则有弊，随着城市的发展和扩张，这座桥在功能上的功绩与对周边环境的破坏，成了历来争议的一个话题。高架桥疏导交通的功能，有目共睹；但同时，整条颇为繁华的人民南旺街旺铺，全都成了“负二层”，功能上颇受制约；此外，这条路上有特色的三层骑楼老宅，户户与路比邻，噪音之苦，从此不断……站在历史角度上谈这座桥的功过，肯定是功大于过的。不过，这些年，由于有了康王路，传统骑楼街的商业价值日趋体现，拆掉高架桥的动议，近十年来不绝于耳。最近，市有关部门也将拆桥纳入议事议程，放出在适当时候揖别这座桥梁的风声。

从城市公共建筑的功能来看，任何的选择终归都是有历史使命的。如果说当年建起来的高架桥在解决老城区西关地区的交通疏导上，起了关键性作用，那么，随着城市建设和规划的发展，这种作用已有所弱化，甚至有了别的辅助乃至替代的道路。而老骑楼街在“复古”的文化氛围当中的历史文化和现实价值又有了很大的增值空间。那么，从择优的观点去决策，拆掉人民路高架桥可能是迟早的事。不过，如果利用老骑楼街是拆人民路高架桥的第一前提，那么，保留这条骑楼街就应当是政府和有关方面的核心动作。然而，根据一些历史情况判断，人民路两边的某些地块，都进入了已征地或者准征地程序，这些地块能否保持现状，变成了一个很大的隐忧。以现有政策看，这些已经划过红线的地块，在拆了高架桥之后，能不能维持人民路的历史现状，是一个值得严肃对待的问题。

对公共决策，百姓和纳税人总是希望有关部门是“牙齿当金使”，立木取信，而不是到头来演变成为“挂羊头卖狗肉”式的利益再分配过程。因此，讨论拆不拆人民路高架桥并不是目前百姓们最关注的焦点，相反，具有广州历史风貌特征的人民路能不能保留下来，特别是在有历史遗留问题干扰的情况下如何保留下来，才更是人们关注的重点。由此推之，有关部门能先拿出一个有立法意义的“人民路骑楼街保护方案”来，比颠来倒去地孤立讨论拆不拆人民路高架桥，更有说服力。

当活禽市场交易恢复之后

刊于2014年3月3日《羊城晚报》A2版时评

昨天，广州的活禽市场交易恢复买卖。此前，因为控制H7N9

禽流感的传播，市场被中断了半个月的交易，据官方通报，“休市期间没有出现新感染病例。”同时，休市期间，市卫生局加强对市场外环境的监测，分析评估休市效果。经法定专业机构检测，市场H7N9禽流感病毒阳性率比休市前大幅下降了97.83%。

中断市场活禽交易，正如发现传染源后大规模处置活禽一样，都是流行病严控过程中，最痛苦和无可奈何的选择。而从全世界现行的防控手段看来，也是唯一强制实施的措施。当然，这种绝对化的措施，对经济和民生是有伤害的。然而，两害相权取其轻，对付有传染性的病毒，隔离是最有效的手段。无论是中断市场交易或是处置问题活禽，其实质还是通过隔离来防范病毒的蔓延。应该承认，这种防范措施是被动式的。主动一些的防范措施，是有关方面正在研究的活禽统一集中宰杀和冰鲜供应市场模式。

有观点认为，活禽宰杀，跟粤菜烹饪技艺传承有着莫大的联系，广东百姓的生活习惯特别是对于鸡鸭等的鲜活执着，几乎到了成为“地域顽固性”的地步。“统一集中宰杀和冰鲜供应”，首先会令到百姓不适，继而对供应市场造成冲击。然而，生活习惯并不是绝对不可改变的。自有人类以来，从茹毛饮血到熟食，从简单熟食到复杂烹饪，既有对美食精致的追求，也有适应环境的解决方案。比如花样百出的腌制食品，初衷无非就是个食物保鲜术。若干年前SARS事件过程中，大多数广东人摈弃了吃野味的习惯，为什么就不能改变“面宰活禽”的习俗呢？事实上，很多数据表明，“活禽统一集中宰杀和冰鲜供应”是有效防止各种禽类病毒传人的最有效手段，发达地区早已普遍实施。大量的病例也表明，活禽接触史是最可能的致病源头。即便从规模生产的食肆烹饪流程来看，冰鲜供应早就是商家的选择，这并没有损害各种产品的口感和质量。

当然，推行“活禽统一集中宰杀和冰鲜供应市场模式”，从经济学角度看去，这不仅是生活习惯上的转型，也意味着传统农贸产品市场供应模式的变革。既然是变革，就会产生变革成本，这些成本牵涉到供应商、中间商和终端商以及消费者。现代管理观点认为，当一个议题被作为公共管理事项来推动的时候，政府是有义务承担这种推动的成本的。否则，便会带来动荡，特别是那些影响着千家万户的公共决策和措施。活禽供应市场，是一个很大的盘子，倘若政府真的打算推行“活禽统一集中宰杀和冰鲜供应市场模式”，除了要有SARS事件中“禁食野味”的宣传规模之外，怎样消化这方面的推动成本，就是一个最大的难题。如果这方面拿不出有效和实惠的措施来，则“美好的愿望”最终必与“骨感的现实”碰撞起来，那时，有关方面将面临极不和谐的市场现实。

保护“骑楼街”当从尊重业权开始

刊于2014年3月24日《羊城晚报》A2版时评

“骑楼街”在广州，似乎成了一个常说常新的话题。本来，那只是广州清末民初城市民居建筑范式的一种称谓。然而，近些年由于拆迁和城市膨胀，广州老城区多半已面目全非。但人往往失去方知珍贵，于是坊间把对岭南文化的追怀，对老广州特征的眷恋，堆砌到了日渐消失的“骑楼街”上。“骑楼街”成了一个文化象征意义特浓的专有词汇。而围绕着“骑楼街”，各种新闻和各种解读更是纷繁百出。有人认为是条文化线，要“死保”；有部门声称画过红线，又不是文物，没有道理保留；有部门急匆匆诉诸法律，把既定拆迁半截“骑楼街”标本化。当然，媒体也把“骑楼街”当成一个新闻富矿，隔段时间便“挖山不止”……

保护“骑楼街”，这在政府和民众看来，似乎是有共识的事情。但是，保护哪段“骑楼街”和怎么保护，却莫衷一是。有专家还在媒体上分列出了越秀、荔湾、海珠区等老城区连片的骑楼区。然而广州人知道的这些“骑楼街”，多半都已被画过红线，早有“拆迁”的主儿了。事实上，抛开“文化保留”的话题，“骑楼街”被粗暴对待，似乎也振振有词：比如，很多骑楼街是砖木结构，防火防坍已不符合安全要求；又如，很多骑楼街已被“住改仓”，下店上住的功能已面目全非；等等。一句话，很多的“骑楼街”政府不征地拆迁，都已经名存实亡了。所以，业主对拆迁有意见了，就是“钉子户”了；专家提出保护方案了，那就是给政府出难题；媒体对“骑楼街”有些动情，那就是有些儿“添乱”。不过，尽管如此，政府很多公文中，都强调对城市文化特别是“骑楼街”的保护，是有倾斜政策的。只是，有关保护政策又颇令人踌躇，毕竟，政府又怎么可能拿钱来全面保护乃至翻修那些个并非公房的“骑楼街”呢？

事实上，广州的“骑楼街”保护之所以成为问题，是我们缺乏对待私权的基本尊重导致的。“骑楼街”的大多数都属私房，就业主的立场自然看到自家“骑楼街”物业的升值空间。倘若没有一纸半强制性甚至强制性的某种需要的拆迁，谁又不想死保自家“骑楼街”的业权？“骑楼街”之所以没有被保护起来，乃是很多“骑楼街”被早早画上红线，被钉死在拆迁的必然厄运上。业主又怎么会掏钱去“保护”这可能不再属于自己的物业呢？说实话，倘若“骑楼街”的业主们知道，仅仅因为防火或危房的理由导致“拆迁”，恐怕“打崩头”也会筹措资金来保自家的“旺铺”。因此，毫无业权庇护意识的粗线条画线、粗暴的拆迁，最终导致“骑楼街”原生业主对自家物业丧失保护的冲动，也导致了政府真想“保护”骑楼街时，不得不深陷“孤掌难鸣”的尴尬。

大凡一座城市的风格、文化、建筑等被物化的历史，光是有公权力保护的冲动，其实常会勉为其难的。但是，如果能够通过对物权的尊重让所有的业主在保护自我权益中，不约而同达成城市文化传承保护的目标，则事半功倍——像伦敦，像巴黎，像京都，等等。概莫如是！

请给公共立体停车场开个口子

刊于2014年3月28日《羊城晚报》A14版时评

城中正酝酿给停车费提价，原因之一据称是为了治堵。其逻辑是，提价增加了行车成本，故而能使路面的车减少。这不知算哪门子的逻辑？明眼人都看得出，提价后的最大受益方是划公共路面为停车位的咪表公司。其实，按照所谓增加停车成本能够治堵的逻辑，最好是取消路面停车，取缔咪表做法，然后加大和严格违章停车的处罚，这样对于开车者更不方便，成本也更高，岂不比停车位大提价更能“治堵”？

广州城里咪表多，闹市画地停车位多，令得城市拥挤异常。究其因在于有关管理者急功近利，不惜切割路面行车的公共资源，让那些食利者大赚其钱。政府投资马路的钱，通过路边一划黄线，就成为咪表公司的利润了，连个租赁费都不见掏，无怪乎提价呼声那么大——还有利益提升空间啊！

昨天媒体报道的数据表明，有关方面对城市停车问题，是有偏颇或不正常的心态的。且看，有关部门到处给咪表公司画线，不仅在六车道四车道，乃至单行的两车道上也不能幸免；而相反，似乎却并不鼓励可望有效缓解停车难的立体停车场投资。数据表明：截至2012年，北京共有机械立体车位22.9万个，南京、上海等也近20万或10万以上，而广州共有机械立体车位4337个，仅为北京总量的五十二分之一。2012年广州立体车位占总车位的比例仅C.72%。再来看2012年新增立体车位的情况，北京上海都新增2万多个，南京新增1.7万个，而广州新增了254个，少得可怜。

报道称，在广州建个立体停车场的批复时间，要两年之久；而对建立体停车场这种带有公共性质的项目，甚少应有政策等方面的支持。事实上，立体停车场占用空间不多，建造的直接成本也不高。最大的麻烦当然是用地，最大的成本当然也是对土地成本的消化，因此，投资立体车位也成了令人望而却步的事情。没有用地了，这是有关方面常挂在嘴边的难题。固然，城市旺地确实很难挤出土地建立体停车场，但是，这些年被“挖潜”出来的地下商城，却几乎掏空了商圈的地底。众所周知，这些地下城的用地成本，比地面低很多，既然可以大规模去地底拓展这个商城那个商城，为什么就不能附带着甚至配套去发展地下立体停车场呢？

说来说去，立体停车场建不起来，还是因为利益驱动的力度不够，还是因为划马路更为现成。其实，城中的停车位建设是大有可为的，而有关方面当然也可调整其必要的用地成本，甚至将其列入公共项目上来，如此停车难的问题，便可大大缓解。因此，想办法利用现有资源，比如向地下发展、改造烂尾楼、鼓励建高层立体车场等，这其实是个有前途的投入项目，只不过，政府要在土地财政上，给这个有公共意味的项目，开一个可接受的口子。

“外挂”兴趣班实乃侵权共谋

刊于2014年4月4日《羊城晚报》A2版时评

媒体披露，自广州市纠风办两年前发出中小学内不得开设兴趣班之后，记者走访未发现幼儿园、小学有直接开设兴趣班的情况，但打“擦边球”的现象却禁而不绝。有家长爆料称，部分小学、幼儿园存在外来机构在校推广兴趣班课程或课本的情况。而这些“外挂”的教育机构，通常都打着公益旗号，在校园内向家长举办免费讲座，并借此招徕学员，参加其收费的兴趣班。

以公益名义，在校园中行做买卖之实，可说是一种并不新鲜的“发财”之道。在社会上做课外教育，并以此为生意，这有相关部门发的牌照，无可非议。但把触角伸进校园里面，利用校园对家长的组织力来聚集人气，宣讲其兴趣班的种种好处，从而达成卖教材拉学员的目的，这就值得商榷了。

校园之存在，乃因教育部门与家长之间有不言而喻的契约，那就是为了保证教学活动不受外界干扰，故而用校园将学生与社会隔离开。而校园里的教育，则按照教育大纲的要求循序渐进地进行。虽然，幼儿园非属义务教育范畴，但按照一种教育观念和秩序来进行学前教育，也是有章可循的。而“外挂”进来的教育机构，显然是“突破”了校园的保护层，直接对学生“进行有目的的干扰”。某种意义上，这对家长和学生来说是一种严重的侵权！此外，这种侵权还具有一定的欺骗性，不明真相的家长往往把这些“外挂”看成是老师推荐的“必须”，从而糊里糊涂地安排时间并掏腰包付账。

尽管事涉此道的学校幼儿园及外挂教育机构，都信誓旦旦强调是不收费和“公益的”，但是，这类活动的本质，都是押上教育机构的信用，并以此为基础面对面营销的。这类活动，没有校方园方的参与和组织，是根本无法实施的，而又正是学校和幼儿园提供了时间空间和人力的成本，这类活动也才得以连绵不绝推行。请问，既然投入了成本的事情，竟然不讲究收益，那又瞒得过谁？同样，“外挂”教育机构如果没有收益，怎么可能像如今那样穿梭学校和幼儿园“诲人不倦”呢？

毫无疑问，校园里这种对家长和学生赤裸裸的侵权行为，显然是学校幼儿园与“外挂”教育机构共谋实施的，并形成了利益共同体。它不仅具有欺骗性，而且缺乏透明和监督，甚至本身可能就是按掩人耳目、逃避监督来设计的。这种设计天然的就是滋生腐败的温床。作为公众无法理解的是，为什么这种掩耳盗铃式的利益共谋，竟然在教育系统中熟视无睹；而“公益”这个托词又竟然能够大行其道；那些乐此不疲的校长、园长们还安居校方“领头羊”的位置……纠风办啊！再下发一份“禁令”通知吧，目前这种“外挂”式的兴趣班比校内的兴趣班更恶劣，至少，学校幼儿园自己开兴趣班公众还可监督监督。而现如今呢？正淌着一条腐化教育队伍的暗流……

“禽市”变奏能否奏响不在百姓

刊于2014年4月7日《羊城晚报》A2版时评

广州计划从5月开始，在老城区试点禽类集中屠宰、冷链供应、生鲜上市，计划10月扩大试点，争取三到五年在全市杜绝活鸡销售。媒体介绍，试点范围初步定为越秀区、老荔湾区，同时还有天河和番禺的一些片区，但具体试点范围还没最终确定。据称，市食药监部门也正在制定相应标准，以保障生鲜禽类的品质。

媒体特意报道广州老城越秀荔湾等片区“试点禽类集中屠宰、冷链供应、生鲜上市”。大概是认为老广州们人人都爱买活宰的鸡鸭，生活观念上也把活宰禽类视为“生猛”，预估“集中屠宰、生鲜上市”可能会未必顺利。其实，这无非也是一种“想当然”的预判。事实上，“无鸡不成宴”的老广州们，早就敏感地判断到，活宰虽然新鲜，但未必卫生。况且，请教很多入厨主妇也都回应说，现在吃鸡是否活宰已不大重要，关键在于卫生和“鸡底”要好！而所谓“鸡底”，强调的已不是“活宰”了，而是鸡的饲养时间是不是足够，是不是“走地”（放养），“血统”上更接近本土农家鸡，等等，可见，市民的观念并不保守，相反，他们更现代更为环保。

事实上，受H7N9疫情的影响，自去年底以来，广州家禽消费量及批发价均大幅下跌。在此期间，广州有一个家禽批发市场日均销量由原来的16万只减少到了11万只，销售价格也大幅下降。这表明，市民对健康的担心，主宰着对活禽的消费过程和消费选择。而“集中屠宰、冷链供应、生鲜上市”恰恰解除了百姓的后顾之忧。

在很多人看来，改变生活观念从而改变生活习惯，是一件不易的事情。但是，环境比人强，只要新的家禽食物供应链价格稳定供给畅达，选择生鲜家禽的广州人，会更加不约而同。毕竟，选择“放心肉”是趋利避害的本能，而政府检疫的信用，更是不容低估。

在副食品供应链中，检疫和价格调控体系实际都有政府之手干预的影子，而正是这种干预很大程度上给予百姓们一定的安全感，人们只要看到这种干预有效而高效，并能够公平公正公开地运行，就会感到放心。但一旦这些体系被利益元素侵蚀，政府的信用就会受到挑战，人们对政府的信任也同样受到挑战。因此，“集中屠宰、冷链供应、生鲜上市”说到底还是以政府信用来背书的一项市场改革，既然如此，不管这项改革是不是在老城区试点，也不管摊子是不是全面铺开，其阻力多半不是来源于百姓的生活习惯，而是来自于推广方式的透明度和公平性，来源于这项改革不要成为变相的既得利益再分配或者形成某些垄断寡头。总之，活禽的“集中屠宰、冷链供应、生鲜上市”不仅仅是个安全供给的理念，还包含着复杂的市场管理和监督的制度设计，但愿，当这改革真正“上市”的时候，能够摆脱一切利益纠葛，有利于普通百姓消费，而不要出现被人们普遍质疑的“设计尴尬”。就如同“放心早餐”之类想当然的“便民设计”一般，最后走进了进退两难的死胡同。

“独生待遇”退回说是胡说?

刊于2014年4月11日《羊城晚报》A2版时评

最近，“单独二孩”政策落地，围绕这一政策性调整，城中出现了一系列的“生活紊乱”。这两日，有关独生子女待遇、独生证等问题，又成为媒体报道的热点。因为，有居民打算“享受”此待遇时被告知，您必须把享受过的独生子女待遇的种种好处“退回”，才能取得“二胎”的“准生”。

根据相关规定，本地女职工产假期间享受生育津贴，津贴标准以广州市上年度在岗职工月均工资为基数，按规定的产假期计发。生育津贴低于本人工资标准的，由用人单位补足。同时，领取了独生子女证的家庭，每月还享有政策上的一点补贴。按照“退回”的说法，独生子女证应退回发证机关，相关补贴应退回发放单位，而发放来源怎样回溯，收到“退回”后又该怎样归口等，都有可能成为“单独二孩”办理手续过程的障碍。

事实上，据报道，这个“退回”说法，并没有什么政策或者法律依据，只是一些基层工作人员的说法，高层官员的说法则较“慎重”，只是说情理上该有“退回”机制，但具体怎么办，则是众说纷纭。不少专家也纷纷发表高论，有“该退回”说，也有“不该退回”说，也有所谓“老人老办法、新人新办法”之说，更有取消补贴说等。

一项政策的调整，势必牵扯到相关群体的利益。从“奖励”计生鼓励一孩，到可以“单独二孩”就是一项重大的政策调整。在只“奖励一孩”时代，所有奖励优惠政策，都是倾斜一头的单向政策，这些政策多是“地方法”——比如以某地计生条例的形式固化下来，可称“大一律”式的做法。而现行开始实施的“单独二孩”做法，当属计生国策的“升级版”，其实际是部分许可二胎，也就是说，在某些人群中，这个“升级版”是双轨制。这也就意味着过去的单一“独生子女待遇”可能就不能一刀切，允许从“独生”家庭过渡到“单独二孩”家庭。这些恐怕都是未来应该重新制定规范和界定办法以及实施办法的事情。

今天，在没有立法意义上的新法规出台之前，任何的“退回”说，都只能是说说而已。而任何政府机关人员，显然也不能随便对咨询群众说什么“退回”的话。李克强总理在今年人大新闻发布会上说得很清楚，依法治国的内涵就是，市场法无禁止即可为，政府法无授权不可为。所以，不管你在政府的哪一级岗位，没有法律新规定之前，哪怕人家领过“独生子女待遇”，也不能自作主张说收回，更不能设置人为的障碍。

在我们的一些基层部门里，总有一些干部或工作人员，在无法律依据的情况下，凭自己的猜想去任意回复民众的咨询，这是毫无法治意识的行为，甚至是违法的行为。像目前的“独生子女待遇”

退回说，就是一种没有任何依据的不负责任的说法，甚至是制造混乱的说法。在政策变动的情况下，面对复杂的局面，公务员或政府雇员能不能坚持“政府法无授权不可为”的原则，实际上就是一种政治和专业素养的体现。从这个意义来说，“独生子女待遇”退回说是“非法胡说”！

为东南西北都建火车站鼓个掌

刊于2014年4月14日《羊城晚报》A2版时评

广州不知不觉间已成千万人口的城市，40年前建的广州火车站，已不堪重负，更新换代顺理成章。当然，作为城市记忆的标志性建筑，很多人恋恋不舍，更有人提出将广州火车站“存档”的愿望。而日前，副市长王东表示，在保护城市记忆建筑的前提下，广州市其实东西南北都应该有火车站；旋即，媒体也透露，增城火车站已破土。

现有的广州火车站运行之初，在广州是大件事。当时的城市不大，人口也有限，春运和人群分流之类的事，根本不用想。当时火车站设计时，大概已有了新广交会的构思（从海珠广场迁址到流花宾馆、友谊剧院一带），所以，方便是第一选择。当年火车站广场可算是城市最大的公共广场，设计看上去是合理的，西面是省汽车总站，东面则是机场的候车点，往南则是以南方大厦为代表的老城区商业旺地……当年的广州人徜徉在新落成的火车站广场上，颇有些走在“天安门广场”的意思。殊不知，后来的火车站广场被周边的单位分割，广场的意义也不再存在。

其实，对于广州更有城市记忆意义的火车站，还有已消失的广州南站、西场货运站，等等。由于种种原因，那些车站都没能留下来，连历史的象征性碑文也难见。老火车站留不下来，当然很好理解，由于城市扩张，原火车站地皮自然是旺地，既如此，谁又舍得拿出来为历史服务？

如果说原火车站的去与留，是个有没有城市文化记忆观念的问题，那么，新火车站怎么建，就直接衔接城市的未来了。王东副市长提出的东南西北都应有火车站的观点，显然是明智和现代的规划观点。长期以来，在建交通枢纽的时候，我们都希望建一些所谓的标志性建筑，来展示自己的“高大上”情结。然而，为了解决春运人群分流问题，广州火车站可是吃够了苦头，正因为它是唯一的火车站，所以，整部春运历史，不得不以这里为舞台展开。可以说，如果广州火车站真有历史记忆的话，上世纪80年代至本世纪前十年的春运，就是其“历史记忆”的最深刻的痕迹！

可见，我们的城市真的不能再抱着唯一或者最大枢纽这样的观念，总想以历史性建筑来解决动态的现实人群服务的问题。事实上，广州市应该按照自身的辐射方向，建立不同层级的交通节点，这些节点以便于分流人群、便于人们往返、便于物流的交互流通为原则。由于土地财政的思维影响，在相关规划决策中，人们总认为只要有大型枢纽的规划存在，就一定能推高地价。实际上，地价可能上去了，但政府未来的支出，同样也会因这些大型枢纽的伺服成本而大大增加。互联网时代，我们的政府还是热衷于搞这个城那个城，其实就是这种思维作祟。为了亚运会，我们建成了许多大型建筑，但维护成本，却是一种不可承受之重，就是令人扼腕的例子。王东认为广州城应当东南西北都建火车站的观点，其意义不仅于火车站，更在于这位分管规划的副市长的看法，也许能令广州决策层对城市拍板时更加务实。

期待企业“红黑榜”是能落地的制度

刊于2014年4月21日《羊城晚报》A2版时评

日前，本地媒体纷纷报道，广州市将制定下发《推进诚信建设制度化方案》，建立“红黑榜”发布制度，并定期召开发布会，通过报纸、广播、电视、网络、手机等媒体，发布诚信企业“红名单”和失信企业“黑名单”，通报对失信企业和个人惩戒措施。

按照新闻发布的主体单位看来，相关的单位包括市工商局、市质监局、市食安办、市人民法院等部门。据介绍，“红黑榜”重点发布以下几方面的内容：企业产品质量“红黑榜”、企业环境信用评价“红黑榜”、AAA级信用企业名录、食品药品失信企业黑名单、企业纳税情况“红黑榜”、刊播食品药品虚假广告媒体名单、印制非法出版物的单位黑名单、农产品质量“红黑榜”等。被列入“黑名单”的企业，监管部门将依法对其违法行为给予行政处罚。

作为一名生活在广州的普通市民，对有关部门打算公布的红黑榜自然充满期待，因为，这对我们的消费行为和消费选择，是有指导意义的。同时，我们当然也对“有关部门”的相关执法行为很感兴趣，有了红黑榜的榜单，我们至少能部分知道，这些部门近期究竟干什么去了，有些怎样的工作实绩。换言之，如果城市中真的定期有详细的红黑榜公布，当然也间接向大家汇报了这些部门的工作成绩。

不过，从报道情况看，红黑榜的公布，恐怕还只是表达了有关部门的一个“良好愿望”，尽管发布新闻当天，也公布了一些“样板性”的榜单，但是，对“公布”这个行政性行为，有关部门并没有再进一步的详细说明。比如说，定期“公布”，指的是定多长时间？每周？每月？每季？再比如说，是多部门集中“公布”还是分别“公布”？如果是分别“公布”，那么，跟日常的执法公布又有什么区别？还有，按照所介绍的“公布”类别，也有多种多样，那么，哪些应该“公布”？哪些不“公布”？界限应当划在哪里？再还有，那些被列入红榜的企业，要准备“红”多长时间？如果企业由“红”变“黑”了又怎么办？这个榜单是“管”多长时间的？有没有“回头看”制度？……一系列的“公布”细节，很遗憾的，都没有一个可见的并能持之以恒做起来的操作方案。这令我们不得不怀疑，这是在“秀”红黑榜,还是在尝试红黑榜这种新的制度？

执法部门公布“红黑榜”，诚然不是直接的执法行为，但与执法成果直接相关，因而，没有一个“公布”程序和“公布”内容的详细规范，很难具有透明度和权威性。我们相信，按照《推进诚信建设制度化方案》，有关部门是很想在这个领域有所作为的，但是，如果没有建设起“制度化”的实施办法，又怎能把什么什么的“建设制度化”落到实处呢？我们真正期待的并不是简单地拿着“红黑榜”八卦一番，而是期待“红黑榜”是一项具有约束的制度，而这项制度又直接与市场准入相关，如是，广州的企业诚信建设才能真正“制度化”起来。

对超市“马甲蛋”该规范了

刊于2014年4月25日《羊城晚报》A2版时评

报载，现今超市里的鸡蛋，大多数是穿着概念外衣的“马甲蛋”。这些蛋实际上与传统销售的“普通蛋”毫无区别，但穿上诸如此类的“环保原生”外衣之后，俨然就成为蛋中贵族，身价攀升。于是，超市中的售蛋潮流，便是给鸡蛋贴上种种标签，愚弄少心眼的消费者。真不知这些行为当中的“非法利得”，是中间商还是生产商赚去了。

环保、绿色等概念，竟成为蛋市中的“剃刀门楣”，还真有些令人意外，不过，这至少说明目前消费市场特别是农副产品市场的不成熟。联想开去，蛋类如此，肉类又何尝不是？给鸡蛋贴上标签，是这两年兴起的，对于绿色原生环保产品需求的消费欲望，也是这两年才被刺激起来的，商家利用这种心理大发其财，是吃透了社会需求。而之所以有如此的利用空间，则是因为农副产品监管机制上有着长期的缺陷。所以说，“马甲蛋”能大行其道，与社会环境、消费心理、市场体制等因素，都息息相关。当然，商家逐利的本性是其根本的动力和冲动。

事实上，一只鸡蛋被贴上标签之后，就能够卖贵三四倍甚至十倍的价钱，固然是非理性的市场行为。但是，公众的常识之缺乏，也令人慨叹。众所周知，现在的鸡只养殖业，都是大规模工业化的。而真正用所谓的绿色或者原生态的方式来饲养，在现代的社会环境下，是很难实现的。所谓的土鸡蛋，如果真正是“走地鸡”，要多大的山头，多少千万的鸡只产蛋，才可以维系庞大的市场供应。此外，从营养学来看，初生蛋和非初生蛋的差别究竟能够大到怎样程度，很值得怀疑，起码初生蛋就比非初生蛋体量小，那么，初生蛋的营养“蓄能”真的能够大于非初生蛋吗？说句笑话，超市里的种种“概念蛋”，其实不是在卖鸡蛋，而是在“卖心理”、“卖空想”。

规范的市场，除了品牌商标与合法认证的称谓以及产地之外，其他一切附加的非规范的产品命名，都不应该被允许。从鸡蛋的认证来说，就是规范的三个认证（无机、绿色、无公害），也只能大概地描述生产流程，并不能说明鸡蛋的营养价值本身。有关部门，只能对生产环境做出认证，但这种认证，其实与鸡蛋本身的关系不大，反倒是对生产的模式有所描述。目前“马甲蛋”的泛滥，已经对消费者的合法权益，带来极大的伤害。要拨乱反正，只有坚决规范产品的销售称谓，才有可能彻底扭转这种“超市歪风”。而在成熟市场里，对商品的装饰性引导性描述，都是严格规定慎用的，因为，这种为商品披马甲贴标签的方法，只要有一点不实，就有可能引起消费者的误判，从而引发昂贵的消费索赔，严重的还有可能被法庭判定为欺诈。既然我们市场中的鸡蛋披马甲做法，已被证明是牟取暴利和损害消费者利益的，那么，为什么不坚决取缔而还一个干净的消费环境呢？

也来侃侃“朋友圈”

刊于2014年4月28日《羊城晚报》A2版时评

昨天，央视“官博”转发了一篇名为“该不该戒掉朋友圈”的稿件，这篇稿件来自新华社。哎呀，这微信可真是与有荣焉，竟然得到央媒如此关注。其实，稿件也没有啥大惊小怪的新闻，不过是说有哥们本来很迷恋微信，喜欢刷“朋友圈”，而这个圈里实际也没有什么新内容，除了吃吃喝喝就是“心灵鸡汤”，一日顿悟，离“圈”而去。文章提出不少观点，比如，现在的微信朋友圈有时不得不扩大了，不再“私密”，让人纠结；领导父母要加你的朋友圈，你很难拒绝。还有，有人对刷微信“朋友圈”过于沉迷，影响正常生活。再就是，很多朋友圈的内容，实际上满足不了精神需要，反而浪费时间……

央媒关注的社会行为，大概有些代表性吧，可能央媒觉得，报道一下人们在互联网时代的一些“网上”生活，也算是“走转改”、“接地气”吧。不过，微信中的“朋友圈”，是个社交工具而已，怎样“定义”它，让它“有意义”起来，可能只能由参加不同“朋友圈”的人来决定；而至于是不是应该经常去刷，也只能因人而异，很难说出个所以然出来。往较真上说，“朋友圈”这东西，不过是一个应运而生的工具，对待工具持什么态度？怎样运用它？全都是个人行为，就算是成了一种“流行”，那也是很多个体选择的结果，至于这种“流行”何去何从，自然会按照“流行”的传播规律，或兴或衰，不必大惊小怪，更无须“正确引导”。

虽然没有对“朋友圈”做过调查，但生活中活跃的“朋友圈”，莫过于什么老同学老朋友了，毕竟几十年分开，又在五湖四海，自然聊个不停。分析一下，这样的热闹，可能也只能属于未有微信“朋友圈”之前的那几代人吧。他们是在“邮递”时代成长的，到了微信时代，自然要有无尽的感情和情绪宣泄。然而，想想那些90后，从小就把“朋友圈”作为一种基本的交际手段，对“朋友圈”恐怕只有“习惯”而难以“沉迷”吧。何况，“朋友圈”本身，有很多的工具和技巧设计得也蛮人性化，你自己可以做出是或否的选择，真的要是搞到影响生活的份儿上，那未免贻笑大方了。

至于“该不该戒掉朋友圈”，回到头来，恐怕还真是个“心灵鸡汤”的问题，这也是一个颇为“哲学”的问法，一般的回答都是“无解”的，因为，不管回答是或否，都必须加上许许多多的前提，而这些前提其实又都是看上去有意义，但其实啥也没有说。想要“文艺”地“理智”地给一个答案，只能说抱歉。“朋友圈”是一个存在，你是与它共存的，至于你要不要把自己“圈”起来，只能自己做决定。我只能说，愤而离场的是个智者，仍在其中的也还是个智者，只要你得到自己最需要的精神寄托。咱说的不一定“接地气”，但起码没有给人界定人生或者生活意义的意思。

“公共单车”或烂尾乃政府管理之殇

刊于2014年5月16日《羊城晚报》A2版时评

昨天，有媒体报道了广州大学城公共自行车“骑虎难下”的经营惨况。1300辆停在北亭的单车经年被风吹日晒锈迹斑斑，同时，地铁出口站有个租赁点某天出租单车仅十余辆，日营业收入147元。一名运营公司主管表示，“前期投入1000多万元，现在月租金最高只有1500元，一般在七八百元”。而且，单车光维护费每年要70万元……其状况“真的非常难”！

大学城的公共单车系统是亚运后设立的，由两家公司经营，一家的系统设计功能上接驳地铁，服务游客出行；另一家定位在服务大学城师生。显然，两家公司的系统设计定位都没有成功，更谈不上良性竞争。相反，用“苟延残存”来形容，恐怕并不为过。

为什么这个“看上去很好”的项目，推动起来却步履维艰？大学城明明有那么多动态人口，明明交通接驳还不完善，明明师生们也有往返课堂宿舍等的需求，但选用“公共自行车”作为代步工具的需求，却似乎动力不足。显然，人们宁愿自购单车，也对公共单车有些敬谢不敏，因为，公共单车看似使用成本不高，但在服务布点和使用手续上等，确实有诸种麻烦，时间成本不低。而对大学生来说，在大学城吃住四年，花三四百元买台自行车的成本却低廉（买二手车更便宜），而且想去哪里就去哪里，利索得很！可见，真正为大学城师生“度身定做”的公共单车系统，不能靠简单的设计，相反，没有充分的布点和高效方便的系统伺服，很难满足这个市场的潜在需求。

从现实情况看，经营者还是清楚自身短板在哪里的，但种种客观行政条件和政府应给预的支持，对他们来说往往不是连续持久的，而是断续的甚至是设置了壁垒的，哪怕是按照原有规划推进的拓展，也受到诸多意外的行政管辖上的干扰。公共项目的意义在于其便民性，而这种便民性一旦确立，则项目只有在政府源源不断的支持甚至适当补贴的情况下，才能够充分体现出来。

但是，从大学城公共单车出行系统有可能面临烂尾的情况看，这样一个公共或准公共项目，在某些持政府立场的管理者看来，恐怕只是个面子工程，并不具备永续经营下去的必然性。所以，对于“面子”来说，“过了海就是神仙”，至于公共项目立项的初衷，则是被彻底侵蚀或者选择性遗忘，最终导致政府信用的流失。事实上，公共项目夭折在行政管制蹉跎上，是对行政本身的最大讽刺。从立法角度看，公共项目的立项立案，都具有法案性质，都是要求政府行政无条件落实和执行的。那么，如果允许行政的原因导致法案的不可执行，则不叫“违法行为”又能叫作什么呢？至少，渎职之嫌是免不了的吧！

关键在入了“黑名单”之后

刊于2014年5月19日《羊城晚报》A2版时评

日前，《广东省食品药品安全企业“黑名单”管理规定（试行）》征求意见稿发布。一时间，各媒体都以重要位置予以报道。看来，这个“黑名单”制度的舆论呼声颇高，恐怕也被市场认为，推行“黑名单”制度，也许可以廓清市场的假冒伪劣阴霾，对违法经营者产生恫吓性的影响。

其实，除了把重点落在食品药品和化妆品的生产经营过程上，此次相关“黑名单”管理的规定新意不多。除强调5个工作日的公开期限等细节外，也并没有多少依托地缘或行政优势，为广东市场的监管带来纵深影响的举措。也许是受部门管辖和上位法及不宜设置地方性壁垒等制约吧，这个“制度”对广东企业的威慑多于对省外企业的威慑，对产地在广东的生产企业的威慑多于对来粤经销产品的企业的威慑。也就是说，拟议中的广东式“黑名单”制度是初级的、有限的，也可能是尝试性的，离消费者心目中的理想目标，还有很大的距离。

真正有威慑力的“黑名单”制度，似乎在英、美、法系框架的法规制度下更便于执行。在如中国香港及北欧乃至美国市场，“黑名单”制度的打击无论对法人还是自然人来说都是致命的。一旦进入“黑名单”，不仅可能进入公开或半公开的“污点”目录，还意味着管理、税收、信贷乃至信用上的一系列麻烦，倘若没有经过成本极高的“漂白”，基本就是只能终身成为“另册”中的社会“异类”。而且，很多进入“黑名单”的企业法人甚至自然人，必然面临高昂的索赔官司，倾家荡产也无可避免。说白了，“黑名单”就是被某种游戏规则“断了米路”，永世不得翻身。而成熟市场中行之有效的“黑名单”制度，其实也是法律框架上的一种威慑制度，不过，在一个执法有序的市场中，你只要违反一条法规，相关的惩治逻辑，就会通过不同的适用处罚准则，把你紧紧包围起来，直到你付出高昂的代价，直到违法成本达到违法者难以承受的地步。因此，最有效的“黑名单”制度应当是联动的、谐振的，而不是某个部门孤立的呼唤。

“黑名单”制度建立之后，“黑名单”中的人或企业法人，将会面临怎样的境遇，这是社会关注的真正焦点。从伦理学上说，所有在药品、食品及化妆品上做手脚的商人，都是有着“欺诈”行为的欺骗者，而且，其行为更是以直接对人体进行伤害来达成牟利目的的，所以，这些人接受怎样的法律惩处都不过分，何况只是在金钱上提高其违法成本，使得他们无法或者不敢延续自己的伤害行为呢？在广东的“黑名单”制度征求意见稿中，还是给违法者留下很多的“救赎”空间的，如入黑名单的时间是两年等，这些“救赎”空间是否意味着“有数讲”？这个尾巴，其实对“黑名单”制度的威严是有害的。试问，当违法者的行为已对社会产生危害，而这种危害又是无法挽回的，那么，就让违法者没有立锥之地好了，难道还让他们“换个姿势再来一次”？

“儿童家庭教育”是个法律问题

刊于2014年5月23日《羊城晚报》A2版时评

昨日，鄙报以“近五成家长忽视孩子乘车安全”的醒目标题，刊载了广东省妇联发布的《儿童家庭安全教育调查研究报告》的主要内容。报告反映的“安全教育意识”在家长中的“认知现状”比例还是比较高的，只是，家长们对儿童的安全关怀，主要还停留在亲情提醒的层面，但实际上，在现代文明社会里，家长对儿童的关怀，不仅仅是因为亲情，还承担着法律上的义务。因为，所有的家长都是未成年孩子的监护人，而监护人的法律角色，就是要承担监护的义务。这种义务在法律上不是可有可无的，而是一旦监护人在监护行为上“玩忽职守”，就必须承担法律责任，并可能受到法律的相应制裁。

很多的家长，当然都有望子成龙、望女成凤的期待，但是，这种期待的出发点，多半还是从“家长的期望”这个支点出发的；对孩子的安全教育出发点，也是从“我”的孩子“我”珍惜这个出发点，从而进行布局的。在中国的家长心目中，孩子是社会的未来这句话，实在有点抽象，而在我们的未成年人保护法规上，对监护人责任，也是没有特别清晰的界定，所以，关于“孩子是社会的未来或者财富”的认知，往往体现在“觉悟”上，却没有体现在“遵纪守法”的执法层面上。

其实，在“儿童安全保护”完善的地方，报告中反映出的很多问题，可能都达到了家长要“被追究法律责任”，甚至要被处以“剥夺监护资格”的惩罚。比如，“近五成家长忽视孩子乘车安全”，这意味着，诸如孩子坐副驾驶位、乘车不系安全带、幼童坐车没有安全装置等的违法行为比比皆是。表面看来，违法的家长以为，自己仅仅是违反了道路交通安全法规，但实际上，除此之外，这些家长还违反了“保护少年儿童”法规的法律精神。

在成熟的和法律严明的社会里，少年儿童首先是社会的，而后才是家庭的。倘若家长屡次“忽视孩子乘车安全”，则有可能被阶段性剥夺“监护人”的资格。在我们的社会中，儿童安全一旦出了问题，多数的人首先觉得那是家庭悲剧。但在儿童安全保护法规完善的地方则相反，首先被质疑的是，在相关悲剧中，家长有没有“未尽监护人”的职责，有没有因为“失职”从而导致了悲剧的发生，如果确有照顾不周的情况存在，社会或者社会组织，可以公诉“监护人失职”的种种行为。比如说，在某个儿童被拐骗案中，除了要追究拐骗者的刑事责任之外，带孩子的家长如果因为看顾不周导致了拐骗者的作案成功，则家长也要从另一意义上担当责任。

省妇联的报告本身，主要是告诉我们，我们的儿童安全教育存在着很多的不足。然而，如果在“儿童安全”问题方面，不能真正从法律层面上建立起“监护人”责任的意识；在“儿童安全”个案或者事故中，不留情面地追究“监护人”的“玩忽职守”的法律责任，则“儿童安全教育”问题，很难彻底解决。

恭喜，“自由迁徙”从广东先走出

刊于2014年5月26日《羊城晚报》A2版时评

开放户籍管理，实现自由迁徙的“野望”看来正在逐步实现——据报道，广东省将进一步放宽亲友投靠的入户条件，除广州、深圳两个特大城市的老人投靠子女有所控制外，其他各地直系亲属间相互投靠（夫妻投靠、子女投靠、老人投靠）均全面放开，随时办理；全面放宽本科以上学历毕业生入户，落户地与实际居住地不一致的，可随时迁移到实际居住地；全面放宽省内中小城市（城镇）落户政策。异地务工人员的亲属落户条件也将放宽。值得恭喜，广东更新了固有的城市管理思维，挥出了户籍管理改革上的第一刀！

尽管这还是有限度地放开常住人口的户籍管理，但已是很大的进步。长期以来，固化的户籍政策，一直被看作是人力资源自由配置的重要障碍。多年来，如何克服“户籍”与居住或工作地不相符所造成的“非宜居”困难，成为城市新移民的“心头首病”，人们通过人际资源的消费或者重金花费，来尽力消弭身份证与户口簿之间的“撕裂”，这既劳民伤财，又滋生腐败。“固化户籍”被看作是城市人力资源领域中最大的不公平之一，而因为城市中的教育、医疗、养老等公共资源分配，都与户籍有着千丝万缕的历史和现实关系，故户籍在城市中，也不知不觉，成为居住族群中特别危险的“沟壑”。现在广东有限度地放开户籍自由迁徙，可以说是顺应民心的举措，而实际上，广东作为一个劳动力流动的最大市场，在户籍政策上的同步配套，也是顺理成章。

户籍制度的改革，并不仅仅是行政管理思维的简单变化，在新的户籍政策基础上，思考和设计公共资源配置的问题，就必然成为议事日程上的首要问题之一。在户籍人口可能出现峰值增加的情况下，教育等公共资源的配置也大有可能出现峰值增加；而公共窗口上的服务配套，也要求其素质提升到相应的水平。在这个问题上的决策，需要一定的勇气，也需要一定的物质条件。

从有关方面并不高调的政策调整宣布以及未设时间表的调整，我们可以看出，广东省恐怕是把现在有限度的局部政策调整，看作是“试点”来进行摸石头过河式的实践的，这一实践能否成功，也许将会带来全局性的影响，因为是否放开户籍迁徙管理，其施政方向是代表着开放还是限制两种公共管理观念的。事实上，在户籍问题上，老百姓的家庭是一个理性的、善于自我调节的社会基本细胞，这个细胞总是能够最优化地趋利避害配置有利于自己繁衍生根的社会资源，而作为政府，既没有必要揠苗助长，也没有必要伸手打压；它只要提供一个公平公正的平台，百姓们自然能够找到最适合于自己创业和安居的生存方式。我们有理由认为，只有开放的社会管理模式，是最适合于老百姓的，也才能够代表将来。

这样的条例管用吗?

刊于2014年5月30日《羊城晚报》A10版时评

《广东省食品生产加工小作坊和食品摊贩管理条例（草案）》日前首次提交省人大审议。据称，这是根据上位法《食品安全法》等有关法律法规规定，结合广东省实际，制定出来的一份针对“食品生产加工小作坊和食品摊贩”实行管理的地方法规。

该法规草案规定，乡镇人民政府、街道办事处根据条例协助做好本辖区内食品小作坊和食品摊贩的食品安全监督管理工作。草案中对于食品摊贩办理登记的“门槛”也较低，只需提交申请人的身份证复印件及联系方式、拟经营食品类别与食品原料来源的说明以及从业人员的健康证明，即可申请办理登记卡。食品摊贩申请“登记卡”无须办理工商登记手续，登记证有效期不超过一年。登记证和登记卡不收任何费用。

草案规定，食品小作坊是指“有固定生产经营场所、生产条件和工艺技术简单、从事规定目录食品生产加工的经营者”，而食品摊贩则指“在有形市场或者固定店铺以外，在指定场所（区域）内从事食品销售、食品现场制售的经营者”。

草案对于食品小作坊的有关规定并没有新意，因为在草案中的食品小作坊，基本上就是领有工商执照的食品加工小企业。草案比较宽松的管理对象，实际上是所谓的“食品摊贩”，这些摊贩的“经营入门门槛”非常低，大致就是在街道办个登记卡就能够开张，而一旦违反“条例”，要联合执法后，被罚款也就500到2000元。至于违反经营场所规定或者占道经营的“流动食品摊贩”，草案中一句“由城管部门依法处理”就打发了。

按照制定地方法规的原则或者议程，对草案进行挑剔是毫无意义的。立法的初衷，当然也是把“食卫法”未能涵盖的细节管理规范化。然而，就现实生活的现状而言，当务之急，除了强调如何管理“食品摊贩”之外，城镇中最麻烦的问题上恐怕不是《条例（草案）》所涵盖的那部分生产经营者，相反，由“城管部门依法处理”的那部分“违反经营场所规定或者占道经营的流动食品摊贩”，才是城市中“食卫法”管理不到的“食安隐患”。而在城市管理中，百姓们投诉最多的，恰恰也是那些“流动食品摊贩”。在条例草案当中，显然也回避了对这个群体的监管办法，因为，既没有对他们的罚则，也没有对他们的执法流程或者程序。也就是说，如果我是“流动食品摊贩”，如果我不来登记，就大可以到处“流动”，一时半刻，恐怕“非城管部门”，也毫无办法。

制定一个地方法规，在管辖范围上，“单边化”可能对法规的尊严会有所冒犯的，同时，也不利于法规的执行。从报道和草案公布的情况看，关于“流动食品摊贩”的管理办法和处罚如果不能清晰地纳入这个地方法规，恐怕此条例，最终会变成法规上的“鸡肋”，而贯彻落实上位法的初衷，也将会成为“水镜花月”。

“死磕”有结果　问题犹未了

刊于2014年6月6日《羊城晚报》A2版时评

据媒体追踪报道：华南理工大学教授投诉广州华快路的广园收费站至太和收费站路段的收费，与实际里程数有差异，每次多收了2元。这个投诉是分别向省交通厅和省物价局提出的。此事历经两年拖而未决。近日，省交通厅终于承认情况属实，称下月起将按实际路程收费。

省交通厅迟到的回应，估计是下月起全省高速公路实行联网收费举措带来的副产品。就结果而言，我们可以说，华工教授为消费权益“死磕”两年后，终于有了合乎希望的结果。然而，就其维权的时间成本而言，却相当沉重；而其过程中两大部门曾经给出过的回复，一个推到立交匝道上；另一个则把因果归到该道路一二期工程的衔接上。就是不予整改，显示出太多的文过饰非和皮里阳秋。一个是主管部门，另一个是“监督”部门，但看上去两个部门的立场，前者有“利字当头”的嫌疑；后者，更像是典型的“官官相护”。受到权益伤害的，恰恰是无权无势的普通消费者。而终极受损的，则是政府部门的信用和权威。

在公共资源消费的领域，无论主管部门还是监管部门，首先应当守护的，是公民的正当权益，而所谓的依法行政，就是以法律为准绳去执行人民赋予的“管”和“监”的义务。就华工老教授的这个多收2元投诉案看去，两个部门一个是往“歪”里管，另一个部门则是往“与法律背道而驰”上监。我们也许能够接受，对于庞大的科层机构来说，2元钱的投诉事情，流程上会过于繁复，但是，我们难以接受的是，明明是错误的做法，却偏偏要为其寻找出一个貌似合理的理由，直接把投诉人给糊弄和打发了。事实上，从法律角度看，既然存在错误的收费，那么纠正的错误收费所得，就属于非法所得——哪怕是物价部门批准的！我们知道，地方的行政行为，必须要符合和遵循上位法规，只要违反上位法规，那就是非法的“行政”。因此，从追究责任角度看，理清这个路段究竟多收了多少钱，这些钱最后应当如何处理，都应该老老实实地盘点清楚，而不是轻飘飘地说一句“我下月不再干了”就撇清了责任。所谓的违法必究，那就是要彻彻底底地“究”，才能令违法者对法律望而生畏。

政府部门是依法行政的，它们的行政行为违反了法律，实施行为的有关人等，对违法行为知而不察，自然就有渎职的嫌疑。相关的监察部门是应当介入的，否则，如果政府部门竟能在行政行为上具有随意性，岂不是变得无法无天？从这个角度看，华工教授的“死磕”只是有了个初步结果，该“磕”的更多问题，还没有“磕”完。

加博会：中国加工制造业的创新平台

刊于2014年6月20日《羊城晚报》A2版时评

2014“中国加工贸易产品博览会”日前在广东东莞开幕。“加博会”由国家商务部、人社部、环保部、海关总署、质检总局、知识产权局和广东省政府主办，是“国字号”的促进加工贸易厂商内销外销的展会平台。其前身是“广东外商投资企业产品（内销）博览会（简称广东‘外博会’）”。2012年，经批准，“外博会”升格为国家级展会，更名为“中国加工贸易产品博览会”。

从“加博会”的更名和升级，不难看出中国商贸格局的战略调整，也不难看出，中国加工贸易怎样从“两头在外”的出口创汇模式，调整到内外销并举的发展轨迹。本届“加博会”，全国共有

1210家企业报名，申请展位2811个，增长12%。全国连锁100强企业中，有44家到会采购。全国百货50强企业中，有28家到会采购。预计本届展会到会采购商将创新高。毋庸置疑，全面转型，促进内销，保障增长，从决策共识已经成为一种发展的潮流。

如果说，每年在广州办的“中国进出口商品交易会”是以外销为背景的重大展会，那么，“加博会”则正在发育成为全国性的以内销为背景的重大展会。长期以来，中国一直是以丰沛的廉价劳动力和低附加值的外贸加工业进入国际市场的。开放之初，承接全球性的产业升级转移的历史机遇，中国打造出了“世界工厂”的名声。中国的加工制造业，也以此为起步，逐步追赶上世界的部分产业潮流。然而，没有一成不变的市场，也没有一劳永逸的经济格局，进入新世纪后，企图以不断的低附加值外贸出口的高增长来推动社会财富增值的幻想，被突如其来的世界性经济危机所打破，产能过剩成为沉重的经济负担。而劳动力成本的激增，也使得曾经的所谓“中国优势”风光不再，中国的加工贸易也陷入了痛苦的转型升级过程。而此时，开发具有广大人口基数为潜力的内销市场，也成了加工制造业可持续发展的破局举措。而“加博会”的采购平台和展会推广模式，无疑为这一转型和升级，创造出新的市场导向和机会。

国内终端销售采购商对“加博会”的重视，显示出内销市场的巨大潜力和机会。同时，本届“加博会”系列配套活动层出不穷。比如，“加博汇”电商对接类活动5场，主要是“加博汇”微商城推介会、跨境电商采购说明会等；推进对接类活动9场，主要是国字号商协会，以及重点采购商组织的采购对接专场；转型升级辅导类活动7场，主要有外贸转型升级支援服务中心现场活动；等等。此外，大规模的地域性、行业性的商会也成为本届“加博会”的主角，并且，它们正在这里尝试打破行业间的壁垒，建立产商、商商、电商等联盟……不难看出，“加博会”不仅是展示平台和采购平台，而且，也在成为创新的平台。

加工制造业本身的技术创新和转型升级固然是其发展的基础，但市场模式的创新也是销售成本降低的机会；成熟和发达的市场，是所有制造业变现能力的终极终端。需求的创造，有时是企业健康生存或再生的关键。我们高兴地看到，“加博会”在它短短的展期当中所焕发的巨大生命力，而它的市场创新孵化能力，更是不可低估。可以预见，正是参与这个平台的成千上万的生产商、销售商以及市场买手，改变着未来中国的加工制造业的格局和市场营销模式。

广州餐饮业，无须为入围百强烦恼

刊于2014年7月4日《羊城晚报》A8版时评

广州市社科院对餐饮业的调查报告显示，广州人均年餐饮消费额超过6000元，居国内大城市首位。不过，中国烹饪协会的数据显示，2011年度中国餐饮百强企业中，广州只有2家入围。相比之下，北京占了15家，重庆14家，深圳4家。其中，营业额超过10亿元的44家餐饮百强企业中，羊城仅有广州酒家一家。

广州人向以能吃敢吃闻名。吃，在广州既是生活方式，也是文化，更是交际模式。诚然，有人诟病这样的社会风气，然而，作为维系人际关系的一个缓冲节点，似乎也没有办法去真正“移风易俗”，相反，这种舌尖上的生活，竟也构成这个城市特殊的魅力，加上其兼收并蓄的开放风格，各地的饮食精华，也在这片土地上找到各自的立足之地。

以入围全国百强者少，从而认为广州餐饮企业的综合实力不足，这是专家们的观点。但是，这真能说明问题吗？餐饮业发达的魅力，在于餐饮类型的丰富性，恐怕并不是单一的堆头做大，就能够稳执其牛耳。国际连锁的洋快餐如麦当劳、肯德基之辈，大则大矣，但就饮食文化、饮食特色及饮食传统而言，却乏善可陈。它们是饮食业的巨头不错，放在企业扩张上看，可圈可点；但对于餐饮业的多元化发展的影响，却显害多于利，因为模式化标准化的发展，不能替代餐饮业菜式上的创新。局部管理上的成功，可以为同业作为参考，却不代表其发展模式具有唯一性。这正如意大利的轻工生产或者瑞士的钟表业，很多还保留着作坊式的管理架构甚至手工业的生产模式，它们能在世界市场上名列前茅，不是因为其多么的大规模生产，相反中小规模的生产和精益求精的技术，使其保持着高利润率，在部分市场获得成功，也就是企业的成功。

广州餐饮业的人均消费贡献率，在于其多元化的分散性的长足发展。广州餐饮行业中企业入全国百强可能不多，但是，满足人均6000元消费的餐饮规模却是一个硬道理，这个硬道理包含着广阔的税基，包含着广大的就业率，更包含着完善便利的城市餐饮服务布局。大型餐饮企业的发展往往是以牺牲劳动力成本为代价的，对于现阶段的城市发展来说，却也是一种“不能承受之轻”。餐饮行业是一个终端行业，所以，其最大发展应是能最大程度地带动起农副产品等上游行业，而广州餐饮业的零售额能居于全国之首，就说明其行业发展居于全国之首，这对于广州来说，已经无憾！

确实，广州应该具有发育出所谓餐饮百强的土壤，广州餐饮业的管理水平也有待提高，广州的餐饮行业也需要各种创新的诉求。但是，我们也不必为百强入围率低而烦恼。广州的餐饮业走着自己的路子，这种以中小型餐饮行当的长足发展为代表的区域覆盖性特点，难道不是一种具有长期活力的模式？

中奖500万成“诈胡”凸显法律尴尬

刊于2014年7月11日《羊城晚报》A2版时评

近日，广州市民李先生通过微信购买了14注双色球彩票，投注额共28元，开奖后李先生发现自己的投注号码与一等奖的中奖号码完全一致，奖金为500万元，但他却收到了“当期交易失败且已经被退款”的提示信息。腾讯出示的交易记录显示，李先生于6月22日购买了28元的双色球彩票，由于彩票系统出现延迟，导致出票失败，退款通知未能及时推送。腾讯方面坦承，自身系统存在延迟发放通知等问题。但又表示，“无论涉及的奖项金额有多大，因系统问题导致的损失，我们都将发放与中奖金额等额的补偿金”。

媒体纷纷报道了这宗公案。尘埃落定之后，似乎涉事各方都很是无辜：李先生买彩吃了个“诈胡”，身心受创伤不少，欲哭无泪；腾讯方面看上去是非战之罪——“系统问题”，与人无尤；彩票中心则一言不发，因为，这似乎只是代销点与客户之间的纠葛，当然无须多言，默默作壁上观就是了。

然而，媒体的追踪报道显示，中国福利彩票发行管理中心和国家体彩管理中心称，至今未授权任何一家网站或机构进行网上售彩。报道称“所有网上销售彩票的行为均为非法违规”。一位彩票行业高管表示：“目前互联网彩票处于相对灰色的地带，只有500彩票网和中国竞彩网两家有财政部的试点批文，但正式的牌照至今没有发放一张。”

如此现实，意味着互联网彩票活动的法律尴尬：消费者从500彩票网和中国竞彩网以外的互联网上站点投注，实际上都是“非法交易”，其相关权益不能受到法律保护；也就是说，李先生不管是中了六等奖或是一等奖，实际上对方都是可以不予承认的；而腾讯声称的“等额补偿金”，并不是法律意义上的保证，颇有“气话”的味道。

另一个难以界定的问题是，既然目前的大多数互联网售彩代理都是不合法的，那是否都应算是“商业欺诈”？每年互联网上数以亿计的售彩，是不是都是“灰色交易”？而不管是互联网上销售彩票的抽成还是彩票中心从这个管道收入的彩票销售，是不是都应当算作“非法所得”？这部分的彩金进入了彩池是不是就是“非法收入”被“漂白”？事实上，正由于互联网购彩并无网上银行交易支付那样的即时性和可回溯性，网上甚至没有具有法律保障意义的回执，造成了李先生那样的哑巴吃黄连的苦X。此外，目前的互联网售彩代理似乎都是由地方中心与个别公司合伙的买卖，其行业的准入和监管以及合作的机制等，都无法向社会透明，这就与彩票发行的公益性事业的管理原则相矛盾。

广州“游珠江”期待注入新内容

刊于2014年7月14日《羊城晚报》A2版时评

广州市领导每年这个时候都领着市民方阵横渡珠江，这一游竟游了九个年头。婚姻中有七年之痒之说，广州游珠江的活动，似乎也到了“疲劳期”。

游珠江在广州并非一个具有传统民俗色彩的民间自发活动。相反，这个“群众性”活动，满身都是官办色彩，当年，举办这个活动，是在广州“创卫”之前，为了彰显城市治水的进步和成绩，有人出主意采取“亲水”的姿态来显示珠江水质达标，便选择了这段水文情况较好的时间，组织珠江横渡，当然，市领导是要到场展示其风采的。当年盛举，真是成就了“好一场风花雪月事”。

市领导的姿态是受到赞扬的，“陪游”的市民很多都是游泳的爱好者。大家都爱珠江，珠江水质能够向达标方向改善，善莫大焉。大家都很乐意为此捧捧场。当然，为了保证游江期间的水质，行政力量的介入不可低估，也不足为外人所道。传闻之中，上游关闭排污渠口，江段上加强人力捞取垃圾等，都大费工夫。不过，这游江盛事还是对珠江广州段的整治起到积极作用的，这一航段的水质，虽达不到令人“畅”游的地步，但水黑如墨的状况，就是到了枯水期，也不多见了。在丰水期或潮涨之际，广州段的珠江水体，还是值得欣赏的。

只是，“领导领着队伍游珠江”这个卖点，在多元化发展的现代城市中，显然吸引力正在消退。领导的政治姿态，人们是明白的，也没有太多苛求，只要你真的重视珠江的治理，少一些没有担当的空口白话，大家也就抱着“以观后效”的态度宽之容之。而领导们未必是赏心悦目的酮体，也非引导时尚潮流之躯，作为“游江秀”的主角，坊间看了多年，也令人审美疲劳了。故此，现在每年游珠江前后，坊间的关注焦点，对水质改善的关心，也颇有些失焦了，人们仿佛对治理珠江非一日之功已有清醒的认识。更尴尬的是，游珠江活动筹备开锣的这些天，成了城市高层小道消息飞短流长的日子。可见，领导们的游江欢乐与百姓间的传言欢乐，并不是很同步。

组织游珠江并保证实施时间内江水的可游，城市是要花不少行政成本的。因此，游珠江活动的公共性和公益性，就值得重新评估。游珠江活动始发的宗旨，应该是展示对珠江污染治理的决心并昭示治理的成就，如果这活动渐渐变成与珠江的彻底治理无关，那游珠江的意义就会打折扣了。这种与初衷或目的疏离的目标疲软，使得这个活动滋生出“七年之痒”，是否会变成“城市鸡肋”或最后成为“城市笑话”，也很难预料。还是给游珠江注入一些能显示政府努力的内容吧！能不能邀请更多上游城市的领导来同游？能不能与相关城市在治理问题上有实质性突破？在治江的问题上，“独游游”不管多漂亮，多洒脱，都要防止沦为“皇帝新衣”。

戏院“埋堆”，未必坏事

刊于2014年7月18日《羊城晚报》A2版时评

广州珠江新城将要再增建一个粤剧戏院！

日前，广州粤剧院总经理余勇透露：广州市粤剧院将整体搬到珠江新城，市规划局已完成规控，下一步将是设计和建设招标，预计3年左右建成，地点就在红线女艺术中心东侧。

消息引发反对的声音，一是认为珠江新城附近已经有了4个

“剧院”类的大型公共文化设施，再建一个，不但拥挤，还可能对交通带来压力。二是认为粤剧表演专门场所的选点，应配套给老广州聚居的老城区，因为老广州们才是粤剧的观众群。当然，正统的声音认为，城市中心地区形成文化建筑群，是一种聚合战略，在推广城市形象和城市活动时，部落式的文化设施设置，有利于树立区段品牌。

以地区文化活动为特征的大型公共建筑怎样布局，是一个很理论的问题，不同的观点都有自己充足的理由。作为市民来说，关心城市中有没有和多不多，比建在什么地方来得关切。从方便角度来说，集中有集中的便利，分散有分散的贴身。而广州城与北京上海相比并不大，只要公共交通到位，又在城市的中心区位，其实差别不是很大，关键是这些大型的公共设施的经营策略，是不是平民化、普惠化。

广州为自己城市的剧种建一个专门的表演或展示场地，实属应当。粤剧的观众在老化，用新的“推送”方式扩大观众群体，势在必行，否则，这个地方剧种，还真的可能成为“出土文物”。众所周知，专门为粤剧建个表演场地，对保留这个地方剧种的意义，象征意义居多。因为一个剧种能不能生存下去，与有没有一个专门的表演场地关系实在不太大，受欢迎的表演，搭个草台班子也可以围满观众，自然有自己的票房收入。如果没有观众，变成花儿也会步履维艰。给粤剧一个专门的演出场地，如果没有市场去匹配，恐怕还会是一个负担。

我不是粤剧的忠实粉丝，但我不希望它消亡，所以对政府为它建个剧场并不反对；至于在哪里选点，只要符合法案程序，我都会投出赞成票。珠江新城虽是CBD地区，但因为花城广场的存在，已经是广州的“城市客厅”，具备旅游点的特征，粤剧表演场地在此伸上一腿，并无不妥。如有可能，打造成一个配套旅游点，让外来的行者在粤剧戏院中歇歇脚，欣赏一下这个城市的剧目，也是一件雅事。至于因为观众都在老城区，从而就在老城区都建几家，实际上是一种理想主义，因为专门戏院的经营，没有一定的政府补贴，不一定能正常运作，甚至会成为负担，何况，粤剧的高水平演出群体本来不多，多几家专门戏院，那才是对公帑的不俭约。管多摊不如管好一摊，才是实事求是。贪多嚼不烂，也是常识。

不过，粤剧能不能通过一个专门的表演场地而“重生”，却不是建起了戏院，就一蹴而就的。粤剧本身，有更多的变革问题，如怎样雅俗并举，怎样令传统魅力现代化，怎样培育新的欣赏群体……都是城市文化发展当中的题中应有之意。建个粤剧戏院很简单，但戏院建起来了，粤剧却“死了”，那才真是“赠兴”了。

“广场舞大妈”其实是我们的母亲

刊于2014年7月21日《羊城晚报》A2版时评

“广场舞大妈”，最近成了媒体重点关注的一个关键词。在大众传媒上，大妈通常被塑造成这样的形象。她们席卷国内外各大城市的广场，在劲爆音乐声中翩翩起舞；她们出入国外的高档商场与国内的社区超市，以买打折鸡蛋的速度抢LV，也以买LV的热情挑选鸡蛋；她们出没于早晚高峰的公交车上，在上面择菜，抢座，与别人争吵……

诱发这个新闻焦点爆发的是一连串事件：据说，“大妈”（Dama）作为一个新词被录入牛津词典。又据说，莫斯科红场和美国的中央公园已被“广场舞大妈”占领了。当然，在红场因为拉横额、在中央公园则因为干扰他人而引起了法律纠纷。更有外媒报道，中国大妈不仅影响了全球黄金的走势，更将目光投向各国房地产等投资项目。

在现实中，“广场舞大妈”与一些年轻人在生活方式上确有冲突：一方面在很多新型住宅区中，“广场舞”的噪声与社区追求宁静的理念发生冲突，备受谴责；另一方面，一些城市出现“广场舞大妈”万人“暴走”，大妈们说：“不让我们跳舞还能干啥？”

如果仅仅是《最炫民族风》或者《小苹果》的舞曲声过于澎湃，从而导致城市的噪音干扰，这恐怕只是个技术问题，通过立法和技术手段都可解决。比如一个小小的“蓝牙耳机”，只怕也能够使城市归于静默。但是，当“广场舞大妈”被作为一种中国特有的文化现象探讨，那就相当“费口水”了。

“广场舞”在中国算是个文化传统了，“秧歌舞”、“锣鼓舞”等一直是中国乡村节庆的主打项目，很多新兴城市的广场，成为“广场舞大妈”聚集之地可说是城镇化过程的一种特色，当然，“广场舞大妈”群体的形成，有一定的历史原因，“集体舞”这种被老百姓喜闻乐见的文娱方式，曾经被“政治化”过，“广场舞大妈”的集体记忆中，有一定的“青春怀旧”情结也情有可原。问题是，一些精英阶层把这种“广场舞大妈”文化看作是与所谓现代文明冲突的生活方式，认为“广场舞”无处不在，是对城市个体独处自由的一种干涉。

其实，除了噪音之外，“广场舞”并非“不可宽恕”的，至于置身于外国文明当中，从文化互相影响的角度上，只要不违反当地法律，也没有什么可指责的。国外可以有种种的音乐节和赛车狂欢，为什么中国不可以有“广场舞”，“广场舞”经过包装和扬弃，怎么就不可以是现代中国的某种文化符号？而“广场舞”这种具有社交意义的文娱形式，又怎么会只承载“落后文化”？

“广场舞大妈”并不是一个欢乐的群体，她们做出自己的选择说起来也有万般的生活无奈。这当然也透露出我们养老制度上缺乏精神关怀的缺陷。“广场舞大妈”每天的聚集，未尝没有“抱团取暖”的精神慰藉。有鉴于此，精英们和社会管理者们，不应该以鄙视和厌烦的眼光去打量“广场舞大妈”，她们是我们的母亲。让我们在制度顶层设计时，把这个利益群体也纳入社会保障体系的重中之重，才是社会文明的进步。

肉禽市场“三鸡演义”未尝不好

刊于2014年7月25日《羊城晚报》A2版时评

生鲜鸡在广州推行试点两个月了，有媒体回访越秀区的市场，结果是颇为沮丧的。唯一没有令人感到铩羽的，是生鲜鸡还在市场上卖，没有绝迹。但尴尬的是，市场中同样并存着毛鸡，且现宰的光鸡，也混迹在生鲜鸡中同台叫价。不知能不能用“动态平衡”来形容如今的市场现实。

花费了很大公共资源和动员力推出的生鲜鸡，消费者不太买账，其阻力之大，是始料不及的。这固然与源远流长的本土饮食习惯有关，但细究起来，恐怕还是与此事的推出，多多少少有些仓促有关。本来，想用管理的有形之手去打败市场的无形之手，就是件难度极大的事情。何况，在制度设计上，生鲜鸡从货源成本到运输成本再到上架成本，就看不到任何的价格优势，而口感上更比不过那些“违规”产品，又谈何市场优势呢？现在出现“三鸡鼎立”的争雄状态，恐怕已经算是不错的格局了。

在公权力的保驾护航之下，生鲜鸡能够走到今天，没被“劣币”所驱逐，殊为不易了，我们可以抱怨广州的街坊短视，可以抱怨旧习俗的顽固，但是，更要抱怨的难道不该是那些想当然地试图通过行政力量控管市场的思维？百姓街坊并没有说生鲜鸡的坏话，分销商也做出了一定的牺牲，来促成行政思维想当然的决策。然而，细节决定成败，我们从货源“垄断”、运费不菲、保鲜无奈、促销没有手段等的吐槽中不难发现，有关方面几乎是在无视市场规律在推动这件事情。试问，饮食食材的“移风易俗”，乃是一件必须“年年讲”、“月月讲”、“天天讲”的事情，再大的行政成本投入，也敌不过师奶们的口口相传吧？我相信，目前，汇报时的数据一定是不难听的，一定会说生鲜鸡已经占领了多少百分比的市场了。数据一定会比媒体回访的结论好看，但是，试图通过“生鲜鸡”来阻断“禽流感”的一蹴而就的想法，也打了折扣了。

香港是与广州消费习惯相类似的地方，其市场很早就通过转口供应生鲜鸡了，但香港并没“赶绝”毛鸡市场，在一些市场还是能买到活鸡，这种并非一概而论的做法，维持着香港禽类产品市场的繁荣。他们对市场只是引导而不是直接干预，既节省了行政成本，又照顾到市民的生活习惯，在调控上显示出高超的管理艺术。

广州要推“生鲜鸡”，并不是坏事，但选择了并非最好的办法，结果非常吃力，管理部门还要被舆论所诟病，真有点“得不偿失”。有关部门想必非常委屈，然而，善举和善政都是做出来的，不是想出来的。在未来，我以为“有关方面”不必为自身面子再纠结什么，也不必再出台什么“全面整治”措施，先维持这种“三国演义”状态好了，当然，在检疫等监管和服务上也要加强并一视同仁。随后，看看能不能通过体制优势，把成本降下来，服务赶上去，再在包装和质量上做些文章，持之以恒地做下去，“生鲜鸡”未必就一定输给其他的这鸡那鸡。不过，如果不愿放下身段，不愿接受市场的现实，那就……嘿嘿！

用死亡率衡量医院是邪恶的

刊于2014年7月28日《羊城晚报》A2版时评

日前，国家卫计委发布二、三级综合医院医疗服务能力标准（征求意见稿）。据称，制定医院医疗服务能力标准，旨在进一步明确二、三级医院的功能定位，完善医疗服务体系，推进分级诊疗。但出乎意料，这个服务能力标准，引起极大的争议。而被舆论猛轰的主要是：“标准”规定，二级综合医院住院患者死亡率不超过0.4%，住院手术死亡率不超过0.28%。三级医院住院患者死亡率不超过0.8%，住院手术死亡率不超过1.4%。

用死亡率来厘定服务标准分级，令人不可思议。在现实生活中，死亡率是个敏感的字眼，特别是对有关公共服务或处于高度危险工作状态的机构。任何理智的人都晓得，在这种状态下，风险总是存在的，任何情况下都不能百分百避免或有死亡。但是，从人类善良的意愿出发，死亡率为0，是最合乎道德的，可惜，这往往又不可能。

医疗界人士指责，以死亡率来衡量医院和医生的水平是“极其愚蠢的”：“事实是，越优秀的医生救治死亡率可能越高，因为他做的是最复杂最困难的手术，治的是最危重、死亡率最高的患者。挑战医学极限的是他们，为绝症患者带来一线生机的也是他们。以死亡率衡量医院和医生的水平，其实是将危重患者置于危险的境地。”

事实上，恐怕卫计委也没有办法解释，为什么有的医院的死亡率会高些？那是不是就意味着这些医院的安全性就低些？倘若大病重病的人们都涌向死亡率低些的医院，那相关的医院是不是就可以不收治？不收或者少收危重病人，是不是“资质”就会“提高”？如果以上所有逻辑都是合理的，那又将置医德何在？

从数据上看，有关人员已关注到数据的敏感性，把死亡率的限度调到很低很低，但是，这个死亡率的基数又是多少呢？反复住院的算还是不算？转院了的又怎么区分责任？万一遇到重大灾难或者事故，就近的医院岂不是“倒大霉”？

据有关人士表态说，这是为了用数据来评估真实的情况。不错，数据可能是“科学”的，但是当这种“科学”无关伦理时，“科学”就有可能变得邪恶——目前的这种死亡率标准，实际上是让医院千方百计地用手段去“对冲”对自己不利的统计，而这种“对冲”手段，可以说绝大多数与提升医疗技术水平无关，相反，与离弃公共服务机构的伦理标准有关。从而，对现已颇为对立的医患关系火上浇油，有人预计，这套标准一旦实施，医患关系离“和谐”就更是渐行渐远。

己所不欲，勿施于人。这世界上不存在合理的死亡率，所以，绝不应当用死亡率作为衡量管理和运营质量的标准。因为，对于所有的公共医疗机构的标准都应当向最高境界靠拢，而其死亡率应当是0。这也是现代医学在追求的标准和伦理境界。

给停车场提价来点正效应，行不?

刊于2014年8月1日《羊城晚报》A2版时评

广州市停车场今天开始提价。收费的单位自然弹冠相庆，私家车主自然骂娘。利益所在，有人欢喜有人愁。目前对提价最积极的是咪表公司。据了解，近日咪表收费系统已进行调试，确保今天正常运行。

咪表公司拥有全市最多的车位，基本上又不用什么硬件投资，是最大的利益获得者。其他的停车场却有欢喜有苦恼的。很多商业场所的停车场考虑到客源，采取的策略是不涨价。广州市这次涨价阵仗很大，又是听证又是咨询，不同的意见一大堆，但是博弈下来，还是毫不含糊地提了价。表面上看，广州市停车场经营似乎是很市场化的，但其实却是很“政策”的，城市中，不管谁建停车场，都竞争不过咪表公司，他们只要把黄线一划，就可以坐地经营。除了一级路面，似乎总找得到“需要”的理由。

既然无可奈何必须接受被提价，继续吐槽已经不会有什么效果；除非能异想天开，什么时候开个“降价听证会”。不过，那恐怕太阳也会从西边升起了。然而，既然提了价，税收的收入就会提高了吧，公共管理的开支，也应该能水涨船高！这是不是意味着广州停车场市场管理的水平也相应提高？有媒体在提价日到来之前，发现不少的停车场在“浑水摸鱼”：超价格收费的有，不给发票的也有，随意画线的也有，随意把高收费时段延长的也有……总之，趁它乱，发乱财，很多的怨气也由此而生。市场的乱象，实际上是对管制能力的直接质疑，百姓们的投诉，有多少是有查处效果的，也似乎没有公布过。哪些停车场有违规运营的或者曾经违规经营的，也没有见过挂牌监督。现在，既然提价了，也应该有加强市场监管的开支了吧？是不是能够划出这方面的资源，还市场一个整饬后的规范结果呢？

作为城市中的一分子，我们已经无奈地接受了提价的结果。然而，提价的得益部分，应该有公共管理上的含量在吧。我们完全有理由和依据向“有关方面”提出，应当加大这方面的市场监管的力度，甚至建立专门的督察队伍和执法队伍，并把管理结果广而告之，以使城市中的停车场经营规而范之，免去我们“蒙查查”被当“水鱼”的沮丧。否则，我等小民百姓“被”提价所吃的亏，可就大了。我们这只不过是“跌落地后拿回一把沙子”，要求不算过分吧！拜托了，“有关部门”！

“庶民公文”故事折射制度缺陷的屈辱

刊于2014年8月11日《羊城晚报》A2版时评

这几天，众多媒体报道了广州“一个庶民的胜利”故事：市民冯先生到一家公证处办理网页公证，公证处在复印费上“出猫腻”，多收了1400多元。冯先生将事情投诉到物价局，公证处被责令改正退款。公证处以公文形式要冯先生上门办理。冯先生认为公证处“傲慢”，便以个人的名义，模仿“红头文件”格式，要求公证处或预约上门退款或在规定时间把退款打入指定账户。结果公证处在指定时间内划了款。

故事的戏剧性在于冯先生用近乎“恶搞”的形式，将维权行为演绎成颇具观赏性。由于公证处的无理和愚蠢，不得不成为被公众羞辱的“公共机构”。最后，冯先生还“利益最大化”地把事情透露给了媒体，从而令故事有了“行为艺术”的社会效果。

冯先生的做法如何评价，仁者见仁。不过我们还是可以看到广州对于公民利益受到侵害的处理氛围。从投诉到问题的解决，冯先生并没有花更多的成本，便把公证处一手打进了泥淖，公证处几乎是以“现世报”的屈辱状态，承受自己贪念酿就的苦果。至于冯先生喜剧式的大获全胜，自然与广州这个城市的公民意识觉醒，违规单位不敢造次，舆论氛围的宽松等现实元素息息相关。冯先生所以有信心任意挥洒、随意操办自己的“公共事件”，恰恰因为是在广州，才得以如鱼得水。事实上，在广州的舆论和坊间议论中，大家都只在意冯先生的广州公民身份，其他的职业背景和现状，几乎没人问津。广州舆情的成熟程度，可以说到了令人吃惊的程度，这种现象是值得赞赏的。

至于陷入信任危机的公证处，是该在“有罪推定”当中经受更严厉的审计，还是该默默无闻地在自我整改中“自舔伤口”，那就是以观后效的事情了。但是公证处这次被强烈羞辱，也暴露了公共机构中，按照规范程序公开公正办事的制度，是多么的缺乏。公证处的复印价格，竟然可以任意叫价；处理退款结果的时候，居然也没有什么规范的程序，更不会考虑民众的感受等，这些制度上的缺陷，恰恰就是被冯先生播弄于股掌之间的机制软肋。公证处脱胎于司法局，早就不是什么“官式衙门”了，但是，却还在那边故步自封，结果成为同业笑柄。当然，期待其取得深刻教训，改弦更张的愿望，我们市民还是保留着的。

从“冯先生挤对公证处”的事情当中，说明公共机构要建立自己的待人处世程序，才具有令自身置于规则保护之中的前提。按照自己的随意性来处理公共事项，就有可能出现“辱人者人恒辱之”的沉重后果。我们社会中的所有公共服务，都应该是公民为大和公民优先的，违反这条准则，天地不容！

户外广告不该“爬上”城市标志建筑

刊于2014年8月15日《羊城晚报》A2版时评

城中的户外广告，是块很大的资源。据业内人士分析，目前广州市每年户外广告营业额约在15亿元。按照地方法规，户外广告的业主经营户外广告，是要交管理费的，因此，户外广告也是“有关方面”一块不小的财源。

广州市城管委前天挂网公开出让10个广告点位。据说，计划到2015年底,广州将分4批开展户外广告设置规划的编制工作,并实现户外广告设置规划覆盖全市,基本消灭违法设置的乱象。而此次户外广告点位的出让，首次明确了公益广告播放比例、时段及对户外广告设置的位置、面积、规格、材料、色彩、照明等各项要素进行了规范。

其实对城市的户外广告怎么看，争议从来不断。珠江两岸的户外广告，就曾被取缔过。户外广告是建筑物资源的延伸，既牵涉到建筑物外墙和高点的所有权，同时又牵涉公共利益中的空间视觉权。而对广告收入的切割和分配，对光污染的代偿比例和模式，对户外广告给城市风格的影响，等等，都没有明确的法律界定。现在，户外广告的审批权在城管和工商部门，但是，这些部门又是广告管理费“分成”的受益者，所以，裁判员和运动员划分不清的问题，也一直存在。这也令户外广告的规范管理等，一直磕磕碰碰。

规定公益广告比例和确认广告播放时段，无疑是种管理上的进步。但是，对户外广告点位审批的自由裁量权过于泛化的老问题，还是没有解决。至于户外广告设置的各项规范要求等，也只是管理者们的一张口，就一锤定音了，在博弈机制上，各方利益的妥协谈判制度，实际上并不存在。

理论上说，城市的任何标志性建筑，都不应该允许其广告长期挂放的。因为，这些建筑本来在规划上就是城市景观的重要元素，给它来个广告的“穿衣戴帽”，实际上是商业资源在侵占公共资源。任何广告对建筑物的外观都是一种改变，是对建筑物本身的一种“否定”，当然也是对城市景观的“否定”。当户外广告点位公布之后，有好事者就提出：什么样的广告配得上广州塔？事实上，这根本就不是配不配得上，而是应不应该设置广告的问题。谁不知道巴黎铁塔世所瞩目？谁不知道天安门就是中国北京的象征？这些地方倘若被户外广告所占据，那国家或城市的尊严何在？一定时间内为特定的公共需要在城市标志性建筑悬挂广告不是不可以，但如果广州塔因广告商的要求而变成“水桶腰”，那广州人的视觉真能接受得了吗？

广告管理收入算是政府的“预算外”收入吧？广州真的那么缺钱吗？城市的马路、政府机关、这个长那个长的用车，不都可以拿来做户外广告的点位？户外广告管理还是要讲节操的吧！相信城中的老百姓也会赞成城市景观的标志性建筑，是不该变成商业广告空间的，更何况这些户外广告的管理收入去向和开销，从来都没向市民公布过。

阅读不息，文化不绝

刊于2014年8月18日《羊城晚报》A2版时评

一年一度的南国书香节又在广州琶洲开幕了。今年书香节提出的年度口号非常有意思：“让读书成为一种生活方式。”这个颇为理想主义的提法，很多年轻人都一笑置之。很多人以为，读书是慢生活的特征，现在是个“轻阅读”、“快阅读”和“浅阅读”的时代，把读书提高到生活方式的位置，未必与年轻人的生活节奏合拍。

我算是个爱读书的人。我很喜欢这样的提法。到目前为止，知识的主要传播载体还是书，没有书的世界是不可想象的。同样，没有阅读的世界，也同样难以想象。在移动互联时代，书，这种知识传播载体的存在形式，渐渐被手机、电脑等载体所承载，白纸黑字的印刷，也在转变为数字模式，然而，这种更为方便的互联网储存和传播，使阅读也变得更加普遍。微信“朋友圈”的转帖传播和自媒体传播吸引着愈来愈多的眼球，而这些信息和资讯，其实都是另一种形式的“书”。

事实上，“让读书成为一种生活方式”，已经不仅仅是个愿景，还是现在都市人的一种现实。随着手机或者移动互联的普及，离开了阅读，已经不可想象。也许这种阅读并不系统并且不深刻，但是，以社交形式为基础的传播，往往对意识形态的影响是深刻的，不管是粉丝也好，朋友圈“站队”也好，人们在共同的趣味和价值观的前提下，对自己认同的资讯和知识进行深化的认同，实际上把历史上披着各种高贵外衣的“读书沙龙”、“读书俱乐部”等实现了平民化。在统计口径中，经常对年度人均读多少本书，作为衡量城市人群文化发展水平的一个参数，然而，与以往不同，大众化阅读正在通过移动阅读实现着大部分的“读书”功能。广州是全国手机普及率最高的城市，这个城市的阅读能量，恐怕也是最高的。

的确，书店在互联网的发展之下，遇到了前所未有的低潮期，但是，这并不意味着著作人和出版物的减少。事实上，这几年出书的人越来越多了，如今的明星名人，不出一两本书，都不好在江湖上混。著作人的增多当然也意味着出版物的增多，只不过，现在的出版物的口味越来越多元。“文艺腔”曾是出版界的主流，很多读书人的“理想愿景”，都定位在“文艺腔”的时代。然而，知识传播模式是在时代的步伐中发展的，“文艺腔”的审美价值也被实用的各种“形而下”知识所冲击。多元化令阅读不再有神秘的“图腾”感，多样化的形式也使阅读变得看上去非常的碎片化，但是只要阅读不息，传播不绝，文化的根脉，恐怕就不会终止传承。

很多人担心“书”这种传播和记载知识的文化载体的存在能不能永续，其实，随着人类掌握知识的增加，将其记录下来的必要存在——“书”的血脉，就不会终止。至于读书，恐怕也是现代人的必需，现在谁还离得开搜索引擎？那就是在查书查地图。当然，很多文化人在担心“浅阅读”会令人们的思辨退步，然而，在微博微信中看到人们渴望回归田园回归慢生活的心理表达时，我们难道没有感觉到，哲学家梭罗就在我们这些小民百姓当中？

整治“群租房”有多大胜算

刊于2014年8月22日《羊城晚报》A2版时评

广州市下半年将要开展一项工作——整治群租房。据称，来穗人员服务管理局已制定好“整治工作方案”，其中有个令人瞩目的标准，就是对人均租住面积低于5平方米的出租住宅，一律整改。

从制定方案的部门看，似乎只是个对外来人员配套服务的机构，因此方案也是从保障来穗人员权益出发的。但是，就管辖权而言，这样一个部门到底有多少管辖能力，能够落实整治的工作方案？确实令人生疑。

群租房并不是个孤立的问题。长期以来困扰大家的房中房、住改商、住改仓等，都可能与此相关，这是个城市管理的大题目。一个负责外来人员的“服务管理局”，有什么“把炮”，能够做出这篇漂亮的文章？

城市管理要到位，讲的是法规，而不止于工作方案。城市中的房中房、住改商、住改仓等治理，好像都是有法规的，但是执行起来，却也总是落实不了有关的罚则，多半靠着“自由裁量”来跟有关业主博弈。而强制性的措施，往往也只能依照综合执法联合执法的惯例，才得以低效运行。至于“人均租住面积低于5平方米”就要整改，显然，其法律依据存疑，在“依法行政”的大背景下，“法无规定不可行”的公共行政原则该怎样体现？

无论是群租房还是房中房等行为，都是市场催生的。有市场就意味着有交易的双方，从法律约束角度看，就是个双方都有责任的问题。至于处罚最后落到业主身上，是因为业主的违规责任更直接和易于追究，只是，目前执法中的举证链条还不够严谨，执法标的也具有太大的弹性，执法主体也不甚明确，所以，房中房、住改仓、住改商等问题，一直没有能够真正解决。

如果“人均租住面积不能低于5平方米”的法律依据成立，那么除了业主的违规之外，很多公司或法人组织按照低于此标准安排员工宿舍，这些单位就都有损害员工合法权益的问题，追究起来，员工应该可以索赔，单位也该被追究处罚。可见，从实践来说，真正要“整治群租房”，恐怕还有个对企业“劳动人员权益保障”落实的问题。倘若能够双管齐下，群租房现象，应能够得到遏制。所以说，群租房问题如果立下罚则的话，可以从城管角度处罚，也可以从劳动者权益保障角度处罚。

此外，我们从整治方案中，还看到鼓励人民群众举报的条文，但是，对于这种正义的“举报”行为，似乎没有足够的鼓励措施，那么，这种“鼓励举报”，真能获得良好的社会响应吗?

我是举双手赞成整治群租房的。但是，实在不忍心一项风风火火的城市管理举措，最后很可能变成水过鸭背式的“政府行为艺术”。任何行政举措，若没有严谨绵密的制度设计，都很难取得令民众满意的结果的。

“堵城”排行榜是用“大数据”议政

刊于2014年8月25日《羊城晚报》A2版时评

一个导航网站近日以一副专家的面孔，公布了全国“堵城”的排名，上海名列第一，北京第三，广州第六。这个报告还创造了一组指数，作为城市排名的系数。报告据说是在大数据的基础上研究出结论的。报告还顺便说明，其拥有3亿多的用户数据。

真是一个漂亮的营销举措！一夜之间，新媒体都把这个“排行榜”置了顶。虽然，各个城市的市民都有自身的体验，从而对比“排行榜”与自身感觉的贴合度，议论纷纷。媒体议论纷纷，市民议论纷纷。这就对了，营销目的达到了，谁不在这几天里提这导航网站的名字？谁又会较真这个“排行榜”的真实性和科学性？

城市拥堵的话题，怎么说都不算是个“正能量”的焦点吧。然而，可悲的是，不约而同，就是这个不那么“正能量”的话题，被商家的营销策略所运用。而这些被标榜拥堵的城市，又恰恰是最为发达的地区，是政经实力最重要的城市。怪不得人家，拥堵是一个与百姓生活息息相关的话题，这个问题经常被提起，恐怕会被在位的官员们所不喜吧。但是，老百姓不像官员，往往是越不舒心的话题越容易被挑起，百姓是没有忌讳也不会回避的。

话说回咱们的广州，在全国“堵城”中排行第六，有关部门应该“松口气”吧，虽然入了“十大”，但不是有高个子顶着吗？然而，我对用所谓“通勤”时间倍数来作为衡量堵城排名的指数，总觉有些忐忑。因为平日正常时间的通行时间值，就有些值得怀疑。广州城市并不大，至少比上海北京小，如果这个“正常通勤时间”的效率本来就低，不及其他城市，岂不是本身起点就低？没有同等的公里数、油耗量、时速等指标作为对比，我以为得出广州“堵车”在全国排行第六，还是有些悬。在体验上，大家都知道广州这个城市跑一圈的里程数并不大，但花的时间可不少。广州这次排名比深圳后一位，但有什么意义呢？五十步和一百步的关系而已。

有意思的是这个研究报告特别公布了广州城的若干个峰值堵车的“黑点”，这应该是给城市决策者出的若干课题。不知道这个“大数据”的议案和有关部门的直接数据研究是不是重合？有关部门是不是对这些问题有了应对的答案？又或者，我们把这个民间数据研究当个屁给放了？这些对于“有关部门”来说，都是必须或早或迟回应的问题。

对民众关心的问题，民间研究数据越多越好，这些数据本身，就是对有关部门的敦促和评估，尽管其有时候会很碍眼。但是，进入了互联网时代，数据的传播与研究方法，肯定是越来越接近事实的本质的，哪怕是有这样或那样的问题，但舆论的焦点，总是离不开问题的核心。大数据可以用来研究市场，当然也可以用于监督“有关部门”。相信平民百姓是欢迎手里面有个“大数据”作为工具，去给官员们出课题，并行使自己的监督权利的。不知官方是否欢迎老百姓爱上摆弄“大数据”呢?

平价商店“补贴奖金”：莫非含混开销公帑?

刊于2014年8月29日《羊城晚报》A2版时评

广州市物价局的官网，正在公示406家平价商店，将获得1134万元“补贴奖金”的有关情况。政府的有形之手，干预市场，在特定时间里平抑物价，是在做分内之事。挺好！虽然这种行政干预市场的做法，未必是最好的物价平衡解决方案，但试图解决问题，总比袖手旁观有意义。

广州扶持平价商店的尝试，据说是学自新加坡的。虽然，我们不知道这些平价商店，在“蒜你狠”、“姜你军”的那些日子里，真正起到过什么作用。不过，小区里有家宣称“平价商店”的门面在那里，市民心里面还是踏实一些。

平价商店在市场经济环境下活着不易，政府不给一些补贴，恐怕也难以为继。这道理大家都懂。当然也不介意政府调动一定的资源去扶持。然而，政府扶持总是要用公帑的，所以，对政府扶持的做法，人们难免就要较真，特别是扶持要师出有名，“程序正义”，否则，就会违反公共行政的准则，弄出些适得其反的笑柄。

我是很介意物价局官网上“补贴奖金”之说法的。广州市有笔“价格调节基金”，到底每年有多少，能不能用完，有没有利息，我们都不知道。这笔钱据说是在“企业政策性收费”的行政许可中获得的，来源合法。然而，以“补贴奖金”的名义，发放给406家平价商店，总觉得有点怪怪的。如果说是“补贴”，那么所有的平价商店都应该有，而且，“平价商店”应该有一个明确的定义。同时，发放原则和前提应该是清晰的，不应含混、模棱两可。也就是说，对平价商店的平价在哪，补贴在哪，是按照平价规模去衡量，还是按照平价营业额衡量，都应该清清楚楚。有媒体质疑上榜的平价商店有平价陈列面积不够、平价产品过少等，就是因为补贴的标准比较含糊，百姓们云里雾里摸不着头脑，无法监督和体验。而如果说是“奖金”，那么这笔钱就不应该在里面出，因为就奖金内涵而言，是额外的奖项，不属于“价格调节”范畴了，是绝不应该随意在“价格调节基金”中开支的。就好比科技进步奖中的科技扶持基金和科研成果奖金是两回事一样，人大批准政府的科研扶持经费，是绝不可用作奖金的。同理，“补贴奖金”是个什么东东？法理依据何在？

我宁愿相信广州市的这笔“价格调节基金”的规范使用原则，正在逐步完善之中。然而，在我们不知道规模多大，具体用在了哪里的情况下，公示和征集群众意见，又有什么意义呢？我们可能相信，公示中那406家商店是对平抑物价有贡献的，但是，这些企业申报过什么材料？申报条件如何？我们不甚明了。我们又不可能自行对企业进行审计，更不可能查证其有没有真正平价经营，那要我们对着这笔暧暧昧昧的“补贴奖金”能够说什么呢？除了大眼瞪小眼地看着“有关部门”大咧咧地发放，又能有何作为？

跳了级能够“留级”回来吗？

刊于2014年9月1日《羊城晚报》A2版时评

开学在即。广东省教育厅出台了中小学生学籍管理的实施细则。新规的不少调整，都为家长们所关注。例如，明确规定未满6

周岁的幼儿不得提前入学，对学生跳级也有了更为明确的规定……

这个学籍管理的实施细则，是把执行义务教育法的主要精神具体化了。这份带有法规性的文件，不但规范了学校和教育部门的行政行为，对家长也有了非常清晰的提示。细则当然也体现了义务教育法的核心精神，家长既可以按照细则根据孩子的实际情况提出要求，但不能过分；学校可按照自己的要求来管理学生，但是不能违背学生的基本权利。

对未满6岁的幼儿不得提前入学，自然是从保护儿童权益出发的。科学表明，教育对于年龄来说，是有一定匹配性的，年龄太小不一定能够适应过于超前的教育，而过于超前的教育压力，也可能给小孩身体和心理上造成负担。但是，毕竟个体有差异，对同年龄段的学生，细则设计了跳级的制度，明确规定符合德、智、体等方面全面发展，学业成绩特别优异，提前达到高一年级学力程度的学生，经过相关程序，可以跳一级。

跳级的设计，当然是为能力超强的“学霸”开通的一条通道。不过，也有人认为是给学生增负提供了依仗。对大多数家长来说，孩子若能跳级，一定会觉得与有荣焉。很少考虑到跳级以后可能给孩子带来的压力，甚至孩子“跳了级”以后万一跟不上，似乎也没得回头。中国人对孩子的“早慧”一直是赞扬备至的，孔融让梨就是那样一个故事，甘罗少年为相的故事更被津津乐道。然而，从现代教育的观点看来，过大的学习压力有可能给幼年的孩子带来心理创伤，所以主张适龄教育甚至略为“超龄”的教育。实际上，科学的跳级安排，必须要学生要求，家长许可，学校专家评估可行多重条件符合的情况下，才能够施行，而不是家长的一厢情愿。

当然，更为科学和合理的安排是，对跳级学生应当有一个追踪评估制度，如果学生真的不适应，应当可以及时调整回头，并创造一个没有挫败感的环境。目前，这方面的安排，显然还不够细致。对此，建议应有一个补充规定。

对孩子来说，往前走固然需要勇气和毅力，但要做出走回头或者重新走的决定，同样需要更大的勇气和意志。如果有关细则能够做到那么体贴，实际上也创造了能让孩子均衡成长的软环境。跳级后也可以“留级”的类似安排，真希望可以有。

“环保警察”热烈欢迎！

刊于2014年10月10日《羊城晚报》A2版时评

广东制造业重镇之一的佛山市的公安机关，日前挂牌成立环境犯罪侦查大队。这是全省警察队伍中首支专门打击破坏生态环境犯罪的队伍。作为警方的日常公务，环境污染犯罪也被纳入社区警务的排查内容。

环保警察队伍的成立，无疑体现出这个城市坚决治理环境污染问题的决心。一直以来，环境污染执法都只被作为行政执法来理解，环保部门虽有执法权，但执法手段单一，威慑力不够，一般的惩戒手段也有限。故而很多企业法人和自然人，都不把环保部门看在眼里，更有不少环境违法人员，一旦出事，就一走了之，并不把环保法规放在眼内，认为环保执法只是罚罚钱而已。有些违法人员在企业被追责之后，不仅不加收敛，反而换个地方，再来一次。事实上，刑法重新修订之后，重大环境污染事故，已明确为污染环境罪。按照司法解释，这一罪行，只要排放污染物是国家或省级政府制定的污染物排放标准3倍以上的，就可罪名成立。也就是说，只要你的企业排放污染物超标3倍以上，就可被纳入刑事罪的侦缉范围，而偷排偷放的，当然也不在话下。不难理解，成立环保警察的法律依据之一，很大程度就是环保违法治罪的门槛被大大降低，从而丰富了警务工作的范围。当然，这一来警方的工作压力也会大大增加。

专业的警察队伍对付破坏生态环境犯罪当然是公共事务专门化的标志，同时，也使环保执法如虎添翼，对付环保违法的格局也将发生根本的改变，对破坏环境犯罪的取证工作也有了更多的手段，对涉罪人员的追究也更加有效，整个环保执法环境也更加立体。

更值得欣喜的是，佛山市还把环境污染犯罪也纳入社区警务的排查内容，这意味着，这支新成立的专门队伍，执法的目光，不仅盯着大企业的环保行为，同时，对那些隐秘在居民区当中的各种违法小作坊也同样给予重视。只要排放污染物达到法律限定的标准范畴，就可追究罪责。估计有大量的中小型企业，在面对专业环保警察的背景下，要重新检讨企业的环保行为，否则，一旦逾矩，左邻右舍就可以直接拨打110了。

警带来的执法环境是值得期待的。这种期待为广州省城的市民，也会有些翘首遥盼吧？不知什么时候，广州的街坊也可以和自己社区的民警，谈谈环保问题呢？

制定地方法规要hold得住

刊于2014年10月13日《羊城晚报》A5版时评

《广州市非机动车和摩托车管理条例》（草案征求意见稿）近日公布，并将在11月举行听证。对一个禁摩多年的城市来说，以地方立法的形式，对禁摩和禁止“五类”车“旧事重提”，有些异乎寻常，但回顾前些时陆续开展的整治交通和市内批发市场，整顿非法营运等系列活动，便很好理解，立法的目的，显然是要加强中心城区的非机动车和城市周边的摩托车管理，扫除法律障碍。

所有的立法过程，并不是简单的法律条文的适用形成，而往往是多个利益阶层代表的博弈。该条例预计可能引发争议，是很有可能的，因为，这个试图一揽子解决城中非规范车辆违规行为的《条例》，涉及的上位法、有依据的执法手段、利益群体处置的伦理问题等，恐怕很难在条文中充分表述。虽然，征求意见稿提高了违法者的成本，对违法行为的最高处罚甚至提高到了没收违法工具加以销毁，以及对非法营运所得的处罚也大大提高，但是，对如何实现执法执罚，对违法行为的界定等，并没有太多实质的界定，其执法主体的表述，因为涉及多个方面，也停留在“联合执法”上面，执行起来恐怕也很难高效且严厉。

坦率说，广州市有两个类似地方法规，在全国是落实得比较有效的，一是“禁烟花爆竹”，一个就是城区“禁摩”。这两方面之所以比较到位，我看执法主体的明确和执法上的毫不拖泥带水应当是主因。前者事关地方上下头头脑脑的乌纱帽，出了问题牵扯巨大，哪方面都不敢掉以轻心。后者则因为违法主体一旦违法要付出的代价太大，所以循规蹈矩的人自然也就占了绝大多数。

此次“草案征求意见稿”的出炉，估计思路就是按照后者的经验展开。

然而，由于非机动车和摩托车管理条例对违法主体的界定太过复杂，想一揽子解决问题，恐怕是不大可能的。而且，面对不同的使用群体，执行时恐也未必能和谐推行。比如说，“电单车”禁止的主要依据是非标拼装和非法生产，但是商家销售有正式生产许可的车辆又当如何？非油类机动车因环保受到国家产业政策的保护又怎么办？又如，对残疾人车辆非法营运处理，更像是“市场准入”的办法，但目前很难界定何为营运何为非营运的车辆。况且，也真的有残疾人是利用自己车辆来解决生计问题，“一刀切”是否科学？更有甚者，对人力三轮车的销售和上路问题，“有关部门”除了突击性行动之外，日常真抽得出人力去取缔？东风路禁止人力车辆行走多年了，但什么时候清净过？

地方立法很多时候并不是越原则越好，或越包罗万象越好。个人建议还不如把条例的针对性制定得更具体，对车辆分不同的条例进行分类管理，把违法主体、违法工具以及执法细则等都具体化，这比现在的含糊其辞有效得多。事实上，分开立例，也是对不同利益人群进行不同分类管理的有效办法，不少发达地区的立法体系与我们不尽相同，但是公共管理方面的立法却非常细化和深思熟虑，使得其法规行之有效同时逆反性又小，何乐而不为？

公共品涨价百姓为何总不谅解

刊于2014年10月17日《羊城晚报》A2版时评

广州一家民间调查机构最近对“公共产品价格改革市民看法”发起民调，结果表明，水电实施阶梯价格收费后，市民认为家庭水、电费支出“大幅增加”和“有所增加”的人分别多达58%和68%。

城市中的公共产品提价之风，近些年虽不敢说是愈演愈烈，但高唱“步步高”却是事实。总体来说，很多政府服务的行政收费确实陆陆续续取消了，公园等公共福利消费的门票也没有了，部分的老龄服务，也正在逐步实现免费供应……社会的进步是不容抹杀的。但是，像水电、停车服务等的收费或者价格，提价冲动却难以抑制。而且，这种冲动往往还包装在种种的冠冕堂皇理由当中。比如，停车收费提价是为了治堵，水电阶梯收费是为了节约环保等，当然物价水平上升使得成本增加也是永远的理由。然而，对于百姓来说，加价就是加价了，开支大了就是开支大了，荷包不缩才是硬道理。

在社会大众的心目中，公共产品的提价，就是对百姓利益的一种“缩水”，有无道理或者是不是科学，只不过是政府希望得到公众谅解的说法。对于提价，虽然也经过了论证和听证，但大多数百姓是说不上话的。每次提价有关方面总是“自圆其说”和强制执行，大家也只好默认。不过，提价的听证论证把戏搞多了，大家也就不大相信了。媒体在公布水电阶梯收费市民感受的调查结果时，用“68%市民觉得亏”作为结论，是在不足为奇。

历史经验表明，公共产品提价之后，一般很难会回调的。在物价水平高企不下的背景下，要让其公共产品供应价格回落下来，这在有关部门眼中，一定是“很不科学的”。但是，每次公共产品提价的方案，却又总是说自己是“试行”方案，既然是试行，那么就意味着可能有“试了不行”的，但这可能吗？答曰，从无先例！

老百姓其实是很谅解有关部门提价的做法的，不能谅解的是那些毫不搭调的种种“科学理由”，像停车费涨价可以治堵，像水电费阶梯收费能促进节约，等等。老百姓总横眉冷对种种冠冕堂皇的涨价“理由”，是因为每种公共产品提价之后，有关部门从来都没有理会过到底有没有实现过那些个“理由”，比如，有没有数据表明，停车场涨价后，城市的堵车情况到底有何改善？水电实行阶梯价格收费后，城市的水电节约又有了什么成效？

百姓们并不是总要否定有关部门的“良苦用心”，但是，信息上的不对称，本身就是制造隔阂的根源。要想让百姓心里不总是那么堵得慌，有关部门应该在政策或者方案实施之后，有更加翔实的成效说明，如果没法自圆其说，那就应当“改弦更张”，别总觉得自己那么振振有词。

“学分制”改革还缺社会政策配套

刊于2014年10月20日《羊城晚报》A2版时评

广东呼唤许久的高校学分制改革文件，近日终于出台。作为题中应有之义，全面学分制、跨校修读必修课、大学提前毕业等学霸们期盼已久的校园新政，给大学校园吹来了阵阵学生自主学习之风。在这项指导性文件当中，还提出了试行国外普遍实行的“弹性学制”的解决方案，允许各高校根据不同专业的特点确定弹性修业的年限范围，确定学生可保留入学资格、保留学籍、休学、停学创业等有关期限。

如果说学分制的改革，绝大多数内容主要是校园所关注的，涉及的资源调度配套等问题，主要由教育部门来解决。那么，社会未来要衔接的，恐怕就是如何应对承接部分保留学籍的休学学生等问题了。不言而喻，高校学生走出校园到了社会，就是社会劳动力了。以往，我们对这部分优质的社会劳动力，主要是以学生的学业毕业资格和学位资格来加以界定的，薪酬标准也大致按照本科生、硕士生、博士生加以区别。而毕业生进入社会以后，很多中心城市或次中心城市的户籍制度，也是对这些就业学生网开一面，以保障其享受公共社会服务的底线。这些试行多年的政策，都是一刀切的，实施起来，已经约定俗成，非常流畅。

然而，当实行学分制改革之后，很可能有相当部分的保留学籍学生，因为种种原因流向社会，成为社会优质劳动力的“准成品”和“半成品”，这部分人员的社会权益应该怎样界定和保障，很可能就成为社会的新问题。社会应该酝酿怎样的政策，保障他们能够实现“边工作边学习”的梦想，这成为迫在眉睫的一个环节点。在社会普遍的公共组织当中，按照目前的招聘标准，这些人肯定是入门无缘的，而企业用工制度当中，多数可能也会拒之门外。在“唯学历”用人的背景下，希望保留学籍从事一段工作以后再回头学习的机会，实际上非常渺茫。事实上，在比较成熟的社会，用工制度中的“准入”资格，并不是完全以学历来区分的。相反，行业当中的定向培训，是就业的基础，很多劳动力只要取得行业培训资格，就可以就业，并不一定需要什么学历。这种制度自然也起到优化劳动力结构的作用。

学分制改革其实不仅仅是教育部门的事情，一旦改革启动，社会的其他公共政策，也应当有相应的调整。学分制改革以后，各种以新的形态流到社会的劳动力，怎样延续他们的社保、医保、户籍等，都是要做出衔接调整的。否则，这种改革的不完整性，很可能会酿成新的“历史遗留问题”。

老龄服务不仅仅是“事业”

刊于2014年10月24日《羊城晚报》A12版时评

前日，广州市民政局等部门首次向全社会公布2013年城市老年人口和老龄事业的数据。数据表明，广州市户籍老年人超过133万，占户籍人口16.3%，而以主要老城区为背景，纯老家庭人数也达到26.15万……种种数据表明，我们的城市，已经进入中度老龄化社会。

然而，就社会的养老服务而言，目前广州全市60岁以上老人领取城镇企业职工基本养老金的人数为47.12万人，领取城乡居民养老金者为40.77万，除此之外，全市的养老机构才167家，养老床位38949张。虽然老年教育机构570个以及老人活动室等面积达到38.11万平方米，但数据对比之下的落差，是令人不忍卒睹的：我们已经进入了中度的老年化社会，而我们的养老配套标准，恐怕连初步都还没有达到。

理论上说，养老公共服务是社会养老制度的基础，但是，任何的公共服务都是需要成本或者资源拨备的。我们过去并没有意识到，老龄化社会来得如此急速，为迎接这个新的人群结构，我们社会的准备，显然远远不足。可以说，哪怕是把养老公共服务提到首要议事日程，恐怕也倍感措手不及。

老龄化社会的出现，是医疗水平和生活质量不断提升的辉煌成果，但它同时也带来不少的社会负担，解决这一矛盾，乃是全世界公共管理者面临的急切难题。不过，在养老配套比较平衡的地方，养老服务却不仅仅是公共服务，同时也是社会服务，和企业的有偿服务等。多层次的社会力量参与，构成了一个立体多元的社会养老模式。我对民政部门以“老龄事业”的提法，来描述养老服务的现状，有点百思不得其解。为什么养老就一定是事业？不能是企业？不能是行业？不能是服务业？事实上，目前我们虽然在宣传上是强调发展养老服务的，但是，如果还是以发展“事业”的思维，不以市场化的思维去发展，恐怕永远都会步履维艰。

与涉足普通的服务业创业不同，或因为带有一定的公益性和准公共性，养老服务业的准入门槛是相当高的，也许是由于养老服务在税收等政策方面都享有很大的优惠，所以，“有关方面”都把试图以此创业的人士和资本，以严防死守的态度一以贯之。然而，养老服务事业为什么一定要大资本大投入？为什么不能有小而精的事业方案？事实上，养老服务的到位不到位，是监管问题，监管的主要目标应该是服务的运行过程而不是“准入”。

我们承认，确实有不良资本试图利用养老服务的招牌去欺骗社会，但是，也有大量的资本看好这个市场不得门而入。我们不能把脏水和孩子一起泼掉，是时候调整思路，把更多的目光投注到市场上，让养老这个命题，做出更多的模式更多的格局来，这才能赶得上老龄化社会的步伐，让养老服务配套平衡起来。

是什么把61万学员堵在漫漫驾考路上

刊于2014年10月27日《羊城晚报》A2版时评

报载，深圳交警对外首次公开，该市驾考积压学员的总量，达到惊人的61.2万人。交警部门一方面推动新考场的建设进度，另一方面，按照公安部上两个月的有关文件精神，申请启动异地考试的工作。

一个城市驾考学员积压达到数十万人，是个令人吃惊的数字。但是，近些年来，驾照难考，早就不是什么新闻了。而其实这个“难考”虽然跟考题和使用了电脑考试有些关系，可真正的“难考”的难点，不在于考试的难易，而在于考试时间上的“轮候”。一个城市就那么有限的考场，那么些个考官，成千上万乃至数十万的人排队，什么时候轮到自己？何况，这种轮候还不是刚性的，变数很多。难怪，传闻韩国的驾考比较便捷，有人便组织韩国的“驾考游”。此事是真实的还是一个段子，无从得知，但对现实却是很大的讽刺。

持照行车，这是法律的强制性规定。因此，考取驾照，按道理说是一项公共性的服务，但在长期以来，驾照培训服务，都被当作一门生意来经营，其商业属性，被挖掘得淋漓尽致。曾几何时，权力部门的一些贪官，利用手中的权力寻租，从驾考的程序当中东挖西掘，掏过不少利益，倒在这条道上的贪腐典型，数不胜数。从这些现象当中折射出什么？折射出驾考这个行当里面，有很多利益在。

按照法律规定，理论上全国驾照的考试标准应该是统一的，考试的过程也是应该统一的。所以，人们手中的驾照，才叫作“中华人民共和国机动车驾驶证”。因此，在逻辑上看，不管人们从什么地方考到驾照，那都是可以合法上路的凭证。可是，事情并不那么简单，在考证服务这个行当中，为了“保证管理严谨”，哪个城市的驾校学员，是必须在驾校报备的城市中参加驾考，易城而考，没有经过协调甚至批准，是不可能的。表面上看，这当然是从严管理的结果，但是人都会意识到，这当中的利益集团相互牵制在所难免。

驾照考试的一维性，也决定了交警部门的考试能力不足。从目前的驾考模式来看，本来驾考被看作是一项公共服务的话，就应该按照车辆和人口等发展的规划，纳入到城市公共资源投入上来。但由于驾考目前的归口，还是属于交管部门，其收入部分就属于计划外的收入，这是一块美味的蛋糕，将其利益最大化才是所属所管的核心所在。虽然这笔收入也是“收支两条线”，但有支配权的“有关方面”，当然会“咬定青山不放松”。

公共服务的投入产出比看的是便民不便民？公安部及时出台允许异地考试的政策措施就表明，全国不少城市，都有由于历史的原因，形成了无法自由调剂的“驾考困境”。

然而，从目前各个城市的车辆发展和人口需求来看，没有大力度的投入和高效率的考试过程，是很难改变目前现状的，就是所属的交警部门，也只能是不能承受之重。因此，恐怕应该“拨乱反正”，把驾照培训和驾考回归到公共服务的范畴，其培训成为基本技能的补贴性培训，让驾考成为普通型规范性证考，这样，有关方面就一定不会为了说不清道不明的利益关系，把驾考学员堵在遥遥无期的驾考路上。在政府公共服务上，很多事情都会给百姓一个承诺：至多15个工作日搞定！但愿驾考之事，我们也能收到这样掷地有声的回音。

所谓“胶囊旅馆”实质的违法行为

刊于2014年11月7日《羊城晚报》A2版时评

坊间的热门话题，一般议论起来总是事出有因，如一方面具有一定合理性，而另一方面看却又存在着非理性，如是交织起来，便成为坊间公说公有理、婆说婆有理的拉扯议题。比如，广州珠江新城曾喧闹一时的胶囊公寓，因无法达到旅馆和出租屋规范管理，因此并不合法。今年以来，天河区警方查处了一批违规“地下旅业”及出租屋。这使得“胶囊公寓”再次引发关注。

“房中房”是广州近年来一直在整治的。而所谓“胶囊公寓”，其实只不过是“房中房”的变种或者“时尚化包装”的说法。最早报道此事的人，可能只考虑到新生活方式的“概念创新”，对新事物出现时的“情与法”冲突考虑不足，而执法者则得以按图索骥，一举清除。警方公布情况时义正词严：“胶囊公寓”无法达到旅馆消防申办标准，既不符合旅业管理、也不符合时租日租出租屋规范标准。

但“胶囊公寓”的拆除居然令一些人同情，这是很奇怪的。不能否认，胶囊公寓在日本等地，是有经营市场的。香港也曾有“笼屋”出租。但是，那都是在一定的法律框架上运营的。广州市既然有明确制止“房中房”的地方法规在，违规的“胶囊公寓”被取缔，自然也是天经地义！

话说回来，珠江新城是所谓“CBD”概念的城市中心区，居然能够生出“胶囊公寓”这种“笼屋”式经营，也还真有些莫明其妙。这说明什么？说明这里房产的现实需求与房产规划出现一定的“乖离”，出租行业进行“胶囊公寓”式经营，恐怕有急着回笼投资的目的。至于“胶囊公寓”有市场，能够生存下来，恐怕是因其不申办消防、经营旅业不纳税等违法行为，使得经营成本“最低化”才得以夹缝中生存。实际上，按照目前合法的申报管理成本，是维持不了“胶囊旅馆”的所谓出租“舱位”的价钱的。

“胶囊旅馆”作为一个经营概念，可以探讨，但须在法律框架下实施。先推动立法，然后进行探索实践，这是城市公共管理模式不断进步的步履。同情或者认为“胶囊旅馆”具有生存必要的人们，大可不必气馁。当城市进一步发展，说不定真的在法律框架下产生出“胶囊旅馆”之类的真实需求空间来。当然也可推动立法，把“胶囊旅馆”和“房中房”界定开来。不过一切的一切，都是在新的法规管理之下的事情了。

“深喉”钟南山和“议员”钟南山

刊于2014年11月10日《羊城晚报》A4版时评

钟南山院士日前在一次学术交流会上提出，医疗体制改革和全科医疗发展有密切关系。他批评道，大医院不真正体现公益性，社区全科不可能发展好。他称目前公立大医院没有提高基层医疗的动力及责任感，与基层的联动模式目的变成了为医院提供更多病源及收入。

钟南山坦言，大医院的经营理念和实践，客观上阻碍全科医学的发展，基层越不得力，大医院收入越高。社区医疗成功的标志应该是，大医院的患者数量明显减少，但疑难病人比例增加，大部分病人到社区看病，最终达到大医院及社区病人均明显减少，因为防病水平提高了。他说：“新英格兰杂志研究过，一个1000人的小区，有750人会生病，500人可以自愈或自行简单服药解决，250人要看社区医生，只有9人需要到综合医院住院。是金字塔式就医模式。而目前中国是‘倒金字塔式’，小感冒也要上大医院。”

钟南山身份特殊，他是中国工程院院士，是名医，又当过人大代表，往往说话直率。但是，这一次他说：“大医院伸出很多‘腿’，到基层搞分院，是为了提高水平还是增加收入？”更像是一个医疗界的“深喉”。

众所周知，广东特别是广州等地，这两年大力推广社区医疗，不少大医院都积极与社区医疗配套设施挂钩，非常热闹一阵子。而钟南山却毫不留情地指出，大医院目前的做法，客观上阻碍全科医学的发展。钟南山提出的所谓“全科医学”概念，其实是目前医疗改革中的“顶层设计”的问题，正如他自己表示，发展全科医学，需要大学全科医学系、大医院培训计划、场地设备、医生待遇、职称晋升、首诊及转诊制度的政策引导，是系统工程，绝非卫生部门可以单独搞定。

可见，钟氏的“全科医学”推行落实，从地方上的立场来说，是短期难以实现的任务。但是，作为“深喉”钟南山所“爆料”出来的“与基层的联动模式目的变成了为医院提供更多病源及收入”的做法，我们是有足够资源去对已经实施的项目进行反向回溯一番的。还有他所说的建立“金字塔式就医模式”，就更加是有可能的。只不过，我们的有关部门，愿不愿意在“底层设计”上花更多的精力，我们就只能期待了。

其实，怎样让更多的病人流向社区医疗机构，做法并不复杂，只要想方设法保障社区医院里有更多的名医问诊、更廉价的优质医疗和药品资源，就容易形成新的就医氛围和就医习惯了。正如司法界，强制让名律师每年从事一段时期的“司法救济”服务，效果就很好。在媒体的舆论报道中，“深喉”钟南山，往往同时也是“议员”钟南山。剩下的问题是，钟南山的直言直语，“有关部门”有没有听进去并从善而流。

商品房公共物权究竟谁有权主张

刊于2014年11月14日《羊城晚报》A2版时评

昨日媒体报道:广州逸雅居的业委会，近日入禀法院，要求撤销“关于业委会不具备对物权登记提出主张权利的判决”。官司如何判决，还没收到回音，但这桩牵涉非常专业的法律诉求官司，诱因却很寻常。

简单地说，就是这个楼盘的五楼有个架空层，原是开放为公共活动场地的，忽然间被封闭了。小业主们有意见了，认为物管方侵害了公共利益，但发展商拿出了“架空层”的房产证。而业委会通过信访得到规划部门给出的复函证实：此架空层的“原规划报建审批为架空支柱层，属于小区全体居民活动使用的公共开放空间”。于是业委会要求法院判决房管局依法撤销房产证。但法院认为：业委会不具备对物权登记提出主张权利……

这个并不复杂的故事，竟然引出了多重法律关系的界定。不晓得这个案子的最终判决，会不会成为一个判例。不过，深圳市也有一桩类似个案，处理起来却非常简单，那就是小业主们投诉到城管部门，经过干预封闭的架空层又重新开放。当然，深圳的个案中，物管方是拿不出“房产证”的。

公共配套空间或者用地的属权是怎么界定的？在商品房产生近30年来，似乎一直是个模糊地带。一个楼盘发售了，按容积率计算，按公共分摊，什么学校配套、幼儿园配套、居委会、派出所、公共文娱设施配套等，肯定是通通打进成本，让业主们承担了。但是，不打几场官司，恐怕谁也说不清，这些被分摊成本的所有配套设施的“房产证”或“产权证明”，究竟保存在哪里？属权人又是谁？比如说，做了派出所或警务室的，房产证给了公安局？做了居委会或街道办的，给了区政府？这些部门是不是“具备对物权登记提出主张权利”？那么，学校、文娱设施、会所、游泳池、各种球场呢？这些具有业权性质并具有使用权的物业，都是业主支付了建设成本的，究竟谁具备对其物权登记的主张权利呢？事实上，如果是法律上规定这些物业资产都应该是依法征用的，那它的成本怎么又能够分摊到各个业主身上呢？于法理无据吧？而既然允许其分摊了，那为什么又不把其属权的明细公布出来？至少，有了权益上的纠纷，也能够少打很多官司。

商品房包括房改房的有关公共空间，肯定是有能主张权利的法律主体的，但这些法律主体的权利的来源及因果，其法律上的描述或者获得的程序，常常是含糊不清的。不错，业主有权利处置自己拥有物权的财产，但如果这财产的来源有问题，又或者这些财产只是代管性质呢？我们有物权法明细了个人财产的权属关系，但是，对楼盘公共配套设施的产权归属关系却没有完全理顺，甚至可能被别有用心的人利用，这是城市公共管理资源根基不稳的问题之一，但愿，“有关方面”能够为此找到更为简明的着力点。

好！就用合同法来管定发展商

刊于2014年11月21日《羊城晚报》A2版时评

《广州市居住区配套公共服务设施管理规定（征求意见稿）》日前公布。媒体报道此事时，不约而同把目光盯在第十五条 “销售公示”上。该条款不仅要求发展商在房屋预售时，应现场公示配套公共服务设施的位置、详细规划总平面图，以及需要移交的配套公共服务设施的清单等。还要求在房屋销售合同中明示配套公共服务设施，并将规划平面图等作为合同的附件。

这是试图解决开发商对公共配套设施阳奉阴违的“历史遗留问题”的有力举措。按照合同法规定，只要把公共设施建设和配套的承诺写到销售合同里，公共配套设施只要出现“文不对题”的错位，任何人都可循法律管道，追究开发商的责任。当然，从该规定中，我们看到对公共配套设施的界定，更多落实在：幼儿园、小学、中学、社区卫生服务、残疾人康复、家庭综合服务、政务中心、老年之家、图书馆、文化室、健身场所、居委会、社区议事厅、社区服务站、街道办、派出所、公厕、垃圾收集站、垃圾压缩站、再生资源回收点、消防站、公交首末站等建设实体上，对绿化、草坪等空间并没有实质的规定。但是，这已经是很大的进步了。特别是在上位法的框架之内，将地方法规的具体约束性锁定在关键环节，“复杂问题简单化”地彻底解决悬而未决的社区配套公共服务设施难题。这是政府执政治理能力“高大上”的体现。

应该说，依据这份规定，在法规上可从上游保障居民住宅区的配套公共服务设施的管理落实。然而，在实践中，发展商移交了公共管理配套设施之后，接收单位如何使用，按照省物管条例受托管的物业管理单位等，能不能真正落实这些配套设施并真正“配套”，却成为下一个出台法规的主要内容了。事实上，当法规杜绝了发展商的各种猫腻行为之后，对物业管理方接手之后的行为约束，是使有关配套公共设施能够物尽其用的根本保障。虽然这是后话，但不得不提。

此外，以合同法来约束发展商落实对公共配套设施的承诺，在实践中还有细化措施要加以坐实。广州目前对房屋预售等方面的合同是采取格式合同的形式进行市场规范的，当新法规出台后，不同发展商有不同的公共配套设施配置的义务，因而，已格式化的合同就必然要有相应的配套条款，才能真正把新规定落到实处。

城市，期待具有服务含量的管理

刊于2014年11月24日《羊城晚报》A2版时评

广州市政府官网近日公布了《关于进一步加强来穗人员居住登记工作的通告》。要求非本市来穗人员应当自到达居住地之日起3个工作日内，持本人有效身份证明，向所在街道（镇）或者社区（村）来穗人员服务管理机构申报居住登记或者居住变更登记等一系列信息。

这一“不无想当然”的通告内容被媒体披露之后，线上网下一片嘘声。人们并没有太多质疑通告制定者的初衷和法律依据，而是把焦点放在这项规定难以实施上。道理真是“一字那么浅”，且不说这个号称每天有庞大非常住流动人口的城市，能有多少个对接的可登记窗口可供“申报”，更不要说，政府将在人力和管理上要投入多么昂贵的行政资源。光是这种落后的所谓管理思维，本身就是给城市及百姓增加麻烦的精神和肉体上的“苛捐杂税”。

事实上，对通告做出解释的来穗人员服务局相关负责人，面对媒体的疑问，显然没有什么思想准备，只是说单位新成立，很多问题都未能有什么实质效果。明确的答复，只是在回答旅游、出差、治病、开会等人员是否需3个工作日内登记信息时，连说三个“不是”，而面对如何执行、如何界定、不登记有何措施等尖锐问题，“有关部门”是有些手足无措的。令人难以理解的是，这个新成立的单位明明挂着“服务管理”的牌子，出台的规定却似乎显示出他们的服务欠奉，管理无能。

如今再质疑这份充满“悖论”的通告似乎已意义不大，但从这类文件当中，我们可以看到“有关部门”的思维惯性。在一些权力部门的语汇当中，所谓的“管理”，肯定构成了他们官场话语的主体。在其思维逻辑中，“外来”意味着失控，意味着潜在的不稳定，总以为自己有把握“管控”各种社会现象。他们把强行建立“秩序”作为自己的目标，以铁腕去执行“秩序”，把这些作为

“维稳”思维的根本。然而，现实的多样性往往令这类思维撞得头破血流。在对待诸如“外来人口”这类世界难题，除了具有封闭条件的地方，良好的秩序的建立，并不在于强制性实行某种制度，而在于通过细致和到位的服务，把“管理对象”纳入当地社会服务的体系当中。比如，通告要求人家必须去某地登记和申报，这本身就非常没有技术和服务的含量，显然，这么麻烦，谁去啊？然而，倘若把这种登记和申报，与有效的服务项目结合起来，很多外来的人们，恐怕也会心甘情愿前往登记申报的。比如有的旅游城市，对初到城市一段时间的人给予公交上的优惠。当然，你要进行实名制的申报登记。这类办法在国际上非常流行，当然也是带有服务含量并能“一举两得”的有效操作。

在进入“大数据”时代，怎样把服务和管理结合起来，是政府公共服务要实行创新的课题，公共服务的人性化，也是政府执政水平的指标之一，所谓的“服务管理局”，提法上也是先讲“服务”，后讲“管理”的。

草坪是供踩踏的公共消费品

刊于2014年11月28日《羊城晚报》A2版时评

本报昨日刊登了一篇有意思的报道：“城市草坪到底踩还是不踩？”报道说，羊城兴起了周末草坪游，不少市民喜欢聚集到二沙岛的草坪公园或是一些高校的草坪消磨时光，而此种做派，也引起争议。这是因为，城市的不少草坪，都挂着“请勿踩踏”之类的牌子的，倘若入内“休闲”，那自然于“公德”有碍，往较真上说，是可以破坏公物之名课以处罚的。

草坪周末游作为一种休闲方式兴起，应该说是城市的骄傲，如果大家不是对城市景观的大大改善有所认同，爱上了身边的公共设施，恐怕是不会有闲心，到那些地方打发时间的。之所以对草坪情有独钟，恐怕是城市里开放的草坪开阔地太少，所以，成为稀缺资源。

城市中寸土寸金，而且又人口密度大。这两个方面决定了，城市的草坪不可能多，而前往“消费草坪”的人却多。这对提供草坪的部门来说，是很大的苦恼。不过，在我们的城市，连公园的大量草坪都挂着“请勿践踏”的标语牌，那就未免令人无语了。似乎在传统观念上，公共草坪，一概而论都是“景观”，而景观必然是公物，踩踏草坪也是糟蹋公物。这种逻辑，看上去义正词严，然而，这真的站得住脚吗？公园是公共产品。公园的草坪本来就应该是让市民消费的易损品，政府每年都有投入，纳税人为什么在其面前要战战兢兢？何况，草坪之所以成为景观，就是要人在其中，才相得益彰，否则，公园每年印那么多的宣传册子，为什么都有人在草坪中的宣传照片？——难道那是要坑爹呀！事实上，从植物学角度，草坪的草本植物，本来就是要常更新的，它又不是玫瑰花牡丹花，怎么就绝对不能踩踏？养护期的草坪不宜踩踏，这是对的，一年365天都不能踩踏，并上纲上线地一律“神圣不可侵犯”，那就过分了。草坪作为公共消费品，绝对不许踩踏，要么是懒政，要么就是不愿为市民提供足额的公共服务。

草坪对市民开放，增加了维护的难度，也会增加维护成本，这恐怕才是“请勿踩踏”的真正原因。其实，二沙岛草坪公园的开放，是个很好的尝试，没有必要再去争论“城市草坪到底踩还是不踩？”这个话题，不信在市民中搞一个“听证会”，议题就是城市草坪开放要追加政府开支。不用猜，投赞成票的人，一定比什么赞成停车费加价的人多得多。

公共草坪向市民开放，这是个趋势。当然也要按照植物生长的规律，区分一定的保养期，保证草坪的生长。而市民呢，则应当爱护草坪，尽量培养自己“草坪消费”的良好习惯，像乱扔垃圾、恶意践踏、跑动过甚之类的行为应当制止。至于可能产生的公共开支，应该是不难解决的。话说回来，广州市不是要成为一流的世界性都市吗？还真没听说过，有哪一个世界性都市，到处都在草坪上挂着不能踩踏的标签的。

监控网上自制食品要有“追溯”机制

刊于2014年12月5日《羊城晚报》A2版时评

传说网上交易的“自制食品”颇为热卖。于是，便有了颇具忧患意识的声音：网上“自制食品”的生产包装等流程，缺乏监管，因而有着很大隐患。

真是互联网改变生活，在没有“淘宝”、没有网购之前，以家庭手工作坊为主的“自制食品”，是个窄之又窄的市场。说白了就是街坊邻里生意，“熟人生意”的约束准则很简单，大家都是熟口熟面，产品有什么三长两短，直接就拍上门去追责。因此，所谓的监管，成本不高，传统小农社会的伦理约束，便足以维系。然而，“自制食品”如要跨越原有市场，把生意做大，就不是那么简单了。比如“老干妈”辣酱之类的，不仅要把手工生产变作机械化，还要公司化运作。当然，也要具备生产许可证、食品卫生许可证等。

由此可见，对食品安全的监管形式，与市场规模有关系，而市场规模其实也不是决定食品安全可控与否的。在农贸市场，家庭主妇们光顾的菜档肉档，多数以领牌的点档为主，这原因多半是因固定点档容易“追溯”。主妇们若为了小便宜而光顾流动摊贩，即便吃了亏，也只能苦水往肚里咽。可见，能否追究，有没有“讲数”的可能，世俗力量也是约束“产品质量”的重要因素之一。

网上交易的“自制食品”，诚然是通过互联网的运作，使自己的市场无限扩大，但其生产能力与工厂产品相比，还是有很大区别。正如农贸市场一般，要求那些准家庭作坊式的“自制”主体，像工厂化生产那样完善食品生产的所有手续，其管理成本是极其高昂的。君不见，就是目前实施的“三证”中的实地查勘和定期审核，本身就要花费政府庞大的人力物力。

因此，要使得“自制食品”具有生存空间，又具有可监管性，实际上可在网上交易中，强化这类食品售后的“追溯”机制，只要能够有便于“追溯”、便于“讲数”的机制，肯定能把“自制食品”的安全，控制在一定的准入门槛中。当然，网购是个新生事物，“自制食品”因此而焕发活力，但同时，“自制食品”的安全风险控制，也要视其发展而不断衍生出新的办法。道高一尺，魔高一丈，有需求就会有交易，有交易就会有市场，有市场就会产生游戏规则。好的游戏规则反过来会促进市场的扩大、交易的增多。对“自制食品”的最后发育情况，还有待观察。

网络流行语是上网的文化“秘钥”

刊于2014年12月8日《羊城晚报》A2版时评

年底了，一些媒体开始公布按照自己标准评选出来的网上流行语。对比看来，今年评出来的流行语共性还是不少。如“且行且珍惜”、“不作死不会死”、“有钱就是任性”等以都以不同的评选标准入选了。应该说，网络流行语是网络流行文化的一个风向标，可从网络流行语当中，大致看到某些传播事件的传播率，看到网络文化当中的流行元素，以及网民们的文化品位……

面对网络流行语被评出来的结果，不同立场和不同文化背景的人，都可以由此出发，去回溯和解读网络流行语到底有什么“内涵”。其实，用平常心去看待网络流行语的评选结果，反倒是大多数网友们的合理态度。虽然，大家在网络上也在追逐流行，用流行语去表达自己的心态，但到底有没有精准表达，大家实际上并不在乎。诚然，一段流行语代表着某件传播甚广的网络事件，大家用某句可概括这个事件的特征性用语来有感而发，其实应该算是网络时代的“比兴”吧！

回顾起来，网络流行语评选活动，好像也有十年八年了吧。每次公布网络流行语的评选结果，媒体都好像会来一场狂欢，很多媒体的新闻，更是会“很流行”一阵子地演绎出不同的流行体标题，非常的热闹。从网络影响到现实生活的不少活动，其实是很值得总结的。

网上流行语评选本来是网络以大数据方式归纳出来的一组数据结果，但是，我们看到，网络流行语就像参与网络文化的一把“秘钥”，你如果在一段时间里没有赶上或者通晓这样或那样的流行语，你就会或多或少地被排斥在网络的对话平台之外。不久前结束的网上购物狂欢“光棍节”（11.11），也是网络影响现实生活的一个典型。在这天里，天量的网上交易，对现实门店的冲击，对物流业的影响，都有目可睹。我们不得不承认，因为互联网上“不约而同”的某些共同决策和约定俗成的活动，使得人们开始有了现实的期待。比如，一年一度当中，犹如过春节圣诞一般，如果没有人公布“网络流行语”的评选，人们就开始感觉到生活中仿佛有件事情没有做完；倘若每年的“11.11”没有网上的购物狂欢，经济生活中也就好像出了某些意外。可见，网络对生活的影响不仅仅是潜移默化了，相反，已经深深地被镶嵌进了现实的生活，与我们的生活习惯、文化习惯交缠在了一起，不可或缺。

也许，欣赏一下不同媒体评选出来的网络流行语只是文化上的小道。然而，感悟到网络文化实际上无时无刻都渗透在现实生活当中，网络流行已经成为社会文化传播所不可或缺的管道，已是不争的事实。不管你承认不承认，网络流行实际上就已经是现实流行！

“施舍者”变身“局中人”

刊于2014年12月10日《羊城晚报》A2版时评

运用现代金融的手段和思路，用“盘活”政府资源的办法来帮助中小科技企业解决部分融资问题，是深圳有关部门为其所辖城市的科技投入模式提出的新解决方案。

诚然，政府对科技企业的支持或投入，是经过一定法定程序批准的。但正因为那些都是“预算”内的钱，所以总是有限的。运用金融手段，比如“贴息定投委贷”、“股权有偿资助”等来逐步替代传统的“赞助式”的科技投入，其实既为解决中小科技企业的资金需求，打开了一条源源不断的管道；同时，也为政府可盘活的闲置资金，开拓了一块增值的沃土。

更为值得肯定的是，这一做法将政府变成了“风投”人、债权人，或者是有限持股人等，从不相干“施舍”者，变成了有干系的“局中人”了。正因为如此，政府将更关心这些企业的生存环境，更乐于为其创造一个“生产力发展”的氛围。政府角色的改变，决定了立场的改变，也就实现了服务的改变——所谓体制改革到位，理当如此！

交通慢行系统要符合城市特色

刊于2014年12月12日《羊城晚报》A2版时评

据媒体透露：广州已增加公共自行车系统在全市初设10个示范点的调研，并以珠江新城和金沙洲为试点作实地测试研究。这是部署城市在公交、地铁、出租车、水巴及有轨电车五套公共交通系统之外，重建交通慢行系统——增加自行车道和步行道路。

现代城市包容着各种生活方式，其中有快节奏、也有慢节奏的生活。常人的生活规律是，在工作时间内选择快的节奏；在非工作时间里，则选择慢点的节奏。城市的交通服务所有人，自然应该有适应快慢节奏生活的配套。当然，除了工作和睡觉外，人们还有大把时间宁愿在不那么紧张的节奏下生活。相应的，城市就应该在交通配套上，提供足够的公共服务。何况，城市中的老龄人也越来越多，为他们配套的交通服务设施，也要有“慢”的规划。

去年底，广州便提出要重建交通慢行系统了。交通慢行系统的存在，一是为居民创造幸福感的必然，二是低碳环保。其实慢和快的辩证法，已经不需要论证。诚然，用“重建”来描述城市公共交通的新部署，很有些反思的意味在。自行车曾是城市的主要代步工具，曾几何时，一些主干道，为了增加车流量，部分取消了自行车道。所谓“重建”，恐怕是对这种管理思路的“否定之否定”。在过去的若干年中，政府思路的转型，早已开始。广州的绿道建设，就可圈可点。其实，“重建”的提法与否并不重要，关键在于“交通慢行系统”切实进入了公共建设的议事日程。当然，分别选择“珠江新城”和“金沙洲”作试点，就更加实事求是了。一个是所谓的CBD区，另一个是居民聚居区，各自代表城市生活的不同侧面。相信经过调研后，整合出符合城市特点的合理方案，指日可待。当然是不是要区分不同人群需求、不同的时间等进行配套，则是把工作进一步细化的问题了。

不过，给城市镶嵌一个“交通慢行系统”，并不是短期的工作，相反，因应城市特点和城市居民的生活规律，本身就是个漫长的过程。目前配套“慢行交通系统”的难点，首先是原有的城市公共自行车经营，政府每年都要补贴。与其他公共自行车系统发育较好的中小城市不同，广州是个超大型城市，人口众多，居民出行距离又较长，这对公共自行车系统的发展，算是不利因素。在国外一些城市，发展公共自行车系统，首先要对城市进行网格化的规划；同时，对居民环保的出行观念，也做着深入人心的引导，形成真正的“慢生活”生活方式，从而也成为城市出行的模式。这方面的努力，恐怕是艰巨的任务。事实上，在习惯了快节奏的城市中，真正要花力气建立符合城市特色“交通慢行系统”，其公共成本也许是相当高昂的。这一点，无论是管理者和纳税人，都应有思想准备，并为此做出非凡努力。

培育环保社会组织，彰显依法治省决心

刊于2014年12月15日《羊城晚报》A2版时评

广东环保部门宣称，在未来五年内，将大力培育300个社会环保组织，并拟打造3—5个规模较大在全国有较大影响力的龙头组织。这或是部门计划中的事情，却不约而同受到舆论关注。有媒体还认为广东将“建立社会各界共同参与环境保护的‘社会共治’模式”。

环境保护这些年已成为重大的社会公共话题。政府的许多公共项目，特别是大型建设项目，往往在环保这个有着复杂的利益纠葛问题上，遇到不同程度的争议。不同的利益集团，也在有意无意地运用“环保”话题，为自身的利益进行博弈。有的人甚至用“环保”来绑架部分不明真相的民众，诱其做出非理性行为，扩大影响，从而形成社会和舆论压力。

这种现象，说明两个问题，一是社会的环保意识高涨，一旦涉及环保，每个公民都会自动进入角色。二是说明目前人们的环保行为，更多地还处于直觉或本能反应当中，缺乏有科学和知识底蕴的引导。至于环保社会组织，也曾因为种种原因，被认为是不稳定因素。尽管这些环保组织的诉求仅仅是在“环评”、“程序”等一般的程序透明请求上，但是，他们的顽强乃至“顽固”，时常会令有关议题悬而未决，决而难行。这使得某些只求实现GDP增长和有长官意志的官员，认为谁设置环保话题，谁就是制造麻烦的根源。

环保是涉及公众生存空间的问题，利益诉求往往随着公众对环境的认知程度而升级。然而，环保又往往是法律法规执行的问题。环保成为争议话题，多是在运作过程中的“程序正义”受到质疑，此外则是因为对影响公众利益的方面语焉不详，存在着回避公开的嫌疑。环保社会组织的广泛存在，实际上可作为利益博弈双方的润滑剂，并不一定会成为非理性的“压力集团”。事实上，所有的项目如果实施时完全合法，则社会与公众，也不存在置疑的依据。环保问题给政府带来的压力，本质上是能否依法行政带来的压力。对倡导依法治国的政府来说，越多的社会环保组织存在，则越有利于依法行政举措的践行。

社会环保组织的成立在社团登记办法改革后，有关的法规藩篱实际上已经拆除。旗帜鲜明提出培育社会环保组织，说明了广东在环保方面依法治省的决心。明年起实施的环保法，设立了环保公益诉讼制度。这意味着，明年起利益相关人群提起的环保诉讼，就可循公益诉讼的管道争取自身利益。作为法律配套，培育环保社会组织，从而成为不同层次的环保利益代言法人，就成为必然。

可以预见，广泛的社会环保组织大量合法产生之后，广东的环保土壤将进一步丰沃，环保人群的知识水平将有所提高并进一步团结，也将对企业法人以及政府项目处置过程的依法督促，也将更为理性。而通过这些组织，相关的“环保问题”也将更多地循法律的管道，由法庭监督执行，从而使非理性行为纳入到法治管理的轨道。

知识产权保护新探索的开始

刊于2014年12月17日《羊城晚报》A6版时评

广州知识产权法院选址落户在广州市萝岗区，毗邻广州高新技术开发区、软件园等高创行业密集区，不无象征意义。——名如其实，它就是一个为更专业和更好地保护知识产权而设置的司法机构。

司法统计数据表明，广东一直是知识产权案件头号大省，从2009年占全国案件总量的20.55%已跃升至2013年的29.68%。而近年来，广东特别是在广州，不但审理了涉及苹果、IDC、华为、中兴、腾讯等国内外知名企业一大批知识产权案，还审理了全球第一件标准必要专利纠纷、国内首例通讯领域反垄断案、首例包装装潢纠纷、立体商标第一案等著名的经典案例。

毫无疑问，知识产权法院的设立同时也要求其在知识产权法律仲裁领域进行新的探索。知识产权法院在专业上要有专门性，在处置专项案件上要具有独立性，在法庭组织过程上还要有独特性，这都要求以改革开放的思维在法律框架下进行实践；而知识产权审判所涉及领域往往涵盖三个方面，既涉及民事权利的保护，又涉及行政机制的管辖定性并也可能伴随着刑事犯罪的问题，设立专门的知识产权法院就是要解决这“三审合一”的司法仲裁和执行的问题。

广州知识产权法院获准成立，既是对广东知识产权需求旺盛的肯定，也是在知识产权保护的司法实践上对广东提出新的要求。

应把“在校托管”作为制度创新探索

刊于2014年12月19日《羊城晚报》A13版时评

在果断取消了延续多年的学生“托管收费”之后，广州上月做出了给予孩子托管每人每天2元的财政补贴的决定。本月，教育部门又出台《广州市小学生课后在校托管工作指引（征求意见稿）》。这一系列举措，应该是政府为普惠民生打出的一套组合拳。

不要小看小小2元钱的补贴，正是有了这项政府支出的财政保障，才能让这一系列惠民政策真正能够落地。小孩托管特别是午休时间的托管，在双职工家庭中，需求潜力是巨大的。城市的发展增加着城市安全环境的控制难度；城市的扩张也增加着人们的家庭与工作和求学地点的距离。孩子托管因此成为困扰许多城市居民的难题。诚然，有需求就有市场，在有关治理规定出台之前，不少未经资质审核的民间托管机构，也应运而生。然而，这类机构良莠不齐，且以营利为目的，故而托管收费相当混乱，从而使得看似普通的“孩子托管”之事，留下许多隐患。

按照未成年人保护法规，未成年人不应离开监护人的监护，而坊间的所谓孩子托管机构，是不能完全承担所托管孩子监护人的监护责任的。故此，未经一定法律手续的“孩子托管”机构，实际是游走于法律边缘的“非法盈利机构”。而《广州市小学生课后在校托管工作指引（征求意见稿）》明确要求学校担当孩子课后一段时间的监护人角色，毫无疑问，是首先试图在法律层面，彻底解决相关问题。

按照该指引，小学生课后在校托管采取“学生自愿、家长委托、学校统筹、相对集中”的方式。在校托管充分体现自愿性原则，由学生家长根据家庭实际需要自由选择，并向学校提出书面委托申请，学校审核同意并与家长签订托管协议后，学生方可参加托管。结合配套的政策，新的“孩子托管”模式，是一种具有财政补贴的带有家长自治管理性质的公共服务模式，这种形式放在制度创新层面上看，是城市未成年人保护制度的一种进步。

当然，在这种“规定动作”之下，学校法人的责任将大大增加，学校的人力和资源成本，也因此大大提升。就目前坊间的议论看来，家长们对“学校托管”新做法的主流意见是支持的。但学校方面的看法，则有所不同。因为，这一做法显然增加了部分教师的管理和精神负担。要解决这方面的问题，可能除了制订硬性的规定之外，还应当允许学校参照“政府雇员”聘用的办法，允许学校探索自我配套必要的辅助性教职人员，专门承担“学生托管”的工作。事实上，“学生托管”对于学校来说，属于社会公共服务范畴的工作，应该由专业的社工人员去担当，这才不是权宜之计。显然，要持之以恒地使这项惠民措施变成具有城市特色的民享福祉，制度创新的步子，还可以迈得大一些。

给“中国广州发布”一个点赞

刊于2014年12月22日《羊城晚报》A2版时评

从本月19日起，“中国广州发布”作为一个专有名词进入了羊城人的生活，广州市委和市政府的官微从这天起以这个呼号正式上线。

与想象中的“官微”不同，这个以“微信集群”形式上线运营的服务互动平台，实现了双微（微信微博）运作，并囊括全市各单位51个官方政务微信平台。点入它的订阅号，平台下设“政务信息”、“便民服务”和“垃圾分类”三个菜单。其中，“政务信息”菜单接入了中国广州发布“官方微博”及全市“政务微博大厅”。在“便民服务”菜单中，集纳了全市多部门的“微政务”服务资源，可提供实时路况查询、天气查询、医院预约挂号、婚姻登记预约、报税、出入境、机动车违章查询、邮件通关查询、河涌水质查询、信用登记查询、商品房买卖合同查询、公租房申请审批进度查询等20项业务服务。

“官微”或者“官博”，传统上是被那个“官”字所累，一副居高临下的样子。所以部分的官网、官微和官博，往往以更新少、面孔死板、信息匮乏而为群众所诟病，网民们甚至干脆以“僵尸”站点目之。其实，很多的“官”字号网站或者呼号看上去像个摆设，主要是这些官字号的网上资源，一方面没有开放的心态，没把有用和百姓关心的信息传达给社会；另一方面，也没有服务的心态，没把帮群众的忙作为网站或者微信微博开办的前提。公共资源的存在，是因为其对百姓有用和能用，才会为人们所欢迎所接受所点赞。“中国广州发布”把便民服务作为官微的基础菜单，并在这个相当实用的菜单中植入广泛的互动内容，无怪乎订阅号才上线几天，关注账户就达到400多万，方便和有用的精髓跃然网上。

能够与他人互动，是微信微博社交圈迅速形成的基础，而这些“朋友圈”无疑也是存在广泛的被服务和需要服务的需求的。在都市中生活，公共资源的应用，也是都市人适应都市生活的一种生活技能，把公共资源和各种服务整合起来，形成一个以公共生活为中心的社交平台，正是互联网时代的人群迫切需要的一种公共服务。“中国广州发布”的及时上线，正是广州这个城市适应新的时代和新的需求，整合出来的新型的公共服务。更难能可贵的是，把服务作为官微官博的大篇幅容量，恰恰给未来的互动性提供了广阔和深厚的空间。在互联网时代，官字号的网上招牌，只有和公共服务密切联系起来，才具有活力和生命力。“中国广州发布”就是活生生的先例。

所谓见微知著，“中国广州发布”现在看上去还有些简陋、稚嫩，但它有着便民为民的内核，有着各种互动的潜能，作为城市的门面和招牌，就前途无量。

防色狼是个综合治理问题

刊于2014年12月26日《羊城晚报》A2版时评

城市中一谈到综合治理，多数人都往宏大叙事方面去想。实际上，很多看上去被熟视无睹的生活烦恼，其实是与综合治理有关的。比如困扰都市女性的在公共场合受到性骚扰问题，最近就在坊间热议不绝。特别是女性在公交地铁上曾受到侵犯的经历，更是一种尴尬和受伤的记忆。

在公共场合违背公德良俗，公然实施各种变态行为来满足自我的欲望，过去一律都属于流氓行为，没有更细的界定。后来，专家们对有此类行为的人进行人格分析，认为多数具有这些行为的人或多或少心理上有毛病。如是，法律和医学上的行为界定，很多时候就产生一定冲突。引用一般的人权理论，有病态的人对自我行为的约束力低，所以在负担法律责任的轻重上就有所商榷。因此，在一个多元观念的时代，笼统的“流氓行为”的法律责任，或多或少被

“医学依据”稀释，加上法律也很难对未造成严重侵害的各种行为有所界定，就使得对相关行为人的惩处偏轻，而这些行为人的“逾轨成本”，也相对偏低。

至于公交地铁上这类遭遇偏多，乃是因为公交地铁是个特定的公共空间，与广场公园等公共空间不同，在这两个场合里，人与人之间的距离不得不调到最小，在高峰期，人与人之间的身体或肢体接触，更是不可避免，这就给那些不轨之徒提供了一定的客观环境。加上由于社会风气的影响，有时公众的正能量不足，就使得环境的“软约束”出现空隙并让不法行为者有机可乘。此外，女性受害人的自我保护意识往往被所谓羞耻感所掩盖，也使得不法之徒有恃无恐。实践证明，在公众情境下受害者敢于大声呵斥，是终止侵害行为的最有效手段。

既然无法对这类病态行为一律从重从严处置，因此，从“防狼”的角度，探讨女性的自我保护就成为热门话题。当然，目前专家们提出的各种解决方案，都是关于受害者受到伤害时的自我处置。然而，作为一个“综合治理”问题，公共环境特别是公交地铁这样的特殊公共环境，应该创造一个对公众更有保护屏障的环境。

其实，那些变态行为的发生，主要在于其隐蔽性和事后取证难，既然这样，我们何不提供更先进和密集的摄像装置，真正把公众置于“天眼”的保护之下？这样，取证环境改善之后，环境威慑力也就自然有所改善。当然，也有的城市设立专门的女性空间，让那些自我保护能力不足的女性，有自己的独立空间。

都市公交地铁防狼课题，其实是公共环境公众保护建设、女性心理和能力建设、公众环境舆论压力场建设、事后处置手段多元建设等多方力量起作用的“综合治理”问题。

办公透明，在“大数据”中开始

刊于2014年12月29日《羊城晚报》A2版时评

广州市纪委监察局等联合公布了今年最后一期整治“四风”曝光台。披露了部分市直单位在过去一个月的违规上网情况，一些公务员被查出上班期间上网看视频、利用炒股软件炒股等。

公务员上班期间怎样分配公私时间，有没有“公时私用”，在没有互联网的时代，几乎是不可能被监督的。所谓的“一杯茶、一支烟，一张报纸看半天……”是部分碌碌无为之士的活脱写照，但监察部门很难对诸如此类的行为做出定论。有了电脑网络后，就有了使用时间和工作内容的监督，你上班时“视频看得欢，炒股更起劲”，就可以一目了然。可见网络办公的普及，也在改变着公务员被公众监督的条件，使公务员的自我约束环境，愈加紧束起来。

公务员的行为受到规范，一直是行政监督中备受关注的问题。而通过电脑的技术特点，对在“公家时间”工作的公务员进行监控，看看有没有“私家”行为，应该是很自然的。毕竟，老百姓纳税人通过政府给公务员薪水，支付的也是他们付出有效劳动的时间。

通过规范的平台和工具，对公务员的公干行为做出监督，其实也是为其提供了一个公平的工作环境。在无电脑的时代，精确到时间的工作效率追踪，是不大可能的；奖勤罚懒，都只凭上司的印象，或者一些非常机会才能体现出来。可是有了电脑网络，只要运用“大数据”的观念进行管理，每个人的工作情况，自是一目了然。市纪委监察部门的曝光台提供的监督数据，不仅仅提供了监督的结果和内容，也提供了行政监察中的未来管理观念和思路。自律约束固然重要，但环境约束更易建功，双管齐下，“灯下黑”的隐性违规行为，便无所遁形。

不能不说，用“大数据”的手段对公务员的工作过程进行监督，确实有“过于严苛”的成分。但是，能够使得公务员的案头工作具有“可视化”的效果，乃是把公务员的工作情况向公众公开的前提。事实上，监察部门公布的情况，如果能够即时反馈给当事的单位和个人，“视频看得欢，炒股更起劲”的状况，定不会狂放到“看得欢”和“更起劲”的程度。监察是为了停止错误的行为，而不是为了曝光。对曝光台公布的结果，人们的心情是复杂的，我们期待每期都能够有结果，同时也期待，曝出来的情况一经发现便制止，所有的曝光，都已经是过去式。

当然，也有人认为，监察部门通过电脑追踪手段监督到公务员的公务平台，使得公务员成为 “透明人” ，会影响公务员的士气和归属感。但是，公务员本来就是公仆，有什么不能公开的呢？正是因为电脑和互联网的大数据，为办公平台里的工作提供了得以透明化的可能。而“透明公务员” 、“透明机关” 、“透明政府” ，不正是我们所期待和正在努力的吗？

停车场管理失序中有“毒瘤”

刊于2015年1月5日《羊城晚报》A2版时评

广州市里在册登记的3000多家停车场中，有2600家证照不齐。这新闻真有点儿石破天惊！虽然，这并不意味着那些手续未全的停车场，都会扰乱市场价格秩序，但这些停车场工商管不上，税收征不上却可能是现实，虽然没有这些停车场的车位数字，但按钟收费算来，其中的营业额和偷漏税额，恐怕也是天文数字。

据说，这些停车场失控的很大原因，是因为自去年5月起，广东省取消了停车场审批制，交通部门退出了现场审核机制。而按照有关规定，停车场必须有场地使用证，才能办理工商税收和价格手续，然而，那些证照不全的停车场，实际在土地使用权和产权等方面，都或多或少有问题，因此，某条街某条村要把公共用地变作停车场，又怎么可能出具场地使用证明呢？那么多未办手续的停车场存在，我们很怀疑城市指导价格策略制定的相关停车位数据，离现实状况是多么遥远！怪不得要搞那么多的路边停车场啦，原来原因之一，恐怕就在于此。

两种停车场并存，而且非法停车场的数字远高于合法经营的，这可能有历史遗留的问题。但不可否认，相关的管理部门，都力有不逮，管理的真空实际意味着城市停车场的失序。媒体报道那些手续未全的停车场很“黑”，这是话糙理不糙。实际上，不合规定开办的停车场，除了国家税源大量流失之外，鱼目混珠的经营，也使得人民群众缺乏安全感。在非法经营的停车场中停车，车辆安全是没有保障的，一旦车辆受损或者失窃，法律上是很难向停车场索赔的；而且，两种停车场并存，市场公平性何在？政府的管理尊严又何在？

非法停车场之所以大量存在，理由很简单，一是因为我们的有关部门“阔佬懒理”，其管理口径过宽，根本没意识到这个与民众生活息息相关的领域出了问题，会给政府信用带来多么大的打击。二是因为，我们对土地使用管理的态度，在所谓的停车场开办过程中，很多属地管理的基层部门，本身就与管理地段中的停车场，有着说不清道不明的利益关系。而在土地物权使用上，不少的基层权力机构，更是无视产权归属，肆意把一些辖内的公共地段．随意划拨或者“承包”，充实自己的小钱柜。把公共用地或者非产权用地化为停车场，并公然把收入占而有之，已经是城市停车场管理中的公害……如此背景之下，政府政令基本被视为透明，而一旦要有关方面介入干预，则往往又变成利益集团中的博弈，政令往往被变通、被缩水乃至无存。

不管什么原因，城市停车场管理的失控，既失人心也令民众的安全感受到损害。是把这个事情当作癣疥之疾，慢慢用“水杨酸”去涂抹，还是施以雷霆手段，一劳永逸治理之，就看有关部门是否愿意或敢于剔除其中的毒瘤了！

立法规范国企采购有远见

刊于2015年1月16日《羊城晚报》A6版时评

有媒体报道，据《2013年中国采购发展报告》，民企采购交易成本为26.5%，而国企达44.9%，为民企的170%。以上述估算的我省国企2012年2.75万亿元采购额计，要比民企多支付逾5000亿元采购成本。

据此，省民盟今年省两会期间将提交集体提案关注国企采购问题。提案指出，《政府采购法》管不着国企采购，《招标投标法》管不住不招标的国企采购行为。提案建议，广东应率先为国企采购专门立法建规。

规范国企的经营行为，特别在法律上对国企法人的行为进行约束，是依法治国的题中应有之义。本来，企业是追求利益最大化，其采购成本也是为了实现盈利最大化的目标。在保证运营质量的情况下，采购成本应是越低越好，可叹的是国企采购交易成本与民企相比，差距甚远。相较于民企，很多国企本就具有天然的政策优势、环境优势、市场优势等，而这一系列的优势，正是因为其具有一定的公共性才获得的。但是，如此背景下，国企的采购成本，还要远远高于民企，若用市场经济的观点看来，是怎么都难以启齿的，但煌煌数据，却说明着这种不合理性，成了熟视无睹的现实。从浅层次说，高成本采购无疑是对国企利润空间的消弭；而从深层次看来，高成本的采购现象，暴露出国企经营者任意挥霍国企资源的重大漏洞。

规范国企的采购行为，既是要保护国企的资产，也是保护国企的管理干部。在广东率先提出为国企采购专门建章立法，无疑是有远见的举措。通过地方立法，对国企的采购行为实行约束，正是合乎经济和社会发展逻辑的必然。国企采购，在没有规范之前，看上去是不受市场规律约束的，但高成本的采购归根到底必然带来高价格成品销售。随着民企行业准入的不断松绑，国企能一家独市的机会也越来越少。而在市场博弈和管理调控当中，所遇到的问题必然是，一方面用低成本采购等经营手段去占据市场，而另一方面则利用自己的资源优势为他人的市场准入设置障碍。如此博弈的结果，最终将影响市场发育，束缚生产力的发展。而运用法律规范国企的采购行为，不是约束国企的市场扩张能力，相反，通过规范，把国企从高高在上的经营平台上挤兑下来，从而一方面形成更为公平的市场环境，另一方面遏制有关的公共性企业通过垄断来实现其市场目标的冲动；当然，也为国企的经营管理加上一道反腐的栅栏。

国企的企业行为，随着纳税人的公共财产意识的高涨，将越来越受到关注，而规范其市场采购行为只是基础的一部分。在成熟的社会中，国企因其公有性质，必将受到更多的软硬约束，而这种约束也将令其像上市企业那样透明，从而回归到更成熟的全民所有制性质中。

“闯红灯”影响个人信用是否过于严苛

刊于2015年1月19日《羊城晚报》A4版时评

搭建中的广州市公共信用信息管理系统，不时会传出消息。最近，第一版的信用信息资源目录，被陆续披露出来。其中，个人的信息目录对冲红灯、醉驾、欠缴电费这一类过往的“生活小事”，也会纳入记载。有媒体称这意味着这些信息，未来会影响个人信用，严重的甚至影响贷款。

个人信用信息包括什么内容，可以说，就是对未来一个合格的公民的一种人格勾勒。过去，我们质疑某人的可靠性时，总要问那个人有没“案底”？也就是说，有没刑事或者治安性的受处罚记录。现在，要建立个人信用信息系统，每个人的信用脸谱，自然也要被全面记录下来，形成个人信用的“案底”。

个人信用资信目录有对冲红灯、醉驾、欠缴电费等行为的记录，被媒体特意强调出来，不无吐槽未来个人信用档案过于严苛的意思。在传统的社会管理观念中，唯有犯了杀人放火这类天理不容的大错的人，社会容忍度才会达极限。一般看上去贪小便宜之类的“毛病”，往往采取既往不咎的怀柔策略，金无足赤、人无完人嘛！所以我们对个人信用方面的标准，其实是有些模糊的，因此对冲红灯之类行为，感觉上总与个人信用关系不大。相反，在国人的字典中，喝酒的酒品、赌博的赌品还有江湖中的哥们义气，都有可能成为个人信用的标准；更有人认为，个人信用就是一个人道德品质水平，是某个人的私德状况反映，所以，很多人以为“社会精神文明”建设着力点，归根到底要放在个人的修身养性上。评判很多社会现象时，总是说国民素质还不高之类的宏大叙事，很少能对“素质不高”说出个子丑寅卯来。

事实上，在一个公民素质发育成熟的社会，对公民的信用评估，往往是以公民在公共事务中的态度和做法为基本出发点的，在其评价体系中，你的负债情况并不能说明你的信用情况，甚至，你的负债越高，可能说明信用度或信用评分越高。相反，在我们这里的小毛病，如报假税、虚开发票、冒领社会补贴、虚报医疗药费……所有的“占国家便宜”的行为，都有可能是重罪。因为，这不仅仅是“多吃多占”的问题，而是直接侵害公共利益，损害了整个公共社会保障制度。在某些国家，个人信用记录本身，并不仅仅是道德水准记录，而可能是一种制度。比如，个人信用中的纳税情况登记，就对不动产的投资购置具有决定性作用，也就是说，你的资金倘没有明确的完税记录，根本就不允许你用于置业投资。

所以，完备的个人信用体系的建立，固然是一种公共管理体系的确立；同时也是对社会道德水平的一种养成。然而，恐怕带来的更大影响是，公共性的价值体系被建立，以公共资源保障为中心的新生活方式被选择。

小议唐宁书店的高调坚守

刊于2015年1月23日《羊城晚报》A2版时评

广州有些名气的独立书店唐宁书店，最近似将入驻珠江新城这个号称CBD的商业区，在广粤天地落下户头。本来在广州这个商业上总是一鸡死一鸡鸣的江湖中，有家书店怎么怎么地的，算不上城中话题。不过，像唐宁、方所、诚品乃至学而优这类以文化类书为经营对象的书店，沉沉浮浮总令白领人士所关注，对唐宁书店的这次挪窝，就有一家白领报纸用了一整版来报道，还不无煽情色彩地说它“辗转两年多终找到栖身处”。

今时不同往日。互联网发达，移动阅读膨胀，带着往日文化荣光的书店，因为读者的转型，已经颇有踏着夕阳归去的意味，渐渐走向城市的边缘。不过，作为城市不可或缺的文化符号，像唐宁、方所这样的书店，不断尝试着运用各种年轻化的商业手段，为文化人创造一个镶入如咖啡室、“漫画手办”等元素的消费环境，依然走着自己的“文化苦旅”。像唐宁书店那样坚守在城市旺地的独立书店，算是凤毛麟角。至于，这类书店的坚持、坚守和执着，最后的结果是成就不朽的文化守护圣骑士铜像，还是堂吉诃德式悲剧寓言，谁都不得而知。

书店因为与文化有着千丝万缕的联系，所以算是一门“雅商”。不过，既然归根到底还是一门生意，就离不开成本和开支，离不开买卖的人气。网上免费阅读的海量资讯，对书店的冲击是毋庸置疑的，同时书籍的昂贵也使得它的贵族化倾向越来越浓，加上现代居住空间的狭小，也使得都市人的藏书成了奢侈……虽然如培根所说“知识就是力量”，但在这个标签化的“小时代”中，不管你愿意不愿意，阅读是不是定要拥有图书实物，却没有成为新一代文化人的必选。在过去的生活当中，书店是仅次于图书馆的知识殿堂，每一个学者、每一个文化人，都可以写下几篇“我和书店不得不说的故事”。在书店这个文化符号还没有消失之前，唐宁书店门店高调落户CBD，自然也被主流文化圈看作一件了不得的坚守了。

唐宁书店一定是较好地解决了CBD地区昂贵的铺租问题，才得以高调开张的。我不大了解图书经营的行业，但想来租金肯定是书店重要的开支，然后就是图书周转的资金。这两条无疑至为重要，似乎珠三角的家具卖场和现在的电影院线等，都在试图解决这两方面复杂的问题。图书出版业据知一直还是保留着几十年不变的销售体制，唐宁书店们一直在都市里的坚持，恐怕还是因为其名声大和资本足，但是如果书籍本身的经营仍然突破不了原有的框架，恐怕还是会步履维艰的，哪怕它在城市文化人的心目中有多么的神圣！唐宁书店要在新店开张了，我们很欢欣。但如果它能够在广州成为一家老店并经营到永远，则更值得期待。

须防迎春花市向“无花”蜕变

刊于2015年1月30日《羊城晚报》A2版时评

广州的迎春花市非常有名，有名到因为花市的年俗，城市得了花城的美称。广州算不上全面产花的城市，但却是全国第一个把花作为过年主题活动的城市。经过上百年的沉淀，花市成为广州年俗不可或缺的部分。“文革”浩劫，广州取消了花市，城市没有了年节的气氛。上世纪70年代末，习仲勋主政广东时广州恢复迎春花市，起初发端于老四区，最后形成现在各区皆有的规模。

对于老广州来说，迎春花市是多年延续下来的习俗；对政府来说，通过各种管理手段保证花市的顺利进行，是对执政能力的考验。然则，对花商、花农来说，就是个身家和生计的问题了。所谓花市，就要有花有市。经过多年的市场变化和生活环境变化之后，迎春花市的可持续发展，竟成为一个连专家也难说清楚的供应经济学问题了。

一向以来，迎春花市的生力军主要是自产自销的花农，而传统上的广州和周边花农，多半只是业余的，所以鲜花品种不多，满足一般家庭的过节喜好就行了。上世纪80年代以后，才出现以年橘盆菊生产为主的养花专业户，并由此产生了包销的花商。其后，广州及周边城市的扩张和园林事业的发展，真正意义上专业花农才得以产生。到了本世纪初，省外的鲜花园林也逐渐把广州作为辐射市场的基地；时移世易，广州本地的传统花种受到了严重的冲击，年橘菊花等专业花农纷纷转型甚至流失……这一系列的变化当然也在影响着每年只开办4天的迎春花市，一则由于鲜花销售渠道常态化和多元化，人们在迎春花市里购买鲜花的能量开始支撑不了迎春花市的倾销；另则，鲜花的价格不可能无限攀升，只能维持在相对低价的水平，所以不少非鲜花类的年货产品大量流入花市。由此，广州迎春花市出现了似乎在向庙会蜕变的“危机”。

事实上，广州迎春花市面临如何在“守旧”中“创新”才能得以传承的问题。曾几何时，花市只是被看作卖鲜花的农贸市场来管理的；后来，为吸引花农给出了一定的税费优惠。如今，每年对迎春花市的档位，还是有竞价的标王产生的。不过，各区迎春花市的标王，多半已经与花关系不大了。这说明，花农或者鲜花在迎春花市被边缘化，已成为现实。长此以往，广州迎春花市的令名，会不会变成别的什么“市”呢？以市场经济手段管理市场是一种境界，但如果这个市场关系到某些非经济元素的公共利益，特别是具有文化符号的公共利益的话，我们是不是该像保护文物一样来保护它？广州迎春花市为广州的城市名片。那么管理广州花市就不能不给予“花领域”更多的政策倾斜。

鲜花生产是以跨季节为周期的，如果以销定产，花农们无法预知档位的成本和档位的位置，实际上也没法确定自己的生产格局；而以竞标形式来争夺花市档位，对花农来说，本身就有边缘化他们的嫌疑。坦率说，广州迎春花市在其即将涅槃之际，已到了需政府扶一把的时候了，这里面可是有“精神文明”建设的民意需求。有关方面，为此下一番功夫了吗？向其他城市推广花市文化概念很重要，但让花市存在下去，才有推广的前提。

关于反对年票制的表达方式

刊于2015年2月2日《羊城晚报》A2版时评

广州市以给城市路桥还贷等名义收取的年票，实施十几年来都是一件颇受争议的事情。最近广州召开“两会”，这个问题又被一些政协委员重新提出来。

奇诡的是这次的话头不是由年票制的合法性提出来的，而是有观点认为广州已有近半车主不交年票费了。更有个别的政协委员，虽有其“议员”之身，却以不遵守人民政府令为自豪，公然主张谁缴费谁傻……

我无法理解这些不执行政府令的委员们为何在表达自己不遵守规定时那么兴奋，就算是“民意代表”，就算是这个年票制确有问题，但是，您的做法难道与您的身份及当初担当此重任时的承诺不相违背吗？您可以抗议、可以提出提案，但是公然主张并且宣称自己违反有关地方法规，好像怎么都有些与身份不符喔！其他人不遵守某些规定不涉及个人的公信力，可政协委员就不同了。

关于年票制的争议持续不绝，实际是各种利益代表的博弈不绝，这项制度受到诟病主要在几个方面：丧失了商品等价原则和涉嫌重复收费。如果一辆车甚少涉及甚至完全不走年票涵盖的政府还贷性道路，年票就成为平白无故增加的用车成本。此外，国家“费改税”政策将道路通行费和养路费纳入燃油税征收，本可以很好体现“多用多交”的公平原则，但却无法撼动游离于高速公路收费和燃油税之间的额外年票费。再就是，根据2002年国务院办公厅有关治理机动车乱收费等问题的通知中明确要求，“今后，除法律法规和国务院明文规定外，任何地方、部门和单位均不得再出台新的涉及机动车辆的行政事业性收费、政府性集资和政府性基金项目……

严禁将车辆通行费平摊到所有车辆并强制收取”。

事实上，虽然广州市在某些预算项目中提到过部分年票费收益的支出情况，确实有不少是用在相关道路桥梁的支出上，但是，从来没有正式单列全面公开过年票收入的去向，显然这也是民众中不断积蓄质疑年票制能量的另一诱因。

从广州的情况看，实施多年的年票制也许有过一定的历史作用，但时至今日，作为公共投入，城市中有关路桥的开支，是政府应当承担的，政府不该把这些公共开支额外地通过任何形式，让百姓去承担不该有的额外负担。公共设施保障开支与一般固定资产投入不同，它应该是经过人大法案通过议案，不允许额外去增加或者缩减，给这样一些项目外挂一个收费制度，然后又模糊它的收支，显然不是一个透明政府的行为，更与上位法规的有关精神不符。至于民间的抵制行为，实际上已经是负能量的一种堆积，而名不正言不顺的年票制，又无法在法规层面上理直气壮，那还不如让它完成历史使命，省得又要留下“历史遗留问题”。

我不赞成政协委员以个人违反政府令的方式来表达自己的观点，但赞成政府能够顺应民意，纠正自己的“偏执”的又有争议甚至与上位法或者上级文件有冲突的地方法规。依法治省、依法治市，就是要从一个个地方法规的梳理做起。

到日本买马桶不必大惊小怪

刊于2015年1月5日《羊城晚报》A5版时评

近日，一条新闻在媒体上流传，说是中国游客到日本纷纷抢购马桶盖、电饭锅等，蔚为奇观，乃至于机场免税店人满为患。中国人成为日本日用品的消费大军，令人始料不及，因为这些产品并非日本独有，内地也有生产、上市。

消息被一些网站置顶，各种解读自然多多：有指责富人们哈日的；也有认为部分国人对内地产品的质量失去信心，要出国消费才能有心理安慰；较理性的人则认为，中国人的消费开始追求更为细致的产品设计，国人外出抢购日用消费品的现象值得反思……

中国游客在日本抢购日用品的冲动其实是有原因的。日本为了刺激市场，最近扩大了免税消费品的政策范围。中国是个连续增长的市场，而日本则停滞增长多年，加之人民币对日元的汇率坚挺，所以，中国人选择到日本市场消费也很自然。从经济学的角度看，消费行为本身没有什么倾向性，合用又有“着数”，自然有消费的购买冲动。正如有评家认为，不是什么哈日之类的冲动形成这次引人瞩目的浪潮，相反，恐怕是更为实用的用途和价格因素促成了人们的行为选择。

有人认为，到日本买厕板不是很好听，其实，日本是厕所文化最发达的地方，很多高端产品都有世界影响力，所以，到日本去选购厕板，也算是消费者的一种另类精明。其实，这些年，随着国内消费水平的提高，人民币购买力的增长，国人出国消费已经不是新闻了。至于消费观念，很多人喜欢按自己的理解提出这样那样的问题，更有人给出国消费的人贴上负面的标签。可是，历史上好像没哪个国家的人出国买东西回来就把国家弄穷了的先例的。中国已经不是外汇短缺的国家，国人外出买那么点东西，有什么值得大惊小怪呢？我们总喜欢把出国消费的行为误读为奢侈消费，其实，站在消费者的立场看来，没有能力又怎么会非理性消费呢？既然鼓励旅游，那在旅游的地头上消费，自然是题中应有之义。我们在自己的旅游胜地上推销的都是纪念品等低附加值的东西，而人家呢，普通的工业产品（电饭煲）或者高附加值的产品（香水），就构成了旅游外销产品主力，这不能不叫人感叹。

反过来说，我们应该问一下自己的产品生产商和设计师，为什么我们的产品达不到让外来旅游者青睐的水平？在有的发达国家，内销产品的生产标准不少是高于外销产品的，而在我们这里，内销或者国产的产品，往往有质量信用不足的疑问，在这样的环境下，我们怎么能够责备有购买力的旅游者选择国外的产品呢？归根到底，在市场上的正常消费行为永远都是理性的，而对理性的消费指手画脚，不管有多么充足的理由，或多或少都有些可笑。有忧患意识不是坏事，但总是爱干预其他个体的个人行为，却大有干预别人自由的嫌疑。

在城里人“假日烦恼”的背后

刊于2015年2月13日《羊城晚报》A9版时评

媒体总有忧患意识，春节还没到，有媒体就开始关心城里人的烦恼。很多从事服务类型的雇工也随着公众放假回家了，于是送桶装水的小铺关门了，发廊里的理发费也贵了，当然，饮食业的跑堂也出现招工难或者非熟练工多了起来……媒体还带着几分幽默感，让城里留家过年的家庭早作准备，以便应对种种不便。

在放假问题上，中国确实有些中国的国情。在西方许多地方，一旦遇到公众假期，那么放假也就是全民放假了，你到街上去，商店很少开门的，有的地方甚至连清洁工也在放假，真有不放假的，老板只好依照法律，给予高薪的补偿。在那些地方，放假住在城里，是非常不方便的，这种习惯已持续上百年甚至更久了，但是没听说有什么抱怨的声音。很多东方旅游者到了这些地方，遇到公众假期，也只好埋怨自己没有预见性，逛逛清静的城市了。

与这些风俗迥异，在国人的习俗里，大多数人放假了，商家们就想在放假的人身上赚上更多，服务业如果在放假时节因为用工不足做不了生意，那简直就是错过黄金季。总之，除了开年前的一两天，假期是不要的。近些年来，也开始有商家过节假期就不做生意了，可是，大多数人对于“放下生意”这种很任性的选择，还是不习惯的。

东西方两种假日观念，其实很难说哪个好或者不好，既然有风俗的成分在，那就是历史形成的。当然，从比较现代的观念上看去，既是公众假期，人人都有放假的权利，为什么服务业的人就要“特殊”一点？然而也有观点认为，实行“三薪”或者更高的工资，让有关行业中的人自由选择是否放假，也就折中解决了假日期间用工的不平衡。

看来，对于放假期间有些行业可能因从业者回家而造成不便，其实应该只是劳动力成本是不是足够高的问题，固然，这和城市中人们对于服务价格的承受能力有关。作为东方的民族，人们还是欢迎在假日里能热热闹闹地享受节日气氛，而在大家心目中的所谓气氛，就是希望假日里不管到了啥地方，都能享受到无与伦比的服务。很多商家，也是把客人当大爷来供的，收费当然也比平常来得高。价格规律在假日里的体现，消费者是接受的，商家们当然也刻意为之。当然，节日期间的用工难，与很多人希望回家乡有关，但多数情况下，恐怕是因为放假期间服务业的劳务收入，并没有体现在员工身上，相反，被老板们作为额外收益“袋袋平安”了。其实，既然社会有过节服务的需求，那么，也不妨鼓励一下，但是，在我们的法律层面，很少有明确的规定，职工放弃假期坚持提供假期服务，他的基本保障应该水涨船高到什么程度。尽管成文法上也有“三薪”的规定，但是，却没有对克扣工人工资的处罚，也没有一个方便劳工们投诉的管道。

不错，价格杠杆可能是唯一能够公平解决假期用工问题的手段，但是，这个手段只要有一方认为维护权益的成本太高，那博弈一方特别是弱势的一方，就只好离场。假日期间城市出现的种种烦恼，其实折射出我们社会不尽完善的某些方面，如很多服务性的工作门槛太低，收入的保障也不十分稳定。尤其是服务业的用工年龄普遍偏低，很少老者出现在这些行业里面，这说明了行业的不稳定性。实际上，任何一个行业当中，只有拥有稳定的员工，才能谈得上稳定的工资，而有了稳定的工资，员工的多级别薪水才能够真正体现。假日中可能出现的烦恼人人都可以克服，也有办法克服。但是，用工制度中的不完善问题，要克服起来，则任重道远。

12369：善处“群众举报”才有前程

刊于2015年3月20日《羊城晚报》A2版时评

部分明星和名人，近来频频出事。案例公布中，涉案者无一例外栽倒在“群众举报”的火眼金睛之下，于是有好事者编了个段子，把“群众举报”特别是北京朝阳区的“群众举报”，列为与摩萨德等知名谍报机构并列的“谍报组织”。

段子当然有调侃的意味。但是，“群众举报”又岂是中国独有？在法制健全的很多现代国家，又哪里离得开“群众举报”？特别在美国，警方靠着线人制度，追捕大量犯罪分子，这个线人，不是“群众举报”又是什么呢？在美国许多的公益诉讼中，如家暴、虐童等案件，百分之百是靠街坊邻里的“群众举报”，有关的公益组织，才能够举证起诉的。其实，在法制健全的国家，“群众举报”，就是公民意识和法治意识的社会基本基石之一，当然，也是法治国家的基本手段。

也许，在互联网时代，作为普通公民，你可以笑话靠“群众举报”这种“原始”的查办案方式。然而，如果是公务员或者执法部门的工作者，却万万不可把“群众举报”变成个笑话。善待和重视“群众举报”，是法治社会的基本课程，同时更是政府特别是执法部门是否有法制信用的试金石之一。所谓脱离群众，多半是从忽悠和搁置“群众举报”开始的。

两会之后，社会的环保意识高涨，12369这个环保热线被打爆，关于环保问题的“群众举报”井喷！显然，每一个“群众举报”，都或多或少有着对法律的理解和法律意识的，当然对举报的现象，也肯定有其举证依据。然而，并不是每一个“群众举报”最后都能进入环保执法的“法眼”。其中的原因，与执法环节的“分工”有关，似乎也与执法环节的执法管辖对象有关。但是，环保部门难道不是对“环保”这个范畴负总责的么？怎么就不能把每个“群众举报”各自归位呢？有关部门解释说，去年受理5000多件投诉，并无专职部门，仅办公室两人负责电话、信件及网络信访……天哪，我佩服这两个公务员的负责精神，但是，设一个“专服”的公共电话，竟没有成熟的上呈下达的制度和处置系统，不但不检讨，相反好像还振振有词。真是有些可悲又可怜，你不去建设壮大自己的机制，又抱怨做什么？

不错，环保部门的执法力量确实配置并不完善，但是，如此这般对待“群众举报”或者对“群众举报”选择性倾听，是一个公共机构应有的行事态度和行事方式吗？“群众举报”之所以特别有效，是在于举报与处理直接接轨，反馈迅速。为什么在刑事案当中“群众举报”的能量非同小可，那是每一位警务人员真能够做到让公民“有事找警察”，认真对待“群众举报”提供的每一条线索。在环保执法当中，除了法律赋权有效、队伍建设落实之外，没有一个能够高效地把“群众举报”迅速响应到位的机制，委实很难不给民众一个无能无心无信的窝囊印象，而其法律威望更是难以树立起来。

广佛同城，就从治理河涌开始吧！

刊于2015年3月23日《羊城晚报》A2版时评

广州市环保局局长日前向市人大常委会提交了《关于广佛跨界河污染整治工作情况的报告》。报告称，广佛跨界区域有16条河涌，其中12条河涌年均水质均为劣Ⅴ类，而全市9个广佛跨境河流入境断面达标率仅为22.2%。

虽然，这份报告没有对佛山表示任何不满，但在这些河涌中，佛山处在广州的上游，污染难以彻底治理，其潜台词不言而喻。广佛同城虽是两城发展战略的共同看法，但要落到实处，毕竟还有太多的掣肘和博弈，除非真有更实质性的动作，否则，眼下的同城之说，在某些方面可能是“口水多过茶”。而谈到环境治理，广佛同城就更难说到同个话题上，因为环境污染治理在目前，是个费钱费力的活计。广州大谈16条河涌的治理问题，何尝又不是在谈佛山的相关问题。毕竟，同喝一江水，哪能避得开上下游影响这个问题？

按道理说，环保综治是全国的可持续发展战略。但河流有自身的自然规律，就管辖区域而言，行政和执法上都有区域管辖的分工，铁路警察，各管一段。而滚滚江河水是泥沙俱下根本不会管你什么行政分工的，所以对治理河流来说，很大程度需要上下游的行政资源协调，才能够双赢。

事实上，环保已成为科学发展观中的重要组成部分，然而，前些年对地方的政绩或者税收评估而言，实际上很少会高权重考虑环保元素的。相反，环保毕竟是个投入大、显效慢的软指标，我们对城市文明的评估、对官员的能力评估，能够高权重地导入环保到评估体系中，在实践中恐怕并不容易。事实上，不管是怎样的施政，都需要一定的施政导向的，而这个导向往往就在政绩评估之中。

比如对于广佛跨境16条河涌的治理，倘若广佛能够高度同步，则一切障碍和困难，都能迎刃而解。目前，我们制定环保方略的时候，很少把不同管辖范畴“环保之后”所收益的行政利益和经济利益联动起来。显然，要治理好广佛跨界的相关河涌，肯定是要关停并转部分污染严重的企业，短期内也势必会损失一定税源；然而流域中的土地若通过整治可能带来的土地收益呢，我们并没有听过有河流流域可能会形成一种共享机制的。至于对排污方面的控制，为什么不能建立一种机制，按照污水的流量，去分配治污的资源？司法实践中有异地办案审案，以排除某些管辖区的人为干扰。照此思路延伸，是不是也能在环保执法中试行易地办案，把广州的环保案让佛山执法部门去办，佛山的环保案让广州执法部门来追究，这样是不是也可能改善资源的统筹？

河流上下游的排污是互相影响的，在治理政策设计上也应当互相联动才可能取得显著成效。佛山是广州的上游，不应当冷眼看着广州在治理河涌上束手无策；广州是佛山的下游，对上游的不作为或者少作为，也不应当缄口不言，应该用数据，把有关流域污染状况做出真实的交代。只有把广佛跨界的16条河涌的污染状况细节先讲清楚，才会有不同的责任担当，有了各自的担当，才有各自的责任边界，然后才有合作和联动的立场，最后有共同的路线图，达成共同的治理目标。

凭什么动医保报销比例的手脚?

刊于2015年3月27日《羊城晚报》A2版时评

媒体这几天都在解读广州实施的医保新政。被称作“门诊统筹大小点”的措施，将引导性要求在社区医院进行首诊，然后再转诊到定点的大医院。其中，在社区医院看病可报销80%，经转诊定点大医院的，报销比例为55%，没有经过转诊的，按45%报销。

这种制度设计的目标指向，据说是为了减轻大医院的负担，分流小病人群，从而缓解大医院的看病难。新政实施之后，确实很多街坊开始打听就近的社区卫生服务中心的地址，社区医院的人流确实有增加，但是，大医院的人流有没减少呢？暂时很难预计。

广州居民可以为了“医保的拆账比例”去选择社区医院，但省城的大医院都是“省级医院”，其服务对象并非仅广州居民，很多病人都是四乡来的，他们并不一定享受医保或者医疗统筹，很多干脆就是自费病人。如此，区区社区医院的分流，肯定是杯水车薪的，何况，有病的人多半是宁愿多花点钱也尽量选择好医院的，谁又会真在乎医保多出10%的“利益拆账”？再说，是不是要为转诊人员开设“绿色通道”，且能长期一条龙服务呢？总不能把“转诊”最终设计成一种特权吧？

无意腹诽“医保新政”，毕竟它是医疗体制改革的一种尝试。

加入医保是公众个人的选择，但是人为地为推广一种政策或者制度，就把享受医保的权利削减，这设计是否有些“非人道”呢？为什么选择低级一点的医疗才能够得到比较高的报销，而选择优质医疗公共服务的，却要利益受到损害？这在理论上是不公平的。有的人愿拿西方的制度设计比，但西方有高度发达的私立医疗制度，而且是独立于公共医疗制度之外。它并不是在公共医保服务中任意把报销权利强行划分标准。“疾病面前人人平等”吧？治病的环节越少越好吧？为什么一定要我们去选择复杂的过程，才能享受到医保“受益”的最大化呢？

西方并不是把公共福利分为三六九等的。所有人一视同仁通过社区医院转诊，是专科就转到公立医院的专科医生那里，只要是职业医生就要到公立医院定时坐诊。只要你选择公共医疗系统，就只有一种规矩，不像我们现在这样不断有例外例外再例外，现在，竟连公共服务也不能做到均等化了，还被认为是改革。

我反对捣鼓“报销比例”来制约人群去社区医院就医。社区医院能不能吸引人群，在于它有没有高水平的服务。在大医院，有病人跟大夫的现象；私立的一些诊所，也往往是“酒香不怕巷子深”。这说明，只要做好让名医也到社区去坐诊，形成良性循环，社区医院就不会门可罗雀，当然，我们不能实行大医院医生到社区医院就萎缩处方权的制度。现在，我们强调让社区医院医生去上级医院培训，而在处方药上还对社区医院有限制。天哪！社区医院猴年马月才能出一个名医？真改革最好不要从服务对象身上开刀，而从服务体系自己身上动手。我们鼓励大夫多点执业，如果规定有一半以上的“多点执业”点必须在社区医院里，恐怕就不用这么“不明不白”地在医保报销方案上动手脚了。

社会透明和信息对称才是阻谣对策

刊于2015年4月3日《羊城晚报》A2版时评

中山大学前日有学者公布了一组数据，并从传播理论角度出发，对网络谣言发布的机制，做出分析报告。从时间轴上看，每逢周一至周三和周六是谣言散布的高发期；而从内容上，谣言主要集中在食品安全、人身安全、疾病等三方面。在谣言制造者中，男性占83%，女性只占17%；但在谣言传播过程中，女性会相对更容易相信并传播。

对于普遍存在的某种社会现象，学者们总是想探讨其形成的机理，寻找其中的规律，所以总借助大数据之类的工具去研究它。然则，真有那么复杂吗？也许吧！可是，古代就已有“三人成虎”的成语，描述谣言形成的过程。而很早就有学者指出，缺乏安全感是传播谣言的社会心理基础，人云亦云，往往是从不懂装懂开始的。虽然，我们暂时还没有充分的理由去解释为什么产生谣言会有特定的时间轴，但分析一下谣言集中的内容，对谣言形成的因果关系，还是有迹可循的，不就是和人自身的安全有关吗？

所谓食品安全，关注的其实是人们的自我生存环境。摄入食物是人生存的基本条件之一，同时，摄入食物不当也是致病的原因之一，而不该被摄入的物质混进了食物中，对生命体来说就是灾难。所以，原教旨的宗教教义中，甚至对“洁与不洁之食”，都有详尽的界定。人身安全，自然也是人们所关注的生存环境要素，我们教育小孩“不要与陌生人说话”，出发点实际也是为了让小孩防范可能的侵害。至于对疾病，就更是人类要与自然不利因素终极抗争的领域，从其中蔓延出来的各种说法，有科学依据的是分享，没有科学依据的道听途说，就是不负责任的谣言。

谣言对于社会稳定是有害的。但是产生谣言的社会心理基础，却不是一下子就能够消除的。俗话说，谣言止于智者。这意味着，全社会人人都成为智者，才有可能杜绝谣言，这当然是个理想的社会形态。但是，这是不可能的，只能是个愿景。又有观点认为，短时需用重典，对谣言制造者必须重惩。然而，谣言的传播常常并不是与一人一事相关，而往往是不明真相者“心理预期”的总爆发。为什么食品安全方面容易产生谣言，就是因为我们的食品安全管理上有太多的不透明，太多的食品安全隐患，而这些隐患又没有通过正常的渠道传达给公众，从而产生信息的不对称，给似是而非的谣言提供了土壤。

在人身安全问题上同样存在信息不对称的问题，我们的警方总是把一些异乎寻常的案件视为“机密”，不能及时地公布有关的案情。谁都知道，警方不是万能的，有些案件暂时不能侦破，其实并不都是警方的耻辱。而及时公布情况，恰恰是防患于未然的最好举措，如果总是用“我猜我猜我猜猜猜”这种思维来对待公众，没有谣言才是怪事……其实，社会透明和科学知识的普及，让每一个人能够成为信息对称的智者，才是消弭谣言的最好办法。我们说要传播正能量，并不是喊口号就是正能量了，全面地将社会管理的各个方面透明化，在去行政化的同时去神秘化，让全社会共享同步信息，谣言的心理基础和传播基础，自然就动摇。

学位房是城市教育管理的负面标签

刊于2015年4月10日《羊城晚报》A2版时评

学位房这个概念，真是有点坑爹。不是局中人，有时候真的搞不清楚真实的含义。不过在不少售楼广告中，都有标榜其所售房产是学位房的，连学校还在规划中的，也说自己有学位房。这其实是发展商在搭部分置业者对学位房盲目渴求的便车，玩文字游戏罢了。学位学位，有学校自然会有学位，发展商说不上是欺骗，但其中的狡猾，不言而喻。

另外一种学位房是对二手房的特定位置表述。这些房子靠近城市中比较有名的中小学校，而且，符合教育部门就近入学的条件。当然，靠近名校的民居，能够被出租，让家长能就近照顾孩子的，也可算是学位房的延伸。

对于第一种学位房，大家伙儿们都知道是咋回事，除非那个规划中的学校是个所谓名校的分校，否则，跟学位房未必沾得上边，就算沾上边，恐怕也要那学校存在若干年成为名校以后。义务教育是法律规定了的，每个孩子都有书读。当然，学校也有公立学校和私立学校的区别，但发展商又不是教育主管部门，还不至于明目张胆说规划中的学校，就一定是公立的。对第三种性质学位房，那多半是中学以后的事情了，孩子考上了相关学校之后，离家太远不便照顾，家长才会考虑这样的房子，不过，大多数家长都会选择租赁。

现在市场中被爆炒的学位房，指的应该是第二种。因为符合这种学位房的房子不多，而符合条件的往往因为教育管理部门的政策，具有很大的不确定性。比如，教育部门就有孩子户籍在某房子中落户若干年而且是业主直系亲属之类才可以入学的规定，所以学位房就不得不买，否则，哪个业主能够变成租户的直系亲属并且还允许挂靠入户？可见随着有关政策的愈加严苛，能确定为学位房的资源就更少，所以学位房被爆炒甚至到了每平方6万元的天价，不能不说教育部门也有一份“功劳”。当然教育部门估计也不是不晓得，所以每两三年就换一次政策，美其名曰试图令资源均等化合理化。但这就更坑爹了，万一提早投资了几年的学位房被政策调整没了，那可真是哭爹喊娘也没有用。很多家长多是因为认为学位房可以代代相传，自己孩子长大了，自然由下一手家长接着，才决然高价买入的。

教育部门想了很多办法来避免或防范政策规定外的学生，钻空子占了那些政策内学生的学位，却还是有非学位房户籍的学生进得了相关的学校。然而，学位房概念的出现，难道不是对教育部门赤裸裸的打脸吗？家长们思想有误区，认为好学校必然出好苗子。但教育部门呢，是不是在实施双重的学校资源投入标准？不错，名校是历史形成的，可是，为什么所谓的名校和所谓的普通学校相差那么大？从某种意义上说，学位房的存在是城市教育资源不均等的一块负面的标签，而价格被炒得越高，说明教育管理部门的有关政策越非人性化。家长们炒学位房可能是一个误区，但是，这种误区的推手，难道没有教育管理部门一份吗？

高薪抢招技校毕业生是件好事

刊于2015年4月13日《羊城晚报》A2版时评

一则消息在网上炒得很热，广州有企业开出月薪7000元抢技校毕业生，而且，招聘会上普遍的企业开价，多在5000元上下。联想到若干年来高招会上的统计数据，大学本科生不免要悲催了，很多招聘单位给大学本科学历的学生，月薪开价多在3000来4000多元……这种现象被很多人认为是人才市场新的导向，表明社会招聘更为现实。

其实，仔细分析一下，这则消息也不过是标题党式的新闻，第一，那是在一个技校毕业生招聘会上的信息，也就是说，这个招聘会对本科生是排他性的；其二，开价7000元的岗位，是计算机三维设计的专业岗位，可谓凤毛麟角，根本不存在可比性。不过，在企业招聘中，本科生好用还是技校生好用，历来是个HR们争论不休的话题。笔者有个当技校领导的朋友曾经这样总结：在中国的企业，从学历脉络看去，不算在职代培，本科生多半会成为企业高工，而技校生，最终会成为厂长。他认为，如果不是国家硬性把本科学历和技校学历分了等级，技校的专才式培养比高校的综合式培养，更具有适用性。

这位校长的观点是不无道理的。有更为刻薄的评论说，中国制造之所以没法转型为中国创造，是因为战略家们太多，工匠太少。

在这里，战略家和工匠之所以成为对立的概念，说的其实是动嘴能力和动手能力的区别。在具有工匠传统的欧洲，其实专才学校或者叫作专科学院培养出来的毕业生，是很受社会欢迎的，在欧洲，高级学校和学院特别多，综合性的大学，反而并不多。欧洲的很多企业高管的出身，多半是一些高级商科学校，在有些国家，高级中学和学院其实是同一档次的，比如哲学家萨特就是中学教员，写书出了名便直接到大学授课了。事实上，欧美社会中动手专才的收入，比所谓脑力劳动者高的例子，比比皆是。比如管子工、集装箱车司机的薪酬，都是令人羡慕的。

中国对高级技工的尊重本来是有传统的，计划经济时代，八级钳工的工资就可能比厂长还高，工厂里的级别考试，其难度不亚于高考。事实上，曾几何时，中国的高级技工也有一个严格准入和晋级制度。当然，这套传统随着技术进步和工艺分工的细化被分解了，除了厨师这类手工作业特征鲜明的行当之外，更加不讲究了。在欧洲，哪怕是作坊技工和学徒都是有严格的等级和准入制度的，企业使用没有资质的劳工，是要受到处罚的。而在我们这里，未必每个企业都这么规矩，比如包工队里的电工泥水工，又有几个是有资质的呢？

专才技工的收入高于普通素养教育的人员，其实是社会的进步。从发展的眼光看，专才技工的资质准入和晋级体系，与学术资格准入和晋级体系，应该是并行的，学术体系不应当觉得自己高人一等。值得期待的是，一些新的高收入技术职业岗位正在开始形成，社会的用人观念、学习观念以及就业观念在逐步完善，就业市场将形成新的机制。什么时候我们有更多的本科毕业人才能够并愿意到专才培养学校回炉，人们不再把素质教育误会成为技能教育，我们的就业之路，就不会如此艰难。

城市慢行系统或可“分而治之”

刊于2015年4月17日《羊城晚报》A2版时评

广州市日前将城市慢行系统的议题，提交到公咨委讨论，提出要多给慢行系统路权的问题，要解决接驳居民住宅“最后一公里”的问题。当然，也摆出了前段时间试点的难题。比如，公共自行车投入了1.1亿元，可是租赁收入仅约93万元。可以看到，宏愿与现实之间，还有很大的落差。公共服务的最终目标虽不是为了盈利，但老是亏大钱也是对纳税人不负责啊！

城市决策层近些年提出要重建城市的慢行系统，百姓们举双手赞成。我们原先曾经是有个庞大的慢行系统的，不过，那个慢行系统与当今提出要重建的系统，并不是同等意义上的。在中国还是世界最大“自行车之国”的年代，家家都有自行车，城中到处有自行车保管站……而当时，与自行车分路权的也基本只有公共汽车。可以说，公共服务上保障了自行车，就解决了大半百姓“行”的问题。改革开放后，出现了摩托车、私家车，又出现了地铁、APM等，可以说，出行手段的多元化，自行车随之式微。而随着环保、健康等新观念日益高涨，汽车造成的道路拥堵，也令人们的观念渐渐改变，否定之否定的哲学话题在自行车发展史上出现了现实版。城市的决策层也顺应潮流，为重建以自行车为中心的“慢行系统”，做出了不懈努力。比如，城市的绿道建起来了，也开始划分一定的自行车道，也曾在某些区域，实验性地建立自行车租赁站……然而，放弃一个系统容易，重建一个系统困难，何况，这个新系统是以公共服务为中心的、已经“螺旋上升”了的“城市慢行”系统。

对比像杭州那样的城市，广州原先的自行车出租的实验，并不尽如人意。在大学城建立的自行车出租系统，硬件配套不错，之所以不能流畅运行，恐怕还是对服务人群的需求过于想当然。大学城与杭州不同，杭州是旅游城市，除了本城人员外，大量的外来旅游者都有可能选择自行车游览景点。而大学城是个相对封闭的空间，学生们的校际往来未必太多，每天来往路线也不过宿舍、课堂、饭堂、运动场，在需求时空上显然制约着出租自行车的使用率，哪怕在大学城内自行车的路权达到最大化，但自行车的运营效率，显然是难以最大化的。

广州市中的各类交通工具，成系统的实际上很多元，自行车如果说要全面分路权，恐怕一时半刻也不现实。窃以为，在广州市全面推行慢行系统的条件是不成熟的，在这个城市里，连“五类车”、“泥头车”的管理都实现不了有序化，再建一个系统，无异于痴人说梦！不如借鉴治安上网格化管理的思维，一个网格、一个网格地去设定并配套实施，更有可行性。城市中，长线的慢行系统，有难度，那就建短线的。海珠区要建环区有轨电车，那就围绕环区有轨电车去配备交通系统吧；天河区的BRT系统比较集中，那就围绕这个重点去规划……总之，采取分而治之的办法，按照已有交通系统的特点，去构建“慢行系统”，不适合的地区，甚至可以不建，如此类推，恐怕实现慢行系统的宏愿，更有现实的可行性。

餐饮业自我调整无须“惊诧”！

刊于2015年4月20日《羊城晚报》A2版时评

广州有家唤作“黄鳝世家”的酒楼最近低调地结业了，引发本地媒体对城市餐饮业的洗牌思考。媒体不无感慨地报道说，很多的酒楼开始拆包间，扩大堂，走街坊路线；珠江新城不少做餐饮的旺铺空置求顶租……总之，高端餐饮在转型，而洗牌的风潮正在波及平价酒楼……

其实，所谓的“黄鳝世家”不过算是一家有点特色的酒楼罢了，绝没有什么“世家”的历史。媒体把它拿来说事儿，无非映射它是平价酒楼的极致，但都无以为继了，可见其洗牌风潮的来势汹汹。感觉上，很难说广州酒楼有什么洗牌潮，广州是美食之都，洗牌天天在上演。饮食之道，也是世道时道的反映，自然就该常常变通，没什么大惊小怪的。

事实上，八项规定颁布之后，广州的餐饮界一直在调整自己的“新常态”，不论是高档食肆的“特价孖宝”、“商务套餐”，还是各类食肆的打开客房、拆除包厢，都摆出了“论持久战”的态势。不过，这些不无“悲情”味道的招徕手法，很受百姓欢迎。在业界把这股风气看作转型，在民间却是把这个看作是价格回归。在珠江新城，吉铺是空置的，但也有不少占地颇大的酒楼，相继于今年内开业，很是辉煌。据餐饮界灵通人士爆料：珠江新城白领多，餐饮业的午市，一座走三五趟客不在话下，当然，有些折扣是免不了的，然而，行内谁不知道，“羊毛出在羊身上”又或是“朝三暮四”，都是最好的策略运用。

在广州的餐饮业，有一个对经营者来说颇不公平的潜规则，那就是铺位和酒楼之间的租约，一般都是短期的，多半也只有5年，5年之后，多半铺位要涨租，所以，难免会出现满约之后酒楼结业的情况。这在珠江新城这样的新兴区域很是常见，当然，招租的时间差不多，同时不再续租走人的时间当然也差不多了。我们有时很困惑一些高档酒楼的折扣策略，认为“吃300送130”之类的优惠让利很高，殊不知，能够推出这种优惠的酒楼都是在当地开张时间较长的酒家。何故？这类酒家的装修折旧，早就在“高消费”时代完成了，现在世道有所变化，适应一下有何不可？

广州的饮食业一向都有各种价格梯次，布局非常合理。倘若经营不下去，多半是自身原因造成的，坊间少有名食肆“执笠”，多半伴随有什么老板好赌、借了贵利，又或者其他负面背景的传闻，至多，也就是内部团队分裂之类的。真正因为什么社会风气调整，搞到酒楼食肆经营不下去的，实在是少见。广州市的餐饮业，又是有容乃大的，无论是川菜、湘菜、东北菜，还是和风菜、韩风菜……都能在广州找到自己的消费人群，并且打下根基。故此，广州餐饮业本来就是个持牌就要“洗刷刷”的行当，无论是装修格局，抑或是价格体系，时不时调整一下，都只是行业“吐故纳新”的小儿科，“有人辞官归故里”“有人漏夜赶科场”，世态如此，并不尽是令人大惊小怪的“新常态”。

食堂装“天眼”易，定标准却是长考

刊于2015年4月24日《羊城晚报》A9版时评

食品监督、教育部门与社保部门联手，近日推出《广州市学校食堂食品安全视频监控系统使用管理办法》。这意味着，广州市3000多家学校和幼儿园的食堂，都将装上“天眼”。这个举措，是广州中小学和幼儿教育机构，向家长公开工作的一部分。

不知道这些视频资料的保留时间有多长，也不知道其内容用什么方法向家长开放，如果家长要查看某一阶段的视频资料，是不是要经过繁复的手续？不过，这种公共服务的对外公开，是值得称道的。食品安全是家长们关心的一个问题；学校食堂是不是全心全意为学生服务，又是家长关心的一个问题；还有，孩子们在学校食堂是否吃得物有所值，也是家长更关心的问题……通过视频记录保证学校食堂合法又合理地运行，自然是运用现代科技监督公共服务或者准公共服务是否落到实处的一种尝试。而由食安、教育、人社等三部门出头，不可谓力度不大，更可见有关方面的决心。

中小学校或幼儿机构的食堂，是一个众口难调同时又容易出食品安全或者经济纠葛的服务行当。可就目前情况来看，其性质比较复杂，有的是教育机构自办的，有的是承包的，也有的是局部承包的……经济形态多种多样，当然，很多学校现在也希望通过社会服务购买来实现。但是，大部分学校和幼儿园食堂的运作资本，是由一部分政府税收优惠、一部分政府补贴以及部分家长的餐饮支出构成的，显然，它不是全公共服务，但又有公共服务的性质。然而，学校食堂或者幼儿园的食堂，一向以来是很难有个统一标准的，大致上，有个卫生标准加上个基本的营养标准，就很了不起了。学校与学校之间，食堂质量如何，恐怕也很难比出个所以然来。但是，倘若有了视频监控系统，除了各食堂的有关运作一目了然之外，食堂的目测优劣，也很可能成为一种互为压力标准，这对于家长来说当然就能够在心里放下一块石头。但这对那些眼下未必真正规范运作的学校幼儿园食堂来说，就需要紧急调整了，特别是那些外包或者承包的食堂，合同的履行要求，便愈显严苛，怎样解决政策调整后带来的遗留问题，恐怕也考验管理者的智慧。

学校幼儿园食堂的视频公开以及校长巡查制度，只是校务公开的一部分。其实，光是食堂，就有账目公开、审计公开等一系列的手段还没有提上议事日程，而且，如何为学校和幼儿园的食堂建立一套从饮食卫生、饮食内容、到餐具安全等标准，恐怕是视频系统落实之后的重点内容。无标准即多争议，无规矩也不成方圆，为学校幼儿园食堂装上视频监督不难，花几个钱就是了。但要制定出令这个系统真正行之有效地运作的软件——学校幼儿园食堂运行和质量的标准，有关方面还要花一番心思。

当“驾照自学直考”成为权益性要求

刊于2015年5月8日《羊城晚报》A7版时评

去年底，公安部正调研驾考改革的消息一经公布，就引发社会广泛关注。从此，“驾照自学直考”，成为一个社会热点话题。

在民间被叫作“散学”的“驾照自学直考”，原本是不存在的。2012年，深圳人樵彬状告当地车管所以“没有驾校学习记录”为由拒绝其参加驾考，其援引《行政许可法》“赋予公民特定资格的考试，不得组织强制性的资格考试的考前培训”等规定，打了一场官司，最终，樵彬胜诉，也成为深圳“散学”第一人。而从此，深圳驾考才开了个口子，每月有一定的“散学”名额实施“驾照自学直考”，不过，据说参加“散学”的通过比例，是比较低的。

“樵彬案”当年影响很大，但似乎主要在于“民告官”赢了官司，对“驾照自学直考”的案例意义并不显著。然而，近年由于“驾考排队积压”成为社会焦虑的问题，“驾照自学直考”被看作是缓解或提高效率的途径之一，由此而备受关注。

正由于“樵彬案”并没有成为普遍参照的“司法案例”，所以，围绕“驾照自学直考”的法规冲突之处，并没有受到重视，就是尝试试点实践的深圳，也只是“且行且看着”地“摸石头过河”。事实上，无论是《道路交通安全法实施条例》第20条规定：“在道路上学习驾驶，应当按照公安机关交通管理部门指定的路线、时间进行。在道路上学习机动车驾驶技能应当使用教练车，在教练员随车指导下进行……”或是广东省交通厅有关机动车驾驶员培训的管理规定，要求驾驶员培训机构不得“为本培训机构学员以外的人员提供机动车驾驶培训及考试服务”，教练员不得“擅自招收学员或者为本驾培机构学员以外的人员提供培训、考试服务”。还有有关教练员“不得参与招生和收取培训费”等规定，虽没直接否定“驾照自学直考”，但若严格按照规定审核，“驾照自学直考”基本上是不可能完成的任务。

讨论现行法规的不合理性或者自相矛盾是没有意义的，因为在制定法规的时候，还没有“驾照自学直考”这个权益性问题。相信真正推行“驾照自学直考”的时候，这些法律障碍肯定会被一一破除。实际上，就算没破除，深圳不是也在艰难地少量“放水”么？

值得反思的是，“驾照自学直考”成为权益性要求并为人们广泛支持，是因为目前的驾校管理和驾照考试制度，越来越变成一个垄断的行业，而且，驾校的费用也基本脱离了准公共服务的轨道。

说白了，把“驾照自学直考”作为权益性要求来强调，就是要摆脱“驾校以及驾校考核排队”这只怪兽，建立起另外一条低成本的驾照获得通道。在“驾照自学直考”成为热点的今天，我倒要看看目前的驾校管理和运作格局，还能够垄断多少天？如果驾校不再是一门独家生意，不是有那么多利益纠葛和“横行霸道”，“驾照自学直考”就不会迅速成为社会热点。人们之所以热烈地期盼“驾照自学直考”，实际在愿望中是蕴含着对目前驾校和驾考制度的深深不满和愤怒批判的。

由此看去，“驾照自学直考”全面实施，很可能是实施多年的驾校管理和驾考制度变革的触发点。

“牛蛙”的背后是对公共教育的焦虑

刊于2015年5月15日《羊城晚报》A2版时评

凭着在课外补习班多科辅导，从而取得好成绩如愿在小升初中进入理想名校的孩子，不知怎的，被坊间或者网上称作“牛蛙”。也许是谐音“牛娃”的关系，这些“学霸”们的家长也很“享受”这样去给孩子们贴上标签。在大城市中，这个标签不仅包括了有自己的孩子很聪明是潜力精英的含义；而且，还表明了家长自己有非常重视下一代的培养的意识，当然也不无自己肯花钱在孩子教育上的炫耀。总之，其潜台词就是自己孩子智慧优越，自己家庭地位优越，自己拥有财富能力也顺带很优越……

课外补习成为都市的流行色。似乎并不尽是我国内地的特征，在亚洲的不少城市，比如东京、中国台北等地，补习班也是个很受欢迎的行当，不知道是不是亚洲人特别有这种潜质？在欧美，由于其大学教育的宽进严出，似乎不见有种种补习班的生意土壤。近年来，内地的课外补习更有向贵族化发展的取向，什么一对一、面对面之类的招徕，大有否定公共教育，返回“私塾”的味道。而培养一个科科冒尖的“全才”初高中生，花费基本上就是天文数字。可见，“牛蛙”的称谓恐怕还有“非常舍得撒钱”的意思吧？

究竟是教育出了问题还是家长出了问题？城市中教育资源分配

不平衡，使得名校与普校有了生源之争是一个问题；而家长“有钱就任性”恐怕也是一个问题。很多例子告诉我们，家长对学习本身的言传身教，对孩子学习从心理上的支持，比光花钱补习而家长不闻不问有效得多。更有很多案例表明，孩子在“一对一”环境下学习能力再好，也不如在学习集体中迅速抓住重点的那种学习能力。补习班的优越性不管说得有多好，其实都不过是门生意，很多补习班之所以能够成功，只不过是给孩子找到了一个监督到位的特训教官而已。

课外补习班的“热”，还反映了部分家长对公共教育的教育质量的深度不信任，的确，如果家长对现行的教育效果不是充满狐疑，恐怕是不会另外掏钱去给孩子搞什么补习的。说实在，在现在的不少学校中，对孩子的因材施教已经很少看到了。补习班的“乘虚而入”，恐怕就是他们能够抚平这方面的焦虑和填补这方面的不足吧。

面对已经在城市中扎下根的补习现象，其实已经没有必要去反感太多了，因为它的存在已经是一种现实。所谓凡是存在都是合理的。那么改变这种现实只能依靠时间或者某些制度的改革或调整。不同的教育环境会培养出不同的一代。而每一代的人才都是要走出校园踏入社会磨炼之后，才会回归常轨。

补习与不补习，本来是一种选择而已，没有什么可以担忧或者指责的，只不过令人遗憾的是，这种选择往往不是由孩子选择，而是由家长选择。“牛蛙”现象好还是不好，我觉得最好是拭目以待。补习班的广告常常把所谓“赢在起跑线上”作为最好的招徕。但是，我们社会的上下流动管道从来是多种形式的，而且从来不会仅在“起跑线”上。统计表明，许多当年是高考状元的孩子，最后也碌碌无为。“牛蛙”们最后能不能“牛”起来，那是“一世那么长”的人生考验，不到最后一刻，谁又能下结论。

还是把培养“牛蛙”的做法，看作是对美好愿望追求的一种努力吧，哪怕那结果可能是水中月、镜中花，但又何尝不美好呢？

“生儿生女谁幸福”透出“无限监护”悲剧

刊于2015年5月18日《羊城晚报》A2版时评

报载，有新锐学者以国内10城市的4309个家庭样本进行采样研究，得出的结论是生儿的父母在儿子长到17—30岁期间，幸福感比生女儿的父母低。而且，当地住房价格会加剧这一影响。学者的结论是，中国人的婚恋观里，丈母娘大多会要求婚房，这给男孩的家庭带来现实的经济压力。而且，父母们在男孩求学、就业、结婚或生子方面更加操心劳神。

媒体报道并不详细，学者花这么些精力乃至金钱去研究此课题，是要解构什么社会普遍现象不得而知。关于幸福感，有很多种解读，为小孩而焦虑属于哪个层次的幸福感，还真不好说。相信目前社会中生女儿的家庭也会有不少的烦恼，而且也不比生男孩的家长少。就说那些“丈母娘”家庭吧，倘若其女儿跟男孩在一处过日子了，而自己又要不到房子，是否就会“悲剧感”后半生了呢？其实，孩子的求学、就业、结婚、生子等诸多方面，不是孩子自己的事情吗？怎么成为家庭负担了？

值得感慨的是，学者的研究指向，无非又是经济压力大，社会分配不均等老生常谈，不是说这些情况不合乎现实，但是，不能不说，家长们如此这般地无限延长自己对孩子的“监护期”，实在是中国社会的一种错位。孩子成年了，就拥有自己的人身权利。当然，作为家长你可以给孩子一定帮助，但是，当孩子应以自己个人能力去解决问题时，家长一概施以援手，如果力有不逮，就羞愧无地自容，还影响家庭的幸福感，天哪，这算是什么观念？这种观念真是属于中国人的吗？怪不得这样的民族总爱躺在先辈的功劳本上过自己YY的日子。

什么感之类的东西，本身就是个不大有标准和确定性的东西，作为文人大话之类的感性描述，不妨用用，可是作为学术问题的结论来张扬，在严谨性上未免就会被打折扣。其实，有无数的家庭就有无数的幸福感，其触发幸福感的因由都不尽相同。而且以纯物质的价值标准来量度精神生活的主观感受，恐怕上帝也难以做到精准。从社会学角度看，我其实更关心中国家长介入孩子人生的普遍做法和可能带来的社会忧虑，父母们的这种做法会不会对已经出现的“啃老”现实是一种助长？“我爸是李刚”固然是社会纨绔的一种特权丑态，但作为社会现实的一种折射，庇护孩子的“李刚思想”不也存在于很多家长心中？过度的溺爱往往就是制造最后“悲剧感”的根源，父母对小孩的责任是有监护期的，“无限监护”只会制造懦弱和不自信，最后可能就是无能。请问家长们，您的幸福感最后是落实在一个能够以自己能力支撑家业的男子汉身上，还是会落在一个“啃老无极限”的臭小子头上呢？

我无意质疑学者的研究成果，但我对学者所关心的那个族群非常无语。人生本来就是如此，何必呢？在这里我宁愿告诫一下：现实生活中的对孩子特别是对已成年孩子的“无限监护”，对社会来说是极度危险的一种祸害。如果这些家长们因此而缺乏幸福感，那也是必然。

私人医生工作室：费解的一个“点”

刊于2015年5月22日《羊城晚报》A2版时评

上周，广州一家叫作“私人医生工作室”的机构高调开门迎客，媒体趋之若鹜。自3月广东转发了医生多点执业的新政之后，这家机构被认为是具有里程碑意义的新政范例。其实，这家机构能够如此开业，本身就有难以言说的暧昧。

从允许“医生多点执业”政策推开以及简化了报备手续来看，政策立意的初衷，无非是希望分流公共医疗机构中的高端医疗资源，希望低端的特别是社区医疗机构的医疗水平得以改善。从文件看，有关规定主要是要求医生们在具有公共医疗性质的医疗机构中

“多点执业”的。其实，所谓“多点执业”的政策，无非是承认很多医院延请专家会诊这种隐形的“多点执业”的现实而已，不算多么大的改革，其初衷恐怕也不是鼓励私人“高大上”诊所盛行。

说实话，允许私人诊所的存在，很早就实施了，只不过，不少私人诊所水平有限，医疗人员素质也不高。对于某些私人诊所，百姓们也只看作是“黄绿医生”的聚集所在。当然，由于没有更多权威的政策解读，我们没法判断，由“多点执业”政策衍生出来的“私人医生工作室”与私人诊所相比，究竟有多么“高大上”，又算不算公共医疗机构，为何又能够成为“多点执业”的一个“点”。当然，借助媒体的报道，我们知道这家工作室的成员都是主任医师以上级别的专家，也清楚这些专家的来龙去脉。但是，我们至今还搞不明白，这样的“改革”，与公共医疗机构的医改，有什么必然联系？

百姓心目中期盼的医改，主要是指在公共医疗机构中实施的有利于百姓减负或者享受到更好服务的改革，至于让公立医院的医疗资源往不一定是公共医疗机构的地方流，是不是改革的方向？大概见仁见智。允许私人行医的制度已经实行很久了，但是有职业水准的医生并不愿意私人执业；私营医院出现之后，以高薪吸收了不少退休人才。事实上，对于“私人医生工作室”这一类机构，算不算是标准的“多点执业”，我们局外人无从评说。不过，现行的“多点执业”政策，实际是一个不完整的政策，这个政策，对低年资的医生来说，基本上是不可能的任务，功成名就的医生，固然可以开上一两家“私人医生工作室”，但是，比如符合条件的中级职称的医生，除非不想争取更高的级别，否则，连发论文报职称都成问题。何况，按照劳动法，医生们的医保社保又怎么算？从哪儿算？再就是，所有医生都需要一定的医疗设备作为辅助手段，“私人医生工作室”又具备这样的设施吗？会不会出现借用公共医疗资源的情况？

我不想更多地质疑“私人医生工作室”，当然也不能臧否“多点执业”新政。然而，既然说是医改，小老百姓也应该有议一议的权利，万一这个什么“改革”是个大忽悠，那“有关部门”情何以堪？

应给有重性精神病患家庭更多关怀

刊于2015年5月25日《羊城晚报》A2版时评

羊城4.9万重性精神病患谁管？这个问题提得有点吓人，应该算是“标题党”吧！其实，这种说法本身就包含了逻辑上的悖论：倘若真是“谁管？”成立，那4.9万的统计数据哪里来？有数据存在，就说明有机构在对这部分人群进行追踪并有所管控，而不是放任自流。其实，重性精神病患不都是狂躁并具有伤害性的，城市中出现精神病患者伤人的报道不能说没有，但没“频发”的状况，这说明目前城市中对重性精神病患的安置未必完美，却并无特别不妥。

精神病患产生的原因很多，这是人类精神世界不可逆转的悲剧之一。如果把人类看作是一个完整的机体，那么，这个机体不时出现这样或那样的毛病，也很正常。正如人体要与各种病患病菌共舞的道理一样，正常人群与精神病患总要共存于一个平台，同时精神病患有一个发展性的致病过程，因此社会一概采取“隔离”的办法来应对这种病患，已被认定为不合乎人道精神的行为。对重性精神病患采取强制性措施，往往必须在其真正失控乃至对社会造成伤害时，才无奈采取的处置。而数据表明，绝大多数的重性精神病患的“失控”，往往是有诱因刺激引发的。既然有诱因，那就并不是绝对不可控的。

传统上对重性精神病患的管控体系，基本是由家庭和专业医院以及部分社会力量介入构成的。如果真要有所诟病，应该是社会介入力量目前还相对弱小，特别是对家庭提供的辅导和资源上的严重不足。对重性精神病患的管理，实际也是社会公共医疗服务的组成部分，而其又有一定的特殊性。应该说，这种特殊性在目前的日常生活中并没有体现出来。一方面，人群中一旦出现精神病患，人们都不免用异样的眼光看待他们；另一方面，对出现精神病患的家庭，有针对性的社会服务也相当不到位。这既增加了诱发重性精神病患“失控”的环境可能性，同时，又让这些家庭只体会到精神病患的家庭责任，却体会不到自己的社会责任。

实际上，那些在生活中无微不至照顾精神病患的家庭，为社会和谐与安宁的付出，是我们不该忽略和低估的。社会管理机构不应该仅仅满足于对病患数据的统计和突发情况的处理，更应当研究如何给病患家庭提供更多的精神和物质上的帮助。照料精神病患的工作是艰巨而又长期的，他们同样是在给社会做出伦理的和无私的奉献。只有家庭、医院和社会力量真正构成一个牢固的铁三角，才有可能使得我们对精神病患的关怀，成为真正的公共卫生服务事业。

当然，随着社会的高速发展，城市外来人口增多，精神病患特别是重性精神病患随之而来的个案也在增多。城市如何建立新的追踪保障体系，也是个新课题。事实上，外来的重性精神病患干扰社会的个案屡有发生，这就迫切要求城市与其他地方探讨一个联动和资源共享的机制，才有可能降低同类个案的反复发生。应该说，作为一个公共话题，我们的议题设置并不是重性精神病患谁管的问题，而是“怎么管才会更好”的问题。

作弊文化是公平社会的腐蚀剂

刊于2015年6月1日《羊城晚报》A2版时评

据报道，15名中国留学生日前在美被检方提起诉讼，他们被指控在美国大学入学考试（SAT）等考试中采用欺诈手段，收买枪手替考。

美国司法部公开的文件显示，这些学生花费6000美元雇佣枪手代考；他们通过聊天软件传递用于伪造护照的个人信息、枪手照片等，他们的被控罪名包括合谋、伪造外国护照、邮寄和通信欺诈。

据悉，欺诈罪在美可判高至20年监禁和25万美元罚金；伪造外国护照罪最高可判10年监禁和25万美元罚金；合谋罪最高可判5年监禁和25万美元罚金。

这则新闻被坊间所议论的，无非是美国人对作弊欺诈行为执法之严酷，是中国人难以想象的。对作弊入学，在中国至多被认为是“道德败坏”、严重行为不检，就算有罪也被看作轻罪，绝不会被看作是重罪。相较而言，在美国如果作弊被发现，其代价和可能受到的处罚，是相当沉重的。无疑，在一个极其尊重规则的法律世界，试图用作弊手段来瞒天过海，那就是逾越规则、欺骗获利，构成欺诈罪告你没商量！

显然，我们对于作弊的厌恶程度，远没有到深恶痛绝的地步，在日常生活中，总抱着一种“秩序之外”的幻想，所谓的从众心理，其实也隐含着“法不责众”的念头。就是在那些中学名校教育中，也有不少老师倡导学生押题，或许是运气也是能力吧，然而为了押中题，师生们又做过多少题外功夫呢，恐怕无人知晓……在我们的某些伦理当中，骗人当然不好，是道德缺失；但是骗过制度呢？却不被认为有什么问题。

比如说通过熟人干一件什么事情，使自己减少了麻烦或排队，甚至干成了一件自己根本不具备资格的事情，这些都能令人沾沾自喜而不是惭愧。更有甚者，在中国最古老的故事当中，“田忌赛马”被认为是一种利用规则的智慧，而不被看作是破坏规则的行为。事实上，“田忌赛马”的策略只能用一次，从长远观点来看，当游戏规则被完善之后，又或者对手的上中下三种马与自己情况不匹配的话，最终是占不了什么便宜的。这些把规则视若无睹的日常习惯，会不会形成一种“作弊文化”，从而使我们进入一个“规则世界”之后，变得寸步难行？

事实上，学生中的作弊行为，在很多人眼里不过是少年轻狂的举动；即便教授们的作弊行为，也被看作是“猪油蒙心”的一时之失。我们在发现作弊之后，总有一种莫名其妙的宽恕心理，却不知作弊行为本身对规矩的挑战，其实是对公共利益的侵害，恰恰也是对公共规则的最大腐蚀。英美法系当中，对欺诈罪往往判以重刑，原因就在于此。其实，很多的腐败，就是从欺诈开始的，作弊的文化，往往就是腐败的土壤，是公平社会的最大腐蚀剂。

很多从国外发达地区回来的人，都会说其实某某国的人很傻很天真，很简单很单纯，很容易就被别人的小花招瞒过去云云。可是，我们有没有想过，如果不是因为法律的完善，不是因为对欺诈行为的严刑重罚，使得诚信文化建立起来，社会又怎么可能“很傻很天真”地良性运行下去呢？一个很简单很单纯的人际环境不是我们梦寐以求的生存环境吗？我们文化中的某些“智慧”的不良发育，其实也会生出邪恶的恶魔——在目前的某些学生文化当中，有些人热衷于游戏开外挂、考试抄答卷、骗取奖学金、借贷不还款等的习气，其实就是助长作弊的土壤生长出来的“恶之花”，这些带着“原罪”进入社会的“长江后浪”，真能成为社会精英吗？

应届生就业“眼光向下”是理性选择

刊于2015年6月5日《羊城晚报》A2版时评

据一份关于2015年应届大学毕业生就业力调研数据表明，在今年700多万毕业大军中，约33.9%的学生希望留在北上广深，而在2013年，应届生中有50.3%愿为四大城市效力。

对这样一份数据怎样解读？据称，本次问卷调研对象包括大专、本科、硕士、博士应届生，覆盖各地区各级高校的各专业学生，最终回收有效样本58996 个。这说明这个调查结果还是很有代表性的。

负面解读的观点认为，这表明这四个一线城市的就业吸引力有所下降，其就业环境也因此需要一定的反思。然而，正面解读的理由则更为充分，因为随着社会的进步，一二线乃至三线城市的就业环境差距已经缩小，而学生们的就业思维也在进一步理性。从调查的一些数据看来，新一届毕业生对自主创业表示更浓厚的兴趣，而在二三线城市创业的起点，更有利于启动；加上有了互联网作为平台之后，城市之间的距离和环境落差，至少在商务或者公文往来上，不存在太大的区别。

大型或者超大型城市集约着各种的公共和商务资源，成为各类人才流动的基地，这是上世纪的社会发展特征，但是经济的发展和互联网的产生，改变了世界发展的格局和路线图。以GDP为中心的发展理念的基础，是以人口红利为支撑的，但是，人口的高密度聚集，也带来了系列的社会问题，如住房、交通、医疗等公共资源或准公共资源的供给压力，就成为一线城市的一大苦恼，规避这些烦恼，也成为新一代创业者的新选择，所以，“逃离”是一种比较感性的说法，但其实质，却不失为冷静或理性的选择。

事实上，城市中的人才观的变迁，也不可低估。在二三十年前，应届大学生是最受欢迎的优质人力资源；可是，随着大学的扩招和恢复高考之后的人才累积，大学教育已从精英教育转为普及型的“基础”教育，加上创新型的产业更需要有一定经验的复合人才，所以，大学应届毕业生的竞争力正在向适用性方向转变。凡此种种，意味着就业准备不再只是一张轻飘飘的毕业文凭。这些对于应届生来说，也许是就业环境的趋于不良化，但对社会来说，可能却是一种良性发展。应届毕业生的就业问题，在过去被认为是教育是否成功的一个指标，但是，随着社会的进步，我们应该认知到，应届生就业只是社会就业的一小部分而已，全社会的就业机会创造，显然具有更为重要的地位。

一线城市也不必为应届生的更理性选择而烦恼。人才流动的洼地，是以创业或者发展事业机会为根本的，而一线城市由于历史形成的惯性，也不可能因为应届生就业的选择或不选择决定未来。至于对应届生而言，能够具备不再选择一线城市就业的勇气和理性，则说明这一代人能更为自主，也更为成熟。我以为，这是我们社会的进步。

股民最不相信的是“励志故事”

刊于2015年6月8日《羊城晚报》A2版时评

上证指数近日坐上了5000点，随之而来，不少炒股致富的“励志”故事，成了坊间的热门话题，连很多正儿八经的门户网站，也在显著位置刊登出某大学生或某小工，通过借钱或者少量资金入市，结果抓住了几只大牛股，于是大发一笔或成了富翁……故事有鼻子有眼，不过最后都在文后留下这么一句：文中当事人用的是化名。

这些故事的真实性且不去质疑，理论上，股市上涨了数千点，稳守某只牛股而从此改变财富数字的股民，肯定有的。只是，在投资圈里，任何的成功者从不认为自己的经历有多么励志，因为，成熟的投资者都知道，一天不离场结算提走现金，就一天也谈不上能笑到最后。

股市虽说能够赚钱，但是帕累托定律表明，每个周期结算，最后总是22%的人获利，而78%的人亏损，仿佛就是一个魔咒。最近，有个网上调查统计说，77%以上的股民都赚了，但是，这些股民是结算后回答这个调查吗？非也，绝大多数人还在指数继续疯长的巴望中，计算着自己的“纸上富贵”呢！

股市的很多“创富”故事，其实是不宜用来做“励志”的。因为，股市的每一次涨跌牛熊变换，都具有不可复制性。虽然，很多大师试图窥破其中的秘密，但最终所有股市“预测”工具和曲线图表，真正能够显示或记录下来的都是以往已发生过的东西，完全预测未来根本不可能。同样，成功了的股民，他们的成功只能说明其经历了什么，做过哪些选择，得到了多少收获。但让他们“换个姿势再来一次”，几乎就是不可能的任务。而且，政策环境和各种指标此一时彼一时，拿这些作为标杆，无疑是盲人摸象。其实，股市中每个“赢的故事”，都只是孤例。没有人能够复制巴菲特，也没有人能够复制林奇，两位都是闯荡股市的大师，但一个站在世界财富的顶端，另一个却在贫病中死去。

每个人可能都有一个财富梦，但最危险的是不劳而获的财富梦。看那些股市创富故事，其实大多都或多或少传达着不劳而获的信息。这些故事没法告诉你这哥们那姐们是经历过多少糗事才摸进了股市的门槛，而股市中随着风险的累积，那种在恐惧与贪婪中摇摆的心理折磨，更不足为人道。沉迷在这些无根浮萍般的“励志故事”里，无异于一种自我麻醉。听了故事匆忙入市，自然损手烂脚；而听了故事裹足不前，又会错失良机……可见其“指导性”有多么糟糕。

事实上，股市中的任何成功者，都是他自己的选择成就的，根本无法“励志”或者“学习”，正如在人生当中，你可以学习榜样的经验和挫折，但你终究不可能成为你的“榜样”一样的个体。

市场上有高回报就必然有高风险，在不是“天堂”就是“地狱”的资本游戏当中，确实没有可顺手拿来参考的“励志范本”。相反，在实际操作中，有专门追逐高回报的成功者，也有专门规避高风险的成功者，千姿百态，不一而足。当然，也有黯然离场的碎梦人。其实，股市和人生一样，只有经历，才知结果。也只有经历过，才会知得失。所有的励志故事，都是人家的浮云。只有克服自己的弱点，在股市中调整出最佳的投资组合，这才是自己的最大收获。

微信圈推销，换个地方“卖解”而已

刊于2015年6月12日《羊城晚报》A4版时评

网络上时常见到对在微信朋友圈推销产品的抱怨和吐槽。广州有家媒体不失时机做了个小调查，果然，绝大多数受访者都很反感在朋友圈“赤裸裸”推销产品者，但意外的是，“过半”圈友还是心甘情愿掏了腰包。

在没有“微信钱包”之前，朋友圈的“铜臭味儿”，并没有如今这般显山露水。作为社交平台，朋友圈使得很多人找回了自己的发小或者同学，以至“扫一扫”、“滴一滴”几成一种时尚。正如互联网刚刚兴起，人们利用网络共享资料和交流，是非常“共产主义”的，几乎没什么明显的功利色彩。然而，随着技术的进步和人气的聚集，除具有资讯交流功能之外，互联网开始通过多种方式，建立起如亚马逊、淘宝等交易市场。正所谓互联网改变生活，“互联网+”正在令很多传统的产业模式和生活方式发生改变，同时也改变着人们的价值观、伦理观和消费观。当然，也在改变着社会的某些管理秩序结构，颠覆着一些传统习惯。

有人的地方就有江湖。微信朋友圈既是社交平台，自然就有人气，自然也就是“江湖”，在朋友圈中推销产品，无非就是在此“江湖”中，跑出来几个“卖解”的“行脚商人”，当然，与真正现实中的商业模式有些不一样，这些“卖解”的江湖之士，或者卖萌，或者竖着牌坊，又或者干脆就是你曾经相信的明友或者闺蜜……用粤语来说，他们是“黄皮树鹩哥——不熟不啄”。这种做派，就与传销之辈好有一比，把朋友、亲人都一一视为潜在客户，能忽悠就忽悠，在“自己人”身上套利益、挖金子。正因为这种赤裸裸的利益，可能会损害朋友圈那种所谓纯洁性，所以大多数人都会表示反感。

然而，从圈友的反馈看来，这些圈中推销客还是有市场，有需求的，若五成人觉得受用，就说明这种需求是多么广泛。说实在，倘若这圈中买卖，最后证明是公平合理的，大家也不会太介意，毕竟，买东西哪儿不是买？何况，可能还有折头，还有服务。其实，朋友圈产生买卖或者盈利，正是交友平台的开发和运营者梦寐以求的发展趋势。毕竟，运营这个平台是需要成本的，如果对圈中的交易能够统筹整合，并且收取一定的费用，更是运营商的终极追求。

事实上，正在力推的微商，或者公众号、订阅号都是这交友平台买卖中的题中之意。坦率说，在朋友圈中的推销行为，只要不是欺诈，不是挖坑让朋友们往里跳，不是非法集资，不是传销，不是老鼠会，应该都可以看作正常的商业行为，至于违不违反朋友圈的约定俗成的伦理，那就看大家有没有约定了。

所有的商业行为，只要符合经济规律，就很难禁而止之的。只要有利润，就会有人尝试，只要有需求，就会有人接受。朋友圈是一种交互平台，商业元素介入，是必然的事。对于此等“江湖之事”，我们不必过于愤青，你可以在自己的圈中表达自己的意见，别人也可按其立场显摆一下自己，“言论自由”嘛！平和心态、泰然处之，恐怕是最好的应对方略了。商品经济时代，包容一下新的商业模式，何妨！

对作文统考题，我们总是无语

刊于2015年6月15日《羊城晚报》A2版时评

吐槽一下每年中高考统考卷子的语文作文题，似乎成了网民们的一次小狂欢。甚至，网络上圈子中的对垒很有些歇斯底里，殊不知，作为当事人的考生，或早就订上一张旅游票，远离考试的城市嗨去也！

有个段子不无讽刺说大家都在关心语文作文题，是因为家长们都不懂数学英文，而语文题又偏偏可以发挥空前想象力，所以作文题成为每年人们最关注的和最准时的考场“大姨妈”，就不足为奇了。这当然是玩笑话，不过，考试题会“凝聚”某些时代特征却是很可能的，因为挂一漏万而存在硬伤也难避免。比如恢复高考那一年的高考作文题是《在战斗的一年里》，闻都能闻到那个时代的烟火余味儿；而今年某省高考题中，作文题是给高速路上违章的父亲写封信。这道题受到的最强烈质疑是，倘若我是个还没见过高速路的娃子，家里又只有牛车，老父亲连县城都少去，又如何想象着写那么些“大义灭亲”的振聋发聩之语？此说也并非全无道理。好在广州中考考的是广州考生，否则如果连广州城都没有进过，还真难以言表“广州风格”。

今年广州中考作文参考资料是作家毕淑敏的《地铁客的风格》一文。虽然网上查阅时总被标榜为“美文”，但读过之后，体会就是一篇个人小感悟的随笔。考官出题让考生借鉴此文去书写“广州风格”，其出发点当然也没太为难考生的意思，毕淑敏的文章所讲道理不复杂，但是文中有细腻的观察力和表意归纳，考官们大概希望中学生表现出一定的观察力和文字表达，是不言而喻的。

据报道，有人面对这道题时哭了！主要是有些儿不知所措，天哪！广州风格？这是什么？学生们可能知道韩国“鸟叔”的“江南style”，“广州style”吗？实际上，广州中学生在学校里真的不见得被传授教育过什么事“城市风格”，连广州市的特征可能也没有听老师概括过。至于应该从什么方面去概括一个城市的风格，那也大致是“老鼠拉龟——无从着手”。

我其实很同情那些哭过的学生的，一个城市，真的可以从任何一个感性的方面概括出不同理解的风格，简单的很多车、很多走鬼、很多五类车没人管……都可以是“风格”，殊不知，考试的答题恐怕一直是被教育着只能用“正能量”的思考角度去答题的吧？“五类车没人管”是什么“style”？能拿高分不？事实上，学生答不出题不奇怪，但令人不爽的是面对考试，学生心目中有很多被束缚的“潜规则”，比如要“正能量”啦，凡事要从好的方面去想啦，一定要以科学为基础啦，不能太过天马行空啦，等等。事实上，毕淑敏既然能从一个地铁肥妇身上想到对地盘意识的破坏，学生为什么就不能讽刺性认为“五类车没人管”是一种“包容”？或者认为是城市无能的style？

中考题到底有没道理或者成功与否，可能要总评出来后再用大数据去分析，才能得出是否“贴切”并且与学生学业水平相当的结论。但是我们的考试题偏于宏大叙事、微言大义却是不争的事实。考试题，能不能更常识化一些，“广州风格”是啥？这是市委宣传部长该想的题目。普通百姓嘛，答出来的题目总会夹杂着自己的不满和期待，而这话若用自己的方式去表达，那就躲不开总要说说政府管理的不是喽，考官大人，您真会原谅考生则个？

都来帮帮龙溪村龙舟赛吧

刊于2015年6月19日《羊城晚报》A2版时评

端午前夕，一个令广州人颇为讶异的消息传来，荔湾区龙村溪有50届传统的龙舟赛项目，今年因经费不足和手续烦琐暂停了。虽然，消息说有可能以后改为两年一届，但地球人都知道如果上述两个原因继续存在，则广佛有名的“龙溪扒龙船”活动，很可能从此就戛然而止了。

“龙溪龙船飞咁快……”这是在城市中延续了百年的传说。而龙舟赛在端午节中，则一向是人们心中的一个象征。如同粽子的文化意义一般，没有了龙舟赛，端午节似乎是不可想象的。然而，按照现代商业运作原则，哪怕是公共活动，也要讲成本和收益。龙舟赛历史上是农耕社会不同村落和姓氏族群中，显示各自文化和经济实力的“奥运会”。而比赛的结果常被视作其可持续发展能力或者经济实力的象征。当然，现今社会淡化了这些元素，龙舟赛也从而成了民众喜闻乐见的“文体活动”，甚至衍生出了“国际龙舟赛”等体育赛事。然而，从龙溪村所坚守的传统龙舟赛历史看来，他们自主筹办了50届的龙舟赛，更多的是被赋予传统意义上的文化坚守和传承。

从文化人类学的角度看，不知这算不算是传统文化项目在没有外力支持下，逐渐被现代文明以及它的管理运行规则所扼杀的一个样本。龙溪村龙舟赛的存在，本来在现代都市就是“另类”的个案。很多广州人都知道这个富有历史传统的项目，不过很少人知道，维系这个曾经万人空巷的喜庆项目的支柱，一直是龙溪村这个基层组织。天哪，一个影响到一个区，乃至一个市的群众活动，所有的经济责任竟然只是由这条村的户籍居民承担。而这栏一张城市文化名片，多年来坚守着的就是朴朴实实的龙溪村农民。

从龙溪村人对龙舟赛50届坚守的艰难，我们看到了各种行政和经济因素对他们的压力。搞一届龙舟赛，要提早经过数十道审批，不得不自掏腰包投入数十万元去组织，更因地处广州和南海交界水域，主办者须在两个行政体系中奔忙，而当应节人流到达高潮，安全、维稳等一切成本乃至责任，都变为压力分解在村领导班子肩上。试问，官办的许许多多赛事，要投入多少的伺服人力和成本？这条村每年能够搞一届远近闻名的龙舟赛，这是什么水平？

对这样的活动，广州市民可以习以为常，视为传统的必然，但是，城市的相关管理者呢？民间的传统文化固守和坚持，其实是一个城市文化得以保持的动力。帮帮龙溪村的农民伯伯吧，他们就是城市文化基因发育的土壤，城市的传统文化象征已保留不多了，难道我们还要继续“转基因”下去吗？我们或许因为种种制度制约没法给龙溪村予以资源上的直接资助，但是没有理由不帮他们把办事程序纾解得流畅一点。事实上，每个广州人都应该为这个龙舟赛的停办而震动，为这朵好不容易传承下来的传统文化之花的生存，出一份力所能及的气力和智慧！

公共自行车慢行系统需要“圈养”

刊于2015年6月26日《羊城晚报》A9版时评

广州市公共自行车系统运作方案，今天传出利好。市人大通过的最新财政安排中予以其1.2亿元的提升推广资金。财政局给出的理由是为有效解决市民出行的“最后一公里”问题，工作部署是年内将完成3万辆公共自行车试点任务。

广州2010年便开始推行公共自行车，目前总量约1万辆，其中包括：BRT沿线5000辆，地铁沿线2000辆，大学城约3000辆。不过，过去几年系统运作得好像并不理想，一是运营利润不足以维持系统自运行，另一个是使用率并不饱和，这也提示系统没受到市民的追捧。总之，不足之处多多。

很难定义公共自行车系统究竟是民生还是形象工程。作为一个城市的辅助出行系统即慢行系统的主要部分，公共自行车应当是不可或缺的物质基础。无疑，这是城市环保低碳的标签之一，从这个角度看，它像是形象工程；然而如财政部门的说法，这是试图解决市民出行“最后一公里”的方案之一，故而，它又是个典型的民生工程。如此看来，这一系统兼具了“民生”和“形象”的两种要素，从决策的出发点看，这应该算是个近优的决策。

然而，广州是个近两千万人口的超大型城市，几万辆自行车能够解决多少人的出行问题，又对缓解出行拥堵问题有多少贡献，那是可想而知的。说它杯水车薪，也不为过。

世界上有很多百万人口级城市推广公共自行车的成功经验，但在超大城市中推广同样的系统，难度不小。而且，除非采取“圈养”的办法，对局部特定需求用户定向运营，才有可能收支平衡。事实上，所谓试点运营，不无“圈养”的含义，而“圈养”就是不能完全按市场化去运行，更不能盲目去全面铺开。目前该系统的运行路线，似乎是在“圈养”模式尚未成功的情况下，要进行大规模的铺开，由此，倘若实施不尽如人意，那么“民生”的意味，很可能向纯粹“形象”的方向蜕变。公共自行车与公共交通系统并不是一回事。道理很简单，慢行系统是不可能补充公共交通这个“急行”系统的，因为慢行系统是为适于“慢行”节奏的那部分人设置的，所以，如何充分发掘出那些适于慢行系统的用户，是这项公共设计的关键。

广州原先的公共自行车试点设计，想法非常丰满，但是现实却不免骨感。从现实情况看来，公共自行车的试点，似乎不大适合通过“片区”的设计上布局，相反实行网格化小范围纵向运行的路线引导，更适合需要慢行系统的人群。而且，价格上的管理也应避免粗犷。比如，能不能有些更适合于个性出行的长租自行车，公共自行车出租站点更加时尚和多功能……总之，在建设自行车慢行系统的同时，单纯将其看作“最后一公里”代步工具，是缺乏文化含量的，倘若真的要实现“民生”与“形象”工程的“双赢”，还要把公共自行车慢行系统，作为一种城市局部的生活方式来营造。

城市拥堵真到了“万不得已”之时?

刊于2015年6月29日《羊城晚报》A2版时评

市交委发言人日前表示，广州将随时启动机动车“限外”的交通管理方案。同时表示，限外的目标，主要是针对“长期本地化使用的非本市籍”机动车。

约莫两年前，广州市市长陈建华说过，城市拥堵不到万不得已之时，广州不会启动“限外”的机动车管理方案。看来，在管理部门心目中，广州已随时进入拥堵“万不得已”的关口，而且，主要矛盾的制造者，是那些“长期本地化使用的非本市籍”机动车。广州市几年前实行“限牌”，部分车主为了规避“限牌”，干脆在外地买车上牌，便形成了不少“长期本地化使用的非本市籍”机动车。于是，有理论认为，“限外”是“限牌”的必然“组合拳”，是“限牌”的必然结果。

其实，存在“长期本地化使用的非本市籍”机动车，何尝又不是“限牌”的必然结果。就因果关系说来，不“限牌”的话，车主们又何苦要开“长期本地化使用的非本市籍”车，毕竟，这种做法并不特别方便，是“不得已”而为之。

其实，在“限牌”之后，城市的拥堵有没有改善，是个仁者见仁的事情，在公共交通大量升级之后，拥堵情况一度是改善的。不过，自从专车、“优步”等新“出租车”出现之后，由于这个具有“互联网+”意味的运营模式，以其低成本甚至补贴来占领市场，对传统出租车行业带来巨大的冲击。更有很多外地车牌司机，借机来中心城区“揾食”，这些车辆一定程度上形成了阶段性的拥堵峰值，不过，即便如此，也并非到了“万不得已”的程度。

不可否认，“非本市籍车”的涌入给城市制造了新车流，但是，产生这样的峰值，是因为专车或者“优步”等管理方，以“烧钱”等补贴方式来占领市场。从经济规律看，这种峰值不可能维持太久，将来肯定会回归常态。如果城市的出租车业态没有改革，就算强力驱逐了这些车，市场如果真的有缺口，本市籍的机动车，未尝就不会同样涌出来填补缺口。

事实上，流动车流给城市拥堵带来的麻烦，往往在于违反交通规则和车辆的乱停乱放。国外的很多超大型城市，车辆拥有数大大超过广州，但也没有实施限这限那的举措。像柏林、鹿特丹、莫斯科这样的城市就也有令人不愉快的拥堵情况，但是，加强秩序管理，还是主要手段，而不是“斩脚趾避沙虫”地赋予一个“限”字。显然，应该是穷尽管理手段仍无法理顺交通拥堵，才算是到了所谓的“万不得已”之时。

城市交通拥堵的主因，其实并不完全在于车辆的有节奏增加；把拥堵责任归之于“长期本地化使用的非本市籍”机动车，似有点理据不足，将这些车的专车化看作洪水猛兽，更是莫名其妙。从城市管理角度看，如果出租车行业不是如此抱残守缺，“长期本地化使用的非本市籍”机动车专车化浪潮一定会减退；而更多地致力于交通的有序化科学化，则更有利于城市交通的流畅化；至于试图通过让“长期本地化使用的非本市籍”机动车非法化来增加执法内容，将不但不可能真正解决城市交通的拥堵，恐怕城市的管理成本还要大大增加。

曾经辉煌的状元坊，就让它安静下来吧

刊于2015年7月6日《羊城晚报》A2版时评

广州状元坊名气很大，但人气已是大不如前。往日的“撞人街”如今已是“乌衣巷口夕阳斜”的光景。虽然状元坊“韶华已老”，但依然“艳帜高张”。这不，还有不少声音说要把周边打造成有文化含量的商圈区，更称可启动以状元坊为中心的“申遗”举措等。然而，倘若状元坊依然“无可奈何花落去”地风光不再，则那一系列宏大叙事的“改造”、“打造”计划，又情何以堪？

状元坊名得自宋代状元张镇孙，可出名的却是商业的原因。历史上这里以经营戏服珠宝绣等手工艺作品而有影响。广州俗语中讽刺假冒产品的词汇“朱义盛”就出自状元坊。在近20年间，状元坊原本是在“岭南工艺品特色街”的理念下，期望恢复往日辉煌的。不料“鬼使神差”般，状元坊的店铺不约而同地往廉价、新潮等方向经营，结果，一次性文体消费概念大行其道时，状元坊便成为学生哥学生妹聚集的潮人天堂。其实，状元坊最辉煌时所经营的理念是有点非主流的，很多学生时代被学校劝诫不要去消费的“亚文化”形态的文化产品，都能在这里纳入年轻人们的时尚收藏。

对于状元坊，很多名家大腕都想把一些主流文化理念往里面灌，希望弄出些微言大义的文化故事出来。其实，就文化符号而言，除了这里的麻石路、低檐房、窄巷子勉强能够说是城市旧时的文化记忆之外，状元坊的城市文化特征还不如流水井、大小马站等

书院云集的特殊地段；而在历史特征上，张镇孙和“朱义盛”更是八竿子打不到一块去的，要在文化传承上挖出些蛛丝马迹来，那更是贻笑大方。

其实，不必把状元坊往“高大上”去拔高，只要认真梳理一下这条“工艺品”一条街，怎么就转入了潮人天地经营路径，从而成为特殊年龄段人群的目标消费区；在这个特殊的市场环境中，亚文化的消费品如何与主流文化的消费品分庭抗礼；在这个低价格消费的市场中，高价格的铺租又是怎样侵蚀着市场最有活力的成长性，从而把自己高价位打回原形的，等等，都有可能成为有历史意义的城市文化发展的故事。

有一种“拯救”的声音徘徊在状元坊的上空，这声音有时还占着主流，试图通过“有形之手”的行政手段，对状元坊来个挖肠开肚，捣鼓出不可能的“辉煌再造”出来。然而，对状元坊的大规模改造为什么提出后就加速了状元坊的衰退呢？显然，部分影响力量改变了状元坊的经营氛围，特别是对状元坊传承文化的过度解读，使得其具有核心竞争力那些亚文化元素成了无根的浮萍，这自然是插入状元坊背后最温柔致命的一刀。可见，市场的经济规律，是不以人的意志为转移的，文化上的高大上和经济上的白富美，在特定的时空当中，很可能是一对不死不休的冤家对头。

归根到底，状元坊是因各种环境因素变迁，沦落成为今天灰头土脸的“屌丝”级市场的，想要这条200多米的小巷，再度成为商业传奇中的“出米巷”，恐怕还要另寻契机。其实广州有很多地方都类似，比如高第街，比如西湖路，甚至如上下九，都在面临转型和“互联网+”竞争等问题。俱往矣，商业环境不再，再造商业辉煌更难，像状元坊这样一些其实并不适合于营商的环境，不如就让它安静下来，花些功夫，记录下那段辉煌，让人们通过浏览凭吊痕迹，感悟一段城市商业成长兴衰的轨迹，也成为一张别有意味的名片吧。

当《红船》穿越回广州

刊于2015年7月10日《羊城晚报》A2版时评

定名为《红船》之文化旅游项目的新闻发布会，日前在广州“红线女艺术中心”举行。这是一个“以《船说》为主题，以‘看广州故事，听红船传说’为口号，就是要用一艘特制的游船，通过一场奇妙的演出，带领观众体验一段神奇的粤剧人生，品味广州的历史与今天，吸引中外宾客，传说广州故事，传播岭南文化”的项目。广州市副市长贡儿珍如是说。

“红船”据说是粤剧的象征。清末民初，在粤剧最繁盛的年代，粤剧就是靠着一艘艘红船，游走于珠三角水网地带，向四乡八邻出演传播的。京剧等北方戏曲演艺人被称“梨园弟子”，粤剧的演艺人则被称“红船弟子”。就是这样的“水路”粤剧戏班，常在珠三角河道纵横的水网地带及西江、北江、东江一带“走穴”演出。恰与吉普赛人的马戏大篷车在欧洲大陆行走一样，当年，粤剧艺人便是利用特制的红船为交通工具，游走四乡，靠岸演出，传艺谋生的。艺人们一年四季大多在船上度过，曰“红船班”。此情此景就有“东阡西陌，应接不暇，伶人终岁居巨舸中，以赴各乡之招，不得休息”的历史记载。

用官方的口径说，打造《红船》是广州市振兴粤剧的一大举措，期待“红船”能够成为广州的新名片。为此，广州市有关方面的负责人都在为这个项目背书。的确，这个项目承载的闪光点很多：城市、文化、粤剧、旅游、历史、珠江、怀旧等元素无一不概括在其中。从期待来看，这确乎是一件展示城市文化传承、又可能令市民喜闻乐见的大好事。不过，城市振兴粤剧领导小组副组长、市政协主席苏志佳却也没有把话说死，他一边兜底一边说“《船说》成功了是佳话，不成功则是笑话，但坚信不会不成功”。

大型情景演艺活动与旅游结合运作成功的案例，应属张艺谋团队创作的《印象·刘三姐》、《印象·西湖》、《印象·丽江》系列等，这些情景演艺系列被打包后，在市场上的交易估值竟达19亿元之巨，其演出至今不衰。而另一个在文化影响上可供参照的成功案例，则是作家白先勇致力于舞台实践的青春昆曲《牡丹亭》。《红船》的整体思路，看上去脱不了这些案例的影子。

从“振兴粤剧”这个出发点上，我们看到了政府对支撑和推广传统文化、保持城市文化血脉的决心和努力，作为这个城市的一分子，我们由衷欣慰。然而，从公共资源运用上，我们还关心这个项目的定位。这是个“贵族化”的高价旅游文化演艺项目，还是个“平民化”的百姓休闲文化演艺项目？“政府主导，企业投资，市场化运营”的原则，又通过怎样的社会服务和公共宣传，令一个历史传说演绎为一个商业文化传奇？

正如股市的涨跌一样，一个商业项目的成功与否，最终取决于它的人气。在没有培养出足够的人气之前，还是应该先把这类政府为主导的文化演艺活动，看作是一个城市的公关形象品牌。需要注意的是，粤剧的节奏，与互联网时代的节奏有着巨大区别。历史上红船的兴起，是在文化生活资源匮乏的年代里，而沿革到今天，真是要红火起来，光有静态历史元素而没有活跃动态的时尚或流行元素，是很难做到“喜闻乐见”和“长盛不衰”的。依此逻辑，《红船》未来的成功与否，只怕还要看其能不能融入更多动态的时尚或流行元素。

从夜间书店看开去

刊于2015年7月13日《羊城晚报》A2版时评

媒体用一种非常兴奋的语调，报道广州城中的第三家夜间（24小时）书店开业。就文化情怀而言，书店的开张，在目前这个纸质阅读正在淡去的时代里，确实值得兴奋。虽说经营书店也是在商言商，但有人摸索出一条能够让手有墨香书店继续存在于都市的生意路子，还是可喜可贺的。

年前天河区体育东路的首家夜间书店开业时，恰逢城中不少文化书店的“缩业潮”，然则，光阴逝去，这种新兴的经营书店模式，不仅是被“撑”下来了，而且开始颇有开花结果的态势，经营者似乎看好市场，开张起第三个门店来。从报道上看，这肯定不是一个暴利的行当，不过，也算略有盈余。这不简单，能在一个被普遍不看好的行业中，做出“略有盈余”的境况来，多少有傲人之处。这至少告诉许多传统阅读“悲观主义”者一个不同的结论：纸质书是有人看的，而且不少是年轻人。

开家书店经营24小时，这是在以时间去换空间，这意味着就是要经营这个空间的氛围了。经营者很幸运，找到了便宜的店面，左邻右舍也不介意可能的24小时的喧嚣。经营者也很有头脑，不时组织志趣相投的沙龙式主题活动，于是形成了一个现实世界中的“朋友圈”。

夜间书店在城市中服务的是一个小众的圈子，但是小众不等于没有前途。严格来说，喝咖啡、品茶等，服务的也是个小众圈子，问题是要挖掘出自己的文化影响力。书是有选择的消费品，当然不可能做成“星巴克”，但是读书和书的交流毕竟也是一种精神享受的活动，需要相应的氛围营造空间。夜间书店，应该是填补了这个空白吧。

像书店这样的类文化商业空间，如何在都市中生存下去，这其实是个很大的问题。我们的城市中，有很多被称作传统文化的载体，日子过得并不滋润。比如广绣、粤剧、菠萝鸡、南狮等，对于这些城市传统文化的资源，有关部门似乎都或多或少地给予支持，但它们更像是文物，很难再造一个市场。

其实城市中很多与文化相关的东西，对于城市来说都有文化的价值。许多人喜欢追怀过往，也把过往的很多存在，作为文化的标志或者象征物来感怀。但是，大多数的怀旧者，其实是并没有意识到，很多的“过去”之所以无法持续到“未来”，往往是因为存在环境的变化，使得那些后人所珍视的标的物，最后无法生存。北京路的书店群的蜕变萎缩就是一个典型的缩影。

给文化类型的产业更多的生存空间，是现代城市管理的一个热门话题。在巴黎，我们可以听到很多的历史故事，并在城市中找到故事牵扯到的咖啡馆、图书店等，于是我们觉得那个城市很有文化、很有历史的味道；然而，我们有没有想到，在巴黎，不少铺租是限价的，这种限价对不同的区域、不同的行业都有不同的注脚，而对于一些有历史意义的店面行业，甚至有税收方面的优惠可以申请，从而，使得很多"传统"行业，还是能够有自己的生存空间。

尽管夜间书店摆出一副展业的态势，但它的生存模式是非常脆弱的，其复制的经营形态，也是小心翼翼的。说实话，媒体和业界之所以总是关心书店一类的"坚守"型文化产业的生态，期待的很可能是：我们的城市会不会、能不能衍生出若干"保护性"的政策或者法规出来。

后记

笔名唐螂，有什么特别含义？总被问。其实没有！

二十多年前用这笔名时，我还在负责编晚报二版，那时编一个版用稿条数很多，一般有二十多条吧。用稿多就会需要补白，也就时不时需要些被叫做“报屁股”的短文章。我们那个版的短文章栏目叫《下午茶》，逢星期五刊出，责任编辑是许维国。许维国脑瓜子很活，思维奇诡，后来也修成业界挺有名的编辑了。

老许的办公桌与我彼此相邻。两人蛮投缘，左邻右舍的，免不了常约稿。写这些短文时要署名，老许的笔名是“流野”，很特别。可我用了很多个笔名江湖上都有别人也在用，烦不胜烦，老许也常嘟囔。后来自己就想，我用“小强”这虫子来做名字，应该别无分号了吧？遂用之！

彼时，记得报社人员用的笔名要在报社挂号的，大概为了便于领那七八元稿费和追溯文责吧。结果，以“唐螂”之名向报社挂号时，还被领导盘问了半天因果，因为这笔名是用来写杂文，而杂文当年多半是用以专门针砭时弊的文体，作者名字如果太过出位，甚或有指桑骂槐的动机，都是要挨批的，所以必须说清楚。所幸的是我用了虫子来做名字，有些另类，却也踩不了红线，就被通过了。于是，唐螂这个笔名，一用就是二十年。不料，到了有互联网的时代，催生了百度、谷歌什么的这类搜索工具，一检索才吓一跳，这名字竟然是文章大家徐迟上世纪三四十年代也用过的笔名，我虽然很惭愧，但似乎也用出感情了，便厚颜继续用着了。

检点自己文章的出处，才发现自己舞文弄墨大半世，却并不真是勤奋的人，因为我很少主动投稿，给其他纸媒写的稿更少。我的这些文章，有些是编辑点题写的，有的是“在其位、谋其政”，“被动”写出来的。说起来，我写文章，泰半都与手头的工作有关。我在报社当编辑时，牵头创办过《理财天地》、《财经新闻》、《今日广州生活》专版系列、《七日时评》等版面，并也参与主持过《广州新闻》、《时事评论》等版面的工作。记得刚入行时有前辈说过，编来一个好的版面，须得有篇“过得眼”的评论。我于是谨记斯言，力图贯彻到工作实践之中。然则，按照版面编排字数度身定做的文章，每每不好约，时间上也来不及，只好自己动手，丰衣足食。于是，给版面写篇评论，就成为手头日常工作间隙的基本功课，也练成了三四十分钟便能成文的快手笔匠。

短的评论实在是不好写的。写短评我景仰的前辈是晚报的老领导吴有恒，他的笔名是吴鲁。吴有恒的评论很短，却微言大义，他最短的文章才五十个字，谈的竟是经济问题；此外，另一个老领导许实也是我学习的对象，他的笔名是微音，他主持的专栏是《街谈巷议》，他能够每天写一篇短评，几乎成为晚报的社论。多年来，我陆陆续续地跟着前辈学，不知不觉边学边干，竟也积累下几十万字的拙作。

总角时甚受影响的作文启蒙读本是《东莱博议》，据说那是学习八股文的范本，多半是以《左传》的历史故事为蓝本生发出来的书生之见，开始我是因为好奇而读，继而也读出趣味：那虽然不是什么锦绣文章，却言简意赅，特别是写文章的起承转合技巧运用圆熟，我很是服气，学写东西时便偷偷“拿来主义”了。后来我又读了《容斋随笔》，读了鲁迅，于是邯郸学步，执着不懈，浸淫之下，竟也略有小成，算是不枉从文三十年了。

“出本书吧。立此存照啦！”朋友劝说。

——这算是在一语点化。但现在已是信息过载的自媒体时代了，出本书这种动作，有点老土。诚然读书的人不曾减少，但与云端、网际的天量信息储存和传播相比，纸质书这载体不免总有些“出土文物”相。不过，这何尝又没有一丝丝的古意：所谓“文章千古事、甘苦寸心知”。更有道是，刻意的避俗也是矫情；如此这般，选择从善如流自不会太错。毕竟咱哥儿们本就是60后，把玩书页轻嗅墨香的旧习，恐怕是终生也改不了的。也罢，咱也凑个热闹吧——

只是这些篇什，都是日常工作间隙依版面需要写来的急就章，更有不少的是“衔命”而就，并不全是能够微言大义的“立身之言”。本来，按照文人的习惯，是可以通过删节精选的办法，展示出自己“最美丽的羽毛”的。然则，写文章这事情，本就覆水难收，好的和不好的、自家满意的和心存遗憾的，都已经白字黑字印在纸上了，即使后来去任性涂抹，也掩不住那或许憔悴素颜的妆容！好在这么些年来，也终究没有写过什么违心之言，便自觉并没什么不可以见世人的，遂数碗数碟般“原汁原味”地全拿出来见人了。

好友罗韬，晚报才子，有君子气，能文擅书；也曾多年搭档，惺惺相惜，彼此了解并时有鞭策，遂请其作序，以纪事而为此书增珠添玉。

作者

2016年7月14日